鄉導

（一）

復刻本說明

＊本書收錄《嚮導週報》第一期至第二〇一期，係依日本大安株式會社於一九六三年三月發行之《嚮導》（影印）第一集至第五集進行全套復刻。每期皆採對齊開口，裝訂邊留白較多，為原書原始狀況。

＊本期刊為復刻本，內文頁面或有少數污損、模糊、畫線、空格，為原書原始狀況，不另註；唯範圍較大者，則另加「原書原樣」圖示 原書原樣，以作說明。

＊本期刊為復刻本，目錄與內文若有部份不符、內文頁碼有少數重複或跳號，為原書原始狀況，不另註。

導讀：領航者——陳獨秀與《嚮導》

陳正茂（台北城市科技大學教授）

一、前言：《嚮導》發刊前的革命背景

一九二一年七月二十七日，中國共產黨第一次全國代表大會於上海法租界博文女學校召開，在決議中決定實行社會主義革命，積極組織工人，發動罷工鬥爭，想依靠無產階級力量來完成社會革命，然由於客觀環境尚未成熟而失敗。戰略的失敗，使中共在隔年的「二大」召開時，決定改弦易轍轉變戰略，先是勾結軍閥（吳佩孚），想在軍閥的保護下開展職工運動；及至勾結軍閥失敗，乃發動罷工欲打倒軍閥，並開始以「援助民主主義革命」為名，求助於國民黨。所以，中共在聯合國民黨的同時，以打倒軍閥為主要目標，積極地開展職工運動以擴大黨的群眾基礎，自然是中共黨組織發展的另一策略。

一九二二年七月十二日至二十三日，中共在上海召開「二大」，出席會議的正式代表有：陳獨秀、李達、張國燾、蔡和森、高君宇、包惠僧、施存統、鄧中夏、譚平山等九人。會上決議了「民主革命的聯合戰線政策」，並推舉陳獨秀、蔡和森、張國燾三人組一「宣言起草委員會」，由陳獨秀執筆，正式提出「打倒軍閥、反對帝國主義，建立「民主革命聯合戰線」，這是中共與國民黨進行黨外合作的一個深具時代意義的重要宣言。「二大」後不久，八月二十二日，中共在西湖舉行二屆二中全會，此會議地點因在杭州，故又稱「杭州會議」或「西湖會議」。參加此會議者除「二大」選出的五個中央委員陳獨秀、張國燾、蔡和森、李大釗、高君宇外，另有共產國際代表馬林（G.Maring）及其翻譯張太雷。在「杭州會議」上，原本中共欲與國民黨結成聯合陣線的政策，發生根本性的改變，「二大」的決議是以「黨外合作」的方式實行聯合陣線，「杭州會議」則決定是以共產黨員以個人資格加入國民黨的「黨內合作」來定調，而其最終目的，當然是希

望用「黨內合作」方式的聯合戰線來滲透操控國民黨。

中共之所以採取退卻策略，同意共產黨員以個人資格加入國民黨，主要原因是先前的黨外聯合戰線為孫中山所嚴拒而失敗。故在「杭州會議」上，馬林堅決主張中共黨員加入國民黨，是實現關於國共建立聯合戰線唯一可行的具體步驟，其理由如下：第一、中國在一個很長的時期內，只能有一個民主的和民族的革命，決不能有社會主義的革命；而且現在無產階級的力量和其所能起的作用，都還很小。第二、孫中山先生的國民黨是中國現在一個有力量的民主和民族革命的政黨，不能說它是資產階級的政黨，而是一個各階層革命份子的聯盟。第三、孫中山先生可以而且只能容許共產黨員加入國民黨，決不會與中共建立一個平行的聯合戰線。第四、中共必須學習西歐工會運動中，共產國際所推行的各國共產黨員加入社會民主黨工會的聯合戰線的經驗；中共必須尊重共產國際的意向。第五、共產黨員加入國民黨既可以謀革命勢力的團結；又可使國民黨「革命化」；尤其可以影響國民黨所領導的大量工人群眾，將他們從國民黨手中奪取過來。（張國燾，《我的回憶》第一冊（香港：明報月刊出版社出版，一九七四年，頁二四三。）於此國共聯合對抗帝國主義及打倒軍閥的大革命背景下，一九二二年九月十三日，根據中共「二大」決議，以肩負宣傳打倒帝國主義和推翻軍閥為訴求的《嚮導》（THE GUIDE WEEKLY），終於在上海祕密創刊問世，它是中共創黨後的第一份正式刊物，也是闡述中共在二〇年代大革命初期，黨的理論、決議之總喉舌。

二、《嚮導》之創刊及其內容簡述

《嚮導》是中國共產黨中央創辦的第一個公開的機關刊物，它是一份偏重於政治理論的週刊。一九二二年九月十三日創刊於上海，後因受軍閥取締，遂遷至北京；其後又繼遷上海、廣州、武漢等地出版發行，一九二七年七月十八日停刊，共出版二〇一期。《嚮導》始於中共草創之初，終於第一次國共合作失敗之際，在問世的五年間，正值中國現代史上驚濤駭浪風雲詭譎時刻。期間歷經軍閥混戰、陳炯明叛變、國民黨改組、黃埔建軍、孫中山決定「聯俄容共」、共產黨加入國民黨、孫中山逝世、國民政府成立、國民黨內左右派之爭、中山艦事件、蔣介石崛起、國民革命軍北伐、寧漢分裂與合作等一連串影響現代中國政局與命運甚鉅之事件。

《嚮導》主編為蔡和森（一八九五—一九三一），蔡為湖南湘鄉人，曾就讀於湖南第一師範學校與高等師範學校，為毛澤東早年摯友，一九一八年與毛等組織「新民學會」，一九一九年赴法勤工儉學，曾與毛澤東、陳獨秀等通信，討論組織中國共產黨等問題。一九二一年底於法回國後，在上海加入中國共產黨。一九二二年七月，參加中共「二大」，被選為中央委員，同年九月任中共中央機關報《嚮導》主編。一九二五年，蔡曾參加領導「五卅運動」，十月去蘇聯任中共駐共產國際代表團團長。一九二七年三月回國，擔任中共中央宣傳部長，後又負責中共中央北方局書記。一九二八年六月，再度赴蘇聯出席中國共產黨第六次全國代表大會，後任中共駐共產國際代表。在中共第二至第六次全國代表大會上，蔡均當選為中央委員及中央政治局委員，是中共早期中央的領導人物之一，具有舉足輕重的影響力。

在《嚮導》的發刊詞中，以〈本報宣言〉提出四個標語於國人之前，此四標語乃統一、和平、自由、獨立四大訴求。《嚮導》認為中國人民彼時最需要的是什麼？是統一與和平。然民國肇造後，因連年戰亂，民不聊生，百業蕭條，百姓流離失所，所以大家渴望和平，問題是，在軍閥割據下的中國，互爭地盤互爭雄長的情況下，戰亂是必不能免的，只有將軍閥打倒，將軍權統一政權統一，構成一個力量能夠統一全國的中央政府，然後國內和平才能夠實現。所以《嚮導》說：為了要和平要統一而推倒為和平統一障礙的軍閥，乃是中國最大多數人的真正民意。近代民主政治，若不建設在最大多數人的真正民意之上，是沒有不崩壞的。接著，《嚮導》對所謂近代政治有所解釋，該刊認為近代政治的核心價值，即為民主政治與立憲政治，而此民主立憲政治之精髓，簡單說來，只是市民對於國家所要的言論、集會、結社、出版、宗教信仰這幾項自由權利而已，所以有人說，憲法就是國家給予人民權利的證書。為了這幾項自由，《嚮導》強調「在共和名義之下，國家若不給人民以這幾項自由，人民必須以革命的手段取得之，因為這幾項自由是我們的生活必需品，不是可有可無的奢侈品。可是現在的狀況，我們的自由，事實上為軍閥剝奪淨盡，所以我們一般國民尤其是全國市民，斷然要有誓死必爭的決心。」

另外，現今的中國，軍閥的內亂固然是和平統一與自由之最大障礙，而國際帝國主義的外患，在政治上經濟上，更是箝制我們中華民族不能自由發展的惡魔。「在這樣國際帝國主義政治的經濟的侵略之下的中國，在名義上雖然是一個獨立的共和國，在實質上幾乎是列強的公共殖民地；因此我中華民族為被壓迫的民族自衛計，勢不得不起來反抗國際帝國主義的侵略，努力把中國造成一個完全的真正獨立的國家。」基於全國真正的民意及政治經濟的事實所要求，《嚮導》乃義正辭嚴的提出統一、和平、自由、獨立為創辦該刊立論的主要宗旨。清楚闡明該刊以指導國民革命運動為宗旨，並系統地宣傳了中國共產黨在第一次國共合作時期的綱領和革命統一戰線的策略。另該刊也著重於報導全國各地的工人運動與農民活動的情況，且對國民黨右派勢力展開口誅筆伐的批判與鬥爭。

至於如〈中國共產黨第三次全國代表大會宣言〉（第三十期）和〈中國共產黨第三次對於時局宣言〉（第八十二期）、〈中國共產黨對於時局之主張〉（第九十二期）、〈中國共產黨第四次大會宣言〉（第一〇〇期）、〈中國共產黨中國共產主義青年團宣言〉（第一二一期）、〈中國共產黨、中國共產主義青年團告全國民眾〉（第一三八期）、〈中國共產黨致中國國民黨書——為時局及與國民黨聯合戰線問題〉（第一五七期）、〈中國共產黨對於時局的主張〉（第一六三期）、〈中國共產黨對於時局宣言〉（第一八六期）、〈中國共產黨致中國國民黨書——為肅清軍閥勢力及團結革命勢力問題〉（第一九二期）、〈第三國際代表團為帝國主義威嚇武漢及蔣介石背叛宣言〉（第一九四期）、〈中國共產黨為蔣介石屠殺革命民眾宣言〉（第一九四期）、〈中國共產黨告全國農民群眾〉（第一九七期）、〈中國共產黨致中國國民黨書——關於政局的公開的信〉（第一九七期）、〈中國共產黨中央委員會對時局宣言〉（第二〇一期）、〈國民革命的目前行動政綱草案〉（第二〇一期）等等中共早期的重要文件，也都發表於該刊。又當時適值「聯俄容共」時期，在一九二四年國民黨改組期間，該刊也大量刊布國民黨的〈改組宣言〉、黨章草案、章程草案、孫中山改組國民黨之演說、〈中國國民黨全國代表大會宣言〉等等之歷史文獻（第四十八—五十四期）。

該刊主要作者群為：蔡和森、陳獨秀、高君宇、張國燾、李達、瞿秋白、劉仁靜、彭述之、彭湃、鄭超麟、向警予、高語罕、張太雷、李立三、羅亦農、羅章龍、蕭楚女、伍豪（周恩來）、任卓宣、毛澤東、羅易（第三國際代表）、陳紹禹（王明）、高一涵、林育南、袁子貞、王若飛、王若愚、韓麟符、柯仲平、馮菊坡、蔣光慈、沈雁冰、周佛海、李之龍、施存統、蘇兆徵、譚平山、陳此生等。

期刊重要文章有：獨秀，〈聯省自治與中國政象〉（第一期）、和森，〈武力統一與聯省自治——軍閥專政與軍閥割據〉（第二期）、和森，〈目下時局與國際帝國主義〉（第六期）、國燾，〈國民黨應否復建革命政府〉（第十期）、國燾，〈知識階級在政治上的地位及其責任〉（第十二期）、獨秀，〈革命與反革命〉（第十六期）、和森，〈四派勢力與和平統一〉（第十八期）、秋白，〈政治運動與智識階級〉（第十八期）、和森，〈外國帝國主義與軍閥協同壓迫革命的真勢力〉（第二十一期）、獨秀，〈資產階級的革命與革命的資產階級〉（第二十二期）。

和森，〈中國革命運動與國際之關係〉（第二十三期）、獨秀，〈帝國主義的列強與軍閥〉（第二十七期）、春木，〈國民黨目前之兩種責任〉（第三十期）、獨秀，〈我們要何種勢力管理中國〉（第三十三期）、獨秀，〈賄選後國民所能取的態度〉（第四十三期）、獨秀，〈陳炯明與政局〉（第四十七期）、巨椽，〈國民黨改造與中國革命運動〉（第四十九期）、獨秀，〈國民黨之模範的改造〉（第五十六期）、獨秀，〈中國工人運動之轉機〉（第五十八期）、獨秀，〈國民黨左右派之真意義〉（第六十二期）、獨秀，〈國民黨與勞動運動〉（第七十一期）、述之，〈國民黨右派反革命的經濟背景〉（第八十二期）、獨秀，〈國民黨的一個根本問題〉（第八十五期）、和森，〈警告國民黨中派諸領袖〉（第八十五期）、述之，〈我們為什麼反對國民黨之軍事行動〉（第八十五期）、和森，〈北京政變與國民黨〉（第八十九期）、述之，〈十月革命與列寧主義〉（第九十期）、獨秀，〈國民黨的政治態度〉（第九十一期）、述之，〈中國共產黨對於時局主張的解釋〉（第九十三期）。

獨秀，〈孫段合作與國民黨之運命〉（第九十四期）、魏琴，〈國民會議、軍閥和帝國主義〉（第九十七期）、和森，〈孫中山病後帝國主義與軍閥之陰謀〉（第一〇一期）、獨秀，〈帝國主義者及其工具對付中國國民運動之總策略〉（第一〇五期）、和森，〈廣東反革命勢力的覆滅〉（第一〇六期）、和森，〈何謂國民黨左派？〉（第一一三期）、超麟，〈中國反帝國主義運動在世界革命上的意義〉（第一二八期）、秋白，〈五卅運動中之國民革命與階級鬥爭〉（第一二九期）、任卓宣，〈旅法華人反帝國主義運動與留法青年黨的告密〉（第一三三—一三四期）、獨秀，〈十月革命與中國民族解放運動〉（第一三五期）、獨秀，〈中國民族運動中之資產階級〉（第一三六期）、獨秀，〈什麼是國民黨左右派？〉（第一三七期）、述之，〈國民黨中之左右派鬥爭與共產黨〉（第一三八期）、獨秀，〈國民黨新右派之反動傾向〉（第一三九期）、國燾，〈中國國民黨第二次大會的教訓〉（第一四五期）、獨秀，〈反赤運動與中國民族運動〉（第一四六期）、獨秀，〈國民黨右派之過去現在及將來〉（第一四八期）、秋白，〈中國革命的五月與馬克思主義〉（第一五一期）、獨秀，〈南方形勢與國民黨〉（第一五三期）、獨秀，〈給蔣介石的一封信〉（第一五七期）、高語罕，〈一封公開的信致蔣介石先生〉（第一五八期）、獨秀，〈論國民政府之北伐〉（第一六一期）、述之，〈中國政局大變動之前日與民眾之責任〉（第一六七期）、述之，〈我們的北伐觀〉（第一七

○期）、獨秀，〈我們現在為什麼爭鬥？〉（第一七二期）、獨秀，〈我們現在怎樣鬥爭？〉（第一七五期）、獨秀，〈對於國民黨中央會議的希望〉（第一七六期）。

獨秀，〈十月革命與東方〉（第一七八期）、獨秀，〈革命與武力〉（第一七九期）、述之，〈帝國主義對國民政府之態度與國民政府的外交問題〉（第一八○期）、獨秀，〈各國承認國民政府問題〉（第一八二期）、述之，〈目前革命中的聯合戰線問題〉（第一八五期）、獨秀，〈革命與民眾〉（第一八六期）、獨秀，〈赤的運動與中國外交〉（第一八七期）、獨秀，〈無產階級與民族運動〉（第一八八期）、獨秀，〈我們目前的奮鬥〉（第一九○期）、述之，〈目前革命右傾的危險〉（第一九○期）、獨秀，〈國民黨黨內糾紛與中國革命〉（第一九○期）、毛澤東，〈湖南農民運動考察報告——長沙通信〉（第一九一期）、羅易，〈中國共產黨第五次大會之意義〉（第一九五期）、秋白，〈農民政權與土地革命〉（第一九五期）、尹寬，〈資產階級叛逆後的中國時局〉（第一九五期）、羅易，〈革命與反革命〉（第一九七期）、獨秀，〈蔣介石反動與中國革命〉（第一九八期）、秋白，〈革命的國民政府之危機〉（第一九八期）、紹禹，〈中國革命前途與革命領導權問題〉（第一九八期）、高一涵，〈武漢國民政府與共產黨〉（第一九八期）、獨秀，〈中國國民黨之危機及其出路〉（第二○○期）、國燾，〈革命勢力聯合與時局〉（第二○○期）、秋白，〈革命失敗之責任問題〉（第二○○期）、和森，〈國家統一與革命勢力的聯合〉（第二○○期）等。

《嚮導》於每周三出版，總發行所在上海老西門肇濱路蘭發里三號。另外，廣州、北京、長沙等地都有分售處。該刊編輯體例有：「中國一周」、「世界一周」、專論、專欄（寸鐵：應是陳獨秀，署名「實」，為陳獨秀「實庵」之縮寫）、讀者之聲、全國各地通信（如廣州通信、漢口通信、重慶通信等）、餘錄、特刊等；如「北京政變特刊號」（第三十一、三十二期）、「中國國民黨全國代表大會宣言特載」（第五十三、五十四期）、「九七特刊」（第八十一期——辛丑條約二十三周年紀念日）、「雙十特刊」（第八十六期）、兩次「十月革命特刊」（第九十期及一三五期）、兩次「中國共產黨對於時局的主張特載」（第九十二期及一六三期）、「列寧逝世一週年紀念特刊」（第九十九期）、悼念「孫中山特刊」（一○六—一○七期）；內有獨秀的〈悼孫中山先生〉、和森，〈孫中山逝世與國民革命〉、〈中國共產黨為孫中山先生之死告中國民眾〉、〈中國共產黨致唁中國國民黨〉、「五一特刊」（第一一二期）、兩次「五卅事件特刊」（第一一七期及一五五期）、「九七特刊及嚮導第三週年特刊」（第一二八期）、「上海市民紀念五卅運動特刊」（第一五六期）、「列寧逝世三週年紀念特刊」（第一八四期）等。其他重大事件如：五七國恥、五四運動、廣州商團事變、「二・七罷工事件」、江浙戰爭、列強共管、收回教育權、國民會議、善後會議、五卅慘案、關稅會議、金佛郎案、廖案（廖仲愷被刺案）、反奉戰爭、中東路事件、郭松齡倒戈失敗之事、廣州事變、中山艦事件（陳獨秀還特別在《嚮導》上發表給蔣介石的一封信，駁斥共產黨有介入倒蔣之陰謀——一九二六年六月四日）、反國家主義派、國民政府之北伐、列寧主義、「三・一八慘案」、長沙許克祥發動的「馬日事變」等，該刊也都有詳實的記載或評論。

《嚮導》在上海、北京等地一直是祕密發行的，所以發行量較小；兼以常被沒收，一直是入不敷出。國共合作後，該刊在武漢、廣州，基本上是可以公開發行的，因此發行量也從初期的一千多份，增加成長到四萬多份，最高峰時更達十萬份之多，此數量在當時全國的報刊雜誌中，算是非常罕見的，可以說，《嚮導》是第一次國共合作時期，影響最大的中共黨刊。一九二五年中共「四大」後，該刊改由蔡和森與瞿秋白共同主編；未幾又由當時的中宣部長彭述之兼任主編，日常編務由鄭超麟負責。該刊先後在上海、北京、廣州、杭州等地編印、發行，一九二七年四月編輯部由上海遷漢口，瞿秋白再任主編，至一九二七年七月十八日出版到二〇一期後，因汪精衛武漢政權「分共」而被迫停刊。作為中共中央的正式機關刊物，《嚮導》比較系統地宣傳了中國共產黨的民主革命綱領和革命，在號召人民打倒帝國主義、反對封建軍閥和與國民黨右派作鬥爭方面，發表了大量有影響力的文章。

由於陳獨秀是該刊論述的主力，後期的《嚮導》言論受陳的右傾思想影響頗大，曾一度被中共視為是「托派」的代表刊物。陶希聖在〈記獨秀〉一文中提到：「中共也分為兩派，其一是幹部派，其二是反對派。幹部派跟隨史達林，大喊其「帝國主義第三期」和「革命高潮」。反之，獨秀的一派卻承認了「革命退潮」。幹部派與反對派遂告決裂，陳獨秀、李季、彭述之、高語罕等百餘人被幹部派開除黨籍。反對派的內部雖不能統一，但在馬克斯主義的理論上卻佔優勢。可以說《嚮導》時期的中共知識份子最大多數都歸入反對派之列。」（陳獨秀著，《實庵自傳》（台北：傳記文學出版社出版，民國五十六年九月初版，頁三—五。）總之，《嚮導》是當日中共對群眾最有影響力的機關刊物，曾被譽為是四萬萬苦難群眾思想上的「嚮導」，在二〇年代的中國期刊界影響甚大。

三、陳獨秀與《嚮導》

陳獨秀身為中共第一任總書記又是《嚮導》的一支健筆，在該刊發表了大量的文章，舉凡當時國內外所發生之各重大事件，陳以《嚮導》為平台，撰述甚多的評論之文，由這些為數頗多的文章中，不僅可窺見陳對這些事件的看法，也可清楚了解到以陳為代表之中共中央的立場。值得一提的是，後期《嚮導》中陳的文章，隱然與中共黨內其他看法有異，從中也讓我們預知中共黨內的路線鬥爭及陳被鬥離開的下場。茲就當時發生之重大事件，探究陳在《嚮導》上對這些事件之看法與批判。

一、**廣州商團事件與國民會議**：一九二四年八月至十二月，廣州商團和商界在陳廉伯主導之下，因反對孫中山組織的廣州軍政府而引發的一場流血衝突事件。在商團事件中，因牽連到後續的軍事北伐，而當時的共產黨人是不贊成北伐的，早在「商團」叛迹初露時，《嚮導》就指出不可姑息養奸，要予以迎頭痛擊。《嚮導》認為商團是革命政府真正心腹之患，因此，革命政府的軍事計劃應當是「第一步解散商團軍，第二步討伐陳炯明，第三步才說得上北伐。（獨秀，〈反革命的廣東商團軍〉），《嚮導》第七十九期。）一九二四年，孫中山在離開廣州後發表〈北上宣言〉及過上海時對新聞記者的談話中，呼籲召開有各人民團體、反曹、吳的各軍及政黨參加的國民會議，結束軍閥統治，解決中國的統一和人民的自由問題。孫說：「我們這次來解決中國問題，在國民會議席上，第一點就要打破軍閥，第二點就要打破援助軍閥的帝國主義。打破了這兩個東西，中國才可以和平統一，才可以長治久安。」（〈在上海新聞記者招待會的演說〉，《孫中山選集》，頁九六四。）

為響應孫召開「國民會議」的主張，《嚮導》也大聲疾呼，應由人民團體直接選出，如此才能夠代表人民的意思與權能，也只有這樣的國民會議，才可望解決中國的政治問題。（〈中國共產黨對於時局之主張〉，《嚮導》第九十二期。）而在之前的馮玉祥倒戈成功之「北京政變」議題上，陳在《嚮導》八十九期發表〈北京政變與中國人民〉一文，認為英美帝國主義之所以棄吳擁馮，是馮比吳更柔順服從；及英美與日勢力的均衡，中國軍閥的勢力也均衡，企圖由列強共同操縱的各級軍閥首領的和平會議，並由之產生委員制政府。所以，解決中國糾紛的唯一辦法，只有掃除一切帝國主義與軍閥，別無他途可循。陳對孫的主張全國人民大會和廢除不平等條約，都感到興奮，因為孫採取的立場不但是群眾革命的重要因素，而且更是國民黨與中國人民合作的重要基礎；但是他同時也警告孫，如果他真同段祺瑞合作，就與他給中國人民的承諾相違背。

陳深信，軍閥們忽視國家利益，他們與帝國主義勾結來達到他們自私的目的，所以國民黨為了國家利益和人民的福利應該奮起與軍閥展開堅決的鬥爭。對陳而言，國民黨與中國人民的合作是完成革命事業最有希望的道路，如與軍閥合作則為極不幸的事件。（獨秀，〈孫段合作與國民黨之命運〉，《嚮導》第九十四期。）中共中央在同年七月發表〈第二次對於時局的主張〉，認為擁護黎元洪或段祺瑞、國會南遷及制憲、團結西南聯省自治和借助列強等手段都無濟於事，只有由「負有國民革命使命的國民黨，出來號召全國的商會、工會、農會、學生會及其他職業團體，推舉多數代表，在適當地點開『國民會議』，再由它產生新政府，統一全國。」推國民黨領導反北京政府，是因為國民黨的力量比中共強得多。

二、**對國民黨右派的攻擊**：早在廣州「商團事件」爆發之初，中共即逮到機會在《嚮導》上，攻擊此事件是國民黨右派勾結帝國主義所導致。陳於《嚮導》六十二期刊載〈國民黨左右派之意義〉，用二分法的方式將國民黨內「採用革命方法的稱為左派，採用妥協方法的謂之為右派。左派的觀念與出發點，是忠誠的要貫徹國民主義，對於任何列強與軍閥終以群眾的反抗為目的，而不肯出於根本的妥協；右派的觀念與出發點，是急於黨的勝利，甚至於是急於自己個人地位的成功，主張在與列強或軍閥妥協之下，靠少數人的武力與權謀，獲得若干政權。」陳之意乃在公然指責，右派拋棄了國民主義，實際上可說不算是國民黨了。

為深化陳指稱的國民黨左右派之分，在《嚮導》第七十一期，陳又撰寫了〈國民黨與勞動運動〉一文，內中提到國民黨是各階級合作的黨，不能代表那一階級，應代表勞資兩階級，才有各階級合作之可能。但擁護資產階級的利益，應站在民族及民權主義上，不應站在反民生主義上。因為破壞中國資產階級利益的，是帝國主義和官僚軍閥。因此，要厲行民族主義反帝，厲行民權主義反官僚軍閥。陳並批評就國民黨革命的戰鬥力言，資產階級的「革命熱」總是間歇的，越向上層的資產階級越富於妥協性，越向下層的勞動階級越富於革命性。國民黨應看清那個階級能夠供給它更多的革命戰鬥力。如一味交歡財閥和資本家，不敢和勞動階級接近；它的革命戰鬥力必然要衰微下去，因此國民黨在估量國民革命全戰鬥力上，都知道勞農運動有最重大的意義，不應該為任何次重大的意義而犧牲也。

陳的這番言論，如實地發揮了共產國際的指示，但公開這樣說，自然引起不少國民黨人的不滿，原本共產黨員加入國民黨，已引起眾多老國民黨幹部的質疑與不滿，如今在《嚮導》上又極力的區分國民黨的左右派系並加以攻擊右派，國民黨的反彈自在意料之中。為此，陳乾脆在《嚮導》第八十三期上以〈我們的回答〉加以回應。文中陳談到「我們因為有促進中國國民黨的必要，而以個人的資格加入了中國國民黨……因此惹起了黨中一部分黨員之誤會、攻擊。他們不按黨宣言或章程之某條某項，具體地指責某個黨員，而竟抽象的籠統攻擊加入國民黨之共產黨員，並且由此攻擊到在國民黨之外的共產黨。一個革命黨要取消別個革命的黨，是不應該，何況中共是共產國際的支部。若不許、不肯脫離共黨的人加入國民黨，那召開一次國民黨全國大會，取消前次大會准許共黨跨黨的決議便得。」最後，陳以《嚮導》為平台，攻擊國民黨右派說「近來國民黨中所謂右派的反動行為，說他是右派，實在是太恭維了，實在只是反革命的帝國主義及軍閥之走狗。」（獨秀，〈這是右派的行動，還是反革命？〉，《嚮導》八十七期。）陳此番對國民黨右派的定調，終於招致以戴季陶為首的國民黨右派之反撲。

三、**陳認為的國民黨根本問題**：陳不僅為國民黨右派定調，對國民黨該屬性於何種性質的政黨，陳也期盼殷殷的提出自己的看法。一九二二年六月至一九二四年九月間，陳曾起草和發表了三個對時局的宣言，都主張在國民黨的旗幟下組織群眾，以肩負資產階級的國民革命之使命。（〈中國共產黨第三次對於時局宣言〉，《嚮導》第八十二期。）為了同樣的目的，在一九二四年十月一日，陳又發表一篇題為〈國民黨的一個根本問題〉的文章，文中他建議國民黨停止一切軍事行動，放棄廣州政府，以便集中全力來推動勞工、農民和學生運動。陳的理由是，倘若廣州政府不能從帝國主義處獲得可觀的援助，是無法和軍閥抗衡的，更談不到打倒他們。尤其是，廣州政府的軍隊既沒有好的裝備，也沒有好的革命意識訓練，更不可能希望他們去將軍閥打垮。陳認為，在這種情形下去談革命行動，不是與軍閥講同盟，就是向軍閥低頭；這不但不是革命，而是反革命了。

陳從實際的觀點出發，最後得出目前領導革命的唯一出路是：組織工人、農民、士兵和學生來展開全國性的暴動，從而毀滅軍權階級的勢力，警告那些將條約看作是神聖不可廢除的帝國主義，使他們放棄在中國的不法利益，打破奸商與軍閥和帝國主義者勾結合夥的美夢，肩負起革命的軍事行動，以推演出全國性的革命浪潮。最終一定要把社會一切腐舊的因素全部去掉，然後才能建立起一個嶄新的國家。（獨秀，〈國民黨的一個根本問題〉，《嚮導》第八十五期。）當然為了國共聯合大局著想，陳基本上還是積極擁護國民黨的，在各種政治場合，也堅決維護改組後的國民黨與孫中山，例如在《嚮導》六十六期，陳發表〈漢口之黨獄〉公開表示：「最近改組後的國民黨和黨魁孫中山先生為中華民族獨立奮鬥的精神與決心，已漸漸得著全國民眾的同情。」而當軍閥大肆逮捕殺害國民黨員時，陳亦出來指斥「得罪國民黨人其罪小，摧殘為中華民族獨立解放運動的國民黨其罪大。摧殘為民族獨立解放運動的國民黨，實際上便是幫著外人壓迫中華民族。」（獨秀，〈楊德甫等冤殺與國民黨〉，《嚮導》六十八期。）

四、在國民政府北伐議題上：革命的進程如風馳電掣快速變化，以至於一向都能迅即掌握時代脈動的陳獨秀，也觀察錯誤的反對國民政府的北伐政策，在此議題上，陳在《嚮導》八十五期，以〈國民黨的一個根本問題〉提到他反對孫北伐的軍事行動。就軍事行動言，陳以為直系的力量，廣州政府的軍力除乞求帝國主義者的援助不能打倒它，其次廣州政府軍隊「完全是以利結合的僱傭軍隊」，連陳炯明、趙恆惕也不曾打倒，說可用他們打倒國際帝國主義和北洋軍閥，是欺三歲孩子的話。在這情形下，國民黨的軍事行動（北伐在內）必和反動的滇軍，反動的西南將領，和反動的段系奉張妥協。孫中山明知那些人都是革命的對象，為要增加軍事行動的聲勢，不得不稱他們為友軍。「這些恥辱的行動，這些錯誤的政策，都是軍事行動所必然產生的」，這「使國民黨的打倒帝國主義和打倒軍閥的革命宣傳完全無效。」陳希望國民黨回到革命同盟會時代，下令全黨動員「到民間去」，在民眾中做政治宣傳，組織工農兵，不斷為他們的利益而奮鬥，使民眾認識國民黨確是為民眾利益而革命的黨，確與軍閥派和官僚的政黨不同。如此，國民黨才有軍事行動及建設革命政府的真實力量。

總之，陳對北伐是不以為然的，對他而言，北伐只不過是國民革命中的軍事局面，軍事並不能代表革命的全局。中國革命最有效果的是各階層革命群眾的興起以圖自我解放，特別是解除工農群眾的疾苦。在陳的看法中，可以把北伐本身看作是革命中富有意義的軍事行動，如果革命的潮流能因軍事行動而向北伸展。倘若北伐只是機會主義的軍人和政客作為個人獲利的目的，即使北伐成功也不能看作是革命的成功，而是軍事機會主義的勝利。但當北伐軍攻下武漢積極向北方挺進時，北伐軍的節節勝利也改變了他對北伐的消極態度，陳改口宣稱北伐是民主與封建勢力之戰，因此北伐是有政治原則和社會目的的，並不只是為了個人或政黨的利益而已。照當時陳的看法，如果北伐勝利，至少中國最後會得到獨立和內政民主化。然而陳也再度聲稱，當時仍是國民革命的時代，還不是無產階級革命和專政的時候，在這個過渡時期，小資產階級和無產階級都需要民主。甚至於國民革命成功後，就應該即刻成立一個革命的民主政府，這個政府便是小資產階級的民主和社會主義的過渡政權。〈獨秀，〈我們現在為什麼爭鬥？〉，《嚮導》第一七二期。）總的說來，陳對北伐的消極態度，是他懷疑採取軍事行動的時間還未成熟，歷史證明他錯估了國民黨的實力，但卻正確的看到蔣因北伐而擴展其個人軍事獨裁的發展態勢。〈獨秀，〈論國民政府之北伐〉，《嚮導》第一六一期。）

五、與戴季陶交鋒及國民黨的因應：一九二五年三月十二日，孫中山逝世後，戴季陶感到孫的容共政策被鮑羅廷所曲解，在是年七月，戴出版了《國民革命與中國國民黨》一書，呼籲國民黨的忠實黨員，堅持革命的主義和孫中山的國民黨。戴警告如果沒有共同的信念，就沒有共同的信仰和合作，戴認為國民革命的目的是根據革命的主義來創建一個新國家，這種目標只能由負有同樣信仰和政策的黨員來完成。（戴季陶，《國民革命與中國國民黨》（台北：台灣省教育廳重刊，一九五〇年，頁八十一。）戴同時控訴，共產黨有意忽視國民革命時代的需要，利用國民黨之名來遂其政治目的，他要求共產黨要即刻停止反國民黨的一切活動。

在戴季陶書出版後，陳立即在《嚮導》發表他致戴的公開信，在信中，陳否認共產黨人參加國民黨的目的是在減少國民革命的成功和毀滅國民黨。陳說國家的平等和自由是國民革命的最高使命，至於什麼力量可以用來獲得國家的平等和自由，是國民革命最緊急的問題。由於中國工業的落後，不可能出現歐洲式的資產階級革命，在中國，國民革命要成功，大部分要靠群眾力量的發展和集中，而群眾力量的發展和集中則端賴基於自身利益的群眾鬥爭，如果停止階級鬥爭就會消滅國民奮鬥的主要力量。換言之，吾人必須承認國民革命中階級鬥爭的必要性。（獨秀，〈給戴季陶的一封信〉，《嚮導》第一二九期。）批戴完後，陳又撰〈國民黨新右派之反動派傾向〉一文，繼續對國民黨右派窮追猛打，他說這些右派分子既然反對階級鬥爭、反對蘇俄、反對共產黨、反對國民黨左派，並反對國民黨政府，客觀上便實實在在的幫助了反革命和帝國主義者。（《嚮導》第一三九期。）

國共內部左右派劍拔弩張的鬥爭，使國民黨有了強烈黨權旁落的危機感，一九二六年五月十五至二十五日，蔣介石在國民黨第二屆中央執行委員會議上，提出〈整理黨務案〉八項：一、共產黨應訓令其黨員改善對國民黨的言論態度，尤其對於總理及三民主義不許加以批評和懷疑。二、共產黨應將國民黨內的共產黨員全部名冊，交國民黨中央執行委員會主席保管。三、中央黨部各部長須不跨黨者方能充任。四、凡屬於國民黨籍者，不許在黨的許可以外，有任何以國民黨名義召集的黨務會議。五、凡屬於國民黨籍者，非得最高黨部的命令，不得別有組織及行動。六、中國共產黨及第三國際對於國民黨內共產分子所發一切訓令及策略，應先交國共聯席會議通過。七、國民黨員未經准許脫黨以前，不得入其他黨籍；如已脫黨籍而入共產黨者，以後不得再入國民黨。八、黨員違反以上各項時，應立即取消其黨籍，並依其所犯的程度加以懲罰。（郭華倫，《中共史論》第一冊（台北：國立政治大學國際關係研究中心出版，一九八九年六月四版，頁一七六—一七七。）

國民黨及蔣的〈整理黨務案〉，隔月的六月九日，《嚮導》刊載了〈中國共產黨致中國國民黨書〉，文中，共產黨再度向國民黨保證，他們願意繼續合作的誠意；承認所加予他們的一切限制；要求假如對在國民黨中的任何共產黨員有懲處時，首先應在兩黨間有所討論。（〈中國共產黨致中國國民黨書〉，《嚮導》第一五七期。）在同一期，陳也發表了他給蔣介石的信，他否認「中山艦事件」是共產黨人企圖刺殺他的事件；陳並指出中國的革命只完成一半，兩黨還有合作的必要，他建議蔣要提高對帝國主義破壞中國革命企圖的覺醒。（獨秀，〈給蔣介石的一封信〉，《嚮導》第一五七期。）

六、反帝國主義與重視群眾勞工的力量：綜觀陳獨秀在《嚮導》上的言論，反帝與重視勞工階層仍是他最關注的焦點。在整個一九二四年中，陳以《嚮導》為平台，不斷揭露帝國主義對中國的種種侵略，尤期突出日本侵略的新計劃和美國大批軍械給吳佩孚之事實。陳指出日本在東北的「南滿鐵道會社」不但是日本開發滿蒙的總機關，也是其侵略中國之重鎮。（獨秀，〈日本在華侵略之新計劃〉，《嚮導》第七十七期。）陳更揭露軍閥是帝國主義之工具，帝國主義援助軍閥是中國禍亂之根源，是為了幫助軍閥抑制新勢力，使中國永遠處於他們的支配之下。（獨秀，〈軍閥是帝國主義者的工具又一證據〉，《嚮導》第六十七期；獨秀，〈帝國主義者援助軍閥之又一證據〉，《嚮導》第七十六期。）

有意思的是，陳在批判帝國主義侵略中國的同時，卻高度贊揚俄國以平等的原則對待中國，與中國直接交涉。（獨秀，〈中俄會議之成敗〉，《嚮導》第五十八期。）稱贊〈中俄協定〉廢棄妨礙中國主權及利益之舊約，承認中國與外蒙之主權，拋棄租界地與庚子賠款，取消治外法權及領事裁判權，關稅規定平等等，這些都於中國有莫大的利益。（獨秀，〈評中俄協定〉，《嚮導》第五十九期。）也因此，在俄國十月革命七周年時，陳大聲疾呼「俄國十月革命是真有利最大多數人民的革命。十月革命在國內保障全俄人民經濟生活脫離外國帝國主義的宰制而獨立，在世界給一切被壓迫民族反抗帝國主義之一個有力的暗示。陳希望中國最大多數的人民，應該接受俄國十月革命之精神，而不要誤信謠言將其視為洪水猛獸。（獨秀，〈俄羅斯十月革命與中國最大多數人民〉，《嚮導》第九十期。）陳獨秀與其所領導的中共，因接受俄國的奧援，以至於昧著良知讚嘆俄國是以平等待我之國家，殊不知俄國之帝國主義行徑，較之西方之英美等帝國主義國家，有過之而無不及。

在反帝之餘，陳更重視廣大群眾的力量，陳一再呼籲國民革命要有廣大民眾參加才能成功，要求國民黨堅持正確的革命方向，肅清內部，擔當國民革命的領袖。陳獨秀認為國民黨是各階級合作的黨。（獨秀，〈國民黨與勞動運動〉，《嚮導》第七十一期。）國民革命的領袖應該是國民黨。（獨秀，〈國民黨與中國革命〉，《嚮導》第八十期。）而要擔負其領袖責任必須要有正確的政治態度和政策。他說：此時中國的一切政治局面，都是各帝國主義者及各派軍閥暗鬥明爭循環起伏的局面，只有革命的大民眾之長期的暴動，打破此循環仍舊的局面，別開一新局面，是唯一之路。放棄政權與軍事行動，從民眾中去宣傳民眾，組織民眾，訓練民眾，領導民眾，對於一切帝國主義一切軍閥，不放棄每個鬥爭；這是國民黨的政治態度所應取之上策，因為中國只有此策可救。他反對聯合這個軍閥、反對那個軍閥的政策，更反對無條件的與軍閥合作，與帝國主義妥協的政策。（獨秀，〈國民黨的政治態度〉，《嚮導》第九十一期。）

而在中國廣大群眾中，他最關注工人運動，陳非常肯定工人階級在國民革命中的重要地位和作用。一九二四年三月，陳在《嚮導》發表〈中國工人運動之轉機〉，指出中國工人運動已從「二．七罷工」大屠殺後逐漸復甦。（《嚮導》第五十八期。）呼籲社會同情工人，要求國民黨維護工人權益，不能犧牲最有革命戰力的工人階級。（獨秀，〈國民黨與勞動運動〉，《嚮導》第七十一期。）一九二五年五月三十日「五卅慘案」發生後，陳氣憤的寫下〈上海大屠殺與中國民族自由運動〉一文，指出帝國主義是中國的主要敵人，中國的反帝國主義運動即是民族自由運動，是一個全國運動，他號召全國的工人、學生、商人同時起來向帝國主義者展開堅決的鬥爭。（《嚮導》第一一七期。）

在「五卅運動」中，陳高度讚揚工人階級的力量和堅定的革命精神，他說工人階級是民族運動中最勇敢的戰士，在反對英、日帝國主義運動中，已表現出極偉大的力量。陳更說，中國的工人階級得著這樣偉大的政治上組織上的訓練，提高了自己的地位，成了民族解放運動中極重大的動力。（獨秀，〈我們如何繼續反帝國主義的爭鬥？〉，《嚮導》第一二六期。）相反的，他對資產階級的妥協性則表現得極為不滿，陳批評說「中國資產階級對於此次民族運動的態度，使我們的幻想終於是一個幻想，而殖民地半殖民地的資產階級不革命這一公例，居然又在中國民族運動中證實了。」（獨秀，〈中國民族運動中之資產階級〉，《嚮導》第一三六期。）是年六月中旬，陳又發表〈此次爭鬥的性質與我們應取的方法〉，進一步提出「中國國民應該運用自己的團結力，立即在上海召集全國工商學兵代表大會，議決廢除一切不平等條約，嚴責政府宣布執行。倘政府不肯執行此議決，立起國內戰爭，建設一個國民革命政府。」（《嚮導》第一一八期。）陳獨秀的這個主張，後來他在《嚮導》創刊三週年時，以〈本報三年來革命政策之概觀〉再作說明，矢言開始國內戰爭，合全國的力量，打倒英、日帝國主義的走狗——奉天軍閥。（《嚮導》第一二八期。）

早在曹錕驅逐黎元洪之時，在《嚮導》三十一、三十二期合刊「北京政變特刊號」中，該刊即發表〈北京政變與勞動階級〉一文，指出曹得勢，「使中國民主政治的實現遙遙無期，封建的戰爭不可休止；而且英美帝國主義奴隸宰制中國的新銀行團是要慶祝他們的勝利。」他號召全國工人應該聯合全國商人、知識階級和國民黨來奮鬥，以博得最後的勝利。基本上，陳的以工人為主體的革命策略，平情言，與國民黨的革命策略是有頗大的差距。但身為中共領導者的他，不得不委屈地就範於第三國際的國共合作政策，但他始終堅決主張獨立的無產階級政黨的政策。他深知合作不是融合，因為社會階級是不能融合的。對他而言，合作是政治性的，並不是資產階級和無產階級之間的經濟調和，因為這兩個階級之間，經濟上是沒有合作的基礎。換言之，國民革命之後，社會主義仍然是無產階級的最後果實。（獨秀，〈國民黨與勞動運動〉，《嚮導》第七十一期。）

七、「二次革命論」的主張及對蔣的批判：陳在《嚮導》上最引人注意的是他有關「二次革命論」的政治主張，他認為「在私產制度之下，資產階級未壯大，無產階級也自然不能壯大，因此，我們敢說，中國產業之發達還沒有達到使階級壯大而顯然分裂的程度，所以無產階級革命的時期尚未成熟，只有兩階級聯合的國民革命的時期是已經成熟了。」（獨秀，〈造國論〉，《嚮導》第二期。）接著，陳又發表〈資產階級的革命與革命的資產階級〉一文，繼續論述其「二次革命論」，他認為「半殖民地的國民革命，是資產階級的民主革命，應當由資產階級領導。資產階級的民主革命，若失去了資產階級的援助，在革命事業中就沒有階級的意義和社會的基礎。」因此，陳提出「中國國民黨目前的使命及進行的正軌應該是統帥革命的資產階級，聯合革命的無產階級，實現資產階級的民主革命。」（《嚮導》第二十二期。）在一九二六年九月，陳發表〈我們現在為什麼爭鬥？〉，重彈其「二次革命論」的老調，聲明「共產黨取得政權，乃是無產階級革命時代的事，在國民革命時代，不會發生這類問題。」（《嚮導》第一七二期。）

在蔣介石崛起之初，陳將蔣視為國民黨左派而高度肯定他，陳稱蔣是中國民族革命運動中的一個柱石。在〈中國共產黨致中國國民黨書——為時局及與國民黨聯合戰線問題〉，陳形式的接受了國民黨的〈整理黨務案〉，並表示了共產黨的服從。在〈給蔣介石的一封信〉中，陳肯定蔣在中國革命統一戰線中的地位，肯定蔣的國民黨左派身份。共產黨絕不會參與倒蔣陰謀，如果共產黨是這樣一個反革命的黨，你就應該起來打倒它，為世界革命去掉一個反革命的團體；如果是共產黨同志中那一個人有這樣反革命的陰謀，你就應該槍斃他，絲毫用不著客氣。（《嚮導》第一五七期。）但在蔣北伐後，軍事獨裁的面貌逐漸呈現，陳開始強力批判蔣，陳稱蔣已成了全國反革命勢力的中心，國民政府的領袖在鄭州開會，已決定了討蔣政策，這是中國革命進展之一個重大時機，在革命史上值得大書特書的。（獨秀，〈蔣介石反動與中國革命〉，《嚮導》第一九八期。）諷刺的是，一九二七年七月一日，就在蔣汪合流武漢「分共」前夕，陳還在《嚮導》為汪精衛獻策，勸「以汪精衛先生為中心的國民黨左派領袖及左派的武裝同志，應該有一大覺悟，下一大決心，首先自身團結起來，再和一切革命勢力團結起來，拿出中山先生組織中華革命黨的精神，來一個從左邊的清黨運動，毫不顧惜的清除黨內一切反革命的投機分子，以救出真正革命分子的國民黨正統之生命。」（獨秀，〈中國國民黨之危機及其出路〉，《嚮導》第二〇〇期。）

四、結論：書生議政的悲劇與《嚮導》的結束

基本上，畢竟是書生，曾為新文化運動旗手，又膺任中共第一代領袖的陳獨秀，在第一次國共合作時期，對孫中山、蔣介石、國民黨以及國共合作，對共產黨員參加國民黨均懷有相當複雜的心情，且在實際上加入國民黨後也確實國共頻頻發生摩擦衝突，情緒與理智始終糾纏在政治與黨派的矛盾中，尤其是在與國民黨合作的問題上，種種進退出處，上下左右情勢複雜。更何況還有「太上皇」共產國際的硬性指導，而這種指導又政出多門，不了解狀況自相矛盾甚至朝令夕改的。身為共產黨總書記的他，只能理性認知實踐經驗，從一極端跳到另一極端，是非判斷又往往與政治原則、鬥爭策略、硬性命令糾雜再一起，由此而產生種種矛盾衝突也就不難理解了。陳獨秀後來被迫一味追隨共產國際，陷入所謂的「右傾機會主義」和「右傾

投降主義」者，儘管陳一生堂堂正正，鄙視機會取巧，但有組織，他只能就範，面臨決議一講原則，他只能放棄己見遵從眾議。

陳獨秀為知識份子出身，一個知識份子在風雲詭譎多變的中國二〇年代，要領導一個迅速成熟組織嚴密、戰鬥力極強的中國共產黨，在現代革命的疆場上廝殺搏鬥，其知識份子的屬性顯然讓他經驗不夠力不從心。以其和國民黨的關係為例，始初陳就不願意與國民黨合作，更不願意參加國民黨，故陳缺席了國民黨的「一全」大會，但後來他不得不合作了也參加了；幾次想要退出，不能，要放棄，不許。不僅不能、不許，他還要說服同志不能、不許的理由。他對孫、蔣都有所不滿及批評，但他沒有孫的威望，在政治上也鬥不過蔣介石，更別說還有上司共產國際的瞎指揮。在共產國際的號令下，他只有繼續和國民黨合作妥協，只得承認蔣的威權與地位，只得聽從蘇聯顧問與共產國際代表的決策與意見。儘管陳對當時中國的政治生態與政黨活動有較深切的認識與理解，但在不利的大環境下，他只有違背自己的認知，默默地忍受，一步步的退卻，陳獨秀一生的悲劇，只有從這個脈絡去看才能清晰可見。（胡明，《正誤交織陳獨秀》（北京：人民文學出版社出版，二〇〇四年五月一版，頁二二三—二二四。）

再舉例而言，陳在《嚮導》上發表〈論國民政府之北伐〉，（《嚮導》一六一期。）寫道：北伐的意義不能代表中國民族革命之全部意義，……革命的北伐時期尚未成熟，現在的實際問題，不是怎樣北伐，乃是怎樣防禦。陳的文章立即引來軒然大波，一位叫黃世見的讀者寫信給《嚮導》編輯部，質問陳獨秀「挑撥北伐期中的人心，煽惑一班不明真相隨風飄蕩的幼稚革命者嗎？或者先生被反動派利用，在此北伐期中灌輸令人懷疑的論文，代它們鼓吹嗎？或者先生聰明一世懵懂一時嗎？」（〈讀者之聲——討論北伐問題〉，《嚮導》一七一期。）在廣州，國民黨黃埔特區黨部也下令禁止學生閱讀《嚮導》，國民黨中央黨部李濟琛、孫科、張靜江、顧孟餘等人開會討論此事，最後決定由張靜江給陳獨秀寫信，指責陳獨秀亂放炮，甚至有投機權位之嫌。又一九二六年春，毛澤東將〈中國社會各階級的分析〉交《嚮導》彭述之，因為強調農民運動，實際上批評了陳獨秀一九二三年十二月發表的〈中國國民革命與社會各階級〉強調國民黨力量的觀點，陳獨秀、彭述之不同意《嚮導》刊載。（朱洪，《陳獨秀與中國名人》（北京：中央編譯出版社出版，一九九七年一月一版，頁二六六—二六七、二九五。）而陳在《嚮導》三年多之言論文章，其前後矛盾反覆的論述，正足以提供我們一個見證其思想轉變蛻變的過程，此乃研究陳獨秀與《嚮導》最有價值的地方。總之，陳獨秀在共產國際控制和他所了解的中國實際政治之間躊躇不前，由於他的特殊氣質和對共產國際的效忠，註定他終將成為中共黨內鬥爭的犧牲人物。

《嚮導》全套二〇一期總目錄

第一期

本報宣言
聯省自治與中國政象／獨秀
統一、借債與國民黨／和森
日本政黨改造之趨勢／李達

第二期

造國論／獨秀
革命運動中之印度政治近況／君宇
武力統一與聯省自治——軍閥專政與軍閥割據／和森
國民黨是什麼／隻眼

第三期

中國國際地位與承認蘇維埃俄羅斯／和森
國人對於蒙古問題應持的態度／君宇
祝土耳其國民黨的勝利／和森
土耳其國民軍勝利的國際價值／君宇
南通借款／和森
勗江西人民／君宇

外交派與政學系／TL

第四期

中德俄三國聯盟與國際帝國主義及陳炯明之反動／和森
孫吳可在一種什麼基礎上聯合呢？／和森
介紹一篇國民革命的綱領／君宇、春默
日本帝國主義與張作霖／振宇
外交團勸告裁兵／振宇
英國帝國主義者所謂退回威海衛／獨秀
議員學者跑到美國帝國主義家裡討論憲法問題嗎？／隻眼
請看國際帝國主義怎樣宰割中東路／隻眼
讀獨秀君造國論底疑問／思順

第五期

日俄會議及中俄會議／君宇
福建現下的局勢與國民黨／君宇
國慶日裁兵運動／國燾
王博士台上生活應給「好人努力」的教訓／君宇
蒙古及其解放運動／登德布
請看英美帝國主義怎樣在北京鞏固他們雇用的外交系政府／和森
以醉心英美為合格／君宇

第六期

中國已脫離了國際侵略的危險麼？／國燾
目下時局與國際帝國主義／和森
批評汪精衛君赴奉返滬後之談話／和森
國民黨人應當做翳帥的宣傳員嗎？／君宇
『新創民治之關外』：／君宇

第七期

吳佩孚真會揀擇便宜貨／和森
中山先生的兵工政策是為軍閥說法的嗎？／和森
迎合英美意旨的就不要注意其行動嗎？／振宇
國際帝國主義老實不客氣了／振宇
美國駐兵——英國巡捕——中國警察／君宇
省憲所給議會的『權』那裡去了？／君宇
北京大學過激化了嗎？／君宇
日本與山東協定／李駿
蒙古及其解放運動（續第五期）／登德布
讀者之聲／陳復、陳此生

第八期

福建人民當助革命軍復建革命政府／和森
國人應當共棄的陳炯明／和森
好一個以『至誠之意而謀中國之利益』的新銀行團！
／君宇
國民黨報紙不應有這樣記載／君宇
北京政府也向德國索賠款嗎？／振宇
中國人民是馴服了的奴隸嗎？／國燾
女權運動者應當知道的／君宇
評商報與時事新報／振宇
俄國革命五週紀念／孫鐸
還是贊助新蒙古罷／國燾

第九期

資本主義世界的休戰紀念／田誠
法西斯蒂與義大利資產階級專政／和森
土耳其與國際帝國主義／和森
吳佩孚和陳炯明／孫鐸
國家主義者要注意罷工運動／田誠
國會對於宰割中國的九國協約取何態度？／振宇
真不愧好人奮鬥／田誠
慶祝海參威工人／國燾
國民運動、革命軍和革命宣傳／孫鐸

第三國際與遠東民族問題／薩發洛夫

第十期

外國資本家對孫中山的勸告／孫鐸
外國資本家的宣傳員真聰明／田誠
國人對於蘇俄的同情／和森
趙恆惕與湖南省自治／和森
一個希望趙恆惕『提倡勞工』的工會／振宇
嚮導週報與珠江評論／國燾
唐山學生援助罷工之模範／振宇
國民黨應否復建革命政府／國燾
『新俄羅斯』／孫鐸
第三國際與遠東民族問題（續前）／薩發洛夫

第十一期

紅軍在海參威勝利後的遠東時局／和森
美國機關報所說的中俄時局／和森
『須與美國親善』／和森
請看外國帝國主義在中國搗些什麼鬼／和森
蒙古王公與外國資本家的勾結／振宇
英國與威海衛／振宇
中國帶動群眾的覺醒／孫鐸
第三國際與遠東民族問題（續前）／薩發洛夫
陳炯明與嚮導週報／KJ

第十二期

近日政潮的內幕／和森
由汪大燮內閣到張紹曾內閣／和森
洛桑會議中土耳其民族惟一的幫助者／和森
法日美資本家都要與蘇俄恢復關係／和森
可驚可駭的交還威海衛條件／振宇
不要忘記了山東問題／國燾
知識階級在政治上的地位及其責任／國燾
讀者之聲／曉晴

第十三期

國民黨那裡去了／田誠
離間中俄感情之宣傳／致中
勞工司與勞工局／特立
曹錕做壽與宣統結婚／田誠
愛爾蘭依然為英國的殖民地！／振宇
革命中的希望／和森
巴爾幹新形勢中的保加利亞／和森
我們對於小資產階級和平派的勸告／國燾
香港通信／KJ
讀者之聲／宋先禮

第十四期

萬國公民大會與上海的裁兵運動／和森
雙管齊下的國際帝國主義／振宇
舒爾曼陳炯明張紹曾與聯省自治／振宇
英國資本家退款興學的用意／振宇
中國人和外國人／田誠
看看日本侵略家的話／田誠
喪盡利權之魯案協定／致中
洛桑會議與土耳其／和森
從經濟的視察不單是援助蒙古獨立／易子凡

第十五期

革命黨的『否認』病／國燾
洛桑會議與土耳其（續前）／和森
『今日』派之所謂馬克思主義／田誠
讀者之聲／CHL
敬告本報讀者／本報同人

第十六期

國民運動與太上國民運動／和森
外力、中流階級與國民黨／和森

美國資本家奴隸中國的新計劃／和森
美國供給奉張軍械與上海總商會的希望／振宇
全美艦隊集中太平洋／振宇
關稅主權與外人代管／振宇
陳炯明的失敗／和森
英國帝國主義者在漢口之逞兇／田誠
革命與反革命／獨秀
反動政局與各黨派／獨秀
賠償問題與帝國主義／和森

第十七期

反動政局下兩個要案／獨秀
評蔡校長宣言／獨秀
最低問題／獨秀
趙恆惕降北與借款／振宇
各國供給中國軍械的互哄／振宇
賠償問題與帝國主義（續前）／和森
學生運動的我見／國燾
長沙通信／CK

第十八期

四派勢力與和平統一／和森
教育界能不問政治嗎？／獨秀
中國人民要與西方工人一致反抗法帝國主義對德的橫暴／君宇
賠償問題與帝國主義（續前）／和森
論暗殺、暴動及不合作／獨秀
政治運動與智識階級／秋白

第十九期

為自由而戰！／獨秀
中國之大患——職業兵與職業議員／獨秀
反對『敦請一友邦』干涉中國內政／和森
再論不合作主義答北京晨報記者／獨秀

一九二二年印度國民運動的分析／永釗譯

第二十期

中國共產黨為吳佩孚慘殺京漢路工告工人階級與國民
統一的國民運動／獨秀
克門案與運送飛機案／和森
孫中山南下與英國／和森
全國商界的好榜樣／君宇
助軍閥殘民之總統命令／君宇
二七大屠殺的經過／中國勞動組合書記部
讀者之聲／鄭彥之

第二十一期

中國共產黨告滇軍兵士
反抗日本帝國主義應持的方針／警予
中日交涉與中俄關係／和森
外國帝國主義與軍閥協同壓迫革命的真勢力／和森
關孫曹攜手／和森
怎麼打倒軍閥／獨秀
普遍全國的國民黨／TCL
一九二二年印度國民運動的分析（續第十九期）／永釗譯

第二十二期

沈鴻英叛亂與政學會／獨秀
對等會議與孫曹攜手／獨秀
海軍態度／獨秀
西南形勢之進步／和森
外國帝國主義者對華的新舊方法／和森
『以後一切對華侵略皆將以教育形式出之』／振宇
北京政府之財政破產與軍閥之陰謀／巨緣
資產階級的革命與革命的資產階級／獨秀

第二十三期

中國共產黨五一節敬告工友
外交問題與學生運動／獨秀
樂志華案是一幅中國的縮影／巨緣
外交系與吳佩孚／和森
中國革命運動與國際之關係／和森
中國之地方政治與封建制度／秋白

第二十四期

陳家軍及北洋派支配下之粵軍團結／獨秀
楊森果為統一而戰嗎？／獨秀
全國人民應起來反抗英國帝國主義魚肉租界同胞的慘刑案／和森
可憐的伸手派／獨秀
好個救國的妙計／獨秀
北京政府之懲治工人條例／鵬萬
商聯會仇日親美／警予
大借款之內幕／和森
吳佩孚與國民黨／孫鐸
讀者之聲／鄧漢瓊、獨秀
北京通信／君宇
第三國際婦女部告中國女學生書／國際共產黨世界婦女書記部東方科

第二十五期

閩贛局勢之新發展／獨秀
段派之活動／獨秀
吳佩孚與康有為／獨秀
華洋人血肉價值的貴賤／獨秀
國民黨與交通，安福／獨秀
吳佩孚爪牙閻錫山第二——楊森／獨秀
三千萬墊款與英美之陰謀／和森
香港政府與粵亂／振宇
英國海軍工程案／和森
第二次的世界戰爭／孫鐸

日俄談判／和森
讀者之聲／叔隱、濬明、語罕

第二十六期

臨城擄案中之中國現象／獨秀
土匪和外交團／孫鐸
文明的列強野蠻的中國？／巨緣
墓中人語／孫鐸
軍閥統治下之學生運動／獨秀
孫曹果然攜手了？／獨秀
洋人勢力下之宜昌學生與上海學生／獨秀
國會議員宣佈張閣罪狀與曹吳態度／獨秀
黃大偉背叛的教訓／隆邦
洛桑俄使遇害與資本主義國家之「文明」／和森
德國賠款新提案之失敗／和森
讀者之聲／ＬＭ

第二十七期

臨城案件和兵工政策／春木
英人中國協會主席之演說／和森
帝國主義的列強與軍閣／獨秀
吳佩孚的『匪力統一政策』／獨秀
黎元洪與曹張／獨秀
英俄漁船交涉／和森
日俄談判之進行／和森
星加坡建築軍港——『給各國一個榜樣』／大雷
讀者之聲／曾國光、H.S.Cheng

第二十八期

臨城案件與國民黨／孫鐸
嗚呼！外國政府下之商埠同盟！／獨秀
外國土匪也來了！／獨秀
美國不是外國？馮玉祥不是軍閥？／獨秀
外國統治下之商人政府／春木

狼狽為奸之中外資本家／田誠
為廢止綿花出口禁令告中國實業家／春木
一致團結的反對軍閥罷！／巨緣
奉直戰爭和日本與英美的利益衝突／春木
中國還沒有亡？／巨緣
土匪軍閥借用洋人勢力的兩種手段／之龍
英國內閣之變化／和森
日俄談判再進一步／和森
充滿威嚇的世界／大雷
長沙通信／子雲
讀者之聲／梁我

第二十九期

日本慘殺長沙同胞／獨秀
羞見國民的中國國民黨／春木
中國改造之外國援助／孫鐸
馮玉祥與吳佩孚／巨緣
危險人物的蔡元培和荷蘭殖民地政府／孫鐸
民國主權在人民的一點表示／春木
美國與日俄會議／孫鐸
日本人民對於日俄關係投票的結果／大雷
第二與二半社會國際的聯合／仁靜
法西塞黨的破裂／大雷
讀者之聲／鄧漢鐘、郭真瘦

第三十期

兒戲之北京政府／獨秀
臨城事件與長沙事件／獨秀
告上海納稅華人會／獨秀
國民黨目前之兩種責任／春木
英國對中國的好意！／大雷
未來之太平洋大戰之又一表徵／大雷
浙江的政治狀況
哈爾濱通信／繼武、心甫
讀者之聲／瘦兵、孫容、玉屏、潮音、仲容
中國共產黨第三次全國大會宣言

第三十一、二期合刊（北京政變特刊號）

北京政變與國民黨／獨秀
北京政變與英美／和森
北京政變與吳佩孚／和森
北京政變與商人／澤東
北京政變與勞動階級／競人
北京政變與學生／獨秀
北京政變與克利斯浦借款／和森
北京政變與各政系／和森
北京政變與上海工會之主張／孫鐸
北京政變與軍人／獨秀
北京政變與農民／仁靜
北京政變與孫曹攜手說／致中
北京通信／君宇、伯青
讀者之聲／滌寰、郭漢鳴、炳棨

第三十三期

我們要何種勢力管理中國／獨秀
美國人第二次造謠／孫鐸
國會與制憲／競人
美國僑商團體之對華主張／仁靜
他們的道路與我們的道路／孫鐸
華府條約的效力／大雷
讀者之聲／偉仁

第三十四期

歡迎民治週刊／獨秀
嗚呼！北京學生聯合會！／獨秀
攝政內閣賣國賣民之點將錄／巨緣
上海大中華紗廠停業給我們的兩個教訓／春木
國會選舉制憲統一的噩夢／巨緣
顧維鈞就外長職和中國國際地位／春木
歐洲各國的陸軍競爭／大雷

太平洋上英日美的海軍競爭／大雷
讀者之聲／李子芬、呂品、鄧悲世、炳榮
對於共產黨時局主張之西報批評

第三十五期

中國人應該這樣孝哈定嗎？／和森
各省聯席會議／和森
江浙弭兵運動／和森
抵制日貨以後／仁靜
對華銀行團之新進行計畫／仁靜
大家都是良民那裡來的匪！／巨緣
未來的英法航空大戰／仁靜
英國船港工人罷工的失敗／仁靜
讀者之聲／栩文、一言

第三十六期

外交團正式提出之臨案通牒／和森
護路陰謀中之曼德計畫／章龍
『省憲經』與趙恆惕／澤東
中國之所謂五族共和／巨緣
美國主張不干涉的好意／巨緣
賠償問題之英法衝突／仁靜
世界革命中之德國／巨緣
洛桑會議之重開與閉幕／仁靜
南洋吉隆坡通信／楚屏

第三十七期

國人還不急起抵制英國亡我的侵略嗎？／振宇
『自動處置』聲中之共管案／章龍
如何反抗鐵路共管／國燾
大來案與中美『邦變』／章龍
國際共管與『國際自管』／章龍

這只是租界的治安問題嗎？／君一
護路案與各國間之利害衝突／振宇
法國覆英之牒文／振宇
英國失業人數之增多／筠翁
讀者之聲／白青、敬翼、黃居仁、岳斌周、周化南

第三十八期

共管案之變幻及其歸宿／章龍
護路提案與美日／獨秀
英國人與梁如浩／澤東
粵局與革命運動／獨秀
江浙和平公約與商界／獨秀
紙煙稅／澤東
『德國中等社會總理之最後一人』／振宇
洛桑會議後近東危機第一聲／振宇
非正式談話可解決賠償問題嗎？／振宇
讀者之聲／白青
餘錄

第三十九期

日本大災與中國／獨秀
國民黨應該號召國民反對英國的侵略／和森
一遍歡迎蘇俄代表聲／和森
張作霖令駐京東省議員離京／獨秀
章炳麟與民國／獨秀
大元帥贊助何東爵士嗎？／和森
日本大災在國際上的意義／和森
限制天空軍備會議——重新宰割弱小民族／章龍
讀者之聲／劬、ＡＢＣ、白青、安志成、炳榮

第四十期

黎元洪南來／獨秀
哈爾濱撤銷地畝運動與列強之干涉／和森
引人入勝的外交案——組織聯合艦隊／章龍
山東民眾的革命潮流／章龍
華會以後美國對華的德政一班／章龍

直派的大選股東究竟是誰？／文虎
美人私運軍火與臨城土匪軍火之來源／振宇
德法間快要成熟的買賣／和森
國際聯盟與中奧／章龍
四川通信／石公

第四十一期

嗚呼！英國偵探的和平運動／和森
試看英人護路的又一論證！／章龍
東鐵地畝問題／獨秀
國民黨本部不應招待美國侵略家／振宇
外交家的體面／章龍
江西馬家村農民抗稅運動／章龍
歐洲的土匪世界／和森
救災聲中日本軍閥的暴行／章龍
什麼縮減軍備會議——大家願意戰事／振宇
四川通信（續前）／石公
讀者之聲／再萬
餘錄

第四十二期

今年雙十期應該注意的四大事／和森
曹錕賄選與中國前途／獨秀
中俄會議——為了誰的利益？／君宇
喪權辱國的臨案覆牒／章龍
消極抵抗取消矣／仁靜
湖北通信／相拂
讀者之聲／童炳榮

第四十三期

賄選後國民所能取的態度／獨秀
曹錕與外交團／和森
吳佩孚硬要外交系組閣／和森
研究系與中國政治／獨秀

臨城案與僑日華工被殺案／獨秀
大批『懸案』開始解決／章龍
歡迎山東革命的民眾／章龍
陳炯明槍刺下的海豐農民／章龍
這又是美人對華人的親善／振宇
德國劇烈的階級鬥爭／仁靜
湖北通信（續前）／相拂

第四十四期

商人感覺到外國帝國主義助長中國內亂的第一聲／和森
美國帝國主義幫助趙恆惕之確證／和森
美國僑商公然在滬大開侵略會議／章龍
長沙市民新恥辱／章龍
臨案解決以後／章龍
湖北全省國民外交協會被解散了！／育南
內地河川將為海關鐵道之續！
德國的分立運動／和森
讀者之聲／崇德

第四十五期

美國機關報辯護承認北京政府的理由／和森
外艦聯防之另一用意／和森
單獨侵略與協同侵略／和森
中俄交涉的近況／仲平
英國帝國會議／仁靜
讀者之聲／燦真、甯一平
餘錄

第四十六期

安徽學界之奮鬥／獨秀
三巡閱發表後的吳佩孚／仲平
山東人民為威海衛交涉之奮鬥／和森
大可注意的金佛郎案／仁靜

原來是吳佩孚委託外艦運軍火／和森
何東的狐狸尾巴現出來了！／和森
被外國帝國主義宰制八十年的上海／和森
華人營業的自由也沒有了嗎？／振宇
赴洛赴日請示之王正廷／和森
兩月以來之湖南／味農
讀者之聲／汝良、謝兼度

第四十七期

陳炯明與政局／獨秀
外幣與主權／獨秀
對俄庚子賠款與國民教育／仲平
外國帝國主義者果為維護內債基金而反對國立八校的俄款運動嗎？／和森
美國奸商又在張家口橫行／和森
恢復華人領港權／獨秀
外人替曹錕策昇平／和森
好個江蘇省民／巨緣
英國的政爭／和森
讀者之聲／滌寰

第四十八期

為收回海關主權事告全國國民／和森
革命政府反抗帝國主義的第一聲／仁靜
趙恆惕陳炯明與聯省自治派／獨秀
廣東農民與湖南農民／獨秀
趙恆惕實行附北攻粵矣／致遠
英國帝國主義之鴉片政策／致遠
英國選舉中工黨之勝利／和森
中國國民黨改組宣言
中國國民黨黨綱草案

第四十九期

國民黨改造與中國革命運動／巨緣

聯省自治與新西南主義／獨秀
憲法與自治學院／致中
五十萬公債票被劫案／秋田
蘇俄在國際地位之復振／和森
孫中山先生改組國民黨之演說
中國國民黨黨綱草案（續前）

第五十期

關稅主權與資產階級／獨秀
賓步程與工人／獨秀
又是一個樂志華案／和森
東南大學要圈民田五百畝／和森
一個模範的國際共管城
中國國民黨章程草案

第五十一期

商界反對火車加價與和平運動／獨秀
最近粵海關問題之發展／仁靜
廣東戰爭之意義／獨秀
內債與軍閥／獨秀
研究系及小孫派／獨秀
密勒記者語妙天下／章龍
路透消息中之蘇俄／仁靜
廣東人民反抗帝國主義之表示／菊坡
漢口日捕房絞死田仲香的詳情／一純

第五十二期

祝上海絲紗女工協會成功／獨秀
蠻狠的美國僑商／章龍
王永彝大殺福建農民／震瀛
洋商船全副武裝航行內河／為人
津派勾結反直派／陳明

舒爾曼的排華論／為人
悼列甯／仁靜
日本政友會之分裂／獨秀
英國工黨內閣成立／為人
東三省實情的分析（上）／震瀛

第五十三、四期

為『二七』紀念告國人／為人
陝西農民的困苦／獨秀
國民黨大會宣言與國民／和森
上海捲煙商人抗稅失敗／為人
贊成粵省財政統一／為人
死不覺悟的外交系／維英
洋商反抗我國商標條例／維英
日本之政局／獨秀
蘇俄與美國／士炎
威爾遜與列甯／章龍
英國保守黨搗亂／為人

中國國民黨全國代表大會宣言
東三省實情的分析（下）／震瀛
閻氏統治下的山西／德中
言論界之不平鳴／蔚英
有誠意敬悼列甯麼？／德民

第五十五期

北洋軍閥三種新借款／獨秀
電報電話借款之祕密／獨秀
新疆省之煤油礦／獨秀
法國政黨之新趨向／獨秀
印度自治運動／獨秀
捲煙特稅問題／獨秀
軍閥的統一運動／為人
國民黨與下等階級／屈維它
寸鐵十一則／獨秀
魯爾佔據與法英兩國的資本主義／陸敬
餘錄

第五十六期

商界反對外人干涉中國內政第二聲／獨秀
意械事件／獨秀
土耳其放逐教主／獨秀
國民黨之模範的改造／獨秀
荷蘭與遠東／獨秀
蘇聯對日賑濟計劃變更的原因／維英
中國承認蘇俄與東交民巷／巨緣
告合作社同志們／獨秀
寸鐵五則／獨秀
什麼話

第五十七期

上海織綢廠焚斃女工之責任者／獨秀
工黨政府下之英國工人罷工運動／獨秀
時事新報之理藩政策／巨緣
意械問題與外交團／章龍
反直者可以為鑑／為人
英國勞動黨成功之經濟的說明及其與社會主義之關係／周佛海
寸鐵四則／獨秀

第五十八期

中國工人運動之轉機／獨秀
中俄會議之成敗／獨秀
煤油戰爭／獨秀
飛律賓之獨立運動／獨秀
行憲會議——憲法運動的葬儀／章龍
北洋大學學生真正的對敵／為人
英國勞動黨成功之經濟的說明及其與社會主義之關係（續前）／周佛海
寸鐵六則／獨秀
什麼話
緬甸通信／ＰＵＳ

第五十九期

工界最近之慘劇／獨秀
評中俄協定／獨秀
日本清浦內閣第一次向我武裝示威／為人
藥山農民反抗貪吏劣紳／為人
蘇聯憲法與共產主義／秋白
寸鐵四則／獨秀
肉麻世界

第六十期

湖南廢省憲運動／獨秀
收回上海會審公廨與租界取締印刷物／仁靜
中國商人將如何希望列強？／仁靜
導淮與外患／仁靜
中俄交涉雜評／仁靜
中俄交涉聲中的讕言／章龍
寸鐵五則／為人、獨秀
南京通信／園丁

第六十一期

上海租界三大問題／獨秀
法意今後的政局／為人
英工黨住屋提案之失敗／仁靜
太戈爾的國家觀念與東方／瞿秋白
中國人的言論自由與外國人的政府／巨緣
寸鐵八則／為人、章龍

第六十二期

導淮問題與政治／獨秀
誰是帝國主義者？／巨緣
美國移民案與海軍案／獨秀
麻木的北京城中一個兵／為人
國民黨左右派之真意義／獨秀

寸鐵八則／實庵
察哈爾通信／鄭業白
國民常識
什麼話
廣州『聖三一』學生宣言

第六十三期

今年『五一』節與中國工人
臨城案件與地震慘殺案／正厂
哈巴克心格底不幸和我們底不安／正厂
國際共管在上海開刀／正厂
喪權辱國之無線電密約／獨秀
關稅會議的『時機』／章龍
英俄會議與日俄會議／為人
投降條件下之中國教育權／獨秀
寸鐵四則／實庵
外力宰制下之華人生命／育南
通信／S. C.

餘錄

第六十四期

國恥紀念日檄告全國同胞
外患日誌／記者
英意人毆傷巡士稅吏／獨秀
上海租界工部局能在華界行使職權麼？／獨秀
歡迎廣州上海兩學生會／獨秀
歡迎奉天東報復刊／獨秀
排外與排內／章龍
煙台調查／郭壽生
寸鐵三則／實庵

第六十五期

美國退還賠款的陰謀／章龍
關稅會議的效用／正厂

反對推廣租界和收回公廨聲中的宜樂里拆屋案／正厂
美國移民案與我們／正厂
上海租界的最近治安／為人
日法合作／為人
我們底出路／正厂
煙台調查（續前）／郭壽生
外人在中國內地設立教堂案／鮑蔭昌
法國底政治經濟狀況／任卓宣
國民常識

第六十六期

工界厄運重重／獨秀
漢口之黨獄／獨秀
世界的反動政象之轉機／獨秀
請看帝國主義底『自供』／楚女
對於『中國協會年會』底批評／楚女
煙台調查（續前）／郭壽生
寸鐵三則／獨秀
通信／曾南挽
請看美人自供

第六十七期

告勞動平民和青年學生
英兵入藏窺川／為人
北京之黨獄／為人
煙台調查（續前）／郭壽生
寸鐵七則／實庵、獨秀
中國青年之共同抱負
『聖三一』學生第二次宣言

第六十八期

『六三』紀念與最近軍閥列強之聯合進攻
外患日誌
楊德甫等冤殺與國民黨／獨秀

中俄協定簽字後之蒙古問題／獨秀
外人對於商標之無理要求／獨秀
廈門大學學生也有今日／獨秀
大連調查／沈寅
寸鐵五則／獨秀、實庵
崇拜軍閣底罪惡／一平
肉麻世界
什麼話
九江碼頭工人罷工宣言

第六十九期

德國對華賠款問題／獨秀
北京政府任命川省官吏／敬雲
法國之新政局與對華外交／仁靜
河南盧氏縣人民對軍閥之反抗／仁靜
無政府工團主義與黑暗勢力／獨秀
顧維均宅之炸彈案／子穀
寸鐵五則／獨秀

第七十期

法國政潮／獨秀
中俄邦交恢復中的列強干涉問題／為人
歡迎商報底提議／楚女
關稅會議絕望了／章龍
俄使館問題／章龍
關於海豐農民運動的一封信／澎湃
對德參戰之功罪／蕭楚侶
徐州教會學生奮鬥的經過／朱務平

第七十一期

上海絲廠女工大罷工／獨秀
上海租界的治安／章龍
孫陳調和／為人
國民黨與勞動運動／獨秀
新聞的侵略／T. C.
寸鐵九則／實庵、獨秀、楚女

對於中俄協定之輿論／記者

第七十二期

智利領判權與中國主權／獨秀
內國銀行又供給軍閥一百萬元／獨秀
法西斯黨與中國／獨秀
美國侵略中國之又一形式——三K黨／獨秀
外患日誌
拉德克論英國工黨政府／赤城譯
寸鐵三則／實庵、獨秀
國民常識
我們因為三K黨而要注意的兩件事／蕭楚侶
廣州學生會收回教育權運動委員會宣言

第七十三期

孫寶琦去職與金佛郎案／獨秀
外人私運軍火與中國治安／獨秀
英法兩國之對外政策／獨秀
交民巷的獨霸局面不保了／章龍
『中國人之怨望』／楚女
法國選舉狀況／任卓宣
寸鐵十一則／獨秀、實庵

第七十四期

收回教育權／獨秀
上海防盜問題／獨秀
萬縣事件與中國青年／楚女
法蘭西的『左派聯合』與『工農聯合』／鄭超麟
寸鐵二則／獨秀
法西斯的禍水已經來了！／蕭楚侶
廣州反抗文化侵略青年團通電

第七十五期

美國侵略與蒙古獨立／獨秀
反帝國主義運動聯盟／獨秀
世界第一名帝國主義者——英國／趙世炎
內蒙古及熱察綏三區近狀／麟符
洛吳對內蒙之新政策／鏡湖
寸鐵七則／獨秀
萬縣案之京內外各團體致領袖公使公函

第七十六期

新銀團與中國／獨秀
帝國主義者援助軍閥之又一證據／獨秀
沙面罷工與民族主義者／獨秀
廢約運動／為人
世界第一名帝國主義者——英國（續前）／趙世炎
北京八校聯席會廢約宣言

第七十七期

再論外人私運軍火與中國治安／獨秀
大水災與賑災附加捐／獨秀
日本在華侵略之新計劃／獨秀
加哇的民族運動／獨秀
博山工人狀況／蒼生
寸鐵六則／獨秀

第七十八期

歐戰十週紀念之感想／獨秀
世界戰爭第十週年／韋譯
民眾屠殺之十週年／韋譯

第七十九期

美國人又以軍火供給北洋軍閥／獨秀

反革命的廣東商團軍／獨秀
日本對華經濟侵略之最近表現／獨秀
關稅協定之外賣國政府又與外商協定紙煙稅／獨秀
又是一個樂志華／獨秀
歡迎全國學生代表大會／為人
外患日誌
法國共產黨宣言
法國選舉後政治經濟情形／任卓宣

第八十期

江浙戰爭／獨秀
倫敦會議／獨秀
路意致麥克唐納爾書
國民革命與反帝國主義運動／文恭
寸鐵十則／獨秀
廣州通信／春園

第八十一期

我們對於義和團兩個錯誤的觀念／獨秀
帝國主義與義和團運動／述之
義和團與國民革命／和森
列甯與義和團／大雷
辱國殃民之辛丑和約／慰

第八十二期

中國共產黨第三次對於時局宣言
江浙戰爭與外國帝國主義／君宇
帝國主義軍閥買辦右派共同宰割之下的廣州革命政府／公俠
商團事件的教訓／和森
國民黨右派反革命的經濟背景／述之

第八十三期

北伐呢？抵抗英國帝國主義及反革命呢？／和森
江浙戰爭之世界政局的背影／述之
帝國主義計畫中之共管中國的方式／大雷
南洋煙廠罷工與上海的報紙／君宇
我們的回答／獨秀
外報鼓吹國際管理中國之又一論調／光赤

第八十四期

西南團結與國民革命／獨秀
江浙戰爭與國民黨／述之
英美帝國主義要以宰制德國的方法來宰制中國／述之
羅素與士林西報／大雷
南洋煙廠罷工中上海報界之原形／述之
南洋煙草罷工與國民黨右派／南冠

第八十五期

國民黨的一個根本問題／獨秀
帝國主義與反革命壓迫下的孫中山政府／巨緣
警告國民黨中派諸領袖／和森
我們為什麼反對國民黨之軍事行動／述之
南洋煙草資本家打破罷工之惡辣手段／振宇
寸鐵三則／和森
俄國工人學生反對干涉中國與中國國民革命運動／赤雲
日本帝國主義口中的湘省改憲案／大亮
英工黨內閣與帝國主義／永猶

第八十六期

辛亥革命的原因與結果／述之
辛亥革命與國民黨／獨秀
辛亥革命在中國國民革命上之意義／大雷

第八十七期

軍閥戰爭之一幕／和森
廣州反革命之再起／和森
帝國主義製造戰爭宰制中國之繼續工作／述之
英國工人政府的命運／述之
廣州印刷工人罷工之經過／巨緣
對於廣州印刷工人二次罷工的感想／和森
倫敦會議與世界局勢／味根
國民黨右派慘殺黃仁案／獨秀
馬超俊在兵工廠之十罪狀／廣東兵工廠工人

第八十八期

商團擊敗後廣州政府的地位／和森
廣東商團事變之根本原因及其對中國國民革命上所與之教訓／述之
擴張租界與商業資產階級／大雷
百萬俄人參與助華運動／超麟
請看麥克唐納爾之革命方法／述之
直系軍閥馬蹄下的山東人民／碩夫

第八十九期

北京政變與中國人民／獨秀
北京政變之內幕及其結果／和森
北京政變與國民黨／和森
北京政變與投機無恥的公團之請求／述之
肅清內部／獨秀
廣州革命派與反革命派的大激戰／惠仙
告全國國民

第九十期

十月革命與列甯主義／述之
俄羅斯十月革命與中國最大多數人民／獨秀
十月革命第七週年之蘇俄與資本主義世界／述之

馬克思主義與暴動／列甯
十月革命與弱小民族／瞿秋白

第九十一期

歡迎孫中山先生離粵來滬／和森
國民黨的政治態度／獨秀
段張馮三派軍閥暗鬥之北方政局／和森
唐山工人之新厄運——帝國主義和軍閥所造出來的戰爭之結果！／述之
英美選舉結果與世界反動局面之重來／述之
帝國主義戰爭的『休戰紀念』到了／述之

第九十二期

中國共產黨對於時局之主張
孫中山先生來滬與帝國主義／述之
答國民黨中央執行委員會／記者

最近二月廣州政象之概觀／伍豪
吳佩孚鐵蹄下之湖北／若愚

第九十三期

國民會議及其預備會議／獨秀
中國共產黨對於時局主張的解釋／述之
北京政變後帝國主義最近進攻之新形勢／述之
段祺瑞來京以前／羅敬
英國帝國主義對於埃及之壓迫／大雷
帝國主義的『大上海』夢想已在暗地裡進行了／超麟
本報啟事

第九十四期

孫段合作與國民黨之運命／獨秀
段祺瑞執政與不平等條約／述之
目前政局與工人階級／述之

戰爭與加稅／超麟
上海資本家的走狗歡迎帝國主義欺騙勞動階級之走狗
亨利／述之
段祺瑞來京以後／羅敬
讀者之聲／高興難、魏以新、董雲峰、曾培洪

第九十五期

列強與中國國民會議／魏琴
國民會議促成會與中國政局／獨秀
勗國民會議促成會／述之
地方的政治爭鬥與全國的政治爭鬥／和森
國民會議之怒潮／超麟
英國機關報的狡猾論調／魏琴
本報啟事

第九十六期

帝國主義國家在中國之宣傳／魏琴
國民會議聲中之民選省長／獨秀
英美日衝突加緊與中國政局／天聲
英國帝國主義壓迫中國民族之三個證據／天聲
帝國主義蹂躪上海大學的追記／何秉彝
對帝國主義文化侵略之又一抗議——雅禮罷課事件
／超麟
南洋公司與其走狗破壞失業工人組織之無恥／隆郅
讀者之聲／夏夢生、馬道甫

第九十七期

國民會議、軍閥和帝國主義／魏琴
國民會議與商人貴族／獨秀
舒爾曼與美國對華的外交／魏琴
大家起來反對段祺瑞之御用的善後會議／述之

請看工賊袁正道張德惠等迎合帝國主義和軍閥之自供／述之
讀者之聲／馬道甫

第九十八期

孫中山先生之態度問題／述之
帝國主義與反基督教運動／魏琴
北方最近之政情／羅敬
我們對於造謠中傷者之答辯／獨秀
中山北上後之廣東／伍豪
更正

第九十九期

中國共產黨第四次大會對於列甯逝世一週紀念宣言
列甯與中國／獨秀
殖民地被壓迫人民所應紀念的列甯／碩夫
一九〇五年的列甯／秀諾維埃夫
列甯不死／魏琴

第一〇〇期

中國共產黨第四次大會宣言
我們應如何對付善後會議／獨秀
論日本之承認蘇俄／魏琴
最近北方政象及民眾勢力之勃興／仁靜
武漢國民運動的現狀／秋君

第一〇一期

孫中山病後帝國主義與軍閥之陰謀／和森
二七紀念
中國共產黨祝全國鐵路總工會代表大會
嚮導週報社祝全國鐵路總工會代表大會
二七鬥爭之意義與教訓／述之

一九二三年之二七與一九二五年之二七／秋白
中國國民革命運動中工人的力量／獨秀
二七紀念與國際職工運動／超麟

第一〇二期

上海小沙渡日本紗廠之大罷工／雙林
大家應該開始懂得善後會議的價值了／獨秀
段祺瑞的假和平主義與戰爭／和森
鴉片會議給中國人的教訓／天聲
一封給章行嚴的信／獨秀
道威斯計劃施行後的國際狀況／超麟
湖南的政治狀況／羅夫

第一〇三期

愚弄國民的國民會議條例／獨秀
段祺瑞執政後軍閥與帝國主義的新攻勢／和森
被壓迫者的自由與赤化／獨秀
民族的勞資鬥爭／雙林
寸鐵六則／實庵
京漢鐵路總工會宣言／（來件）
讀者之聲／梁五一

第一〇四期

日本帝國主義和中國工人／一個日本人
中山病危與國民黨／心誠
帝國主義的傭僕與中國平民／雙林
全國鐵路總工會第二次代表大會之經過與結果／樂生
全國鐵路總工會第二次代表大會宣言／（來件）
讀者之聲／雅零

第一〇五期

河南戰爭的禍首——段祺瑞／和森

江蘇人民怎樣解除軍閥的宰割與戰禍／和森
帝國主義者及其工具對付中國國民運動之總策略／獨秀
日本對華貿易之經濟侵略／雙林
善後會議中的北方政局／羅敬
寸鐵四則／實庵
英國帝國主義對於埃及的壓迫／路意

第一〇六期

悼孫中山先生／獨秀
廣東反革命勢力的覆滅／和森
胡適之與善後會議／雙林
請看帝國主義的橫暴／超麟
寸鐵十一則／實庵、反戈
西南團結聲中之湖南／羅夫
英國帝國主義對於埃及的壓迫（續）／路意

第一〇七期

中國共產黨為孫中山先生之死告中國民眾
中國共產黨致唁中國國民黨
孫中山逝世與國民革命／和森
評孫中山先生死後之各方面／獨秀
孫中山逝世與廣東戰況／心誠
孫中山之死與孫中山之敵／雙林
第三國際致國民黨之唁電／季諾維埃夫
俄國共產黨致國民黨之唁電／斯達林

第一〇八期

中山去逝之前後（北京通訊三月廿日）／羅敬
日本普選與無產階級／花田生
海員的新爭鬥／特立
淞滬特別市和淞滬的民權／雙林
今年開始之國際形勢／拉狄客

第一〇九期

金佛郎案與國民黨／和森
統一與分立／獨秀
上海之外國政府與中國臣民／雙林
安福政府對於輿論的摧殘／和森
寸鐵十則／實庵、反戈
湖南通訊／羅夫、喜子

第一一〇期

孫逸仙之死／季諾維埃夫
革命與反革命（北京通訊四月四日）／羅敬
形勢嚴重之美國帝國主義戕殺福州學生事件／超麟
賣國備戰的金佛郎案／和森
上海的童工問題／其穎
廣東前敵通訊／一個戰士

第一一一期

亡國的上海／獨秀
馮自由派反革命運動的解剖／和森
萍鑛工人的奮鬥／其穎
寸鐵六則／反戈
法蘭西的革命與反革命／超麟
英國帝國主義對於埃及之壓迫（續第六期）／路意

第一一二期

中國共產黨一九二五年『五一』告中國工農階級及平民
中國共產黨給第二次全國勞動大會的信
今年五一之中國政治狀況與工農階級的責任／和森
今年五一之廣東農民運動／和森
今年五一之國際狀況／亦農
今年五一之蘇聯／若飛

五一紀念與國際勞動運動／雙林
無產階級政黨與職工會／超麟
青島大康紗廠全體工人泣告書／（來件）
京漢鐵路總工會信陽分會為工賊破壞工會宣言

第一一三期

五四紀念與民族革命運動／雙林
何謂國民黨左派？／和森
青島日本紗廠工人的奮鬥／其穎
德國資產階級的軍政狄克推多代替了民眾狄克推多／超麟
國民會議促成會全國代表大會之經過與結果（北京通訊）／羅敬

第一一四期

五七國恥與日本帝國主義／雙林
今年五一廣州之兩大盛舉（廣州通訊五月二日）／亦農
青島日本紗廠工潮之擴大（青島通信四月廿九日）／碩甫
寸鐵十二則／實庵
法蘭西的革命與反革命（續一一一期）／超麟

第一一五期

五七紀念北京學生奮鬥的意義／和森
上海日本資本家槍殺中國工人／超麟
孫中山死後國民黨之前途／小摩
中國第二次勞動大會之始末（廣州通訊五月九日）／亦農
日本勞動運動中左右兩派之鬥爭／花田生

第一一六期

反唐與國民革命／獨秀

在槍殺中國工人中日本帝國主義者對於上海市民之威嚇／若飛
日本對華之屠殺政策／雙林
吳佩孚入岳後之長江局勢（五月十三日湖南通信）／羅夫
青島紗廠工人罷工之始末／吳雨銘

第一一七期

中國共產黨為反抗帝國主義野蠻殘暴的大屠殺告全國民眾
上海大屠殺與中國民族自由運動／獨秀
日本紗廠工潮中之觀察／獨秀
大屠殺中上海報紙的論調／尹寬
帝國主義屠殺上海市民之經過／超麟
青島日本帝國主義者殘殺工人之慘劇（青島通訊五月卅日）／實敷

第一一八期

此次爭鬥的性質與我們應取的方法／獨秀
上海大罷業與日本工人階級／花田生
帝國主義鐵蹄下之中國／超麟
形勢嚴重下之廣州政府（廣州通訊五月卅一日）／亦農

第一一九期

帝國主義之五卅屠殺與中國的國民革命／秋白
帝國主義鐵蹄下之中國（續）／超麟
中國共產主義青年團為反抗帝國主義屠殺中國市民告全國青年

第一二〇期

共產國際等告世界工人農民書
我們如何應付此次運動的新局面／獨秀

五卅屠殺後的奉系軍閥／秋白
漢口屠殺案之真相（湖北通訊）／若愚
青島屠殺之經過（青島通訊）／實敷

第一二二期

中國共產黨中國共產主義青年團宣言
廣州戰爭之意義／獨秀
五卅運動之意義／唐興奇
青島屠殺之經過（青島通訊）／實敷
讀者之聲／喜子、記者

第一二三期

為工會條例事告全國工人
大英帝國主義與奉軍／田杜
中國工人所要的工會條例是甚麼？／超麟
莫斯科的精神／杜洛次基
趙恆惕鐵蹄下之反帝國主義運動
（七月一日湖南通訊）／羅夫

第一二三期

上海事變之世界的意義／季諾維埃夫
中國工人及其工會在此次運動中的作用／吉了
寸鐵三則／實
湖北近況一瞥（湖北通訊）／一之
五卅二週月紀念告上海工人學生兵士商人

第一二四期

此次運動中之帝國主義與軍閥／獨秀
馬克斯與中國／里亞贊諾夫
我在中國紛亂中應負的責任／季諾維埃夫
為南京青島的屠殺告工人學生和兵士
膠濟鐵路總工會代表泣告書

第一二五期

中國共產黨中國共產主義青年團告工人兵士學生
軍閥及資產階級在上海民眾運動中之影響／獨秀
五卅後反帝國主義聯合戰線的前途／秋白
帝國主義的報紙外交家基督教徒與中國之民族解放運動
／魯仁
為海員工會濟安會被擾告上海工人

第一二六期

全國被壓迫階級在中國共產黨旗幟底下聯合起來呵
我們如何繼續反帝國主義的爭鬥？／獨秀
寸鐵四則／實
上海工人的新要求／心誠
青島慘劇之經過（青島通訊八月十五日）實甫

第一二七期

中國共產黨為廖仲愷遇刺訔國民黨
關稅會議與司法調查／魏琴
英國帝國主義對中國的進攻與廣州國民政府／秋白
帝國主義工具之一——工賊／超麟
大陸報與中國工人運動／魯仁

第一二八期

義和團運動之意義與五卅運動之前途／秋白
民族解放運動的新時期／心誠
本報三年來革命政策之概觀／獨秀
三年來的職工運動／心誠
辛丑條約對於中國的影響／子毅
中國反帝國主義運動在世界革命上的意義／超麟

第一二九期

五卅運動中之國民革命與階級鬥爭／秋白
給戴季陶的一封信／獨秀
寸鐵四則／實

第一三〇期

五卅運動後之九七屠殺／秋白
廖仲愷被刺前後的廣州政局／亦農
給戴季陶的一封信（續）／獨秀
巴黎獄中寫來的一封信／任卓宣

第一三一期

中國共產黨為總工會被封告工友
我們對於關稅問題的意見／獨秀
巴黎獄中寫來的一封信（續）／任卓宣

寸鐵九則／實
張宗昌治下的山東（山東通訊九月二十日）／S生

第一三二期

上海總工會被封與上海工人今後的責任／述之
近東的新風雲／超麟
巴黎獄中寫來的一封信（續）／任卓宣
湖南反革命勢力的結合（湖南通訊九月二十日）／羅夫

第一三三期

今年雙十節中的廣州政府／獨秀
反動軍閥專政下的雙十節／心誠
旅法華人反帝國主義運動與留法青年黨的告密／任卓宣
方本仁媚外殘民（江西通訊十月一日）／米流金

第一三四期

中國共產黨共產主義青年團對反奉戰爭宣言
反奉運動與法統問題／獨秀
反奉戰爭與國民革命運動／秋白
寸鐵五則／實
旅法華人反帝國主義運動與留法青年黨的告密（續）／任卓宣
德國無產階級與五卅運動（柏林通訊）／健一

第一三五期

世界社會革命開始後之第八年／秋白
十月革命與中國民族解放運動／獨秀
十月革命列寧主義和弱小民族的解放運動／超麟

第一三六期

中國民族運動中之資產階級／獨秀
反奉戰爭與革命民眾／國燾
敘利亞的暴動和屠殺／超麟
德國無產階級與五卅運動（續柏林通訊）／健一

第一三七期

什麼是國民黨左右派？／獨秀
滬案重查與五卅屠殺的結局（？）／秋白
東江勝利後之廣東／林偉
安源工人之慘劫／羅夫

第一三八期

中國共產中國共產主義青年告全國民眾
國民黨中之左右派鬥爭與共產黨／述之

洛迦諾會議與反蘇聯的帝國主義聯合／超麟
寸鐵七則／實
一封公開的信致中國國民黨黨員

第一三九期

為日本出兵干涉中國告全國民眾
人民應急起反對日本帝國主義之軍事侵略／述之
國民黨新右派之反動派傾向／獨秀
北京十一月廿九卅兩日的示威運動的意義／魏琴
一封公開的信致國民黨全體黨員／張國燾

第一四〇期

悼劉華同志
郭松齡失敗之重大意義／碩夫
上海國民黨右派總算是第一次出來反對日本帝國主義主了／述之
北京民眾反段運動與國民黨右派破壞的陰謀（北京通訊）／羅敬
趙恆惕專政下的民眾（湖南通訊十二月五日）／羅夫

第一四一期

直系軍閥之反動行為／述之
反日運動中所謂蘇俄進兵的傳說／超麟
吳佩孚再起後的湖北（武昌通訊十二月二十九日）／日知
蘇聯的國際地位／季諾維埃夫

第一四二期

所謂反奉戰爭之結束與民眾目前的責任／述之
五卅案重查的結果與國民革命的聯合戰線／秋白
不成理由之日本進兵滿洲理由／超麟
國際聯盟與蘇俄／超麟

再起後的吳佩孚（湖北通訊）／日知
日趨緊迫的江西（九江通訊）／米流金

第一四三期

中東路事件中日本帝國主義和奉張的陰謀／述之
列甯主義與中國國民革命／秋白
帝國主義與軍閥的聯合戰線還是民眾的聯合戰線／述之
帝國主義又一騙局——法權會議／超麟
郭松齡失敗後北方政治軍事之概觀（北京通訊一月十一日）／列武
讀者之聲——國民黨右派的小技倆／梁由、記者

第一四四期

民眾應急起向吳佩孚下總攻擊／述之
國民會議與聯合戰線／秋白
中東路事件中反動派之反蘇聯的宣傳／超麟
繼劉華而死之周水平／立理
寸鐵五則／它
讀者之聲——對階級爭鬥的一個疑問／梁明致、記者

第一四五期

中國共產黨共產主義青年團為吳佩孚聯奉進攻國民軍事告全國民眾
中國國民黨第二次大會的教訓／國燾
國民應為國民會議而戰／秋白
中國職工運動戰士大追悼週之意義／秋白
『二七』三週紀念日追溯一年來中國鐵路工會運動的發展／章龍
寸鐵四則／（它）
吳佩孚侵豫聲中之河南（開封通信）／雷音
反奉戰爭期間陝西各方面之情況（西安通信）／武陵

第一四六期

孫中山先生逝世週年紀念日告中國國民黨黨員
反赤運動與中國民族運動／獨秀
英國進攻中國之計劃
（譯二月二十日上海字林西報倫敦通信）
英日帝國主義在北方的陰謀與民眾之反抗（北京通信）
／雷音
讀者之聲——對於階級鬥爭的討論／梁明致、記者

第一四七期

中國共產黨為段祺瑞屠殺人民告全國民眾
國民軍失敗後民眾應有之覺悟與責任／述之
中國境內之華人參政問題／秋白
國民軍第二軍之失敗（河南通信）／神州
寸鐵（三則）／（實）
讀者之聲——怎樣實現國民革命？／陸耀文、江沛、
記者

第一四八期

中國革命勢力統一政策與廣州事變／獨秀
方本仁的失敗／雷音
國民黨右派之過去現在及將來／獨秀
廣州事變之研究／致中
替段祺瑞辯護之國家主義者／超麟
欺騙勞動階級的全亞細亞勞動會議／立三
寸鐵（三則）／（實）
武漢工人遭受的厄運（漢口通信三月十五日）／白昊
北京職工運動概況（北京通信三月十五日）／正零
讀者之聲——蘇俄與民族解放／劉此生、記者

第一四九期

國直妥協與北京政變／述之
湖南政變之由來及其意義／羅夫
北京屠殺後之中國民族的仁愛性／秋白
北京屠殺後上海教職員的反動／超麟

什麼是帝國主義？什麼是軍閥？／獨秀
寸鐵／（實）
讀者之聲——蘇俄與民族解放（續）／記者

第一五〇期

國民軍與北方政局／獨秀
再論中國境內之華人參政問題／秋白
國民黨右派大會／獨秀
讀者之聲——三論階級鬥爭／梁明致、記者

第一五一期

第二次和第三次勞動大會之間的中國勞動運動／獨秀
中國革命的五月與馬克思主義／秋白
今年的『五一』與中國的反赤運動／超麟
一九二六年『五一』之際國際職工運動的趨向／超麟
奉系軍閥統治下的北京／雷音
國民軍失敗後帝國主議者向中國民眾進攻的新戰略／雷音
寸鐵（九則）／（實）
中國共產黨致第三次全國勞動大會的信
中國共產黨致第一次全國農民大會的信

第一五二期

最近政局之觀察／獨秀
英日吳張戰勝後之中國資產階級／秋白
我們要認清敵與友／獨秀
英國的總同盟罷工／超麟
寸鐵（四則）／（實）
白色恐怖的北方反動政局（北京通信）／羅敬

第一五三期

最近中國之中央政府問題／秋白

南方形勢與國民黨／獨秀
憲法與賄選／獨秀
英國總同盟罷工的第一星期／超麟
英國大罷工與東方民族運動／獨秀
寸鐵（四則）／（實）
南京概況（南京通信）／邊諾孚
讀者之聲——勞動界的知識與武裝／趙成章、記者

第一五四期

五卅週年大示威中之上海問題／秋白
奉直衝突之迫近與各方應取的態度／獨秀
孫傳芳最近的主張／獨秀
英國總同盟罷工之終止／超麟
寸鐵（十則）／（實）
傷心慘目的北京城（北京通信）／岳威

第一五五期（五卅特刊）

五卅週年紀念告全國民眾
五卅週年中的中國政局／秋白
打破『民族的巴士的獄』／獨秀
五卅的赤血與中國的赤化／赤夫
寸鐵（三則）／（實）
第三次全國勞動大會之經過及其結果（廣州通信）／樂生
五卅後的上海的郵務工人／邦鉞（投稿）

第一五六期（上海市民紀念五卅運動特刊）

對於上海五卅紀念運動之感想／獨秀
上海五卅週年運動之經過及意義／碩夫
五卅紀念運動之教訓與上海民眾之責任／施英
『不忘記了我們的劉華！』／超麟

第一五七期

北京的巨頭會議和政治公開問題／秋白
里夫民族的失敗／超麟
中國共產黨致中國國民黨書
給蔣介石的一封信／獨秀
最近國民黨中央全體會議之意義（廣州通信）／樂生
北方政局新變化之徵兆（北京通信）／羅敬

第一五八期

顏內閣之大賣國計畫／秋白
動搖中之資本主義穩定／超麟
紅槍會與中國的農民暴動／獨秀
寸鐵（六則）／（實）
河南紅槍會被吳佩孚軍隊屠殺之慘狀（河南通信）／瀟湘
一封公開的信致蔣介石先生／高語罕
讀者之聲——法國帝國主義對安南華僑之高壓／譚明如、記者
——非反赤／漢幟、記者

第一五九期

奉直對峙的混沌政局／獨秀
日本對華屠殺後的中日親善會／秋白
朝鮮之大示威運動／一個朝鮮人
反赤軍統治下的外交／超麟
上海最近的罷工潮／施英
武昌中華大學武劇中國家主義者的搆陷／超麟
寸鐵（九則）／（實）（它）

第一六〇期

革命的上海／獨秀
上海總工會二次被封／碩夫

再論上海的罷工潮／施英
民眾心目中的廣東／國燾
寸鐵（九則）／（實）
靳雲鶚免職前後北方軍事概況（北京通信）／列武
劉鎮華治下之陝西現狀及農民的反抗運動（三原通信）／安人
讀者之聲——革命的目的／倬雲、記者

第一六一期

論國民政府之北伐／獨秀
三論上海的罷工潮／施英
中國大資產階級、自由保障會與……共產主義／超麟
寸鐵（四則）／（實）
天津會議與時局的將來（北京通信）／列武
讀者之聲——介紹馬克思主義著作之重要／海帆、德連、記者
——告青年學生／彝初、記者

第一六二期

法蘭西大革命紀念日感言／述之
帝國主義者最近在上海之暴行／獨秀
上海買辦階級的威權與商民／秋白
上海總工會被封以後的話／碩夫
北伐聲中之湖南（湖南通信）／葛特
悼我們的戰士——王中秀同志／章龍
讀者之聲——讀了國民黨右派告同志書之後／張永年、記者

第一六三期

中國共產黨對於時局的主張

第一六四期

敬告上海市民！

軍閥統治下之災荒與米荒／述之
友誼磋商出來的滬廨交還協定／超麟
四論上海之罷工潮／施英
寸鐵（三則）／（連）
讀者之聲——武昌中華大學武劇之真相／武源、記者

第一六五期

北伐軍攻克長沙與政局前途之推測／述之
法國政潮之一瞥／卓宜
亞細亞民族大會／超麟
北方鐵路工人生活之困狀與自救／章龍
張吳會面後北方的政局（北京通信）／列武
河南焦作的民眾（河南通信）／龔逸情
中國國民黨中央執行委員會來信
讀者之聲——中國共產黨與……陳公博、嚴壽山、中國共產黨
——國民政府治下之廣西／N. Fierce、記者

第一六六期

政局將變化中之孫傳芳的態度／述之
反英運動與結束省港罷工／平山
亞細亞民族大會之結果／超麟
亞細亞國際聯盟／吉了
印度印回教徒之衝突／馬恩
武漢最近的幾次工潮（漢口通信）／白天
水深火熱之鄭州工人（鄭州通信）／席士金
讀者之聲——豆腐漲價與嚮導週報／冬原、記者

第一六七期

中國政局大變動之前日與民眾之責任／述之
此之謂中日親善／龍池
五論上海的罷工潮／施英
北方最近政情及安福派之時局推測（北京通信）／列武
中國共產黨致粵港罷工工人書

讀者之聲——關於『北伐』之兩種不同的觀念
／于楓冷、記者

第一六八期

且問問孫傳芳的保境安民／述之
最近之白色恐怖／超麟
日本帝國主義經濟侵略下的中國工人／仁至
法蘭西之危機／馬樂
寸鐵（四則）／（連）
吳系軍閥統治下之彰德（彰德通信）／天然
讀者之聲——社會革命成功以後／惠民、記者

第一六九期

奉聯軍攻下南口與北伐軍攻下岳陽／述之
上海日廠工人反日罷工／施英
孫傳芳對贛之一箭雙鵰／超麟
讀了孫傳芳致蔣介石書以後／述之
河南軍事狀況與政治前途（開封通信）／素懷
陳森事件之真相（廣州通信）／羅浮

第一七〇期

我們的北伐觀／述之
廢約運動與九七紀念／龍池
注意長江英艦干預戰事／超麟
孫傳芳解散上海保衛團與上海資產階級／述之
奉票跌價與奉系軍閥之前途／超麟
北伐聲中廣東之政治狀況（廣東通信）／叔堅

第一七一期

北伐軍佔領武漢以後／述之
北代軍戰勝聲中英國對華的陰謀和壓迫／超麟
北伐聲中廣東之農民狀況（廣州通信）／羅浮

讀者之聲——討論北伐問題／張人傑、符琇、黃世見、冥飛、獨秀

第一七二期

我們現在為什麼爭鬥？／獨秀
北伐軍佔領武漢後之廣東往那裡走？／述之
七論上海的罷工潮／施英
寸鐵（十一則）／（實）
日本資產階級的反動政策（日本通信）／山水

第一七三、四期合刊（萬縣九五慘案特刊）

中國共產黨為英國帝國主義屠殺萬縣告民眾書
帝國主義者對待中國人之態度／獨秀
歐洲給與中國的幫助／馬恩
慘無人道之英國帝國主義屠殺萬縣／記者
萬縣大屠殺之反響／記者

第一七五期

怎樣紀念今年的雙十節？／述之
我們現在怎樣鬥爭／獨秀
中國民眾速起反對英國之對華干涉政策！／馬恩
英美在遠東的報紙與中國事變／馬恩
寸鐵（十一則）／（實）
英國帝國主義最近之蠻橫（廣州通信）／叔堅
劉鎮華在陝西討赤的成績（陝西通信）／中哲
悼趙醒農同志！／孟冰
讀者之聲——國民政府與廣東革命民眾／德連、記者

第一七六期

孫傳芳之殘暴及其末路／述之
對於國民黨中央會議的希望／獨秀
香港罷工終止了——反香港的鬥爭萬歲！／馬恩
國際帝國主義與東方被壓迫的國家／馬恩
寸鐵（九則）

北方軍事政治狀況（北京通信）／柏鈞
讀者之聲——國民政府治下之廣西／慧禪、記者

第一七七期

論浙江和上海事變與孫傳芳／述之
對於國民軍再起的希望（附馮玉祥回國宣言）／獨秀
英國礦工最近的奮鬥／馬恩
新歐洲鋼銕托辣斯／馬樂
寸鐵（十四則）
北京之政聞種種（北京通信）／子棠
從廣州所聞北伐軍之勝利與民眾（廣州通信）／叔堅
讀者之聲——『革命的目的』／映勝、記者

第一七八期

怎樣才能解決江浙目前的危急問題？／述之
十月革命與東方／獨秀
爭廢比約的面面觀／玄
北伐軍佔領後的武漢／魏琴
十月革命第九週年的蘇俄之經濟政治的進步／述之
帝國主義者在地中海之暗鬥／馬恩
鐵（八則）
國家主義派在河南告密（開封通信）／陸凱
讀者之聲——三個問題／蒙爾■、記者

第一七九期

九江陷落與天津會議／述之
革命與武力／獨秀
爪哇的暴動／魏琴
江浙農民的痛苦及其反抗運動／潤之
奉國戰爭中之京綏鐵路工人／大石
寸鐵（十一則）
討赤領袖吳佩孚鐵蹄下的河南人民（開封通信）／守愚

第一八〇期

孫傳芳敗後之東南／獨秀
帝國主義對國民政府之態度與國民政府的外交問題／述之
天津英租界引渡國民黨員之嚴重的意義／超麟
日本勞動農民黨之分裂／魏琴
寸鐵（十則）
北方政治情形與天津會議（北京通信）／列武
讀者之聲——國民黨的整理黨務案／邢適生、記者

第一八一期

論奉系軍閥之新進攻／述之
論漢口之罷工潮——並質上海商報記者／施英
湖南的農民運動（長沙通信）／湘農
日本最近政潮的開展（東京通信）／山水
讀者之聲——共產社會是退化的社會？／容零、記者

第一八二期

各國承認國民政府問題／獨秀
英國帝國主義的帝國會議／魏琴
國民政府承認問題與各國輿論／桑生
日本無產階級統一陣營破裂後（東京通信）／山水

第一八三期

中國共產黨為漢口英水兵槍殺和平民眾宣言
英國帝國主義之對華提案與其在漢潯的行兇／述之
誰殺了誰？／獨秀
寸鐵（七則）
奉系最近軍事計劃（北京通信）／列武
廣東農民運動之現狀（廣州通信）／叔堅

第一八四期

列寧逝世三週年紀念中之中國革命運動／獨秀
列寧論東方民族的解放運動／魏琴
列寧主義是否不適合於中國的所謂『國情』？／述之
『列寧死了，但列寧主義活著！』／超麟
列寧與婦女解放／白麗
讀者之聲——剝削農民以讀書呢？解放農民以革命呢？
／繆扶植、記者

第一八五期

英國帝國主義最近對中國進攻政策／獨秀
目前革命中的聯合戰線問題／述之
誰踐踏了誰？——斥麥克唐納爾／獨秀
寸鐵（十三則）
靳魏未發動前之河南形勢（河南通信）／瀟湘
孫傳芳軍事蹂躪下之浙江（杭州通信）／叫蟬
廣東農民運動最近狀況（廣州通信）／叔堅

第一八六期

中國共產黨對於時局宣言
革命與民眾／獨秀
怎樣答覆英國帝國主義的武裝干涉？／述之
最近各國對華的言論／魏琴
寸鐵（四則）
直系餘孽對河南民眾之剝削（開封通信）／守愚
讀者之聲——華僑與革命／鄭人我、記者

第一八七期

『二七』紀念日敬告鐵路工友／獨秀
赤的運動與中國外交／獨秀
寸鐵（十二則）
讀者之聲——國民革命之主體是小資產階級嗎？
／張永年、記者
——國民黨廣東省黨部選舉之內幕／VS
英國出兵聲中各國的輿論

第一八八期

國民政府遷移問題／述之
無產階級與民族運動／獨秀
美國帝國主義提議淞滬中立區的真意／述之
張作霖宣言之解剖／獨秀
寸鐵（八則）
奉張總統夢的過程（北京通信）／子棠
河南軍事近狀（開封通信）／守愚
南直豫北民眾反抗奉軍情形（開封通信）／山雨
讀者之聲——再說『國民政府治下的廣西』／鍾亮

第一八九期

中國共產黨為上海總罷工告民眾書
為上海總同盟罷工告上海全體工友
共產黨告上海市民書
上海總同盟罷工的紀錄／施英
上海總同盟罷工中之國民黨西山會議派／述之
請看帝國主義在上海之自衛／述之
寸鐵（十則）
比京國際反帝國主義大會的熱烈盛況

第一九〇期

我們目前的奮鬥／獨秀
目前革命右傾的危險／述之
國民黨黨內糾紛與中國革命／獨秀
寸鐵（十一則）
年初二解雇工人問題（廣州通信）／羅浮
讀者之聲——這就是帝國主義者的心理／林可彝、記者

第一九一期

孫中山先生逝世二週年紀念中之悲憤／獨秀
南北妥協問題／述之
寸鐵（八）則

贛州總工會橫遭摧殘的情形（南昌通信）／趙幼儂
湖南農民運動考察報告（長沙通信）／毛澤東
讀者之聲——軍事行動與民眾運動／符琇、獨秀
——革命軍與工農群眾及革命黨／王純禮、獨秀
來函／吳敬恒、記者

第一九二期

中國共產黨致中國國民黨書
——為肅清軍閥勢力及團結革命勢力問題
評蔣介石三月七日之演講／獨秀
讀了蔣介石二月二十一日的講演以後／述之
『三，一八』的一週年／施英
第一次無產階級革命——巴黎公盟／超麟
寸鐵（八則）
來函／蔣希曾、獨秀、梁紹文

第一九三期

中國共產黨為此次上海巷戰告全世界工人階級書
中國共產黨為此次上海巷戰告全中國工人階級書
上海總工會告世界工人書
上海工人三月暴動記實／施英
寸鐵（六則）
北京政局近情（北京通信）／列武
黑化後之開封（開封通信）／守愚
讀者之聲——國民革命之歸趨／沈濱祈、朱近赤、獨秀
來函／周恩來

第一九四期

中國共產黨第五次全國代表大會為『五一』節紀念告世界無產階級書
中國共產黨第五次全國代表大會為『五一』節紀念告中國民眾書
第三國際代表團為帝國主義威嚇武漢及蔣介石背叛宣言

中國共產黨為蔣介石屠殺革命民眾宣言
蔣介石屠殺上海工人記實／作新
轉載——汪精衛最近的演說

第一九五期

悼李大釗同志／魏琴
中國共產黨第五次大會之意義／羅易
農民政權與土地革命／秋白
資產階級叛逆後的中國時局／尹寬
寸鐵（四則）
武漢失業工人概況
轉載——汪精衛最近的演說（續）

第一九六期

革命烈士總追悼週／尹寬
中國共產黨為五卅第二週年紀念宣言
五卅二週年紀念與國民革命聯合戰線／秋白
五卅以來上海工人階級鬥爭之略述／尹寬
寸鐵（四則）
轉載——汪精衛最近的演說（續）

第一九七期

中國共產黨告全國農民群眾
中國共產黨至中國國民黨書——關於政局的公開的信
長沙政變與鄭州開封的克復——革命之勝利與危機
／秋白
革命與反革命／羅易
武漢革命基礎之緊迫的問題
——帝國主義困迫武漢抑係工農運動？
——是要鞏固革命不是要放縱反革命。／大雷
英俄斷絕國交問題／紹禹
反奉戰爭中之豫北天門會（河南通信）／子貞

第一九八期

蔣介石反動與中國革命／獨秀
革命的國民政府之危機／秋白
太平洋勞動會議的意義／立三
中國革命前途與革命領導權問題／紹禹
悼蔣先雲同志
上海之五卅二週紀念（上海總工會通訊）
武漢國民政府與共產黨／高一涵

第一九九期

湖南政變與討蔣／獨秀
長沙事變經過情形一
長沙事變經過情形二
湖南農民運動的真實情形
湖南民眾請願團的報告——湖南各團體請願代表團討伐長沙事變禍首許克祥宣言（第二次）
湖南黨部民眾請願代表之通電

第二〇〇期

中國國民黨之危機及其出路／獨秀
革命勢力聯合與時局／國燾
革命失敗之責任問題／秋白
國家統一與革命勢力的聯合／和森
寸鐵（八則）
上海之五卅二週紀念（上海總工會通告）／上海總工會
中國共產黨致第四次全國勞動大會的信
讀者之聲——湘事解決後之趨流／梁芬

第二〇一期

中國共產黨中央委員會對政局宣言
國民革命的目前行動政綱草案
譚平山蘇兆徵辭職書

The Guide Weekly.

週報

定價

每份連郵費大洋三分以後有增刊不另加價

分售處

○廣州昌興馬路二十八號○上海亞東圖書館○北京國立大學出版部○長沙文化書社

每星期三出版　總發行所上海老西門肇浜路蘭發里三號

本報宣言

現在最大多數中國人民所要的是什麼？　我們敢說是要統一與和平。　為什麼要和平？　因為和平的反面就是戰亂，全國因連年戰亂的緣故，學生不能求學，工業家漸漸減少了製造品的銷路，商人不能安心做買賣，工人農民感受物價昂貴及失業的痛苦，兵士無故喪失了無數的性命，所以大家都要和平。　為什麼要統一？　因為在軍閥割據互爭地盤互爭雄長互相猜忌的現狀之下，戰亂是必不能免的，只有將軍權統一政權統一，構成一個力量能夠統一全國的中央政府，然後國內和平才能夠實現，所以大家都要統一。　我們敢說：為了要和平要統一而推倒為和平統一障礙的軍閥，乃是中國最大多數人的真正民意。　近代民主政治，若不建設在最大多數人的真正民意之上，是沒有不崩壞的。

所謂近代政治，即民主政治立憲政治，是怎樣發生的呢？　他的精髓是什麼呢？　老老實實的簡單說來，只是市民對於國家所要的言論，集會，結社，出版，宗教信仰，這幾項自由權利，所以有人說，憲法就是國家給予人民權利的證書，所謂權利，最重要的就是這幾項自由。　所以世界各種民族，一到了產業發達人口集中都市，立刻便需要這幾項自由，也就立刻發生民主立憲的運動，這是政治進化的自然律，任何民族任何國家可以說沒有一個例外。　十餘年來的中國，產業也開始發達了，人口也漸漸集中到都市了，因此，至少在沿江沿海沿鐵路交通便利的市民，若工人，若學生，若新聞記者，若著作家，若工商業家，若政黨，對於言論，集會，結社出版，宗教信仰，這幾項自由，已經是生活必需品，不是奢侈品了。　在共和名義之下，國家若不給人民以這幾項自由，依政治進化的自然律，人民必須以革命的手段取得之，因為這幾項自由是我們的生活必需品，不是可有可無的奢侈品。　可是現在的狀況，我們的自由，不但在事實上為軍閥剝奪淨盡，而且在法律上為袁世凱私造的治安警察條例所束縛，所以我們一般國民尤其是全國市民，對於這幾項生活必需的自由，斷然要有誓死必爭的決心。　『不自由毋寧死』這句話，只有感覺到這幾項自由的確是生活必需品才有意義。

現在的中國，軍閥的內亂固然是和平統一與自由之最大的障礙，而國際帝國主義的外患，在政治上在經濟上，更是箝制我們中華民族不能自由發展的惡魔。　北京東交民巷公使團簡直是中國之太上政府；中央政府之大部分財政權不操諸財政總長之手，而操諸客卿總稅務司之手；領事裁判權及駐屯軍橫行於首都及各大通商口岸；外幣流通於全國；海關鹽政及大部分鐵路管理權，都操諸外人之手；銀行團及各種企業家，一齊勾串國內的賣國黨，盡量吸收中國的經濟生命如鐵路礦山和最廉價的工業原料等；利用欺騙中國人的協定關稅制度，箝制中國的製造業不能與廉價的外貨競爭，使外貨獨占中國市塲，使中國手工業日漸毀滅，中國為使永消費國家，使他們的企業家盡量吸收中國的現金和原料，以滿足他們無窮的掠奪慾；在這樣國際帝國主義政治的經濟的侵略之下的中國，在名義上雖然是一個獨立的共和國，在實質上幾乎是列強的公共殖民地；因此我中華民族為被壓迫的民族自衛計，勢不得不起來反抗國際帝國主義的侵略，努力把中國造成一個完全的眞正獨立的國家。

現在，本報同人依據以上全國眞正的民意及政治經濟的事實所要求，謹以統一、和平、自由、獨立、四個標語呼號於國民之前！

聯省自治與中國政象

獨秀

我對於聯省自治卽聯邦這個制度的本身，本來不反對；但是我以為任何國家若採用這個制度．最圓滿的理由是建設在各部分聚居的人民語言宗教不同之上，其次是建設在各部分聚居的人民經濟狀況不同之上，至少也必須建設在人民之自治的要求與能力擴大之上，這種合乎民治主義的進步制度，決不是武人割據的退步制度可以冒牌的。

中國政象紛亂的源泉，正是中外人所同惡的「督軍政治」：大小軍閥各覇一方，全國兵馬財政大權都操任各省督軍總司令手裏，中央政府的命令等於廢紙，省長是督軍的附屬品，省議會是他們的留聲機器，法律與論都隨着他們的槍柄俯仰轉移，因此中央財政枯竭，以內外債及中央政費無法應付之故，國家瀕於破產；又以大小軍閥在省外省內互爭雄長之故，戰禍蔓延，教育停頓，金融恐慌，百業凋敝，繼此以往，國力民力日益削弱，必然要至滅亡的地步。

我根據以上的理論與事實，我斷然不敢承認聯省自治，能夠解決現在的中國政治問題。

中國本部人民的經濟狀況，都在由農業及手工業漸進到工廠工業時代，南北大致不甚相遠；本部語言發音雖微有不同，而文字及語言構造則完全相同；宗教雖有佛道耶回之分，而無分部聚居之事；至於說人民之自治的要求與能力已經擴大到聯省自治的程度，除造謠外別無事實可以證明；在上列的事實基礎上而提倡聯省自治，簡直可以說是無病而呻。

近來的聯省自治論，非發生於人民的要求，乃發起於湖南廣東雲南等省的軍閥首領．這個事實，我想無人能夠否認。這種無病而呻的聯省自治論，在這班軍閥首領自然是有病而呻；所以我敢說現時的聯省論，隱然以事實上不能不承認巳成的勢力為最大理由，是完全建設在武人割據的慾望上面，決非建設在人民實際生活的需要上面。武人割據是中國政象紛亂的源泉，建設在武人割據的慾望上面之聯省論，不過冒用聯省自治的招牌，實行「分省割據」「聯督割據」罷了。而且國內政論家若以苟且的心理，以為事實上不能不承認這種巳成的勢力，遂輕假以自治之名，則希圖割據的武人得了時論的援助，人蓄其私，師旅團長都可以效督軍總司令之所為，假自治之名，行割據之實，一省之內又復造成無數小酋長的局面，更陷吾民於水深火熱之中，這時諸君又將以他們『不能立時放棄自治』為理由，以為事實上不能不承認他們巳成的勢力，來主張「聯道自治」「聯縣自治」嗎？

聯省制卽聯邦制的理想，固然是我們所不反對的，自治更是我們所贊成的，但是我以爲我們人民的政治能力，才發達到都市自治的程度，若說已能勉強運用省自治制，此則爲常識所不許；不能而強欲其能，至不惜以武人割據冒居其名，其結果，上不能集權於政府，下不能分權於人民，徒使軍閥橫梗其間，統一與民權兩受其害，因爲人民眞能運用自治制度的聯邦，未必定有害於統一，而武人割據的聯省自治却去統一太遠了。

¤ ¤ ¤ ¤ ¤

最近的努力週報上，有胡適之先生和陳達材先生兩篇贊成聯省自治的文章，我現在略寫點不同的意見如左：

適之先生說：『我們總不懂孫吳二氏怎樣能抹殺省的一級，我們至今不解國中研究政治事實的人，何以能希望不先解決省的問題，而能收軍權於國，何以能希望不先許省自治而能使縣自治！』 我請問適之先生：怎見得不贊成聯省自治便是抹殺省的一級？ 不能收軍權於國，如何能夠解決省的問題？（如以安徽[illegible]不能[illegible]等人軍權有何方法可以解決省內各問題） 據何理由縣自治必必須建設在省自治的基礎上面？

適之先生說：『試問國憲制定頒布之後、各省就能拱手把兵權奉給中央了嗎？ 那些已行自治的各省，如湖南，如廣東，就可以自行取消他們的自治制度了嗎？ 那些正在經營自治的各省如雲南，如四川，就可以立時放棄自治了嗎？』 我今正告適之先生：中國此時還正在政治戰爭時代，不是從容立法時代，我們并不像一般書呆子迷信憲法本身有扶危定亂的神秘力，我以爲此時一部憲法還不及一張龍虎山的天師符可以號召羣衆。 先生稱許湖南廣東是已行自治的省，雲南四川是正在經營自治的省，原來時賢所主張的聯省自治卽聯邦制就是這樣，我們知道了。 我們誠惶誠恐這種進步的政治組織，關外鬍帥也會採用。 自治！自治！天下罪惡將假汝名以行！

適之先生說：『只是省自治可以作收回各省軍權的代價。』 我要問：先生所謂已行自治的省和正在經營自治的省，都是軍閥用兵力取得的，他們肯以軍權換省自治嗎？ 他們果眞是爲了省自治才擁兵割據嗎？ 他們寧肯拋棄軍權不肯拋棄省自治嗎？ 先生這種公平交易的估價，恐怕軍閥聽了要大笑不已。

適之先生既已稱許明明是割據的軍閥爲已行自治或正在經營自治，爲何又說『只有聯邦式的統一可以打破現在的割據局面』？

適之先生力說：只有公開的各省代表會議可以解決時局，勝於武力統一；我們知道前此上海和會，費了許多時間及金錢，各代表各政客鬧了無窮的笑話，結果還是吳佩孚兩次放了幾天炮，才解決了他們不能解決的問題。

陳達材先生主張聯邦制的理由有二：（一）是因爲交通不便，（二）是因爲人民組織能力薄弱。 我以爲交通不便不是個永久不變的現象；他以爲交通不便，各省人民不能在政治上表現他們的意志感情，例如任免雲南省長，須聽命於數千里外之北京政府 他們的意志感情怎麼能影響北京政府？ 我要問：適之先生所謂正在經營自治的雲南省長唐繼堯，已行自治的廣東省長陳席儒，是不是足以表現雲南人和廣東人的意志感情？ 人民組織能力薄弱，不能監督政治，誠如陳達材先生所云，正爲如此，我們應該覺悟在人民沒有運用省自治制這大能力的時期，斷然不宜妄行採用聯省自治卽聯邦制，因爲採用聯省自治制而省民的政治能力不能運用，此時省政府，下無人民監督，上又無中央制裁，則軍閥割據築吏橫行的現象其何能免！

陳達材先生又以爲在國民無政治能力狀態之下，欲求政治進步，必先做到左列三個條件：（一）是政府權力的分散，（二）是政治飯碗支配權的分散，（三）是軍人與政爭之分離；這三個條件，與聯邦制實完全適合。 我要請問：照現在的政象，不知道政府權力還要更分散到什麼程度，陳達材先生才覺得痛快？ 此時中國政權是集中在一個中央政府嗎？人民分途監督省政府的效力在那裏？中央政府還有政治飯碗的支配權嗎？各省在鄰省在省內，因為地盤飯碗的自由競爭連年開槍放炮，像陝西四川湖南雲南貴州老百姓所受地方分權致啓爭端的厚賜，陳達材先生全然不知道嗎？中國政治飯碗總只有這樣大，無論支配權如何分散，同是供不能應求，解決這個問題是在開發實業，不是飯碗支配權的分合問題。此時中國政治的實質，已經是聯邦而非單一制，中央政府的權力，比世界上任何聯邦政府的權力還小，軍人與政爭分離了沒有？

我常說，中國已經是無政府狀態，不必再鼓吹無政府主義了；中國的政象已經是超聯邦以上的地方專權，不用再鼓吹什麼聯省聯邦制了；我以為任何好名詞好主義好制度，而不為社會實際生活所需要，必不足以救濟社會的病痛；拿聯省自治來救濟中國，簡直是藥不對症，不但不能減少病痛而且還要增加病痛；因為中國此時的病症，是武人割據不是中央專權，省民政治能力不能接受省自治權而採用聯省自治制度，除增加武人割據的擾亂以外，必無其他好的結果。所以我們主張救濟中國，首在剷除這種割據的惡勢力，斷然不可懷苟且的心理，以為他是已成的勢力，來承認他助長他。剷除這種惡勢力的方法，是集中全國愛國家而不為私利私圖的有力分子，統率新興的大羣衆，用革命的手段，剷除各方面的惡勢力，統一軍權政權，建設一個民主政治的全國統一政府；這樣政府實現了，才有政治可言，才有從容製憲的餘地，中央權與地方權如何分配方為適當，自然是這時候憲法中一個重要的問題；若在現時羣雄割據的擾亂中，鼓吹聯省自治，上有害於國家統一，下無益於民權發展，徒以資橫梗中間的武人用為永遠鞏固割據之武器，使老百姓更陷於水深火熱之中，連向中央請願這條可憐的路都斷了，所以我對於這種政治主張，期期以為不可，敢我敬愛的朋友們垂泣而道之。

統一，借債，與國民黨．

和森

辛亥革命既已成功了十一年，民主與封建之爭─在袁世凱時代為共和與專制之爭，袁死後為護法與非法之爭─何以至今還不能結束呢？主要原因在舊支配階級的武裝並未解除，北洋派領袖且因其武力而完全承襲新政權，政體雖然是新的，而支配階級則仍然是舊的。舊支配階級─即封建的軍閥與官僚─要擴張並鞏固其地位，第一步就不得不增加其武力以壓迫革命階級並解除革命階級的武裝。二年獨立失敗，革命階級完全解除武裝而被驅逐於政權與領土之外，北洋派乃更進一步，實行推翻共和恢復封建政治。袁世凱死，段祺瑞承繼其地位，自此以至於現在的曹吳，政權總不出北洋派的掌握。

由此我們可得一個重大的教訓：舊支配階級的武裝不解除，舊軍隊不完全解散或澈底改組，新支配階級─即革命階級─的統治權是不能保持的，他的革命是要被推翻的。所以法蘭西大革命，羅拔士比極力破壞舊軍事組織，撤換一切封建階級的司令長官，最後第三共和之所以鞏固，也是因為舊軍隊解體，共和國新軍隊完全成立之故。最近俄羅斯革命之所以成功，蘇維埃政府之所以不能動搖，也是因為在十月革命前，用宣傳手段，完全破壞舊軍事組織和紀律─第一步是廢除軍隊中的死刑─，到一九一八年更完全遣散舊軍隊而改建工農階級的紅旗軍。假使他們在革命中及革命後不完成這種根本工作，他們的新政權也是遲早要落於舊軍閥之手，他們的革命也是遲早要被舊勢力推翻，如中國辛亥以來的故事一般。

所以從這一點說來，中國現在政治問題，實在去其能解決之時還遠，因為全部政權還在北洋軍閥手裏，北洋派的武力依舊是政治舞臺上的主人。在這個時候謀政治上的統一，除彼此把他當作一種暫時的政策之外，眞正的統一是不可能的。自孫中山先生由粵來滬，曹吳代表南下，於是孫吳攜手之聲，甚囂塵上。此事在形式上看來，吳佩孚之舍陳(炯明)聯孫，及孫之棄奉而與一比較好的軍閥周旋，不可說不是一種進步的現象。但實質上怎樣呢？據曹吳覆電看來，不過是空空濤濤的贊老孫的宣言罷了；至於他們對於江西問題是絲毫不肯讓步，不任民黨有立錐之地作根據。然則直系之聯民黨，不是想利用民黨為統一借款的招牌嗎？不是與楊度近日對國會問題的主張同樣用意嗎（大要不外消滅護法名義，以便北洋派統一中國）？曹錕不過是北洋系一個死軍閥，值不得我們多說，吳佩孚雖然比較進步一點，但他將來能拋棄北洋軍閥的地位加入民主主義的戰線嗎？他對於曹錕言必稱大帥，行必稱服從，若長此下去，至多不過是一袁世凱或段祺瑞第二罷了，所以現在革命羣衆對於聯吳之視為有意義，不過在剷滅紅鬍子之一點，因為張作霖一派野蠻勢力之急須剷滅，於革命進程上乃屬必要的。至張作霖剷滅後的吳佩孚怎樣，乃係另一問題，決不要因此而疑慮張作霖滅亡之不利於勢力均衡，因為革命黨要靠繼續革命才能存在的，靠舊的軍閥勢力之均衡，是不能存在的。

由上看來，政治上的統一，顯就不是混合或調和各大軍閥的舊勢力可以做成的；乃須經過不停的革命奮鬥才能眞正成功。若舍却革命的宣傳與行動，只與軍閥謀統一，結果只有上當。

孫中山先生曡次宣言曾說『政治上之統一，自以國會眞正恢復為必要條件，』又說『護法問題，當以合法國會自由行使職權，為達到目的；如此則非常之局自當收束』非常局面雖因陳炯明之變亂而終局了，但政治問題絕不會一下解決，因而革命之局還是不應收束的。比如『國會自由行使職權』一項，看來雖似平常而實際非剷除軍閥不能做到，所以孫先生第一次宣言曾說『夫欲約法之効力不墜…在掃除一切不法之武力，否則國會之行使職權，不但徒託空言，抑且供人利用』又說：『故直軍諸將為表示誠意服從護法起見，應首先將所部半數由政府改為工兵……其餘半數留待與全國軍隊同時以此改編，』第二次之對外宣言全局和平之第二項辦法，也說『必剷除多年禍根之軍隊勢力，非各省督軍統治下之兵隊悉照予六月六日改編工兵之計畫則和平不得而期』這都是些探得病原的說法，但是以大義責軍閥是無効的，必須此後繼續用革命的爭鬥的手段才能做到。就工兵計劃一項而說，民主革命的勝利確定，採工兵制以改編新軍，是很有益的；若在現狀之下，各軍閥各自採用起來，則不但於時局無益，而且反可延長封建政治的命運，增加武人割據的勢力。比如就近日吳佩孚發表之兵工計劃而說，他說現在每一兵須費國軍銀五兩，他的計劃實行，只需銀二兩便足，這樣一來，吳佩孚有事時，可就原有餉額擴充他的軍隊到二倍以上，並且軍隊餉源有生產的經濟基礎，封建的，割據的局勢，不愈加嚴重鞏固嗎？各省割據的軍閥大大効法起來，將來還了得嗎？

所以現在無論從何方面說，革命黨當大大宣傳民衆，大大結合民衆，轟轟烈烈繼續做推倒軍閥和國際帝國主義之壓迫的民主革命。至於政治上的統一，萬不宜苟且將就以上當。

屬文至此，偶然檢閱本月八日的民國日報，看見『美報記孫總統之談話』頗覺一驚！今把這個新聞抄在下面：

世界新聞社譯英文日本廣智報上海通信員索克思氏八月二十五日通信云，孫中山今日對客談論中國之國際地位，謂中國之內部政潮欲求解決，必須先從解決財政入手，尤以解決北京政府之對外借款義務為特要，中山之態度，贊成外資繼續參加於開發中國富源及建築道路，彼云『在北京前此開始拖欠外借之前，欲先謀統一然後整理財政，其事雖非不可能，然極困難，今已不復如是矣。』中山謂北京若無一有効力之政府，能實施其命令於全國，並收[illegible]各省之稅款而不遭阻撓者，則統一之舉，徒屬空談。而國家之還債，若不恢復，則設立此種政府顯然為不可能之事。中山於未覓到若干解決中國財政問題之方法以前，不準備加入北京政府，彼以為當小數薪金尚不能付之時，斷然無法處理北京大局。關於彼有總統希望之說，彼云、『倘余得有美國及其他中國欠債之國之保證，證明中國提出關於歸還過期外債借本之提議，將得優惠之考慮，又保證在依據外人良好顧問不久即將實行之整理時期內，新銀團將給與墊款，以供尋常行政用途，則余將往北京。』

據這個新聞看來，似乎孫中山先生注意於北上謀統一，而以解決財政為入手辦法，倘若得美國等欠債國之保證及新銀行團給與墊款以供尋常行政用途、則可以北上。這個新聞確實與否不可得知，但我對於借款及新銀行團頗有點意見，略寫於下。

中國在國際地位上早已處於半殖民地位，最近經過華盛頓的宰割會議，更把他活活地放在英美日法帝國主義協同侵略的『門戶開放』政策之下，以為實現『國際共管』的地步。然則自動的借外資以開發中國實業，乃為國際帝國主義者所不願聞，因為他們所要的，是要以他們本身的利益為準標，而使中國的經濟生活永久隸屬於他們自己的資本主義利益之下，故決不會容許中國自成為大工業生產國，以謀經濟上政治上之自由發展與完全獨立。所以中山先生之機械借款說，英美法日的資本家，是不歡迎的。然而這種計劃，實為中國民族獨立自強的要素，不過其達到之方法，在事實上只有下列二途：

（一）與全世界被壓迫民族之好友蘇維埃俄羅斯，及已完全解除武裝再無侵略能力並且最富機械與技術人材之德意志締結經濟同盟。

（二）努力完成民主革命，推翻軍閥及國際帝國主義在中國之特權與壓迫，建立完全自主的獨立國家，仿照蘇維埃俄羅斯之不損主權不受束縛的招致外資及權利讓與等政策，迅速的自主的開發中國大工業。

這兩個方法，是最可能最妥當的方法，是經濟落後國和半殖民地所應當走的道路，惟有向這樣的道路走才有解放的希望，惟有向這樣道路走，才能得到獨立與自由而不致永遠為國際資本主義帝國主義的奴隸。假使我們不察，只知夢想那些要永遠隸屬我們於他們經濟利益之下的英美法日帝國主義者，來借款超渡我們，這不但不智，而且反要誤了我們解放的前程。所以在這樣的選擇之下，國民黨的外交方針，有從新估定之必要。

『美國是中國最好的朋友』，換過說，就是最會使掩眼法最會用宣傳術以宰割中國的『好朋友』。他對中國除成功了『門戶開放』『國際共管』的局勢之外，更為中國組織一個新式的東印度公司叫新銀行團。他口口聲聲為的是中國好，口口聲聲非等中國統一後不投資。其實這樣不投資的高調，就是要迫使窮極無聊的北京政府早日承認他。現在呢，他的方針變了，想在未統一前借些錢給中國去『統一』了，但是要一切關鹽煙酒等稅收作『總担保』，並且監督用途，管理財政。因此我們應該覺悟在民主革命未完全成功，軍閥未完全消滅以前，中國既無統一之可能，更無借款之必要。多借一筆款，多養幾日兵，便多延長封建的軍閥幾日生命。倒不如餉竭兵變，他們要滅亡得快些。

總之，為中國人民根本禍患的就是國際帝國主義與封建的舊勢力，三十年以來的國民革命運動，就是由這兩種東西刺激起來的。所以國民黨過去的生命在革命，今後的生命還是在革命。為使這種革命運動貫澈成功，便要一面與民衆為親切的結合，一面與蘇俄為不二的同盟，大着胆子明白的反抗以上兩種惡勢力，使革命潮流一天一天漲高，革命行動一天一天豐富，勿以民衆力弱而與之疎隔，勿以善隣勢微而不與之接近，勿因一時之利害，而忘遠大，勿讓土耳其基瑪爾氏所領袖的國民黨專美於前！

日本政黨改造之趨勢

李達

近來日本政黨大有改造趨勢，創立垂四十年之國民黨，竟一旦宣告解散，而另造新黨，這不可不說是日本政界革新的現象了。然而這種改造也是必然的趨勢，我們只要考察日本資本主義成熟的經過便明白了。

日本本是農業國家，在明治維新以前，純粹是農業經濟時代，所以在那時代行的是封建政治，藩閥政治，後來和海外通商，歐美資本主義逐漸輸入，本國商工業亦隨而逐漸發展，遂促成明治之維新，於是遂由藩閥政治一變而君主立憲政治。日本的政黨就在此時代發生起來了。但這時候資本主義尚在初期時代，開始組織之自由黨改進黨，雖曾標榜打破藩閥政治以謀奪取政權，畢竟新興之商工階級毛羽未豐，受不起軍閥的壓迫，自由改進兩黨亦失其重要。所以代表新興工商階級之政黨，既無能力打破軍閥政治，奪取政權，就不能不改用依附軍閥的手段以謀竊取政權，而促資本主義之發展。明治二十二年憲政實行以後，自由改進兩系人物，復起而組織政黨，雖合縱連橫，離合無定，而面目改換，性質反常，已失昔日要求民權自由之精神。實而言之，無非代表商工地主階級依附軍閥，外以謀領土銷路之擴張，內以謀商工業之發展而已。我們試一閱日本憲政之歷史，各政黨之眞相不難一目了然。所謂政黨者，除國民黨自成立後未參加組閣較爲潔白外，其餘諸政黨殆皆爲一邱之貉。日本現有三大政黨，爲政友會憲政會國民黨三者，各黨均無所謂主義主張，就其大體而論，各政黨差不多可以合併爲一黨，其共同點無非代資本階級謀利益，以圖擴張黨勢，其不同處，不過各黨所占地盤不同，位置不同而已。簡單說，日本現有各政黨，均代表財閥勾結軍閥以發展其資本主義的帝國主義，所謂代表人民謀幸福安寧的標語，無非是騙人的廢話罷了。

現在我們再考察日本資本主義成熟的程度，來判決此種軍閥財閥互相結托的半封建式的政治，是否合於現時經濟的組織，以說明日本政黨改造的趨勢。

日本的資本主義已由成長而至於成熟，快要崩壞了。日本現在已由製造消費品的資本主義國家進到製造生產機關的資本主義的國家，已由纖維工業時代進到鐵工業時代了。關於此點，我們只要看日本近來鐵與鋼的消費量，和對外貿易比較表便可知道。

日本鋼鐵消費比較表

年次		銑鐵（法噸）	鋼料（法噸）
明治	三四—三八	二一九、七九九	二六九、九七〇
	三九—四三	二六三、六二七	四八五、六八五
	四四—大正四	四七〇、三〇八	七三二、一一一
大正	四—九	八八七、二六九	一、二〇八、三三三

日本五十年對外貿易比較表

年次		輸出（千元）	輸入	共計
明治	二—六	一六、八一六	二六、一四四	四三、九六一
	一二—一六	三三、三三三	三一、七三三	六四、〇六六
	二二—二六	七七、六三三	七五、二六八	一五二、九〇〇
	三二—三六	二五三、九七七	二六七、三七六	五二一、三五三
大正	三—七	一、一三三、六八〇	九三六、二二八	二、〇六七、九〇九
	八	二、〇九八、八七三	二、一七三、四五九	四、二七二、三三二
	九	一、九八四、三九四	二、三三六、一七四	四、三二〇、五六八

日本資本主義既已發達到這個地步，恐怕不會再繼續下去。　我們只要考察日本最近的勞動運動的狀況便可知道。最近勞動運動的中心也已經由纖維工業移到鐵工業，這便是反襯日本的資本主義不能長久了。

日本的資本主義既然這樣成熟、那數十年傳統而來的軍閥財閥互相結托而行的半封建的政治，還能夠保得住不生變化嗎？　這個問題。最近的政黨改造的趨勢。已替我們解釋了。

日本現在三大政黨中，最大的政友會是代表地主農民和一部分工商階級的，其次憲政會是代表都市的資產階級的，其次國民黨是代表小資產階級的。　在資產階級壓抑之下的小資產階級的政黨，當然沒有發達的希望，所以最近的國民黨，勢力是很微小的。國民黨首領犬養毅氏以一書生出世，始為陸軍軍人，又為從軍記者，是一個有血性的男兒，他不曾為政權所迷，他不曾為金力所屈，日本政治家中不屈身於軍閥元老門下的只有他一人，自國民黨創立以來，他始終站在民黨地位為革新事業而戰。他在寺內內閣時代雖曾加入外交調查會，致損令名，他卻能見機而退，竟恢復了本來面目。所以他可算是一個有抱負有主義的政治家。國民黨解散消息，本開始於今年三四月間，但犬養氏解散國民黨之動機始於何時，我們無從知道，惟據犬養氏最近之演說觀察起來、國民黨解散一事，大概是順應時代潮流的趨勢而然的。換句話說，日本的經濟組織已是大生變化，從前的政治組織，已是不適用了。　因從前之政治組織而產生的政黨，也是不適用了。據近年原內閣所改訂之衆議院議員選舉法看來，人民須有納國稅三圓以上者始得有選舉權，照這樣，日本六千萬人民中有選舉權的只有三百萬人，換句話說，日本的國會只能代表三百萬人，所以現在的三政黨一共只能代表三百萬人，而其餘五千餘萬之無產階級者與半無產階級者是與政治生活毫無關係了。　日本的政府和國會只替有產階級謀利益，而漠視無產階級，凡是標榜行什么社會政策的時候，便被那些政黨利用擴張地盤去了，而且本年春間還要提什么過激黨鎮壓法案。

這樣看來，所以日本政治組織是與大多數人民的公意背道而馳的。長此以往必演出種種社會不安的事實，犬養氏有見及此，所以毅然決然把有四十年光榮歷史的國民黨解散了。

國民黨的解散，並不是消極的，乃是積極的。　據國民黨解散宣言看來，國民黨在解散以後，決計另組新政黨，而以無納稅三圓資格之五千餘萬民衆為後盾的，這真可算是日本政界革新的好現象。　又據犬養氏的演說，將來這種新政黨的分子，要網羅一些實業家和學者和勞動者，組成一大有威力的團體，實現民衆政治。　將來這種政黨若能成立，必能博得大多數人民的同情無疑了。

近見日本報紙又載稱國民黨員自本黨解散後已一致決議加入本年上期新組織之革新俱樂部，此說果見諸事實，日本之新政黨必能早日成立，亦能促進政界革新之機運。　革新俱樂部係尾崎行雄島田三郎等於脫離憲政會以後所組織，成立以來，頗得人望，一班新的少壯政治家加入的頗多，國民黨員若加入革新俱樂部，則黨勢必能大見擴張。　尾崎行雄久以主張民治主義著名，昔年為文部大臣時曾以倡說「共和政治」四字被敵黨攻擊去職，歐戰以後，鑒於世界潮流之趨勢曾遊歷歐美考察一番，歸國以後，沉機觀變，大不滿意於現成之政黨，想乘機組織一民治之政黨，以謀實現平民政治，日本一班有新思想的分子都很屬望於他，本年見逐於憲政會而另創革新俱樂部，本是他夙昔的抱負如此。　尾崎行雄和犬養毅是日本當代最有名的兩大政治家，此次兩雄若果攜手創一大新政黨，必能早日成功。　將來此新政黨必標榜社會民主主義以相號召無疑，而憲政會及政友會中之新分子必將脫離其本黨而加入於此新政黨。　結果，政友會及憲政會必變為純粹的資本階級政黨，此新政黨必變為社會民主黨。」

The Guide Weekly.

週報

一九二二年九月二十日

定價
每份連郵費大洋三分以後有增刊不另加價

分售處
○廣州昌興馬路二十八號○上海亞東圖書館○北京大學出版部○長沙文化書社

每星期三出版　總發行所上海老西門肇浜路蘭發里三號

造國論

以真正國民軍　創造真正民國

獨秀

我們中國此時在名義上雖是一個獨立的共和國，在實質上，比南洋馬來羣島酋長割據的英荷殖民地高明不多，那里算得是一個獨立的國！在經濟方面：國家重要的權利大部分抵押給外國了，外國貨充滿了全國，全中國人都是外國生產國家的消費者，全國金融大權都直接或間接操諸外人之手；在政治方面：大小酋長分據了中央及地方，這班大小酋長之發號施令又惟公使團之意旨是從。南洋英荷殖民地的政治經濟狀況完全是這樣，如何能算是一個獨立的國家？在這樣殖民地狀況之下，有何國會可言！有何法統可言！有何憲法可言！有何政治可言！所以我們以為中國還在「造國」時代，還在政治戰爭時代，什麼恢復法統，什麼速製憲法，什麼地方分權，什麼整理財政，什麼澄清選舉，對於時局真正的要求，不是文不對題，便是隔靴搔癢。時局真正的要求，是在用政治戰爭的手段創造一個真正獨立的中華民國。

這個問題倘然決定了，接着第二個問題就是用什麼方法來造國？

我們的答案是：組織真正的國民軍創造真正的中華民國。

這個國民軍，是應該由全國被壓迫的各階級愛國者而不為私利私圖的有力分子集合起來號召全國各階級覺悟的大羣衆組織而成。在這創造國家的大事業中，自然少不得許多有力的領袖，但英雄時代偉人政治時代都快過去了，這種新勢力若不建立在大羣衆的需要與同情的力量上面，不是難以持久，便是造成新的軍閥。在中國的產業狀況看來，這種大羣衆決不是那一個階級的羣衆在短期內能夠壯大到單獨創造國家的程度。商人說，在商言商不與聞政治，教育家主張不談政治，至今沒有一個代表資產階級的政黨發生，這都是中國資產階級沒有壯大的表徵；在私產制度之下，資產階級未壯大，無產階級也自然不能壯大；因此，我們敢說，中國產業之發達還沒有到使階級壯大而顯然分裂的程度，所以無產階級革命的時期尚未成熟，只有兩階級聯合的國民革命（National Revolution）的時期是已經成熟了，這個時期的成熟是可以拿十餘年來的政治史及眼前要求打倒軍閥建設民主政治的呼聲可以證明的。

產階級大羣衆聯合的國民軍如果成立了，國民的革命如果成功了，壓迫我們的內外惡勢力如果解除了，民主的全國（指中國本部而言）統一政府如果實現了，這時候才有憲法才有政治之可言，這時候中華民國政治上的創造才算成功，而眞正的中華民國還只創造了一半，其他一半，乃是中華民國經濟上的創造；因爲民國必須建設在最大多數人民的幸福上面，人民的幸福又以經濟的生活爲最切要，經濟的生活不進步，所謂人民的幸福，仍只是一句空話。

Q 用什麼方法來創造經濟？我們的答案是：採用國家社會主義，由中央或地方（省及市）政府創造大的工業商業農業，一直到私產自然消滅而後已。

照中國社會的現狀，要開發實業，只有私人資本主義或國家社會主義這兩條道路；用私人資本主義開發實業，在理論上我們不能贊成，因爲他在歐美日本所造成的罪惡已是不能掩飾的了；在事實上，以中國資產階級幼稚的現狀，斷然不能在短期間發展到能夠應付中國急於開發實業的需要，而且在國際帝國主義的侵略及國內軍閥的擾亂未解除以前，中國的資產階級很難得着發展的機會，到了國民革命能夠解除國外的侵略和國內的擾亂以後，無產階級所盡的力量所造成的地位，未必不大過資產階級，以現在無產階級的革命傾向大過資產階級便可以推知，那時資產階級決難堅持獨厚於自己階級的經濟制度，所以我們敢說，採用國家社會主義來開發實業，是國民革命成功後不能免的境界。

政治的創造及經濟的創造都能成功，那時國民軍創造眞正中華民國的工作才算完結。

總括起來說：我們造國的程叙是：

第一步組織國民軍；

第二步以國民革命解除國內國外的一切壓迫；

第三步建設民主的全國統一政府；

第四步採用國家社會主義開發實業。

革命運動中之印度政治近況

君宇

（一）國民會議中心人物之漸失衆望

印度革命的成分，是包含着經濟利益衝突和社會趨向不同的幾種因子；甘地曾用他感情的力量，將這些不同的社會因子在國民運動中結在一個連鎖之下。他的被捕，至少影響到這個連鎖，使他聯合的力量渙散了。現下印度運動中顯出的情勢，是不同因子間的爭議和不可避免的分裂了。要十分明瞭印度現下的情形，是很需要將他過去幾個月與現下直接有關係的事實，撮要叙述一下。

英國皇太子遊印度的時候，印度起了好多熱烈的示威和大羣的罷工；這個時期表明了二件事實：一方是羣衆革命精神的發達，一方是民族運動領袖人物—尤其是甘地—反對這種精神的發達，他們尤不樂意獎勵這種精神。在阿梅特巴（Ahmedabad）開的國民會議，是當了一個革命空氣很濃厚的時候，但政府並未加什麼壓迫；自運動重要人物—大斯（C.R.Das），來宜（L.Rai）及回教徒首領亞里（Ali）等—被捕之後，中心的人物多變成了膽小委弱，政府就不壓迫他們了。這是資產階級式的領袖破壞革命勢力的證據，當着全國羣衆的示威運動迫着政府，向他挑戰的時候，阿梅特巴大會却在那裏刺刺不休的議論『非暴力』的重要，否認羣衆革命的行爲，指那些是『胡鬧』和『惡魔的勢力』。大會並不按照勞苦羣衆迫切的痛苦，採用一種解救他們的革命綱領，而決定的却是所謂「建設的綱領」；這樣綱領的採取，不啻連革命的預備工夫都丟掉了。 在大會前幾星期內起來的「不奉管理」的口號 是很有力量的號召，因爲他很合乎貧農的經濟需要，他們是熱烈的應了這種口號來奮鬥；大會建設的綱領可說是根本將不協作的政策和這種口號放棄了。 大會—由他指揮者甘地口中—宣言說：不到「非暴力的空氣充溢全國的時候」，不得宣布實行「不奉管理」。 後來大會事務委員會在巴陶里，(Bardoli，是甘地指定，在他親身督察之下來首先實行「不奉管理」的地方) 開會，結果使大會那樣不革命的決定更加鞏固了。 委員會在巴陶里的決議和規定的條款，把一切革命的行動都中止了，這是不用說要失掉社會大部分的參加。

巴陶里決定的條款是：

(一)像周里周拉(Chauri Chaura)亂民殘殺警吏和任意的焚燬警署，事務委員會認爲是殘忍不人道，可悲悼的行爲。

(二)在每次亂事發生的時候，不奉管理的事實也隨着發生，這是證明印度非暴力的程度，還沒充足；大會事務委員會決定：要停止一切羣衆的不奉管理的行動，并訓示各地方會議委員會，要他們勸告佃夫們交納一切應納給政府的租稅，且停止一切有攻擊性質的活動。

(三)羣衆不奉管理的行動，到非暴力的空氣能保證像在格拉克浦(Gorakhpur)的暴亂和十一月十七及一月十三在孟買(Bombey)與馬德拉斯(Madras)的騷擾不再重演時，方可繼續採用。

(五)停止一切爲了要向官家尋釁的公共集會和民團列隊巡遊。

(六)事務委員會勸會議中服務的人和各種組織要他們告農人，將地租扣起不交地主是違反大會決定而且有害於國家最好的利益的。

(七)事務委員會給地主保證：會議運動並沒有妨害他們合法的權利的意思，雖然他們的利益有些地方是使農民受痛苦的，但委員會希望這些是用互助的商議和公斷可免去的。

他們所謂「暴亂」與「騷擾」，若拿第二條的意思講來，就是指多次貧農起來反抗地主的變亂，和歡迎皇太子時候的大罷工運動。

下邊載的是所謂「建設的綱領」使任羣衆武力的不協作的地方和不奉管理時所定的綱領—未曾決定的條款：

(一)徵求一千萬人加入爲國民會議會員，要都是相信非暴力與異理都是與自治不可離開的。

(二)要使Charka(一種手搖紡車)和 Khaddar(一種印度自織粗布)普遍印度全境。 一切運動中的人，都要用 Khaddar 做衣，并習紡織。

(三)設立國民學校，但不禁阻入政府立學校。

(四)提高低壓階級的地位。

(五)設立社會服務部，使各階級及種族聯合在一起。 社會服務部盡力於幫助一切受傷和得病的人們。

這是國民會議想用來領導印度民族解放運動的綱領。 這樣虛弱的標幟，結果，是一定會使他們不久在印度運動中落伍。

檢閱了巴陶里決議和甘地及其他領袖的言論，便不會疑他們這樣不是謹慎怕惹了政府的惱怒。 他們這樣可羞的讓步的理由，是十分明顯而可說出的：資產階級的利益是要頭一位就要說到的；英國的統治誠然是可恨的惡魔，但地主主義却要當神聖來供奉，這是運動中領袖的心理了。

(二)聖人甘地被捕之後。

亞里同夥被捕之後，印度並沒出現什麼有力的援救運動，已可見運動在回教徒羣衆中信仰薄弱了。 英太子在一個很危急的當兒來遊印度，是具了一個要考察運動實力的目的，所以政府的政策是捕一個運動有力的領袖做試驗。 政府所計畫的是做了，但運動領袖與羣衆階的分離也暴露了。 政府對於國民會議向來沒什麼危險的高壓，就是甘地，他在阿梅特巴大會前的活動，也是很有助於政府，明顯的為帝國主義的權威辯護。 因為國民會議運動性質偏在資產階級的緣故，甘地便和群衆一天一天的離開；甘地的被捕就是政府也指不出他犯了什麼大不了的罪名，但這樣無理的被捕之後，群衆中間連憤怒示威的波影都難激動。 他在法庭的自白像聖人與愛國者的殉道，一般的受尊崇了，把他的行為當神般的仿效了；但他被捕後所最顯然擺在我們眼前的是什麼呢？這次所表示出運動的實在形體，就是並沒激起什麼激烈的大示威，像往年受着些少摧殘就起反抗一樣。 國民會議其餘的領袖，自己替他們解嘲，還沒有脫離他們的信從者也這樣辯着，說聖人甘地常勸人當他被捕的時候，大家須要照舊完全不用暴力。其實這次沒有大的運動，倒不是群衆服從甘地的結果，有多次可作例證，這樣勸告－甚至於他親身到場，實遏止不了群衆的行動。我們還明白的記得：自英太子來的時候，全國總罷工之後，各地群衆暴動漫溢了全國，『不奉管理』口號生了同樣的結果。這可見聖人的勸告和教訓都不是這次消沈的原因。

甘地的落伍，證明印度運動可用一個空泛而不確實的計劃來領導的時期已經過去了。 在從前這樣自然是可能，因為那時參加運動的各種分子，對於社會經濟的認識都不大明晰，所以這些經濟利益相反的分子，在表面上可連合在一條政治的戰綫之上，但當了甘地在阿梅特巴大會板起他的面孔來，一方反對群衆的革命行動，一方面宣言和溫和派協作的需要，不啻要把一個政黨明明白白造成了為本國資本家和地主經濟政治發展的辯護者時候，他們很顯然的階級界線便顯出了。

（三）各省會議之趨向

印度運動中是有好多種政治的趨向，甘地被捕之前，雖有多人不以他的主張為然，但因對他個人太敬仰的緣故，手口都如被了封縛，他的被捕將種種神秘解了；這是可從四月後半月各省大會中證明的，除本牙(Panjab)，各省大會多是舉行在虐政高壓之下，會上顯出的趨向，資產階級觀念和東方論調是一樣都出風頭；關於工人和農人運動的決定和議論，在這些會上很少發見。 罷工，工會農民革命的言論，會上並沒給他們備下位置。

他們有二種傾向。一種明顯的資產階級傾向，他們主張與協作的溫和派合作，換一句話說，就是要與帝國主義妥協；第二種是小資產階級的傾向，因為他們不能了解目下的實際情形，所以他們不贊成資產階級拘束的政策，也不贊成群衆暴發的力量；他們走的是智識者的路

還有一種傾向，是比較後來起的，這種是反對甘地主義的呼聲，且要救國民會議出玄想政治的沼澤。 在馬行拉特拉(Maharashtra)拜落(Berar)和中部各省，這些地方國民會議已有左翼發展，他們要求所謂『建設綱領』的改訂。 在這些會議中，這樣反對意思占的地位雖還是少數，但是他們已有勢力，迫使會議不得不組織各種附屬委員會來考較運動的成就和失敗，並已提出意見要變更建設綱領中的條款：（一）用本國生產的機器工業來替代Charka和Khaddar，（二）義勇隊要從事體育的訓練和社會服務，（三）加入政務委員會（政府），組成反對的部分，（四）設立工業學校，（五）遣派宣傳員赴外國。 有些這樣附屬的委員會－尤其是那普(Nagpar,中部省分)－已有意見鼓勵各地，主張將阿梅大會和巴陶里委員會決議根本廢棄。 但是他們所提議的新綱領，並無什麼比舊的革命的地方。

（四）新的路徑

有些『亂人』的秘密組織，他們是從沒接受國民會議為他們的領袖的，大戰中間他們差不多全做了拘囚，現在也出台活動了。 自從改革開始，官家壓迫寬鬆後，這些人又重新集合他們渙散了的勢力。現

在他們的多數已用個人的名義加入會議，但他們仍保留他們的秘密團體，因爲他們要保持他們革命的傾向。　這些人加入國民會議已發展不少，最近在彭加(Bengal)一省，這些份子現很有力，並且在地方團中已占了多數，那邊的地方會議就是由一個前爲秘密團體的人管理的。　這些分子現在是跟着大會的意思活動，他們不會自己提出更有力的奮鬬方法。他們估計把『不協作』的運動推進一步，但當了『不協作』『在非暴力』的石上撞破了的時候，他們便不能補救什麼，只說要用『暴力』了。現在他們表示要去活動，但是仍離開實際很遠。　他們已在羣衆中間組織了些團體，做宣傳和教育，但這些團體所做的宣傳和教育並不是革命的，脫不了改良觀念。　但無論怎樣，現在是有了一個找新觀念和新方法來奮鬥的趨向。

(五)勞動運動

國民會議的資產階級—且已到了一種反動的程度—政策，是與勞動階級的運動有妨害的影響了。　全印度職工會大會，是在阿梅國民會議前二月開的。　因爲是一個羣衆示威的集合，職工會大會是要比國民會議中重要了。　但這次大會對於政治的努力却放鬆了些。　大會同時的示威，性質是經濟的比政治的多。　領導這樣示威的領袖人物，我們現在還不大明瞭。這樣新的趨向，國民會議並沒—或者不願意—注意到，只驚惶於羣衆彌漫全國的勢力。　那時最好是：國民會議定個奮鬥綱領，連爲了勞動階級急迫的經濟奮鬥也包在裏邊。　但會議走的路，却是愈走愈離開工人和農人的一條狹徑。　本牙工會大會差不多是和那邊的政治大會在同時舉行的，證明工會和勞動運動已顯然在反對革命的領袖指揮之下，完全與政治的運動分離了。　同時國民會議與羣衆爆發勢力的分離也暴露了，還有別的四省也是這樣。　左派極端主義的反對是沒有價值，因爲這個反對也沒接觸着羣衆的力量。

政治運動與勞動階級的經濟運動已分開了很遠，這且不必說，勞動運動完全落在非革命的領袖手中了，雖然主觀的看來革命力量依然在進行。　參加工會大會的工會多數，說他們是工人的組織，無寧說他們是長官的公所，這些人們不是拿勞動運動來做資本的，便是替政府做走狗。　他們估計指揮工人，怎樣處置他們，但他們還不能夠遏制勞動羣衆自動—雖然覺悟尚少—的革命。在這的工會裏，反對『上層階級』的領袖漸漸產生了。

歸結來說，資產階級已證明他不能—而且也不願意—將印度運動引導向着革命了，小資產階級的極端主義，他倒不希望從和帝國主義的掠奪者妥協得回什麼，他想進前一步，但他們無能力找出—也不會用—一個很適當的戰鬥工具。

國民會議是建立成個全國的組織了，但現在他一方面缺乏革命的領袖人物，一方面又丟掉了羣衆的幫助。　能救正這種情形的分子現在還是很弱—但不是沒有。　這種新分子發達起來，才會救現在已露裂紋的運動不出於分離。　這新的分子會使這解放印度民族的政治運動植基在勞苦羣衆的革命起因上面，且也會推使不堪外力壓迫的資產階級加入反對帝國主義的爭鬥。

大風雨前的沉默，這是印度現在的情形了！

武力統一與聯省自治——軍閥專政與軍閥割據

和森

一、亂源的分析

一個時代的政治變化，有一個時代的經濟變化為基礎，所以近世政治史上的民主革命，不過是經濟史上產業革命的伴侶。中世紀末，封建制度既成為新興資本主義大企業的桎梏，所以被桎梏的資產階級便起來推翻封建而建築近世的民主政治。

因為資本主義的東侵，民主革命的潮流自然也要隨着波及東方被侵略民族的弱國和經濟落後國。故中國在國際資本帝國主義數十年嚴重壓迫之下，便發生了「改革內政以圖自強」的革命運動。

然國內農業手工業的經濟基礎雖日被壓迫，日見崩壞，國際資本帝國主義卻不容許其起一種強大普遍的變化，因而經濟地位上強有力的革命階級沒有形成，不過少數覺悟的革命黨，憑藉飽受外國刺戟的外埠華僑勢力，奮鬥不息，勉強完成辛亥革命罷了。

故中華民國，乃是革命階級羽毛未豐，將就封建的舊支配階級勢力，與之調和妥協而後苟且成立的。這樣一來，更加以國際帝國主義扶植舊勢力以圖自便的捧袁空氣之壓迫（當時捧袁外論，英美主之，壓力極大，對於民黨吹毛求疵的疑懼或詆毀，極力製造中國非袁則亡，則惹干涉，則不被承認等空氣。），及全國還無革命意識的小資產階級和平，統一，妥協，等傾向之鼓盪，自然新政權不得不完全落於封建的軍閥與官僚之手。由此就形成十年以來軍閥專政和軍閥割據的封建殘局。自帝制，復辟，以至今後假名統一與聯治之爭，那一役不是根源於未曾解除武裝而且反為新統治之主人的封建餘孽呢？

所以今日不但直，奉，皖，各系軍閥為前清遺下的北洋派之嫡系；就是川，湘，滇，粵等經過民主革命領域的新軍閥，也是在這封建政治的殘留局面之下孳乳出來的。

由此，我們可正確的肯定中國亂源：在封建的舊勢力之繼續；而不在胡適之先生那種新發明的「統一」史觀（看努力十九號）！我們要高聲說：他那種牽強皮相的分析是很謬誤的。

二、封建殘局下的政治問題

由此我們可以推論：十年以來的內亂與戰爭，既不是「南」「北」地域之爭，又不是「護法」與「非法」之爭，更不是「統一」與「分離」之爭；乃是封建的舊支配階級與新興的革命階級之爭。這樣的階級戰爭，發生於一定的經濟情形和國際情形之下，誰也不能否認。假使經濟地位上的革命階級早已成長，假使國際帝國主義不忌革命黨統治中國成為一個獨立自主的國家，那末，十年之中民主革命總可完成，把舊支配階級解除武裝而退處於無權。這樣，則中國現狀早已上了民主政治軌道，由新支配階級來製定憲法，劃分中央與地方的權限，都是容易解決的事體，何至釀成內亂與戰爭？祇緣新舊支配階級同時並立，舊勢力反占優勢而握得政權，所以元二年間總統制，內閣制，中央集權，地方分權，以及同意權之爭，才成為北洋派與國民黨爆裂的導火線。所以這些政制上的爭執，不過為內亂的導火線而已，新舊勢力之不能兩立，才是內亂的真實根源。

所以要國體政體確定，非先確定新舊兩階級的勝負不可，要藉妥協，調和來立國定政，乃是絕對不可能的。只有舊勢力完全推翻革命，解除革命階級的武裝，封建政治才能完全恢復；也只有新勢力完全制勝反革命，解除封建階級的武裝，民主政治才能真正成立，不然憲法製定也是無効的，政制修明也是徒然的，換過說：新舊階級的地位沒確定，死文字的規定，不能發生作用。

國家政權，係建築在階級抵抗上面，為這階級用以統治別階級的機關，只能屬於一個支配階級而不能有兩；若一國有新舊兩個勝負未分的支配階級同時存在，各據政權或武力以相抗，則其現象必為內亂與戰爭，或妥協苟安之局，而其政治，必爲半新半舊非驢非馬的東西。所以中國現在這種半封建半民主的局面，就是新舊兩階級的爭鬥，還沒有達到決定時候的反映。

由此可以斷定：在這樣情形之下，一切政治問題，不是創法改制可以解決的，換過說，就是非繼續革命，完全打倒軍閥，解除封建階級的武裝不能解決。

三、軍閥所要的統一與聯治

假使民主革命成功，民主政治有確立之可能時，政治上的單一制與聯邦制，不過爲憲法上一個容易解決或修訂的問題；可是這個問題現在橫在我們之前，則完全爲另外一回事。力能進取的軍閥，便倡武力統一，或主張強有力的中央政府(如曹吳)，僅能自保或希圖自保的軍閥，便倡聯省自治或籌備製省憲，舉省長(如川滇)，同一軍閥，進攻時宣布武力統一，退守時宣布聯省自治(如奉張)，位置動搖時改稱省自治(如浙)或打算取消省自治(如湘趙)，及如湘趙最初之因首鼠兩端而宣布省自治，粵陳之想王廣東，反對北伐而主張聯省自治：：凡此種種，無非是封建的殘局之下，軍閥專政，軍閥割據的必然現象和趨勢。所以統一派的軍閥最忌聯治，聯治派的軍閥最忌統一，換過說，就是爲帝者不願衆建爲王，爲王者不願奉人爲帝，或則爲帝不成而思王，爲王不願而思帝，完全爲軍閥間一種鬧劇。

可是在這樣武人主倡的聯省自治說之下，却激起一部份政論家和智識者『將就現狀』『因勢利導』的贊同，認爲是解決時局的惟一方針。最近胡適之先生在努力十九號發表一篇關於這個問題的文章，他認定聯邦運動的作用爲『增加地方的實權，使地方能充分發展他的潛勢力，來和軍閥作戰，來推翻軍閥』；他更找得與軍閥作戰和推翻軍閥的工具爲省議會。這不可不說是聯省自治論中的大進步。

但我要明白告訴適之先生：你這種英國式的議會政策用在政治問題解決後—即封建的軍閥被推翻後—是有點作用的；若用來解決政治問題乃是絕對不可能的，因爲在軍閥沒有剷除的時代，省議會無法免掉他們的製造，強姦，蹂躪和壓迫，如此而可望充分發展地方的潛勢力，來和軍閥作戰，來推翻軍閥嗎？故適之先生當承認：你這種和平改良的議會政策，原先想藉議會來推翻軍閥，結果只有軍閥推翻議會，這是武人政治下的必然律，證以過去現在的事實，沒有人可以否認的。

適之先生一若承認過去爲法治而不爲武人政治，故將督軍總司令權力擴張之原因歸於地方之無『權』；又若承認今後也爲法治而非武人政治，故主張賦地方潛勢力以合法的『權』，使之到省議會裏面去與軍閥作戰，並『大胆』肯定打倒軍閥割據的第一步在聯省自治。但我們也可以大胆告訴適之先生：打倒軍閥割據的第一步在民主的革命。

四、中國唯一的出路

中國政治的亂源既然在軍閥，所以現在根本的問題不在政制而在怎樣推翻軍閥，換過說就是怎樣革命。若忘記現狀—封建殘局—以爲改變一種政制就可以止亂定國，那末，不將亂源嫁於政制，便將政制認爲是止亂的方法，胡適之先生便完全犯了這種錯誤。在今日而討論未來的政制可以說是無病呻吟，毫無意義；若討論現實的政制，則決不能置現狀於不顧。所以現今的政治問題既非勢必成爲割據的聯省自治所能解決，又非北洋正統的武力統一所能奠定，惟一的出路，只有貫徹民主革命。在現狀未完全打破之前，地方政權不能脫離軍閥之手，中央政權也不能脫離軍閥之手，所以我們現在所需要的不是強有力的中央政府，但是強有力的革命黨，不是武力的統一，但是革命的統一。我們既不夢想一個將就現狀或超越現狀的憲法來統一，更不夢想大批軍閥來統一；我們惟望結合偉大的革命羣衆的勢力，尤其是最能革命的工人階級的勢力來統一。統一的目的要建築在最大多數貧苦羣衆的幸福和全國被壓迫民族的對外獨立之上，才能夠眞正的統一。

自來一班與羣衆隔離的政治家或政論家他們簡直不知道或者不承認有羣衆的勢力，所以他們不謀勾結或利用舊勢力便想求助於外國帝國主義者，不是發表些蔑視羣衆，貶爲工人兵士的怪議論，便是想出些上不靠軍閥下不靠民衆的智識者的紙老虎或烏托邦。所以革命數十年，議論卅載：上不能破壞舊軍事組織解除軍閥的武裝而反使封建殘局孳乳延長；下不能將革命潮流普及於全國最深最廣大的羣衆喚起浩大不可抵禦的革命勢力，而坐失了許多可以擴大興奮的宣傳運動之機會；每每失敗一次又踏一次的故轍，緊倚於現成的勢力及不可得到的外力幫助而不能自已，致使可以膨漲的革命潮常常因而收縮；乃反蔑視羣衆無力，或誣羣衆麻木，不知眞正爲羣衆的利益而奮鬥而革命，羣衆未有不感發興起的。這些都是眞有改革精神之政治家政論家所應急於覺悟而改變的？可是現象不然，或則仍然夢想借外力以監督裁兵，或則仍然夢想聯合幾派現存的勢力來統一，或則夢想改變一些紙上的制度來和平改良。夠了！這些過去都已試驗了，現在須得覺悟起來罷！大家試想想：不要以爲除革命外還有別的出路；不要以爲革命沒有辦法，假使能將求助於外國帝國主義者的精神去求助於羣衆；假使能把一部份工夫去做造法的工作，破壞舊軍事組織和紀律，激起兵士們的自覺心，假使能夠鼓起人民武裝的自衛和抵抗，使各大城市的市民全副武裝或工人全副武裝，那末，民主革命沒有不成功，封建的武人政治，沒有不崩倒的。

△國民黨是什麼

隻眼

凡研究一個黨派的內容是什麼，必須將他的黨綱和黨員分子分析一下，才能夠明白。要明白中國國民黨是什麼，也須用這個方法•

從中國國民黨的黨綱說起來，他起源於同盟會；同盟會的誓約中，有『驅逐韃虜恢復中華建立民國平均地權』這四句話，這就是從同盟會，一直到現在的中國國民黨所始終主張的三民主義。第一二句是民族主義，第三句是民權主義，第四句是民生主義，這三民主義，可以說是中國國民黨黨綱之骨幹。我曾親聽過孫中山先生演講三民主義，大意是說：滿州皇室雖然推倒了，而中華民族備受列強的壓迫，民族主義仍有提倡的必要；民權是指選舉權，複決權，罷官權，創制權等直接民權；民生主義，於平均地權以外，更加上土地國有，機器國有，少者歸國家教育，老者歸國家贍養等主張，這可以說是國民黨民生主義最近的解釋。

從中國國民黨員分子說起來，知識者（舊時所謂士大夫，現在的職業是議員律師新聞記者教員官吏軍人等）居半數以上，華僑及廣東工人約居十之二三，小資本家約十之一，無職業者約十之一。

照以上兩點分析研究的結果，再參看他十幾年來革命的歷史，我可以說中國國民黨是一個代表國民運動的革命黨，不是代表那一個階級的政黨；因爲他的黨綱所要求乃是國民的一般利益，不是那一個階級的特殊利益；黨員的分子中，代表資產階級的知識者和無產階級的工人幾乎勢均力敵。

中國國民黨何以成功了這樣一個複雜的團體，此事決非偶然，因爲有兩個重大的原因：(一)是國內產業發達的程度，尚未到階級反抗顯然分裂的時期，因此代表一階級的政黨自然不易發達；(二)是國人思想進步落後，至今尚在封建時代，而外來的民主主義與社會主義同時輸入，思想界頓呈複雜的狀況，中國國民黨正是這種複雜狀況具體的表現。我希望國民黨黨員和他黨黨員，贊成國民黨和反對國民黨或批評國民黨的人，都不可忽視了這一點•

The Guide Weekly.

週報

定價
每份連郵費大洋三分以後有增刊不另加價

一九二二年九月廿七日

分售處
〇廣州昌興馬路二十八號〇上海亞東圖書館〇北京國立大學出版部〇長沙文化書社

每星期三出版　總發行所上海老西門肇浜路蘭發里三號

中國國際地位與承認蘇維埃俄羅斯

和森

自鴉片戰爭，英法聯軍，八國聯軍及中日戰爭等役以來，中國已被國際帝國主義者降為半殖民地，人人知道他實際上已不是獨立國了！「門戶開放」，「機會均等」，「協定關稅」，「治外法權」這些都是國際帝國主義對於殖民地必要的政策，而中國莫不一一躬受其賜。最近華盛頓會議，承美國帝國主義者特別關照，教中國代表自己提出宰割中國的十大綱，由此中國半殖民地的國際地位就鐵案如山了。從前國人一聞「門戶開放」，「機會均等」的話，便知道是瓜分宰割的代名詞，奔走號呼，以圖抵制；可是現在這種政策一經美國帝國主義的運用，親美派少年外交家的傳述，國人都像催眠術中的被催者一般，大家都做了美國和親美派外交家的留聲機，以為「華盛頓會議後，中國國際地位增高了」！

華盛頓會議後，中國國際地位果然增高了嗎？我們試看：從前所謂門戶開放，機會均等，其含義不過止於商埠，現在則公然規定普及於中國一切工商業，換過說就是中國今後一切工商業均須國際帝國主義共同支配。這樣一來，不是於「協定關稅」外，更加一層「協定工商業」的束縛，中國國民經濟尚有自由發展的餘地嗎？至於政治方面呢，華盛頓會議，除重新將中國置於英美日法的保護（美其名為尊重中國主權獨立領土完全）之下外，更明白規定他們可以協助中國設立「有効而穩固的政府」，然則中國在國際上，還有政治的獨立可言嗎？

中國政治上的獨立和經濟上的自由發展，都是國際帝國主義所最忌刻的，因為中國地大物博，人工又多，假使政治修明，自動的開發實業，必不難在短期間發展為新興的工業國，不但國際資本主義將喪失其惟一可以延長命運的市場和銷路，而且中國更廉價的製造品將與之競爭於世界市場。這種可能的利害衝突，國際帝國主義是非防制不可的，故他們自來對於中國政治革命運動只有壓迫（最近如廣州英國領事之助陳壓孫）而無幫助，對於中國國民經濟，更是協同握住其生機—如協定關稅—而不容他自由發達。所以華盛頓會議不過是國際帝國主義的強盜，協定一種共同不相衝突的步驟—門戶開放，機會均等—來宰割中國永遠使中國為他們商品的尾閭，原料的供給場，瓜分豁食的目的物罷了。在這樣可怕的協同侵掠的政策與羈軛之下，中國國際地位會增高嗎？

國際資本主義發達到今日，已把占全人類四分之三以上的經濟落後國和弱小民族隸屬於英美法日最少數帝國主義的支配階級之下，幾乎可說，全人類生殺與奪的機括完全操縱在這班強盜手裏。經濟落後國和弱小民族生存於這樣可怕的帝國主義國際情形中，除甘願永遠為他們的奴隸及常常被他們不時而起的帝國主義戰爭犧牲外，只有結合全世界被壓迫的民族，掀起世界革命。

世界革命的形勢，經國際資本帝國主義長期的醞釀，現今業已成熟了：第一，世界革命的先鋒軍和策源地—蘇維埃俄羅斯—不僅業已誕生，而且漸漸強壯；第二，愛爾蘭，土耳其，印度，波斯，埃及，菲律賓，以至朝鮮和安南（本年上二月，曾起了一次革命，因法國帝國主義者嚴禁此項消息露布，故中國報紙，只紀載一次）等殖民地和被壓迫民族，莫不業已發生激急的革命獨立運動；第三，上次帝國主義的大戰，和戰後協約國倒行逆施的政策，及資本制度本身的不可復蘇，業已把全世界的經濟秩序紊亂無極，經濟恐慌，失業恐慌，生活昂貴，日形緊張，無法救濟；因而中歐，西歐，南歐各資本主義的大國，莫不滾入社會革命的最高潮而無法挽回。我們想一想：這樣資本帝國主義的世界，他的命運還可長久嗎？

現今各資本帝國主義的強國，既沒法子解決社會問題，更沒法子解決國際問題—因為都要待推翻資本帝國主義的本身才能解決—所以對內對外只有『武力解決』之一法，因而把現在世界造成為恐怖，流血，戰爭不停的世界。但是他們這種殘暴的方法，已經漸漸用不靈了：對外既不能推翻不共戴天的蘇維埃俄羅斯，對內又不能剿滅革命的工人階級。結果只有加倍的掠奪弱小民族和經濟落後國，協調步驟，向那還食了半世紀還沒食完的中國進攻。

在歷史上必然的歷程看來，中國將來真正的獨立與解放，非經過世界革命的潮流不能成功；而現在要提高國際地位，更非與業已在國際上占新的重要地位之蘇維埃俄羅斯攜手，不能為力。我們要了解蘇維埃俄羅斯在國際上的新勢力與新地位，看看最近資本帝國主義的國家邀請他在柔魯開對等會議的經過，德俄條約的影響，及土耳其國民黨政府提議協約國須會同莫斯科政府才得談判近東問題的事實，就明白了。

．．．．．．

數十年來，中國包圍於國際帝國主義之下，尋不着別的出路，而地理上最密邇的帝國主義惡魔，尤莫如日俄兩國。一九一七年，十月革命成功，俄羅斯帝國主義及他與日本所訂關於瓜分中國種種密約，隨着消滅，不久蘇維埃政府更通牒中國，拋棄俄國帝政時代在東三省及其他地方所掠奪之一切土地、鑛山，中東鐵路、庚子賠款，治外法權，及其他一切特權。這樣一來，中國國際地位，確是絕處逢生，理應急起變化，與蘇俄聯合以抵抗日本及其他英美一切帝國主義的壓迫。但事實不然，北京政府，早已成為日本帝國主義者的外府和支店，故完全以日本政府之對俄政策為政策，不以中國本身之利益為標準，而以日本帝國主義者之利益為標準。最近政變，親日派下台，而親美的外交系繼之，故對俄政策又完全仰美國帝國主義的鼻息為轉移，如顧維鈞對於越飛之冷淡無誠意，及委美國顧問辛博森代表中國政府赴長春會議，就是明證。

無論親日派或親美派，都是藉口『撤退駐蒙紅軍』為中俄先決問題。他們服從國際帝國主義的指數，認蒙古民族獨立自決，為俄羅斯占領蒙古，他們只聽說紅軍駐紮蒙古，而不看見英美法日帝國主義的軍隊駐紮在中國的首都，並且割據或租借了中國一切重要的軍港和商埠；他們只知蘇俄不肯輕易撤退紅軍，而不知紅軍一旦撤退，日本帝國主義者便將資助白黨（即舊帝制黨）以遂其反革命的陰謀。更有一層，他們對於蘇俄無意占領的蒙古問題看得這樣重，同時對於蘇俄宣布退回而中國反任蘇俄蒙古的中東路問題何以看得那樣輕？這沒有別的，不過蘇俄為國際帝國主義所排斥，他們也跟着排斥，蘇俄反革命黨為國際帝國主義所寵任，他們也跟着寵任罷了。這就是他們常常自己所稱呼的：「弱國無外交」。

還有一層，國民是應該鄭重注意的：以國際帝國主義對於土耳其的情形看來，常常挑起土耳其民族與非土耳其民族間長期不解的紛爭，以坐收漁人之利，故為同隸於一版圖的被壓迫民族計，惟有互任並互助其各個之自決與獨立，然後再聯合以抵抗國際帝國主義。最近土耳其國民黨，對於紛爭最烈的亞爾梅尼就是用這個原則解決的，所以現在亞爾梅尼不僅不與土耳其為敵，而且反與土耳其聯盟以反抗英希的侵略。這是我們對於蒙古西藏應當取法的。

總括說來，我們對於中國人民惟一好友之蘇維埃俄羅斯，早應立刻承認立刻聯合以反抗國際帝國主義的壓迫並提高中國國際的地位，使中國人民得漸漸趨近獨立，自由，和解放的道路。故我們現在主張覺悟的人民，應一律起來壓迫那自來親附國際帝國主義的北京政府，即日承認蘇維埃俄羅斯，與長春會議同時開一中俄會議，以解決中俄一切問題。這個目的未實現以前，我們更希望革命的領袖，和各界覺悟的人士，發然起來促成中俄人民直接的交誼和聯合，以糾正附隨國際帝國主義的官僚外交！

國人對於蒙古問題應持的態度

君宇

蒙古獨立已是二年的事實了。 中國對他的態度，一年來我們只有好多次聽說滿洲王要進兵征伐，至民間對這事確實贊否的議論，我們倒沒聽見。現時蘇俄代表越飛來華，外交部又要以交還蒙古為中俄交涉的先決條件，直隸系軍閥且計劃以武力收回蒙古，黎元洪也有派高在田帶兵入庫倫的傳說，蒙古問題，現下顯然是成了個重要問題了。國人對於這個問題應抱怎樣態度，這是要將各方面實際情形考察一番，從考察得下的結論才能決定得不致錯誤。

我們第一要看到在蒙古的事實。 蒙古在他的經濟和文化方面，樣樣與中國截然不同，他自成為一種民族，是毫不容疑問的事實。所以我們一說到蒙古問題，便首先會想到：那邊是另外一種民族，另外一種經濟情形。我們知道，政治的組織是隨着經濟情形而決定的，想將更落後的蒙古要安放在經濟較進步的中國政治管理之下，便不會合蒙古人民的需要，中國的經濟和政治是會對蒙古生一種高壓的勢力的。 蒙古的經濟情形是決定他要成功個政治獨立的單位，才免得為他國殖民地的危險。 就是拿資產階級這兩年所唱的老調—「民族自決」來說，蒙古人民也要有他們自己決定自己命運的權利；況自獨立以後，在人民革命黨統治下的蒙古，這二年中教育，政治和經濟都有莫大的進步，且已證明他們完全有決定他們命運的能力了。

復次，蒙古自清帝國併為藩屬，利用可汗和僧侶為壓迫和欺弄民衆的工具；「民國」繼清而領有蒙古，名分上雖改稱他為兄弟，事實上都還是一承亡清的衣鉢，不但仍襲用過抑蒙古人民正當進化的工具，且摧殘剝削更甚於前。 徐樹錚迫蒙古取消自治之後，在那邊的中國人，一時氣燄高冲雲霄：官兵奸淫擄掠，商人威壓市塵，親眼看見的人都嘆為日本待朝鮮的橫暴當亦不過如是。 所以在蒙古獨立之後，發生了好多殘殺報復的事實。 這正可反證：若中國人從來待蒙古不蠻野橫暴，蒙古人民何至憤恨到這樣殘忍的反動。

在蒙古人民這樣懷恨中國人的心理當兒，蒙古不願再歸中國統治，當然是很明瞭的；如果中國勉強—甚或至用武—收回，這樣憤恨又要增加到怎樣可怕的程度呢？這樣的損失恐怕要比什麼宗主權大千百倍能！。要消釋兩方的舊恨，只有由中國人民來助成他們最需要的—獨立我們更拿些兩民族更實在而共同的利害來談。蒙古的獨立，雖脫離封建制度和國際帝國主義的壓迫，但這些仇人還環繞着他，乘着空兒就要來下手。富有原料的蒙古，早巳是帝國主義者張口要吞的肥肉；想宰制中國的軍閥，他心目中的「王疆」當然也包括蒙古在內。仇人們的眼是這樣張着。我們要問：中國自己還伏在國際帝國主義和國內軍閥交相壓迫之下，他收回蒙古是不是能保障這位兄弟不遭和他一樣的命運？在中國自己都不能保障自己脫離這樣交攻的時期來講收回蒙古，我敢說：這是要替軍閥多添一塊地盤，替帝國主義者多添一塊殖民地。那位敢擔保：吳佩孚或張作霖不去演徐樹錚的威武？那位敢擔保：政府不把蒙古的礦山和農田做抵押，向日美借款？多拉一個蒙古來贈送帝國主義和軍閥，是不會祝告將中國目下慘苦的現狀多延長幾年！

況且，蒙古已得到的地位，正是中國需要他的人民努力去爭到的。現在蒙古已脫離了封建制度的束縛，和國際帝國主義的強姦，建立一個眞正共和民主國了。雖他太搶先了，我們一定要拉轉他來和我們受同一運命的宰制，我們忍嗎？

們我們現在得了結論了：讓軍閥和帝國主義的雇用的人們去喊「收回蒙古」；我們勞苦羣衆是要贊成而且幫助蒙古保持獨立。

所以我們主張：最近中俄如有交涉的時候，凡關係蒙古的問題，不得由中國外交官（就是軍閥和列強雇用的人）和俄國代表兩方決定，更便不得犧牲蒙古來做中俄兩國見面的贄禮；正當的方式，是要有蒙古代表獨立而平等的參加。

我們更要努力使中蒙兩方人民的互相了解和聯合。中國受壓迫的民衆要解釋給蒙古人民：你們仇恨中國軍閥和壓迫過你們的人們，那是很對的；但你們把中國的人當一個整個來仇恨，那便是個很大的錯誤。中國有好多是你們的朋友，你們恨的人也正是我們恨的人，我們要建立兄弟般的親密關係，來打倒我們共同的仇人呵！

我們相信：中蒙終久是會合在一起的；不過他的實現，至少要在中國打倒軍閥和推翻國際帝國主義的勢力，能建立一個眞正共和國家的時候。主張收回蒙古的人民們（假使有），我們且先來求這個時候的實現—好嗎？眼前我們公道的中國人，對於蒙古問題，應該和公道的日本人對於朝鮮問題一樣！

祝土耳其國民黨的勝利

和森

最近一世紀來，世界上最被國際帝國主義壓迫的老大國家莫如土耳其與中國。土耳其與中國的問題，就是所謂近東問題與遠東問題。這兩個地方，一面成爲貪暴無厭的國際帝國主義戰爭攘奪的中心，一面成爲占全人類三分之一以上的被壓迫民族最痛苦最被宰割的區域。

一九一四年以前，帝國主義列強在土耳其所造的罪惡，正如在中國所造的一般：除武力侵略，分割土地，勒索賠償，監督財政，治外法權及釀成分裂與內亂外；並多方製造空氣，誣蔑被基督教—帝國主義無形的工具——慘酷壓迫而起反抗的回教徒爲野蠻排外的民族。他們既把土耳其弄得分崩離拆，匍匐於國際帝國主義的鐵鎖之下而不能自振，乃更把土耳其的支配階級及各政黨化爲各自的僕役而使之成爲親英派或親德派，以圖各派帝國主義在土利益之特別擴張。在這樣情形之下，土耳其就陷入了一九一四到一九一八年帝國主義世界大戰的流血漩渦。

大戰告終，土耳其隨着德意志受協約國帝國主義的宰割；於是親英派領袖弗力巴赫 (Ferid pasha) 代親德派之青年土耳其黨秉政，足恭足敬聽受英法帝國主義的宰割。一九二〇年八月協約國遂課土耳其以殘酷的綏佛爾條約：把他的土地分割了三分之二，人口分割了二分之一以給希臘及分配於國際帝國主義的代管或共管之下；更規定土耳其的財政受英法意三國嚴密的監督，土耳其財政代表，只備國際帝國主義者的諮詢，連表決權都被剝奪；至於治外法權的擴張更不待說了。但是奄奄一息的君士坦丁政府和親英派以爲這種宰割的慘境，是沒有方法可避免的，是應當恭恭敬敬承受的；他們對於英法帝國主義的馴伏惟恐不謹，對於摩拳擦掌要與英國來爭米索不達米亞石油的美國帝國主義尤想巴結，他們仍夢想巴結一派強盜來抵制強盜，不知這些強盜永遠是要協同來打劫來宰割的。

在這樣情形之下，就激起了四年血戰，疲困不堪的民衆的大反抗，最偉大最有革命精神的基瑪爾將軍統率他的國民黨起事於安戈拉，組織新政府和國民軍：與希軍戰於西，英軍戰於東，法軍戰於南，竟一戰一戰的打勝了　，於是垂死的土耳其變了一種新局勢。

基瑪爾國民黨當着土耳其這樣頹喪，崩壞，被宰割的殘局，立脚在一種甚么勢力和政策之上，而能戰勝國際帝國主義呢？第一，是立脚在被壓迫民族的羣衆勢力上面；第二，是改變自來各派政黨倚虎拒虎或倚虎拒狼的親帝國主義的外交政策而毅然決然與全世界被壓迫民族之好友—蘇維埃俄羅斯聯合。自一九一七年蘇維埃俄羅斯出世，全世界被壓迫的民族不但去了一個最可怕的帝國主義惡魔，而且來了一個最可靠的救星，因而全世界被壓迫民族的命運爲之一變。這樣的轉變，於土耳其更足以證明（一九一八年秋季，各回教民族開代表大會於莫斯科，以圖抵制協約國對於土耳其的壓迫及協定回教民族相互間的問題，並與蘇維埃政府聯合組織一個『回教解放同盟』；一九一九年秋季，開第二次大會，成立更堅固的結合；一九二一年，土耳其，波斯，阿富汗與蘇維埃俄羅斯更締結重要的條約：宣布廢除國際帝國主義一切強奪三國的條約，蘇維埃俄羅斯承認回教諸國之完全獨立而幫助之）。

土耳其國民黨既藉蘇維埃俄羅斯的幫助，戰勝了協約國，英法帝國主義者一面恐紅旗軍南下，危及敘利亞，印度，地中海，一面又因希臘政變，前德皇謀擁康士坦丁復辟，形勢更不利於協約，乃於一九二一年二月，在倫敦召集近東會議，修改綏佛爾條約：除將財政管理委員會長歸土耳其，許土耳其得派代表參加撤廢治外法權委員會，及在財政委員會之代表有表決權等讓步外，更規定士麥那—小亞細亞一的良港—之主權屬土而希臘得駐軍隊於其間，以爲暫時妥協之計。希臘帝國主義者不服，再動員與安戈拉政府宣戰，斷斷續續，一直戰到現在。最近基瑪爾的軍隊乃大破希軍，奪回士麥那，以勝利的最高聲勢，進圖土耳其之完全獨立與自由，不但要恢復戰後所喪失的一切權利與土地，而且要回復土耳其到比戰前較優而能解放的形勢。這樣一來，不獨挽回土耳其和近東幾千萬被壓迫回教民族的命運，而且給全世界被壓迫民族以最好的模範和印象。所以歷史上最可祝賀的勝利，除蘇維埃俄羅斯的誕生外，要算是這一回了！

我們不但祝賀這一次的勝利，而且祝賀他任最短期間完全推翻國際帝國主義的壓迫，建築土耳其爲完全，獨立，自由的國家。土耳其國民黨能得到這種最後偉大勝利嗎？我們可以高聲肯定說：（一）假使他仍然立脚在羣衆勢力上面，藉這次勝利的優勢使被壓迫羣衆對於國際帝國主義的反抗愈益橫厲無前；（二）並始終與蘇維埃俄羅斯結合，不爲法蘭西帝國主義虛僞的外交政策所搖動，那末，土耳其國民黨一定能得到最後偉大的勝利。有人以爲土耳其現在的形勢，法國已與有力，這乃大謬不然：自倫敦近東會議以來，法蘭西帝國主義者，一因與英國在近東的利益相衝突，自己的利益落了英國之後，二因希臘前皇復辟，恐德國勢力增長，三因土俄結合日密，形勢不利於他那始終夢想推翻蘇維埃俄羅斯的反動政策，所以便假仁假義標出助土抑希，反對英國的外交政策；其實法蘭西帝國主義就是始終宰割土耳其的劊子手之一，除以上三個原因外，他何所愛於土耳其呢？　假使土耳其國民黨沒有胆識，不敢與蘇維埃俄羅斯接近或結合，而仍然徘徊於帝國主義者之間，他能得到今日的勝利與地位嗎？更進一步說，假設土耳其國民黨今後政策動搖，爲法蘭西帝國主義所欺騙，疎俄而親法，結果：他不要完全喪失民衆的信任，除俯首貼耳受帝國主義的支配外，還能更前進嗎？但有胆識的偉大的基瑪爾將軍決不會如此的，他知道法國帝國主義，美國帝國主義及其他帝國主義的國家，都是一樣不可親近的，他知道今日親法或親美，明日英國對法美讓步妥協，他們便要協同來加倍宰割土耳其的；他知道惟有與建築在打破『人掠奪人』『國掠奪國』之基礎上面的蘇維埃俄羅斯結合，才沒有這種危險，才能得到眞正解放。據最近消息：土俄的結合，決不會因法國帝國主義的外交政策而離間，乃是已經證實的。因此我們更信土耳其被壓迫民族最後偉大的勝利，是不會很遠了。今且把本月二十日時事新報所載的消息抄在下面：

　十八日柏林電　聞基瑪爾將軍電致刻在柏林之俄代表齊吉林，渠謂全遵條件行事，安戈拉政府依約辦理，僅可與協約國會同莫斯科政府談判近東問題。

由以上所說的看起來，可知被壓迫民族的解放，現在已經發現了一條勝利的大路，就是被壓迫民族與蘇維埃俄羅斯的聯合。這條大路，在一九一四年以前是沒有發現的，所以青年土耳其黨雖具愛國的精神，仍不免走入迷途，親附外國帝國主義，使土耳其愈陷於絕境。現在偉大而有胆識追基瑪爾將軍，旣領導土耳其民族跑到這條偉大勝利的路上來了，就是從前失路的青年土耳其黨也跟着跑上同一的道路了，近東被壓迫民族已由黑暗而漸趨光明了；然則遠東被壓迫的民族應當作何感想呢？尤其是三十年來，孤軍奮鬥，異常被國際帝國主義所嫉視所壓迫，並且與土耳其國民黨處同一地位的中國國民黨應當作何感想呢？

四萬萬被壓迫的同胞呀，你們看見了嗎：同被國際帝國主義壓迫的土耳其民族，他們已經戰勝國際帝國主義了！他們的國民黨已經領導他們跑上偉大勝利的道路了！我們羨慕他們，便要學他們的好榜樣：快快起來促起我們革命的政黨統率我們與蘇維埃俄羅斯聯合，以推翻國際帝國主義在中國的壓迫呀!!!

我們不要裝作沒聞見罷：現在近東各處被壓迫的民族，正在轟轟烈烈慶祝土耳其的勝利呀！所以我們四萬萬被國際帝主國義壓迫的同胞，也應同起時來表示我們熱烈的同情與祝賀，我們應當人人高呼：

土耳其被壓迫民族的勝利萬歲!!!

全世界被壓迫民族與蘇維埃俄羅斯的聯合萬歲!!!

全世界被壓迫民族的解放萬歲!!!

土耳其國民軍勝利的國際價值

君宇

安戈拉政府軍隊的勝利，已將不列顛帝國主義代理人—希臘—在土麥那以東的勢力掃蕩無餘了。這是最近世界歷史上一件重大的事情，重要在他有波及廣遠的國際性質，開被壓民族世界的一個新局面。

土耳其這回的勝利，不是回教徒打敗基督教徒的勝利，也不是黃種人打敗白種人的勝利，更不是亞洲人打敗歐洲人的勝利；是被壓迫的土耳其民族反抗歐洲帝國主義宰割的勝利。這是從安戈拉政府的組織就是爲了反對列強的處分，就可了然的。　多少年扼迫在歐洲帝國主義宰割和欺凌之下，僅餘殘喘一息的土耳其，世人都推定他的命運只欠列強最後的一刀了；就是欲奮發有爲的青年土耳其黨人，也認爲侵略勢力的壁壘已成，無法可使之搖撼，結果亦只有乞憐於帝國主義擁育之下。但經過了三年基瑪爾派猛烈的反抗，現在居然歸結到獲得大的勝利，不論他將來的進展是怎樣，目前的地位已是可決定：祖上內的土耳其有已脫離帝國主義壓迫的希望了。且這種事實最足鼓勵同一遭遇的各個弱小民族，壯實他們的氣魄，召呼他們起來一致做反抗帝國主義的運動。至少，這個事實會鼓勵了埃及和印度的運動，使他們擴張成更大羣的更猛烈的運動。

這個勝利加以最大打擊的，是英國帝國主義了；巴黎報紙說希臘的失敗就是英國的失敗，這話一點不錯。英國自打敗中歐同盟之後，挾着協約的勢力，一方面又利用希臘爲打手，加土耳其以非常的宰割，從容攫奪許多利權以去。現在這些權利卻要受動搖了。米索不達迷亞的煤油是他不惜與美國帝國主義出於忌恨而爭得的，是發展帝國主義的重要憑藉；「韃靼海峽的自由」是和「中國門戶開放」一樣的爲了帝國主義宰割的便利，英國早已成了全靠掠奪東方弱小民族的國家，他從「直布羅陀角到香港」掠奪優勢的維持，全憑他海盜軍力之一路橫行無阻；但現在這些權利卻都要受動搖了。最要緊是海峽自由，若他受了「脅迫」，不但英國帝國主義失了在土耳其「由我蹂躪」的根據，且會中斷了到「蘇彝士運河以東」的優勢，致東方殖民地和弱小民族（大中華封建殖民地當然在內）不復再能優遊蹂躪；這是不列顛帝國主義如喪考妣要痛哭失聲的事情，難怪喬易喬治火得頭髮直跳起來，宣言要出兵了。但除了海峽駐兵或者會與土軍小有接觸外，我們要問英國與土軍宣戰是可能的嗎？可說是不可能。他戰後的處境，殖民地的騷擾暴發的情形，美法日三帝國主義內部的發展；都不容他有舉力對土耳其的勢力；即使他有這種憂慮，但他國內的勞動群眾已決定採必要手段力阻止戰爭，這種力量是一定會牽制了英國帝國主義的武力行動，這是干涉蘇俄革命的前事可作一個預證的。故結果，英國免不了被迫而出於與土耳其和平了結的一途。

戰後的法蘭西帝國主義，他一方扶植小協約國的連合，以圖霸大陸；一方又單獨與安戈拉結約，以排斥英國在東方的勢力。這兩年來，所謂英法協約的實質早已破壞無餘，所存在的，是兩帝國主義過日相視張牙舞爪要戰的形勢了。這次英國利益受打擊，正是法國帝國主義適身稱爽的事情。有人以為，法不助英是因與安戈拉有特約的緣故，這也不然。誰都曉得，基瑪爾派自始在成功，是一半得力於蘇俄援助的緣故；過激派要工人掌握政權，又要助弱小民族脫離帝國主義的壓迫，是狂熱的法國政治家要抵死反對的，所以對於安戈拉的勝利也會同樣的恨妬；況且弱小民族的抬頭，是會對任何帝國主義勢力都加以打擊的，法國豈能不想法來壓抑土耳其嗎？他一時不與英國合作，只是他們中間的裂縫太寬深了。

這回勝利將使一切被壓民族覺悟：只有蘇俄是助他們得着解放的真正朋友。

歐戰後的世界大勢，一方面是帝國主義國家猛烈的衝突和漸就崩敗，一方面是工人與被壓民族的聯合；從這回土耳其勝利於英國的情形來看，這兩種趨勢都更明顯了。我們都祝着罷！

南通借款

請看私人資本主義在中國的害處

和森

任國際資本帝國主義壓迫之下的經濟落後國有一種必然律：就是私人資本主義不能獨立發展，必須仰仗並附屬於外國資本之下才能發展。比如大戰以前的俄羅斯私人資本主義，他們每年的生產和收入，百分之七十以上，只能提供英國法國比國資本的利息，自己所得的不過百分之二三十；而全國煤業，鐵業，石油業，幾乎完全成了英，法，比資本家的私產（最近英法比在熱那亞會議所要求退回外人的私產，就是指這些）。但俄羅斯資本家貪此百分之二三十的私人贏利，不惜將全俄的經濟生活附屬於國際資本之下。

中國新興的私人資本主義工商業，也漸漸入了與從前俄羅斯同樣的途徑：不但『中英合辦』，『中美合辦』，『中日合辦』的大公司，大企業漸漸遍了全國，就是號爲中國資本的大企業，那一家不與外國資本發生或明或暗的勾結和關係？所以在經濟落後國，不獨附屬於國際帝國主義之下的政府，軍閥，官僚能賣國，而附屬於國際資本主義之下的工商業資本家更能賣國。近日南通州張氏父子向日本借款的事情，不過爲中國私人資本主義附屬於國際資本之下的必然現象之一罷了。假使今後私人資本主義越發達，中國便只有越陷在國際資本帝國主義的附屬地位中而不能自拔。結果：全國大產業，不久便會盡變成國際資本家的私產；華盛頓會議所規定之工商業上『門戶開放』『機會均等』，以及隱在這種術語背後的『國際共管』，即使國際帝國主義不作顯然出面的催促，也會必然實現起來的！

然則怎樣解決中國經濟問題呢？只有早日將政治問題解決，採用國家社會主義—就是國家資本主義，與俄德締結經濟同盟：向德國舉行機械借款，與壤地相接二萬數千里以上的俄羅斯通商，則中國國民經濟沒有不日就興盛，政治經濟的獨立與自由沒有不可得到的。

勗江西人民

君宇

湖南人民爲了驅逐張敬堯，做過一次大的運動；安徽人民爲了拒絕李兆珍，做過一次大的運動；現在蔡成勛要強姦民意指派省長，江西人民也起了大的運動了。中國人民熱烈的反抗軍閥和他們的雇人，這要算第三次了。

但湖南和安徽的運動，只是趕走了一個武人或軍閥的雇人，都使嘿然聲息了；而且就是運動本身的地位，也都不過是援助請願性質的一種附加示威。我們現在急於要問：江西這次的運動是不是也要和那兩次具一樣的性質和取一樣的步驟？

我們要拿安徽現在軍閥橫暴的情形來作證，我們也要拿湖南現在軍閥橫暴的情形來作證，江西人民就要立刻明白：祇有湖南和安徽運動那樣柔弱和了草，想要來推倒軍閥的壓迫，是絕對不夠的。數年困迫在軍閥戰亂和宰制下的江西人民，必然十分了解：中國人民除了打倒軍閥與官僚，別沒解救的的出路；但也要明白：打倒軍閥與官僚要人民自己武裝起來才得到，決不是利用一派軍閥官僚打倒另一派軍閥官僚可以達到目的。故現在江西人民的需要，是在將運動的質量立刻擴大起來，運動的羣衆立刻武裝起來；不要利用一派打一派，也不要再分心力向北京做沒用的請願，『把一切軍閥官僚當一個整個』，準着他們一起開火起來！

江西人民要努力，不要錯過了這個做中國打倒軍閥官僚的先驅者的機會啊！

通信

外交派與政學系

記者：

承囑調查北京最近政象，這種複雜糾紛的問題，非短函所可盡述，請俟諸異日；茲只羅舉二事奉告：(一)是外交派的閣員對於俄代表越飛初到京即不以相當的禮貌接待，近來更徇太上政府的請求，派軍警偵探監視越飛的行動，助日本外交上的成功；(二)是聽說政學系的閣員要訂定什麽『過激宣傳取締法』，治安警察條例還未取銷，又要在人民手口上加一個更重的鐵鎖，這事如果屬實，算是政學系最近的成績。

這兩件事在北京政局中人或者以爲是很小的事，我們却不以爲是小事，(一)是關於外交政策的錯誤；(二)是關於壓迫人民思想出版的自由，國民對於這兩派人到要加以鄭重的監視與取締才好。　舯舯

T. T. L.

不盡。

本報啓事

讀者諸君對於本報的主張如賜批評不論贊成反對一概在本報發表

The Guide Weekly.

嚮導週報

（中華郵務管理局特准掛號認爲新聞紙類）

一九二二年十月四日

定價

零售每份銅元四枚
半年大洋七角
全年大洋一元三角

分售處

上海亞東圖書館
上海公民書局
北京大學出版部
廣州昌興馬路廿八號
武昌時中書社
太原晉華書社
長沙文化書社
濟南齊魯書社
南京樂天書館
成都華洋書報流通處

每星期三出版　總發行所上海老西門肇浜路蘭發里三號

中德俄三國聯盟與國際帝國主義及陳炯明之反動

和森

請看

國際帝國主義何等妬忌中華民族獨立的外交運動

陳炯明業已成爲國際帝國主義的偵探

國人應一致擁護中德俄聯盟政策，脫離英美法日的羈勒

前本報主張與俄德締結經濟同盟（見本報第一期），希望民黨從新訂定外交方針，不數日乃聞陳炯明將孫中山關於聯絡俄德之密函付與香港英國帝國主義各機關報發表，因此，北京美日英法各公使對於新近來華之俄羅斯代表團及民黨行動異常注意偵察，除由領袖葡使揑造越飛私造公債，宣傳過激主義，照會北京政府嚴厲監視其行動外，並聞以後對於民黨將加以比較十年以來更壓抑的政策，使他在政治上難於活動。今把滬上各報譯載香港英報所宣布之函件及議論抄在下面：

孫逸仙博士崇信過激主義，外間早有喧傳，但無確實憑證，今吾人始能將確證發表，證明孫氏曾以過激主義爲基礎，籌畫中德俄三國聯盟。當葉舉等在羊城起兵時，孫氏及其部下被迫離粵，而財政次長廖仲愷，遺下皮夾一隻，內有孫氏秘密信函多封，其中三封，與孫氏有關，表明曾磋商中俄德聯盟事，茲將各函披露如下：（一）仲愷亞伯兩兄同鑒，茲得朱和中來函，所詢各事已有頭緒，其有需兩兄協辦者，特將所關之函付來，此函閱後付丙，共閱便知應付矣。一要仲愷兄照所請發給四千二百元，分寄北京柏林，寄柏林者，要買美金或英考，不可買馬克，因恐馬克有跌無起，美金英磅則有起無跌故也。並付來支條一紙，交由會計司出暇可也。二要亞伯兄在廣州等候辛慈到港，則親往直接帶他來大本營，此事要十分秘密，故接此信後，則要着電報處留心歐洲或歐亞沿途各埠所來電報，如有 H 字樣來者，卽如期往港候船便妥矣。朱和中處於未接他此信以前，已有信着他回國，然無論如何，此三千元當寄去，匯款時可加一函轉屬他回國之期，由他自定，如倘有重要事件須辦者，當可稍留，如無要事，當以早回爲佳，最好能與辛慈齊來，則諸事更爲融洽也。又亞伯兄在廣州等候時，由會計司領月支公費三百員，到大本營時，則由大本營支，廣州可以停止，幷付支令一紙，辛慈之事，愈密愈佳，如非萬不得已，則政府中人，亦不可使之知也，此致並候大安，孫文，三月八日（此信已完付丙）。（二）又朱和中在德國致孫文函，大總統鈞鑒，謹禀者，自十年七月二十六日領得毫銀六千二百圓，內有半年安家費（即薪金）一千二百圓，當即匯寄京寓，當支船票費千圓，繼續數千圓，尚存三千圓，由德華銀行匯兌馬克十萬二千（當時每元換馬克三十四枚）來德，抵德以後，頭一月以各處奔走，四出聯絡，用去一萬二千馬克，第二月用去七千馬克，第三月極力撙節，用去六千馬克，以後不能再省，因德國工人，每月亦需用三千馬克，至今僅存七萬五千馬克，從自得辛慈之助，進行愈速，範圍愈廣，若設公事房，則用費幾三倍於前，需要所迫，體制所關，除本人儉省日用之需以外，不能苟簡，即請自三月一日，八月三十一日，飭發半年安家費（即薪金）一千二百圓，但飭秘書羅德北京盈士胡同九十一號朱子英夫人朱陳氏查收，以安家小，飭發此間用費三千圓，換成美金或英磅，由滬州長吳街華德銀行代辦處匯來，千萬勿再換成馬克，以免虧累，此間用費，若蒙惠發，即可雙支至半年矣，此間諸事，方得門徑，進行方殷，半年期滿，決不能即生問題，因此請款飭撥，以後即請示知，肅此即請鈞安，朱和中呈十一年一月一日。（三）前駐華德使辛慈，熟悉吾國情形。曾充駐俄莊軍特使八年，與俄人感情亦洽，精通英俄法語，且思想新頴，手段敏活，其所主張亦合民治潮流，尚德國不可多得之人材，方中未抵柏林以前。辛慈即主張，華德俄三國聯合，與鈞旨暗合，近自與中接接洽後，擬不問他政，專辦此事，是以決定同組一公事所，以資籌備，現擬定兩月內籌備完竣　伊即請命於其國務總理來華，中意見擬以辛為專理員，其他名科選定主理員，總入員材料辦法，由主理酌定，總理專備鈞座諮詢，主理員籌商何項人員先行來華，何項人員陸續前來，何項材料即日需要，何項材料繼續運輸，何種辦法即日擬定，即日實行，何種辦法繼續擬定，隨後推行，均由鈞座與總理員核奪，如此則東西聲氣互通，綱舉目張，進行自速，惟辛慈名望頗重，須用假名，雖一般德人亦不可使知，屆時當電發點名，即請於抵滬時，派輪密迎入幕爲禱，至來華以後，是否受聘，另是一事，茲不遽贅，來電辛以H代，肅請鈞鑒，中叩東，

人人知道中山先生所持的主義，爲他自己所發明的—民族，民權，民生—三民主義。他的民族主義就是要使中華民族解脫國際帝國主義的壓迫，做到中華民族的獨立與自由。所以在他三民主義的演說中曾經說道：『今天滿廊雖被推翻，光復漢業，但是吾民族尚未能自由獨立。這個原因，就是本黨祇做了消極的功夫，沒做積極的功夫。自歐戰告終，世界局面一變，潮流所趨，都注重到民族自決。我中國尤爲世界民族中的最大問題。在東亞的國家嚴格講起來，不過一個，一個日本可稱得完全的獨立國；中國……幅員雖大，人口雖衆，只可稱個半獨立國罷了』。這一段話，一點也不錯的。中國最近八十年來，與其他一切被壓迫民族一樣，完全陷於帝國主義四面掠奪宰割的重圍中，在一九一四年以前，簡直找不到別的出路。經過上次世界大戰，帝國主義的俄羅斯變成爲根本取消掠奪制度的工農共和國，帝國主義的德意志變成爲協約國的被征服者，至此國際情形才起絕大變化、一切被壓迫民族才有超脫帝國主義的圈套，而聯合一切反帝國主義的大民族以圖獨立自決之可能。在這種情形之下，一切被壓迫民族便要必然的一致的形成其民族獨立的新外交，於是已經顯著而成了功的，就有土耳其的基瑪爾，正在醞釀而被國際帝國主義的偵探—陳炯明—告發的，便是孫中山。

中山先生聯德聯俄的計劃完全建築在民族獨立的基礎上面，這是毫無疑義的。孫中山之爲中華民族獨立運動的革命家，正如基瑪爾之爲土耳其民族獨立運動的革命家而不爲共產主義或『過激主義』運動的革命家一樣。基瑪爾的新外交，爲使土耳其民族獨立的惟一適當政策，孫中山的新外交也是爲使中華民族獨立的惟一適當政策。以現在國際情形看來，試問：中國匍匐於帝國主義的英美法日之下爲能得到平等地位呢，還是與非帝國主義的德俄聯合爲能得到平等地位呢？正謀共管中國，監管中國財政，干涉中國內政，破壞中國統一的是誰，而業已取消在華一切特權，無條件退還一切租地與賠款，及廢除治外法權的又是誰呢？我們且將今日（九月卅）大陸報（美國帝國主義在滬的喉舌）所載孫先生答復香港電信報的話（字林西報也有同樣紀載）譯兩節在下面，更可證明孫先生中德俄三國聯盟的計劃，完全建築在民族獨立的基礎上面了：

對於德國和俄國，孫博士的意見以爲：自德國解除武備和俄國取消在華一切特權之後，在中國看來，這兩個國家已成爲站在『不侵略』地位的國家了。

孫博士且以爲：自蘇維埃俄羅斯成立之後，過去對於中國政治獨立和領土完全最大危險之一，業已消除。在勞農政府繼續和忠於他『非帝國主義』的政策時候，俄羅斯並沒有可使『一個民主的中國』生畏懼的地方。

孫博士并說這是他熟慮過的意見：在目下中國『近代化』的當中，中國是很需要能對他平等待遇和承認他有完全統治權的強國的幫助。他信：在現下情形和治理的俄德是能以平等條件待遇中國的。所以，他贊成有一個傾向中俄德三國親密接近的政策。他並不以爲這個政策會違反了願望中國強盛和統一的列強之條約上的利益。 無論如何，這個政策是要盡力於一個非帝制且非反動的中國的最好利益。

帝國主義的英美法日，要永遠圍住中國於他們的隸屬圈套以內，所以最忌中國與那業已成爲站在不侵略地位的俄德和能以平等條件待中國的俄德聯合，換過說；就是最忌中華民族脫離他們的羈勒而獨立，因而誣中山先生立脚在民族獨立上的中德俄聯盟政策爲以『過激主義』爲基礎。有人以爲這種嫌疑，是關於中山平日標榜民生主義惹來的，其實不然：中山先生的民生主義不過等於各國通行的社會政策和適於工業後進國之經濟情形的國家資本主義。現在資本帝國主義的列強，不但適用這種政策以和緩階級爭鬥，而且擁戴這種政策的首領於最高統治地位以延長其末運：如米勒蘭，白里安之於法；路易喬治，亨登孫之於英；渴德凡爾之於比；愛伯爾，夏德邁之於德；以至畢蘇紱斯基之於法蘭西外籓的波蘭，幾乎成了一種普遍的現象。所以中山先生的民生主義在英法美日的資本家帝國主義者看來，不過家常便飯，有甚可畏？他們所畏的只有中國政治上和經濟上脫離他們的羈勒而獨立。所以對於中山先生德俄聯盟計劃，就不得不格外怕起來，而要以『過激主義』爲擺抑他的武器了。

中德俄聯盟的政策，不是利於一人一黨的政策，乃是利於中國全體被壓迫民族的政策；中國民族是否永爲英美法日帝國主義的奴隸，或擺脫他們的羈勒而獨立，全要看這種政策的成功與失敗。所以凡對被壓迫的中國人民都應起來擁護這種政策，貫徹這種政策。反對這種政策的（不論個人或黨系），不是甘心爲帝國主義的奴隸，便是甘心爲帝國主義的爪牙。所以這次陳炯明對於孫中山的叛亂舉動，完全證明他是國際帝國主義的偵探。國民黨在被壓迫的中華民族地位上不獨不會因此而受打擊，而且反將因此愈益擴大其革命的基礎，和羣衆的勢力，因爲這就是表明他已經不徘徊於英美法日帝國主義的歧路了，已經跑上殖民地革命運動的正軌了，已經領導四萬萬被壓迫的民衆到獨立運動的初步了。孫先生說：『俄羅斯並沒有可使一個民主的中國生畏懼的地方』，我們更可進一步告訴被英美法日帝國主義壓迫無已時的國人：蘇維埃俄羅斯更沒有可使一個半殖民地的中國生畏懼的地方呵！中國獨立與平等的國際地位，是要首先聯合他才能做到呀！

孫吳可在一種什麼基礎上聯合呢？

和森

中德俄聯盟政策暴露惹起外交團注意，因而申明他們上次給孫中山的電報是他人捏造的！但九月二十八日申報北京通信又載有孫丹林口中的孫吳聯合論，這篇談話是很重要的，今把他抄在下面，然後發表我們的意見：

孫吳携手的消息，已經沈寂許久了，近旬各報且載曹吳因孫中山

此次王內閣之舊店重張，何以必拉一徐謙入閣，吾人卽於此點可以窺見洛吳左右之空氣，聯孫論蓋猶盛也。記者昨晤聯孫派議員鄧天乙氏，彼日前曾訪問孫丹林一次（孫丹林舊爲同盟會黨人，辛亥年孫與鄧同在青島某校運動革命），孫氏以鄧爲大孫派黨徒，遂對鄧大唱孫吳携手之論。鄧君爲記者述孫氏當時之談話情形云，近來時局糾紛益甚，統一已萬不可緩，子玉方面之事予（孫丹林自謂）可以負完全責任，所可慮者，中山先生之態度耳。中山先生爲吾黨（孫氏自命爲老民黨，故口吻如此，）前輩，其十年來之政治生涯，雖屢起屢仆，而其精神唯一之表現，則在其擁護主義，堅持不屈，百折而益勵，此吾人所共見，不勝欽服者也。若夫北方吳子玉氏，亦能爲國而不爲私，重實行不重理論。自己之主張既經決定，則生死以之，必期貫澈而後已，此種精神實有與中山先生相似之處。中山爲民黨之領袖，子玉爲國家之干城，二人精神上之特徵，又相同若此，則吾人欲圖孫吳之聯合，豈非勢順之事。然事實上却不無難點，蓋中山向來不肯舍己以從人，子玉作事，亦把成敗利鈍關頭，看得很清，認得很眞，彼雖甚崇拜中山先生之爲人，且贊同其主張的，（如中山之兵工政策，與反對割據式的聯省，）然若使彼輕易服從一種之理想，而抛却一己之實力，一旦有事卽束手受縛，則彼目前又有萬難照辦者。以予所見，中山旣不得志於南，當然發展於北。時局當前一大問題，在乎全國之統一，苟不能使南北歸於一致，中山先生之一切理想，將終爲理想，無復見諸實施之可能。統一旣爲目前一大問題，其程序又須列諸凡百問題之先而亟待解決，則中山先生向北發展之途術可以知所本矣。現在北方及長江流域省分，時有段派奉派陰謀之發見；在北京政局上活動者，則不外益友與政學兩派。中山果欲爲國家謀統一；則對於以上四方面應有澈底之觀察。質言之，中山先生如以爲當今之中國，非段派不足以謀統一，則應當光明磊落的與段派聯合，如以爲非奉派不足以統一中國，則亦應當光明磊落的與奉派聯合，推而至於益友社政學會，均宜以明瞭之考量，決定態度而繼之以公開之結合。如中山以爲上述之四方面，均爲有害國家之政團，不足與言統一大計，則以主張之正當論，態度之光明論，力量之充實論，中山對於「直系中之吳子玉」，允有一致提携協定國是之必要矣。君囘上海之後，可將此意逕達中山先生。總之，予甚希望中山先生對於「欲謀眞正之統一，應與益友社政學會段派奉派結合乎，抑應與直系中之吳子玉携手乎」一個疑問，加以公正之考量與解決也云云。鄧君述孫丹林談話至此，續告記者，彼（指鄧君言）當時曾答復孫氏，謂中山先生之與任何方面聯合，向不管人的問題，而純粹以主義或政治主張爲互相提携之標準，如北方傳說之所謂孫段聯合孫張聯合者，其眞相幷不如北方報紙記載之詭秘，蓋段派或奉張方面，必先有人向中山表示，願絕對服從其政策，然後始有妥協之商榷

，中山又嘗對其左右之好談「利用」者，加以嚴重之訓誡云，吾黨無論與何方結合，當先問主義之同否，主義同，卽當以誠意相提携，共負救國之責任，若夫利用的陰謀，則萬不可嘗試以自失信守云云。子玉方面既有閣下（指孫丹林言）負責，則於中山之「以主義相結合」一點，不可不加以注意。鄭言未竟，孫丹林以手作式，極言子玉之事，彼可以負完全責任，至於中山之純重主義，子玉久已了解，而對於兵工政策，尤深表同情，子玉曾謂，將來兵工政策實行著手之時，當以兵工委員會會長一席待中山，而自居於副座云云。

關於孫吳聯合的事，在本報第一期（參看統一，借債與國民黨）業已約略發表過我們的意見了。我們認民黨與軍閥，截然爲兩個新舊不同的階級。這兩個階級的爭鬥現在雖還未決定到你死我活，但民主革命的潮流總是一天高一天，軍閥的命運總是一天促一天，除了時間問題、新興的革命階級終會要戰勝封建的軍閥的。所以我們根本上主張民黨應極力與民衆勢力聯合以貫澈民主革命，除有意義之單方面的聯合外，我們反對混合或調和各大軍閥的勢力，去謀那不可能的統一。

以現在情形看來，吳佩孚業已輪到北洋軍閥之最後領袖的地位了。就他的階級地位與利害關係而說，他有與民黨聯合之可能嗎？看孫丹林：「子玉作事，亦把成敗利鈍關頭看得很清……若使彼輕易服從一種之理想而拋却一己之實力，一旦有事卽束手受縛；則彼目前又有萬難照辦者」一段話，就知道是不可能的了。然則孫吳可在一種什麼基礎上聯合呢？依我們看來，反對聯省自治的同點上面建築他們的聯合不住的，「領袖」與「干城」之精神的同點上面更是建築他們的聯合不住的，惟有在反抗國際帝國主義爲中華民族之獨立而奮鬥的基礎上面，可以建立他們的聯合。

但是吳佩孚夠得上說這個嗎？就他的過去看來，如反對日本帝國主義的侵略，攻擊安福系新舊交通系的賣國，無論其動機怎樣，這些行爲總像是一個未爲國際帝國主義所收買的軍閥了。但是現在呢，他乃大大引用親新舊交通系而起的新賣國黨—外交系，連絡親附於美帝國主義的北京政府，不但任他們引導美國帝國主義的支配勢力侵入中國政治經濟的骨髓，並且任他們極力排斥中國人民應與急切聯合以圖增進國際地位的蘇維埃俄羅斯，而使中國愈益陷於國際帝國主義的奴隸地位。這種局面若是長久下去，吳佩孚不會成爲賣國賊領袖段祺瑞第二嗎？所以現在不獨孫中山應於皖奉政益與「直系中之吳子玉」間有所決擇；而吳佩孚尤應顯然表示外交態度，斥退新賣國黨外交系，才配講到與孫先生聯合。因爲國民黨是運動中華民族獨立的革命黨，孫先生近日更公然發表其應結合俄德的政見，吳佩孚對於這個政見贊成呢，反對呢？還是跟着曹錕打那奴隸心腸的否認電報，以避國際帝國主義的嫌疑呢？

孫丹林這篇談話，算是很胆大的，他胆大的地方就是再三申言「直系中之吳子玉」，我們當然認他的話是足以代表吳子玉，認他對於孫吳聯合的熱度是很高的；但孫丹林須知道：除了爲中華民族脫離國際帝國主義的羈勒而獨立之外，實實尋不到孫吳聯合之正當的基礎，縱然勉強成立了，也是沒有好結果而爲民衆所不願意有的，因爲不過徒看見一個具有光榮歷史的革命黨，離開羣衆而與一個縱橫捭闔的軍閥聯合罷了！

介紹一篇國民革命的綱領

爲了羣衆利益而革命—非爲了革命來找羣衆

君宇　春獸

我們現在要介紹的，是印度國民革命的綱領。印度運動的大略近況已在本報第二期講過。我們知道，印度運動已到了一個不是空泛的計劃可領導的時期，同時國民會議的中心人物成了明顯的反對革命，革命的羣衆漸漸離開了他們；現下需要的是革命領袖的發展和一個革命的綱領的採取了。

革命的綱領嗎？—國民會議新發生的左翼曾提議過一個。但他們提議的並沒比甘地綱領—建設的綱領—多了革命性質，不過是措辭稍較激烈罷了；因爲他們也沒有按照了羣衆實際的需要，感發不起羣衆親切的了解和不可堵當的力量。印度運動當然也不是這樣一些不接觸羣衆的人物和計劃可領導的。

現下惟一有希望可領導印度革命的是新分子的發展。這些新分子中的社會主義者，已提議了『全印度中央革命委員會』的綱領，雖然他還不過是個草案，但他是親切於羣衆實際利益的；他一定會爲革命的羣衆所採取，且一致環繞着他前進，推翻了不列巔帝國主義的統治，成功一個印度勞苦民衆的共和國。我們要介紹的就是這個綱領了。

緒言：印度底自由

達到印度人民自由的第一步，就是推翻外國的統治。但是印度人民底真正自由決非祇是建設一個獨立的政府所能得到的。政治獨立之所以先要獲得，因爲羣衆底經濟和社會的解放的事業可以進行無礙。就是印度底政治解放亦不能達到，除非是全部或至少多數人民在這奮鬥中很勇往的從事活動。爲了要使羣衆有對於這樣自由的奮鬥有親切的了解，全印度中央革命委員會採取下列各項，作爲彼綱領底重要原則，其目的在統一一切印度人民宗教信仰各別的社會，在推翻外國勢力後，造成一種『一個社會不能剝削他個社會』的情況。

第一節　政治方面

(1)**民族獨立**：『民族自由』這種抽象的名詞，對於印度人民羣衆不能有什麼意義。『祖國神聖』等這些感情的宣傳已缺乏鼓勵起無智識及被壓迫的羣衆底愛國精神的力量。在過去的五十年中，民族運動祇限於受教育的資產階級的極狹範圍中。但是到了近來，向來從不做聲的羣衆也成爲倔強不馴了，已表現勇猛的和發展不已的活動了。這種覺悟的原因就是那不堪忍受的經濟狀況。

（一）全印中央革命委員會承認日進不已的羣衆活動在自由解放運動中之真實力量，提議依照經濟的和社會的自由底原則，先組織城市的無產階級，次及於貧農的羣衆。既有適當的組織，再給以有力的政治指導，這種集中的羣衆勢力是要推翻了外國帝國主義的統治。

（二）雖然明了最強有力的軍器是羣衆運動，全印度中央革命委員會也不忽視他種可爲政治獨立盡力的份子底存在。所以，彼從事於聯合各種同意推翻外國帝主義宰制的革命份子。但是溫和派，或國民議政派，不是想普遍的剝削羣衆，就是想代有現在英國統治者底地位。照他們那樣篤信現在政府制度，倘若一旦政權落在他們手裏，他們決不能改善羣衆底經濟狀況。

(2)**政府基礎建於勞農議會之上**：因爲要防止獨立印度底政權落在爲自利和圖僥幸的領袖底掌握之中，全印度中央革命委員會在大多數人民—就是無智識和不識字的勞動羣衆—底意志完全發表之前，將行使革命專政。全印度中央革命委員會將築基於革命的軍隊和組入議會與工會的勞農底擁持之上。

（一）印度聯邦共和國將照羣衆底意志和現存的實際狀況而組成。政治的民治主義在歐美已證明是一種失敗；在這種制度之下，普通選舉，代議政府，人民意志等等，多不過造謊而已。在事實上屬於勞動階級之人民—全體底百分之九十—是被管束在全國經濟生命的少數人們所剝削之下。羣衆底真正解放的達到，祇有是成功一種將政權握在社會生產份子—即勞動者—手中的新制度。

（二）一切國內的統治首長要連同英國的統治一併推翻，並且一切朝代統治須永遠廢除。

第二節　經濟方面

（3）土地給與勞動者：（一）屬於 Zamindars, Talukdars, Sardars Jagirdars 和其他貴族或諸候的財產和領有田地，收歸國有，分配給耕種田地的人們。這種分配由鄉村議會執行而受革命政府底監督。

（二）因爲要給農民知道公有地底利益，公有農事機器須給小農應用。這些機器由國家供給而爲公有財產。

（4）收用財富：（一）一切私有財產爲公共利益使用者充公。

（二）鐵路，電報，水利，鑛山，等公衆利益均歸國有—由勞工議會管理，無利經營。

（三）各種大的產業設立勞工管理。工會須管理生產，分配，主要社會底需品底交換，並須對於這些負責。

（四）廢止一切間接的稅，而實行高度的累進率所得稅。

第三節　社會方面

（5）改善勞動生活狀況：（一）國家社會給養所；養老費；疾病保險；兒童利益金；產母保護；失業補助費。

（二）實行一日八小時，一星期六日的工作；以增高勞動階級生活程度爲目的，制定最小限度的工資。

（三）婦女底地位：社會上和經濟上完全解放，並有相等的政治權利。

（四）廢除一切社會特權。

第四節　教育，文化及宗教

（6）教育：（一）自中等學校以下施行免費和強迫教育；一切階級的教育機關須廢除

（二）完全文化獨立。

（三）宗教和信仰自由；宗教須與國民政治生活明白分開。

第五節　武裝和國際的關係

（7）武裝羣衆：（一）在外力推翻後，羣衆仍須保持武裝，以保衛革命和鎮壓反革命。無常備軍。如保衛革命需要時，可設立海軍。

（二）承認各民族有完全政治上的獨立權。不與任何帝國主義列強締結秘密或公開的條約。與各革命的無產階級共和國家—例爲如俄羅斯—成立經濟上的合作。

我們介紹這個綱領有兩點意思。

第一，要將革命的意義更顯亮的擺在我們面前。革命的造因全在於客觀的環境；有了一個階級受壓迫或是幾個階級併受壓迫的事實，這種環境就決定要發生革命了；反之，若沒有階級壓迫的事實，便不會有發生革命的事實。革命是壓迫環境的必然結果，是階級對階級的羣衆行動。沒有客觀的革命造因，想以主觀的方式來造成革命，是不可能；但既有客觀的革命造因存在，想以方法來消滅革命的動力，也是不可能。不論他實現的進程是怎樣，一種壓迫多數的環境就是形成革命的本身，且決定革命是定要實現了。在另一方面，革命是需要有革命的組織；他是需要有領導羣衆實際勢力的先鋒軍。但這種領導，不是主觀的號召和空泛的計劃可做到的；是要接觸了羣衆革命的動因，親切的站在他們利益奮鬥的前面。空泛而不革命的甘地自然要落伍了；左翼不接觸羣衆革命動因的號召也召集不動羣衆勢力；現在印度革命須要一個親切於羣衆利益先鋒來領導了。—從這一點我們可看出一個革命的立脚是在什麼上頭了。

第二，供需要做國民革命的中國參取。在國際帝國主義和軍閥交相壓迫下的中國，是決定他急於要做國民革命，壓迫的程度且也決定他有廣大的客觀的革命羣衆了，他也有—雖然很弱小—奮鬥歷史的先鋒軍了。目下因爲先鋒軍和這廣大的羣衆還是隔離，所以還沒有喚起他們不可扼抑的援臨，就是因爲先鋒還沒有旗幟鮮明爲了羣衆利益而奮鬥，引不起他們親切的了解和感發的綠故。在這種情形下，國民黨宣告改組，從新估定他的綱領，我們不能不讚許這是很合實際需要的一件事情。新黨綱的採取自然要由羣衆的利益來決定。羣衆的利益是什麼，這又要由他不堪忍受的生活情形來決定了。拿中國來和印度比，除了印度封建勢力已被資本主義破壞得遠不及中國的有勢，和中國農人還沒形成像印度農人那樣壯大的革命勢力之外，我們可說他倆實際情形很有相似的地方。印度和中國都是要和帝國主義戰的。印度勞苦羣衆在國民革命中所要求的，當然大部也是中國勞苦羣衆所要求的，所以我們感着中國國民革命的綱領有參取印度國民革命綱領的必要。

惟有親切於羣衆利益的革命黨，才不會在革命的羣衆前落伍！革命是要爲了羣衆利益的呵！

日本帝國主義與張作霖

振宇

本月二十日，中報和時事新報載日本對俄外交決保海參威政府存在及東三省獨立自主，俾遠東多設緩衝小國，使『紅色主義』不入黃海。又載張作霖於本月初派張宗昌赴威，與威政府爲軍事上之接洽，其大要爲：(一)奉天亟需之各種軍用品，望威政府盡量供給；(二)此後奉天與海參威實行互助，如有軍事上之需要，應互相援助，並可議訂協定。二十五日上海各報更載東京來電道：國民新聞載稱，海參威威特里志斯政府與張作霖訂成密約，海參威所存大批軍火已照約運往奉天。東京陸軍當道稱日兵退出海參威後，存於該埠之軍火不得不入於狄特里志斯將軍之手，狄氏大約將與張作霖結合抗拒莫斯科與赤塔政府，陸軍當道又謂茲聞狄張已開談判云。據二十八日上海各報，則海埠大批軍火之運抵奉天者，已經共有二十二列車了，惟最後數車被海關扣留。又時事新報載二十九日東京來電道：國民新聞復載海參威軍火事，謂日本軍閥已與張作霖及狄特里志斯商定設緩衝國並組織財政團資助張狄之計畫，參謀部近加派陸軍隨員八人至關東，名赴關東，實往助張作霖耳。國民新聞所引之陸軍省人員否認設立緩衝國之計畫，惟承認沒收之軍火一部分不知去向，謂現正由外交部省派員調查運往何處。

由以上的消息，我們可看出下列幾點：(一)日本帝國主義對於蘇俄政策，完全是模仿法蘭西扶植波蘭與羅馬尼亞以反抗蘇維埃俄羅斯的故智；(二)今後國際帝國主義者都將借『防遏過激主義』爲口實，把中國分裂爲各自的殖民地和『緩衝小國』，日本對東三省的計劃成功了，英國對於西藏，法國對於雲貴…便將取同一步驟；(三)中國封建割據的局勢，將因國際帝國主義者這種可怕的政策而愈益嚴重；(四)張作霖這個紅鬍子不僅爲中國和平獨立統一的魔鬼，而且成爲國際帝國主義和反革命的兇惡機械。

被兩重壓迫的中國同胞們，你們看呵：日本帝國主義這種對俄政策的背面，還埋着英法美帝國主義的伏兵呀！日本不過是儘先向東三省下手呀！從此東三省割據的形勢，將因日本和英法美帝國主義者的合作愈益鞏固，而那二十二列車的軍火，不久又將瞄準中國人開呀！

外交團勸告裁兵

振宇

二十八日，上海各報載稱日人方面傳出消息，外交團決議，由領袖葡萄牙公使提出兩項勸告，昨已遞到外部，其要旨如下：(一)希望中國即速實行華府決議案，即行裁兵；(二)如中國再不實行裁兵，將來發生兵變各事，列國損失須由中國擔負完全責任；(三)中國之財政亟宜整理，而到期之外債尤宜清償，以重信義。

這個新聞在久處軍閥壓迫之下，彷彿本身無法解決的中國人看來，一定以爲是個可喜的好消息，一定以爲軍閥非有外力壓迫則不會裁兵，而今外交團的警告來了，裁兵一定有幾分希望了。

可憐的同胞們！假使你們這樣設想，我要老實告訴你們是想錯了！外力除了壓迫中國人民和貧苦羣衆外，決不會壓迫軍閥的。因爲軍閥大都是他們的駐華武官，是他們十年以來栽培維持出來的產物；中國的內亂與割據，正是他們永遠所需要的掠奪時機與情形。他們只有增加並延長這種時機與情形，決不會使之縮減或停止，而任中國得跑向不利於他們掠奪的經濟上和政治上的獨立方面走。倘若這樣，中國就不會是他們的殖民地或準殖民地了。試問現在決定維持東三省獨立，資助張作霖二十二軍軍火的日本，不也是外交團的一員嗎？然則外交團何故勸告裁兵呢？第一，就是所謂『實行華府決議』正式的來干涉中國內政。第二，就是伏此一筆，等到『將來發生兵變各事』，如此這般，以達到國際共管。近幾月國際共管和干涉中國內政的論調，不獨青木諸人倡之；京津泰晤士報（英國帝國主義者在中國的機關報）和順天時報（日本帝國主義在中國的機關報）等，尤常常製造這種空氣來嘗試，他們不是旁敲側擊鼓吹請一位外國政治家來統治中國，便再三抬高他們『華府』的無形權威，主張實行干涉中國內政，一步一步來探試無常識而易於欺騙的中國人！

可憐的同胞們！我們真要監督裁兵嗎？只有自己起來推翻軍閥呵！

英國帝國主義者所謂退回威海衛！

獨秀

自國際帝國主義者在華盛頓會議決定協同侵略的門戶開放政策之後，日本帝國主義，有所謂退回青島英國帝國主義者有所謂退回威海衛之舉。

退回青島的結果如何？除日本帝國主義者佔定那中國人民無力贖回的價格之外；青島的鑛業經營名爲中日各投半資合辦，實際將全落日人之手；青島的管理，照日美帝國主義的爪牙王正廷所頒布的青島市政條例看來，完全爲國際共管！而英美帝國主義在華的顧問和機關報，不是天天吹華盛頓會議怎樣有利於中國、使是說青島從前在德日人手裏怎樣弄成了近代的模範都市，中國是否有承繼這種偉業而不使之腐敗，以辜負列強之盛意的程度……等等欺詐的鬼話，這些話的用意，就是要完成青島的國際共管。

現在又看英國帝國主義所謂退回威海衛是怎樣一回事呢？他要求將威海衛開放爲他們的自由貿易港，他提出的三個條件（一說有五條）是：

（一）英國在威海衛原有軍港、不能廢除，當作爲夏季英人避暑之地。

（二）中國派警察保衛威海衛、其警士須素與英人有好感情，及有經驗者。

（三）中國如在威海衛境修築鐵路，須由英人首先投資。

此外，且申言英國不願受不名譽的中國軍警之保護，並說爲防威海衛之『衰落』與『消滅』計，須任外人參預市政。這就是英國帝國主義者所謂退回威海衛！

議員學者跑到美國帝國主義家裏討論憲法問題嗎

雙眼

九月廿九日中華新報載：日來國會雖在休會期中，而一般熱心制憲之議員，常有私人之討論。聞今日下午，洋顧問芮恩施宅中即有此種會談，列席者議員方面有湯斐予丁佛言林宗孟劉建侯等十餘人，非議員方面則有胡適之徐新六衛深甫諸氏。其議題中最重者聞係職業參政問題云。

我要敬告議員學者們：你們不要上美國帝國主義者的當呵！芮恩施這次來華的使命，一面是爲新銀團遊說，一面是鞏固外交系的親美政府（故鼓吹憲期借款），更欲於外交系以外羅致一些名流學者入其彀中。我請諸君小心一點，並且不要於不知不覺中引導一部分人民或青年學子去親美國帝國主義才好呀！

還有一層，宰割中國的華盛頓會議是由黃恩施等代替中國代表捉刀，難道製憲也要靠他授意嗎？

請看國際帝國主義怎樣宰制中東路

雙眼

九月廿七日中華新報載：據日人方面宣傳駐華英美兩國公使、對於中東路之管理方法，業經議定五項如左：（一）根據一九二〇年之條約，尊重中國之管理權，勸告中國自動的整頓該路、以防日人之干涉；（二）對於沿線之土匪，希望中國組織特別警備隊備之；（三）根據華盛頓會議之決議，要求關係各國共同援助；（四）廢止海參威之管理委員會，縮小哈爾濱之該技術部之權限；（五）中俄會議對於中東鐵路問題，不宜干涉。

國人試看英美帝國主義怎樣『根據華會決議』掠奪中東路，的怎樣蔑視中國的主權，他們竟說得出口，不准中俄會議『干涉』中東路；新愛國賊外交系對於他們主人的這項訓令，一定奉命惟謹，不敢違背的。所以他們天天抬出外蒙問題以塞國人耳目。而把中東路問題拋在九霄雲外。被蒙蔽的國人呵，你們須知在政治和經濟關係上，中東路問題之重要十倍於蒙古咧！

讀獨秀君造國論底疑問

思順　君宇答

中國現在底政象，確是腐敗極了。什麼國會底召集，開會，什麼制定憲法，什麼借債整理財政，這都是表面上的時髦調子，究實沒有從根本上着想，須却現在底政象，無一不是破壞中國的元氣，試觀一班政客在北京方面怎樣搗亂？國會召集起來，更使他們活動得多……或者最多不過多造幾幕把戲給我們看看罷了。所以獨秀君說：中國還沒有造成，確是不錯，我以為中國非獨沒有造成，就說已遵造一半；我也不能同意，我說中國現在正當破壞最盛時代，中國不是已經起手造國，中國已朽腐了，國固不成國，說邦也不對；所以邦也不成，省也不成，現在祇成為散亂底分子，想行聯邦制去救中國的命是，藥不對症！中國病症底治法，非澈底清瀉消毒不可！若在表面上修飾下，不都都不免病底子復現。

獨秀君說：「用眞正國民軍去創造眞正民國」是對的。我想要把中國去消毒，除了「革命」實在沒有別的法子，革命啊！大家起來革命啊！革命才是中國一線生機！

但是「國民軍」如何造就呢？獨秀君沒有說出，我想組織眞正有力的「國民軍」斷斷不能一時之間，登高一呼，便能集合，須要先使一般人明瞭這「革命」底意思，和怎樣去做；這才是有眞正「革命」永久的精神底「國民軍」；這才有用，才有成功底希望。

獨秀君又說：「無產階級革命底時期尚未成熟，只有兩階級聯合的國民革命的時期已經成熟了」，這里我有點疑問就是：「如何而可使兩階級聯合」？現在一般有產階級完全覺悟的有幾個？他們對於無產者底心理，能出之這個「平」字嗎？縱使不計其他，就聯合起來（？使兩階級聯合」，現在一般有產階級完全覺悟的有幾個？他們對於無革命」；到「革命」以後，終不免有產者專政，這樣底「革命」是不澈底的，不澈底的「革命」，仍是「革命」能了。

獨秀君又說：到了國民革命能夠解除國外的侵略和國內的擾亂以後，無產階級所盡的力量所造成的地位，未必不大過資產階級，以現在無產階級的革命傾向大過資產階級便可以推知，那時資產階級決難堅持獨厚於自己階級的經濟制度，」　我想這正是資產階級底大忌！正是兩階級聯合底絕大障礙；我們且推論現在兩階級所抱「革命」的宗旨，我們敢說他是一致向同一目的看去吧？我想仍是背道而馳的。這樣怎能使他們兩方融洽而聯合起來呢？

況且獨秀君說：「這個時期的成熟，是可以拿十餘年來的政治史，及眼前要求打倒軍閥建設民主政治的呼聲可以證明的」我說這是不足證明的：現在的打倒軍閥底呼聲，并不是兩階級聯合底呼聲，不是各呼各的，聲是同的，心理是不同的；自己呼打倒軍閥，及去捧軍閥下的腳；這倒不明他們是忘却抑或什麼，自己口呼去建設民生政治，反跑到北京去搗鬼；這可是有沒有呢？

若拿十餘年來的政治史來證明兩階級底聯合，更不能成立，這十餘年來兩階級之衝突，一天厲害過一天，你說他是聯合，我說這是分裂底證明，從前專制時代的無產者，屈服於有產者之下，那時尚可說他們兩方有聯合的可能，——這是因無力抵抗而聯合——現在是不對了。

改造成民國十餘年來的種種「革命」這都是有產者底利用手段，實行到無產者去，并不是無產者已覺悟願與有產階級聯合，況且無產階級一覺悟，祇有和資產階級宣戰，斷沒有願與之聯合的道理。

所以我說：兩階級聯合的「國民革命」并未成熟——因無足以證明——祇有無產階級底「革命」精神已露端倪；現在努力謀「純粹的無產階級底革命」易，謀兩階級聯合的「革命」難，質之獨秀君以為怎麼樣？

一，十，一九二二，於上海通惠

獨秀昨往安徽去了，思順君對他造國論的質疑，暫先由我代作一短答；他如有要合思順君詳細討論的地方，待他返滬後再說。

思順君疑問最扼要的，是『如何而可使兩階級聯合』來革命。解答這一點，自然先要分晰目前中國實際政治和經濟情況，兩階級現在各自的地位，還要看兩階級的『聯合』究站在一種什麼基礎上面和到一種什麼程度。

講到中國現在的實際情形，獨秀文中和我們都早論過了；他是國際帝國主義公共殖的民地，他的經濟生命被他們宰制了，同時支配政治的又是這些海盜們和他們扶植成的封建勢力。幼弱的資產階級他是隨資本主義侵入而誕生，但他被都扼抑在外國資本主義的阻害之下，尚未能為迅速的發展，到了現在還沒爬到掌政權的地位；同時無產階級因經濟情形落後的緣故，亦尚未能壯大。在這種情形之下，兩階級同被壓迫是一件事實；決定目前的革命是兩階級都要來做，就是這種事實。他們都要起來推翻國際帝國主義和封建軍閥有壓迫，這是思順君和我們都一樣不否認的事實。

我們很承認兩階級目前是呼聲同而心理不同的，且要說兩階級是利益對立的，這不同的敵視且是會一天一天跟着近代化的程度增大起來。單拿經濟的地位來說，他倆是沒有協作的可能，且沒有這樣個需要。但目前確有一個問題擺在中國無產階級面前，就是他自己還沒發展到獨立的政治奮鬥的地位，而目前的壓迫又非拔一全國的革命力量，號召起全國被壓迫人民一致不可抗侮的勢力，不能迅速成功。吸收一切革命的勢力都參加這個奮鬥，這是一件最大需要。思順君認目前已是只有無產階級就可革命的決論，我們日夜祝著[illegible]早成這樣，但不得不說這確是離了實際需要的說法。

我覺得讀者要對我們提出的質問，應當是他們究聯合在一種什麼基礎上面和聯合到一種什麼程度來革命；但思順君未提到。我現要就這一層申說一下。無產階級較資產階級為強壯，這不止是現在的現象，任何時都是這樣，因為無產階級那一時總是較多數，只要他們團結起來。所以在國民革命當中 無產階級是要站個主要的地位，資產階級是被召集而參加；就是說這個革命是要讓羣眾革命的動因來支配，無產階級要從事這個革命，他很明白的是為了自己階級利益，他並不為了任何別階級利益；他與資產階級的關係，不過只是個推翻共同仇人的政治連鎖。他雖至少要求這個革命給他一定的政治和經濟利益，但他決不認這個革命就是解放他們的革命。如這國民革命成功，他們所得的實際完全革命經驗和組織力量充實，是會使完全解放他們的革命馬上接着成功的。任外國帝國主義和最反動的封建勢力交迫之下，實際的政治和經濟情形是決定工人的革命是要經過如此進程的。『從事實到理論』我們要使工人革命是活的，是進展不已的，國民革命確在目前是最有意義呀！

造國論所謂『聯合』的會義，我們更要認他明白。他不是指大家湊和在一起來革命．見有一定方式的，上段稍說到了。若以爲講『聯合』就是要講『工商友誼』和『勞資互助』，將工人和僱主混合組織黃色的行會，這不止是獨秀和本報所反對，明白的工人和站在工人利益一邊的都應當反對。無論何時，無產階級要獨立的組織起來，在國民革命當中更要是這樣；且無論何時，不能因連鎖而放鬆了他對資產階級的階級利益鬥爭。

獨秀所說『只創造了一半』，是指國民革命政治創造成功之後，不是指現在；請思順君再細讀他原論一遍，你文中還有些欠斟酌的地方，請覆按一下當自發見，無須我在這裏指出了。

『革命後終不免有產者專政』，這是思順君考慮到最有意義的一點，但也要由無產階級在這革命中所造的地位來決定罷！臨了．我要代表本報表示歡迎思順君疑問的意思，因爲他的立意是站在中國無產階級利益一邊。

（君宇）

The Guide Weekly.

（中華郵務管理局特准掛號認為新聞紙類）
一九二二年十月十一日

定價
零售每份銅元四枚
郵費三分全年大洋
一元三角半年大洋
七角郵費在內

週報
第五期

分售處
上海亞東圖書館
上海公民書局
北京大學出版部
廣州昌興馬路廿八號
武昌時中書社
太原晉華書社
長沙文化書社
濟南齊魯書社
南京柴天書館
成都華洋書報流通處

每星期三出版　總發行所上海老西門肇浜路蘭發里三號

日俄會議及中俄會議

長春會議為日本侵略的貪慾所破壞

國人要急起糾正北京政府媚帝國主義的外交

君宇

俄日長春會議已於九月廿五號決裂了。這次會議的開端經過以至決裂的詳情，各報多登載過，我們用不着再寫來多費篇幅；我們現在要在本報講的，是這次會議決裂綠由的實質和他的歷史含義了。

這次會議之所以出於決裂，很顯明地是為了(一)基本協定對方的區分(二)庫頁島北部占領兩個問題；看兩方當事的聲明，更可詳知了。日本帝國主義的代表—松平在二十五日會議上宣言：基本協定之適用範圍，祇限於日本與遠東共和國之關係，一經簽字，立即發生效力，關於其餘問題之交涉，概俟諸基本協定成立之後，此日本所確定之方針也。以上辦法不但在大連會議雙方意見一致，且在長春會議預備交涉時，亦已明白表示其主旨，而北樺太之駐兵，因係廟街事件之保證占領，故一俟廟街事件解決，該地當立即撤兵。此事屢經日本政府聲明，且在大連會議中經日本代表之言明，俄國方面亦早經知悉。日本政府自長春會議開會以後，即與的俄國方面之希望，以妥協的精神，事事通融辦理。如基本協定之適用範圍，雖祇限於日本與遠東共和國間之關係，但承認遠東共和國與勞農俄國共為本協定之當事國之一方面，並贊成於基本協定締結後，即繼續與勞農政府開始交涉，訂結通商暫行協定，且關於互禁有害之宣傳及敵對行為，亦贊成與該政府以文書相約定，處處表示和衷共濟之態度。然而俄國方面不諒此旨，尚要求不待廟街案解決，先明示北樺太撤兵日期。凡此種種，皆為完全藐視來之事態而欲打消依預備交涉所得之了解也，此實出於日本政府意料之外。俄國既維持如斯之態度，則在二十三午之會議俄國提出之他事項此際亦不再議，會議不能繼續舉行。

會議決裂後，蘇俄代表越飛亦有如左之聲明：

蘇維埃俄國及遠東共和國與日本在長春會議之預備交涉，雙方聲明先訂基本協定再行交涉其他；至佔領庫頁島以保障廟街事件等問題，則並未決定。當時以大連會議之破裂，所謂大連會議基本協定已不存在。大連會議旣無協定可言，則更不能謂其與新會議有若何關係。且在長春會議開始之初，蘇維埃俄國與遠東共和國代表，已堅持將來日俄條約非由日本與遠東共和國，乃由日本與蘇維埃俄國遠東共和國簽訂之。此等鄭重聲明，更足表示大連會議之絲毫不發生效力。且俄國代表在長春會議中，曾表示其種種讓步，對於將來日俄商務關係已表示利及日本工商人士之讓步，即如正在進行之基本問題，俄代表亦曾容納日代表意見。日本主張協定中分別日本與遠東共和國及日本與蘇維埃俄國之條約。查蘇維埃俄國與遠東共和國，曾有詳細聲明，表示其經濟上之密切關係，日本所主張之區分，實無成立之可能。日本所以主張區分者，其原因蓋欲將日本與遠東共和國之互相關係，擴大而至全俄。此不平允之要求俄代表亦曾有相當讓步，相當容納。再以撤兵問題言之，日本當撤退時，并未與俄國軍事當局共同合作，此種措施，祗予反對革命黨以活動之機會。事實上反革命黨仍繼續得日本之襄助，以致亡在旦夕之舊黨份子因而崛起。然俄代表對此亦曲予諒解，并未表示堅持態度。本代表深信上述種種事實，已足表示俄國亟願與日本訂約之誠意矣。質言之，俄國方面對於協定之要求，以遠東之和平為主要目的。如必訂立獨利於一方之條約、是對於遠東和平且不能保障，俄代表亦何惜出于拒絕之一途……………以廟街事件論，在九月十九日之長春會議日代表曾經提及。顧以遠東共和國與蘇維埃俄國之土地佔世界疆土六分之一以上，本代表以萬五千萬人民之意思為意思，決不受此種對待野蠻民族之待遇，亦決不容他國占領其土地以為某項事件之保障。此項侵占俄國土之條約俄國實難允認。上項見解，不獨一萬萬人之主張如是，即華盛頓會議之許士君亦曾表示同情。以向持反對俄國態度之許士君已尙如是，則全世界之勞動者必與俄國抱極大之同情，日本國民亦當如是歟。

這兩項爭執之中，後一項—庫頁北部佔領—日本的蓄謀人人都會看出，明明白白他是有侵占領土的野心；就是讓他說不企圖永久佔領，他也先伏了個以武力為脅迫交涉的存心。他所以不許在長春會議上將這事提到，就是想待一切可做交換的事件先解決了，留此一題以為單獨交涉的地步。那時他又可提出若干苛刻的條件，脅迫俄國承認：如對方認受了，自必會更增了他在西伯利亞侵略的勢力；如對方不認受，他更可藉口交涉沒得着落，繼續為事實上的佔領。這是更可用來另訛詐一筆巨大權利的好題目，貪婪的日本帝國主義豈肯輕輕把他和別的交涉混在一起解決？他再三說庫頁「駐兵」是廟街案的保證，廟街案未解決以前，駐兵不能撤退；這便是他這種貪心的自白。其實，廟街事件完全出自日本蹂躪東俄的反激，日本實沒有以兵力脅迫為要索的理由；若以實際的損失而論，日本用兵俄國領土之內，這五年他和他扶植的白黨所加於俄國的損害，又何止他「贓」索取的千百倍？且俄國以主權的地位提出責他賠償，恐較日本理由充足十二分罷！至於基本協定關係範圍一層，這其間尤藏着日本外交的巧妙。日本雖讓步（？）到承認蘇俄與遠東共和國為當事的一方，但這不過是表面上好看的文章，基本協定實際施用的範圍，他是只許以日本與遠東共和國兩方的關係為限。他為何要堅持這樣區分呢？—這是很值得誅求的存心。日本在東部西伯利亞佔的是個「特殊」地位，拿這塊區域做交涉的單位，所訂的條件自然會與日本非常有利。但日本的着眼還不止這一點。他的用意是在先訂一個很有利的基本協定，拿他做與蘇俄單獨交涉時要挾的基礎。他很明白，以全俄與他的關係來做交涉的張本，總會不如以東俄與他的關係做張本所得結果為有利；他更明白，先東俄後蘇俄分段的交涉，是會使他先把住個要挾的工具。如果他與東俄單獨關係的協定成立，他便可進而以這協定為依歸來和蘇俄交涉、把他有利的地位擴張到全俄；如蘇俄不滿他的要索，那時他儘可直截了當不與蘇俄交涉。他便可一面藉他在東俄的優勢和兩俄經濟的關係，把他的勢力注到蘇俄；一方又可藉與蘇俄沒有成約的關係，仍然繼續他那軟覦行爲和有害宣傳。要以武力爲脅迫交涉的普魯士帝國主義强盜方式，和奸詐巧取的英國帝國主義商人手段，是一向日本傳統的外交策略；這一次且兩樣兼採併用，這不但說不上什麼交涉的誠意，侵略的熱慾已完全表露出來了。在這種情形之下，俄國不但無望得什麼高值的交換，且有須確認日本侵略爲合法的脅迫；以不損主權和不割讓做與資本主義國家交涉原則的俄羅斯，當然再不能與日本周旋下去。所以長春會議就只有決裂了。

這次會議決裂與雙方會發生什麼影響呢？在俄國一方面，俄國勞動羣衆一定因此而更惡恨日本帝國主義；除此，他在這會上固然沒得着什麼，但也沒失了什麼，不會發生影響。但在日本，則會有問題。

上次英德兩系資本主義國家爭殖民地的大戰，不但將中歐帝國主義打成粉碎；連英法戰勝國家也打得鱗傷遍體，根本動搖了資本主義世界的基礎；同時俄國過激派革命成功，又建立世界工人革命的中心；世界資本主義的國家，他們知道不將俄國革命打倒，實難恢復資本主義的原氣，所以他們便一致起來對俄實行武力干涉，他們一方親自出兵，一方又利用俄邊小國和內地白黨，企圖將勞農政府推翻；日美攻打於東，英法攻打於西，起先頗很熱鬧。但打了幾久，勞農俄國不但沒有打倒，他們利用的力量却被過激派打了個落花流水；見機的英美知道蘇俄已不是武力所能征服，白放炮彈很不上算，他們便早早掩旗息鼓而去。還在那裏公然幫着白黨來攻打的，就只是法日兩國了。經過四年的干涉，法國也不能不承認蘇俄的強盛，他雖仍助着波蘭和羅馬尼亞，但他也知道武力打不倒俄國了。同時英國企圖恢復他的經濟秩序，知非趕快找新市場和大量原料來源不可，所以他的眼光時時望着俄國，想和他開交易的關係。法國知道他的工業不足與英國在俄競爭，很不大願意解除了對俄的封鎖，但他的銀行資本和持債票的小資產階級又非要討債不可；這種債又除和平解決沒別法來討。俄國又是很需要外邊給他和平，麵包和機器的。所以資本主義的國家與俄國已到了先後在柔魯和海牙開對等會議。這些是證明資本主義待蘇俄，已到了和平交涉的路上了。世上只剩了日本，還是繼續着援助白黨，駐兵俄境。這種事實早已爲英美帝國主義宣傳使他孤立於世的材料；同時國內平民生活費增加，食米昂貴，又加上每年出兵的巨額負擔；人人都感着早早撤兵的必要。這些在在都逼着日本早與蘇俄建立和平的關係，蘇俄今年較爲豐收，且已與英德等有經濟關係，機器和麵包當然沒有前此那樣缺少，他所要求於長春的當然是和平爲重要了；而且他不見得比日本需要的急些。日本在會議中態度，可謂全不承認這種實際，而徒徼倖以圖補償過去的損失和新開一個侵略基礎。但和平却是日本人民很需要的，會議的決裂𢙣會使人民希望撤兵，減少軍備負担的熱願變成了憤怨，這種憤怨會促急了資產階級和軍閥的爭鬥。最近日本勞動羣衆要撤兵和承認蘇俄的呼聲：是對于蘇俄同情的表示，也可說是對日本帝國主義的憤怨了。我們更可推出，只要這種呼聲加勁起來，日本政府是會被逼着不得不與蘇俄建立和平的關係。

這次會議很顯然的一點，是兩個階級利益的對立，日本當然是代表日本資本階級利益的，俄國却不止是代表俄國勞動階級的利益的。「蘇俄是全世界勞動者的祖國」「敵人在國內」，從最近日本勞動羣衆的呼聲看來，是證明這話了。

※　※　※

北京政府和蘇俄代表已約定在北京開中俄會議，會議什麼時候開始，還沒確定，北京政府難免不再拖延，我國民應催促政府從速開議。這次會議應具個什麼性質，應成就些什麼關係，我們還更要充分發表我們的意見。

我們要看到中俄地理的關係及目前雙方共同的需要，我們更要看到俄國與中華民族國際地位及相互發展關係的重要，我們要使這次會幾的性質和範圍依照了這些需要和關係。

中俄按壤萬里，地理已限定這兩民族要建立一種和平友好的關係，自俄國消滅帝國主義及對華放棄一切特權之後，兩方更須要有親切的友誼關係；最近日本要利用張作霖和狄第里設大綏衛國陰謀的暴露，更是將中俄明顯的排在共同利害的一邊。要打破東北反動的局勢和防止這些白匪陰謀的實現，不是俄國單獨所能做到，更不是中國單獨所能做到，惟有是中俄聯合的力量。

土耳其國民黨勝利給我們證明，世上惟有蘇俄是被壓迫民族的好朋友；中國要脫離國際帝國主義的壓迫，只有是和他建立親密的關係，就是按我們國內的需要說，我們除了需要和平之外，最需要的是發展生產力了。要國內和平，是要先打倒阻礙和平的軍閥和國際帝國主義。要發展生產力，便不是要去歡迎新銀行團的金錢資本，是需要借助於外國的機械和工業技術；但以這些來希望帝國主義的英美，只是自己親告中國奴隸的地位更深一層；現在世上能在這點上助中國而又站在平等地位的，又祇有俄德兩國。說到這點，我們更覺得中俄親切關係有立刻成立的必要。

中俄會議是要建基在這些需要上面。

據最近的消息外交當局祗要將這個會議做些懸案的交涉，連通商問題都認爲次要，且決定先決的一個問題是在蒙古紅軍的撤退。這可謂完全沒按照了中華民族最大的需要，且站在外國帝國主義和白匪（張作霖和狄第里）利益的一邊。並沒準備的要紅軍撤退，企圖脅迫蒙古的獨立，這顯然是要助日本和白匪大綏衛國的成功，這不但要犧牲蒙古人民最好的利益和願望，且會造成中國更危殆的局面，（關於此

點在本報第三期已有論列，記者擬於下期更爲一文申說。）這不是中華民族的要求，是外國帝國主義和白匪的要求！我們認爲：中國政府對於中俄外交關係適當的步驟，應當是：

（一）第一步承認蘇維埃俄羅斯社會主義聯邦共和國，承認蒙古獨立；

再於中俄會議中成立左列的關係：

（二）締結中俄軍事同盟，共同防止日本張作霖和狄第里企圖擾亂滿蒙及東部西伯利亞的陰謀；

（三）邀請德國參加，締結中俄德三國經濟同盟，謀中國生產力的發展；

（五）邀請蒙古參加，確定三方的一切關係。

中俄會議將這些關係成立了，至於紅軍撤退，中東路關係，松花江及黑龍江航權及通商關係……等等問題自然是容易解決了。

但國人要認清，這樣親切於中華民族利益的關係決不是可希望外交系當權的北京政府來成就的，他們『努力』的只是外國帝國主義和軍閥的需要。但中俄會議是要由外交系當權來經手了。（？）爲了急迫的需要，國民要馬上成功一種團結，這團結可叫爲『中俄同情大同盟』（我提議由孫中山蔡元培和陳獨秀三先生出頭發起），凡是表同情於蘇俄的，凡是承認中國脫離帝國主義壓迫須與蘇俄建立親密關係的，凡是要爲了中華民族的獨立和自由奮鬥的，都要加入這個同盟；我們要用這個團結的力量來壓迫外交系，糾正他們媚國際帝國主義的外交，使他們向中華民族的這個需要上走。

國人呵，爲了我們親切的關係來努力罷！

福建現下的局勢與國民黨

君宇

徐樹錚與許崇智聯合王永泉起兵驅逐李厚基，已在延平設所謂『一建國軍政制置府』了；今日（八日）京電又說，參陸處已循洛陽軍閥的意

思，決定要杜錫珪派兵艦前往福建對付。有些朋友都以為這種形勢卽是要將目下孫吳聯合的進行打斷，反會促成了孫張段三方的聯合，使孫中山對段張兩方的關係愈深進一層。如果事實是合着這樣推察，那我們就不得不懇切的說這是國民黨很失算的一件事情。張作霖早已明顯的成了日本帝國主義侵略中國的爪牙，近來且暴露日本有利用他和東俄白黨設立大緩衝國(實是日本的外藩)的陰謀；如果他的勢力（王永泉部）在福建佔了勝利，他要將福建造成一種什麼局面？段祺瑞是安福系首領，他過去勾結日本的行為，國人當然不會忘却；這次徐樹錚討李厚基的電中，又明明指出他是為了忠於段而起兵，大有中國是段家私產的氣慨；假使這種勢力在福建佔了勝利，他又將福建造成一種什麼局面？我們敢決然的說，王徐動兵的意嚮絕對與民黨的相反，且這種勢力的成功是會造成了更反動的情形。為了革命勢力得着發展的根據來佔領福建，這是民黨很必須的；但若因這種願望的迫切，使不惜與最反動的雙重違反中國人民利益的勢力聯合，實是毫無意義；且豈止毫無意義，恐怕因此招起民衆嚴重的懷疑了！看今天時事新報北京來電一則，就可知此事關係民黨現下地位的重要。其文云：「此間一般觀察，某國利我內亂，故暗助孫段奉張。小徐赴閩，某國電訊宣傳最早，閩又某國勢力所及，顯有接濟」。如國民黨還不在羣衆前明確表示與軍閥斷絕攜和，或退一步亦須依據革命原則於他們中有所決擇，則這種宣傳很會使人民把有光榮歷史的革命黨當甘心做日本爪牙的張段一律看待。所以我們覺得目前福建局面是很危害於國民黨在民間的地位，他有急速確定和宣示態度的必要。

國慶日裁兵運動

國燾

在今年的國慶日，全國各大城市會有一種羣衆運動，這次羣衆運動是由厭惡內亂反對軍閥的心理激成的，同時有兩個標語：一個是打倒軍閥，一個是裁兵運動。這兩個標語的意義太不相同，「裁兵運動」的標語和他包含的意義，不過是一種呼冤的聲音，是軟弱心理的表現，大家須要把他弄個明白。

主張裁兵運動的人，替軍閥們擬定一些所謂裁兵計劃，什麼核實浮額，淘汰老弱，缺額不補……等等清理和限制軍額的辦法，實際並不是裁兵計劃；還用慈悲的心理，顧慮兵士們被裁後的生活問題，發明化兵為工的計劃，自以為這樣一來，既可以免匪患又可以發展實業。而且以為這件事是北京政府辦得到的，只是北京政府責備人民對於這件事沒有民意的表示，（摧殘人民的事情，北京政府倒不管民意）所以有些主張裁兵論者，也一同來發起這個羣衆運動，為的要向北京政府做個普遍的表示。他們以為既有了這些計劃，又有了民意，再向軍閥哀求幾次，疏通一番，那就可以由政府實行裁兵了。

朋友們！你們錯了！這條路是不能通行的。你們聽見張作霖在奉天購械練兵麼？徐樹錚在福建招兵買馬麼？吳佩孚在洛陽圖謀南征北伐麼？劉鎮華在潼關大收土匪麼？那一個不是耀武揚威，準備厮殺！這樣的局面，你們到底希望誰來裁掉他的兵。你們退到最後一步，希望消極的清理和限制軍額，以為至少可以減輕軍費，但是軍閥們侵吞浮額的軍餉是必然要做的，不但侵吞浮額軍餉，那一個不是腰纏千百萬，欠餉五六月，卽兵變亦不顧惜的。你們想輕輕把他們剋扣浮額軍餉的財源閉塞，這不是清天白日裏做夢麼？就算由你們的努力做到了清理和限制軍額的初步，而且更進於做到了化兵為工，那些軍閥現在既然剋扣軍餉，他不會剋扣「工兵」的軍餉麼？兵士的生活，匪患，兵變能解決麼？每個軍閥不仍舊會擁有幾萬「工兵」，無事的時候，就藉兵工制的美名，縱使兵士們種鴉片煙；一有戰事，那些「工兵」還是一樣的會要去擡轎子替曹家打總統，替秀才打巡閱使。還有一層，現在北京並有政府嗎！這莫非是你們的錯覺罷。老實說，北京並沒有政府，現在只有一個曹吳的賬房和一個監印官，同時也是英美日三國的駐華代理人，你們現在向他表示民意，就是表示一百回也沒有用的。要是內閣稍微和人民敷衍一下，曹巡閱鬍子一扭，王博士馬上就得抱頭滾蛋。在明天國慶日，恐怕軍閥們還會不許你們遊街表示呢！所以我要懇摯的奉告希望裁兵的人們，趕快改更方針。並且我要說：我們並不是不主張取更和平的辦法，並不是不走便宜的道路，也不是不採取刻能實現的最低辦法，只是許多許多的事實告訴我們請求北京政府和軍閥裁兵的辦法是不通的道路。

我們主張打倒軍閥當然不是替軍閥擬計劃，向「政府」表示的辦法，是要大聲疾呼的喚起被軍閥殘殺的全國人民，連兵士在內，趕快靠自已的力量，團結起來，毫不歧路徘徊的，百折不撓向軍閥下攻擊。只有這樣，是惟一使國內和平與統一的辦法，這是比較最低而可能的一個切實辦法，決不是畫餅充飢的。只要飽受軍閥摧殘的國人，去掉軟弱倚靠的心理，自信這大量人民的團結力可以打倒極少數的軍閥呀！

末了，我們要聲明，我們對那些熱心裁兵運動的人們，是欽佩的！也許有些人明白請求軍閥解除武裝的是不可能的，因為要他們的遊街能夠舉行，所以用「裁兵」二字做標題。但是這他是錯了的。因為我們既只能是和全國人民說話，請求軍閥和政府既無效，所以只能用一個極明顯的標語，而且是給羣衆的標語，不能用那軟弱而曖昧的給軍閥的標語。凡是誠實渴望中國和平的人，以後都要反對「裁兵」做反抗軍閥的標語，祗有「打倒軍閥」是惟一的標語。全國人民的憤懣都要集中這四個字之下，全國人民都要為打倒軍閥而團結，結果才能實際打倒軍閥呀！

王博士台上生活應給「好人努力」的教訓

君宇

王寵惠博士由代署的閣揆進而為署理的閣揆，現在已有兩旬了。王博士是有好歷史的學者，登揆席之前曾與好幾位時賢有『我們的政治主張』的發表。及至掌政之後，却仍是一承舊令尹之政，亦是急急忙忙整天累旬為了軍閥授款張皇；不特把從前主張的丟之腦後，且一樣將急迫需要的教育經費儘在一旁，江蘇人民極端反對的公債他却予以照准，批評的人們，便都說學者做官也一樣做了軍閥的賬房，且有譏他為失品格的。就是他同夥發表主張的努力報記者，也有嫌他不發表計劃，竟因質問『為何不實行我們的政治主張』，弄到面赤耳紅。王博士內閣的不滿人意，是裏裏外外都攻擊他了。

我們也要責難王博士。但我們要責難王博士的，不是同這些瑣件瑣件的攻擊，也不是要叫喚『為何不實行我們的政治主張？』我們要責難他的是他『努力』的不是通道。現在做中國政治有力因子的是軍閥和外國帝國主義，北京政府尤其是顯然為他們操縱；在這種情勢之下，就是較王博士強幹而有稜角的來做『好人努力』，也逃不脫為高壓在當頭的勢力利用，何況庸弱的王博士，而他的上台已就是出於這些勢力的捉弄呢！在一種自己做不得政治主動的情形之下，想以『好人努力』的方法將政治整理向宰制勢力利益的反面，這不是獃小子的夢想，便是騙子手的謊諾。『有一種明確的計劃，』也不見得會拿來應用，除非倒是這計劃是按照了惡勢力的願望；何況四圍情形連一種計劃都不許他有呢？王閣『順溜溜的過了中秋』了，但他到節後已不復為軍閥和外國帝國主義做利益的工具了嗎？我們只聽得因為『餉』不甚得力，保定軍閥要撤換他了！這種情形還不夠證明「好人努力」的破產嗎

「窮則變」，王寵惠諸先生請另找一條努力的通路罷！但我們責難和勸告他們，能有什麼用處呢！國人阿，中國現在需要的是打倒軍閥和外國的壓迫；小資產階級妥協苟就的心理的努力是已證明在我們眼前失敗，且為我們仇人利益利用了呀！

蒙古及其解放運動

登德布

現在世界各弱小民族，大多都壓迫在外國帝國主義侵略或宰制之下；我中華民族不幸也是這中的一個。本報擬以後多介紹國人關於弱小民族情形或運動的文字，一者俾我們借鑑和參取，二者也可得知一部分世界大勢。現在我們介紹一篇『蒙古及其解放運動』，是蒙古代表登德布君在遠東革命團體大會的報告。我們不但覺得這篇報告可使國人稍稍知道蒙古最近的進步，且亦可使我們主張蒙古獨立的得了一個有力的助佐。　記者

我想先略說一說蒙古人民歷史上的運命及蒙古普通的消息，然後再說蒙古政治與經濟狀況及蒙古人民對於解脫外國壓迫之奮鬪，這奮鬪現在已得了極圓滿之結果。

蒙古是一個極廣的在高地的平原，版圖極廣，東自中東鐵路（可以說差不多從南滿鐵路起），西至東土耳其斯坦山地，北自南西比利亞蘇維埃及遠東共和國交界處起，南至西藏山之發源地。這個平原有些地方是山林，有些地方是滴水寸木都沒有的沙漠。蒙地川流極少，雨水不足，氣候極燥，所以蒙古彷彿是天然一個牧畜的地方。是故至今牧畜是蒙古人民唯一的經濟條件；直到十二世紀，此地都是各遊牧民族交替之舞台。現在這些民族都沒有了，所餘者不過阿古士，烏以古爾，愛梭爾特等族而已。有些民族却完全無從考究，有些則有碑銘可尋。在十二世紀時，蒙古發生一個大沙漠國，國王是著名的戰爭者成吉思汗。他的名字與蒙古民族是有關係的，他建設一個所謂大元朝（1200—1303），占有亞洲一大部分，中國印度及歐洲東部都在其版圖內。當這大帝國逐漸衰弱之後，蒙古人民遂成數小部分。這些單獨的蒙古民族分居在亞洲中部及歐洲東部，他們漸漸的被別的民族同化了，所以有許多把自己的風俗言語，親族都忘記了。而東部及南部的蒙古人民，在十七世紀末葉經極長久的爭鬥後，就被中國清朝征服了，蒙古失掉政治的獨立，及服從清朝（一六九一年）的結果，使清朝皇帝能在蒙古發展及鞏固其政治上及經濟上之勢力，有許多的法律都成了蒙古民族政治上，經濟上，精神上一種壓迫的制度。因此蒙古就變成了中國的殖民地了。滿洲人取消蒙古獨立之後，就在蒙古擴張了封建的制度，因此單獨的王族都聯合起來，這些王族都受清政府所派駐各要塞的都統管轄。這些塞是西蒙古的科布多，烏里阿蘇台等。王族亦有在長城內近蒙古邊境的，滿洲及中國的城裏的。這些王族一直到一九一一年中國革命時把蒙古分為內外蒙古。外蒙古即西北蒙古，接近俄邊境，由哈爾哈及科布多所組織的。內蒙古則聯合東南的各王族，只有一小部分王族，增加入新疆及中國西部各省。北京清政府曾漸漸得過蒙古王公之好感，因為增加了王族之數，取消大封建制度之統轄，并且對於蒙古人民加以親善之意。此外清政府使「汗」的及小王族的權利都一律平等，而對於大的王公則用種種獎賞爵位及嫁以公主等事去賄買他們。因此這些王公都成清政府的得力的輔助者，使蒙古完全成為中國之奴隸。鞏固中國在蒙古統治的第二個方法，就是清政府幫助佛教之發展。佛教之教義是否認戰爭及流血，而宣傳人道主義及無抵抗惡事。因此滿洲政府利用宗教，把蒙古人民尚武的精神減少，以便服從其政權，并且還去賄買活佛。康熙，雍正，乾隆給了許多贈品土地與教父，好叫他們幫助自己去愚弄人民。佛教寺院

異常發展，有自己的組織，能夠帶問，管理幾千幾萬的信徒—奴隸。組織了所謂『Shardinskoi Vadamstvo』管理蒙古一切宗教事務，很像一個獨立的政府。因此佛教寺院在蒙古就像國家中之國家。佛教的原理雖然很好，但成爲掠奪蒙古人民的工具。掠奪蒙古人民第三個最有力的工具，就是中國商業資本的經濟壓迫。因爲中國經濟上比較畜牧的蒙古發展，所以未嘗握得政權的時侯就去剝削蒙古。中國在蒙古奪得政權之後，駐蒙的中國官吏，蒙古的王公及一部分喇嘛，受了中國的賄賂，都去幫助中國的如虎似狼的商業資本。過了兩個多世紀，中國商業資本把蒙古的小民都束縛住了，於是就從蒙古運出許多畜牧經濟的物品。蒙古王公極喜修飾，因此向中國商店借了許多的錢。然不但不能償還，卽利息亦不知所出，於是遂從王族所轄小民族那裏奪取最後的膏血，以助中國商人的欺騙，以掠奪蒙古人。在此情形之下，遂漸發生一種法律：卽王族所轄的勞動人民應負王族債務之責。若是王公自己欠得有債，則除還債之外還應招待到王族那裏來討債的商人。中國在滿清政府最後十年還徙許多農民到東蒙古與長城相近的地方去，蒙古王公的債務對于掠奪土地有極大的幫助，直到袁世凱的民國政府，蒙古王公的私債，在蒙古還自籌備抵償的土地。（未完）

請看英美帝國主義怎樣在北京鞏固他們雇用的外交系政府

和森

賚諾短期公債

鼓吹憲期借款

奉直戰後，英美帝國主義的勢力長足插入北京政府之中，于是他們雇用的外交系遂登台獻技。

外交系的拿手戲，人人知道是：運動借款，實現新銀行團的壟斷計劃，鞏固英美帝國主義在中國的統治權。爲得這個，所以維持外交系政府，鞏固外交系政府，乃爲英美帝國主義必要的工作。這種工作已經實現的是安格聯賚諾了一千萬短期公債並極力爲此項公債票吹噓；方在探試中的就是芮恩施的鼓吹憲期借款，要使外交系政府『能依此維持八九月』而使『其信用日增，』然後使他由『銀行團代表通力合作』以『整理』中國財政。

美國帝國主義者芮恩施在中國的宣傳方法是很高妙的，他這憲期借款的主張尤其想得週到，他說：『欲使制憲之事善始善終，則憲期借款必不可缺，此種借款僅乃用爲文治之費，如國會及外國債息是也，約而計之，每月四百萬足矣』。其實我們可以完全看出：他不過是要外交系政府向新銀行團每月借四百萬收買議員先生們，使他們八九月之後不反對大借款罷了！

以醉心英美爲合格

君宇

新賣國黨收進黨員的標準

報載王閣揆要組織政黨了，他收進黨員是以醉心英美的爲合格。現在王博士台上的把戲，差不多完全是『又一批曹章陸』—外交系—在內台牽線；躲在外交系背後的，又是國際帝國主義的貪慾。那麼他們所標定的『醉心英美』，決不是指歡迎英美的科學知識和『文化』，是指甘心追附驥尾來承受英美帝國主義的宰制了。這一派如果再有了大的結合，加上外力的運用，他們一定是會更操縱了政治，將中國如外國帝國主義的願望泡製，做成功可由他們『國際共管』的一種局勢。青年們要當心做了李完用第二們的黨徒呀！

讀者注意

本報收到張國燾君『中國已脫離了國際侵略的危險麼？』一篇稿子，係駁胡適君『國際的中國』的。因本期版已排就，不克加入，俟下期登載，此告。

記者

The Guide Weekly.

（中華郵務管理局特准掛號認爲新聞紙類）
一九二二年十月十八日

定價
零售每份銅元四枚
郵寄三分全年大洋一元三角半年大洋七角郵費在內

週報

第六期

分售處
上海亞東圖書館
上海公民書局
北京大學出版部
廣州昌興馬路廿八號
武昌時中書社
太原晉華書社
長沙文化書社
濟南齊魯書社
南京樂天書館
杭州問經堂書局
成都華洋書報流通處

每星期三出版　總發行所北京後門內景山東街中老胡同一號

中國已脫離了國際侵略的危險麼？

駁胡適的「國際的中國」

國燾

美國哲學博士胡適先生，素來與美國駐華政治家輿論家學者來往親密，於美國「文明」多所介紹；最近在二十二期的「努力」週刊上發表一篇「國際的中國」。那篇文章竟完全替英美帝國主義辯護，並武斷中國現在已沒有很大的國際侵略的危險；末尾一段還勸本報同人此時不必反對國際帝國主義。像這樣爲英美帝國主義辯護的文章，似乎比美國每年花上三千萬銀子雇派許多牧師，記者，偵探，顧問，學者等向我們所做的親美宣傳，還更明顯而且有力，眞是出人意料之外。他那篇文章的大意是：

1，當直奉戰爭時，英國沒有援助吳佩孚；英公使曾勸天津某英報持中立態度，事實上的援助更是沒有的。美國願意中國廢督裁兵，而且美國學者實際上代中國擬定裁兵廢督的計畫；若說美國與日本携手，企圖共同利用曹錕張作霖和安福系交通系等，更是笑話。

2，巴黎和會因爲是美國的大失敗，所以中國的權利也隨着斷送了；美國輿論在華盛頓會議時援助中國解決一部分中日問題，彼時許多美國學者輿論家確係熱心援助中國代表團，並不替資本帝國主義者做走狗。

3，新銀行團確有消極阻止某一國單獨借款給中國政府的大效果，三年不借一文給中國政府的新銀行團確是爲中國的和平統一，比貪圖高利，借無數款子給中國政府的國內資產階級好得多。

4，投資者是希望投資所在國安寧和統一的，外國投資者希望中國和平與統一不下中國人民。民國初年，外人擁袁世凱，是外國資本主義者希望和平與治安的表示，並非惡意；而且國際投資沒有危險，英國投資美國鐵路便是例證。他們既已不能征服統治中國，英美日都不能不讓中國人民做到和平與統一。

5，遠東局面因日俄戰爭，辛亥革命，歐戰結局有了三次大變遷了，日本的侵略反促進了中國人民的自覺，在巴黎華盛頓兩次都能讓全世界的人知道中國是自覺了，中國現在已沒有很大的國際侵略的危險了。

他又告訴我們說：（一）人民有時只覺得租界和東交民巷是福地，外幣是金不換的貨幣，總稅務司是神人，海關郵政權在外人手裏是中國的幸事，所以國際帝國主義還不是人民埋怨的對象；（二）進行國內政治的改造，是不必顧慮到國際帝國主義，國內政治改造是抵抗帝國侵略主義的先決問題。因此更進而勸我們不要管「共同管理」的論調，不要反對國際帝國主義，祇要專心整理國事，使政治上軌道。我們呢，老早就想說明中國人民為什麼要反抗任何國的帝國主義，為什麼非打倒英美日等國的對華侵略主義，不足以改造國內政治，現在胡適先生既給我們這個機會　我們樂得把胡適先生的謬論略加駁覆，以當我們對於這個問題的說明。

胡適先生說：『國際帝國主義，不是人民埋怨的對象』；簡直是說中國人民沒有受什麼國際帝國主義的痛苦似的。其實中國人民明明白白受了幾十年國際侵略的極大痛苦和恥辱，只因同時也受軍閥的摧殘，官吏的誑詐，釐金制的剝削，痛恨的對象不專是國際帝國主義罷了。胡適先生那好藉此隱蔽國際帝國主義的罪惡，企圖減輕國人對於外人侵略的注意，促成帝國主義者們的侵略順利情勢。老實說罷，租界和東交民巷只有官僚政客安福系交通系帝制派覺得是福地，外幣只有少數富翁覺得是金不換的貨幣，總稅務司只有少數銀行家覺得是神人，胡適先生或者也這樣覺得，我們小百姓到不覺得是這樣。我們只知道我們每年所繳納的租稅，一半是外國政府和銀行家強奪去了，一半是軍閥朋分了；北京政府就是經管了這兩筆賬，從未替人民做過一點事體，因而我們的子弟受不到教育，我們當兵的弟兄拿不到軍餉。我們百餘萬勞苦弟兄在外國資本家的鞭策下做工，洋貨深入窮鄉僻巷，弄得做手藝的沒有生意了，種田的無數弟兄製不起一件粗布衣服了。外國牧師替土匪流氓保鏢，欺侮鄉下老。香港六十五萬同胞和上海一百五十萬同胞，被一二萬外國人統治着，平均每個外國人統治一百五十個中國人；東三省的住民時常遭日本人和日本人豢養的鬍匪殺戮。上海市等處的公園，是『禁止華人與犬入內』，日前上海市民歡迎孫大總統的會是被外國巡捕禁止了。這些痛苦和恥辱已使我們夠受了，何況痛苦和恥辱並不止這些呢！我們雖然同時要打倒軍閥官僚，剷除釐金制；但是也決不因此忘掉這些痛苦和恥辱呀！即使中國現在確實不會再增加國際侵略的危險了，目前國際帝國主義的壓迫，也非打倒不可。況且他還會侵略無已，摧殘我們民衆的自強運動，站在和我們勢不兩立的地位麼？

胡適先生說：遠東問題只是英美日三國的問題、這句然是不錯的。若說中國現在已沒有很大的國際侵略的危險，那本報同人便不敢盲從了。但是我們要明瞭中國到底還有沒有很大的國際侵略的危險，那就首先要明瞭最近經濟帝國主義的厲害和英美日都必須要侵略中國，以及怎樣侵略中國的情勢。

十九世紀中葉，帝國主義國家的經濟勢力，當然沒有現在這樣雄厚，所以那時候的侵略手段，是用武力做主要的力量，如瓜分或佔領弱小民族的土地，打翻他們的政府，臣服那些人民。這樣武力侵略的行為，便叫武力的帝國主義。現在資本主義算是發達到極點了，他侵略的目的便純粹是奴隸經濟落後國的人民，吸取原料，銷售製造品，以供資本主義的發展。這樣便不須把弱小民族的政府推倒了，也不須花許多氣力派許多軍隊去佔領他們的土地了；只須用經濟勢力做主要力量，使弱小民族的土地和富源，變成資本家的私產，使那些人民做納稅和為他們開發富源的奴隸罷了。這種方法既省錢，又省力，還不易引起重大的反感，更能深刻的普遍的榨取弱小民族的精液，一滴不漏。但同時因為要防止被侵略人民的反抗和別個帝國主義者的暗襲並準備和別個帝國互相爭奪；所以還是要用武力帝國主義一樣的武力來鎮壓被侵略人民和用兵力把守既侵略的土地。這種侵略方式便是最近的帝國主義，也叫做經濟的帝國主義，又叫做侵略的資本主義。我們拿這兩種帝國主義比較一下，便知道後者更是殘暴厲害。國際帝國主義既由武力的變到經濟的，因此列強侵略中國也正由武力侵略進到經濟侵略的過渡時期；況列強在華利益素來錯綜複雜，就是要瓜分中國也難得分贓平均，如是更不得不採取經濟侵略政策。瓜分土地的事實現在或許不會發生了，但是中國人民已是壓在外國資本家的鐵蹄底下，經濟的侵略還要更加嚴重，那能說沒有危險？

英美日實行經濟的侵略於中國，除了與資本主義和侵略政策的歷史有關以外，與什麼別的歷史和國情，什麼道德和感情都是沒有關係的；只因爲維持和發展他們的資本主義的要求，迫着他們必然做那侵略的勾當。英國是工商業最發達的國家，資本主義國家中的老前輩，海上的霸王。自俄羅斯革命成功後，他失掉了由俄羅斯—占全世界土地六分之一—採取原料的市場。戰後德國和中歐各國經濟破壞無遺，購買力薄弱，紙幣異常跌落，物品價格因紙幣匯兌關係比各國的物品價格低廉得多，英國的高價貨物自然不能流入，而德國極廉價的出品反能銷行國外，英國不但失掉一個大銷售場，德國反能與英維持商業競爭的地位。美國在歐戰中由債務國變成債權國，把金融中心由倫敦移到紐約，由原料輸出國變成製造品輸出國，他不但把英國的南北美市場完全奪去，還已插足到歐洲市場，就是英國百餘年稱霸的世界煤市，也被美國搶去一大半，這便是英國資本主義的新興的大敵。法國戰後獲得廣大的煤鐵礦區，漸由銀行資本主義國家進於工業資本主義國家，勢將與英國大起競爭。日本蹶起於東，動搖英國在中國和南洋羣島的市場。因此英國工商業蕭條，工廠歇業，航務停滯，失業工人增至二百萬，減低工資又引起國內勞資紛糾，軍費無法維持，有失却世界盟主資格的危懼。中國人雖難以夢想這種可怕的資本主義的經濟危機，也知道英國來往遠東的商船，現在是要貼水腳費的。但是他要恢復他的工商業，渡過那資本主義的經濟危機，必須恢復那些大市場和掠奪場。所以他一面爲對俄對德兩問題不惜與法國衝突，極力圖謀與俄國通商和培養德國購買力；一面用保護商業政策抵擋美德的商品；一面不惜用兵力鎮壓土耳其的復興，爲的要保全他到印度和小亞細亞的孔道；一面極力與日美競爭中國市場的發展，英國必然要在遠東發展，是他維持資本主義命脈的一條道路。最近英國政治家與論家資本家看見北京政府是親美派人物，中國新興資本家都習於任用美國機器，以及一班學者教員政治家政論家都替美國吹噓（因爲他們多由留美學生出身）大起醋意，認英國沒有注意中國留英學生問題，實屬危及商業利益。他們最近注意到留英學生問題，是不是因爲他現在在中國政治上經濟上與論上，缺乏各種侵略的介紹人和中間物呢？是不是亟亟準備經濟侵略中國的表示呢？美國在歐戰中是惟一的勝利者，戰爭的結果，使美國成爲世界經濟的霸王，他已擁有世界金子的一半，製造業發達到極點。戰爭時，他的輸出品中三分之一是軍用品，戰後不但須將那三分之一的生產力改爲製造消耗品以求售，而且英法等國復起與他周旋，不但不讓他的商品銷到歐洲去，也不讓他在他們的殖民地自由暢銷，因此美國生產過剩，發生經濟恐慌，失業工人竟增至六百萬。美國要維持他資本主義經濟的發展，就得尋找商品銷售所和資本經營地；但是世界上的土地差不多早已畫成了英美日法等國獨占殖民地，只剩下中國是可以供他們自由發展和自由爭奪的地盤，所以美國就非出全力爭得中國市場不可。歷來日美戰爭的呼聲，並不是爲耶普島統治問題，也不是爲加利弗尼亞的移民問題，更不是替中國打抱不平，只因侵略中國這肥沃地皮，和掠奪四萬萬中國人民，引起不解的爭端。他必須奪得中國，乃是維持美國資本主義的生命的一個重要方法，所以不惜與日本競爭軍備和召集華盛頓會議來達到目的。拉門德史提芬歐白脫芮恩施辛博森那些忙碌的大資本家和外交家，不惜奔走京津滬之間，為的不是這侵略政策的實現麼？日本侵略中國更是顯明，而且他非繼續侵略不可！因為中國是日本貨物的惟一銷場，煤鐵的來源地，戰時的後路糧台；日本如果停止侵略中國，便是宣告日本資本主義的死刑。況他和美國競爭激烈，軍費浩繁，自然更要加勁掠奪中國人，

從上面的分析，我們知道英美日三國都急須用偉大經濟勢力侵略中國，而且是相互競爭的侵略，為的是救濟資本主義的崩壞。只是侵略的方式正由武力的變到經濟的，不是武力侵略沒有了，便連侵略的危險也沒有了。為什麼那自命「政論家」的胡適先生竟眼小如豆，只知道武力的侵略是危險的，竟不知道經濟的侵略更是危險呢！這或者經濟的侵略只能使四萬萬中國勞苦羣衆受痛苦，不會使美國學者的胡適先生受痛苦，所以他不能感覺到那些危險罷。胡適先生也是中國人，也是和我們一樣受了幾十年外國的壓迫和侮辱，那繼續不斷的外國壓迫想也忍受不了，更厲害的經濟侵略的危權又在目前，胡適先生還應多替中國苦同胞設想一些才好！

英美日的侵略進行又有兩種趨勢，一種是美國協同侵略的政策，一種是日本企圖維持特殊地位的陰謀。美國因為他的經濟勢力最雄厚，同時在中國又沒得到勢力範圍，所以他用協同侵略政策，是可以增加自己的利益，削減他人的勢力，而且可以一躍而居遠東侵略的領袖地位。日本經濟侵略力不充足，有時須用武力補助；同時在中國得的特權最多，所以暗中破壞共同侵略政策，希望維持固有特殊地位。他們的政策既然不一致，因此各個扶持一派勢力，進行他們的暗鬥，為的實行各自的政策。中國共產黨宣言上說得好：『日本帝國主義者先後扶助安福部、張作霖，新舊交通系等當權的北京政府，為的是要利用北京政府為實現日本侵略計畫的工具。英國便站在吳佩孚派的督軍後面，為的要藉此鞏固他在長江一帶的權利和勢力範圍的推廣。美國卻勾結中國新興的資產階級和知識階級分子，想用掩眼法來實現他國際托辣斯的經濟侵略政策。』他們如今還正在那裏拿中國人民做犧牲品，拿軍閥做工具，玩暗鬥的把戲；凡是稍微明瞭中國政局的人沒有不明瞭那些事實的，胡適先生何能代他們否認呢！

胡適先生說：英國沒有援助吳佩孚，這未免太為之遮掩能。彼時觀戰的英國人以戰場虛實探報直軍，駐紮秦皇島的英國軍艦不斷的用無線電把奉軍消息傳達保定，吳佩孚的飛機由英國人駕駛，聯軍車替直軍察勘京奉路並作先鋒，以及逼迫奉軍退出灤州，並不阻止直軍開往灤州的種種事實，難道胡適先生竟一無所聞嗎？我國人雖然健忘，這些事實也不是一句「更是沒有的」的話所能勾消的。英國不但幫吳佩孚打張作霖，並曾助吳佩孚在湖北打走川湘聯軍，助陳炯明在廣東打走國民黨。英國所以幫助吳佩孚打張作霖的緣故，這是不讓親日派的勢力侵入到他特殊利益的長江流域去。英國所以助吳佩孚打川湘聯軍和助陳炯明打國民黨的緣故，都是不願意那代表資產階級民主主義的民黨勢力發展。因為他知道如果民黨握得了政權，是會使中國漸漸自強起來，與他在長江流域和廣東的侵略進行是極不利的。英國幫助吳佩孚，是必然的政策，無論誰也不能代為辯護，英國使館雖曾勸告天津某報保守中立態度並撤回飛機師，誰不知道這正是掩人耳目的奸詐行為，那能據為辯護的理由呢？

美國只是想把他的過剩資本在中國發展，他在中國既無勢力範圍的根據，想實行他的對華政策，須得英日贊成才能實際上做得到。他宣言要中國和平和統一實現了，他才能借款，這並不是他對中國的好意。不過美國先前因不能借款給親日派的北京政府，至鞏固親日派的政治地位，造成親日派的統一；即現今北京政府傾到親美派手裏，他如果冒然放債，日本如果勾結親日派在中國的日本勢力範圍內搗起亂來，日本人便會佔了便宜去，美國政策反會受打擊。所以他樂得說

要等中國統一了，他才借債給中國發展實業。他既然是企圖輸出他的過剩資本，維持和發展他自己的資本主義，自然希望中國能夠永遠銷納他的過剩資本。倘若中國做到了眞正的和平統一，以至獨立自強，便會不讓他繼續輸入過剩資本，那他不是自己擋塞他排洩過剩資本的路麼？所以美國儘管說希望中國和平統一，儘管代擬廢督裁兵的計畫，他只是要造成能夠放債的局面，乃是極淺顯的道理。若說中國獨立自強的和平統一，他是會爲了他自已的資本主義自然而然的反對呢。要是能夠達到共同侵略的計畫，就是和日本携手共同利用張作霖曹錕安福交通等的勾當美國也是會幹的。（這種企圖，在本年六七月間是傳說過的；後來因爲他和日本妥協不了，所以這個政策沒有實現罷了。）看呀！北京政府現在不是在親美派手裏嗎？中國現在統一了沒有？但是美國外交家銀行家正和北京政府商議墊款的辦法，這到底是希望中國眞正和平統一呢？還是借款扶助親美派政府增進他自己在中國政治上的勢力呢？但是日本便不願政權永久在親美派手裏，尤不願意造成吳佩孚的統一，更不願意因統一而實現美國政策，所以又助着徐樹錚在福建厮殺起來了。

巴黎和會的確是美國的失敗，因爲不能把中國利權重新分配一下，日本奪得太多，美國不但不能分潤，反把日本奪得中國的權利加一層正式的保障，難以再奪回。這眞是美國的失敗呀！美國召集華盛頓會議，是要解決了遠東問題，才商議減輕軍備的；這就不曾說英日須要把中國利權和我分配平均，並且讓我站個侵略中國的領袖地位，我們才能暫時不接火。所以華盛頓會議的結果，決定採取美國的對華「門戶開放」政策。所謂門戶開放，那就是說英日不要把中國的門戶把住了，讓大家有均等的機會去搶掠罷。國人不要聽了外交系『像煞有介事』的自吹，以爲華盛頓會議使日本有名無實的交還青島和可以贖回膠濟路的結果，便以爲華盛頓幫助中國解決了一部分中日問題，這也是幫助美國開放中國的門戶呀！中國雖然挽回一點微小的利權，但是多引進一個富有經濟力的搶掠者。這點微小的利權，是用四萬萬人民賣給美國銀行家的預約劵換來的。美國資本家銀行家是不知道憐惘受痛苦的中國人民的，卽使眞有幾個與論家學者援助中國，與美國資本家侵略中國的勾當也是不相干的，我們難道因爲美國有幾個學者輿論家和我們買弄假風情，就連美國資本主義吞噬四萬萬中國人的雄圖都忘記了麼？

新銀行團三年不借款給北京政府，是被日本反對和中國內亂阻難住了，事實上不能借款；並不是爲中國的和平與統一，而不借款。他託詞說是友誼的贊助中國發展實業，我國人何嘗不希望中國發達實業，但是我們希望要爲中國民衆的利益發展實業，要是爲美國少數銀行家的利益來發展實業，那是我們不得不反對的。這那裏是發展實業，不過把中國人民的政治經濟命脈斷送給美國銀行家，也不過是美國銀行家要挖取中國人民的血汗變成他們的黃金的代名詞罷了。

胡適先生說：外國投資者也希望中國的安寧與統一。不錯、他們也這樣希望。但是他們希望的安寧與統一，是中國人民俯首貼耳讓他們挖取精液不加反抗的意義，也正是胡適先生所謂『能保障投資者利益和安全』的意義。我們人民所希望的安寧與統一，是由我們人民自己造成的而能改善我們生活狀況的安甯與統一。而且美國資本家現在是希望由吳佩孚和外交系造成和平與統一，日本是希望由張作霖造成和平與統一，英國是希望陳炯明和吳佩孚能夠提住廣東和長江流域的政權的和平與統一，英美日的願望既互相衝突，吳佩孚張作霖的願望也互相衝突，怎樣能和平統一呢？而且英美日吳佩孚張作霖所希望的和平統一，正是我們所反對的，也是做不到的。只有沒有他們了，才能眞正達到和平與統一呢！民國初年、外人捧袁世凱，便是侵略中國和壓迫民衆勢力的發展一個最好的例；那時外人捧袁，是不是因爲袁世凱能把西藏送給英國，蒙古送給俄國，滿蒙五路送給日本呢？那時孫中山和東南各省是不是代表民衆勢力，但是外人怎樣幇袁世凱反對孫中山，怎樣助袁削平東南各省的反抗，大家總還記得罷？這還能說他們希望中國和平與治安，簡直是壓倒民衆勢力的發展！

遠東局面的確變遷了，倒了德俄兩個強盜，來了一個野心勃勃實力雄厚的美國強盜了，現在是已變爲英美日三國侵略的遠東的局面了。侵略的形式是由武力侵略劃分勢力範圍的形式變成開放門戶共同經濟侵略的形式了。侵略局面雖然變遷了，是變得更趨嚴重了。中國人民受了幾十年侵略痛苦的結果確是漸漸自覺了；但是僅僅自覺怎能改變侵略的局面，阻擋資本家的貪婪行爲呢！只有我們民衆的實力才能阻擋那侵略的進行！要是沒有一種力，不但已有的外國帝國主義的壓迫勢力無由除去，中國無由獨立，還會受更大的經濟協同侵略的痛苦呀！

胡適先生還說：國際投資，只要投資所在國能維持和平與治安，便不會發生問題，並舉美國接受英國鐵路投資爲例。其實並不足以證明國際投資不會有危險，反證明中國要趕快脫離帝國主義的壓迫；因爲美國曾經過七年的血戰，脫離了英國的羈軛而獨立，所以後來他接受英國的投資，便沒有危險。以半殖民地和列強角逐場的中國和那時的美國比較，這不是笑話麼？

總之，我們從上面得不來的結論是：

（一）國際帝國主義侵略中國有幾十年了，給了我們許多痛苦和侮辱了，現在還繼續加給我們那些痛苦和恥辱。

（二）英美日屢次助張作霖吳佩孚陳炯明徐樹錚等延長中國內亂。

（三）英美日直接間接壓迫中國民衆勢力的發展。

（四）經濟的侵略比武力的侵略更危險，他們正圖謀加給中國以更廣大的經濟侵略的危險。

因此國際帝國主義是中國人民的第一個敵人，是勢不兩立的敵人，爲了解除中國人民的痛苦，爲了中國的獨立和自由，非急速打倒他不可。

看呀！他們正在那裏圖謀『共同管理』，日本還在那裏圖謀建立滿蒙爲一大緩衝國，這不是他們向中國民衆的進攻麼？中國人民決不能信胡適先生那坐以待斃的辦法，只有集中和準備民衆勢力來抵敵呀！這並不因爲我們是馬克思派，所以這樣反對國際帝國主義；我們正爲中國人民的利害關係，所以要提醒和引導中國人民一致來反抗國際帝國主義！

末了，我們要說，中國人民就是爲國內政治的改造，也得要取這個方針。因爲我們所謂國內政治改造便是用民衆勢力建立一個獨立的中華民主主義共和國。要是帝國主義的勢力在中國依然存在，他會讓民衆勢力發展和中國民族獨立麼？他們幇助張作霖吳佩孚陳炯明，是不是鞏固了我們要打倒的軍閥的地位呢？所以我們的政治改造初步就是打倒軍閥和國際帝國主義，打倒軍閥和國際帝國主義就是改造中國政治的先決問題。

胡適先生既然贊成我們的民主主義革命運動，我們自然是很歡迎的。所以我們還借用中國共產黨宣言上一句話，懇摯的奉勸胡適先生：『中國的智識階級商業和工業的資產階級要自己能夠避免美國的慫弄，他們的民主運動才能依正軌進行。』

目下時局與國際帝國主義

和森

日本帝國主義助安福系在延平發難

英國帝國主義助陳炯明壓滅民黨在閩發展的新形勢

直皖之戰，親日派安福系雖倒，但日本帝國主義在北京政府中的勢力迄未動搖；奉直戰爭的結果則不然，張作霖的勢力既被逐出於山海關以外，日本帝國主義在北京政府中的優勢也就同時爲英美帝國主義所篡奪，北京政府遂完全成爲英美帝國主義的傀儡和機械。英美帝國主義趁着這個千載一時的機會，開首本想助吳佩孚一舉統一中國（吳佩孚勝奉之翌日，外交團卽集議借款助他統一中國），後因日本政府不贊成，且對於吳佩孚還有疑懼之點（因吳素掛愛國招牌且否認借外債），英美帝國主義者自知這樣太鹵莽了，乃一意以援助外交系登台爲方針。由這樣的方針做到現在：新銀行團的龍門陣漸漸成功，吳佩孚武力統一的好夢漸漸接近；於是生存上受脅迫的日本帝國主義就不得不駭汗失措，急圖對付了。他對付的第一手是援助東三省獨立；第二手就是遣發徐樹錚赴延平發難（安福禍首之逃出日營，當然是連帶的現象。）

這樣一來，於英美帝國主義好夢將成之時當然給一重大打擊。他一方面，福建目下發展的新形勢兼爲民黨勢力所構成，這種勢力之發展乃爲國際帝國主義—尤其是英國帝國主義所切忌，英國帝國主義要出一臂大力以對付福建問題，乃是毫無疑義的。所以英國帝國主義者便決定借二百萬磅至七百五十萬磅的大款於陳炯明，使陳炯明去壓滅民黨在閩發展的新形勢。至於他對於福建問題驚惶恐怖厭惡的態度，我們一看英國帝國主義所有在華的機關報如字林西報等，就完全明白了。

人人知道英國帝國主義是素來反對孫中山的，孫中山的舉動無論大細，英國帝國主義都要與他爲難，使他不會成就。英國帝國主義何以這樣反對孫中山呢？就是因爲孫中山是中華民族獨立運動的領袖，孫中山勢力所及的地方—如廣東及長江流域，就是英國帝國主義的勢力範圍，侵略的勢力與民族獨立的勢力不能並容，所以英國帝國主義似老實不客氣的與孫中山作對頭。新近孫中山在廣東的勢力被英國帝國主義與陳炯明通力合作打得烟消雲散，廣東勢已成爲香港政府馴順易御的外藩，加以北京政府的舉動爲英美兩國並駕齊驅的執着，以英國帝國主義在中國的勢力遂將伸張到極度。假使福建完全落於許軍之手，孫中山的旗鼓又可在長江流域重整起來；英國帝國主義便受很不順利的影響；而南粵王陳炯明也有迅速被推翻的危險。所以現今的形勢把陳炯明和英國帝國主義排在利害更加相同的交點上，故英國帝國主義便以這宗大款來資助陳炯明，陳炯明也不惜乞許英國資本家將廣九鐵路延長與粵漢路相銜接（借款條件之一，見近日各報），使將來廣州經濟上的重要地位讓於九龍，俾英國資本家得在九龍控制中國南部數省的經濟生命。

現下的局勢既把英美帝國主義和陳（炯明）吳（佩孚）排列在一方；同時又把民黨和日本帝國主義及其雇用人安福系奉天系排列在一方。這就是一面顯明中國軍閥和內亂與國際帝國主義的關係；一面顯明民主革命和民族獨立運動還在崎嶇鳥道的過程之中，一時不得不與利害偶然相同之匪類爲緣以抵抗其更迫切的敵人。這種勢力交衡的事雖爲還未強壯的革命運動所不能免，但同時民黨須知道一切外國帝國主義和封建的舊勢力，都是同樣不可恃以爲援的，都是沒有共同基礎可以建築聯立戰線的；比如以後段祺瑞再來當道，他壓迫民黨的惡辣手段會減於民國五六年嗎？張作霖與民黨當了頭，他與民黨的衝突會減於吳佩孚嗎？民黨的勢力若是發展到了北方，日本帝國主義對於他的壓迫會減於英國帝國主義嗎？所以無論任何外國帝國主義和封建的軍閥都是民黨之敵，都是不可以結合的。民黨眞要達到民主革命和民族獨立的目的：非急謀強壯運動本身的勢力不可，非急謀與反帝國主義的俄羅斯和喪失侵略能力的德意志聯合不可。

批評汪精衛君赴奉返滬後之談話

和森

本月十四日民國日報載汪精衛君赴奉返滬後之談話云：因孫總統以民治倡於中國，全國民意翕然從同，惟民意雖一致渴望民治，在今日暴力充斥時代，苟無有力之後援終難成功，孫總統此次命余赴奉，實抱一為民意求援之目的，以探問張雨亭意旨者。這段談話，我們要指出兩點重大的錯誤：

第一在學理上，『以暴力推翻暴力』本是革命的原則，但乃係集中革命階級的暴力來推翻舊支配階級的暴力，決不是仰着舊勢力去推翻舊支配階級，因為這乃是不可能的。

第二在事實上，張作霖這個野蠻反動的封建餘孽，誰不知道是民治的大障礙物，而可『為民意求援』於他嗎？可望他為民治『有力之後援』嗎？

我們固然知道現在民主革命本身的勢力現還單弱，革命戰略中的實際政策不得不有多少伸縮；但我們更應知道還未強壯的革命黨只知一味去『求援』於舊勢力，便只有使革命的精神日形縮減，革命的地位日形動搖，不但不能使民治成功，而且要使民主革命運動的本身受嚴重的影響。

主義與政策本來有硬性軟性之別，但要政策不影響於主義，必先圖本身勢力之強固。我們退一步假設聯合一派軍閥之政策為可用，但至少也應同時在民眾中擴張並鞏固其勢力（最重要的方法在標明怎樣為羣眾利益而革命及怎樣達到民族獨立的具體政綱，努力向民眾宣傳），然後才能免除此項政策之可能的危險而收其利。今民黨不然，只知四面『報聘』，『為民意求援』於軍閥而不『為民意求援』於民眾，誤信與紅鬍子可以『長時合作』，『永久互助』，我們實為民黨前途危呵！

國民黨人應當做鬍帥的宣傳員嗎？

君宇

據十五日的民國日報所載，與汪精衛偕往奉天代表中山先生報聘歸來之程潛君，昨與人談及張作霖的態度，謂張作霖表示：一不爭地盤；二不親日，三不復辟，且力思防制日本經濟的侵略。程君在他談話中且說：『東省僻處關外，與內地頗多隔膜，因之有甚多之揣測。……張氏所談，吾人證諸實地觀察所得，則外間所傳誠不得不謂為過分揣測也。

我們要問：與吳佩孚爭奪中原不遂，退而霸據東三省，厲兵秣馬日夜圖謀再來厮殺的張作霖，可說他『不爭地盤』嗎？明顯的做了日本屠殺滿蒙的劊子手，近且暴露要聯合俄國帝政黨替日本建立『大綏衛國』的張作霖，可說他『不親日』嗎？賣鐵路賣農田與日本合辦好多企業的張作霖，可說他『防制日本經濟的侵略』嗎？『不復辟』！——要自己做皇帝的張作霖或者不這樣做；但他要給中國人民造成的情形，不是較復辟更反動更殘刻嗎？

我們要懇切的忠告民黨朋友，國民黨是三民主義的革命黨，他時時刻刻應當維護的是民眾的利益，不是違害民眾的封建軍閥利益；他除了向民眾宣傳革命之外沒有別的宣傳，更不應當替極端敵對民眾的軍閥來宣傳。像程君那樣公表的談話，我們誠不得不謂為有失民黨的地位；這樣的宣傳，我覺得是會使不明白的民眾鬆懈了他們憤恨軍閥的勢力，同時更會使歸依在三民主義旗下的革命羣眾失望。國民黨的朋友們呵，認清了民黨要維護的和宣傳的應是什麼罷；將孫先生三民主義革命的旗子高高豎起，向民眾的當中來罷！

「新創民治之關外」！

君宇

胡適在努力第十八期上，譽陳炯明割據的廣東和趙恒惕割據的湖南為『已行自治的各省』；而同時他所謂『省自治』卻是指『分權於民』和『打破現在割據局面』者。新近在上海出版的旭報也有這樣怪議論，他替東三省自詡為『新創民治之關外』。滿洲王——日本外藩——張作霖宰制下的東三省人民已得了自由和政權嗎？你們不要專門替軍閥找冒牌的方便，來欺騙我們被壓迫的老百姓罷！

The Guide Weekly.

中華郵務管理局特准掛號認爲新聞紙類）

一九二二年十月廿五日

定價

零售每份銅元四枚
郵費三分全年大洋
一元三角半年大洋
七角郵費在內

嚮導 週報

第七期

每星期三出版　總發行所在北京後門內景山東街中老胡同一號

分售處

上海亞東圖書館
上海公民書局
上海泰東書局
北京大學出版部
廣州昌興馬路廿八號
武昌時中書局
太原晉華書社
長沙文化書社
濟南齊魯書社
南京樂天書館
成都華洋書報流通處
杭州古今圖書店

時事短評

吳佩孚眞會揀擇便宜貨

和森

據中報十九日北京通信：吳佩孚對張溥泉君自命爲中山先生志同道合之知己，願中山先生棄卻翳匪賣國賊，與他『同立百年之業』。他說：『孫先生之主義我已夙聞之：主張統一，振興實業，辦理兵工。一二兩項，我之贊同自不待言；至兵工主義……我既有兵，且已着手實行，我之第三師卽可作孫先生主義之試驗品也』。

吳大軍閥，你的眼色眞不錯：『統一』，『實業』，『兵工』這三件便宜的假面具，你都揀選着了，眞不愧爲『識時務』的秀才！但我們要明白告訴你：孫先生的主義是整個的三民主義，你不好只揀選幾樣便宜貨；而且他是要以革命的手段來達到統一的，『實業』『兵工』乃是由革命勝利而達到統一以後的事業，現在那談得到呢？你眞個要與他『同立百年之業』嗎？第一須依照他的民族主義，做點有利於中華民族獨立的外交表示，贊同他的中德俄聯盟政策；第二須依照他的民權主義，至少撤廢治安警察條例，使人民得到各種自由權利；第三須依照他的民生主義，至少現在不要派兵彈壓唐山罷工的工人，不要請美國帝國主義的駐兵去壓迫中國勞苦羣衆。這三椿至低限度的事情你還辦不到呢，你自己去照照鏡子：你好過翳匪賣國賊的地方在那裏？已成日本帝國主義爪牙的『翳匪賣國賊』固然人不屑道；而將成英美帝國主義爪牙的『秀才愛國家』，身分就高得多嗎？

中山先生的兵工政策是爲軍閥說法的嗎？

和森

現在『兵工政策』，居然成爲軍閥口中的時髦調子了：無論直系軍閥奉系軍閥或趙恒惕陳炯明派的軍閥，莫不滿口兵工政策，一面用爲欺飾人民轉移人民對於他們厭惡痛恨的策術，一面用爲鞏固他們武力基礎的新式方法（參看本報第一期統一借債與國民黨）。

民黨要人徐謙牧師，北上『佈道』，游說吳佩孚實行『兵工主義』，他說：『中山但爲倡議者，實行仍在握有兵權者，甚望提倡，卽此是救國』（十九日申報北京通信）。吳佩孚亦大言炎炎的說道：『兵工主義，孫先生無兵，不妨紙上談之，然我有兵，且已着手實行，我之第三師卽可作孫先生主義之試驗品也』（見同日中報）。誰知孫先生原來的三民主義背時之日（張溥泉先生說『這中國無人服從先生主義者，獨翳匪與賣國賊信之』—見同日申報），正是他新倡的兵工主義行時之時；我們革命羣衆倒恐怕孫先生這種新主義在軍閥中太行時了，而北上佈道的徐牧師反『甚望』軍閥去『提倡』呢！我們眼見張作霖提倡於關外，曹吳提倡於關內，陳(炯明)趙(恒惕)唐(繼堯)劉(成勳)提倡於西南，中國馬上會太平，國民黨的革命救國用不着了，全國軍閥便都是些『救國』者了！難怪汪精衛君在大連青年會說：『我們現在要來改變宗旨』，不做那與軍閥戰爭的事了(見十九日民國日報)。

在我們看來，孫先生兵工政策原來的用意，不過是想用這種方法來『剷除多年竊據之軍閥勢力』，使『全國軍隊同時以此改編』(見孫先生六月六日的宣言及對外宣言)。根本上改編或解除封建階級的武裝，這乃是革命勝利後最重要的工作；但決不是北伐失敗後的現下形勢可以做到。在現狀下來談兵工政策，於革命黨本身為政策破產，而他方面便無異是代替軍閥說法。我們只要以兵工政策來改編全國軍閥的軍隊，第一步還是要先做到革命的勝利。故我們可以斷定兵工政策惟有勝利的革命黨才能實行，望『擁有兵權者』去實行，不但是與虎謀皮，而且是助虎作倀。革命黨的朋友們，還是要多做些革命的工作呵！至於改良軍閥的軍隊、鞏固封建勢力的基礎，這種工作，你們不應去參與，尤其不應指教他們怎樣做罷！

迎合英美意旨的就不要注意其行動嗎？

振宇

十九日商報載北京電說：『吳佩孚銑電詆王正廷迎合日意，接收魯案延期，請注意其行動』。這固然說得不錯，又可點綴『愛國』門面而獲得國人一點同情。但我們要問：迎合英美意旨的顧維鈞，天天向新銀行團進行幾萬萬的賣國大借款，而且對於有關中華民族獨立平等前途的中俄會議毫無誠意進行，你吳佩孚何以反那樣拚命的維護呢？可見你吳佩孚也只是要利用一派賣國賊為你借款練兵（這就是孫丹林所謂『為國而不為私』！）呵，你的『愛國』門面之內，還充滿着更可怕的賣國引線呵！國人們，與大軍閥一手援引的新賣國賊，只有我們自己起來注意其行動咧！

國際帝國主義老實不客氣了

振宇

本月二十二日申報載北京專電說：

予聞某公使云……歐戰後之中國，為世界最有希望之市場。中國人固不甚愛惜，終日擾攘；但列強不能放任，當策中外互利方法，以免暴殄天物。

表示的好響亮呵！這個『世界最有希望之市場』多承你們的『愛惜』，你們現在是要老實不客氣的來動手呵：『終日擾攘』，『暴殄天物』是你們動手的口實；『列強不能放任』是你們動手的決心，『中外互利』是你們動手的假面具。從華盛頓會議之後，我們就看出你們這種『不忍放任』的貪慾，是要加勁援助張作霖段琪瑞吳佩孚陳炯明來造成那『終日擾攘』，『暴殄天物』的局面呵；現在這種局面快像樣了，你們應得老實不客氣了。

美國駐兵—英國巡捕—中國警察

請看軍閥與帝國主義向中國苦百姓的聯合進攻！

君宇

中國工人是世界上受壓迫和掠奪的奴隸；近兩年他們蓬蓬勃勃的罷工運動，完全是他們慘苦境遇的反應。但他們迫於生活需要的正當要求，却往往遭了對方假借武力的蠻橫壓迫；據最近的事實，這樣蠻橫的壓迫，更成了通例。這兩天有這些消息：

(一)吳佩孚電王承斌：派兵鎮壓唐山廠工人；再不從，即解散俱樂部(民國日報)。唐山罷工，由開平鎮守使調隊往鎮。美國軍隊在場……今日外交團主張：如不速決，由列國派兵往『護路』(申報)。

(二)上海金銀業工人罷工已近二旬，業主方面堅不許工人要求；二十日新街門對面慶華銀樓有強迫工人上工的舉動，工人聞訊，遂於晨八時約集二十餘人前往援助，該店主見勢不佳，遂令印捕將工人拘入匯司捕房。外邊工人憤不能平，又集百餘人再往詰問，店夥出頭阻抑，因之發生衝突。匯司捕房聞訊，立飭全體中西探往拘工人二十餘人，送入捕房。

（三）漢口英美烟廠工人，因洋監工虐待女工，提要求四條。該廠巧日通告：如不願作工，限皓日繳還照牌，領資退工。工人憤甚，皓全體罷工，並集千餘人圍工廠；經警察解散（申報）。

這些事實代表的意義是：（一）軍閥與外國的武力通力合作，謀鞏固帝國主義在華的侵略勢力；（二）帝國主義保衛租界內『納稅富人』的剝削；（三）中國惡勢力替外國掠奪中國的資本守衛。但他們那蠻橫壓迫的對象，却都是中國的苦百姓！這是聯合着向中國苦百姓的進攻呀！中國的苦同胞呀，這樣聯合的進攻，只有你們一致的團結方能抵抗絕！

省憲所給議會的『權』那裏去了？

君宇

『已行自治』的湖南前後傳來的消息，不是趙恒惕殘殺勞工，剝奪人民自由，便是趙恒惕操縱選舉，製造省長。湖南軍閥—趙恒惕竟冠冕堂皇的『被選』爲省長了。御用的議會連彈劾軍閥屬人—礦務局協理胡瑛—一個案子都成立不得，鬧成少數與多數的狗打猪鬨。『已行自治』的廣東省長倒不是軍閥直接攬當，但他的產生却完全是由於陳烱明的授意；這個軍閥屬用的省長最近替軍閥大借外債，以便鞏固陳烱明割據的局面和增加英國在南方的經略勢力。這是何等違害人民利益的行動！但『憲法』的省議會竟於分得十二萬毫洋後，把借款的案子通過了（見廿二日申報）。我們要問承認聯省自治爲解決中國糾紛的人們，更要問以省自治爲打倒軍閥惟一工具的學者：省憲中規定給議會的『權』那裏去了？又爲何那些『依法』產生的議員不運用省憲來打倒軍閥，反替軍閥的地位和惡行做『投票』的保障呢！我們也『佇候明教』！

北京大學過激化了嗎？

君宇

日前新聞報載法國來電一則，大意謂法國傳說北京大學過激化了，衆料遠東情形將被危害。我們猜想，這大概是指北大招待越飛和蔡元培先生贊同以『打倒國際帝國主義』爲口號的民權運動二件事了。若指蔡先生招待越飛時『願以中國居於俄國革命的弟子之列』的演說爲過激化，那麼在席上懇懇以交回蒙古爲辯請的胡適，不將指爲『Chauvinist』化嗎？可見法國資產階級所以大驚小怪，並不在這種兩國人民普通的短時間的交際，而在可號召起廣大群衆的反對帝國主義的運動了。中國要脫離國際帝國主義的壓迫而獨立，那自然是要使帝國主義生危懼的；所以法國資產階級，便誣北京大學爲過激化，給東交民巷太上政府般的公使團以一個好題目，好藉着來命令外交系，要他們壓迫這個運動了。這和英國帝國主義誣孫中山之聯德俄政策爲過激化，是一樣用意。北京大學眞是這樣的『過激化』了嗎？那是我們被壓迫的人民要歡迎的呀！

日本與山東協定

李駿

外交系政府與日本『接收山東』的交涉，又換去了許多新的實在權利，山東人民因而起來攻擊王正廷，怨他不根據了華府會議關於山東問題的協定，替中國爭回權利。其實，所謂『山東協定』，其本身就無所謂權利可給中國根據的；朋友李駿譯（自柏林I.P.Korrespondenz）的『日本與山東協定』，很可釋明這點。這是外國人代我們抨擊帝國主義的議論；我們受壓迫的人民當更可曉然『華府會議是中國的勝利』是外交系欺騙我們的話，而明白外交系在華府成此協定，巳就是與帝國主義勾結，安下今日賣國的張本了。（君宇）

山東問題，雖說曾經激起過廣大的社會運動以求日本立刻放棄在山東的利權，現在却因英美所謂『善意的援助』偏利於日本方面而在華府會議告解決了。

日本帝國主義當局巳經將此協定批准，表面上這協約是日本放棄利權，實際上却正如日本海盜格言所謂：『盡全力以盜取，取去一切可盜的物件』。日本經英美二國多次抗議之後，就愼重攷慮而交還膠濟鐵路。這種『犧牲』足以迷惑中國人民底注意力，而使日本得以乘機加入有利於他的條件，使協定全文等於廢紙。

在申明交還山東鐵路之後，日本却要求由彼委派車務總管。這就是日本預備握有全權來管理山東全省的運輸事務；由是在商品名義之下，可以暢運鴉片貽害中國國民，暢運軍火供給中國督軍的內亂。一句話包括，日本想得著全權管理鐵路與山東全省而巳。日本正預備將施行於南滿鐵路的有效政策，同樣施行於膠濟鐵路，因爲南滿剛創辦之始，也就是所謂中日「合辦」，以後就完全移入日本範圍了。

所以，日本於訂定山東協定的第一節，就申明要交還搶奪去的膠濟鐵道，須由中國政府先交一千二百萬元及賠償該路在日本管理期內所支付的修補費總數。

又在協定的第二條，日本願意退還一切公共財產，即是，山東省建築物不論是德人所原有的或日本人所添築的一概交還。可是凡日本人化錢造成的建築物，須得由中國賠償一切建築費。

本年二月初，日本式強盜便開始在山東橫行，其時就是山東協定簽字之時；此協定中訂定「在二月廿五日以後日本人在山東購買土地權作爲無效」，這就暗藏着日本人在二月二十五日以前，即使用類似強盜橫行的手段所收買的一切公共產業及土地還是有效。這異只日本軍閥格言所說，「我的物件固然是我的，你的物件也一樣是我的」了。

如此強橫狡詐，眼前自然有好結果；而貪得無厭的日本人更督促彼國人民購買所謂公共土地，堅植根基，以便慢慢的宰制山東經濟生命。

在本協定第九條（全協定中最特別的一條），日本也佔盡便宜。中國須歸還日本鹽場公司所投的一切資本。其實所謂鹽場公司乃係日本人虛構的話，其地除空場外一無所有。這種鹽場公司總數占山東全省鹽場公司百分之三十。日本人所以有這種欺騙行爲的緣故，因爲知道中國絕對沒有這多財力以賠償一切，於是交還山東一切公共財產的時間又可延長了。

本協定第三條，規定中國巡警能於某時執行保護鐵道職務，日本軍隊即可在該時撤退。法國報紙於是滔辯滔滔地贊美日本牧野代表大度不巳。於是法蘭西帝國主義的遠東同志們也於五月三日從波多牧野代表發電使全世界忻悅，說是『歸還山東鐵道置於中國管理權之下，巳於四月三十日告竣了』。

按照山東協定中國政府應該負保護此鐵道的責任，可是同時須得將青島管理權交給日本人，這就是用鹽利和巧妙的方法而收佔領之實利的日本牧野代表所稱心滿意的了。自從青島被日本佔領以後種種類的浪人，兇犯，強盜都以此地爲藏身藪。如盡力施行日本軍閥慾望的安福黨人並馬良張樹元等，盡在日本人保護之下，而伏於青島。由是青島變爲種種奸謀，叛亂，教唆各犯的中心點了（日本在青島的佔領方法與在俄國遠東各省所用的若合符節呢！）。在這種境況之下，中國要實現保護鐵道的義務而能勝任愉快，怕很難能！只要回憶日本軍閥在俄國沿海諸省的施爲就可以證明了。

本協定第七條說在中國政府監督之下，『中日共同』開發山東鹽產，資本中日各半。這種形式的中日合資，不消說就是斷送全山東礦產的張本。中國資本自然較日本資本爲劣，又加上日本人千方百計的合併政策，自然斷送是無可疑的了。

日本軍閥一方鑒於華盛頓會議中國有廣大的社會運動之援助，另一方又鑒於他們自己海盜般的貪欲與在遠東其他的海盜（記者按即指英美法等國）的貪欲之間應該有一種調節中和的方法，於是在形式方面表示讓步，其實在華府會議裏不過改變併吞的方法，以便把持山東利權而已。

華府會議之後中國資產階級一無所得，恰如在巴黎和會之後一樣。他們並沒有力量抵抗英美日本帝國主義的壓迫。祇有中國勞工及其先鋒近年來爲他們的國家解放而有極明顯的努力和奮鬥。如果他們的動機在解放中國脫離國際帝國主義的羈軛，那麼他們準可以將外國資本家的活動（尤其是日本帝國主義者在中國的種種掠奪行爲），一齊打倒。

蒙古及其解放運動（續第五期）

登德布

以上就是清政府利用來鞏固中國政治上及經濟上統治蒙古之大概情形。這種方法，把蒙古人民變成了中國官吏商人，及自己王公與喇嘛的奴隸。十九世紀中葉後，蒙古歷史上發生一個新時代：這新時代是從俄國商業資本及前俄國政府的利益開始時起。因俄國政府把蒙古放在國際資本勢力之下，俄國商人因爲要替中國貨物開一條道路到歐洲去，所以早就注意蒙古了。這條道路是張家口，庫倫，恰克圖，而最重要的貨物是茶。到一八六〇年後，俄國商人先從阿爾太山，烏梁海到了西蒙古，以後他們的商業在外蒙古也發展了。他們的目的就是要在外蒙古得一個經濟上的保證。俄國商業資本對於蒙古的感情比較還要壞，幷且輸入蒙古一切歐洲文化最壞的結果。

俄帝國政府知道蒙古是一個好市場，拚命的想來侵略，日俄戰爭以後尤其利害。他最注意烏梁海邊境，那地方天然條件，是蒙古最宜於農業的區域。十九世紀的八十年時代，俄國就覬覦烏梁海，認爲殖民政策的目標。一九零九年以武力侵犯，在該地設立行政機關。

一九〇四到五年日本戰勝俄國後，南滿東蒙劃歸日本勢力範圍；東亞的門戶大開，蒙古天然礦產原料非常豐富，於是更受日本帝國主義的侵略。日本政治經濟勢力，不但由南滿鐵道侵入東蒙，而且逐漸潛進於蒙古其他區域。日俄戰後『侵略蒙古』已經成了國際帝國主義的遠東問題中很緊要的一個。美國資本家亦漸漸來參與其事。

清代專制政體下之蒙古，在極長的時期中，文化上絲毫進步也沒有。經濟政治，社會各方面的制度，到二十世紀初年還和二百五十年前一樣。二十世紀初，蒙古還是一個游牧民族。稍爲有些農業，因天然條件的限制，也不能發展。工業是沒有的，只受中俄商業資本的侵蝕；而兩國商業資本又都是國際帝國主義侵略土地的媒介。清室推翻以後，行政權全歸少數的王公，如哈爾哈四區中王族僅有人民總數百分之一。喇嘛教徒人數很多，有百分之四十，他們經濟上，政治上都有勢力。至於平常的勞動人民，絕無權利，簡直是王公的奴隸；一切租稅負担都歸他們担任，替國家寺院王族做牛馬。

當滿清政府倒了之後，一九一一年十月十八日在庫倫　宣佈蒙古獨立，把清政府官吏驅逐出境。蒙古王公及喇嘛因爲要建設新國家，於是向前俄帝國政府求輔助。俄官吏代替滿洲人之後就建設一個喇嘛的蒙古專制帝國。此後俄國想統治蒙古經濟，於是一九一二年十月二十一日和自己的蒙古政府訂了一個商務條約，與中國訂了兩個協約（一九一三年十一月二十三日及一九一五年五月二十五日）。於是俄政府把蒙古哈爾哈及科布多宣告自治，但受中國之保護，然實際上已被專制的俄國奪去了。外蒙古自治八年，一點甚麼好結果也沒有。蒙古王公不僅不去改良國民經濟，並且還租借土地與外人。這是因為受了俄官吏的命令以作還債債務之用，而蒙古人仍是一樣受苦，被壓迫。所以他的情形，並未改好，因為政府是專制的，人民受政府之壓迫，正如從前受中國商人之欺騙掠奪一樣，不過現在加了俄國商人罷了。當世界大戰發生時，日本帝國主義者有機會去侵略中國；而當俄國革命時，他們又以為這是奪取蒙古的好機會。日本利用威爾遜國際聯盟的口號，卌想在蒙古做『民族運動』，因為依照國際聯盟威爾遜的條件是應當保護一切小民族的。蒙古的國民黨於是就開始解放運動及蒙古各民族之聯合。日本對此事幫了他們許多忙。一九一九年二月，在赤塔開了一個會議，討論怎樣聯合蒙古民族去進行。然蒙古民衆却不注意此次會議。當他們想派代表去赴巴里會議時，日本已經不願做此事了，就和謝米諾夫禁止他們去赴會。不久日本帝國主義者，因幫助中國安福派的忙，就決定去奪取蒙古。安福派的征伐蒙古，果然得了極完滿的結果，因為許多中國商人及富人都以為這是愛國事情，所以竭力幫助中國軍隊，並且因為許多蒙古人貪自己的利益，早被中國政府賄買了。因此他們和中國都護使陳毅商議後，就定一個五十四條件的協約，最重要的是取消自治，及保存中國在蒙古的封建制度。

一九一九年十月，安福派首領徐樹錚將軍占領庫倫強迫宣告北京政府以外蒙古為中華民國行省，並且強迫蒙古軍隊即刻解除武裝。蒙古王公所訂五十四條的協約被徐樹錚完全取消了，並且把起艸的中國官員逮捕，驅逐出境。徐樹錚於是在蒙古實行軍事獨裁制。中國占領哈爾哈後，蒙古愛國運動及革命運動都醒悟了，并且產生了一個蒙古國民革命黨，蒙古人民於是不信他們的王公了。現在的先鋒是蒙古智識階級，小喇嘛，小王公等，這些人都是與人民有聯絡的。一九二〇年初，當高爾札克（乃西比利亞的外國掠奪者）被紅軍擊散時，正是蒙古國民革命黨成立之日，這黨明白眞正的解放不是國際帝國主義假仁假義的幫助，也不是威爾遜的十四條所能辦到的；只有由人民自己去做才行。這黨宣傳國民的及革命的意義，現在正利用蘇維埃俄羅斯革命的經驗和幫助去實行解放蒙古的事情，因為蘇維埃俄羅斯在自己的標幟上寫着『聯合西方東方被壓迫民族推翻帝國主義壓迫』之口號。一九二〇年安福派失敗後，對于中國北方之勢力亦隨之而減。於是日本去了一個好幫手，而第二個幫手張作霖此時的力量也還不夠去奪取蒙古，如是他乃把蒙古讓給俄國白軍首領作一個根據地。恩琴戰勝中國軍隊，占領庫倫，殺害許多中國人俄國人和蒙古人，燒燬鄉村，廟宇，徵收牲口，強迫鄉民當兵，到處極殘暴之能事。

國民革命黨於一九二一年三月在哈爾哈北部建設一個國民政府。這政府組織自己的軍隊并與恩琴交戰。後來恩琴攻打蘇維埃時，這軍隊與紅軍一塊把他打得全軍覆沒。當國民政府奪回恩琴所占領的哈爾哈之後，就把西蒙古的白軍也消滅了。有一部分却跑到滿洲去了，張作霖不但不干涉他們，并且運他們到沿海濱省去。國民革命黨的責任在完全解放蒙古經濟上及政治上外國人之剝削及封建制度，規定國民之權利，增加國內之生產力，保護國家財富，擴張歐洲文化等事。國民革命黨的政府得了庫倫之後，因民衆的援助，立刻實行許多重要法律改革，去解放蒙古人民的封建制度及專制組織，最重要的是用選舉法改革自治，人民在法律上一律平等；廢除杖刑，取消許多天產物的苛稅，收回前封建政府蒙古自治時所租給外國的租借地；廢張王公及喇嘛的稅，徵收所得稅，組織消費公社，最後還有國家管理法，取消喇嘛之權力及其他一切法律。這些法律都是各地代表在大會上規定的。去年十月解放了蒙古的政府與蘇維埃俄羅斯締結了一個協約，蒙古被承認為獨立國。此外蘇維埃政府為應蒙古國民政府的提議，允許做中蒙間鞏固彼此關係的一個中間人。

這就是半成立的蒙古自由政府之大概情形。總而言之，對於現下蒙古之關係，我們應當承認：蒙古人民經過許多困難情形之後，以為若是在地球上有少數貪心者壓迫多數勞動者及落後民族的國家，若是所有被壓迫者沒有團結力，則蒙古民族及其他民族都要遭殃了；要是被壓迫民族的團結力不能鞏固及不能實際上去保護自己的利益，就是蒙古已得的自由也是不能長久的。因為蒙古民族到這個地步，經過了極困難和極好的經驗，滿清政府用封建制度及宗教竭力的剝削蒙古民族，蒙古于是在自己的封建制度下及向專制的俄國去求救，然而經過他們九年的統治後，把蒙古情形弄得更糟了。俄帝國政府奪了蒙古烏梁海的邊境，又想去奪蒙古的庫倫，及高蘇戈宜湖邊一帶最好的部分。在俄國保護下，蒙古自治九年之存在情形既然是一樣的不好，所以蒙古人民現在都說無論那一國的守舊派都是一樣的只知道壓迫一樁事。所以現在蒙古人民不獨視守舊的資產階級中華民國—東方最自由的德模克拉西的國家—之奪取蒙古，為一種獸行及對於蒙古人民之好感宣告死刑，即對於其他一切帝國主義的強國或是資產階級的共和國，都知道是一樣的虎視弱小民族，一樣的想壓迫並剝削他們。

前美總統威爾遜民族自決的宣言，曾引起蒙古東南部國民解放的運動，這個運動的目的，就是依人種上的原則連合蒙古成一個聯邦的德模克拉西的共和國。因為中日的帝國主義者專制派的壓迫，這次運動却沒有成功。因此現在蒙古人都知道資產階級所倡的民族自決及德模克拉西主義的政策都是虛偽的。在恩琴騷亂蒙古的時候，反對他的強暴掠奪的人，男子女子兒童一概被他下獄烹殺。這是蒙古人民最後所受的強暴。這些都是一條極長極困苦的道路，使蒙古人民不得不醒悟而隨着指導他的蒙古國民革命黨投到第三國際赤色的旗幟之下，與蘇維埃俄國結極親密的關係。我們這個黨，照黨綱上看來，不但不是共產黨而且不是社會黨。他的職任是：從外國強暴者政治經濟上的壓迫與剝削之下，從封建守舊的思想統治之下，解放蒙古人民，建設人民政權，發展生產力，提倡國民教育等等。

所以我們的黨綱是極端的民主主義。然而我們並不派代表到華盛頓去；祇派代表到莫斯科來。我們國家的客觀的狀況，就是『中世紀』一種狀況；依政治史上的經驗和現代政治經濟的國家的情狀，使我確信：非以國際無產階級運動為指南針不可，非和世界革命運動積極的密切聯盟不可。不但我們蒙古國民革命黨明瞭現代人類的情形，明瞭我們蒙古民族在人類中之地位的人已經得到此確定的方針；而且連一些明白情勢的蒙古特權階級，有產階級，雖不是勞動人民，而能盡他們的力最幫助我們國民革命黨，這在一定範圍內，乃是有價值的；他們亦為民族自保的觀念所驅使，知道帝國主義者必不捨他們，必定要吸取他們的膏血。

說到本大會的職任，我們國民革命黨認為本會是聯絡遠東各民族勞工革命之偉大勢力的永久積極親切的結合。我們自己之間互相結合，並和第三國際結積極的親密的同盟。和這反對帝國主義的世界無產階級革命的中心相結合；一方面參與這會的個個都回內部謀革新起來；別一方面，我們國民革命黨亦深信將來能獲得大成功。全遠東的情形本來很困難：中國裏面分成許多『勢力範圍』，為外國資本家瓜分之期已經不遠，韓國人民在日本帝國主義之下，血都快流盡了，蒙古文化最高的一部，被日本帝國的軍閥所侵擾，日本一面施行侵略使全亞洲民族都恨他，所以弄到非常孤立，現在日本人無論誰也知道這層危險；日本要避免這層危險，祇有徹底改造社會一條路。

所以我們『將來的奮鬥』無處無時不與遠東民族問題民族解放有關係。遠東民族的『再生』當然要增進革命運動的勢力。

全體被壓迫民族之保衛者第三國際萬歲！

遠東勞動者之統一與勝利萬歲！

（完）

讀者之聲

記者：

我讀了貴報，對於你們的主張非常贊成；而且狠相信貴報是我們四百兆同胞的救命符。我因爲對於我國現時傷心慘目的情狀狠是憤慨，所以借着貴報掬誠告於我們四百兆同胞之前；並且可以明白我對於貴報贊成的意思。

現在我們國內的現象可謂糟到極點了，因爲連年軍閥戰爭的結果，所謂人民的權利—集會，出版，結社，宗教信仰等自由，都完全喪失了，所謂人民的幸福，完全被軍閥派剝削了。民主政治的精神在那裏？國家還算得做國家嗎？我們同胞爲保護自己的權利起見，須趕快起來幹革命運動，因爲中國今日的政府豢養於國際帝國主義之下，外交內治無一可言。(如北政府對俄代表越飛之冷淡及軍閥之無法處置等)。我們若長此以往，終必呻吟於國際帝國主義壓迫之下！親愛的同胞呀！我們並不是處於國際帝國主義壓迫之下而無法解脫的。我們若想免除一切苦痛，恢復各種權利，大家來過『人的生活』，第一先決的問題，就是趕快起來實行革命運動，打倒一切封建式的軍閥，奪得一切政權，創造眞正的民國。然後聯合全世界被壓的民族，來推倒國際資本主義，瞧着共產主義的路做去，那麼我們纔有幸福可言。纔能夠過「人的生活」。親愛的兄弟們呀！我們想得着眞正的幸福，過「人的生活」，不能無代價。什麼代價？就是革命！

陳復，十月，八夜，于廣州

一個會議能解決時局嗎？

陳此生

召集一個各省會議，做決解目前時局的計畫，這是『努力』各位先生所主張的。……

「努力」第二十二期裏胡適之所說的是：「在今日的唯一正當而且便利的方法是從速召集一個各省會議，聚各省的全權代表於一堂，大家把袖子裏把戲都攤出來，公開的討論究竟我們爲什麼不能統一，公開的議決一個實現統一的辦法」。胡先生講這番話的時候，已經忘却阻礙統一的唯一物是實力派的「軍閥」。姑勿論各處所舉派的人員，是否可以代表眞正公意。卽使聚於一堂的全權代表，個個開誠佈公，熱心討論，議決出一個實現統一的辦法了。但軍閥們還是你覷我望，置諸不睬，又將如之何呢？所以探症下藥，亦只有實行民主主義的大革命，把所有軍閥完全推倒，纔有實現統一之可說。

胡適之又說：「當奉直戰爭還不曾完全終了時，我們在五月十四日本報上便提議一個公開的南北和會，由和會議決召集舊國會，作爲統一的一個條件，當時這個提議若實行了，現在國會裏決沒有什麼「民八」「民六」的紛爭，也不致到今日還是四分五裂的中國了！」胡先生對於這種會議居然迷信他有萬能的本事了，我眞不懂解胡先生爲何不知軍閥是妨礙統一的人物，爲何不先解決推倒軍閥的法子，而反說「大革命—民主義的大革命是一時不會實現的，希望大革命來統一，也是畫餅充飢」呢？在我的意見、希望各省會議來統一，那眞是畫餅充飢呵。

本報啓事

(一)本報第一第二第三第四各期，久已賣完了；第五第六兩期也一出卽盡，供不應求。疊承各處函催補寄，特從第一期起，一齊校正再版，不日就可出來，特此預告。

(二)本報爲便利工人及學生起見，凡經工人團體和學生團體之介紹、直接向本報定閱全年或半年者，概照定價七折。

(三)凡工人團體，學生團體，各地公衆圖書館，閱報室及十初政治團體要看本報者，望將地址開來，本報按期送閱一份。

The Guide Weekly.

週報
第八期

中華郵務局特准掛號認為新聞紙類）
一九二二年十一月二日

定價
零售每份銅元四枚
郵費三分全年大洋
一元三角半年大洋
七角郵費在內

分售處
上海亞東圖書館
上海公民書局
上海泰東書局
北京大學出版部
廣州昌興馬路廿八號
武昌時中書局
太原晉華書社
長沙文化書社
濟南齊魯書社
南京樂天書館
成都華洋書報流通處
杭州古今圖書店

每星期三出版　發行通訊處　上海老西門華成路蘭發里三號　北京大學第一院收發課轉烈徵階

時事短評

福建人民當助革命軍復建革命政府

和森

自廣東革命政府被陳烱明推翻，北京政府賣國借債的勾當和英美帝國主義侵略的陰謀，一天一天的逼緊一天一天的可怕。新近的歷史業已教訓我們：中國非如土耳其一樣另建革命政府，北京賣國政府是不會消滅，中華民族的獨立，自由，與和平愈不可期待。從前廣東政府的地位正與安戈拉政府相等，假使他能繼續存在：中德俄聯盟政策是要實現的；爲收回主權和爲自由與獨立而戰的將來也未嘗不能趕上安戈拉政府最近之勝利的；並且由這樣對外的勝利而打消北京賣國政府—如君士坦丁政府在基瑪爾勝利之後的凋謝一樣—完成中國民主革命的勝利與統一，也是「事有必至」的。不幸這種形勢被蟊賊陳烱明破壞了；所以現今力圖復建革命政府乃爲全中國被國際帝國主義與軍閥兩重壓迫的人民個個應負的責任。現在這種責任尤其到了福建人民的身上了，因爲革命軍—許崇智黃大偉李福林率領的—業已在福建趕走李厚基，挽回陳烱明所破壞的革命形勢於萬一了。

福建人民應認得清楚：日本帝國主義的爪牙徐樹錚王永泉以及曹吳派遣來閩的虎狼部是福建人民之敵，福建人民應拼命的反抗；惟有擔任中國民族獨立，自由，和平之前途責任的革命軍應完全得到福建人民的幫助。福建人民站在革命勢力與軍閥勢力抗爭的形勢中，決不應取中立態度而以「閩人治閩」爲逃避參加民主革命責任的幌子；並且要認清這幌子在現狀下爲不可能，鄰近的廣東就是明證。試問『粵人治粵』的幌子內所演之陳烱明『聯治』的把戲，廣東人民現今能得到和平，安寧，自由，與減輕負擔而免除痛苦嗎？

不堪外力與軍閥壓迫的福建人民呵，你們要認清民主革命是解除這把連鎖（國際帝國主義與軍閥）的惟一方法；民主革命是你們自己的革命，你們應自己來參加；國民黨的革命軍就是你們自己的軍隊，你們應參加進去，普遍的武裝起來，把革命勢力儘可能的擴張。你們切不要把國民黨的武力與軍閥的武力視同一律；你們若是怕革命軍中繼續產生陳烱明輩的新軍閥，你們可要求國民黨把軍制改變，仿照蘇俄紅軍，把軍隊的最高權集中於革命黨員與工兵羣衆組成的監督委員會之手，使司令將官成爲純粹受命作戰的機械，那就永不會有這種危險了。

福建人民呵，你們勇猛起來參加革命復建有關中華民族前途的革命政府罷！

國人應當共棄的陳炯明

和森

民國二年二次獨立失敗後，黃克強一時氣餒，曾主張任袁世凱專政十年，因而與孫中山先生繼續革命的主張相齟齬。

自從陳炯明反對孫中山北伐計劃之初，我們就斷定他不是一個進取的革命黨。彼時人多以陳比黃，說他不失爲『穩健的革命家』，要把廣東打好基礎才再進取；我們以爲這完全是外行話，革命的戰略只有以攻爲守，自己不進攻，敵人自要進攻的，所謂『打好基礎』不是託詞掩飾便是革命思想破產，並且這個時候的形勢與二次獨立失敗後的形勢全然兩樣。

一到今年六月，陳炯明不但不是進取的革命黨而且成爲民主革命最可怕最反動的叛徒，完全暴露他個人割據自私的野心，不惜將廣東革命政府推翻，將民主革命最好的形勢撲滅，將孫中山置之於死地。只要他的廣東王做得成：謀殺黨魁，推翻革命，消滅中華民族一切獨立平等自由的根本運動，聯結強援，私通英國帝國主義而爲其爪牙，都是他所做得出的；並且更進而把孫中山聯德聯俄計劃賣給香港政府，藉以促成賣省借款。他既然把廣東人民向英國人賣了二百萬磅的代價，一面便大編其邊防軍，並且準備自己出兵打許崇智，揭破『內撫百粵與民休息』的假面具。此外鎗殺勞工，解散國民大會，壓抑民權運動，禁止反對賣省借款，摧殘報館，騷擾市民，造成廣東之恐怖時代，種種罪惡不勝枚舉。這樣背叛民主革命和全中華民族利益的叛徒，這樣割據自私的陰惡軍閥，這樣無所顧忌的英國帝國主義的爪牙，除了『人人得而誅之』之外，沒有一人可與他聯絡，合作的。民國九年陳炯明在漳州的時候，曾在精神上和實際上贊助社會主義運動，並爲民主革命努力，彼時社會主義者與之發生關係，是極應當的並且是光明磊落的行爲。故陳炯明和民主革命勢力回到廣東以後，社會主義者陳獨秀曾到廣州去辦教育，這也是極應當的，也是極光明磊落的行爲。可是現在不但一切社會主義者不應與他合作，就是一切民主主義者和全國人民再沒有一人可與他聯絡合作的。

不意廣州有幾個所謂社會主義者新近出一種珠江評論，其中署名沉機與G二君的議論，簡直荒謬得很：他們教陳炯明『應當落落老不客氣實行割據』，不要『割而不據』使『軍閥主義自行崩壞』；他們『不敢武斷陳氏必想藉聯省自治以自私』，承認聯省自治『未嘗不可以整理各省目前內部的紛亂』；他們教陳炯明怎樣製造輿論勢力，保持在廣東的地位，並望陳炯明政府與人民通力合作。這些議論簡直不是社會主義者所說的話，簡直離開了革命的立場現出嚴重的反動色彩，而且是侮辱社會主義的卑污行爲。我們社會主義者固應極力反對奴隸全國的軍閥武力統一，同時也應極力反對奴隸各省人民的聯督自治；若是承認這兩種封建的主張之一，便是離開了革命立場，附和封建的現狀了。況這個罪不容赦的陳炯明，社會主義者除了與國民黨共同引導廣東人民，併力反抗之外，決不應該發出這樣荒謬的議論。廣州青年素富革命精神，現在臨頭的工作應是激烈的反對借款，不但運動市民一切不與國人共棄的陳炯明合作，還要積極的以革命手段把他推翻才是呵！

好一個以『至誠之意而謀中國之利益』的新銀行團！

君宇

『三年不借一文給中國政府的新銀行團』，現在不再說等到中國統一之後纔貸款了，他要拿出三萬萬元幫助英美扶上台的新賣國黨來統一中國了。最近，在美國帝國主義的宣傳機械遠東評論週報上載有P. S.R.（就是Mr. Paul S. Reinsch—芮恩施）替新銀行團吹噓的一篇文章，他的用意就是在製造便利於新銀行團這個侵略進行的一種空氣。芮恩施這文自然又是美國帝國主義一向慣用的麻醉中國人心的宣傳，他想將新銀行團要加給中國的危險掩飾，且說得新銀行團煞像是中國的一位摯友，完全是在要迷糊中國人民的注意，使他們不起來反對大借款的進行，新銀行團的金錢與外交系的努力便可很順利的通力合作，於很短的期間內便把中國泡製到英美帝國主義完全管理之下。但帝國主義的貪慾太露形了，他的宣傳員也不能盡爲之掩飾；我們從芮恩施這篇讚美新銀行團的文裏就可看出他要加中國的危險。這文裏有一段說：

我以爲：新銀行團果處於中國政府之主腦財政代理人的地位，則中政府如於新銀行團以外爲任何借款之事，新銀行團自有得知之權。

這是帝國主義的宣傳員很可拿來誇大銀行團「有消極的阻止某一國單獨借款給中國政府大效用」的材料。但這「中國政府之主腦財政代理人」，是怎麼解說？要新銀行團來做中國之主腦財政代理人，又是怎麼解說？帝國主義的宣傳員同時却還說「新銀行團無管理中國財政之野心」，這是要欺騙那一位不開竅的中國人？他又有一段說：

凡專門家（外國人）之自視爲中國政府之代表，中國人民之委託人及中國少年之導師者，中國皆不妨加以任用，其結果必能增高中國對內對外之威信。

這段說得更明顯了。凡外國專門家之自視爲「政府之代表」，「人民之委託人」及「少年之導師」的，中國便要請他來做「政府之代表」，「人民之委託人」及「青年之導師」並「不妨加以任用」。這就是帝國主義者明目張膽來欺騙中國人民的高腔呀！這就是老實不客氣的說要外人來管理中國呀！我們若再看新銀行團當局最近的表示，就可覺得新銀行團所要加給中國的危險是怎樣的嚴重可怕了。摩根是美國的銀王，是新銀行團眞正的主人，他不久曾發表一篇宣言，聲明新銀行團對華所持之宗旨；其大要節略於下：

（一）新銀團爲各友邦所組織、以贊助中國之大政、力謀中國財政之裨益。（二）新銀團無覬覦中國事業之慾望；除中國政府或省政府之建設計劃外，其他各種借款，均謝絕之。（三）新銀行團無企圖管理中國財政之野心；各借款之抵押品，以能有確實保障，該抵押品及借款之用途爲合宜。（四）新銀行團甚願中國藉新銀行團投資之力，建設一切實業及交通事業。（五）新銀行團之各委員，對於中國人民之才幹及其將來，存有絕大之信仰；然設中國之政局，長此以往，則將來必有國際間之危險。故各國銀行團，組織此新銀行團，以至誠之意，而謀中國之利益及遠東財政經濟之鞏固。（六）新銀行團內之各國銀行代表各該國政府投資以告協助、保持中國國民之權力，而力行原來之計畫。（七）新銀行團乃數國政府所組織，倘各國政府認爲無繼續投資之必要而欲改組，則本團接到各政府之正式通告後，當即改組或解散（見十一月十六日民國日報）。

說什麼『贊助中國之大政，力謀中國財政之裨益……新銀行團無覬覦中國事業之慾望，……新銀行團無管理中國財政之野心，……以至誠之意而謀中國之利益，……保持中國國民之權力，』——這些都是說來好聽要欺騙中國人民的言詞；他的目的却完全在宰制中國政治和經濟的生命。他投資爲何要着重在「中國政府或省政府（注意：聯省政府也拉上了！）之『建設計劃』」？又爲何要藉新銀行團之力『建設一切實業及交通事業』？這不是明明白白地說：新銀行團要在中國造出一個可讓他們完全利用的政府，由他來泡製中國成國際共管的形勢，且把通國的經濟生完全由他們宰制嗎？什麼「各借款之抵押品，以能有確實保障該抵押品及借款之用途爲合宜」，這自然也是要搶奪一些更有出息的富源和監督財政了，——但這恐還是新銀行團貪慾中之次要的！

久已陷在國際帝國主義之下的中國人民，要馬上認識新銀行團所抱的野心，和他現在與外交系在北京所做的勾當，明白目前我們是當了一個很大的危險；也要明白現在惟一能助我們發展生產力的只是中德俄經濟聯盟呀！我們也要告歡迎新銀行團的小資產階級政派們，你們是以良心為社會倫理標則的，請你們拿良心來審查你們要給中華民族造成的大危險罷。國人，起來！——起來打倒新銀行團的經濟侵略與外交系的亡國買賣——三萬萬元大借款，這是全國被國際資本主義掠奪的人民要立刻拚命奮鬥，才不致轉瞬變成為『處於中國政府之主腦財政代理人地位』的新銀行團宰制之下的奴隸呀！

國民黨報紙不應有這樣記載

君宇

十月廿六日的英文滬報（The Shanghai Gazette）載有關於唐山礦工大罷工的長電，今譯其最後幾句如左：

……雖外人的生命和財產尚未至損害，若不採保護外僑的適當措置，恐外人生命將受危險(同日民國日報也載有類是的短電)。

我們覺得這樣的記載實不該出現在民黨報紙之上。映在我們眼前的唐山礦工罷工，只是三萬七千苦同胞對英國資本家鞭笞而起的反抗。我們和這些苦同胞一樣都在外國鞭笞之下，我們也一樣對外國壓迫要起反抗；然則當我們接了這個反抗的消息之後，我們應當憤恨英國資本家是怎樣掠奪和虐待我們的工人呢，應當怎樣祝着和幫助這些苦同胞正當的反抗成功呢？凡有『國民意識』的中國人都應有這樣感想，總不至反轉來想到什麼外國資本家的利益，要『適當措置』來打倒中國工人正當要求！這樣的設想，就不啻是說少數外國資本家的利益是第一緊要，三萬七千中國工人的生存是不值得想到的。現在直隸系軍閥與外兵取適當的措置了，外國掠奪者的利益得了保護了，但我們在那邊的工人是怎樣被摧殘呀！手無寸鐵的羣衆已被開放排鎗死傷一些呀！況國民黨是國民革命的政黨，每一個國民黨人都應當明白：離了勞動者的羣衆勢力，中國國民革命將不可能；中國國民革命的主力軍，惟有是團結了的勞動羣衆。在這點上說，這次唐山礦工罷工實代表着勞動者團結起來操練他們組織力的意義，民黨報紙不但不應替反他們利益的一邊設想，至少要幫助和鼓舞他們。

北京政府也向德國索賠款嗎？

振宇

戰敗的德意志，縱然資本主義掠奪制度依然存在，但他從前那身可怕的帝國主義鱗甲完全被解除了，並且自己也淪於被協約國帝國主義壓迫的地位了；故中國人民及其他一切被壓迫的民族對於德國應相當的改變從前的觀念，首先與最可信的勞農俄國（因為他建立在社會主義之上，消滅了掠奪制度一切可能的危險）同盟，再與德國攜手來反抗英法美日帝國主義對於弱小民族的侵略與壓迫。假使中國有獨立而不受國際帝主義支配的政府或革命的政府，一定要採取這樣外交方針的；反之，凡不採取這樣外交方針的便是賣國政府，便是英美法日帝國主義的機械。現在北京外交系政府就完全處於這種地位，所以近日外交部竟向德國索戰事賠償二萬萬！一面對德意志民族落井下石，討好東交民巷的太上政府，一面便是敲詐這筆巨款幫曹錕忙總統，幫吳佩孚忙武力統一。

國人們，我們為中華民族在國際上的獨立平等之提携計，應當極力反對這種惹起德意志民族惡感的『洋奴』外交呵！

中國人民是馴熟了的奴隸嗎？

國燾

唐山礦工被英國資本家迫着罷工，中國軍隊槍殺他們，英領事居然也要派兵去，一班愛國團體和革命黨一聲不響。陳炯明大借外債，住在廣州市的中國人民，只當『亡者』借款來反對，住在他省的中國人民充耳無聞。浦東紡織工會忽然被封，盧斌為接收民權運動信件假[illegible]，主張民權主義的國民黨和爭民權的同盟毫無表示。金華廷夫經在庭審判，湖北督軍私自把他在軍法處槍斃，人民毫不過問。李啓漢爲中國苦同胞已坐了五個月監獄，社會上竟把他忘記了。武昌女子師範開除加入革新團體的八個學生；漢口英美公司的女工被迫罷工，英國資本家還出佈告侮辱中國女工說：『停工一天心裏慌，停工兩天就典當，停工三天就當娼』；中國女權運動者不管那些事情。…………中國人民對這些事實，都漠不關心，好像馴熟了的奴隸！

女權運動者應當知道的

君宇

女權運動同盟會上海支部於十月廿九日成立了。我在會上聆了幾位爭女權的先驅者演說，不禁覺得他們還沒了解所從事的運動應具的性質和奮鬥的範圍，所以歸來作左列節略告爭女權的女同胞們：

(一)婦女所居的是附屬於男子的地位，這附屬的地位就是他們所以運動的惟一原因，他們運動的目的就是在解放他們出於這種不獨立的地位。但婦女們要明確的了解：他們現在附屬地位是封建制度和私產社會的自然結果；惟有是到了打倒私產制度，建立一個共產社會的時候，他們的完全解放才能成功。

(二)現在中國婦女要求參政的呼聲，是少數特權階級婦女與官僚議員爭座位的活動，不能夠成功一種羣衆的運動，與『婦女解放』四字絲毫不發生關聯。女權運動是較進一步，範圍較普遍一些的運動，但他們如果不明白他們所負的歷史使命，將現在的活動立基在他們大多數的實際需要上邊，則他們現在的努力也不過是一種『新婦女運動』，不能夠解放他們出於束縛。所以，他們第一要認識『男女平等』的呼聲，是會將他們領到一個錯誤的路上；須知社會是分兩大階級的，他們要『男女平等』，是和男子中資本家平等呢，還是和男子中苦力們平等呢？如將男子當作一個整個的壁壘，女子們嚴起陣來站在對面說平等，這便是資產階級婦女的呼聲。須知進化的程度一天高似一天，經濟地位隸屬的婦女們絕不會爬上資本家的地位，他們只有一羣一羣的轉換成資本主義的新式奴隸；所以現在以『男女平等』爲號召的女權運動者不爲了勞動婦女地位的奮鬥，婦女解放也不能有望。

(三)現在女權運動的女同胞們，如果運動的目的是在解放婦女附屬地位，那麼就要了解：把女權運動不要做成太太小姐的運動，要做一切勞苦婦女政治經濟和教育利益的奮鬥。更要了解女權運動惟有與工人運動併着前進，才能做到真正的解放。

評商報與時事新報

振宇

近日上海商報和時事新報對於俄蒙問題頗多捕風捉影之談，他們的論點大約不外兩端：第一以爲蘇俄國內的經濟政策變了，所以對於中國的外交政策也變了；第二便是認俄蒙經濟同盟，爲蘇俄侵略蒙古。

關於第一點，我們要說兩報的記者未免太外行了。蘇俄新經濟政策不過爲發展社會主義經濟基礎，鞏固蘇維埃政權之必要手段，換過說就是完成社會主義國家之政策，絕不是甚麼『週轉反轍』的『俄國式幻術』。他的外交政策雖然要隨着新經濟政策變更，但他要做到世界革命與解放被壓迫民族的宗旨是更要順利的進行的。他在柔魯會議中『顛倒飛箝之外交手段』及對於近東問題的抗議，就是他革命的勢力漸漸勝過國際帝國主義勢力之表徵。即使他對於爲英美日法帝國主義傀儡的北京政府『無誠意』，也許是外交上以詐對詐應有的能事罷！

關於第二點，我們要說兩報的記者未免太笑話了。如中國這樣比較蒙古進步的經濟落後國，將來還要望俄德實力的帮助呢，現在俄蒙締結經濟同盟，就是蘇俄『舍己芸人』以助弱小民族提高經濟地位的明證。蘇俄無『經濟侵略』與『向外雄飛』之事實，正如商報十月廿三日評論所舉之例證即足以反證：(一)俄若有經濟侵掠的餘力，何至將烏拉爾阿爾泰四千方里地租於拉卡爾脫；(二)俄如欲求得天然資力爲利用資本之地，西比利亞平原所待開發者何限。然則可見他現在『疲精耗力』於蒙古是怎樣援助弱小民族的解放之忠誠了。所以論者若有誠心爲中華民族前途計，當自明上列錯誤之論點爲中了『懷疑而思中傷者』的暗笑，仍當『準備』與蘇俄携手，不應『搖首失望』罷。

來了，我們還要請教時事新報的記者：英美日本三個帝國主義的國家譬之三個剛柔不同的強盜，先生主張專禦一個(日本)而不防備其他兩個(英美)，甚至主張與英美聯合，英美帝國主義者不要高叫『謝謝你的宣傳』嗎？

俄國革命五週紀念

孫鐸

一九二二年十一月七日又快到了，俄國的工人和農人們以及歐洲各國共產主義旗下的工人們，這些日子，一定在那裏極高興的準備慶祝俄國革命五週紀念；恰好前幾天，反革命黨和帝制派在俄國境內的最後巢穴—海參威，又被東部西伯利亞的紅軍撲破了。這就是說俄羅斯勞農共和國已把他太平洋上惟一的海口奪回來了，從此通過西伯利亞鐵路，海參威與俄京的直接聯絡，是天天都可以得到的了。雖然長春日俄會議鬧得無結果而散，但現正證明日本只要撤去西伯利亞的軍隊，俄國白黨是再也不能繼續向蘇俄下攻擊，而且連最後一線希望都會失掉去。沒有好久以前，白黨將軍狄特里志斯還宣言要重整旗鼓，再與紅黨決一死戰，恢復帝制，報紙上還載着他把羅邁諾夫和尼可拉衣公爵也請到海參威去，而且向白黨發表一篇愚笨可笑的宣言，說是上帝的幫助會保證他們的成功。可惜上帝並不曾幫助那些復辟派！這或者是上帝這種信徒大多了。只因爲反對干涉西伯利亞的聲浪，在日本國內一天一天的高，結果便迫着日本拋棄維持白黨的鬼謀，因爲日本軍隊撤退了，紅軍便把各派白黨都趕得節節退後，畢竟使他們拋棄海參威逃走了。

我想我們一定要慶祝俄國革命的五週紀念，因爲俄國革命是近世史上一件最重要的事實，並且是構成到社會主義社會的最重要步趨，如果社會主義的社會成功了，什麼種族不平等，少數剝削羣衆的事，貧困與戰爭等等都是會消滅的。年來俄國在國際政治的地位比以前強固得多。除掉戰敗的德國，列強多不承認這個新俄羅斯。他們希望那班舊黨將軍把新政府推倒，曾用實力和輿論去幫助他們，但是這種希望現在已化爲泡影。反而列強自己中間的衝突日甚一日。在中國呢，外交團素來是中國的太上政府，尤其是把顧維鈞玩弄掌上，指揮如意，所以俄代表越飛一到北京，他們便大事運動，不准越飛在北京停留。但一方面我們到天天在報紙上看見歐洲各國如何被逼的改更他們對于布爾扎維克政府的態度，要與蘇俄訂約。當土爾其國民黨基瑪爾重新恢復小亞細亞並接近達靼海峽，于是列強更知道一個新而強有力的俄國的存在怎樣幫助被壓迫的民族反抗世界帝國主義。他們知道得很清晰：土爾其國民黨與俄國政府中間久已成立一種密切關係。當基瑪爾把希臘軍隊打敗，他的勝利也就是俄國對于英國的勝利。這勝利的力量太大了，甚至於歐洲最反動的法國也不能繼續他對于俄國的侵掠政策了。就要成立的正式關係已由里昂市長到俄國的考察及他回來對法國的報告，預備好了。俄國人民在革命中所受的極大困苦，紅軍抵抗全世界敵人的英勇戰鬥，和俄國共產黨毅勇坦白的政策，現在要生果了。對于被壓迫的民族，俄國現在的地位是更重要了。我想亞洲各國民族解放及獨立運動的領袖們必然會了解這件事。我們無論那一個都必須承認反對外國宰制，是須要一個勇猛的運動，況且這種外國的宰都被傷國民感情已日甚一日呢。土耳其的榜樣曾給我們不少的教訓。我們為民族解放的奮鬥不僅是一國的重要，尤其是在中國國民黨的領袖易於明白他們的動作決不是純粹為中國的。中國的統一及興盛這個大問題實含有世界的意義。歐戰造成了資本主義各強國的極大困難，一直到如今——休戰後已四年——勝利的協約國不能找出恢復戰前狀況的可能，這些事實都是最關重要的，所以凡國民黨的領袖應明白他們必須用種種方法去利用這很好的情形。

因為中國問題是一個國際的問題，所以外國資本主義的勢力便要阻礙中國國家的統一和改造。國民黨的領袖勢必與惟一的反資本主義的強大的俄國成立一種親善的關係，並須發達中國人民對于我國的友誼與感情。在我們的意見，國民黨的領袖，雖已是新俄國的好友，但還沒有十分了解一種中俄親善的宣傳之必要。從前中國在滿人統治之下甘受天命的皇帝所支配，現在我們可說，至少北京外交總長是受國際資本主義各國公使團的支配。這種事情是使所有的真正國民感不能忍受的。

我們知道，在十一月七日這一天中國革命領袖的同情和讚美必定都趨向莫斯科，因為莫斯科是確實促進人類進步的新中心。但是我們希望在這俄國革命五週紀念日，他們能承認他們自己在中國智識階級和勞動者中間有革命宣傳的可能和必要。中國智識階級和勞動者必有與新俄國發生密切的協助和親善關係，才能使解放和獨立的奮鬥得到一個光榮的勝利。

現在時期已到了！中國的國民和國民黨再也不能忍受外國的侵掠和宰制了！

還是贊助新蒙古罷

國濤

蒙古國民革命黨領袖登德布曾有一篇演說，題為「蒙古及其解放運動」在本報第五期和第七期上發表過，算是極有價值和真切的敘述很足以溝通中華民族和蒙古民族的親密感情。

據他的敘述，我們明瞭歷來清政府怎樣利用蒙古王公，佛教徒和扶助中國奸商魚肉蒙古人，俄帝國怎樣侵略蒙古，後來徐樹錚又怎樣欺騙蒙古人。我們不要說遠了，中國兵在內地十八省和鬍匪在東三省姦淫擄掠，是最著名的；徐樹錚親率大隊邊防軍到蒙古去了，那還了得，肆行搶掠，任意殺戮，當然是不言而知的事實。中國奸商欺侮和愚弄蠢笨的蒙古人，更是北邊人誰也知道的。蒙古民族處在和朝鮮人一樣的命運，當然應該圖獨立自強。我們中國人也處在被列強宰制的地位，也正在要自圖解脫；當然不能主張自己去魚肉人家，還要贊助人家的獨立運動才是。况且中國自己並沒有力量按住蒙古，曾讓俄帝國奪去一次，後來又讓日本侵略家和他的爪牙恩琴在那裏大肆暴行，我們與蒙古人並沒有永世不解之仇，為什么一定要使他不脫中國軍閥的宰制，便遭日本人和白黨的屠殺而不許助他獨立呢？

現在中國一班所謂「愛國家」，他們很仇視日本，又痛恨赤黨，到天天唱撤退外蒙紅軍，交還蒙古，我到底不明白他們還是要把蒙古人民送到日本和白黨口裏去，還是要給中國軍閥爪住。這樣，他鼓吹和我們同病相憐的蒙古人民供豺狼虎豹的犧牲，還為日本軍閥擴張侵略勢力，為我們急欲打倒的軍閥謀地盤。你們不怕蒙古人民和全世界被壓迫民族，誤會這是中國人的卑汙行為嗎？不怕日本帝國主義者，俄國白黨，中國軍閥笑你們為他們幫忙嗎？

總之，日本和他的助手張作霖及俄國白黨圍繞蒙古的東南面，中國軍閥包住他的西南面，蒙古只有三條路好走：第一條是給日本和俄國白黨做殖民地，第二條是給中國軍閥做屠殺場，第三條是讓蒙古人民獨立。蒙古是一塊「不毛」的高原，經濟是最原始的狀況，三面環繞着強盜，要眞正能獨立，便非和新俄羅斯結最密切的關係不可。在蒙古這一方面，最須要與蘇俄聯盟；在俄羅斯那一方面，他是全世界無產階級的祖國，是解放全世界被壓迫民族的大本營，在俄羅斯本國內已解放十幾種被大俄羅斯民族壓迫的小民族，他又贊助土耳其等國的獨立運動，已足夠證明他對於弱小民族的忠誠。他與蒙古結軍事同盟，駐兵庫倫，保衛蒙古的獨立，與蒙古結經濟同盟，借款給蒙古，促進蒙古民衆的經濟生活；前者便是抱世界革命的過激派政府忠實保衛弱小民族，進行解放全世界的應盡義務，後者便是促進經濟落後國的經濟生活，造成全世界經濟平衡的革命計劃。這有什麼大驚小怪的狂吽：說什麼「佔領庫倫」，「經濟侵略蒙古」；還受外交系和軍閥的愚弄，居然把紅軍駐紮庫倫與日軍駐紮庫頁島相比例，指經濟合作爲侵略勾當。同時却把駐紮北京城內的外國兵，和北京政府天天進行賣國借款，促成經濟侵略等事實拋在腦後。還有一層日本和英美帝國主義者，外交系和軍閥，蒙古王公和中國奸商所宣傳的蒙古消息都是信不得的，我們用不着替皇帝式的活佛悲哀，也用不着替蒙古王公和中國奸商抱不平。只有一個問題，中國人是應該卽刻決定的：還是讓蒙古爲日本，俄國白黨或中國軍閥的殖民地呢；還是讚美和羨慕簇新的獨立蒙共古和國，稱許新俄羅斯的義勇行爲。而實際與蒙古人民建立親密的關係呢？

本報啓事

（一）本報總發行所自遷移北京後門內景山東街中老胡同一號後，因該處手續尙欠完備，以致外來函件，多不能收到，又親往定報購報者，該處亦無以應付，殊爲抱歉，現本報另定發行通訊處兩處；（一）上海老西門肇浜路蘭發里三號（二）北京大學第一院收發課轉羅璈階以後凡外來函件文稿均請寄交兩通訊處，一切接洽事件，該兩通訊處亦爲代辦。此啓

（二）本報第一第二第三第四各期，久已賣完了；第五第六兩期也一出卽盡，供不應求。疊承各處函催補寄，特從第一期起，一齊校正再版，不日就可出來，特此預告。

（三）本報爲便利工人及學生起見，凡經工人團體和學生團體之介紹，直接向本報定閱全年或半年者，概照定價七折。

（四）凡工人團體，學生團體，各地公衆書館，閱報室及一切政治團體要看本報者，望將地址開來，本報按期送閱一份。

（五）本報歡迎代派，代派章程，函索卽寄。本報歡迎轉載，但請載明轉錄字樣。

The Guide Weekly.

嚮導週報

第九期

（中華郵務管理局特准掛號認爲新聞紙類）

一九二二年十一月八日

定價

零售每份銅元四枚
郵寄三分全年大洋
一元三角半年大洋
七角郵費在內

每星期三出版

發行通訊處
上海老西門華浜路閣發里三號
北京大學第一院收發課轉羅致階

分售處

上海亞東圖書館
上海民智書局
上海公民書局
上海泰東書局
北京大學出版部
廣州昌興馬路廿八號
武昌時中書局
太原晉華書社
長沙文化書社
濟南齊魯書社
南京樂天書館
成都華洋書報流通處
杭州古今書圖店

時事短評

資本主義世界的休戰紀念

田誠

本年十一月十一日是世界大戰休戰的第四次紀念日，是四年前屠殺好幾千萬人的一個告結收的日子。在歐洲的這一天，英法系的資本家必定興高采烈慶祝他們殺人殺得多，率本國千數萬勞動者和德國的拚着屠殺，畢竟把德國殺敗了，這多麼可慶祝呢！在中國的歐美人，這天也一定會酗酒放肆，誇耀他本國政府屠殺的功蹟。這個日子卽刻就要到了，也令我們想起歷史上空前屠殺事業的始末，和英德兩系資產階級政客們怎樣哄騙全世界人民去上屠殺場。

彼時英國系的政客們不是說這是爲人道正義自由的戰爭，是終止戰爭的最後戰爭嗎？但是那次戰爭終止之後，世界上戰爭終止了沒有？接着不是又發現俄波戰爭，希土連年戰爭，西伯利亞戰爭等等。停戰四年，幾乎沒有一年沒有戰爭，最近近東幾乎引起第二次世界大戰；日美戰爭的聲浪雖暫時停頓，英法戰爭的風聲又布滿歐洲。停戰後，全世界人類得到自由沒有，弱小民族能自決麼？我們只看見亞洲和非洲加重了壓迫，中國雖然參加了那可恥的戰爭，壓迫又不是一樣的加重了麼？戰爭的結果，還把萬萬數德奧人民，淪爲被壓迫民族。莫說自由正義，全世界更現出了恐怖色彩。

我們—全世界的勞動羣衆和被壓迫民族—從此可以明瞭資本主義社會存在一天帝國主義的戰爭是永遠不會終止的，被壓迫民族和勞動羣衆是永遠得不到自由和正義的。只有一個世界革命才能終止世界上所有的戰爭，只有一個世界革命才能解放全人類。我們相信在不久的時期中，世界革命是會實現的。

法西斯蒂與意大利資產階級專政

和森

最近意大利法西斯蒂(Fascists)的政變，在資本主義世界的政治狀况中，現出一種特別兇惡的變形。這樣的變形，乃是由於意大利混亂無力的資本主義國家政治經濟之特別情形造出來的。

法西斯蒂運動是隨一九一四年世界大戰產生的。當時意大利農人階級反對加入戰爭，資產階級直接爲經濟的發展間接爲握得全國政權計，主張加入戰爭，因此農人階級與資產階級之間便發生劇烈的衝突。加以法蘭西資產階級拚命的運動，於是墨索里尼(Mussolini)這個強盜就開始他的參戰運動，農人的志願便爲資產階級屈伏了。

但新意大利資本主義雖然成了一種確定的勢力，但他的勢力還不足握住全國政權。由大戰的破壞，意大利資本主義和他的國家機關愈益紊亂無力，而工人階級便成爲形勢的主人。資產階級處在這樣危殆情形之下，就把法西斯蒂變成爲破壞工人運動的流血招慕隊伍。他的口號是：『以任何代價恢復國家的威權』。

現在一切政權都歸法西斯蒂了，意大利資產階級專政的目的達到了。全世界資產階級的報紙都忻悅的登載一些意大利工人階級屈伏，共產黨社會黨退出國會的消息。但法西斯蒂這次的成功，並不是完全由於自身的力量，只是由於工人階級不一致。所以我們根據事實來推測，這次政變的結果，反會促成意大利工人階級間的聯合戰線，意大利的社會革命，快要到催生的時候了。

土耳其與國際帝國主義

和森

（一）英國帝國主義維持君士坦丁政府的理由　君士坦丁政府是土耳其封建帝政遺傳的老巢穴，是毫無能力抵抗外國侵略而且成爲國際帝國主義侵略的機械，這是人人知道的。新近安戈拉政府對外勝利的結果，君士坦丁政府遂完全處於被驅除的地位。但這是英國帝國主義不肯甘心的一樁事，所以他便老實不客的出來反對。據路透社｜國際帝國主義傳播消息的主要機關之一｜本月五日電說：『前政府雖無權力，然協約國賴以施行其管轄權之機關，今以輕躁國民黨人代之，是不利於協約國方面之行事』（見本月七日上海各報）。這就是英國帝國主義維持君士坦丁政府的理由，也就是協約國維持其他被壓迫民族的腐敗政府之口供！

路透社六日的電報又說：『英國高等委員因土皇之請，今日入宮相見，英兵自昨日起，助守皇宮』。這眞是英國帝國主義圖窮匕見，醜態畢露的時候呀！

（二）美國帝國主義還要以門戶開放政策加於土耳其　美國帝國主義從前因爲他是『大器晚成』，讓世界到處變成爲英法日的殖民地；現在呢，爲資本主義發展上的需要所迫，便只有用國際共管（這威是爾遜發起國際聯盟的動機）和門戶開放的政策爲均沾利益的方法。這種方法由華盛頓會議的結果，在中國已是成了功；至於在近東呢，因凡爾賽會議魯易喬治太尖刻了，僅僅讓他去代管沒大出息的亞爾梅尼，所以他便賭氣不加入國際聯盟，因而對於近東一無所得，只是暗中幫助法國的近東政策，與英國帝國主義搗亂子。

現在洛桑會議要開會了，美政府決議派觀察員赴會。報載美大使答復邀美參與會議之請求並述美國之意見爲：（一）保護慈善宗教教育機關，（二）商業完全自由；（三）保護少數民族，（四）制定海峽自由，（五）確認門戶開放政策。這就是美國帝國主義對於方在復蘇的土耳其民族的善意！

（三）英法對土政策之諒解　強盜們在未完全決裂之前，他們相互間必有無數次妥協諒解的勾當，這是毫不足怪的。這次英國保守黨領袖波拉勞蹶起把魯易喬治推翻；就是反對魯易喬治的近東政策而求英法一致來宰制土耳其的。這樣的一致，乃是全英帝國主義的機關報，在安戈拉政府所提出的『敵人』要求中，發生樂觀的惟一定心丸！

所以除了蘇維埃俄羅斯爲能始終友助土耳其外，法美帝國主義只有如此如此。

（四）安戈拉政府對於協約國帝國主義提出的條件　本月六日路透電發布安戈拉國民議會交給伊斯美將軍在洛桑會議向協約國提出的條件爲：（一）土耳其疆界應與國民公約相符，（二）希臘償付賠款，（三）

取銷治外法權等優待條約，(四)改定伊拉克邊界，(五)土國在財政上政治上經濟上之完全獨立。又說：安戈拉政府發第二牒致協約國高等委員，聲稱各國軍艦如欲駛過海峽，必須呈請核准。且入口岸時，必須向政府致敬。又謂國民議會規定駛入土國口岸之軍艦，每次僅許有一艘，且須先得正式之許可。又一牒文要求鐵路由國家收回。

不知我們中國人看了以上的條件作何感想？！

吳佩孚和陳炯明

孫鐸

從前是孫中山的好友而現在變爲他的叛徒的，從前是『民治主義者』和『社會主義者』而現在變爲專制武人和英國資本家的走卒之陳炯明，因爲他個人的野心和他這一年來的態度，把他的臉孔丟盡了。他自己知道太下不去了總想設法挽救。他曾和某一位『民治主義者』要好，這位『民治主義者』便是湖南的督軍，便是那謀害殺兩位長沙做勞動運動的青年學生來介紹他的有名省憲給湖南人民的那位先生。但是這位湖南督軍對於廣東的叛賊並不能有十分的帮助，於是他又想利用唐紹儀，爲的是使唐紹儀帮助他拾起丟掉的臉孔。但是被唐紹儀拒絕了。

現在他又派代表到洛陽去了。如果他能夠和吳佩孚結成一種關係，他至少又可延長他被廣東人民報仇而必須逃走的日期。倘若吳佩孚保護他，他定能暫時維持他個人的專政。

北京有位英國記者吉百特—他完全是一個反動派—替陳炯明的報計畫吹噓，他想做這兩位軍閥間的牽線者，因此十一日六日在字林西報上說明陳炯明的聯治政策和吳佩孚的集權政策並不是真實的，兩方只要得到機會，都極容易放棄他們的主張。

說到陳炯明那一面，他描寫得很對。但是在他方面，就不能決定一個好名的吳佩孚會和一個叛賊攜手。吳佩孚不會這樣把他的手染穢罷？或者英國的贊許也不能撮合他倆罷？

國家主義者要注意罷工運動

田誠

在這一週之內，唐山有三萬五千的礦工罷工，上海有一萬三千的紡織工和煙草工罷工。礦工因爲忍不住英國資本家可怕的虐待，只得罷工，罷工後，外國資本家勾通中國軍警官吏，一齊壓迫：鎗殺一大羣工人；禁閉千數工人，十幾日不准出礦井一步；用大隊保安隊壓迫數千礦工進礦井，還要『立即鎗斃』他們！上海紡織工和煙草工是和日英的資本家做奴隸，外國資本家勾通中國官吏，封閉中國苦同胞的工會，中國軍閥出告示，要嚴拿罷工的苦同胞，以軍法從事！這兩樁事實都表現同一樣的意義：(一)外國資本家在中國境內肆行剝奪中國貧民；(二)中國軍閥和警吏不過是外國資本家的劊子手，這樣的事情很值得全國人民的注意，尤其是一班國家主義者要注意，因爲這是外國掠奪者侵略中國的現象，也是奴隸中國人民的寫真。

我們能夠永遠看着外國資本家在中國境內虐待中國貧民麼？決不，我們要建設在政治上經濟上完全獨立的中國。我們永遠能夠看着我們苦同胞的工會被封閉，被軍閥蹂躪嗎？決不，我們要得到完全的自由。因爲我們要得到獨立與自由，不能看着那些苦同胞受外國資本家和本國軍閥的壓迫，一定要出來做一種實際的援助。而且這兩樁事實都是證明勞動羣衆的覺醒，並證明他們的勢力，漸漸變成反外國帝國主義反軍閥和爭獨立與自由的勢力。外國報紙誣說：這些罷工僅是少數人煽動的結果，這不過是想移開國家主義者的目光的宣傳。所以我們爲爭獨立和自由起見，也要扶助他們。真正的國家主義者，如果能了解這些真實的意義，應該出來號召廣大的援助，應該出來組織『保障罷工委員會』，保護那些帶國家主義色彩的罷工。大家快來募集一些經濟援助那些餓着奮鬥的苦同胞罷！

國會對於宰制中國的九國協約取何態度？

振宇

近日『專制憲法』的國會，竟把日本強姦中國的二十一條議決宣布無效，這總算是一件差強人意的事；並聞華盛頓會議宰制中國的九國協約，也由北京政府提到國會來了，然則國會對於這種『吸血同盟』通過呢，否決呢？

從前日本帝國主義單獨來強姦中國，惹起全國劇烈的長期的反抗；現在帝國主義協同英日法各國帝國主義用門戶開放國際共管的網羅來宰制中國，於英美日法四國協約之外，更設九國協約的騙局，使中國自己入甕，全國人民却被他眼花意迷，入了醉鄉，這眞是中國民族的大恥辱呵！我們要問胆敢撤廢二十一條的議員先生們，對於這個九國協約取何態度呢？

眞不愧好人奮鬥

田誠

王寵惠等曾發表一篇好人奮鬥的政治主張，但是等到上台以後，除了進行實國借款，幫軍閥忙軍餉，替軍閥下任免官吏以外，連一個治安警察條例都不能取銷。過了這二三個月丟臉的生活，當然沒有臉孔見人。所以河南議員爲河南省長問題去見他的時候，便一溜煙的逃跑了。這樣一樁事，就叫做『好人奮鬥』！

慶祝海參威工人

國濤

我們－蘇維埃俄羅斯的摯友們－在今天慶祝俄羅斯革命五週紀念的時候，使我們對於海參威的工人們發生特別的感想！因爲海參威是新近由日人和白黨手裏奪回來的，海參威的工人們是新近才得到自由的。所以我們特別慶賀海參威的工人們。

從種種消息看來，我們知道你們現在是再高興沒有的了，知道你們天天在那裏開種種很愉快的會，怎樣慶祝紅軍－你們的弟兄們－爲社會革命的忠勇行爲，怎樣要求莫斯科給你們以蘇維埃。這些消息給我們一個很深印象。

你們和我們都是住在同一個遠東地方，在兩星期以前；你們和我們是一樣的遭外國侵略者和本國反動派的蹂躪；也和我們一樣沒有自由。可是現在情形大改變了，你們用你們自己的努力得着完全的自由了；你們的弟兄，住在同一遠東的弟兄－中國的勞苦羣衆－的受壓迫反更日甚一日。我們知道我們也須和受你們一樣的困難，和你們一樣的努力，才能獲得自由。當我們正在準備爭鬥的時候，看見你們的模樣，你想我們當如何的羨慕你們，慶祝你們。

現在你們當要進行組織你們自己的工人政府了，公開的組織你們的工會和俱樂部了，進行組織你們的新社會了。我們中國工人準備學習這些新課程。從這裏到歐洲太遠了，我們不容易從歐洲的弟兄們學到見識，但是到你們那裏更近，容易從你們那裏學來。

你們從事建設的新海參威將要變成遠東的明星了－我們希望遠東明星的光芒會布滿全遠東呀！

國民運動革命軍和革命宣傳

孫鐸

中國國民運動中，最堪注意的一種現狀，就是缺少由一個政黨主持一種有規則的，有計畫的，有組織的宣傳。滿清末年，智識階級中曾有排滿的宣傳；滿清－那『外國人』的政府－被推翻後，這種宣傳就失掉了效力和作用，雖然因而達到政體變更，民國成立，但決不能說革命的國家主義者已得到完全勝利。中國素來妄自尊大，閉關自守，以中國爲天下，這或者是使中國的民族觀念不大發展的緣故。那些頑固派，帝制派，國粹派，思慕舊時滿洲－『外國人』－的眞命天子，埋怨一班青年學生只知抄襲與中國人民心理無關的西洋種族觀念和民族主義。其實近代歐洲國家和民族界限也不是歷來就有的，是從工業革命和階級分離以及階級爭鬥進程中發展出來的。在另一方面，即使國民運動領袖中最急進的分子，都不免有一種錯誤的見解，就是他們現在還認為中國革命是純粹中國的事情，可由中國自己解決，與外國毫無關係。他們堅持他們的意見，以為完成振興中國的計畫，外國的干涉是可以避免的。

雖然近十年來的歷史，早已證明那些時而和合時而口角的列強用他們的勢力爪住中國，為的是要得到最大的利權；雖然在中國內政上，外國勢力也站在優越的地位；雖然中國革命至今無好結果的惟一原因，是因為外力阻撓真正自由和獨立的中國之建設；但是舊的觀念仍是盛行，總以為只要用一種政策阻止外國的干涉，中國人民自己的國民革命終必大奏凱旋。

這種觀念已屢次證明是錯誤：袁世凱得到外國借款撲滅南方革命黨是一次；現在國賊陳炯明得着香港英國朋友物質的援助打走國民黨又是一次；或者英國報紙現在正出全力使陳炯明和吳佩孚聯合，藉此阻止孫中山與吳佩孚結合，因為孫吳結合，對於搶掠中國的外國搶掠者是危險的，又要是一次了。

現今國人生活中，無處不看見外國的勢力。真誠的國民運動者如何能忽略這重要的事實—就是中國是外國帝國主義被害者。此而忽略，真令人不解。外國勢力隨處都可以發現，數不勝數：為外國資本家的利益，剝削中國的財源和勞力，日益增加；供給中央和各省的軍閥，以便實現他們的侵略政策，造成中國為附庸國；教會布滿全國，宣傳不遺餘力，藉以吸收一班青年，使不加入國民解放運動，反而供外力利用。而且外國的勢力非特在北京東交民巷和各埠租界內見着，實已佈滿全國各處。

我們可以說，從滿清推翻以後，中經袁世凱時代迄至這專制魔王死後，從來沒有一種鮮明的國家主義宣傳。我們並不是說國民運動的首領發了節。我們很曉得，國家主義的情感也常常發現，如巴黎和會聲中的五四運動。但是我們也曉得這些運動消沉得太快，於中國人民沒有多大影響。

國民運動領袖人物的觀念上，必有許多錯誤。他們歷來單偏重於軍事活動一方面，或者是一個大錯誤。他們的方法祇是要獲得一塊地盤，樹立他們的勢力，再練一支革命軍來實行他們的計劃。跟着中國革命鼻祖孫中山的真實的國民運動者們，確實祇見着革命的活動就是組織軍隊，再沒有別的方法了。

在中國現狀之下，我們也知道革命團體的軍事活動，的確是很重要的。但是我們不能不看得更真切，就是一個軍隊要真能擔當革命的任務，除非是個真正的革命軍。用一種武力來革命，但只是軍官們相互合作的革命，實在算不得一種真正的革命勢力，這是由事實證明過好些次的。廣州革命政府被推倒，在我們的意見，與其只能佔領一二省組織一個「自治式」的政府，那就不如不組織革命政府了；因為拿軍隊來說，從前粵軍算是組織得很好的軍隊，陳炯明（他不但是國民黨的叛徒，還是國民運動的叛徒）一反叛，粵軍全體便都變成反革命軍了。這種的例真是太多，用不着多舉。為什麼一個軍隊不能算革命軍？很簡單的理由，就是一些野心的軍官，為了自己的利益，儘可以暫時依附革命旗下，但藉此達到了個人目的以後，還會管革命事業嗎？

國民革命的發展，軍事行動非常重要，這個意見我們是很贊成的。但是我們却極堅信：一個強有力的國家主義的宣傳普及全國，比天天與軍事領袖周旋結合，更為重要。我們要到處公開的宣傳，倘若有些地方，外人買通軍閥出來禁止宣傳，便可進行秘密的宣傳。倘若在兵士中和羣衆中，沒有真正的革命宣傳，革命軍是永遠不能有的。聽說吳佩孚還在他的兵士中做了一些宣傳工夫。他的兵整隊遊行的時候，高倡愛國歌；這件事算是不錯，因爲中國軍隊必要爲國家獨立而戰；能否爲國而戰，便看有沒有愛國精神。兵士要沒有國家觀念，決不能爲中華民族解放的目的供犧牲。

我們要建立一個革命軍，便必須要在城市的勞動羣衆中宣傳，便必須要在中等以上的青年學生中宣傳；社會上其他階級，雖然在此時的自強運動中，算是次要分子，也必須要宣傳。因爲一個革命軍決不可在人民中沒有根基。我們知道很清楚，社會中還是只有少數可以變成我們的同情者和幫助者，和我們一塊來向外國的壓迫宣戰。但是雖然是少數，却是非常重要，只有國民運動的領袖能夠了解，緊迫宣傳的結果，可以組織一個布滿全國而有紀律的國民黨。要點就在這裏！我們要問問：倘若沒有一個黨，就是最能幹的國民運動的領袖，能夠做出什麼事業？他們只是時常依靠別的有力分子對他的感情爲轉移；那些有力分子昨天還是他的好朋友，今天能夠反臉，明天或成仇敵。現在我們很有機會從俄國革命得到一些教訓，我們一定要得那些教訓呀。俄國現在不是有一個很堅強的軍隊嗎？俄國不是靠這個軍隊抵禦全世界的敵人嗎？堅強的紅軍能夠組織成功，便因爲有眞正革命精神，那些紅軍便是由一個強有力的宣傳—多年的秘密和很艱難的宣傳覺醒的。他們都約束在一個有力的黨之下，正在一方跑進軍隊裏去，一方依舊還在成千成萬目不識丁的農人中間宣傳。所以紅軍是一個眞正革命的軍隊，無論何時，都能爲保護社會革命的紅旗而死。

在現在國民運動中，還須要什麼？還須要一個國家主義革命派的全國大會—由老國民黨召集。會議須要討論：目前政治問題，中國與列強各國的關係，黨的組織系統，黨的宣傳等問題，並且要有確當的議決。我們看來，這樣一個大會，比獲得福建奪回廣東，還更要緊。這樣一個全國大會和軍事行動，差不多是有同樣的意義。因爲在一個黨之大會中，一定可以獲得新爭鬥的法門，可以聚集所有優秀分子而促之參加奮鬥，並且乘那些侵略我國的列強，正在彼此衝突極烈的時期，一致的努力而達到勝利。土耳其這個例，便是告訴我們時機成熟了呀！

勢力範圍的政策（在中國）與助長內亂政策相輔而行（摘自日本紀錄一九，十，一九二二）

第三國際與遠東民族問題

（這是薩法洛夫在遠東民族大會的演說）

薩發洛夫

同志們，全世界的資本制度是再沒有比現在更飄搖的了。

一九一四年到一九一八年的這場帝國主義大戰，凡作壁上觀的或只略爲參加的都收了漁翁之利。這番大戰，一方面固然毀壞了歐洲一大部分，把歐洲資本制度的根基都搖撼，一方面在美國和日本，却因爲歐戰的緣故，工業上大大的得了發展。查一查日美對外貿易統計表，就可以知道。大戰期內，日美資本主義工業莫不突飛猛進，沒有人不相信他們確實能享用勝利的果實，而確實是帝國主義大戰中的勝利者。可是慢慢的，危機來了。一九二〇年三月，日本的全工業界就起了恐慌。對外貿易突然低落，重要的銀行，破產的無數。這恐慌是從日本的繅絲工業中起首的，立刻蔓延到北美洲的合衆國。於是資本主義最興盛，原料最豐富，生產力最強大的美國，第一回看見他自己擁了六百萬失業的大軍隊。據最近的報告，美國的經濟情形仍是一點也沒有進步。

帝國主義戰爭既把歐洲資本主義經濟的基礎掘空了，所以日美帝國主義不得不連帶着下水。全世界資本主義的經濟業已失掉平衡。一方面是無限制的生產，而一方面，因爲歐洲頹敗，有多少市塲可以給美國銷售貨品。如是資[四]本制度的基礎算是狹小得多了。第三國際第二次大會曾議決一個關於民族和殖民地問題的特別決議案，這決議案清清楚楚的說，歐美帝國主義政策不但摧殘全勞動階級就是農村小資產階級也會遭蹂躪的，而且資本主義必定也要維持刼掠的殖民政策，設法征服未經發展的大陸，爭奪新殖民地。

[五]既然帝國主義的大戰和戰後的資本主義危機先後把資本主義生產的基礎弄小，殖民地問題就不得不變成帝國主義的世界政策之最重要的問題，遠東諸民族既然足供帝國主義競爭和搶奪，自然衆目睽睽，都注視到遠東來了，爲的要利用遠東貯藏豐富的天產和低廉的勞動重建他們在政治上經濟上的帝國主義的威權了。資本主義這樣的危機，是從來沒有過的，資本家這樣貪得無度亟亟搶掠也算無以復加了。

第三國際第二次大會的決議案，直捷了當的說，資產階級德謨克拉西的一切民族形式平等的口號，所謂各國民族不問是工業先進國或工業後進國或獨立國，殖民地，一律平等的觀念，簡直是一種誑語，第三國際的決議很指摘這些誑語，揭破那用僞德謨克拉西語調遮蓋的詭謀。

本會遠東各國代表報告他們國內狀況的時候，和討論季諾維夫同志的報告的時候，各位同志已經很深刻的把資產階級德謨克拉西的所謂一切民族平等的口號，是個什麼東西，描寫得明白極了。各位同志已經說得很清楚，民族平等在資產階級社會中，是怎麼一回事。在資產階級的統治下面，任資本主義的統治下面，决不會有民族間的平等，因爲強大的資產階級國家常常想去臣服被壓迫的民族，就是強大國家的資本家常常想掠奪工業後進國，以後進國的廉價勞力，略取後進國的天然富源。而尤其要緊，不可不在本會中格外提及的，更要促起大家注意的一樁事實：就是去把結全世界資產階級和把結帝國主義強國的法門，並不是救助被壓迫民族和半殖民地的道路。諸位中間有好多人，一年或十八個月以前，曾信賴巴黎和會，盼望這班帝國主義強盜中的一派或那派去幫助他們的，現在都到我們這里來了，他們現在已經覺悟向這般強有力者呼籲求助的無用了。我們要知道，凡壓迫他民族的民族，自身也决不能得到自由；希望一個資本家或地主的政府能夠把像日光，麵包，空氣一樣重要的自由，給與被壓迫民族，那是沒有的事體。

同志們，國際共產黨素來與資產階級的政客們處在對抗的地位，也與歐美資產階級列強處在對抗的地位，現在向被壓迫的民族宣言說：只有你們自己能解放你們。但是你們要得解放，就非和國際無產階級並肩前進不可。國際無產階級正在爭奪他自己的社會自由，他澈底明白，要打破全地球上資本主義的圈套，要在全地球上建立起無產階級專政的政府，現在的力量還不夠辦到，非把人類中最後進的一層人，最不覺悟的無產階級，最後的人類生力軍，都喚醒過來，加入這爭自由的大門爭不可。世界的帝國主義已經把日本，中國，高麗，蒙古，滿洲的運命和利害連鎖在一起了，要是不與國際無產階級連絡着來共同作戰，這些國家沒有那一個能夠獨力得到自由和獨立的民族發展。要明白這一層，我們須先把這些國家中的現狀審察一番。

遠東各國，大多數是工業後進國，在資本主義發展的路上不過才走最初步。還頂着外國的壓力在外族戰勝國禳策之下走着資本主義路途上的初步。這些國家中間的大半是農業現狀，是小作農私有制度。忽然外面闖進來了一些海盜，到他們國裏去，要剝削他們。那些後進國裏又有一種習慣，經過多少世紀的傳襲，已把所有勞苦人們的手脚都縛住了，又把他們一切自由和獨立發展的機會都阻抑了，簡直不能發出一種自覺的勢力。工業先進的資本主義使利用中國，高麗，和其他遠東各國的中世紀式封建制度去剝削他們的天然富源，多量勞力和原料，以爲肥潤他們自巳的用處。把遠東被壓迫民族的社會和經濟發展的步趨弄個明白，是個個共產主義者，個個革命家，個個誠實的德謨克拉西派的責任。

第一：中國本國的資產階級不過在歐洲資本和本國市場中間做一個媒介物。中國商人是一種買辦，歐洲資本家靠他們在本國人中間，在無知無識的農民中間去經營商業，去幫着破壞維持幾百兆人民到現在的本國工業。外國的資本，像一種太上制度，威壓在無數後進人民和後進勞働羣衆之上。來參加討論的中國南方代表，曾告訴我們，中國的國外資本怎樣逐漸地括盡勞働羣衆根本的生存之源。那位代表曾給我們各種工業的詳細報告，並且說明他們被外資摧殘到了何等地步。外資捉住了一個工業後進國並在那里鞏固他的威權後，一種分工就出來了，貴族的歐洲人的工作和後進的本國勞働羣衆的工作，簡直有天壤之別。中國人將永遠成爲牢縛在土地上的農奴，他把最後的所有物送給村上的盤剝者，由這盤剝者再把他的血汗送給外國資本家。本地的手藝人必須丟棄他的手藝，他那原始的器具要和歐美大市場中的製造家競爭是不行的，因爲這是資本主義社會的法則。這些手藝人，這些破產的農民，於是失掉他們經濟上的根本，只得過一種窮苦無告的生活，成爲一種半無產階級，成爲一種在歐洲帝國主義宰制之下不能改良他們的貧苦人們。

歐洲資本，把重要的海港，重要的內地交通，重要的政治中心都握在手裏，他的權力巳經遍處皆是。要證明這種資產階級的宰制，我們是不妨舉出那些在中國根據于所謂治外法權而演成的種種割讓來做例子。外國帝國主義把可攫取的都攫取去了，一切政治上經濟上機要的權利都被他們攫取去了。外國資本巳經把受壓迫羣衆的運命操在手裏了，要強迫他們照了他自己的意思去工作。資本主義在外國是盡了一個極大的促成革命的作用，他把散漫的羣衆聚到工廠裏，教他們盡力操作，把他們組織起來，把革命的精神染給他們，然後教他們爲自巳的利益作戰起來；但是在被壓迫的民族則不然，資本主義並不開發後進國的工業，不過處處注目在把他們永遠監在這種不開發的境地而盡量吮吸他們的原料。在歐洲，資本主義曾把農民變成無產階級，但是在殖民地，他奪去了他們的生計，使他不得做有用的工，只得流爲盜寇，靠刼掠所得去奉贍他的身家。在高麗，在中國，這種情形是實在而且普遍的。從這裏面，正可完全暴露出歐美國際資本主義的自私心呵。他們的目的，不是在發展未開發國的工業，反而是在用種種方法阻礙這些國家的工業的發展，喪失大羣衆的生命膏血，使他們刼掠利益永遠繼續。所以當這些國中資產階級民治主義革命黨的代表希望在巴黎和會和其他同性質的會議中得到帮助的時候，他們是沒有一次不遭過厭惡，藐視，並對于他們利益的完全不了解的。他們的所以不被了解，因爲組織這些會議的代表，正是從一個只知道侵略這些國的階級中選出來的。中國現在的情形就是這樣：幾個政系維持了一個封建的無政府局面，這情形是從一九一一年起直繼續到今日的。中國封建制度取一種軍閥官僚組織的形式，這種組織，統治一種家長式的小農經濟制度。他們常常內訌，外國的資本主義就故意挑撥，鼓勵這些國內戰爭，好把中國弄得四分五裂而在戰爭中及戰爭後取得利益。

日本政府的對華政策是一種不知羞恥的強盜政策。要曉得這種公開的武力政策，很可以把帝國主義大戰開釁以前日本『黑龍』黨內一個黑白愛國團所發出的公文爲例證。日本有名的帝國主義政策領袖們在這公文裏不要臉的公開說着：『我們必須立刻設法使中國的革命黨，帝制派和無論那種的不滿的分子發生擾亂，擾亂起來，就可以推翻袁氏政府』。

（未完）

The Guide Weekly.

週報 第十期

中華郵務局特准掛號認為新聞紙類

一九二二年十一月十五日

定價

零售每份銅元四枚 郵費三分 全年大洋一元三角 半年大洋七角 郵費在內

分售處

上海亞東圖書館
上海民智書局
上海公民書局
上海泰東書局
北京大學出版部
武昌時中書局
太原晉華書社
長沙文化書社
濟南齊魯書社
南京樂天書館
成都華洋書報流通處
杭州古今圖書店

每星期三出版

發行通訊處 上海老西門肇民路振業里三號 北京大學第一院收發課轉羅敬隆

時事短評

外國資本家對孫中山的勸告

孫鐸

字林西報是英國人在中國辦的外國報紙中，最頑固沒有的，新近發表一篇文章，稱述京津泰晤士報評論唐山罷工；說這次重要的罷工也像上海許多小罷工，各處的鐵路罷工，上海香港海員罷工一樣，都是由「紅色煽動者」煽惑而成。男女工人，無論在中外資本的工廠裏作工，並沒有什麼可告苦的地方。他們全靠廠主對他們的好意，方有維持生活之可能。他們並沒有受剝削。他們的工作時間並不長，他們的工資亦很多。所以很容易看到這些罷工是外面的人，專門煽動的人所弄成的，這些人專門鼓動快樂的工人們反抗他們的主人。

當外國報紙宣傳外國資本家投資中國的時候，他們又常常說，中國實是資本家的天堂。沒有那一個國裏能尋得這樣便宜的勞動力。而且中國勞工沒有什麼要求，生活程度又極低；並且那些大城市中，有成千成萬的窮苦男女和小孩們等候中外廠主們賞賜恩惠給他們。罷工都是勉強造成的。勞動階級只要能發賣他們的勞力，去替新主人—資本主義下的產物—服務，終是快樂的。

京津泰晤士報告訴他的讀者說許多專門製造罷工者，現在正在開灤煤礦忙着，又要到上海—這個近代工業中心—去開始活動。他又說這些罷工多有從散佈全國的共產黨和社會黨得着金錢援助，「捐金的大半據說是從上海來的，我們相信在這捐金簿上一定可以尋着孫中山和少數外國的煽動者的名姓」。

這個似乎是字林西報記者勸告孫中山的一個理由。他居然懇求孫中山說：如果你與紅色煽動者沒有關係，應該設法「一網打盡」他們的機關，這就是代表英國勢力和利益的報紙勸告中國國民運動領袖的用意，這就是代表上海和揚子江流域一帶的外國資本家希望老革命領袖援助他們去撲滅中國勞働階級中正萌芽的新精神。這到有趣！字林西報以為孫中山的爲人和陳炯明一樣，須替在中國的外國資本家和中國資本家當奴隸；須在受剝削的勞動羣衆中宣傳反對罷工—這真是笑話。英國資本家正用金錢幫助民黨叛賊，維持那廣東王的專政，字林西報且特別鼓吹吳佩孚和陳炯明聯合，處處謀害孫中山；而同時同一個報紙却又想愚弄孫中山，居然請他出來促成受剝削者和剝削者間的和平與妥協。

英國人給孫中山這樣的勸告，自然是白說的。因爲無論那個都知道孫中山是一位忠誠的革命家，曾盡他所有的能力和智識謀達到中國的自由和改造。無論那個都知道國民運動的領袖從不會反對勞動階級的新運動，因自爲這種運動一定能以極大的幫助給與國民運動。不但如此，或者孫中山還會在他的黨內造成一種對於奮鬪的勞動羣衆表同情的精神，或者國民黨中間的智識份子還會用全力幫着勞動階級。因爲這種有力的羣衆對於國民運動的幫助，比較勾結幾個軍閥首領的幫助要更大得多呢。

外國資本家的宣傳員眞聰明

田誠

近來外國報紙，如英國字林西報等，竭盡氣力宣傳，說蘇維埃俄羅斯把蒙古佔爲己有，無異強盜舉動。好像他們很愛中國似的，眞是好笑極了。

但是他本國把中國兩個最重要的海口——一個是香港，一個是上海——佔據了，他到一聲不響。外國兵駐紮中國京城，外國軍艦深入中國腹地，也隻字不提。現在到出來提醒中國人的愛國思想，反對外蒙駐兵，中國眞多承他們的照顧。但是我們不知道英國到底有沒有強盜行爲？

字林西報做這種宣傳，用意自然是離間中國人民和俄國人民的感情，但是同時這個把掌也打在自己臉上。就是字林西報的記者還更聰明些，恐怕也離間不了中俄人民的親密關係，還增加中國人民對於英國佔據香港和壟斷揚子江等強盜行爲的憤恨心呢。

國人對於蘇俄的同情

和森

十一月七日，北京幾千學生工人與市民熱烈的舉行蘇俄革命五週紀念，高呼：打倒國際資本帝國主義在中國的壓迫，中俄聯盟萬歲，無條件承認蘇維埃俄羅斯。因此惹起東交民巷太上政府的特別注意，不到幾日，北京城裏就布滿了搜索過激黨的風聲。

同日在上列同樣呼聲之下，山西人民開了一個國民大會，紀念蘇俄革命，通過無條件承認蘇俄，主張中國被壓迫民族與蘇俄聯合，以擺脫國際帝國主義的羈勒；同時湖北湖南市民和學生也有同樣的大集會，湖南的雖被趙恆惕解散了，但人民對於蘇俄的同情却因此更加濃厚。至於公共殖民地的上海，雖然偵探巡捕嚴密逡巡，然而十一月七日的破曉，『承認蘇維埃俄羅斯』的革命五週紀念帖子，竟貼遍了全街市的門壁。此外更有全體留日學生於十一月七日前，即通電全國，無條件承認蘇維埃俄羅斯。由此可見中國人民對於蘇維埃俄羅斯具何等的同情了。以中國人民對於十一月七日之熱烈和對於十一月十一日——資本帝國主義的休戰紀念日兼宰割中國的華盛頓會議紀念日——之冷淡比較，顯然可見中國民族的覺悟和擇別了。

這種對於蘇維埃俄羅斯的同情，極其重要。不但促進兩民族的感情和利益，而且與中國的解放有重大關係，因爲我們要從世界帝國主義手中解放出來，便非與蘇俄聯盟不可。換句話說，中國人民能否得到自由和獨立就看中國人民能否與蘇俄建立親密關係。我們希望這種同情不僅僅在十一月七日表示一回就完了，我們希望這種同情能夠永遠存在和日見擴大，因而得到實際的結果。

趙恆惕與湖南省自治

和森

現在有兩個不可爲訓的民主革命的叛徒，一個是陳炯明，一個是趙恆惕。陳炯明業已逆跡照彰，人人唾棄，什麼也號召不起來了；但是陰險奸詐的趙恆惕反玩弄幾千萬湖南人於掌上，正在那兒唱『聯省自治的模範省』之把戲。這齣把戲初打開台就把勞動運動中的青年領袖殺得血肉橫飛，甚麼『省憲』，除保障『總座』個人的地位外，其餘一切都是不發生效力的。

趙恆惕現在武人政治上所盡的作用是什麼？就是做陳炯明與吳

佩孚之間的橋梁。幾千萬湖南人民被他罩在這個幌子之下，一切買賣當然是任憑「總座」去做的。陳炯明謀「聯治」首先要去找這個湖南的「總座」，吳佩孚謀「聯防」也首先要去找這個湖南的「總座」；這個「總座」的地位，確實也是要靠陳吳才得保持，所以陳吳的支配力可直接達於湖南。這就是湖南省「自治」！

省憲不規定一些人民集會結社言論出版的自由嗎？但是十一月七—湖南市民對於蘇俄革命五週紀念之熱烈的集會被趙恆惕令弦警解散。

省憲不規定客軍過境要先得省議會之認可嗎？但沈鴻英在趙吳（佩孚）默契之下，已大騷大擾的掠過湘南一帶去了。

雙十日長沙城內的市民，曾經小孩子一樣，向「省長」請求按照省憲施給一些自由，那天這位趙「總座」却爲「民選的」省長幾字動了心，假仁假義對市民代表說了一些，市民代表「滿意而出」。可是這種「滿意」不到一個月就變成軍警壓迫之下的憤怒了！要爭得集會結社言論出版等自由，才能做到眞正的自治。「自治」下面得不到一點自由，不要忘記是一種不好意思的恥辱。湖南人民要從趙恆惕這個軍閥的僞自治中洗刷出來，便應猛烈的起來爭自由呵！

一個希望趙恆惕「提倡勞工」的工會！

振宇

有個甚麼安徽駐滬勞工總會，因湖南勞工會恢復的事，送一個作揖打拱的電報給慘殺勞工領袖的趙恆惕，上面說了一些「我公改造社會早具卓見」的肉麻話，下面便接着說「爾後自當順應潮流，提倡勞工，此次工會恢復，尚祈時加獎飾」（見十日民國日報）。以趙恆惕這樣慘殺勞工的軍閥，這樣摧殘勞動運動的軍閥，竟有希望他「提倡勞工……時加獎飾」的工會，我們忍不住要說：這是工人階級的大恥辱呵！

嚮導週報與珠江評論

國燾

大家都知道嚮導週報是中國一派革命的社會黨人創辦的，是爭自由，獨立，和平的武器，是打倒軍閥和外國帝國主義的急先鋒；這週報難免國賊陳炯明的蹂躪，早就在我們預料之中，現在他果然實行收沒和查禁嚮導了。但是同時廣州有幾個所謂社會主義者所辦的珠江評論（在廣州出版）居然還能存在，這不是證明珠江評論的態度出了社會主義的範圍麽？這個評論獨能繼續存在不是廣州社會主義者的羞恥麽？就只這件事實即足以證明嚮導是眞正社會黨人的機關報。廣東的工人，青年，社會主義者應該從速覺悟，要即刻向陳炯明下攻擊，跟着嚮導所指示的道路前進。

唐山學生援助罷工之模範

振宇

近旬唐山四萬多罷工的苦同胞，被外國資本家與軍閥的壓迫和殘殺，這樣一樁被壓迫民族的大事體，外國資本主義在中國的機關報—如京津泰晤士報字林西報等—總想揑造一些「紅色煽動者」的謠言，來麻木中國人的感覺。所以近在咫尺的唐山學生對於罷工同胞之態度怎樣，乃爲中國人民是否還有民族感情和義憤的試金石。

據今日消息，唐山路礦大學學生三百餘名，爲援助罷工於十三日在街市巡遊，募集罷工基金。這樣的消息不但在勞動運動史上爲重要，在民族運動史上尤爲重要，而且是中國智識階級到了眞正覺悟的路上之明證。全國壓在國際帝國主義下的智識階級和學生們，都要學唐山路礦大學學生的模範呵！

國民黨應否復建革命政府

國燾

和森同志在本報第八期上發表一篇『福建人民當助革命軍復建革命政府』，他主張重新建立一個革命政府，擔負中國的民主革命；他的主張雖然是爲革命，雖然出自一種很好的觀念；但是在革命策略上看來，不免是一種錯誤的主張。他曾拿南方革命政府比爲土耳其安戈拉政府，但是他忘記了這兩個革命政府中間的重要分別。土耳其國民黨的安戈拉政府是與君士坦丁土皇政府對峙的，君士坦丁政府是在外國強盜們挾持之下，而供他們的利用，安戈拉政府是爲土耳其人民的自由和獨立而奮鬥的。安戈拉政府成立只兩年光景，現在居然得着了勝利，把土耳其人民從英國帝國主義者的兇爪底下解放出來。我們看見土耳其革命政府的勝利，自然非常欣悅，非常羨慕；因此也希望中國國民黨的南方革命政府能做到安戈拉政府一樣的偉蹟。但是事實告訴我們：安戈拉政府能夠成功，因爲安戈拉是靠近俄羅斯的領土，是外國帝國主義勢力達不到的地方。在安戈拉那裏，基瑪爾派可以自由宣傳國家主義的思想，聚集各種反帝國主義的勢力，組織他們的人民和革命軍。不但不受外國帝國主義者們的威壓，反能得到蘇維埃俄羅斯友誼的誠實的幫助。這便是基瑪爾派成功的一個重要原因。但是廣東和福建的形勢就不同，廣州最靠近香港，英國侵略者握住廣東的咽喉，把持廣東的經濟命派，英國海軍幾個小時內便可佔據廣州；福建被日本的勢力包圍着，和廣東的形勢毫無兩樣。在這樣英日勢力威壓之下，如何能夠組織一個自由活動的革命政府，完成他爲自由和獨立而革命的任務呢？

我們再拿歷史上的事實來說罷，國民黨曾在廣州組織過兩次政府，第一次被陸榮廷派的軍閥趕走了，第二次被叛徒陳炯明打散了，這兩次不但沒有完成爲自由和獨立的革命，反遭顯著的失敗。是什麼緣故呢？一、遭那些與國民黨合作的軍閥之破壞，二、國民黨旗下的有力軍官之背叛，三、外國勢力屢次的壓迫。國民黨革命政府雖成立兩次，但同時不能得到有組織的民衆勢力做後援，所以一方與一派軍閥或有力軍官妥協；聯絡他們的感情，謀同床異夢的合作，一方極怕咄咄逼人的外國勢力，總想對他們做相當的讓步，消除他們的阻礙力，得到他們的贊助。這樣的革命，何能維持一個革命政府！結果事實告訴我們，這革命政府的命根先後都被他們撲滅了。這種與有力軍官和外國勢力妥協的政策，或則完全放棄革命主張，與他們完全妥協，但是這是誠實的國民黨領袖做不到的；要是不能完全與他們妥協，爲他們做奴隸，從前既因這樣推翻革命政府，將來他們又會讓他安然存在麼？現在形勢並沒有改變，如果又復建革命政府，不是再走上這條循環的舊道路去了麼？

現在我們設想許崇智等的軍隊能完全佔領福建、打回廣東，恢復革命政府，這個革命政府又怎樣做法呢？第一個簡單的問題，便是那個能夠擔保所謂革命軍裏面，不會發生第二個陳炯明呢？國民黨已經遭遇着有力武人的幾次寶弄，現在還去用全力和他做形式的合作麼？外國帝國主義者屢次陷害革命的事業，現在還向他們乞憐麼？即使和有力的軍官合作，向外力乞憐，組織了一個政府，不會再被他們推翻麼？我們不願意光榮的國民黨永遠與有力軍官玩把戲，我們不願意他再受狡滑的外國侵略者的愚弄，因爲這是徒傷革命精神而毫無益處的。

因爲歷來國民黨僅僅做軍事行動，只圖佔領一二省組織一個所謂革命政府，第一個結果，便是使人民與國民黨隔離，第二個結果，便把全中國的革命變成南方局部的革命，第三個結果，造成只是消極的否認對方勢力的政策。孫中山和跟着他革命的國民黨領袖們，的確於中國的改造上面盡了許多的力量，由他們幾十年努力的結果，才有今天的中華民國，但是民衆完全把他們忘記了，在雙十節那一天，全國各處的慶祝大會中間，簡直沒有一個人提及孫中山的功蹟。這便證明國民黨與羣衆早隔離了。因爲國民黨沒有在羣衆中間宣傳，所以羣衆才不記得他們呢！因爲國民黨只在南方「革命」，羣衆—特別是北方的羣衆—便認爲是南北之爭，完全不覺得是爲全國人民利益之戰爭，還使地域的觀念侵入革命領域之內。假使國民黨的領袖也把爲自由和獨立的革命，認爲反抗北方駐防軍的革命，這眞是革命的損失呀！國民黨因爲曾在廣州組織過合法政府，當然認北京政府爲非法政府；但是因爲北京政府是非法政府，所以他的一切動作，國民黨都不去理會。這樣做法，等於停止了一部分最重要的政治工作，我們不可僅僅不承認非法政府的動作，並須起來做嚴厲的反抗。這種消極否認的政策，便多半是由於只圖佔領一二省組織合法政府的觀念造成的。

所以我以爲國民黨再不必在廣東或福建組織不穩固的革命政府，而且一定要改更他們的方針，才能完成他們的革命任務。雖然現在國民黨還沒有從新組織革命政府的表示，但是把全副精力注射福建，也是失策的。他們—因爲他們是爲全體國民奮鬥—必定要分一部分力量幫助正在爲爭集會結社自由而罷工的一萬三千個浦東紡織和煙草工人，和正在反抗英國資本家，而被壓迫的四萬個唐山工人。這些工人們正在與軍閥和洋主人爭鬥，出來保衛他們，正是民族主義和民權主義給國民黨的責任。國民革命的領袖眞不宜長久坐在租界內做亡命客，把這些任務拋在腦後呀！這樣一件保衛受摧殘的人民的事業，比去組織一個有名無實不久即倒的革命政府，實在還更重要。因爲一個革命的政黨要眞能爲人民的利益奮鬥，才能得到人民的充分同情，如是他們的革命才有基礎。倘若國民革命沒有人民的同情做基礎，是絕不會成功的。我們不是說，軍事行動可以不要進行，打倒叛賊陳炯明的行動可以放棄，但是我們在羣衆中間做工作，是第一個重要。如果要組織革命政府，便要是眞正革命政府，便要是一個不受軍官特殊勢力和外國勢力威嚇的革命政府。這樣一個政府現在既然不能組織成功，只有由一個全國國民黨大會促着全體黨員向羣衆中去，是惟一的完成革命的新道路。

「新俄羅斯」

孫鐸

「新俄羅斯」週刊第一期已於十一月四號出版。這個週刊專門介紹俄國內部情形，俄國與資本主義列強的關係，遠東各重要問題和俄國與殖民地或半殖民地國民運動的結合。眞不愧「內容豐富，消息確實」凡注意政治，參與國民解放運動的智識階級必定很歡迎這個週刊，而且，這週刊定能滿他們的意。全世界資本家的報紙沒有一個不用卑鄙齷齪的手段，攻擊革命的俄羅斯；許多中國報紙，除少數外，也跟着一樣的攻擊俄羅斯。雖然有些對於蘇俄表同情的，知道蘇俄曾經贊助安戈拉國民黨政府再造土耳其，也知道他會幫助中國反對列強；但是各報紙的議論仍然是從外國報紙上盲目抄襲下來，不分皂白，隨便在報上登出。這個新週刊出版後，可以使一些謠言不攻自破。

「新俄羅斯」用英文出版，發行處在上海靜安寺路三十七號，每期售洋二角，半年五元。並優待各種讀書會，學校，圖書館，青年團體等。一班新思想的人們和革新團體，很可以定一份看看。第一期第二期要目如下：

第一期：蘇俄五週紀念；俄國革命和遠東；歐洲恐慌和蘇俄；杜洛次基論世界政治；俄國的經濟狀況；盧布的穩固；俄亞聯合公司和蘇維埃的協約；俄國智識階級的生活

第二期：煤油的爭奪；新俄羅斯和新土耳其；高加索和蘇俄；大連會議和長春會議，俄國和西歐的經濟關係；明年飢荒區域內的豐收；俄國的新勞働立法。

我們希望嚮導週報的讀者諸君，替「新俄羅斯」週刊廣爲介紹。這個週刊已引起人家的注意，上海的外國報紙如字林西報已開始爲猛烈之攻擊，這或者也是我們須要認識這週刊的一個理由。

第三國際與遠東民族問題

（續前）

（這是薩發洛夫在遠東民族大會的演說）

薩發洛夫

『同時，我們必須在中國人民的上級人物中間，選出一個最有勢力的人來，幫助他平定內亂，建立一個新政府。要做這件事，我們非用自己的軍隊不可，假如我們的軍隊能對中國人民的生命財產秋毫無犯，那麼要他們承認一個願與日本聯盟的政府是不難的事。』

『要挑撥內亂，現在正是一個機會。現在我們缺少的只有經費。但是日本政府假如肯利用這機會撥出一筆款來，那麼暴動立刻就會起來的。以後，我們底政策就可以進行，就很容易達到目的 。可是歐洲風雲日緊，開釁在即，要做須趕緊做了，因為這種機會真是所謂千載一時，坐失了是不會再來的。』

『在研究中國政府的現在形式，我們必須考慮共和式政府適合於中國人民的需求到什麼程度。從民國成立到現在，我們只聽見處處的失望怨恨這共和的政治。就連那些起初贊成共和的，現在也承認他們自己錯誤了。所以將來假使維持這種現在的政府，中日親善的目的是難於達到的。其理由如下：自從民國成立以來，一切共和的根本原則，一切道德，一切社會目的都和君主立憲的根本原則和目的相衝突。一切法律一切行政都是不同的性質。所以如果日本利用現在的機會，中國勢必改組他的國家組織，模仿日本的樣式，只有這樣，遠東問題才能達到完滿的解決。假如這樣，那麼平定了中國內亂之後，不但建立了一個新中國政府並且在亞東大陸上建立起一個大陸帝國來，而且這帝國是處處和日本的現行制度相合的。日本對華政策，是求中日兩國的永久結合，果能達到以上所說，豈不是一舉兩得的事麼？』(D r Neue Orient. Vol. V. No. 7/8.Pages 234-235.) 這些人，說話倒是很老實的。他們底侵略政策還不肯實地經營，或者不如說，還不會大規模的布置起來，已經把心裏的話說出來了，於是把日本政府和日本帝國主義的計畫披露出來了：怎麼去引起擾亂，怎麼去阻止一個有規則的經濟發展的一切可能性，並且怎樣去取得這受壓迫國家裏的天然富源。以後出來的事，便是這計畫的直接結果了。他庇護中國民族中的渣滓—強盜分子—和督軍，使他們延長內亂，造成民國的破壞。國民黨的代表有一句話是把中國北方一九一七年忽興忽滅的那個北京政府描寫得很好的。他說：『這些人，什麼事也不做，只曉得坐坐汽車，借借外債。他們的第一件事，是賣國，一點一點的賣給外國強盜；他們的第二件事，是每天，每小時，每分鐘，他把自己賣給外國強盜』。

自然用不着說，擾亂中國的軍閥強盜後面，有外國資本家像走棋一般地在那裏把他們搬弄，日本帝國主義用我上面所引的那樣老實那樣不要臉的公文表出他自己的意思，也是不足怪的。日本帝國主義的利益驅使着他們做出來。由日本到中國的輸入，一九〇八年是五十二兆(一兆等於一百萬)兩，一九一七年增到二百二十一兆兩。一九〇六年，由日本輸到中國的貨價等于全輸出最百分之十四，到一九一七年，增加到百分之四十二，差不多增了三倍。一九一七年以後，日本對華輸出更是增加不已的。這是趁着其他各國的強盜顧不到的時機，趕快在滿洲，在中國北部，建立日本的勢力範圍，也無非是日本的帝國主義有許多爛貨銷不掉，要來趁趁機會。歐戰興起，日本本想牽着中國加入戰爭(?)過一刻，說是嫌中國貧弱，便老實不客氣代中國來担任那個高貴的使命，說是為保護中國的利益，對德宣戰，實在不過是一種帝國主義侵掠的外交詭計能了；便是這詭計的證實。占據山東，外國資本主義侵入工業後進國一如中國，便造成慘酷的勞動狀況，在工廠裏面，在各種工業裏面，本土工人的待遇，慘酷到極點。譬如一九二〇年在兩個雇用六千工人的最大鐵路工廠裏面，有百分之三的工人死於肺癆症，礦工之死于肺癆症的達到百分之九。看了這樣的事，人總要以為日本資本主義和其他的同類既然在工業後進國中造起了這樣不人道的勞動狀況，那麼對於他們本國的勞動者總要待遇好些了。豈知不然：在日本，每一千婦人中每年有二百六十六件肺結核案，和二百十七件其他的結核菌病案發生。在絲織工業中，每千人中有三十四件肺結核和四十七件其他結核菌病案；在紡織工業中，肺結核者有二百二十；其他結核有二百八十。在繅絲工業中，肺結核有一百十四，其他結核也有一百十四。可見那些從中國勞動羣衆中括去的血汗並不是拿去潤益日本的農民和勞動者的，全歸到日本資本家和地主手裏去了，他們是打刼別國肥潤他們自己的，而且從這肥潤之中使他們更能用更野蠻的手段去剝削他們自己的工人和農人的。現在，日本的工人和中國的工人中間，死亡率漸漸增加到可驚的程度了。看到這樣，我們又要想起馬克思描寫初期資本主義聚斂時代所引述的話了。

現在生原料這樣缺乏，全世界都喘息在窮乏下面，尤其是金屬工業方面一無所有，自然怪不得英美法日的資本主義都要看着中國眼紅起來。我把全世界存煤總數念給你們聽聽：美洲的合衆國，存煤有3,838千兆噸；坎拿大有1,234千兆噸；中國有996；德國有423；英國本部有189千兆噸。可見數國之中，若專拿煤講，美國是最富。同時，你從表上可以看出，一個中國所藏的煤比全歐洲還富兩倍。英國做了幾十年供給歐洲工業的煤礦，德國因為產煤富，能在工業場上突飛猛進，但是這兩個所共有的煤却不過的中國一半。而中國呢，產煤事業剛在開始，而用的又是原始的方法。一九〇〇年，產煤額止達五百萬噸，一九一七年才有二千萬噸。中國工業，只是現在才開始建設。

一九一三年，採一點西法的工廠和作場，數目比有一千九百十三個；雇用的勞動者，只有630,962名。在21,713件企業之中，有347個是裝着機器的，其中298個用的是蒸汽機；此外用電力牽托的有二百四十一個，用各種其他發動機的事業有二百十二個。男的勞動者數目是478 000，女的勞動者數目是212,000。到一九一三年末了，然可以說是經營實業的，有三百六十五個了；投資總數是69,857,000圓，1,857,0,00圓的後備費在外。據最近的統計，中國的工廠和作場企業可以分作以下幾支：

農具廠	六、〇三〇家	雇用工人	三四、七四五
紡織業	四、六五二：	…………	二四九、三二四
食物業	六、一七五：	…………	一八一、七三九
紙及印刷業	二、一三四：	…………	六四、三五二
金屬業	一五八：	…………	四、〇四九

（Der Neue Orien, Vol, 11No2. Pugelo）

這些工廠中間，凡屬本國人開的，用的大概是手藝人。凡屬大規模的工業都在外國資本家手裏。假如我們由經濟的觀察點來觀察中國，我們不得不說他。在工藝的發展場上，前途有無限的希望。世界上沒有一個別的國有這樣的天然富源，世界上沒有一個別的國像中國一樣人口繁密；更沒有一個別的國家像中國那樣慘酷的被掠奪，除非除開印度。美國和英國的資本主義，對於搶掠中國的資產原料是一樣的關心；可是對於發達中國的實業都是一樣的沒有關心。例如，華盛頓會議和會議中成立的四國同盟，不但是我們共產黨人，就那是中國資產階級派出來的代表和資產階級民治派，也不能在那一方面有半點希望。中國的工業和中國的資本主義是不能靠外國的資本主義和美英日的資本主義的扶助來發展的，因為這件事不是這些強國的利益所在，因為這正是和他們的殖民地政策及資本主義的利益相反的。

我們現在還是來打算打算那些在中國勞動羣衆前面的事能。放在他們前面的第一件事便是免去外國人的束縛。凡是中國的政客，若有和無論那一個帝國主義攜手的形相暴露時，不但共產黨人有嚴加攻擊他們的責任，個個有良心的中國民主主義者都有這個責任。同志季諾維俟夫說得不錯，中國政治家中現在有不少親美派。他還有一句話也說得不錯的，就是中國的資產階級也沒有想靠英美日資本主義的幫助躋到列強位置的心思。因爲尤其是美國資本主義，他的利益所在只是把中國利用作一個勞動蓄積地和原料取汲場，所以這種希望是成立不起來的。中國現在的第一件要事就是舉行一個有力量的爭鬥去推翻那些在國內支持着封建式無政府狀態的勢力。一切中國的民主主義者必須聯合爲中華聯邦共和國作戰，而且他們決不可以只在上級社會—就是所謂智識階級—中活動爲滿足，他們必須直入羣衆中間去，任一個能減低生活費的民主主義政府的標語下鼓吹，活動。無論那一個攬營謀利者都是想搶刧中國的農民，中國農民是被外國資本家，日本官吏，中國督軍和地方上放債人搶掠剝削。現在第一件要事就是去喚醒這一班羣衆，他們是中國人民的主要成分，他們是中國的柱子，若不喚醒這班農民羣衆，民族的解放是無望的。假如不喚醒農民羣衆，告告訴他替代這些毀壞國家的並爲未來中國人民掘着墳墓的苛政重稅而設立一種一律的稅則並且設立被人民選出和爲平民負責任的政府，單是幾個勞動小團體和資產階級民主主義急進分子是成不得什麼事的。假如不這樣決不能希望什麼結果。中國的農民漸漸也在歐洲人所有的耕植地上受歐洲人的剝奪，在本國地主的田地上的，是受地主的剝奪，他們利用他們的土地所有權，來剝奪農民佃戶。我們必須提出土地國有和取消外國租借地的租稅等呼聲。這不但是共產黨的呼聲，凡勞殼想勞這處大羣衆做一點事喚起他們來革命的民主主義者都應該主張的。資產階級民主主義者應該知道不由這種呼聲博得大羣衆的同情，要革命，推倒外國人的統治是永遠不成功的。在這一件事上，是不該有疑問的，是必須充分了解的。現在中國勞動羣衆和羣衆中進步分

The Guide Weekly.

分售處
上海亞東圖書館
上海民智書局
上海公民書局
北京大學出版部
武昌時中書局
太原晉華書社
長沙文化書社
濟南齊魯書社
南京樂天書館
成都華洋書報流通處
杭州古今圖書店

週報 第十一期

定價
零售每份銅元四枚
郵費三分全年大洋
一元三角半年大洋
七角郵費在內

中華郵務管理局特准掛號認為新聞紙類
一九二二年十一月廿二日

每星期三出版　發行通訊處　上海老西門華民路閘發里三號　北京大學第一院收發課轉羅敬齋

時事短評

紅軍在海參威勝利後的遠東時局

和森

新近歷史上發生兩件最重大的事變：一是土耳其民族的復興，一是紅軍在海參威的勝利。這兩件事情恰好是在近東和遠東遙遙相對，把兩個最受國際帝國主義侵略的中心發了一種新形勢。這種新形勢，不是一國一民族的慶幸，乃是全世界的工人階級和被壓迫民族的慶幸。

許多年來，國際帝國主義從各方面侵入中國，用武力將他們的商品和資本輸進中國，用武力打破中國政治的和經濟的獨立。

許多年來，國際帝國主義用武力將中國人民屈伏於半奴隸地位，割據中國一切重要通商口岸和軍港，駐紮外國軍隊於中國首都，中國沿海和內江布滿了他們監視和威壓的軍艦。

許多年來，國際帝國主義用武力迫使中國勞動民衆為他們增殖財富，他們捏住中國一切經濟生命，協定中國關稅，使中國永遠處於貧困和奴隸的地位而不能自振。

遠東殖民政策和帝國主義的歷史，就是中國人民經濟上奴服的歷史，也就是中國政治獨立破壞的歷史，也就中國勞苦羣衆流血，受苦和精神上奇恥大辱的歷史。

因為中國有殷富的天產和衆多的廉價勞力，所以國際帝國主義不但把中國弄成為公共殖民地而且把中國弄成為競爭最烈的戰場。以前爆發的日俄戰爭，和今後必不可免的日美戰爭，就是國際帝國主義所造成的遠東形勢。中國，朝鮮，蒙古幾萬萬被壓迫民族和日本幾千萬工人農人都同着處在這種可怕的形勢底下供他們不時的犧牲。

現在我們且來審查紅軍在海參威勝利後遠東時局會[illegible]樣的變化：第一，歷史的事實告訴我們，援助土耳其民族復興的社會主義勞農俄羅斯，現在與我們更接近一步了；他在遠東所站的重要地位，全世界的帝國主義國家沒有那一個能推翻他或侮視他的了；第二，遠東一切被壓迫民族和勞動階級，若能一致與蘇維埃俄羅斯聯合，定能打消或抵抗日美英法最近之將來所造成的帝國主義第二次大屠殺。

所以這樣與近東變化同時而起的遠東時局，到是使國際帝國主義者笑也不好哭也不好。

和森

美國機關報所說的中俄時局

最近密勒評論登載一篇論中俄時局的文章，頗可注意。他首先說：自日本撤兵，西比利亞重歸蘇俄管理後，對俄涉交之開始，不能復緩。美國處於孤立地位，對於締約，不妨自擇其時機，中國則否。中俄邊界相接，延長三千英里，關係至爲密切，無論中國是否贊成布爾雪維克主義，勢不能再延緩恢復對俄國交之談判。蓋中國今日已爲時勢所迫，必須起而自保其利益與土地。但對俄交涉，中國顯處於不利地位，因俄國已經統一，中國則尚在分裂時期中。

我們由這些話可看出幾點：第一，美國帝國主義者知道在現在情勢下反對中俄交涉是無効的，所以退一步承認中俄締約不能再緩。第二，他要防備中俄爲根本的結合，所以把中國對俄締約說成爲一種勢迫處此而不能自擇時機與所謂『必須自保其利益與土地』的苦事。第三，他藉此爲美國帝王義和新銀行團做借債的宣傳，所以把中國的不統一說成爲與統一的俄國交涉處於不利地位，看他下文『國際銀團爲助中國而設……』的話便知道了。

其實，中國這樣分崩的局面，只有與日美英法各帝國主義的國家交涉才是處於不利地位。至於社會主義的勞農俄國，他與全世界的勞動階級和被壓迫民族同其利害，他的利益就是國際勞動階級和被壓迫民族的利益，反過說，勞動階級和被壓迫民族處於不利地位就是這個世界革命的先驅－勞農俄國－處於不利地位。所以惟有北京政府－就是密勒評論所謂『迄今依美英法三國之政策維持其對俄地位』的政府－常受外國資本帝國主義的支配，不以中國民族利益爲前提而以美英法日政策爲前提，去與蘇俄代表開交涉，才真是中國的不利益呢。

密勒評論承認中俄關係之重要，與中國政府對俄政策之依附美英法各國，及因而中國政府縱容舊黨之三事，都還供得真實。今把他引在下面：

中俄除國境相連三千英里外，尚有許多利益共同之點，西比利亞之一部，賴滿洲米穀之供給，蒙古肉類爲俄人所需，爲時已久，中國北部購用西比利亞木材頗多，俄人所銷之茶，全仰給於中國，中國所用獸皮，多來自俄國。中俄間有條約關係，已數百年，遠在他國之先。俄國革命後，中國與其他聯合國及共同作戰國一致對俄斷絕國交，迄今依美英法三國之政策，維持其對俄地位。俄舊黨曾用中國土地爲根據，反抗蘇維埃政府，中東鐵路之俄國利益」曾繼爲俄舊黨所管

密勒評論又說：

中國前此之延緩對俄談判，蓋如休士國務卿之說，欲待俄國有一可與交涉之政府耳：俄國今日已有一中央政府。

外國帝國主義者的論調如此了，然而受其支配的北京政府和顧維鈞輩，現在還是滿口『紅白兩黨，一無軒輊』的論調，彷彿還不承認俄羅斯有一統一的中央政府－此外，我們還可在他的論文中尋出幾點有趣味的東西：

（一）他以爲趙飛『天然將利用張作霖以抗中國』，並說張作霖有祝賀紅軍佔領海參威而通殷勤的事。這是真的嗎？若是真的，我們到要灌紅鬍子一碗米湯。

（二）以爲中國激『進學生派人』主張恢復對俄國交，將使中俄談判多一糾紛，並承認中國學生界之勢力，足以轉移輿論，『尤以排日運動後爲甚』。這到是外國帝國主義者着急的一樁事。然而這乃是中國民族覺悟的表現。

（三）末了，他把日美嫉妬的貪慾完全暴露，他料日本會與蘇俄妥協而深忌之。他說：『中俄國在遠東勢力復活而造成之新時局，無論如何解決，其中實含有種種之機運復使滿洲一躍爲世界視線之集中點』。日本與蘇俄妥協，確是要使美國資本家不安呵。

「須與美國親善」，

和森

辛博森漏洩的外交文件上面說：「中國須與美國親善，無防以沿海之海軍根據地以及其他利益奉獻美國」。

又說：「英日之締造新約，又予中國以要求俄國援助之機會，此種新約，實有驅中國為波斯阿富汗之勢，因該兩國頗得力於勞農政府之關心」。

美國帝國主義打破英日同盟而締結四國同盟的用心，原來如此！他是最怕中國與俄國結合，最怕驅中國如近東回教民族之「得力於勞農政府」而跑上解放的道路。

四國—美英法日—吸血同盟底下的中國，當然須與美國親善，無防以沿海之海軍根據地以及其他利益奉獻美國！

一些無民族自覺的親美論者，可以醒了罷！

請看外國帝國主義在中國搗些什麼鬼

和森

津派倒閣，報載背後有外交意味，在防止魯案屆期簽字。你看是搗什麼鬼？

現在在北京政府中最擅權的美國帝國主義顧問辛博森將運動打消英日同盟的底稿付與京津太晤士報發表。你看這是搗什麼鬼？

「非俟統一不借款」的新銀行團，現在一面擺出「總算賬」的龍門陣，一面又注意單獨的地方投資(見十八日申報)。史蒂芬從四川跑轉來又申言：「新銀團借款，視担保品確實與否為準，鐵路管理得法，係良好担保，閩事無妨於借款」。你看這是搗什麼鬼？

(津太晤士報，字林西報，密勒評論，以及其他外國帝國主義在中國的機關報，天天為陳(炯明)吳(佩孚)兩軍閥製造携手的空氣；天天想挑剔中國人民對於蘇維埃俄羅斯的惡感；天天製造空氣防止國民黨幫助各處罷工，使他(國民黨)不能與羣衆接觸而縮小國民革命的勢力基礎。你看這是搗什麼鬼？

外國帝國主義者看見中國近來勞動運動的潮流漸漸漲高了，於是他們一面讚美中國的舊行會制度，一面僱用些基督徒到工會中去宣傳他們甚麼『英美國祭』，而且上海泰晤士報的記者，居然寫信給一些招牌工會通款誠。你看這是搗什麼鬼？

蒙古王公與外國資本家的勾結

振宇

申報十八日北京專電：『戚厚（？）推勤代表坎拿大鐵路公司，與蒙古某爵等訂立張家口至庫倫鐵路借款草合同，總額四千萬美金，因張庫路定歸商辦，故蒙爵得依此與推勤接洽，作為中英商人合辦方式。』

蘇俄援助蒙古民族的解放運動，自然要幫助他提高那卑原始的經濟地位，近日一些反動的報紙和通信社發布種種宣傳性質的消息，說蘇俄與蒙古訂立了種種經濟的條約，在我們看來，這到沒什麼奇怪；只有這樣一二蒙古王公與英美資本帝國主義者的勾結，很值得注目。因為前者是蒙古覺醒的民族—由蒙古國民革命黨率領的，參看本報前數期的『蒙古及其解放運動』—與社會主義勞農共和國間志願的結合；而後者乃是一二背叛民族利益的野心王公與貪慾無饜的英美資本帝國主義者的無恥買賣。中國人民應當幫助正在解放的蒙古弟兄實現前者的結合，打消後者的買賣。

英國與威海衛

英國帝國主義所謂自動的退回威海衛，經梁如浩和英委員談判了這麼久，現在英國帝國主義的要求越加顯明了，他最近提出的條件是：(一)中國接收威海衛，應將全境闢作商埠，不得保留其一部分；(二)中國應將威海衛定為特別區域，歸中央直接管轄，行政長官亦由中央任命，不得沿用舊制，劃作山東省轄地，所有地方收入，概留地方支用，不得提撥；(三)威海衛開埠後，應設立市政廳，由中外董事組織之，以英人為董事長，關於地方一切行政，如征收稅捐，勸用公款，建築工程，變更現行章程等，須經董事會通過後，方能執行，凡董事會議決事件，行政長官，並應照准辦理。

這不但是干涉內政，而且要把海參威的主權完全操在英國帝國主義手裏。這到值得驚訝呀！

中國勞動羣衆的覺醒

孫鐸

這一年來我國狀況最可注意的事實就是勞工的大活動。在全國近代產業的中心點，勞動羣衆都起來要求改良那悲慘的勞動狀況，雖然他們沒有團體的組織，雖然外面用嚴格的手段對待他們，但他們還是時常發生大的小的罷工。

今年初廣東海員的有組織的罷工，使無論那個關心於勞動運動發展的人都驚駭不已，他們現在已經有了一個極大的產業組合了。香港英國政府自然是幫助資本家的，曾經禁止該工會在香港活動，想使這次罷工解體。但因此反激起中國愛國份子的同情和幫助。當輪船局在別地招了許多破壞罷工者來的時候，別種產業的工人亦起來援助海員了。那時正是全世界資本家減少工資和弄惡勞動狀況達到成功的時候，而我國海員居然繼續奮鬥達到完全勝利。海員工會啓封之日，香港工人的大示威運動給香港英國政府一個大打擊。自從這次重要的事情發生之後，反抗資本主義掠奪的氣燄立刻散佈全國。不久，中國招商輪船局拒絕增加工資，上海海員便學廣東同伴的榜樣舉行大罷工。後各鐵路的工人亦表示大大的活動。京漢，京綏，粵漢，京奉路工人的罷工均能得到勝利，而尤其是漢口足以證明中國的勞動界已感觸了一種新的精神。這個近代產業的最重要中心地發生了鐵廠工人，兵工廠工人，人力車夫的大罷工。雖然他們的團體還很幼稚，祇在他們罷工中才成立的，但他們都能達到勝利的結果。萍鄉礦工起來要求改善生活狀況亦告成功。在上海方面，牛馬不如的人力車工人，被掠奪最厲害的絲廠女工，紡織工人，煙廠工人都實行罷工，要求增加工資，並反對虐待。最近最重大的大罷工在開灤煤礦爆發，這個罷工眞值得全國人民的注意。北方學生更熱烈的表示他們與罷工者的民族的同情。他們替罷工者募集援助，唐山學生更自行罷課援助礦工。在這樣嚴重的罷工運動中，我們看出英國軍隊，對於罷工的彈壓，一面顯出英國公使領事的『尊重中國主權』，一面使公衆對於罷工的同情心格外比前增高。

現在全國勞動者都創立新團體了，鐵要工人正籌畫各鐵路工會的聯合和統一。萍鄉的礦工已有一個二萬會員的工會。湖北的工人已經在漢口成立一個二萬會員以上的工團聯合會；湖南各工會，亦正在進行工團聯合會的組織。祇有上海方面的工人團體，特別被外國領事反對，罷工的領袖，不是下令通緝，便是判以監禁，他們並且唆使中國官廳高壓工人。有位犯指導罷工嫌疑的青年旣被押往會審公堂判定三個月監禁，三個月滿後又押交中國官廳，不經審判就關在牢裏，至今已有兩個多月了，將來如何尙不可知。上海浦東紡織工會亦被中國官廳所封禁，其結果英美廠工人舉行罷工，反對官廳這種行爲。

我們可以不誇張的說：我國近代產業的工人已經醒了；他們已經不像從前一樣是一個沒有意志的奴隸了。在香港，漢口，上海，唐山發現的同情罷工，援助別種職業的工人反對資本主義，可以證明他們已感觸到階級意識了。勞動者已在中國社會上成爲一種新勢力，在將來一定會站於極重要的地位，不特在掠奪者和被掠奪者之間，而且在政治上將有極大的勢力。我們自然知道中國近代的無產階級還是極幼稚，但是在以上各產業中心，已顯出他的極重要。他們的組織發展起來，集中起來，我們所說的，決不是過份之言。我們知道中國是正受軍閥間不斷戰爭的禍害，在北方一個好的鐵路工人的組織，現在已經很可以阻止野心的軍事行動並幫助那些爲國家統一和自由做工夫的領袖與國民運動了。

在中國的許多外國報紙，希圖造成一種反對方在覺醒的勞動者之輿論，這是很自然的事情。雖然他們明白知道在近世產業發達各國，早已把勞動者集合在戰鬥組織之中，但是他們常常解釋罷工是紅色煽動者的秘密活動，這些紅色煽動者總是在各種罷工運動的背後。並且說成中國的工廠是工人的天堂，僱主只是慈惠的引誘這些男男女女和小孩子到這個天堂裏面去；工會宣布罷工，便是破壞工人們在這天堂裏的快樂生活，唯一的原因就是煽動者搗鬼了。所以他們便說這些壞份子是過激黨的傭工。這些擁護外國資本家掠奪中國勞力和財源的外國新聞記者以爲他們很滑淅，這是過激黨的俄國造成這些亂子的，例如京漢路工人以金錢援助唐山罷工，這不過是坐在北京的俄國代表所做的事體。因爲外國報紙這樣宣傳的結果，收買中國智識階級的青年會，便設法與反叛的勞工聯絡，宣傳狠和羊間的妥協主義，如上海地方便是著例。

在上月中一種新的「密謀」又被外國報紙發現了。非但是紅色煽動者在罷工的後面，並且責國民黨的領袖援助工人（京津泰晤士報載）。在上海的英國有名報紙一方面請中國資產階級脫離這國家主義的黨，說這個黨已與共產黨有密切關係，一方面又勸告孫中山破壞勞動羣衆中的新精神。在他們看來，這個似乎是孫中山恢復他中俄德同盟計畫公佈後的地位之最好方法。字林西報並給中山一個好差使，因爲他承認孫氏在中國勞工中間的勢力，于是便要孫氏做反對罷工的宣傳。孫中山如果做了罷工的破壞者，或可以重得英國的寵愛。但是在我們看來，中國國民黨或者還未見到中國勞動覺醒的重要，並且我們確信國民黨領袖不會有反對中國工人的行動。如果如此，其結果將是國民黨領袖失掉在國家獨立的爭鬥中最有力的份子之信心。

自來國民黨的活動太注全力于軍事組織，把羣衆的教育疏忽了，因爲這種政策國民黨所以沒有好成績。今年十月十日，北京智識階級慶祝革命紀念的大會中，竟把推翻滿清的革命祖宗孫逸仙忘掉沒有提及。在國民運動者方面，如果反對勞動羣衆或忽略勞動羣衆反抗掠奪者的奮鬥，必致產生很壞的結果，革命的國民運動將受極大的阻礙，勞動羣衆將創造他們自己的政治運動，完全與國民黨脫離關係。國民黨領袖確實懂得他們的職務時，他們一定將格外留心並且極表同情于勞動羣衆，這些羣衆將是中國人民爭自由的先鋒。

第三國際與遠東民族問題（續）

薩發洛夫

至於高麗勞働羣衆的問題要比較簡單些。在高麗也和在中國一樣，我們也要扶助一切民族革命的運動，只要他不與帝國主義妥協堅向民族解放的目標進行，我們用不到因爲他們有的是農民組織有的是宗教團體等等而多所顧慮。

我們心裏固然完全明白這個運動是一個資產階級的民主運動，然而我們還要扶助他，像扶助任何求解放的民族運動一樣，因爲他是攻擊帝國主義的，因爲他是和國際無產階級的利益協調的。我們要求高麗的勞働者也準照這方針進行。推翻高麗貴族政治的是日本帝國主義。所以在高麗提倡聯合戰線是對的。但是同時我們須用最堅決的態度表示吐棄一切用妥協或和平手段去希求獲得民族解放的政策。一九一九年的三月革命——高麗人民生命中的一件大事——是一種被蹂躪民衆的反抗，但是無結果的反抗。當高麗人民熱血沸騰，向日本軍隊的機關鎗亦手前進的時候，何嘗不死得轟轟烈烈，然而這樣反抗是不能得到勝利的。個個有良心的民主主義者都必須承認：唯有武裝爭鬥，唯有在全世界無產階級的隊伍中肩並肩前進，世界的勞働者方能戰勝外國的兼併者和壓迫者而得到真真的自由。華盛頓會議以後，靠了法國和美國或其他帝國主義國家的助力，怎樣把高麗從日本帝國主義的壓迫下釋放出來的迷夢，打破得干干淨淨了。今後的高麗，不是亡種，就是在革命的途上救出他自已，此外沒有第三條路了。日本在朝鮮的行爲是只有英國在印度的行爲可以相比的。不信，請看下面從一九一一一九二〇年度支表中摘出來的幾項開支數目。

據日本高麗總督的正式報告如下：

	一九一九年	一九二〇年
高麗前皇室體奉費	一、五〇〇、〇〇〇	一、五〇〇、〇〇〇
日本高麗總督薪金	三、一九二、〇〇〇	七、二〇二、〇〇〇
警察和憲兵費	一九、八三六、〇〇〇	四一、九四〇、〇〇〇
建築牢獄	——————	三六〇、〇〇〇
學校費	七七三、〇〇〇	一、二二八、〇〇〇
公共衛生費	七〇九、〇〇〇	九一二、〇〇〇
駐防高麗日軍費	一七、二五九、〇〇〇	一五、三八三、〇〇〇

可見日本的軍閥，日本的官吏，舞長的時候，他是把進款的大部分作爲鎭壓他們刼掠兼併政策的用途的。高麗現在是已經被日本征服而且受虐待署戮的了；所以爲高麗人民爲中國人民爭得民族解放，乃是日本勞動階級的第一件重要職務。日本勞働階級不可不知道仇敵在自已國內。他是遠東第一個革命勢力，也就應該由他首先向日本帝國主義下大打擊。不然，中國高麗的解放固然是不得解放，而日本帝國主義的政策一天存在，日本勞働階級自已亦終于一天不得解放的。

同志們，我的時間很短，但是我還願意把我們在日本應該做的事務簡短的說一說。

日本是一個資本主義很發達和前程無量的羅大勞働階級的國家。他有二百五十萬的工業勞働者，六百萬不與大工業相連的無產階級，五百萬以上的小作農和半勞働者——這種數目，假使照革命的數學計算起來，是可以致資本主義的命的。日本是採取獨國制發展的。日本的官僚已經驗了資產階級的發展，並且已經把其中富厚些的一部分吸收到他們中間去了；現在元老院和大資本家的連合是最高統治者。日本是一個財閥專制的國家戴着立憲的假面具。其實，大權是握在天皇和舊日的封建貴族手裏的，那些封建貴族，大都與各種企業有連帶關係，他們仍還像往昔一樣，把日本人的命運握在手裏。他們有的和陸軍相連，有的和海軍相連，有的和各種船塢船廠相連。日本地主們貴族們變成爲資產階級的資格自然很充足，甚至人人知道是「神明之胄」的天皇也是一個大旅館的東翁。說也好笑，現在的世界上好像沒有什麼不可能的事了，神明之胄，也居然可以開起建築公司，大碗廠等等來。在這裏，我們目覩了財閥政府和封建勢力的結合。日本的資產階級，在服從精神中，在軍國主義和專制政治的奴隸精神中長大起來，是不能解決民族問題的。日本資產階級的政黨還是在小團體狀況中。有一部是和大地主們連絡的，主要的要算軍國侵略的政黨叫做「政友會」。有一部分，一面帶軍國主義的色彩一面又當然帶些急進派的臭味，這也是專門壓制勞働階級的財閥和小資產階級的政黨。當日本漸漸躋到各大帝國主義的行列中去，自已也變成一個資本主義强國的時候，日本勞動階級也開始在勞動運動的路上走他生平的第一步了。日本最大的工會組織，包容五萬人入的，就是那「友愛會」，友愛會的首領就是那模範的騙子，美國剛伯斯的朋友鈴木。這會成立在一九一一年，鈴木和一班與工商界代表直接有關係的智識階級，在裏面把持一切。還有許多國家社會主義的代表—退職的將軍，往來出沒其間，吹鼓帝國主義專制國之下的勞資協調。但是戰後資本主義下的勞動羣衆不能安生，於是鬧米風潮斗然爆發，罷工波濤層出不窮，才開張把日本勞動者從資產階級智識者的指揮之下解放出來。一九一四年只有五十次罷工，一九二〇年多到一百八十五次；一九一四年，滲入罷工風潮內的平均人數是一百五十八個，一九二〇年增到八百七十八。這是什麼意思呢？這卽是表明勞動階級已經覺醒了，勞働者已變成有自覺的勢力了。日本勞動階級中的大多數是不會曉得什麼叫階級鬥爭的。當罷工蠭起中，統治階級用恐怖手段恐嚇那些到廟裏去禱告神明的勞動者，把他們驅散時，他們口裏喊的還是：勞工萬歲，天皇萬歲。這就表明日本勞動階級還不是站在穩固的基礎上。但是鈴木君却已經失勢，一九二〇年，一個急進的分翼已經組織完成，各工會和這分翼日出席于議會。現在到此地來的許多同志，起初都自稱無政府共產主義者，或自稱工團主義者。後來和我們談過幾回話，並考察了俄羅斯革命中的成效，明悉了國際革命運動的意義的時候，他們恍然大悟，斷定他們自己是無產階級革命中的伙伴，是共產主義者。片山潛同志曾說前此日本自稱無政府共產主義者，現在都把上面『無政府』三字丢去，單稱共產主義者了。這是一個大勝利。實在日本勞動階級中的良好分子對智識階級和他們的政策構成一個確定的態度，無非是一個對于鈴木君介紹到各工會中去的社會調和精神和專制精神的反動。並且這些無政府共產主義者和工團主義者，實在和別人一樣，個個都是好的國際共產黨員。

同志們，在這裏團結的勞動運動中的最有力分子的團體，實與遠東的命運有極大關係。日本無產階級正在成爲一支革命的勢力了。

假如我們看一看統計表，我們就可以知道，日本鄉村藏着充分的燃燒的材料，當民主的和無產階級的社會革命起來的時候，一定可以大有所爲。

據一九一六和一八年的戶口調查，農業人民中，二一九，八五九家或百分之四是有七，八五英畝以上的土地的；一，四四九，三四〇或百分之二十六又五是有四，九〇英畝以上的；三，六九六，一六八或百分之六十九是只有二，四五英畝以下的土地的。大地主中有一二五，六以上英畝的人，止有三，四九五或百分之〇七。差不多百分之七十的農民所有的土地都不到兩英畝，所以他們就不得不常在一種半饑饉的狀態中了，他們眞是命苦。這些佃農和鄉村勞動者當然是我們對壓迫者爭鬥時的天然同盟者。看到他們聯結起來成一個半佃農的獨立組合去爭得租價條件的改良，我們可以相信他們巳起始覺醒了。看了他們的開始與工人階級相結，要求他們帮助的那些事實，我們極可以相信日本的工人階級是要走俄國革命開始時所走過的通路——就是實現勞農協力的革命。他們前程無限，我們現在不得不明白確定地說：雖然勞動階級是那麼幼稚，雖然他的地位是那麼困難，然而解決遠東問題的責任還是在他們身上。日本勞動者中婦人佔有百分之五十，其中百分之二五戰時才加入勞動軍的。這種日本勞動階級的複雜內容，阻礙他們去用他自己的口號——無產級階革命的口號。但在他方面，當革命的先鋒號召日本小資產階級，和半無產階級之間成立一種結合，便因爲這種結合一定能使勞動階級在爭全民政治共同革命爭鬥中站着主要的地位，並且能使他們在無產階級革命中獲得領導的地位。蘇維埃爲革命爭鬥和支配的機關，日本羣衆必須堅決提出這個口號。

自稱無政府共產主義或工團主義的同志們，却有一層疑慮，以爲經過民主主義的爭鬥，恐怕徙陷於安協狀態而張大民主主義的迷夢。但決不是這樣，他們現在巳經說明白了。因爲在日本他們不會遇見眞能利用政治武器去助無產階級鬥爭的共產主義者。

假如現在我們告訴勞動階級說，推翻了天皇，推翻了軍國主義和偽善，這話中並沒有請他們和那些資產階級黨派—不論他們叫做什麼名稱—妥協的意思。也並沒有請勞動階級不要起來做一個獨立的政治上地位的意思。他的意思是說，用示威罷工，和在必須的時候，用武裝暴動，起來推翻日本的財閥和軍閥的統治。他的意思是說，要除去日本帝國主義與資本主義的狼狽爲奸，勞九動者必須掌理一切生產。

日本勞動階級面前的責任是一個國際的責任，這責任所要求于他們的是：他們須担任這爭鬥中的最重要部分。遠東的命運，高麗和中國的命運，都繫着日本勞動運動的覺醒和他的勢力的長成。這個例子須證個個資產階級明白：只有和無產階級運動結合，只有幫助無產階級的運動，才能夠達到被壓迫民族的解放。

所以，遠東勞動階級面前的職務，第一件就是謀各被壓迫國家的解放。凡是民族運動，只要他是向帝國主義壓迫作戰的，我們都要幫助。至于求助於帝國主義者或國際帝國主義外交的一切傾向和國證，我們必須毫無顧恤地迎頭痛擊。重要的職務就是從內部破壞日本帝國主義戰爭的建築。我們相信日本的勞動階級一定能很好的盡他們的職務。我現在要說一說大會關於民族問題殖民地問題的各節，要把他們適於遠東現狀。

我們個個人都明白，只有蘇維埃俄羅斯的遠東化，只有國際共產黨和國際勞動力的遠東化，並且只有這樣的遠東化，然後能救高麗，中國，滿洲，蒙古的被壓迫民衆。只有這樣一種「遠東化」才能夠把他們從帝國主義的壓制之下解放出來。

同志們—我們這會議—我們這些討論的主要結果應該是這樣：一切來參加這會議的人都要徹底明白民族革命與勞動運動間的相互關係。我們並不想把我們的見解勉強那一個承受，我們並不想向那一個強迫實行我們的計畫，我們並不想請那一個未加入時期的人到共產黨裏來，我們並不想施行強迫的蘇維埃政治。不過同時，我們却要說既然我們扶助民族和民主主義的運動，我們應要求你們以忠實的態度對勞動運動，對共產黨，對勞動階級。我們號召對于帝國主義舉行一個毫不客氣的爭鬥。這個會議必須創造和助長東方一切民族的國際的團結。這個會議定要實現一促中日兩國革命的勞工，農民和一切眞心奮鬥的資產階級民主主義分子的聯絡。無產階級的革命黨却不可誤會我們只扶助殖民地上的無產階級運動。這些工業後進國家中沒有多少無產階級，單扶助他們是不能成事的；這不是他們的錯處，却是他們的不幸了。

我們討論的結果自然必須個個人明白，假如無產階級羣衆們在這運動中獨立前進，假如那些被壓迫民族中的無產階級能在民族革命的運動中做領袖，當這樣，民族革命運動的勝利的機會將增加無數。我們討論的結果，必須使每個人明白，日本的無產階級是將來解決遠東問題的主力軍，與日本無產階級，日本的共產黨和日本的無產階級革命黨結成兄弟般的團結，不但對於一個究探勝算的革鬥是不可缺的條件，並且是中國高麗的羣衆擺脫帝國主義的羈軛得到眞實的和最後的解放所不可缺的條件。

遠東勞動者解放萬歲！

遠東勞農聯合于國際共產黨旗幟下面的團結萬歲！

香港通信

陳炯明與嚮導週報

記者：

廣州現在是在軍事戒嚴令統治之下。

本月九號夜間十一時，昌興街新青年社書店忽有鎗柄擊門聲，甚急，店夥意爲係大漢光臨，將在該店演日來廣州市盛行之拿手好戲，披衣倉皇起而應門：迎面入者係武裝警察一名；警察入門後搜索一過，將該店代售的嚮導週報逐期各持一份而去。該店恐危害將臨，不敢再睡，大家默坐以待；果過了一個鐘頭的工夫，又有大批警察馳至，一部嚴守門外，一部入內搜查；翻箱倒篋，弄得全店如被匪瘟；這樣閙了足足有一個時長，似沒有找出什麼重要東西，乃將所有的嚮導週報成一大捆，挾持而去。臨去並回顧店友說：「現在你們不能有自由。小心，不許談政治！」十號一早又去了一大隊武裝警察，係由二區警官率領，將店中所有的社會主義書籍一齊取出，新出版的社會主義討論集亦在內，並將別類的書籍和報章也各搜了一份，吹鼓「聯省自治」之努力週報，亦遭池魚之殃，眞可爲之抱屈。整數翻騰了二個鐘頭，滿載了二大車，呼擁而去。現在新青年書社已被迫停業了。

這原因當然是非常明顯。陳炯明，這個軍閥這幾個月來表示他的本來面目，變成了比張作霖還反動的東西；他打倒了廣東的民治運動，下死力的幫助英國海盜侵略南部中國。嚮導週報是領導中國被壓迫的人民爭到他們的利益的，是要打倒軍閥的；他當然要爲最反動的軍閥—陳炯明所仇視，而且嚮導週報在廣州受壓迫的日子正是他的第八期寄到的那天晚上。陳炯明要壓迫嚮導週報，這是早在我們意料之中的事情；但被壓迫的人民須要認識這不僅是一個報紙受了摧殘，這個壓迫的意義是代表他們最親切的利益受了摧殘。我們應當號呼被壓迫的人民—尤其是廣東有革命精神的勞動羣衆—起來，打倒這個最反動的軍閥！

「，」，一一，一一，一九二二

The Guide Weekly.

（中華郵務管理局特准掛號認爲新聞紙類）

一九二二年十二月六日

定價

零售每份銅元四枚
郵寄三分全年大洋
一元三角半年大洋
七角郵費在內

嚮導

週報

◀第十二期▶

每星期三出版　發行通訊處

上海老西門華浜路閣發里四號
北京大學第一院收發課轉劉伯靑

分售處

上海亞東圖書館
上海民智書局
上海公民書局
北京大學出版部
武昌中華書局
太原晉華書社
長沙文化書社
寧南齊魯書社
南京樂天書館
成都華洋書報流通處
杭州古今圖書店

時事短評

近日政潮的內幕

和森

自羅案爆發，「好人奮鬥」的王內閣隨之而倒。王閣的存在爲時亦已數月，他全部的成績，除爲軍閥天天進行借款外，一個治安警察條例都不敢主張廢除。像這樣一個「好人政府」，他的出現與消滅，被軍閥利用與被軍閥蹧蹋，都值不得我們絲毫的同情。

但是這次政潮的內幕極其複雜，被罩在這齣幻劇底下的人民，實有明瞭之必要。

我們在這次政潮中顯然可以看出的：一是武人政治下，任何改良主義都無實現之可能，「好政府主義」——改良主義之一種，經過這幾月出怪弄醜的試驗，現在已完全破產了；一是武人政治下，和平與安甯之無望，不久保洛戰爭爆發，人民又將受一次大屠殺。以上兩點是很容易看出的，但此外還有更嚴重的兩點：一是曹黎拆孫吳聯合的臺；一是外國帝國主義擬乘此在中國建立一個最反動的武人政府，打破中國一切進步，革新的勢力。

孫吳聯合，外間早有此種傳說，據聞保派府派刺探孫吳間最近曾有幾項具體協定，其中一項關係所謂「最高問題」之孫正吳副說，而爲之居間綜合者即爲王寵惠。所以王閣遂成爲保府間共同仇恨的犧牲品，所謂奧款合同，不過是早已安置好了的導火線（報載此案原爲張英華計劃藉效保曹辦最高問題之用，至此羅文幹用以彈劾所謂『國庫』，故即爆發）。證以民國日報本月二日所載國會議員某君的談話，益足見以上消息之確鑿。某君云：

黎之目的惟在能永久做總統，曹錕勢力雖厚，在黎認爲不足與彼之虛名競爭，彼所懼者仍在中山先生一派。邇來北方政客發造孫吳接近之空氣，以偪黎氏遠吳附曹，今日如此局面，實與此種空氣有關……

保派拆解孫吳聯合之事，原不始於羅案發生之日，前此張紹曾極力主張討伐許崇智，即爲拆解孫吳聯合第一着。素以菩薩著稱的黎元洪，前此倚仗洛吳以抵制保曹實現所謂最高問題，故時常挽留屢欲辭職的好人內閣，一旦情形變更，遂頓然大顯神通，利用吳景濂告發機會以保全自己的地位。

孫吳聯合不但爲保派反動軍閥所切忌，尤其爲宰制中國的外國帝國主義所切忌，因爲這乃是進步勢力的結合，於反抗外國帝國主義的侵略是頂可慮的。國民黨數十年的主張和行動既帶有極端民主主義的精神，而吳佩孚—進步的軍閥—生平常以岳武穆自命，又帶有愛國有反抗强隣的色彩。所以自有孫吳聯合的傳聞以來，外國帝國主義者異常注意破壞這椿事。他們一面計劃如何使吳佩孚與陳炯明聯合；一面以保派督軍齊燮元爲樞紐，計劃如何捧戴曹錕上臺，如何團結一切反動勢力以壓吳佩孚，如何壓迫罷工運動，如何取締新思潮，如何攻打自主的蒙古民族並破壞中俄二民族的解放同盟。所以這次政潮不僅如報載有某有力的外國顧問和日本的鬼計在其後面，而且有英美帝國主義謀在中國建立一個最反動的武人政府的陰謀在其後面。日本政府不借款給洛派政府的提議，竟得貪慾迸發，急要過癮的英美資本家與帝國主義者同意；近日英美法日各公使協同向四面楚歌的吳佩孚下警告；以及前此罷工風潮緊張，北京智識階級對於蘇俄表熱烈同情時候，一面英美機關報製造『紅色煽動者』和蘇俄『侵略』蒙古的空氣，一面保派軍閥高唱征伐蒙古，取締新思想，並且實行壓迫唐山礦工。凡此種種，皆足證實外國帝國主義與反動軍閥勾結的陰謀。

由汪大燮內閣到張紹曾內閣　和森

乘機操縱以圖保全總統地位的黎菩薩，這次既大顯神通，『乾綱獨斷』，組織一個適合自己需要的汪內閣，這個內閣的組成分子，對於洛吳既留保餘地，而且又逆結溜皖軍閥的歡心，調彭允彝與許世英入閣。這樣一來，既藉曹以折吳，又弱曹以自固，菩薩的地位，儼然比前鞏固多了。

可是汪內閣成立不到幾小時，即遭曹錕和議院派無情的反對，充曹錕冬電的口氣，大有殺進北京城，滅此朝食之概。這是王閣倒後，由保洛之爭回復到黎曹之爭的好電影呀！

菩薩與『虎威』既然各顯神通，於是舉足輕重的議院派遂特別顯出他們的重要，菩薩手腕靈敏，再轉一舵，遂徑直提出吳景濂所借重的張紹曾爲繼任總理，咨交國會，希圖藉國會爲後盾，使總統癡急的虎威將軍敢怒而不敢言。

此時黎菩薩既挾幾百羅漢以自保，羅漢們亦故作擁護菩薩以敲那只貪總統而不肯花錢的人的竹槓。但是一旦竹槓敲得了，薩菩的尊位再也沒有人相保了；並且張總理那把拚命奪得的交椅，又將必然的爲外交系顏惠慶所奪。封建殘局之中，看不盡如此熱鬧變化的把戲！

汪內閣的命運雖然短促，黎菩薩的政策雖然失敗，但是隱在這次政潮後面的日本帝國主義和親日派王正廷等的鬼計，完全成功。汪閣的作用自己承認專是爲得魯案簽字，這是的確不錯的！日本帝國主義和王正廷，利用這個千載一時的機會抬出汪內閣，於幾小時之內忙脚忙手的就簽訂了魯約，他們的目的要算完全達到了。

在議員派的竹槓還未敲得，黎菩薩還可與曹虎威暗鬥的時候，也許有張內閣存在的餘地。但是這個時候一過，快進三海的曹錕是用不着他的，因爲這樣的『土脚色』沒有資格可以拿到洋錢，並且又不中洋意。所以在最近的將來，內閣總理這把交椅必定屬於顏惠慶，因爲他是英美帝國主義者合式的洋奴，反動軍閥中用的走狗。

所以我們可以簡單說：現在的汪內閣是爲日本帝國主義與黎元洪的需要出現的，將來的顏內閣是爲英美帝國主義與曹錕的需要出現的。因爲英美帝國主義要顏惠慶而不要張紹曾，所以曹錕必須棄北洋本派的走狗而用外交系爲走狗。即此一點就足證明帝國主義與曹錕的勾結了。

洛桑會議中土耳其民族惟一的帮助者　和森

洛桑會議之中，協約國偏袒希臘和仍圖宰制土耳其的態度又一致的顯明出來了。土耳其代表被包圍於一羣强盜的刼掠空氣之中，其情形早已異常困難；直等到蘇維埃俄羅斯代表團蒞會，他們的態度才得忽變强硬（見路透社十一月三十日洛桑電）但是協約國的强盜們，對於土耳其民族這個惟一强有力的帮助者是很惶恐的，所以正在設法限制蘇俄參與會議的範圍。這個意義，不是協約國敢於排斥蘇維埃俄羅斯，但是想仍然壓抑復興的土耳其民族。由此可見英美法日離間中俄二民族的親善，或明或暗破壞中俄會議的進行，也是基於同一意義之上。

法國因爲榨取德國的賠償要得英國的讓步，所以關於近東問題自然要對於英國讓步以爲交換，故洛桑會議開會以前，雙方帝國主義的強盜們即宜言英法意見完全一致了。然則可望假仁假義的法蘭西帝國主義幫助土耳其民族的解放嗎？

至於美國，他對於土耳其的政策和對於中國的政策沒有兩樣，就是所謂『門戶開放』與『機會均等』。現在他正挾這種政策在洛桑會議中敲英法帝國主義的竹槓，要求均霑英法在近東所得的各種特權；如果不從，他便聲言美土將開單獨訂約之談判，以辦理與近東時局有關之各事（見路透社十一月二十八日華盛頓電）。紐約講壇報宣布美國外交之根本原則爲：『美國對於實際上未被兼併之土地，保留要求公正處理之權』（見同社二十七日紐約電）。這是什麼意義呢？就是說土耳其還未瓜分的土地，美國帝國主義要求有平均瓜分之權。然則可望假仁假義的美國帝國主義幫助土耳其民族的解放嗎？

戰後的美國帝國主義，標着『門戶開放』政策在遠東和近東同時積極進行，華盛頓會議中既拆散了英日同盟而構成協同侵略中國的四國同盟，所以這次在洛桑會議中勢必打破一九二〇年英法瓜分土耳其石油的秘密協定，而構成協同瓜分土耳其石油的美英法三國協定，這乃是洛桑會議中，業已顯明了的形勢。所以美國帝國主義不僅不會幫助土耳其民族，而且是土耳其民族最可怕的新敵人。

此外，洛桑會議中日本帝國主義代表的態度很可注意，侵略家林權助—手遞二十一條給袁世凱的脚色！居然在會議中發出贊成土耳其撤銷治外法權的言論。但他是別有用意的，絕對不是幫助土耳其的，不過借此爲敲得英國對於他某項要求讓許的外交手段，也如他從前在巴黎和會中提出撤廢人種差別案，用以抵制美國的用意差不多。然則可望假仁假義的日本帝國主義幫助土耳其民族的解放嗎？

並且法，美，日本帝國主義的強盜們，無論他們在與英國帝國主義息息相通的利害關係上不能幫助土耳其，而且根本上，一切帝國主義的強國都是要狠心的壓迫土耳其民族解放運動的。所以洛桑會議中土耳其民族惟一的幫助者只有社會主義的勞農俄國。勞農俄國是堅持贊助土耳其民族的獨立與自由，強硬的主張完全恢復土耳其在海峽上之主權的。

法日美資本家都要與蘇俄恢復關係

和森

日本資本家對俄通商的要求已非一日，前此迫成的西比利亞撤兵案和長春會議，就是以資本家這種要求爲背影，可是他們的目的，仍然爲軍閥侵略政策所阻礙。然而資本家利益上的要求是不會因此停止的。近日僑居海參崴的日商，竟公然通電要求政府與蘇俄迅速恢復關係，可見日本資本家的主張，不久就要戰勝軍閥的。

對俄最反動的法蘭西，雖然懷恨『注銷外債』的銀行資本家反對與蘇俄恢復關係，但工商資本家眼紅英德資本家捷足先登，飽得蘇俄肥美的讓與權，所以早就與銀行資本家衝突，運動恢復對俄一切關係。自里昂市長赴俄回國之後，這種運動尤突飛猛進，議院中工商資本家代表和資產階級急進黨，業已在這種政見上組成多數以變更普恩賚這個最反動的強盜之對俄政策，因而釀成最右翼的反動派國民黨提議推翻普恩賚內閣的政潮。由此可見法蘭西工商資本家的要求業已成爲政治上最高的支配力。

復次就是美國資本家對俄恢復正式關係的要求。一九一七年三月俄國革命之後，美國資本家即紛紛派代表赴俄，企圖實現其包攬全俄交通和工業的大計畫。雖因十月革命受一打擊，然自一九二〇年以來，摩根公司卽派代表樊德立普往俄數次，訂結多項合同。此外美國資本家或公司之赴俄與英德人競爭投資者，尤絡驛不絕。只緣哈丁的反動政策與法蘭西同其步驟，所以至今沒有恢復正式關係。但是美國資本家已不能再忍了。政府黨旣因此而分裂。以「承認俄羅斯」爲政綱之唯一的新政黨業己釀成政治上的大勢力，竭力運動反對哈丁爲下任總統。

由此可見承認蘇俄問題，不獨爲外交上的緊要問題，而且成爲資本主義各强國的政治變化之動力，反動政治家如普恩賚與哈丁，也不能逆這種需要與潮流了。

英國旣早己與蘇俄恢復商業關係，日美不久又將相競的去承認蘇維埃俄羅斯，就是法國至少也要學步英國的政策。這樣一來，一切資本主義的强國都非與蘇俄恢復一切關係不可，這是事勢上不可逃的。但是他們却要禁止被他們壓迫的中國與蘇俄恢復關係。可見他們不是怕宣傳共產主義的過激黨——他們各自的國內有幾十萬的，有幾百萬的，至少都有幾千幾萬的——但是怕被壓迫的民族與蘇俄結合以抵抗他們的侵略。

可驚可駭的交還威海衛條件

振宇

本報關於英國帝國主義退還威海衛問題，曾經指摘過幾次。威海衛在軍事上的價值，爲北方國防咽喉。自英國帝國主義扼住這個咽喉，中國人民便天然的成爲被征服民族。所以這個要塞的完全收囘，關於中華民族獨立自由的前途極其重大。自梁如浩交涉以來，英國帝國主義者退名不退實的假面具完全曝露。近日各報揭載英國交還的嚴酷條件，竟多至十五項，一條一字，無不令人怒目驚心；至英國代表的態度「强硬無匹，其所主張，恍如命令，不容我國答辯」（見近日京滬各報）！這就是證明在遠東侵略史上最著先鞭，最苛最暴的英國帝國主義絕無放鬆中國民族之徵意。今把十五條轉錄，望國人留意細看，並望京滬一切輿論家勿因京津太晤士報字林西報——英國帝國主義在中國的機關報——之含默而跟着含默，須知昨日對於蒙古問題向中國人故作挑起愛國感情的英國機關報，今日對於他們自已奴隸中國的企圖絕不會作同樣宣傳的！十五條件附錄於下：

一，英國提義要求保留劉公島海面停泊軍艦適宜地點，與中國共有優先權。梁如浩答稱英國曾用款浚鑿，（英人自稱伊初來威時，曾浚鑿港口費款二萬餘鎊）中國願與英國優先權，惟此項與讓字間，宜加討論。二，英國要求保留海面投錨浮標之投錨所。三，英國要求保留劉公島之建築物，如（一）軍官俱樂部及網球場，海軍場所全部（俗稱西扁子）兵營，海軍司令署及住宅，海軍下級官住宅，醫院貨倉，海軍醫院，海軍醫院住所，海軍軍官俱樂部，皇家商店及住宅，醫院地基，軍人網球場，運動場，海軍村，英人坟地，英海軍坟地，打靶場，棍球場，機器井兩眼等等。以上各處計估地共約一千八百畝，均在島前面沿海平垣處，此外沿海平垣之地，寥寥無幾。四，英國要求維持劉公島現行市政，在未得英領事同意前，不得有所變更。五，英國要求劉公島土地，不准中國人耕種，並限制中國人居住。六，英國要求外人在威海衛私有之地產，由中國換給永久契約，照中國人一律上稅納捐。梁如浩答稱恐外國人不肯納捐，英國翟委員答稱由領事簽字强迫執行。七，劉公島鐵碼頭於前清光緒十四年，（卽一八八八年）修築費湘平銀十八萬餘兩，英國聲明於一八九八年接收時估價五千元，後經伊修理費十萬元（此碼頭聯於海軍場所）。八，英國保留威海衛陸上之建築物，及所在地，如操場（甲午以前爲中國大校軍場，共佔地三百餘畝，東臨海岸，西緊接威海城，爲將來商務之中心要點），英辦事大臣住宅，華務司衙門，商埠下之醫院，溫泉湯之醫院辦職員官共公住所，英人坟地等等，約值共四十萬元。九，英國聲明威海衞二十四年政費共虧一百四十餘萬元，由中國償還。十：威海衞官有地，經英國租與外人，有租期五十年者，有二十五年者，均要求按原定條件，繼續進行。十一。英國聲明劉公島土地房屋，除保留者外，交還中國者，價值六十萬元，（據英人自稱伊當初購全島土地時，所費不過三十餘萬元，今將美地要地俱要求保留，將其餘之山坡交還中國，尚索價六十萬元。）威海衞陸上土地房屋除留保者外；交還中國者索償八十四萬餘元，共計一百四十四萬餘元，英國聲明有權索價全部價值。（查英國要求保留之土地，及建築物，關係均極重要者，在劉公島所欲交還中國者，全係山坡不合建築之地，即有一二處臨海之地，因夾於英國保留土地間，亦屬無用。）十二，英國希望中國修汽車路，自威海通烟台，並稱英人克拉克已畫有路綫圖，並計劃該路修築費，須四十餘萬元。十三，英國希望中國聘在威海英人爲顧問，期限五年，並聘二英人爲巡警長。十四，英國要求中國爲英人儲養老金，每年須六千五百元，無年限。十五，英國要求中國給予英人回國川資十四萬磅。

不要忘記了山東問題

國燾

數年來舉國力爭之山東問題，現在是由王正廷等花費五個月工夫，得到所謂「圓滿解決」了。固然山東的斷送，已由英美所謂「善意援助」在華盛頓會議席上，立下了張本（參看本報第七期之日本與山東協定），現在不過由王正廷等一項一項的正式宣告奉送給日本罷了。王正廷等究竟拿了些什麼奉送日本呢？青島最繁盛區域之七八千畝土地，業已定爲日本的既得權。鐵路不但要用四千萬元去贖，還要由日人管理運輸和會計呢。礦山雖然名義是中日合辦，但是事業上仍然在日本人手裏。公產最重要的一部分，依舊爲日本人所有。所謂鹽業，是被日本人明明白白騙去一千四百萬的巨款。電報海關等等除了大部分歸日本管理以外，不過分了一部分給英國人安格聯管理，日本人除了犧牲一些乾骨頭之外，肥美之肉却死命咬住，一點也不放棄。這眞怪不得小幡和日本報紙說是滿意呀！

日本人不但一點什麼沒有放棄，還暴露種種的陰謀呢。青島土匪在日本保護之下 已把商會會長和督軍代表架去了，現在居然完全武裝，密布街市，膠濟沿綫，亦秘密布置，設總司令部於東華旅館呢！這便是借此造成中國無法接收青島，圖謀繼續駐兵的勾當呀。同時日本因爲中國要有個政府來簽訂這個條約，便把汪大燮王正廷等擡上台去，專門叫他們在這日本海盜認爲滿意的條約簽字呢。

山東人民完全能夠了解這次條約是喪權辱國的，所以他們爲這條約爭鬥好幾個月；但是他們把山東問題，認爲僅僅是山東人民的問題，那就未免錯誤了。山東問題並不僅僅是山東人民的問題，乃是全中國人民的問題。同時我們也很以爲奇怪，就是爲什麼全國人民對於山東問題現在一聲都不響呢？那些國民運動的領袖們，居然能夠安安樂樂坐在上海租界上，對於這個問題漠不關心。我們一定要懇切的勸告他們：倘若你們不願意你們所代表的國民運動慢慢死去，你們是應該出來引導民衆做反抗日本的運動呀！那些幾年來奮戰苦鬥的全國學生們，應該在此千鈞一髮的時候，發動和五四運動一樣的熱烈運動呀！籌款贖路並不能挽回山東被侵略的情勢，只有學俄國勞苦羣衆奪回海參威，和土耳其奪回君士坦丁一樣的方法，才是把青島奪回的惟一方法。青島和膠濟的命運，是以你們繼續的聯合戰鬪力的大小爲轉移的看呀！那些日本强盜們不但抓住青島，還漸漸恢復他在北京政治上的固有地位呢；他正在聯曹錕張紹曾等最反動的勢力，準備借款給他們呢；他還和英美法意一同派委員到河南去，借肅清土匪爲名（其實他一面製造土匪，一面借肅清土匪爲名用軍隊蹂躪中國）插足到中國腹地去。他和別的帝國主義者又將借中國土匪騷擾的題目，圖謀繼續在中國駐紮軍隊（華府會議決定從明年一月一日起撤退駐華軍隊）。我們一定要監視那些日本外交家和浪人的活動，注意我們的青島，一對不放鬆才好。

我們反抗日本强盜，春同青島的奮鬪方法，當要和勞農俄國，日本勞動羣衆，高麗人民一致進行。那些侵略滿蒙福建，强佔青島的日本强盜，也繼續不斷的侵略俄國，蹂躪高麗人民，所以他是俄國高麗中國等國人民的共同敵人。同時我們也要誠懇的告訴日本勞動羣衆說：你們的敵人是在你們自己國內，那侵略我們的强盜們，也一樣的壓迫你們；所以你們一定要和我們聯絡打到你們國內的敵人。同胞們！不要把山東問題忘記了，不要把你們幾年力爭的青島忘記了，不要把我們的愛國天職和愛國宣傳忘記了。惟與我們不能忘記這些，所以我們要聯絡蘇俄，高麗和日本的勞苦羣衆，共同打倒這個遠東惟一的强盜—日本軍閥政府。

知識階級在政治上的地位及其責任

國燾

在素來缺乏政治活動的中國人民中間，那極少數的知識階級是最澈底最有革命精神的成分，占政治上的重要地位。那極少數的知識階級爲什麼很重要呢？這是極容易解釋的。稍微明瞭一點中國歷史的人，都知道五六十年前中國完全是個農業國；百分之九十以上的人民是農夫，農夫沒有政治上的興趣，簡直是全世界的通例。特別是中國的農夫—因爲都是『小地主式』的農民—沒有政治的興趣，他們只要求一個眞命天子，還要求太平和豐年，除此以外，簡直什麼都不管。因此造成一種士大夫階級，這階級幾千年來都是以做官爲專利的職業。近代工業雖然逐漸發展，但是歐美式的資本家簡直只能在上海香港等處數出幾個，所以資產階級的勢力還是很小。新式工人自然也占少數，在這幾百萬的工人中間，熟練工人尤少，近一二年間才開始組織他們的工會，爲增加工資的爭鬪；雖然他們將來在政治上的勢力會不可限量，但是現在却不能不說是幼稚。那一班舊官僚—士大夫—現在還盤據中國政治舞台，他們簡直不知道政治是什麼，只是以做官發財爲目的；所以與其說他們是做政治活動，不如說他們是做政治買賣。雖然那一個政治買賣都離不了他們，但是他們也不是政治上的眞正有力成分。所以別一種力量，便很容易把中國的政治奪在手裏；這種力量便是軍隊。一個擁有萬數並無戰鬪力的軍官便能在政治舞台上橫行。要是有一種更大的勢力，當然更能操縱一切，這更大勢力便是外力，所以外國人的勢力在中國是無上的威權。在另一方面，當然會發生一種反對官僚軍閥外力的勢力，同時又因爲農人資本家勞動者都還沒有勢力，所以這極少數的知識階級在過去十幾年間便爲革新勢力的先鋒，而且他們仍然在政治上占有重要地位。所以我們可以說：知識階級在中國政治上的重要地位，是中國的政治經濟狀況造成的。

要明瞭知識階級在中國政治上的重要地位，我們便要略微敍述他們過去的活動。辛亥革命之成功，以一班留東學生實際參加革命投身新軍的力量爲最重要。後來到民國四年，因爲日本以最後通牒，逼迫袁世凱政府簽訂二十一條條約，引起全國的抵制日貨運動 也是以全國學生爲中心。尤其是著名的五四運動最足爲知識階級勢力的寫眞。那次運動差不多完全爲知識階級所倡導．結果能夠使日本商業受重大打擊，中國出席巴黎和會的代表團竟至不敢簽約，親日派亦被罷免；而且使中國人民的思想發生重大變化，其影響真不亞於辛亥革命。自此以後他們漸能左右輿論；近來之非基督教運動，裁兵運動，民權運動等，均足表現他們的勢力。

但是現在他們的運動和從前五四運動時比較，似乎是消沉得多。不錯，他們現在沒有一九一九年那樣活動了，這是因爲他們走上錯的道路了。他們的誤謬觀念，是不注意現實政治；而且相信社會改造只需要書本上的學識和教育能夠成功的。我們很知道『知識便是權力』，我們並不看輕知識，（馬克思派還特別看重知識）我們也知道教育是最要緊；但我們不能不說他們是錯誤了。當五四運動發生以後，全國各處學生革命氣焰極盛，學生們到處都做愛國宣傳，並且用十人團等方法，想組織那更廣大的民衆於愛國旗幟之下。現在他們的革命氣焰日見消沉，雖然是因爲他們的戰鬥方法有許多錯誤，但是最大的原因是因爲他們爲文化運動的聲浪所迷惑了。文化運動發生什麼結果呢？他不過把那些以救國爲已任的學生們趕回課堂，使那些五四運動中的領袖們學着做新詩，做白話文的出版物，出洋留學，到研究室去研究文學哲學科學去了，整理國故去了。現在我們一定要問問此時研究學問的愛國學生們：你們現在研究三年工夫了，現在你們得着什麼了？再問問那些投身教育事業的愛國學生們：你們現在的成績怎樣？我們並不說：那些愛國的學生們現在是變了心了；不過他們現在所研究的學問除了做他們自已的裝飾品以外，與中國民衆是無切身利益的；他們獻身學校教育，簡直連個人的肚子都不能弄飽。我們並不反對知識和教育，但是他們如果要得到知識，便要是得到一種與民衆有利的知識；要得到與民衆有利的知識，只有在民衆中間去活動才能得到這部分最緊要的知識；在書本子上是得不到什麼的：如果要講教育，便不能專辦學校教育，組織羣衆，率領羣衆運動，向羣衆宣傳，便是一種最重要的羣衆教育。雖然他們知道民衆的覺醒是重要，雖然他們也以改造中國爲已任，雖然他們不了解中國的狀況，但是仍然在研究室裏研究一些空的理論，用『預備改造中國的工具』的語調欺瞞自已，完全把現實政治和中國問題置之不問。這是何等的錯誤呢？作者亦曾與這些知識階級一同參加五四運動，與這些愛國份子都是好友，所以敢於懇切警告他們說：你們現在是走錯了道路呀！而且要說：我們現在正當的道路是要到羣衆中去做政治宣傳，組織他們做政治的奮鬥。

還有那以政治爲萬惡的觀念，和只做社會運動，不做政治活動的觀念，一定要從根本上剷除。因爲中國政治素來是一種官吏買賣勾當，所以使一班純潔的知識階級認爲是萬惡的。但是我們一定要明白這並不是政治活動，我們的政治活動是要用民衆的力量打倒官僚軍閥和外力，建立一個獨立的和平的統一的中華聯邦共和國。倘若我們的政治活動都能照着這個方針，這有什麼萬惡呢？只做辦學校教育辦出版物的社會運動是斷然達不到這些目的；況且社會運動如何能和政治運動分開呢？

我們的敵人都已漸漸知道我們的勢力了，他們是用種種邪說阻止我們做政治活動。一班舊官僚軍閥如徐世昌等等曾經屢次警告學生不應干預政治，一班舊式政客也時常宣傳青年腦筋簡單，不宜做政治活動。但是我們很容易明瞭他們的用意，自然我們也很能明瞭自己的政治知識很缺乏：我們却相信現在青年至少比那些舊官僚舊政客的政治見解要高明些。我們雖然不懂得政治買賣，但是我們却懂得中國民衆的真正要求，這種『青年腦筋簡單』的宣傳，不過是要減少我們自信力。若說『學生不應干預政治』，這只是我們的敵人才是這樣說的。他們的用意是很簡單的，不過是把我們排出政治範圍之外，以遂其包辦政治買賣的慾望。但是我們就不能受他們的愚弄；這或者還是我們要取他們而代之的一個理由。還有一些不努力的知識階級，主張一點一滴的改造中國，這就是說他們要求一件新衣，想拿一些新布屑來把一件舊衣補成一件新衣，結果補來補去還是一件破爛不堪的舊衣。這種主張僅僅證明他們缺乏政治知識和不懂得中國狀況。我們也不要被這種謬說所欺騙，以至阻礙我們眞正政治活動的發展呀！

現在我們言歸正傳，知識階級既然在中國的政治上占重要地位，現在他應該負什麼責任呢？要是揩清眼睛仔細看看；我們個個都能發現曹錕怎樣爭總統又種下國內戰爭的種子；那些總統國會議員閣員軍閥最近搞的什麼鬼；英國如何霸據威海衛，片馬；河南的土匪怎樣蹂躪那些無組織的人民；外國資本家和中國軍閥怎樣壓迫上海唐山漢口等處的工人；就是我們費了幾年工夫，流了血去爭的青島和膠濟路問題，現在名義雖說交還其實還完全以日人管理之下。再看了那些英法日美帝國主義者們怎樣互相衝突，不是鷸蚌相持的時機麼？靑年土耳其黨怎樣恢復土耳其的獨立，俄國勞苦人民怎樣從日人和帝制派手裏奪回海參威，這兩件事不能使我們奮發麼？所以我們可以說：現在或者是知識階級為被壓迫的中國民衆奮鬥的最好時機；或者這些事實會促着知識階級再不能忍受了，再不能過純粹研究室的生活了，或者至少會使他們記起他們曾出全力而爭的青島；現在是功虧一簣而仍落於敵人之手。在另一方面，那時當被土匪殺戮，軍閥蹂躪的農民，正等着知識階級去率領他們出火坑；那些壓迫在外國人之下的上海唐山等處的工人們，現在是不斷的向他們呼救的；他們自己也天天在壓迫之下：中國的政治經濟狀況，又造成他們在政治上的重要地位，切實參加解放被壓迫的民衆的運動，是他們——中國人民的重要成分——不可擺脫的責任。倘若他們是眞正的愛國者，眞正是以改造中國為己任者，一定要和中國之革命的社會主義派聯絡，以打倒軍閥官僚和外力，建立和平，獨立，自由，統一為共同目標，向個個鄉村，個個工廠，個個商店，個個學校，個個營盤去宣傳，並組織他們來進行這迫切的政治奮鬥呀！倘若他們能夠認清自己的地位和責任，更能百折不回的努力，中國的革命是會得到和土耳其一樣的勝利呀！

讀者之聲

記者；

在麻木不仁的中國，很少激烈的警鐘，把一般醉生夢死的人們警醒。貴報很可算闐然無聲的社會當中底木鐸，當能警醒一般迷夢。似這樣的呼叫。我覺着這樣不遺餘力的攻擊惡社會，終究有赤色的革命底成功。

『介紹一篇國民革命的綱領』是最好沒有的文章了。我們中國的軍閥割據，各督軍在省內外互爭雄長，兵禍連年，結果是百業凋敝，教育停頓；甚麼人民的一切權利，都被軍閥剝削殆盡，那還講得上人民的幸福。我們知道，中國已到了一個實行革命的成熟時期了。就是中國的人民也已覺悟到革命的意義上來了。革命的動機已漸漸潛伏人民的腦筋：然而最缺少的尤其是最需要的就是革命的綱領吧！

我們最不可忘記的，就是預備立憲的一回事。我們是己經領教憲法不過是較黠的有權力者拿來哄鬼的一道天師符，誰也不能享受他的一點權利。我們無論如何總曉得權利是靠革命換來的代價。因為經過一次革命，也許人們多得一點幸福，辛亥不是一個很明顯的例嗎？我們現在也已經證明是要革命才能得幸福了。第四階級是一點權利沒有，只是終日勞苦了。我們不要受省自治尤其是聯省自治的騙·黃龐的事實已告訴我們照現在的殘暴政府：任說甚麼『立憲』『自治』，他們決不能改善羣衆底經濟狀況。

國際帝國主義的壓迫，武人政客的宰制，都是造成人民的革命的材料。我們從歷史上觀察，差不多一切世界的歷史，都是革命的歷史。革命是被壓迫階級的反抗精神，是最有價值的神聖事業。我們若想過『人的生活』，和恢復我們的權利，取得我們的幸福，舍革命是沒有別的方法『要將革命的意義更顯亮的擺在我們面前』是『介紹一篇國民革命的綱領』的意趣。我們很相信『革命的造因全在於客觀的環境』和『國際客觀的環境；確必要給我們不少的影響。外國統治下的印度，和國際帝國主義與軍閥交相壓迫下的中國，實在沒有二樣的。這篇國民革命的綱領；確實可以供我們的參致和采取。

四萬萬被壓迫的同胞呀•你們醒來吧！現在不是酣睡的時候了！同受封建的政治壓迫的俄國工人農民他們已經戰勝了；同被國際帝國主義壓迫的土耳其民族他們已經戰勝國際帝國主義了；就是被外國宰制默不一聲的印度也轟轟烈烈的表現猛勇前進的活動了。我們應當怎樣？難道還要踣蹐嗎？現在遠東各被壓迫的民族，已發現了一條解放的航路——聯合俄羅斯蘇維埃政府，——是被壓迫的民族偉大勝利的航路，我們中國也應當朝這條航路上走，方不致誤入迷途。同胞呀；快向這航路進行！

曉睛，衡州，三師。

The Guide Weekly.

週報

◀第十三期▶

（中華郵務管理局特准掛號認為新聞紙類）

一九二二年十二月二十三日

定價

零售每份銅元四枚
郵寄三分全年大洋一元三角半年大洋七角郵費在內

分售處

上海亞東圖書館
上海民智書局
上海公民書局
北京大學出版部
武昌時中書報合作社
太原晉華書社
長沙文化書社
濟南齊魯書社
南京渠天書館
成都華洋書報流通處
杭州古今圖書館

每星期三出版

發行通訊處 上海老西門華浜路關發里四號 北京大學第一院收發課劉伯青

時事短評

國民黨那裏去了？

田誠

商聯會和上海總商會最近極力進行裁兵運動，表現中國資產階級已知注意政治和厭惡軍閥，國民黨是應該出來幫助和指導他們的。山東問題的解決，把實權盡奉送給日本，國民黨是應該出來引導人民力爭的。外國帝國主義者要代中國謀統一，代中國實行裁兵，代中國人民監督政府的財政和代中國肅清土匪，只有國民黨才應該出來代表人民做這些事情的。上海住戶反對加租運動和商倒改良司法，收回會審公堂等運動，國民黨也是應該出來贊助的。…………對於這些問題。國民黨都沒有系統的活動。國民黨到底那裏去了？

離間中俄感情之宣傳

致中

最近幾個月內，中國幾家資產階級的報紙，算是做了不少反對蘇俄的宣傳；這些宣傳都是直接間接受外國帝國主義宣傳員之支配的。有一些報紙論到「國際共管」的消息，便說中國自己弄到這樣糟，外人為保護僑民的生命財產計，已忍無可忍，怪不得他們有這種主張。對於誠心要與中國人民友善的蘇俄，並不說中國軍閥縱容白黨擾亂蘇俄和中東路，怪不得蘇俄要說閒話；反張大其辭說蘇俄侵略。最近中國報紙，替外國人傳遞關於蘇俄謠言，也算不少。京滬各報甚至登載一篇「蘇俄共產黨最近之宣言」，內容是說蘇俄不交還蒙古和武力對付滿州；我們一看便知道是假的。這又不知道是那個侵略家造的謠。或者是日本要奪取中東路，先造些謠言做藉口的資料罷。但是中國報紙毫無鑑別能力，未免專供人利用。

我們！中國共產主義者！很知道俄國共產黨是怎麼一回事，由俄國共產黨掌握政權的蘇俄，是決不會「侵略」的。所有反對蘇俄的宣傳或謠言，都不過是想離間中俄人民的感情的。中俄人民的共同敵人！外國侵略家！時常使用離間計，或反會使中俄人民的關係日見親密罷。

勞工司與勞工局

特立

陳炯明完全握得廣東政權以後，就想組織一個勞工局。他這個勞工局是由資本家，法庭，律師，工人代表組織之，說是要保護資本家和工人，調解勞資紛爭，不使有罷工罷市的事情發生。而且說：如果不服這個勞工局的裁判的由政府懲辦。在這個勞工局裏面，資本家和工人的代表數當然是一樣多的，律師和法庭的代表當然是保護資本家的；所以由這個局判斷出來的事件，當然都是偏袒資本家的。倘若工人不服他的裁決，便要懲辦：這就不管說：勞工局一成立，廣東工人的頸上便像帶着一副鍊子了：不但勞動狀况不能改良，罷工也會遭公開的禁止了。同時北京政府也計畫組織一個勞工司，這個司的一個重要目的，說是要保護資本家，務使資本家不因勞工之虐待，而受罷工等事之損失。政府還宣傳勞工團體請求派代表參加的消息。這兩件事實表現一些什麼意義呢？一，這是表現工人的勢力增大了，已使官僚叛賊們不得不注意了；二，表現他們現在正想用新的方法壓迫勞動運動。在另一方面說來，現在的工人階級已有相當覺悟，已是社會上的有力分子，將來在改造中國上還能盡很大的力量。那些工人階級的敵人之陰謀，將不能欺騙勇敢的工人們罷。

曹錕做壽與宣統結婚

田誠

最近有兩大事件違反共和國的精神：曹錕做壽和宣統結婚。曹錕做壽並不足爲奇，所可奇者是二百多個議員去拜壽。曹錕是個最頑固的軍閥，天天想做皇帝式的總統；因此他是中華民國的一個大障礙物：要是像曹錕這樣的人能夠存在，就沒有真正的民國存在，除非沒有曹錕這一類人了，才有真正的民國。不料二百多個議員—所謂民國的國民代表，居然去給他磕頭，真是不要臉的背叛共和！國民還希望那包括半數叛徒的國會制憲麼？辛亥革命以後，宣統還坐在北京城的皇宮裏做天子，已是一件怪事：他曾經復辟一次，就是謀害民國一次，依然能繼續坐在皇宮裏，更是怪而又怪之事。宣統結婚不足爲奇，所可奇者，他並不是結婚，是冊封皇后。他結婚的那一天，龍旗羽翎朝衣之類，鬨動民國首都。人民和政府不但不出來干涉，還有民國總統的代表大禮官黃開文等用新式覲見禮節去慶賀他。幾大隊的騎兵巡兵警察給助他威護衛，儼然又是一次復辟。這件事就是表現政府公開的背叛民國，人民不要護民國。這個禍根存在這裏，民國恐怕還要遭二次……三次四次……復辟的危險能！

愛爾蘭依然爲英國的殖民地！

振宇

路透社本月五日倫敦電：上議院今日開會，由皇家委員會認可愛爾蘭憲法議案，旋乃正式宣布任海萊氏爲愛爾蘭總督；又電愛爾蘭憲法議案既經英皇批准，愛爾蘭自由邦乃於今日夜半成爲英國之殖民地，總督之職務即於此開始。

英國政府自從武力征服的計劃失敗後，改變手段，用所謂「條約」的方法來收買愛爾蘭資產階級和大地主，使他們反轉來變爲英國帝國主義打破愛爾蘭獨立和自由的機械。愛爾蘭資產階級爲他們的階級利益計，由柯林，柯斯柯萊夫這班叛徒做代表，公然背叛了革命，接受英國帝國主義的金錢和軍械，反攻英勇奮鬥始終爲愛爾蘭獨立與自由而奮鬥的共和軍，及百折不回的革命到底的工農羣衆。他們戴着「自由邦」的假面具背叛革命殘殺同類的醜行，已在全世界爲民族與社會爭自由的人們面前完全暴露了。據路透社本月八日電，這班無恥的叛徒，於「自由邦」變爲殖民地之後，又把共和黨領袖鄂康諾，梅洛士，麥克爾維，巴萊特四人鎗斃了。這就是英國帝國主義借愛爾蘭叛徒之手，施於爭自由與獨立的愛爾蘭民族之上的恐佈政治。

他方面，路透社又報告說：愛爾蘭共和黨發表一，言其指新任愛爾蘭總督海萊氏爲愛爾蘭民族終身仇敵，愛爾蘭苟有一人生存，必繼續奮鬥，因此爲非死不休之戰爭云云。由此我們可以看出英國帝國主義隸屬愛爾蘭的鬼計雖然成功，同時愛爾蘭民族革命解放的「死戰」，從此將愈加嚴重，勢必與世界革命的潮流相會合而達到他最後的成功。下面的決議，是英國共產黨最近在倫敦大會通過的，這種決議不久就會成爲歷史上必然的事實。

「我們贊成愛爾蘭共和軍，號召勞工羣衆，按看已爲共和黨優秀分子所承認的社會政綱，與共和軍協力建立愛爾蘭勞農共和國。

我們希望愛爾蘭的勞動運動，立刻脫離改良派的領袖，集合於愛爾蘭共產黨旗幟之下，一致參加共和軍反對英國帝國主義戰線。

這就是愛爾蘭工人農人打破一切勢力，建立勞農共和國惟一的道路。爲着這個目的，英國共產黨自己當可能幫助愛爾蘭現在的革命勢力，第一步就在阻止英國政府運送軍械供給號『自由邦』假面具的殘殺者—愛爾蘭資產階級和他們雇用的軍隊。」

革命中的希臘

和森

好戰的希臘，在小亞細亞失敗的影響之下，業已爆發了革命。這次革命的含義：一面是兵士和農民羣衆憎恨戰爭的直接表現；一面是兩派好戰的支配階級相互間的傾軋。所以康士坦丁與維尼齊洛的衝突，爲這次政變的重要原因之一個。

康士坦丁與維尼齊洛的衝突，並不是個人性質的衝突。維尼齊洛是希臘資產階級的代表，尤其是代表海運業資本家的利益，所以堅持海外發展的侵略政策。多年以來，他用最靈俐的外交手腕挑起巴爾幹屢次的戰爭，完成他那『大希臘』的好夢，更在一九一七年，貫徹他的參戰政策，才走康士坦丁，以圖掠奪小亞細亞，塞拉斯和君士坦丁堡，故在他一方面，維尼齊洛自然老早就是英國帝國主義關係最深的朋夥了。

康士坦丁，威廉第二的妹夫，他是個把普魯士軍國主義搬進希臘的『好漢』，他也在巴爾幹戰爭中顯過他的好身手。但他對於歐戰却持中立政策，並想藉德國驅逐英國在希臘的勢力。因此遂與維尼齊洛相水火，結果，協約國與維尼齊洛就把他趕跑了。

康士坦丁雖然失位被逐，但他的中立政策却引起民衆—尤其是農人—間很好的同情，精神上，他儼然成爲小資產階級和平志願的代表。維尼齊洛雖因參戰增高希臘帝國主義和他個人的權威，但外債由八萬四千六百萬(一九一三年)增到四十萬萬(一九二〇年)，不停的爲大希臘主義和英國資本向小亞細亞發展他的冒險事業，因而惹起民衆不可再忍的怨恨。一九二〇年十二月，新王亞力山大—康士坦丁第二子—死後的選舉，維尼齊洛遂完全失敗，康士坦丁乘機復辟。

但希土戰爭，久已兵連禍結，康士坦丁對於小亞細亞的冒險事業不能驟然收手，又不得不奉承英國意旨，繼續進行維尼齊洛的政策。於是康士坦丁又一變而爲英國資本的用人。他以前在民衆和鄉村小資產階級間的同情與信用，因此完全失掉。並且外債增到一百萬萬之多，民衆負擔既重，生活程度又不停的增高，厭惡戰爭遂達極點。

希軍既在小亞細亞屢次失利，於是雅典親英派的傾向大形動搖，以爲希臘在這樣形勢之下，非與法國妥協不能免避往供英國犧牲的災禍。但這個反對參戰的威廉第二的妹夫—康士坦丁，他是不能與巴黎接近的；維尼齊洛遂利用這種趨勢與法國資本勾結，以謀推翻康士坦丁。至此維尼齊洛與康士坦丁的衝突，就是代表英法資本主義在近東的衝突，換過說，維尼齊洛不過是施內德(Schneider)公司的用人，康士坦丁不過是柴哈洛夫(Zakharov)公司的用人罷了。

希臘軍隊經過上次大戰的屠殺，早就不願再戰，所以動員赴小亞細亞，本是希臘政府最勉强最冒試的舉動。兵士既無戰心，失敗與逃亡，早已無法禁止。最近大敗之後，遂自動的復員回國，直接推翻康士坦丁政府。維尼齊洛派乘機操縱，奪取政權，遂形成這次政變。維尼齊洛一面自身出席於洛桑會議，想用外交手腕挽回業已打破的『大希臘』的好夢；一面大殺康士坦丁派大臣和高級將官，把兵士羣衆暴惡戰爭的革命，變成爲懲戒『戰爭不力』或所謂『誤國』的相反的性質；一面又維持君主政體，壓抑羣衆革命的傾向。在這樣內幕下，希臘革命能否擴張前進，或僅只達到維尼齊洛派的目的而終止，全視民衆的覺悟和共產黨的勢力怎樣，才能決定。

希臘人口約六百萬，其中工業的無產階級僅十五萬（連其家庭計算約七十五萬）。但是從一九一八年起，勞動運動是狠厲害的，勞動組合和社會黨，都在那時成立了。一九二〇年，希臘社會黨加入第三國際，變爲共產黨。共產黨年齡雖幼，但因爲他是一切反對戰爭和罷工運動的領導者，所以他在民衆中的信用是很大的。他不但得工人階級信用，而且得農人，小資產階級，和一切反對戰爭的民衆的信用。政府雖然不停的高壓，但是他的勢力愈壓愈大。這次政變前兩月，共產黨中央執行委員會全體被捕；但他的請求一出，不僅全體工業的工人起來示威，軍隊和農人都同聲響應。這次兵士的直接行動，與共產黨的宣傳是很有關的。

希臘資產階級，經過這次失敗，全巴爾幹的形勢爲之一變，希臘共產黨的地位，自然格外重要了。維尼齊洛這派强盜雖想藉這次政變把資產階級的威權分外的恢復起來，但是業已戳穿了的紙老虎是嚇不住民衆勢力之發展的；要想把民衆憤恨戰爭而起革命的空氣變成爲憤恨失敗而激起爲『大希臘主義』再流血的空氣，也是徒勞的。所以這次還算不得是革命，希臘眞正的革命將接着這次的波濤大大的鼓盪起來啊！

巴爾幹新形勢中的保加利亞

和森

希臘政變，槍斃閣員六人的消息傳出之後，同時保加利亞亦傳出逮解戰時閣員四人入獄的消息。路透社本月六日保京電：高等法庭審訊歐戰發生時拉杜斯拉伏夫內閣諸員誤國案，歷十四月之久，今已終結，判詞尚未公布；目下正在審訊被控負其他戰禍責任之閣員多人，一九一二年巴爾幹戰爭亦在其列。十一日巴黎電，又說保京發生大騷亂。可見土耳其勝利與希臘失敗後的巴爾幹新形勢中，保加利亞也起了新變化。這種新變化是很值得注意的。

保加利亞戰敗之後，與土耳其同樣陷於被協約國宰制的悲慘地位。但主持戰爭的保加利亞資產階級，却因失敗而在政治舞台上站不住脚。因此，保加利亞政權，遂讓渡於左翼各黨：社會黨，急進黨，和農黨之手。社會黨與急進黨，曾一度接受政權，不久就狼狽的下了台。代表農人和鄉村資產階級的農黨政府，遂維持到現在。

戰後，保加利亞資產階級政權解紐，共產黨運動遂異常得勢。資產階級休養了幾年之後，深不滿於農黨政府，他們又漸漸回復奪回政權的勇氣。他們不滿意於農黨政府的理由，不僅因爲他是代表鄉村資產階級的利益，尤其因爲他不能壓滅那危及他們生存的共產黨運動。

保加利亞資產階級，一面集中他們的勢力，形成他們的大團結；等到俄羅斯反動將軍鑑格爾率其敗亡殘軍逃到保加利亞境內之後，他們便與之結合，密謀舉事。由此曾形成過被羣衆直接打破的第一次政變。

但是農黨政府對於資產階級也同樣的不敢高壓，他對於取締資產階級的陰謀，始終只取些半剛半柔的手段。所以資產階級於今年九月十七日又舉行第二次政變。他們也是用羣衆示威的方法，自狄洛佛（(Tirnovo) 至索飛亞（Sofia），遍布了資產階級羣衆激烈起事的聲勢。這次運動延長至十月，卒被共產黨所領導的工農羣衆，打得落花流水。結果，資產階級大團結的領袖們——戰時閣員達尼夫等，在羣衆的壓迫之下，農黨政府不得不將他們全體逮捕，交付法庭，懲治其一九一二至一九一八年，屢次主戰誤國之罪。這與希臘民衆厭惡戰爭，懲治罪魁•同一現象。

保加利亞共產黨，現在全體動員攻擊資產階級反動大團結。全國各大埠，都發生了流血的大衝突。共產黨在政治上的偉大勢力，現在誰也不能否認了。支持農黨的小資產階級和農人羣衆，現正日日跟着他向左跑。換過說，就是農黨的大羣衆，已被吸收到共產主義的旗幟下了。農黨進退維谷於資產階級與無產階級之間，對於羣衆的許多許諾，常常是不能實踐的，所以在民衆中也漸漸失掉了信用。共產黨一面嚴厲的攻擊資產階級，一面對於農黨政府的怯懦，猶疑，也不停的施以批評。農黨因爲他的羣衆日日跟着共產黨向左跑去了，所以他現在的政策也不得不向左一點，以圖挽回他的信用和地位。

英希資產階級在近來的失敗，也就是全巴爾幹資產階級難於抬頭的大打擊。橫在巴爾幹的英法，意希的利害衝突，又永遠使他們不會一致。所以在這樣情勢之下，無產階級和被壓迫民族，是頂好活動的。末了，我們要告讀者：從巴爾幹的新形勢中，可以看出世界革命的消息。

我們對於小資產階級和平派的勸告

國燾

在小資產階級和平派中間，胡適先生或可爲一派的代表，他發刊努力週報，活動甚力。這個資產階級的學者曾發表那有名的政治主張，標榜好政府主義。他還夢想他自己是個漂亮的外交家，主張由各省政府，省議會，商會，教育會等派代表組織一個會議，要求一班軍閥官僚把袖子裏的把戲拿出來，做到『杯酒釋兵柄』的故事；並大倡聯省自治，夢想用這種制度削減軍閥實權。這位先生也曾多少站在一個政府黨(王寵惠內閣)後面，企圖把他的主張漫漫實現，結果經過這幾月的試驗，不但竟是一場春夢；反被王懷慶等加上他一個過激派的頭銜，要把他捉將官裏去。現在呢，或者是使他細嚼過去經驗的時機到了，或者是使他重審過去的政治主張和決定目前的方針的時機也到了。我們要問問他：目前你怎麼辦呢？還是三十六計，跑爲上計呢？還是堅持原來的主張呢？還是從此更有新的覺悟呢？

第二個可注意的小資產階級和平派，是蒲伯英派；就是研究系的左派。蒲伯英先生原來是研究系中間一個重要分子，他現在似乎發現了一些研究系歷來的錯誤了，他現在至少了解研究系藉以結合的基礎——共同的政治觀念——已經動搖了，所以他宣告研究系早不存在了，不過還剩着一個友誼的組織。因爲研究系是和平的民主派，又可說是投機派，他雖然是中間的左派，但是還完全不能說他有急進的色彩。他那稍微有價值的事業，便是在晨報上宣傳些資產階級的新觀念和新理論。他主張國會先制憲，和聯省自治。在一個月以前，主張先制憲和制定聯省自治制度，不能不說稍有意義；但是現在便沒有意義了。國會議員現在是公然向曹大師磕頭去了，公開的買賣又開市了；曹錕快要演『黃袍加身』的故事了；更反動的張紹曾即刻要上台了。我們要問：你或者還是閉着眼睛制憲呢？還是這些事實會迫着你更走左一點呢？

現在我們要求你們做什麼呢？我們僅僅要求你們來抵禦更反動的勢力。由吳佩孚指揮北京政府的稍微進步時期已是過去，政府現已落在曹錕手裏。曹錕雖然素來個懦弱無能的東西，但是現在是受一班帝制派和反動官僚的包圍，變成更反動軍閥領袖了。倘若他把北京政權握得穩固了，北京便會現出恐怖的色彩呢。我們還可以說：凡略帶着一點所謂新的色彩的分子，無論是革命的或是非革命的，　來都要遭受同一的危權。我們決不要求你們和我們一樣的向軍閥進攻，但是我們要求你們來共同抵禦這種危權。你們敢接受我們的要求麼？

或者因爲更反動勢力都已聯合攏來了的緣故，足爲我們共同抵禦的第二個理由。現在更反動的中心當然在保定，著名帝制派揚度等早已變成保定王的寵臣；不但專以壓迫新勢力爲職務的齊燮元是保定的外藩，就是皖系督軍盧永祥等和徐世昌派的王懷慶等也與保定有明顯的結合了。這個保定王現在一面和親日鬍匪張作霖聯絡，一面又要藉吳景濂之力，與英國奴隸陳炯明發生關係了。國會中最反動之吳景濂等現在也變成保定王的走狗了。所以保定現在是製造政治罪惡的中心點，那些兇惡軍閥，親日派，民國罪犯，國會叛賊，流氓强盜之流，都是光園的上賓了。他們聚集在那裏，商量怎樣得到奴隸中國四萬萬人民的地位，怎樣把民國的政治機關變作他們的私人賬房，怎樣拍賣中國以飽私囊，怎樣壓倒各種進步的勢力等勾當。倘若你們細心考察這種政治情況，倘若你們想到反動的勢力都已結合一氣的事實，或者能提醒你們感覺與革命勢力攜手的必要罷。

我們宣告過好些次說：所謂『恢復法統』是無意識的舉動；所有溫和的改良運動，立憲運動，是會毫無結果的；目前解決政治的惟一方法，是革命的民主派和各派社會主義團體聯合的革命運動。我們的主張，拿歷史上的事實，屢次證明毫無錯誤；目前的現狀又給我們的主張從新證實一次呢。無論那個誠實希望改造中國的人，現在是沒有法子否認我們的革命方路了；而且他們現在是沒有旁的道路走了，除非跟着我們一塊兒走去。

這個多年躲在文化運動底下的胡適先生，因爲奉直戰爭時局變更，促着他獻身政治宣傳；這個裝上社會運動面具的蒲伯英先生，也因爲那次政變，促起他注意國會制憲事業。現在一個有從將官裏去的危險；一個已夥多數議員賣身給軍閥去了，或能感覺制憲的無價值了。請先生們，現在在你們面前的一個問題，就是目前你們如何幹法呢？請你們快快答復這個問題，用事實答復這個問題。而且這裏有許多知識階級分子在後面看着你們：他們會看着你們現在怎樣幹法，藉此審定你們到底是什麼樣的人呢。我們還要說明白些：我們所希望於你們的，是在不與任何外國侵略家發生關係之下，在不幫助叛賊陳炯明輩之下，和在不宣傳不可能的和平主義而阻礙中國的改進之下，與我們共同抵禦更反動的軍閥勢力。再說顯明些：胡適派或者目前應該放棄替王正廷辯護的態度，放棄替顧維鈞羅文幹辯冤的態度，也不要一溜烟跑了，而且在上項條件之下，努力做暴露反動軍閥禍國賣國的宣傳；蒲伯英派或者目前應該爲政治上共同利害的緣故，拋棄對於民黨多年來的惡感，進於與民黨聯絡，在議會的講台上，指着國會內外那班國賊的臉孔，很勇敢的指摘他們的卑污行爲。用這樣的方法幹去，就是說你們在喚醒大家痛恨軍閥的事業上做了一些工夫，這就是說你們在改造中國的事業上盡了一點力量。倘若你們能照這樣做去，雖然我們在政治上是立在不同的基礎上，我們相互中間，目前是沒有大衝突的。倘若你們不能照這樣去做，我想那些知識階級分子再不會讓你們在政治上說話了罷。還有一層，當着政局這樣反動的時候，你們如果把頭縮起來，這就是說，讓反動軍閥橫行；讓反動軍閥橫行無忌，其罪等於幫助反動軍閥呢！

香港通信

記者，

今天的南華晨報（South China MoPning Past）在他第一欄有一篇要文發表，題爲『中國病的醫救』，是他主筆的大作。他要怎樣醫救中國的病呢？這在文裏，他首先舉出了軍閥爭戰土匪橫行種種的混亂，並說華盛頓會議給中國一個『解放的機會』，只可惜中國人了解不得。可見中國是夠不上自己來解救自己。他安了這麼個前提，底下接着便說；

最近有位住居漢口的人，他發表一篇很有價值的提議，他發表的姓名是沈强（Shen Chang）他的提議的大意是：組織一種新的軍隊，由外國軍官統帶，受北京政府的管理，用他來打倒各省督軍的權力，用他來撲滅各處的土匪，使中國脫離現下的擾亂，達到一個有秩序的境界。

這位主筆先生引了這麼個中國人竟見（？）之後，又接着說：中國在過去的歷史上是得了多少外國的『幫助』，且說在更需要這樣幫助；他舉十四世紀時Fohn Hawkwood 的 Whrte compan在義大利的事爲例，又舉Kaid Malean 在 Morocco 的事爲例，最後舉到戈登在中國太平天國革命時的事爲例，又舉清政府任capt Shuaedosborn 爲八艦艦隊司令，以防海盜的事爲例。總之一句話，他的意思是在說明任外人做軍官的事『由來久矣』，且是與中國有益的。他又說是不會有把最高權力落到外國人手中的危險的。他又怕分配軍官，各帝國主義國家間免不了爭執，又想到了個要審公平的分配方法，所以他在最後把『沈强』提議中用『外國軍官』的具體方法指明：

由國際聯盟選舉一有有實力的軍事團，來領帶中國的國軍。

他並且說：

對付中國目前混亂，很明顯的只有這樣處斷是有效的方法。沈强的意見一定要爲多數人所關切。

我譯這文的大意完了，我要給我們被壓迫的人民指出下列各點：

（一）南華晨報是不列顛帝國主義在香港的機關報。沈强決沒有這樣個中國人，這一定是帝國主義者捏用的，立意在實現他們久已計畫之『國際共管中國』。

（二）軍閥是帝國主義國家的金錢和軍械扶植成的；土匪是外國資本主義侵略逼出的結果　是因外貨侵入打落多少手工業者；是因受外貨引起的生活費增高使多少貧農離開田地，所以做土匪便成了他們最後的一條路了。

（三）打倒軍閥是中國人民自己的事，奸險的帝國主義絕沒有幫助我們那回事。當他說『幫助』的時候，我們馬上就曉得他是又準備着新的進攻了。而且我們打倒軍閥，尤要破壞他們的檯台，就是說尤要着在打翻外國帝國主義已有的及正在進行的種種勢力。

被壓迫的被掠奪的同胞們呀，帝國主義另一個新的進攻要開始了（可說早已開始了），我們要趕快組織我們革命的軍隊來應戰呀！

十二月二日

（K，J，）

讀者之聲

君宇先生：

今日的中國，差不多變成一種國際帝國主義的殖民地，和本國軍閥的搶掳場了！什麼『平等自由』『國民自決』，都是一種口頭禪，全國的人民天天像在十八層地獄下過生活！貴報同人，竟能任這黑暗的中國，給人民一個很光亮的道路，創一種嚮導週報，全國人民沒有一個不歡迎，不慶祝！前閱貴報第三期內，先生曾經登載有篇『國人對於蒙古問題應持的態度』，我於先生所主張的覺有些懷疑；但我是一個師範生，關乎普通常識，都還沒有完備，那裏配談什麼問題，不過我有了這種懷疑，不能不求一個澈底的解釋，現在我把我所懷疑的寫在下面，請先生指教，更望原諒！

先生說：『眼前我們公道的中國人，對於蒙古問題，應該和公道的日本人對於朝鮮問題一樣』，這裏我有點不贊成：宣統三年，孫中山黃克强等大革命家，推翻滿清專制帝王，另外合漢，滿，蒙，回，藏五族，組織一個大中華民國，族族有選舉權，有自由權：這個中華民國，也不能說是漢人的，也不能說是蒙人的…………，漢人不能受制於蒙人之下，蒙人也不能受制於漢人之下，…………，五族互相幫助，作共同生活。日本人待朝鮮，以苛刻的手段，漢人待蒙人，並沒有這擇情形。由此可知日本對於朝鮮，和漢人對於蒙人，根本是不相同的。至於先生說，『徐樹錚取消蒙古自治，官兵奸淫擄掠』，我以爲這不過是少數武人如是 難道我們全漢族人民也同他們是一樣嗎？他們這些武人，不僅對於蒙古凶惡橫暴，就是對於內地漢人，也行一樣的舉動。

依『民族自決』來說，蒙古人本然可以獨立，但是我們要問：蒙古有不有獨立的程度？有不有自決的能力？蒙古是開化最遲的民族，知識當然不及他國，我們漢族乃是世界文明古國之一，知識比之蒙古，一定要高過幾層，一班學者平素所說的』民主共和』。都是一些空談；新學家所說的新名詞，無一不是模仿外人的皮毛，那裏有甚麼眞程度呢？從此也可知道蒙古獨立，未必就是他們的本來面目？

先生說：『中國自己還伏在國際帝國主義和國內軍閥交相壓迫之下，收回蒙古是不是能保障這位兄弟不遭和他一樣的命運』？這幾句話，表面上看起來，固然是不錯，我們要問：蒙古獨立之後，誰能擔保蒙古不爲帝國主義所侵犯？現在日本無時不在打蒙古的主意，無時不在想吞併蒙古的計策。我想蒙古與我漢族脫了關係後，日本更好施行他的主義，蒙古就難免不爲他們口裏的肉，到那時候，我恐怕蒙古比現在還要吃苦些！蒙古在漢族之下，固且漢人不能保障他；但是五族合力來抵制帝國主義，那比單獨一族要强得多了！所以我不贊成蒙古獨立，蒙古獨立，只能使我們五族滅亡，不能使我們五族健强。現在軍閥雖然專橫，五族的人民，可以結一個很堅固的團體，去推翻他們，建一個眞正的民主國，這就是我所希望的。

宋先迺，十二月，八日，于常德

先迺先生：

辛亥革命後，確有所謂合五族而成中華民國的一種變化。但『政治的組織是隨着經濟情狀而決定的，想將蒙古安放在經濟較進步的中國政治管理之下，便不會合蒙古人民的需要，中國的經濟和政治是會對蒙古生一種高壓的勢力的』，這種高壓的勢力，明白的說，就是中國商業資本對於蒙古民族的重利盤剝（參看本報第五期至第七期的『蒙古及其解放運動』）是要藉『五族共和』中所占的政治支配地位更順利的進行的。所以除了軍閥的壓迫一層不算數，我們在根本上不能承認『五族共和』中占主要地位的中國資產階級不掠奪或壓迫經濟落後的蒙古人民。此處我們可舉兩個例：日本資產階級掠奪朝鮮爲一種形式，英國資產階級隸屬愛爾蘭又爲一種形式。愛爾蘭在英國『憲政』之下，不是老早就有『選舉權』『自由權』嗎？我們可以『英愛互助』『共同生活』來解釋愛爾蘭的獨立問題嗎？

普通的文化程度爲一事，一民族的生活行動又爲一事。你問蒙古有不有獨立的程度，我們可以正確的答應：有。何以有？就是蒙古民族業已產生了一個具有適當，政綱明確學理與堅決行動的國民革命黨。本報第五期至第七期的『蒙古及其解放運動』那篇文章，就是蒙古國民革命黨的代表做的。從這一點講來，恐怕中國國民運動的知識程度還遠不及他罷。

蒙古獨立與解放的主要條件，就是與社會主義的勞農俄國聯盟。勞農俄國的反帝國主義的勢力，現在業已伸張到了海參威。所以你未了的問題已有事實作解答。『五族合力來抵制帝國主義』，這是很對的，我們並且要聯合全世界的被壓迫民族來抵制帝國主義呢。君宇不說過嗎：『中蒙終久是會合在一起的，不過他的實現，至少要在中國打倒軍閥和推翻國際帝國主義的勢力，能建立一個眞正共和國家的時候』。我現在更可申說一句：中國如果一旦有個爲自由與獨立而奮鬥的政府出現，與勞農俄國聯盟來反抗帝國主義的侵略，那末中蒙民族馬上就到『合力抵制』的陣上來了！

振宇代答

（中華郵務管理局特准掛號認爲新聞紙類）
一九二二年十二月三十日

定價
零售每份銅元四枚
郵費三分全年大洋
一元三角半年大洋
七角郵費在內

The Guide Weekly

週報

◀第十四期▶

每星期三出版

發行通訊處
上海老西門華浜路關毆里四錢
北京大學第一院收發課轉到伯書

分售處
上海亞東圖書館
上海民智書局
上海公民書局
北京大學出版部
武昌時中書報合作社
長沙文化書社
太原晉華書社
濟南齊魯書社
南京樂天書館
成都華洋書報流通處
杭州古今圖書店
香港萃文書坊

時事短評

萬國公民大會與上海的裁兵運動

外國資本家的新方法

殖民地政治運動的新形式

中國資本家：

還是跟着外國資本家走呢？

還是跟着中國國民革命黨走呢？

和森

河南土匪架去一些外國人後，旅居漢口的外國資本家會開了一個『萬國公民大會』，電請各國政府質問中國政府有無擔保外人生命財產之能力。他們一度與在漢開會的商聯會接頭之後，即派代表瑪克密爾等赴上海，要上海資本家和商人推舉聶雲台余日章做代表，與他們『聯合』對中國軍閥作嚴厲之警告。瑪克以萬國公民大會會長名義向上海資本家提出下列成文建議：『近來中國財政紊亂，法律與治安不能維持……大會應催促中國政府對於中外人民之生命財產有適當之保障，謀法律與治安之恢復。吾人深信此事之根本原因由於自私的軍閥主義所釀成，故大會應促成建設憲法政體，使武力歸納於民治之下……故吾人應努力進行下列二項：（一）軍閥主義之消滅，（二）憲法政體之建設，（三）國家財政有適當支配而無侵蝕之弊。吾人有此確定提議，即要求各地商會，中西輿論界，公私團體及個人，盡力造成公共輿論以達此目的』（詳見十一月廿七日申報）。

上海資本家在外國資本家這樣發啓之下，以『主權』『自動』爲名，就發動了一月以來裁兵運動的電報呼聲。但英美機關報還以爲不足，居然主張『革命』。最守舊最反動的字林西報，居然說：『今日之事，非枝枝節節剷除匪黨之問題，乃根本上肅清亂源之問題。前數星期之事，大損中國體面，凡自愛之中國人……既深知大損國體，當能喚醒彼等爲一致有力之羣衆運動，使軍閥政客不能不俯首聽命……中國輿論斷然業已激起，惜尙不即爲急劇之行動……當滿清時代中國人民具有此種確實之權力……民國成立，此權力似已消滅。苟不恢復，則中國之共和制度永爲世界民治主義中之最大笑話……』（見十二月十六日申報）。

當字林西報——英國帝國主義在華的機關報——的記者說這些話的時候，彷彿他是一個主張中國革命的民主主義者，彷彿他忘記了十年以來英國帝國主義妨害中國民主革命的歷史，彷彿他忘記了最近兩月字林西報屢次勸告中國資本家脫離國民黨(因爲共產主義者的加入)的破壞宣傳。

這不是字林西報記者的善忘，也不是英美資本家的善忘；但是他們要用這個新方法——華盛頓會議的產物——把中國幼弱的資產階級集中於他們號召之下，準備將來代他們掌握中國的政權。這就是帝國主義在殖民地政治運動中的新形式。

口頭上還沒忘記『主權』『自動』的上海資本家們，你們今後還是跟着外國資本家走呢，還是集中到中國國民革命黨—如我們所要求的，以排斥外國帝國主義壓迫爲第一任務的黨——的旗幟底下來呢？

雙管齊下的國際帝國主義

振宇

近日英文京津泰晤士報載稱，駐京各國使館，鑒於中國情形之危急，『深爲憂慮』。刻已分別致重要海電於其本國政府，略謂：中國政府，缺乏責任能力，在行政財政各方均然。凡在中國國內有利益之各國，當此之時，不能更無所動作，現在中國國內，布爾塞維克主義流行：人民在軍閥主義壓迫之下，怨聲載道：政府所欠各種外債，仍未償還：政府官吏薪給，積欠不償；公共事業，廢棄不治；兵士被迫，流爲盜匪；災荒深重，賑務棘手；國內戰事，日有所聞；國會終日爭攘政權，不問他事；工人罷工時作；內閣幾無時不在變動。使館鑒於情形之危急，特提議敦請各國合派一委員會來華考察，救濟本國之利益，而救中國人民之艱難，俾中國得返其原狀。

同時倫敦，東京各帝國主義的機關報齊聲動員，鼓吹本華會決定的『共同政策』，迅速爲他們所稱『爲將來世界第一市場』的中國建立一穩固政府』。並說：『外國或將爲勢所迫而與督軍直接交涉，如此則勢力範圍又將發見』（見路透社本月十六，十九，二十日特電）。

但是我們試從他方面來審查這幾個月內國際帝國主義在中國的行動：資助陳炯明割據廣東；大賣軍械給張作霖；放出安福禍首作亂；扶植青島的土匪；最近美國帝國主義者還密運六架飛機給直系軍閥。

他們這種雙管齊下的方法，還有『華會決議』做根據呢！

舒爾曼陳炯明張紹曾與聯省自治

振宇

民主主義的叛徒陳炯明，近日對粵報記者發表他『改造中國之主張』，主張行聯省制度，他要『令各省得競爭於自治一途，俾各省發展其民治之精神』，並說在聯治制尚未實行之先，『須由國會制定種國憲以爲之保障，免爲破壞聯省制度者之藉口』。

同時美國公使舒爾曼，在濟南演說，鼓吹『好政府』和聯邦制，遙遙爲陳炯明的聲援。張紹曾對議員們宣布的五項政見，也特別標明容納獨立各省份的意見以謀『統一』，所謂獨立各省份當然是指廣東，湖南，浙江，東三省等。所謂容納意見，當然是容納聯督割據的意見。這中的消息，讀者可以猜着罷。

英國資本家退款與學的用意

振宇

倫敦十四日電：泰晤士報登載北京訪員發來勸英國退還庚子賠款充華人教育經費之文，略謂美所拋棄者，英國必不可再取之。移此與學，既利人又利己。苟不犧牲，則在此世界最大商場與他人作振興商務與謀取好意之競爭時，難保不受大影響。吾人無所行動以直接維持英人在華人中之勢力，而美法則以取諸中國之金錢，作大規模之宣傳運動……（見京滬各報）。這就是英國資本家退款與學的用意！

勞苦的同胞們，我們試回想二十幾年前的庚子年：英美各國的『強盜們屠殺了我們無數千百的反抗帝國主義的苦同胞，又榨取了這樣淋淋的巨大賠款，這筆賠款的來源，就是全國勞苦羣衆的血汗。他們榨取這麼多年以後，現在又相競拿着在中國的智識階級中來製造他們各自的奴才，爲的是要永遠爲他們統馭中國的勞苦羣衆！

中國人和外國人

田誠

美商克門由張家口駕汽車偷運現洋出境，駛至西沙河地方，中國守卡兵士要求檢查，克門拒絕，至起衝突。後克門向兵士連放二槍，兵士亦還二槍，中克門肩部。克門回京沒有幾天工夫，因傷重死於醫院。克門死了之後，王正廷立刻向美國公使道歉；美國國務院和美商聯合會都要嚴重交涉；有些外國報紙大事鼓吹，說這事若不予嚴辦，殊有傷白種人的威嚴；還要減少中國人對白種人從來敬畏的觀念；將來或許釀成排外思想，再演庚子事變。此等侮辱中國人民的論調，藉端希圖欺凌中國的論調，簡直使個個中國人都難忍受。

中國律師陳達明在上海租界被美國人根塞毆辱，陳某的眼鏡被打碎了，人也被打傷了；中國人楊某旁觀不平，就着陳某打那橫行無忌的美國人。後來來了兩個印度巡捕，把陳楊二君像捉賊樣，抓往巡捕房去了；那個打人的美國人，印捕却不敢抓他。到了巡捕房，陳楊二君被禁在鐵欄裏面，那美國人却和那西捕頭自由談笑。陳君還須到美國按察使去告狀，案子還沒了結。在中國領土之內，外國人隨便毆辱中國人，外國巡捕隨便逮捕中國人，結果還要到外國衙門去告狀。這是不是表現中國人已是隸屬外國的奴隸呢？

拿這兩件事實來比較一看，表現出民族間的怎樣不平等呢！中國人民倘若不能用自己的力量，奮起取消外國在華租界和領事裁判權，並阻止經濟侵略等等，那就永遠要受外人的凌辱的。外國人既是這樣壓迫中國人，當然中國人會仇視他們；所以外國侵略家又要想種方法消滅中國人的民族感情，免去中國人憤恨外國人的危險。最近我們的「老友」殖民專家美人李佳白和我國最頑固分子林紓等發刊一種國際公報，盛倡民族間的和平論；李佳白這種事業，當然是代美國政府向中國人下麻醉藥 我們姑且存而不論。但是中國人也是具有腦袋的人類，也會拿這兩樁事去比較一番；如果拿這兩件事來比較一下，卽刻就明瞭那殖民專家李佳白所宣傳的中國人與外國人間之和平，簡直像宣傳狼與羊，貓與鼠間之和平一樣。

看看日本侵略家的話

田誠

日本報紙布滿中國各要鎮，中文的報紙有，英文的報紙也有，通信社也有；很有操縱中國輿論的勢力。日本政府在中國辦這許多報紙和通信社，想必大家都知道他的用意。北京之順天時報，資本十五萬，比北京無論那個中國報紙的資本都雄厚些；爲日本政府在北京之中心宣傳機關。本月念三日順天時報載了一篇「收回青島之聯想」的論說，眞是千古妙文；現在我把他這篇文章摘幾句下來，讓大　自己去領會。

順天時報說道：

「……故中國人較諸外人在本國刻苦勤勉尚不能滿足生活慾望，竟遠涉重洋而開發他國產業，實可謂極有幸福也。雖然，猶長不刺戟其生活慾望，則勢必不及世界周圍之進步，而招至民族之滅亡焉。幸彼外人來華，開發土地，振興產業，兼有裨彼龍自身之利益，復刺戟華人之生活慾，得不至大落於世界大勢之後。故由此點而觀，亦可謂中國人之幸福也。夫中國人旣得大恩，復得人惠，固屬極大幸福……」

「……卽彼張作霖氏所以隱然以滿洲王自任，實際上得據三省而獨立者，亦實負此三省之富力。假令無南滿鉄道，無大連港灣，則終不能以滿洲一隅對峙中央政府也。……而所以能得獨立之實者，要不外大連繁盛所賦予，此則不忘之事實也。……」

「……故今後青島之經營，遂不能不聯想及之。若因經營青島不良，不能振興腹地一帶之產業，不能使山東人民享受利益，則收回主權，亦無何益，莫如將此一小部分地委諸外人經營……」

喪盡利權之魯案協定

致中

本報對於山東問題，雖然發表過好幾次意見，但是還有討論之必要。這個舉國注視的問題，雖已簽約解決了，我相信我們的讀者還會繼續的注意。

山東問題的解決，官場中到極引爲榮幸。有些官僚的報紙，如京報等，甚至讚美魯案協定簽字那天，是中國人民最堪慶賀的日子；幷認定魯案解決結果，是中國的勝利。在第一部協定簽字換約那天（十二月一日）王正廷在中日聯合委員會中演說道：『……幸對於各問題，均已圓滿解決，此誠兩國邦交上一大幸事也』。在另一方面。我們却沒有看見那些真正以人民利益爲前題的民衆——也是在本國領土內享受外國侵略家的踐踏和陵辱的民衆，有什麼欣喜的表示。不但如此，還有不少的人們，明瞭這個協定對於中國全體人民的真正意義。山東公民魯案後援會等曾發表一篇反對這協定的宣言，福建學生且因此宣告抵制日貨。中國國民的態度既然如此，怪不得順天時報和其他漢文的日本報紙很憤怒的說道：爲什麼中國還不快快感謝日本呢？日本天皇這樣很慷慨的把山東交還中國，爲什麼中國人民還不向日本天皇致謝恩的祝詞呢？

但是我們只要把魯案協定略略分析一下，便能發現國民爲什麼不滿意魯案協定的原因。

魯案協定之第一部，於十二月一日簽字，細目共分九章二十八條，細目之附件共十項；內容包括膠州德國舊租借地之交還，公產，礦山，鹽業等等。現在我們不妨把這協定之第一部中的要點說說。日本承認於本年十二月十日正午將膠州德國舊租界地之一切行政權交還中國，但是中國政府須承認青島日本裁判所民刑訴訟事件之裁判，並訴訟行爲，不動產證明，公證拒絕，證書作成及私署證書確定日期之效力。中國政府並格外承認條約批准交換前日本官憲所許可出租之地，租期滿後，以同一條件，准其續租三十年。中國政府更承認續租三十年期滿後，仍得再續租；不過再續租之條件，須按照膠濟商埠租地規則辦理罷了。日本領事館和日本居留民團却保留公產中最精美之房屋和地基共十九處。膠濟鐵路沿線公產，現被日本佔領，本應即刻交還中國，却規定俟開埠地方決定時，另由兩國政府協定。日本政府允將青島佐世保間海底電之一半，無償交與中國，却於附件中規定青佐海底電線之青島一端，也委託日本政府代辦，一切機器線料房屋接線等費用，却由中國政府供給；電報房的主任和技師由日本委派，他們的薪金及其他職員的薪金和額數，均須由中日雙方協定。甚至交還中國之四方及滄口各電報局日文電報之收費多寡，亦須由中日主務官廳協定。中國政府並須交付日本政府一千六百萬日金，作爲收回公產和鹽業之賠償費。此項金額內日金二百萬元，須於公產和鹽業移交後一月以內支付現金。其餘日金一千四百萬元以國庫券交付日本政府，年利六釐，免除一切稅捐。此項國庫券之償還期限，定爲十五年，但不論何時，經三個月前通知，須將本國庫券之全部或一部償清。日本所佔領之山東各礦山，移交一個專爲經營此項礦山所組織之中日合資公司。日本政府既將一切礦山移交這個中日合資公司，這個公司須賠償日本政府日金五百萬元。

青島——這塊中國領土——從前不過被日本資本家強奪去了，現在不過經過一度交還中國的手續，但是拿魯案協定細目第一部一看，便知日本資本家奪得的利潤眞不少呀。此後日本資本家每年因此又要榨取中國人民幾百萬元的『賠款』。八年來日本佔領之山東礦產：現在事實上是依然還在日本掌握之中。因爲個個稍微明瞭一點中日合辦事業之歷史的人們，都十分懂得中日合資公司除了有一張中日合辦合同做假招牌以外，事實上簡直是個日本公司。因爲完成這個『公平』的合辦事業，日本又獲得五百萬大洋。日本資本家和商民人等，在由比司令保護之下：當然視青島爲他們的極樂鄉土，他們曾經盡量收買青島商業繁盛區域之土地；等到這次魯案協定成立以後，他們便變成有永遠租借權的地主了；就是租期最短的，也不會短過三十年的期限了。不但日本領事館永遠佔據八段大地皮和房屋；日本居留民團佔得的土地也是不少，而且沒有一個字提到租金和租期呢。那些讓給日本人會，日本學校；日本醫院的房屋和土地，將變成永遠製造『中日親善』事業的場所了。要是說到日本的神社齋場墓地佔據土地之多，簡直令人咋舌。還有七八千畝的貴重土地，作爲日本人和其他外國人的旣得權，在條約上說是再謀清厘，事實上再不會是中國的領土了；日本政府和商人經營之廣大農場，不過附件上載了一句可以補償贖回。倘若你再仔細看了附件中的公產項，你又可以找出許多地皮和房屋的損失，而且規定那些什麼公學堂病院等，還要維持而擴充之呢。這樣看來，名義上青島雖說歸還中國了，但是除了名義上歸還以外，恐怕沒有歸還旁的有價值的東西罷。不但沒有歸還什麼東西，日本却爲交還公產和鹽業，又在中國人民身上榨去一千六百萬的巨款。而那些公產和鹽業本來就是中國人民的，現在還是屬於中國人民，不過八年前被日本軍閥用武力搶在手裏罷了。協定上還規定日本由青島輸入機器等貨物，四年內(從本年二月四日起算)可免除進口稅。中國却要在十五年內，每年供給日本一萬萬斤到三萬五千萬斤的青島鹽。就是像洗衣作這樣的小企業，都被日本資本侵入去了，而且這次協定還規定中國政府要給青島日本洗衣業一種保障，這便證明魯案協定第一部的漂亮。這樣一個協定與其說是交還山東的協定，不如說是一個第二次掠奪山東的協定罷。

現在我們再看看魯案協定第二部罷，第二部是規定膠濟鐵路的移交事件，本月五日簽字的。在這個協定第二部中間，或者我們還可以找出日本軍閥的新陰謀。

按照協定第二部說來，日本將膠濟路及其支線於民國十二年一月一日移交中國，中國以四千萬國庫券賠償日本。此項國庫券以膠濟路財產及進款爲擔保，年利六厘，免除一切稅捐、要是不細心去研究這部協定，好像這些就是全部的內容；但是眞正的內容比上面所說的，實在差得太遠。魯案協定並沒有規定日本參加管理膠濟路的條文，也沒一家中國報紙提及日本管理膠濟路的問題，但是日本管理膠濟路的根據早就安排好了。這是怎麼呢？我們要是翻開華盛頓會議中之山東條約看看，便能找出山東條約第十九條如下：

『前條所云之國庫券未還清前，中國政府須選派日本人一名爲運輸總管，又一名爲總司計，與中國總司計會同襄辦事務以國庫券還清時爲限』。這就是說這條中國的膠濟路——這條額外花上四千萬元國庫券向日本贖回的膠濟路——的全部運輸事宜，現在仍然落在日本資本家和日本軍閥手裏。那些日本資本家和軍閥還是可以和從前一樣利用這條鐵路的運輸權，供給中國督軍的槍砲子彈之類，輸送鴉片嗎啡的毒藥。據最近的消息，說是這鐵路的機務、車務，工務，警務等處長，仍由前任之日本人充當，任期二年半(恐怕不止二年半罷？)，各處副處長，才由中國政府指派呢。

上面我們所看到的這些事實，便是：魯案協定値得敍說，値得讀揚的地方。我們雖然只把魯案協定，略加分析，已足夠使我們得到一個很確當的結論。我們的結論便是：日本一方面形式上將青島和膠濟路交還中國，實踐華盛頓會議上的允諾，博得國際上的美名，他方面用他的巧妙的外交手腕，利用中國委員不顧國家利益的行為，依然保留他在青島和濟膠路之主人翁的地位。多年爭持之山東問題，現在日本是得了名利雙收的結果了。日本雖然這樣勝利，他的軍閥的慾望像是還沒有滿足。他們還在青島及其附近招集土匪與以贊助，其用意實欲於日本軍隊退出青島以後，還能暗中操縱和管理青島，如從前一樣呢。也是企圖以土匪騷擾為藉口，推遲青島行政權的交付呢。土匪如何在青島一帶騷擾，土匪最近的行動和土匪歷來被日本利用着做擾亂事業等事實，我想讀者都已十分明瞭，用不着再去多說。現在日本領事又怎樣在青島設警察所等等額外侵略行為，讀者也自能明瞭，也用不着再說。我們還值得注意的一個問題就是中國如何受日本政府侮辱的事實。當王正廷在青島舉行接收青島行政權的儀式的時候（本月十日正午）日本代表演說，簡直沒有把王正廷放在眼睛裏，差不多沒有一句話不是侮辱他（此事中國報紙竟沒有詳細記載）。王正廷的好乖，又是一問題，但是至少從日本代表看來，他總算是一個中國人民的代表，辱侮王正廷，是不是侮辱中國人民呢？

每當我們想像所謂山東交還問題和日本政府怎樣對待中國的問題，不得不令我們聯想到日俄長春會議的經過和日本政府怎樣對待俄國代表等情形。日俄長春會議雖然破裂了；但是俄國得到什麼重要的結果呢？其結果便是在俄國領土之內，現在是沒有一個日本兵了。這個結果，只是由於俄國勞農政府之堅忍和伶俐的政策達到的，並沒有得到什麼「友邦」的「善意援助」。俄國民衆的志願和需要，是有那些俄國代表眞正能夠代表的，而且俄國代表團眞能代表一個完完整整的俄國。但是中國人現在那裏有這樣好的命運呢！中國委員團那能比得上俄國代表團呢！中國委員團不過代表一個由頑固官僚組成而供軍閥使用的政府。所謂「弱國無外交」這句話，不過官僚們欺瞞小百姓的話；惟有沒有一個眞正人民的政府，才處處損失國權。這就是為什麼王正廷等的委員會絲毫沒有作用和分量：這就是為什麼現在這個政府無論和那一國辦交涉，都只有把中國人民的利權斷送給別人。

我們希望中國人民能夠快快起來奪得政權，而且能夠組織一個眞能代表人民的政府。只有這樣，才能將侮辱中華民族，壓迫中國民衆，掠奪中國富源等事實，一概消滅。

洛桑會議與土耳其

和森

土耳其的勝利——由反抗外國帝國主義的羣衆英勇奮鬥得來的勝利，現在在洛桑會議中完全喪失無餘了！

安戈拉國民黨戰勝希臘之後，我們曾經說：假使他仍然立脚在羣衆勢力上面，藉這次勝利的優勢使被壓迫羣衆對於國際帝國主義的反抗愈益橫厲無前，並且始終與蘇維埃俄羅斯結合，不為法蘭西帝國主義虛偽的外交政策所搖動，那末，他一定能得到最後偉大的勝利（參看本報第三期「祝土耳其國民黨的勝利」）。這種假定的反面，不幸就是土耳其現今復陷於帝國主義惡魔的外交圈套中，以斷送其勝利得來的命運之預言！

當希軍完全解體時，英國在博斯波魯斯海岸的軍隊完全沒有抵抗土軍前進的能力，君士坦丁堡勢已成為安戈拉軍隊伸手可得的『勝利之果』；急得魯易喬治魂不附體；乃發出請求各殖民地出兵救援的通牒（九月十六日）。這是何等的好形勢呵！據路透社九月二十八日倫敦電：現君士坦丁局勢，極形危急，土軍各師團均聚集於意斯米，進迫該城，城中恐不免響應，且亦不適於防禦，如被襲擊，協約軍或當退至加烈普里，防守海峽云。又柏林電：土耳其陸軍約七軍團，能戰之士十萬人，並得希軍軍械甚多，還可募集精兵五萬人。所以魯易喬治外貌上雖裝作準備宣戰，骨子裏乃是最怕這一着的

勝利的土耳其，怎樣會喪失這種機會呢？因為基瑪爾中了法國帝國主義者波盆龍(F. Bouillon)的鬼計，波盆龍是攜帶普恩賚與維尼齊洛協定的計劃去運動基瑪爾的。試看十月初旬上海申報所載君士坦丁電：基瑪爾將軍．經法代表波盆龍之疏通．允於開議和局之際停止軍事行動；又巴黎電：基瑪爾與波盆龍晤談後，擬於十月三日在墨達尼亞開軍事會議，以規定撤退中立區域與塞拉斯軍隊之進行方法。同時巴黎帝國主義報紙齊聲讚弱挽回近東危局為法國「和平」政策之成功。實際就是鬼計無窮，往來巴黎倫敦之間的老妖怪—維尼齊洛的成功。由墨達尼亞會議到洛桑會議，基瑪爾拋棄羣衆所要求之民族獨立的軍事行動，天天與帝國主義者作公開或秘密的談判；以為利用英法間的爭門，可用親法的外交手段達到他所代表的要求；並且為踐法土間的秘密互諾，對於聯立戰線！土耳其國民黨與共產黨反抗外國帝國主義的聯立戰線！中主張反抗一切帝國主義到底的共產黨加以嘗試的壓迫。

英法在近東的利害衝突是人人知道的。英法對土政策那點不同呢？英國是始終要謀分裂土耳其，使他一天一天的削弱，以鞏固英國掠奪地位。魯易喬治雖然下了台，這種政策還是沒有改的。法國是操了戰前德國對土的政策，要在土耳其培植一支強固的軍事勢力以反抗英國，並使土耳其外貌上為獨立的國家，而實質上為法國的殖民地。英國與土耳其的關係，比日本與中國還更壞；法國對土耳其模仿美國對中國的態度，故法國銀行資本在土耳其占了最重要的地位，土耳其外債的百分之七十倍自法國各銀行。法國為買土耳其的好感並為撕破不利於自已的綏佛爾和約計．曾首先對土撤兵，使土耳其排英空氣愈益濃厚。但英國屢次宣言，倘法不停止這種政策，英國亦將在歐洲大陸(德國製造排法空氣以為報復。所以法國近東政策中，也就分了米勒蘭與普恩賚兩派。米勒蘭主張近東問題對英讓步 以為稍取德國賠款之交換，普恩賚代表銀行資本的利益，所以對於近東問題不肯退讓。但巴黎資產階級的輿論，除時報外，多數贊成米勒蘭，以為取得德國賠償比近東利益更為重要。故現在洛桑會議中，英法及其他帝國主義者仍以「協約國」名義，共同宰制土耳其。我們且把洛桑會議中最重要的五個問題分析一下：

第一是摩塞爾(Mosul)問題。摩塞爾問題是君士坦丁堡問題的背影，是英法美明爭暗鬥的中心。這個問題的實質就是爭奪煤油。必須了解這種煤油的爭奪，才能了解英法美在近東衝突的真相。世界最著名的米索不達米亞煤油，就是屬於這個摩塞爾省。

一九一四年開戰以前，英國曾與德國資本家及土耳其政府秘密協定米索不達米亞煤油開採的分配；英國得百分之五十，德國資本家和土耳其各得百分之二十五。大戰中，一九一六年，英法復訂立密約，許法國在摩塞爾占優勢。戰後英國皇家煤油公司與法國政府曾經長期密商。一九二〇年四月十五，復訂立協定，就叫做桑萊摩(San Remo協定。這協定的內容，係按照一九一四年的比例，英國把德國那份送給法國，而自己霸取土耳其的那一份，換句話說就是：英國得米索不達米亞煤油百分之七十五，法國得百分之二十五。但法國是很不滿意的；全國資產階級報紙都動員起來反對，說：英國這樣對待法國，簡直是把法國當作殖民地看待；法國戰前每年須從美國美孚煤油公司買入四十萬噸，戰後增至一百萬噸，年費二十萬萬佛郎；今英國縮減大戰中的許諾，法國為經濟獨立計決不能甘休云云。

桑萊摩條約簽字，在美國業已退出歐洲政局和威爾遜下台三星期之後，但美孚煤油大王一聞信息，狠叫虎號，立令國務院向英國提出

抗議，並反對國際聯盟英國代管摩蘇爾的決議。於是暗中就形成了『世界的煤油戰爭』。最後英國只得把摩蘇爾油田重行瓜分，令法美各得百分之二十五。但法美依然是恨恨不平的，所以美國近東政策常與法國一致以反抗英國。現在洛桑會議的幻劇完全建立在這種黑幕之上。美孚煤油公司派代表漢米頓（Hamilton）出席於會議。黑幕中怎樣瓜分油田，外間祕不知道，惟莫思科十二月十一日電：據洛桑消息，美國代表對於近東石油問題異常注意。英美雙方均欲掠取米索不達米亞油礦。現方暗中接洽，真情無從探悉。惟據報端所載，美國將與英國共同採取摩蘇爾油礦。英國可得產額百分之二十。法國態度頗為曖昧，對於英土雙方均表示好意云。

至摩蘇爾問題關於土耳其本身，就是領土與政治經濟獨立的樞紐。摩蘇爾居民的大多數屬於土耳其，但英國乃一刀將他和土耳其割斷，建立一個英國保護的小王國！伊拉克（Iraq），於十一月初結立英伊聯盟條約。據路透社十二月十六日洛桑電：『英代表以意見書送交土代表，說明摩蘇爾不能脫離伊拉克之原因，謂摩蘇爾土人僅占全境人民十二分之一，而經濟上惟伊拉克與敍利亞是賴。若以軍事言，摩蘇爾讓與土國，則巴格達（也是英國製造的小保護國）與伊拉克將無險可守，國將分裂。英國受代管之義務不能放棄，而伊拉克不能分割云云。土代表聽之大為失望』。完了，土耳其民族獨立的樞紐，就被這些『失望』的官僚送掉了！

（未完）

讀者之聲

從經濟的視察不單是援助蒙族獨立

歷來的戰爭，革命，都莫不有經濟不平等的原因和成分在內：所以政治的組織，是以經濟狀況為轉移。在私有資產制度之下，把不同一的經濟狀況的民族，受同一的政治支配，當然會發生壓迫的恐怖現象，這是不可逃避的事實。假使世界上民族的經濟發達到同一程度，自然容易打破一切範圍和隔膜。也許自然受同一政治的支配。不然，只有打破私有資產制度的一條大路。

經濟是一切社會政治……的基礎，社會一切政治是經濟上面的建築物；基礎不同，那麼，上面的建築物，也即不同了。勉強把不同一的基礎，建築同一的建築物，這樣當然會發生不穩的狀態；所以在私有資產制度之下，勉強把經濟不同一的民族，受同一政治管理，說是共同互助，共同生活，未免錯了；主張民族自決的人們，不可不認清這一點。

中國是經濟落後的民族，世界帝國主義者天天計劃國際共管來壓迫，是我們應該奮鬥的。然而五族共和裏邊蒙回藏的民族經濟狀況，比較漢滿民族尤落後一步，我們尤應該盡力援助，使他們有反抗國際帝國主義的力量。

易子凡　於北京

本報啓事

一本報歡迎閱者直接向本報發行通訊處定閱，郵寄當特別從速。

二本報歡迎轉載，但須注明『轉錄嚮導』等字樣。

三本報經費日漸困難，凡由本報贈閱之各團體，請將郵費（國內每期一分，國外每期三分）寄交本報發行通訊處。如各團體能自動定購本報者，尤為歡迎。

四本報各期第三版快出版了。

所謂『最持愛他主義』之密勒評論（上海出版，美國人的）說：『一般在滬華商，並不願歸中國法律管轄。苟其願之，則將在閘北南市或甯波廣州經商。其所以來上海者，即為願受外國法律保護耳。』代表上海華商之商報回答說：『是直厚誣我國商人，而認為絕無國家主權觀念矣，商人其能承認乎。』十二月・廿四日

The Guide Weekly.

嚮導 週報

（中華郵務管理局特准掛號認爲新聞紙類）

一九二二年十二月二十七日

定價：零售每份銅元四枚，郵費三分；全年大洋一元三角，半年大洋七角，郵費在內

分售處：上海亞東圖書館　上海民智書局　上海公民書局　北京大學出版部　武昌時中合作書報社　太原晉華書社　長沙文化書社　濟南齊魯書社　南京樂天書館　安慶洋書報通書　杭州古今圖書館　香港孝文書坊

◀第十五期▶

每星期三出版　發行通訊處：上海老西門蒙派路閣發里八號　北京大學第一院收發課轉鈞伯育

革命黨的「否認」病

國燾

中國革命主義者的觀念上，自然有許多錯誤；消極的「否認」觀念或者是最大錯誤之一。下面這些事實，足夠證明「否認」觀念仍然支配一般的革命心理：

本月廿七日上海總商會所發起之裁兵制憲理財委員會招待新聞記者，歡迎他們賜教。席間民國日報記者邵仲輝發表意見，說道：『北京政府及所任命之軍閥，如總統，巡閱使，督軍，督理，以至總司令，國民概不承認。如有接洽，概以先生稱之。一則可以表示平等，一則表示其官職在法律上不生效力；所謂惟名與器不可以假人』。這就是仲輝同志貢獻商界三項辦法中之最重要的一項。接着還有葉楚傖同志演說，又把仲輝的大意重述一遍道：「至言辦法，則須以北京政府地位之承認與否爲前提。如不否認北京政府，則任何辦法，斷難有效。」這兩位代表國民黨報紙的記者演說的用意，無非想引起商家反抗北京政府，不幸只是傳授他們一些孔子的名分論和消極的否認論。這種消極的否認觀念，一半出自只圖建立革命政府反抗非法政府的片面革命策路，一半出自缺乏革命精神的舊觀念。雖然這個「否認」觀念使各種民衆運動受許多磨折，使革命事業受重大打擊；但是革命黨人現在還沒有脫離「否認」觀念的病態。

最近幾年之內，「否認」觀念留下的壞影響，實在數不勝數。五四運動的進程中，上海學生和北京學生爲否認北京政府案之爭執，引起不斷的衝突，全國學生聯合會畢竟因而破裂，因而消滅。全國各界聯合會及其他由國民黨領率的團體，一俟否認北京政府的議案通過後，便放棄一切實際反抗北京政府的行動，甚至失去活動機能。最近之勞動立法運動，又因國民黨分子否認民六國會之成見，引起勞工界之紛糾。如果民黨分子仍然向商人宣傳「否認」政策，恐怕又是一次的失策罷。

我們并不是說民衆不應該否認北京政府和民六國會以及各省軍閥，但是僅僅否認他們，於革命上爲無意義。如果一旦民衆獲得了政權，我們是會立刻否認一切賣國借款和賣國條約，絲毫沒有顧忌的。但是革命未成功以前，我們便須承認軍閥官僚的存在，并拿他們當做我們描準的目標，不斷的向他們下攻擊。并且拿他們的種種賣國勾當和暴虐行爲做攻擊他們的引線。倘若我們現在只是否認他們，事實上有什麼效果呢？我們敢斷言：絲毫沒有效果。這樣是說，如果軍閥官僚

繼續握掌政權，即使全國人民都否認他們，他們仍然可以一樣的進行賣國借款，一樣的橫征暴斂，一樣的搶掠屠殺。進一步說，只是消極的否認他們，等於閉着眼睛讓他們作惡。這個理由，極其簡單，極易明瞭。因為只有民衆的實力才能打倒一種暴力，所謂「否認」的心理和『否認』的表示，簡直不能危及暴力的毫末。所以革命黨的重要工作，是如何增厚民衆實際反抗的勢力，并不單是在口頭上造成否認軍閥賣國政府的空氣就算完了。

許多反對否認北京政府的分子，確是缺乏革命精神。他們只知向軍閥官僚告哀苦，希望軍閥官僚改善他們的境遇，絲毫不覺得革命之可能與必要。同時民衆贊成革命的，的確還是極少數。要是革命黨為的用一種適當的政策，這些今天還反對革命的民衆，明天或許就會贊成革命，而且總有一天，他們會變成革命的信從者，因為他們那種和平改良的希望，始終達不到目的。現今民衆既然只有要求改良的動機，還沒有真正覺悟革命之必要；如果國民黨總是要求民衆否認政府，民衆便一方害怕，一方覺得否認政府并沒有益處；結果民衆便不會與國民黨接近呢。倘若民衆還承認北京政府，倘若他們還沒有覺悟；倘若他們還向政府要求這個那個，革命黨便要讓他們去要求，而且還要不斷的引導他們去要求。倘若民衆願意支支節節去攻擊政府一下，革命黨便應該率領他們去攻擊。因為民衆向政府要求一次，便增加一次的失望，向政府攻擊一次，便增加一次的憤激。這樣做去，才能得到三種重要的結果：(一)由這許多次的失望和憤激，促醒他們相信革命是惟一的方法，(二)這種零細的要求和攻擊，便是一種民衆的訓練，如同兵士練習打靶一樣；(三)革命黨藉此得到時常與民衆接觸的機會，得到向民衆宣傳革命的機會，結果便能使民衆信用革命黨，也能使民衆的革命氣焰變成由一個或數個革命黨指揮的革命運動，而且是有組織的革命行動。所以否認北京政府的觀念，不曾造成縱容軍閥官僚作惡的形勢，也是停止一部分最重要的革命工作，不但無益，反有極大的損害。

一個革命黨一定要有兩個計畫，一個是最高度的計畫，一個是最低度的計畫。最高度的計畫便是由革命而建設一個理想社會的原則，最低度的計畫便是目前奮鬥的方略。倘若沒有最高度的計畫，固然不能成為革命黨；要是沒有最低度的計畫；何能使民衆相信革命黨是真正為民衆利益奮鬥呢？要是革命分子沒有獲得民衆的信用，何能集中民衆勢力於革命旗下呢，又何能造成一個大革命黨呢？現在國民黨的最低度計畫；除了軍事行動不計外，只是今天聯張作霖，明天聯段祺瑞。簡單說來：國民黨除了與軍閥周旋以外，簡直沒有別的目前奮鬥的方略；怪不得民衆難以發現國民黨是代表民衆利益奮鬥的政黨。同時我們看見：民衆漸漸覺醒，各處都發生爭民權，爭自由，裁兵，承認蘇俄，廢除治安警察法；反對山東協定等運動；但是個個運動都沒有得到國民黨的助力。如果國民黨永遠躲在否認北京政府的觀念之下，絲毫不去實際的參加這些運動，這是國民黨何等的損失呢！我們以為國民黨與其只靠由軍事革命而建立一個局部的革命政府，同時否認北京政府一切行動，不如在全部革命不能成功之前，採取反對北京政府的態度。而且國民黨只有立在北京政府的反對黨地位，不斷的代表人民向北京政府下攻擊；如是所有反對北京政府的勢力，才能聚集國民黨旗幟之下。即使民衆仍然願意向北京政府去要求什麼；國民黨也要引導他們去要求，不過應該採用直接行動的方法罷了。我們不能說軍事行動不是攻擊北京政府的方法；但是單是軍事行動，未免太是片面的。像這次商人要求政府裁兵制憲理財的運動，實在含有反對政府的色彩；國民黨最好把否認北京政府的老調子收起來，即刻用實力贊助商人的要求才是。而且俄國共產黨的歷史，很可以給我們一種教訓；俄國共產黨革命沒有成功以前，曾有不少的共產黨人加入議會，代表俄國無產階級要求改良生活；而且不斷的引導羣衆做爭自由與解放的運動。我們知道中國只有幼稚的革命歷史，自然革命黨免不掉許多幼稚的病態；但是我們希望國民黨能夠跳出這個「否認」病態的範圍，一方指揮已屬革命旗下的羣衆實際利用個個反抗政府的機會，一方促起沒有覺悟的羣衆向革命的路上前進。我們知道這種反抗政府的羣衆直接行動，是革命進程中一步艱難的工作。但是要完成革命，這步工作，是沒有法子避免的，而且只有這樣有系統的努力，才能使羣衆覺悟，才能使革命黨日見發展，結果才能建立一個真正獨立的中華民國呢。

洛桑會議與土耳其

（續第十四期）

和森

第二是君士坦丁和海峽問題。這個問題有三層的重要：第一，他是土耳其民族的咽喉；第二，他是煤油輸出的孔道；第三，他是俄土聯合的要害。所以這個問題不僅在政治上軍事上爲重要，尤其因爲煤油問題而更重要，因爲他是米索不達米亞，羅馬尼亞，巴庫等一切煤油出口的樞鈕。在煤油問題未妥協前，法國自然樂於坐視土軍向君士坦丁進逼到某種程度，使魯易喬治狼狽不堪。但根本上，法國和英國一樣，土耳其民族是他們所要永遠奴隸的，米索不達米亞煤油是他們所要儘量瓜分的，反帝國主義的勞農俄國是他們所要竭力防禦的，所以君士坦丁和兩海峽始終是他們所要共同管理的。他們必須永遠扼住土耳其民族的咽喉，才能永遠奴隸土耳其民族；他們必須不放棄這種共同的管理權，他們手中才有共同奴隸土耳其民族的工具。所以他們在洛桑會議中，板着毛臉，仍以『協約國』名義，堅執共同管理或國際聯盟(專事宰制弱小民族的强盜聯盟)管理的辦法。最初土代表伊斯美自然與蘇俄代表擁護土國主權和獨立的主張一致，並向克松（英代表團領袖）提出對案：(一)拒絕一切軍艦通行海峽，(二)將海峽管理權交還土國。據路透電說：『土代表尙未完全陳述一切，致爲克松所呵斥』，這就是表示帝國主義者用『平等』態度對待土耳其的禮貌！美國帝國主義者季爾德更不客氣的宣言：『世界各公海，美國皆欲駛入之。凡美國人民或商船可往之地，若不容美國軍艦駛往，以行使『和平』職務，則非美國所樂聞』。準備讓步的土代表，經克松『呵斥』和幾番秘密談話之後，便與俄代表携貳，承認協約國所提出的共同管理辦法『可據爲繼續討論之基礎』，十二月十八日，俄代表復提出新對案：(一)外國軍艦不許經過海峽，惟遇特別情形時，土國可准潛艇除外之小軍艦通行，(二)土國可埋水雷或施行他種海陸軍方法，以確定其主權，(三)國際海峽管轄委員會以土人爲會長，而其組成份子應爲黑海諸國及德美英法日意之代表，(四)簽約國須承認黑海諸國非公開之海。這個新對案，據路透電報告，說是惹起克松的『大憤怒』，謂『法意代表皆謂世界正佇俟此會的結果，此會既已進行至目前地位，斷不能再從頭議起』。

十二月二十日路透電又接着報告說：『洛桑會議決裂之恐慌現已消除，克松回寓時面有喜色。有問其會議將決裂者，克松笑曰，土代表已表示極和順之態度，俄代表在會議中已默不作聲』；又二十二日伯林電：『洛桑會議，自土代表伊斯美對於協約國提議中各要點讓步後，該地空氣頓呈和平氣象。英外相克松云。深望土國與協約國間意見分歧未能諒解之處，能由私人談判調劑之(注意！)』。這樣看來，安戈拉政府關於海峽問題業已『極和順』的向協約國投降了，英國帝國主義者還有什麼不得意呢！

第三是少數民族問題。協約國在近東標榜所謂「保護」少數民族問題，實際就是英國帝國主義分裂土耳其的政策。這種政策，一面因為法國對於英國的讓步，一面因為美國帝國主義要步英國後塵得到某些個所謂少數民族的管理權，故在洛桑會議中格外進行得順利。我們看看下列路透電的報告，就可知道英美法意各帝國主義者，怎樣合夥在洛桑會議中宰割土耳其了：十二月十四日洛桑電，土國已承認協約國關於少數民族之會議，克松強硬之態度得法意之援助，遂得勝於洛桑，土代表伊斯美已依允協約國所要求之各點，惟為阿米尼亞人創一國家之議，則遭拒絕；又洛桑電，少數民族股員會之今晨會議，頗為美滿，此乃克松態度堅定所致，土代表完全改變其觀念，而切實允加入國際聯盟，克松乃表示滿意而退；又電，昨晚少數民族股員會散會後，與會諸方面極為活動，冀免決裂，英法意代表出入不息，逾夜半始已，大約美代表季爾德斡旋最為有力，季爾德與伊斯美晤談良久，力勸其和緩從事，當時伊斯美沉默無多言，並未表示從違，但觀今日土代表之依允，則季爾德運動解決少數民族問題之有效，亦從可知已，今日散會後發表公報，謂克松發言，對於伊斯美之言論，頗覺滿意，而土國願加入國際聯盟會之說，尤可歡迎，法意代表亦各發言，意思相同，此後股員會乃辦理細則；又倫敦電，土國在和約告成後加入國際聯盟之決議，已使洛桑之緊張空氣大為鬆動，大會日期可望因以縮短，而完全諒解亦可望速成，蓋任何問題如有相持不下之處，可照少數民族問題辦法，交聯盟會辦理也。協約國帝國主義者在洛桑會議席上這樣輕輕快快的宰割土耳其之後，還要請土耳其入他們的牢籠（國際聯盟）呢！

第四是治外法權和監督財政問題。這類問題，協約國帝國主義者最怕蘇俄參加，為的是要把土耳其宰制得無聲無臭，所以最先就把洛桑會議的議事日程分成為兩部份，只許蘇俄參與海峽問題，而不許其參與對土締構和約問題。因此，土代表關於這類問題在會議所受的欺凌，比較海峽問題更為痛苦。據十二月三日路透電報告：委員會辯論治外法權等過渡條件時，土代表伊斯美將軍稱，土國可自行取銷此種權利，協約國代表則謂協約所賦之權利，不能由一方面任意取銷，必須有他種擔保而後可，美代表季爾德稱，如遇法律困難，美國將不得已而與協約國立於同樣之地位，日代表林權助稱，日本曾久受治外法權之苦，故表同情於土國之要求，但日本籌擬新法律，歷二十年始告成功，土國必須經若干年籌備，方能制定可獲協約國充分信用之新法律云，林權助主張土國與他國相互讓步。這就是表明協約國帝國主義始終不肯承認土耳其的主權，始終不肯承認土耳其的法律，始終想要以土耳其為他們的奴隸。即如常常帶着假面具以欺騙遠東和近東弱小民族的美國與法國，對於這問題所發出的無恥議論，與英國帝國主義者沒有兩樣。至於監督財政一層，協約國雖然另提所謂擔保條件以代替從前的投降條款，但這種担保條件的苛酷比投降條款還更嚴厲。我們試看十二月廿八日路透電的報告，就可知道協約國帝國主義者怎樣在洛桑會議中合力打消土耳其撤廢治外法權和監督財政的要求。路透社廿八日電：第二委員會討論投降條款問題，已三星期，現竟莫能使土國就其範圍，故於今日開全體會議，以意代表嘉洛尼侯爵為主席，會商三小時之久，協約國發明白之言論，美代表季爾德亦發有力之抗議：土代表伊斯美言論激昂，指協約國所擬之担保條件，較原有之投降條款尤為嚴酷，協約國發言人警告之，謂土國不能恢復第十四世紀之舊狀，伊斯美在休會時，允考慮會場之言論，季爾德氏一再聲明義務之不可放棄，謂美國表同情於土國主權，並希望土國進步，但主權含有最高之責任，日代表林權助稱，伊斯美之態度殊為可惜，須知協約國之擬此計畫 頗特別注重，恐傷土人之情感，願土人對於治外權等事，能以日本爲模範，英代表克松稱伊斯美言論若斯，和局如何能成，法代表之警告，日代表之勸導，及美代表之聲明，皆足動世界之聽聞，世人一比較協約國代表與土代表之言，則是非自有公論，克松又痛陳土國司法及警政之缺憾，並勸土國慎思其目前態度及於對外貿易之影響，克松末稱，土代表想尙未發其最後之言，如已發出，則進行會議何益之有，今日會場言論，既非危詞恫嚇，亦非哀言求情，願土代表勿輕視之云云。伊斯美在英美法意日帝國主義者協同的高壓之下，已「允考慮會場之言論」了，然則土耳其撤廢治外法權和監督財政的前途，又可知道了！

第五是希臘償付賠款問題。這個問題除路透電報告土代表怨協約國拒絕希臘和維尼齊洛提出抵賴的對案之外，還沒有別的決定。將來協約國縱有點糖給在會議中甚麼都喪失了的土耳其吃一下，然而味道總是極稀微的。

然則土耳其在洛桑會議中所得的是什麼？重新得了一副奴隸的枷鎖和行將被迫而簽字的投降條約！據十二月底路透電的報告，土耳其對於摩蘇爾問題海峽問題等最後抗議的結果，已使協約國『忍無可忍』，一面已準備向土耳其下最後通牒，一面已動員令英國地中海艦隊於二十八日開赴君士坦丁。勝利的土耳其，現在已是刀下的肉了，還有甚麼話可說呢！當十一月六日，安戈拉國民議會議決交給伊斯美將軍赴洛桑議和的大綱爲：(一)土耳其疆界應與國民公約相符，(二)希臘償付賠款，(三)取消治外法權等優待條約，(四)改定伊拉克邊界，(五)土國在財政上政治上經濟上之完全獨立。這些條件，原是只有不停止九月間勝利的軍事行動，與蘇俄和反抗帝國主義的羣衆併力前進，方能達到目的，大早跑到帝國主義者外交的陷阱中去，結果自然只有陷於現今的悲慘地位。現在安戈拉政府只有兩條出路：一是背叛國民公約向協約國重新投降；一是擁護國民公約，與英國決一死戰。但是九月底以來軍事上的優勢英國早已布置妥當了；安戈拉的財政狀況現已不能支持了；所以結果是啞子吃黃蓮，安戈拉政府只有飲恨向協約國重新投降一條路！

安戈拉政府爲什麼會陷於這樣的境地呢？就是因爲他前此所以致勝的對外政策和對內政策之動搖。這種動搖的具體表徵，就是在勝利後與洛桑會議開會之前，一面顯出濃厚的親法傾向，一面對於共產黨—土耳其民族反抗外國帝國主義的眞正指導者—翻臉而加以壓迫。這種變化表現出什麼意義呢？就是表現反帝國主義的聯合戰線中之階級抵抗。我們爲使讀者充分了解這變化起見，實有把土耳其國民運動的根源簡單分析之必要。

在一九〇八年土耳其資產階級革命以前，在大商業上占主要地位的爲西歐資本主義的經紀人之非土耳其分子。革命後，青年土耳其黨曾力謀削弱非土耳其分子的地位以鞏固土耳其的少年資產階級，但因屢次對外戰爭的失敗，不能實現他們的計劃。及歐戰爆發，土耳其加入德奧方面，於是才給青年土耳其黨以實現這種計劃的機會。一時在『國民經濟』的名義之下，以政府的幫助，創立一些雄大的商業組織來行組織；土耳其少年資產階級在那兩年極端發展的情狀之下，要算完全戰勝了西歐資本主義代理人之非土耳其分子。但戰敗後，又完全恢復舊態，一切『國民經濟』的投機組織皆隨着協約帝國主義的壓迫而消滅。他方面，勞苦羣衆經大戰破產之後，忽經協約國加以武力占領的侮辱，榨取賠款的重稅負担，以及日常生活的昂貴與缺乏，遂激起眞正反抗西歐帝國主義的感情；自士麥里爲希軍占領之後，這種反抗的感情愈益激烈、全國一致，自動的紛起叛亂。聰敏的土耳其資產階級，遂利用這種民衆的不可思議勢力以反抗協約國。素來反抗西歐帝國主義的青年土耳其黨之舊領袖，既因大戰中種種投機與失敗的政策而失了民衆的信任，於是應時而起的基瑪爾將軍遂接着青年土耳其黨的遺產，爲反抗帝國主義的國民運動新領袖。

因爲民衆和勞農俄國的援助，安戈拉政府就到了確定不移的勝利路上。但勝利的形勢一經形成，階級抵抗的意識隨着表現：代表土耳其資產階級的安戈拉政府，以爲既藉俄國幫助到了這步田地，全國勞動羣衆與蘇俄的關係日形深切，則於土耳其資產階級將來的存在終屬危險，遂想漸探疏俄親法之方針，因而深中法代表波益龍的鬼計，不久就有逮捕共產黨之事發生。基瑪爾這種舉動，不但對於共產黨爲罪惡，對於國民運動也爲罪惡，險些兒成了自殺的政策。因爲國民軍是勞動羣衆組成的，蘇俄與共產黨在勞動羣衆中的影響，已是根深蒂固而不可拔，傷了共產黨的感情就是傷了國民運動的中堅勢力：因爲歷史的事實早已證明土耳其資產階級是沒有單獨組織反抗帝國主義之勢力的。共產黨之所以幫助國民運動，就是因爲反抗帝國主義於東方無產階級爲重要，於世界革命爲重要。安戈拉政府若自己拆壞他的牆脚而與西歐帝國主義妥協，共產黨便可用他自己的名義來號召不甘屈伏的偉大羣衆：一面反抗外國帝國主義，一面推翻背叛國民公約的賣國政府。這樣一來，安戈拉政府是沒有存在之餘地的。

現在洛桑會議，土耳其雖然完全失敗，但一面給基瑪爾政府領路襯近法國帝國主義的新穀調，一面給土耳其民族以重新估定由此致勝的對外對內之舊方針，亦未始非土耳其民族解放厄運中之一轉機。據近日路透電的報告，安戈拉國民議會的議員在議會中大罵代表現在對土政策的魯易喬治與克列蒙梭；又莫斯科二十一日電，近東會議，法國頗佔重要位置，但態度始終曖昧，暗中與英攜手侵略土耳其主權，故土耳其人對法日趨冷淡，土耳其國民黨對法尤示憤懣，聽稱法人每高唱法土親善，純係無誠意之論調云云；又十二月二十六日波多電，土耳其代表反抗請對美國代表團列席少數民族副委員會，這就是表示土耳其人民及安戈拉政府對於英法美國同樣不信任的新覺悟。

又莫思科十二月二十五日電，新任土耳其駐俄大使穆克哈貝氏（Muktar Beg），昨已行抵莫思科，謁見蘇俄執行委員長加李甯，呈遞證書，并發表意見，略謂俄土兩國邦交日臻密切，西歐强國雖竭力從中破壞，但俄土邦交並未因是稍見搖動，一九二一年莫思科俄土條約已開兩國親善之端！本人將盡力促兩國前途進步云云。這就是基瑪爾政府飽經國際帝國主義和洛桑會議的欺騙，壓迫，屈辱之後的老方針新傾向呀！也就是土耳其民旋解放前途的光明呀！只要基瑪爾政府反抗帝國主義一日，蘇維埃俄國便要幫助他一日的！（完）

「今日」派之所謂馬克思主義

田誠

我昨天買到一本『今日』二卷四號，把那幾篇反抗中國共產黨和陳獨秀的文章略讀一過；那知竟是一大堆無意識的話。『今日』的作者們很想找出一些駁倒中國共產黨不應聯國民黨之理論上的根據；不幸這個工作超過他們的能力範圍之外；他們不能了解殖民地問題，民族革命運動和社會革命運動的關係，布爾塞維主義，第三國際理論的根據——等理論，是毫不足怪的。但是那些人們很喜歡引用馬克思的話和第三國際的話；那麼我們便可以勸他們看看馬克思的共產黨宣言最末一章和第三國際第二次世界大會關於民族殖民地問題的議決案。馬克思在他所草的共產黨宣言最本一章，指示德法波蘭瑞士等國的社會黨人須按照自己國內政治經濟情形，幫助資產階級革命的民主派；第三國際號召凡屬赤色旗幟之下的殖民地或半殖民地的同志們，實際幫助國家主義的革命運動，反對國際帝國主義。『今日』的作者若

能早看到那些理論，或許可以少鬧些笑話●

在他們那幾篇文章裏面把陳獨秀同志實在說得太多。他們居然把陳獨秀同志加入國民黨的問題，認爲是他變節了。這個多可笑呢。誰也知道陳獨秀同志是多年的老革命家；老早就是共產主義旗下最勇敢的戰鬥員，歷年不斷的用全部精力爲共產主義作戰。那些並不濟得馬克思主義的所謂馬克思派，也有這種資格來說老共產黨陳獨秀變節，這不是太可笑了麼？聽說「今日」的作者多半屬於一個什麼共產主義同志會；胡鄂公便是他們的領袖。這就更有趣了。胡鄂公是誰呢？他是從前王占元的政務廳長，現在的國會議員，他會跑到保定去和曹錕拜壽，也會率領議員到總統府去吵鬧吵鬧，新近又由黎元洪保荐他做教育次長，給他二等嘉禾章。他眞是一個好的馬克思主義者！

從表面上看來，胡鄂公和他的信從者髣髴站在保衛馬克思主義的地位，髣髴站在比我們更左更澈底的地位，倘若我們照他們的文字來判斷，或許我們可以說他們是患「左派的幼稚病」，但是事實告訴我們：這個判決是錯誤。因爲我們看了胡鄂公在國會中幫吳景濂反對民黨議員，再看了他如何包圍曹錕和黎元洪，我們便容易找出他的眞正色彩。在現在的中國，那一個丟掉了臉孔的人，都想戴上一個新名辭或主義的假面具，把原形遮蓋一番。所以我們可以說胡鄂公不但不保衛馬克思主義，而且還說不上患「左派的幼稚病」，不過是光怪陸離的東方式的投機官僚罷了。在他們那一組人中間，也許有些誠實的分子，也許有些眞正想做馬克思派學生的分子，不過懂得的太少。他們大叫特叫的說：共產主義者要推翻資產階級，反去與資產階級聯絡，不是變節麼？這些語調，一方面似乎表示他們對於馬克思主義多少具點熱情；另一方面，表現他們完全不知道去分析全世界的資本主義，也不知道除了本國的資產階級以外，還有多少分子是無產階級的敵人，更不知道去估量各種反無產階級的勢力，找出他們中間的衝突，決定馬克思派應取的策略。這個工作或許是他們負擔不起的，我們決不勉強把這付擔子擱在他們肩上。但是如果他們自信是誠實的分子，如果他們眞要做有氣節的馬克思派，或許首先要拿胡鄂公等的行動，用馬克思派的初淺觀念，加以深深的考量。

因爲嚮導的篇幅有限，我們此時不能詳說爲什麼共產主義者現在應該贊助國家主義的革命運動，但是現在我們可以說：「今日」攻擊中國共產黨和陳獨秀同志的話大半是無意識的；「今日」的作者們並不能夠證明他們自己是眞正保衛馬克思主義，也不能證明他們自己是有氣節的馬克思派。我們還可以說：中國現在惟一的革命的馬克思派的政黨是中國共產黨；僅僅中國共產黨才能代表中國的馬克思主義的發展；而且個個眞實的馬克思派現在都應該跟着中國共產黨去贊助國家主義的革命運動才是。

讀者之聲

記者：

今日是十二月十八號，就是民治主義的叛徒趙恆惕登九五，做湖南王的日子。他個人强姦民意，用金錢和勢力迫着一班不中用的省議員和縣議員選他做省長，號稱民選，其實我們平民何曾願意啊！今日他要就職了。省議會兩邊門口紮了甚麼「民視」「民聽」字樣，眞是好笑！早兩天就請衛戍司令到省議會去商議戒嚴的辦法。「民選」省長就職要戒嚴！趙恆惕今日所要經過的地方及其附近都有兵荷槍站着，不許人民通行。槍上還上了雪白的刺刀，如臨大敵。省憲上原來規定了人民有遷徙的自由。現在只要通過兩條街都不行！「行多不義必自斃」，這是一定的啊，我們還是努力罷！

CHL　十二月十八

敬告本報讀者

本報同人

親愛的讀者諸君！雖然你們付給本報的代價已是不少，但是杯水車薪，本報仍難藉以維持。本報出版才十五期，支出不下一千三百元，收入却只一百五十元。加之郵局往往沒收，使本報受意外損失。爲本報的基礎能夠穩固起見，爲本報能夠迅速發展起見，都非有讀者諸君的特別贊助不可。我們相信我們的讀者多半贊成本報的主張，和我們一樣的愛護本報，所以我們敢同諸君要求援助。而且這裏有許多理由足夠證明讀者諸君有援助本報之必要。

第一個理由，就是『嚮導』有一種不可磨滅的價値。像『嚮導』這樣有系統的批評政治，這樣有獨到的見解，這樣有堅定的主張，在中國要算第一次發現。像『嚮導』這樣擁護眞理，不斷的攻擊國際帝國主義和本國軍閥，在中國也算第一次發現。他是眞正代表中國民衆利益的報紙，他是中國苦同胞的忠實好友，他是中國革命運動中不可少的先鋒，他的影響現已布滿全國，他將來更能完成他的革命任務，在中國革命史上占重要位置。所以這樣一個週報，實在値得讀者的援助。

第二個理由，因爲『嚮導』是中國共產黨的政治機關報。共產黨—窮黨—與著述機關絕對不同，因爲他由出版物得來的代價仍然用在宣傳事業上，爲發展他的宣傳事業起見，我們不但要求讀者出較高的代價，還要求讀者特別贊助。我們相信我們的讀者多半表同情於共產主義，所以應該接受我們的要求。因爲贊助本報，一方雖然是贊助共產黨的宣傳事業，一方讀者自己也可以不斷的看到共產黨的各種出版物。還有一層，現在本報既然代表中國共產黨贊助國民革命運動，一班國家主張者和革命的民主派更應該與我們以充分的贊助。

第三個理由，因爲敵人壓迫本報。本報既是中國民衆的喉舌，所以北京政府，軍閥，外國侵略家莫不壓迫本報。我們的敵人既然壓迫本報，所以本報的好友便須極力加以贊助。

第四個理由，因爲本報是有組織的活動的表徵。本報並不像別的報紙一樣，只是發空議論。本報所發表的主張，是有數千同志依着進行的。倘若讀者贊助本報，便能使共產黨的金錢用在別的實際運動上，使他的運動更易發展，不啻就是贊助中國的革命。

贊助本報的方法如下：

(一)以金錢捐助本報。如有捐助本報金錢者，以三分郵票起碼，寄交發行通訊處。本報接到錢或郵票後，即發一收據；如在相當期間之後，沒有接到收據，即請來函質問。

(二)請直接向發行通訊處定閱本報。長江流域和珠江流域各省向上海發行通訊處定閱；黃河流域和關外各省向北京發行通訊處定閱。

(三)爲本報宣傳，務使本報銷路推廣，定閱人數增加，並自動的勸人捐助本報。

親愛的讀者們！我們相信你們是有贊助我們的力量的；就是很小的捐助，都是我們所歡迎的。諸君贊助本報的意義，便是實際贊助革命的表示。我們固然歡迎諸君的贊助，尤想藉此測度諸君對於革命的同情呢！

十一年十二月廿八日

The Guide Weekly.

週報

中華郵務管理局特准掛號認爲新聞紙類）
一九二三年一月十八日

定價

零售每份銅元四枚
郵寄三分全年大洋
一元三角半年大洋
七角郵費在內

分售處

上海亞東圖書館
上海民智書局
上海公民書局
北京大學出版部
武昌時中書報合作社
太原晉華書社
長沙文化書社
濟南齊魯書社
南京樂天書館
成都華洋書報流通處
杭州古今圖書館
香港萃文書坊

（第十六期）

每星期三出版　發行通訊處　上海老西門肇浜路门發里八號　北京大學第一院收發課轉劉伯青

時事短評

國民運動與太上國民運動

告滬漢資本家

和森

一月五日，中報有兩個專電：一個說，漢口青年會幹事密爾根據全國商聯會廢督裁兵決議案，薦日來津運動各團體協力進行，已得要領，密氏肴日晉京；一個說，各國記者以漢口商聯會等一日通電裁兵制憲理財，認爲中國『眞』民意，今日分電各國外交團，頗重視此舉。前電是總綴證明外國侵略家處於滬漢商聯會政治運動的原動地位，後電是製造空氣捧台的。中國承外國侵略家的照顧，東交民巷有太上政府，滬漢間又有太上國民運動了！

滬漢商人若還有民族精神和愛國觀念，便應儘快從這種可恥的外國侵略家的圈套中跳出來，一律聚集於國民革命黨旗幟之下去進行他們種種政治的要求。惟有國民革命黨是滬漢商人的政治領袖，滬漢商人惟有在國民革命黨指揮之下做政治運動才不喪失國民精神。京滬商人從前反對國民黨的態度現在是當改變的，字林西報教唆資產階級份子脫離國民黨的鬼計（參看本報第十四期）是不可聽從的。

由歷年的事實明證：外國帝國主義不打倒，由他們時常售械借款所扶植的軍閥勢力是不會消滅的，中國民主主義政治是不會成功的，廢督裁兵理財等等也是不可能的。中國共產黨看得這種道理透徹，所以與國民黨成立國民革命聯合戰線，換過說就是反帝國主義的聯合戰綫。這樣的聯合戰線，於資產階級和無產階級以及全國人民，都是必要而有益的。倘若中國資本家和商人不急於了解這種政策之必要，不信從國民黨—最近發表宣言，認中國爲列强殖民地及主張改正各種不平等條約的黨—而信從外國侵略家，這不但羞辱了全中國人民，而且『中流階級』自身將負經濟掠奪與背本媚外的兩重怨毒，結果只有迅速的激起無產階級革命。

外力中流階級與國民黨

和森

一月七日北京各報載孫中山語往訪之東方通信社記者云：最近外國新聞有謂中國統一須加入外力，又有謂須待中國人自身之自覺，如中流階級之實業家尤須奮起等主張，固不待論；但無論加入外力或實業界奮起，如將予等民黨視爲度外，終不能得眞正統一。

（中山同志這段談話很有趣，他在這幾句話中，不僅揭穿外國侵略家一面高唱外力干涉一面鼓吹中流階級奮起的陰謀；而且表現外國侵略家排斥國民黨製造變性的國民運動的鬼計。）

中國國民運動的眞意義在反抗國際帝國主義，因爲國際帝國主義既是壓迫中國的仇敵，又是軍閥存在，國家分裂，內亂永續的原動力。這種運動的要素，除占人口最大部份的工農階級外，當然同被外資壓迫而不能有多大發展的幼稚資產階級——即中流階級也是一種重要的要素（如上海在大戰期間發展的紡紗業，現在又幾乎被外資壓倒了）。從舊的歷史看來，領導中流階級向國民運動走的有中華國民黨；從最近的歷史看來，領導工農階級向國民運動聯合戰線上走的有中國共產黨。但今後那一階級爲這個運動中的眞正主人，便看誰最忠實於反抗國際帝國主義。外國侵略家製造變性的國民運動計劃中不僅是要把國民黨除外，而且是要把國民黨根本推翻。這種推翻國民黨的方法，比之資助袁世凱陳炯明的方法還更厲害！所以國民黨更應與共產黨親密的聯合前進；而中流階級更應明瞭大義，渙發民族精神，不要數典亡祖，附屬於外力而聽其指揮！

美國資本奴隸中國的新計劃

和森

紐約七日電：現在美國資本家擬在華發展鉅大實業，已組織一商行，名爲中國企業公司，該公司將以兩種輔助事業，作爲先導，一在華設立多數工廠，一在華開辦影劇場二千所，工廠當雇用華工，並製造絲織品；影劇場則擬向華人表演西國之生活職業及管理法云。又華盛頓六日電：六日紐約日報載五日紐約中國協會會長加列氏招待周自齊，開晚餐會，席上將美國『治梵特布列的伊』及『丟克』新大財閥維持下成立一中國企業大商業公司（資本金未定）之件，爲之發表，該公司得□□（電文不明）之特許。由其規定條款，事實上得從事於一切商業的活動，同時並組織優尼巴沙爾織物公司（資本九百萬美金），德拉剛電影片公司（資本五百萬美金）爲子公司，前者以周自齊爲總理，在上海製造絹綿布，販賣中國各地；後者以佛蘭克輕巴廉爲主任，擬在中國二千之都市設立影戲館，並於中國官立學校，說明西洋生活實業及政治狀態。此外尙擬組織玻璃陶器及汽車等製造公司，由美人監督，而使用中國工人，母公司理事，美人方面爲商英美煙草公司之特馬斯等五名，華人方面爲周自齊王正廷張謇等八名云。

這個消息就是表明中國官僚與外國資本的勾結，又是表明外國經濟的侵略主義之另一種方式。外國帝國主義者這種經濟侵略的新方式（扶植一班奴性的官僚資本家如梁士詒周自齊曹汝霖王正廷等，使之代替外國資本出面以掠奪中國的財政富），與他們在政治上想扶植混漢資本家的新方式是相表裏的。

此外我們還得一種確實消息：美國資本家在新銀行團阻難解散的情勢之下，業已決定換過方法，扶植中國銀行界，組織資本非常雄厚的『本國』銀行和銀行團，以壟斷中國政府借款事業和投資事業；並極力主使中國幼稚的資產階級政治運動，由此以『國民共管』的方法代替國際共管（這說已見上月京滬各報），免避能挑起民族反抗精神的惡名，而暗達國際共管之實際。

美國供給奉張軍械與上海總商會的希望

振宇

近日上海總商會拍一請求電給新銀行團及各國資本家說：各國政府，前以友愛中國促進和平之誠意，議決在中國未統一以前，勿作政治借款，勿售軍用物品；中國國民對於兩項決議至爲滿意，深盼貴銀團貴商會轉告貴國金融機關及商人，對此兩大主義切實履行，務爲信誓，本會謹當代表中國最多數人民之心理，向貴銀團商會表示無限之感謝。

總商會這個電報發出不到兩日，北京各報又發見美國大售軍械給奉張的消息。在中國商人看來，美國不是『友愛中國促進和平』之首倡者嗎？誠哉不錯，他在這兩個月中，一面運送六架飛機給直系軍閥，一面又接連不斷的接濟下面所載的軍用品給奉張，眞不愧爲友愛中國，眞是有促進中國和平之『誠意』！現在把北京各報所載的消息錄下：

日人方面奉天八日特電云，自張作霖積極購辦軍械後，各國對張氏運動售賣軍械之舉，已漸次激烈，並愈形露骨，最近張作霖所購之軍械，訂有十二月八日由天津西門子公司之攜帶電話機二十六個，包皮露綫五千密達，價値總額五千兩，又由美國大來洋行購入皮帽及官服十六萬件，價値一百萬兩，不日卽將運到，此外奉天美人經營之某洋行，亦由天津美商惠志洋行購辦火藥，賣與奉天兵工廠，此事如能成功，今後當陸續運來售賣云云。發出這個消息的中國通信社，加着說道：按此爲日人方面消息，對於日本方面供給張氏軍械之事實，自然諱莫如深，然而日人與奉張爲最接近，其運動之力十倍於各國，其暗中供給張氏之軍械軍需，自亦較各國多十倍也。

全美艦隊集中太平洋

振宇

當一九二一年華盛頓會議之前，日美戰爭的形勢日見緊張，美國帝國主義者卽倡全美艦隊集中太平洋之議。但這種計劃的實現，首先要打消英日同盟，次之英美間要成立一種默契。華盛頓會議後，英日同盟雖已打消，但英國對於將來日美戰爭究竟加入那一面，直到魯易喬治下台時還猶疑沒有決定。英國親美派的保守黨內閣成立不久，現在美國政府決定將大西洋太平洋兩艦隊合併而集中於太平洋的消息已傳出來了（見上年十二月底京滬各報），日本帝國主義者在這種威脅之下又慌忙的籌備抵制了。全美艦隊集中於太平洋的事實：一面表示英美間的默契已確定；他面就是表示第二次帝國主義世界大戰已緊迫的向遠東各民族示威！

關稅主權與外人代管

振宇

九日申報載一短評云：『甚矣主權不可屬於人也！區區一關餘耳，既留以抵到期不付之外債，復留以援爭持不決之賠款；且卽以庚子賠款言，在我方以參戰徵勞，意欲求爲無期之展緩，而五國促請注意到期之吝催，幾若絲毫不容展緩者然，今更以金法郎之爭持，致十一年關稅餘款，政府雖欲希望稍撥，而無可如何，斯亦足以見主權之所在，不容輕讓於外人者。而奈何方飲酖自甘，日夕以客卿代管爲得計？曩昔之越俎姑置勿論，近更進而不已，且將於新稅則實行，另由債團照會，謂今後外債未結清時，無論任何用途，中政府不得肆意指撥。夫以明明我國固有之關稅，而公然假債團之名，行共管之實，以此日代管關稅之客卿，異時卽司監督外債之職責，且甚其詞曰不得肆意指撥，果置我國主權於何地乎！此更足以見久假不歸之非計矣！』

這個短評很不錯，很足以表現上海一部份商人的民族精神！

陳炯明的失敗

和森

據近日滇桂聯軍節節勝利的形勢看來，陳炯明的失敗是一定無疑的了。這個國民革命的叛賊，自上年六月以來，公然背叛革命，藉英國帝國主義的後援，拚命的推翻孫中山；並將關係中國民族解放前程的中俄德聯盟計劃盜賣於香港政府；又極力經營西南各省聯督割據的形勢，以適合英國帝國主義在珠江流域和揚子江上游的需要。所以這樣一個國民革命的叛賊，在我們看來，不僅是孫中山一人國民黨一黨的仇敵，乃是中國全體人民的仇敵；這個民族的叛賊在廣東存在一天，就是英國帝國主義的勢力在南中國伸張一天。

上年陳炯明的勝利，就是英國帝國主義的勝利；現在陳炯明的失敗也就是英國帝國主義的失敗。他的失敗影響：第一是國民革命的勢力仍得伸張到珠江流域與英國帝國主義直接抵觸；第二是打破便利於帝國主義瓜分宰割的聯省自治之局勢；第三是向目前的反動政局與以間接的打擊。所以陳炯明這個叛賊的失敗，在中國國民革命史上，值得大書一筆！

英國帝國主義者在漢口之逞兇

田誠

漢口最近發生一件極大事件，簡直個個中國人都有注意之必要。本月十日漢口英商隆茂棉花工人因代表被捕，包圍英租界捕房；英捕房竟召集大隊武裝義勇隊，將工人打得落花流水，並開槍轟擊，重傷工人玉成頭部，受棍傷者二十餘人，內有八人，生命極為危險。英國統治者還召集海軍陸戰隊，布滿英租界各要隘；又向中國街架設大炮，機關槍，準備轟毀中國街市，屠殺中國民衆；武裝汽車，滿街奔馳示威；並宣布戒嚴，如臨大敵。那些英國軍警，不但不分皂白，隨處毆打棉花工人，連中國體面商人遭他們毒打的，亦復不少。漢口本是莊嚴燦爛之革命發祥地，那知竟被英國帝國主義者蹂躪得這樣不堪，表現這樣嚴重的恐怖現狀。我想個個有血性的中國人，沒有不痛心的。這件事的起因，是於棉花工人組織工會，因而二三百工人被開除，三位工會職員被拘。工會派代表去向廠主交涉，又被洋奴楊景奎批了一頓頰；如是激成工人包圍捕房之舉。集會結社的自由，是個個人都應有的，勞資發生衝突的時候，工人雖然貧苦，也是不能隨便拘捕的。現在我們漢口的苦同胞既然為組織工會，受這等的壓迫，我們個個有血性的中國人，沒有不痛心的。這次事變，結果捕去棉花工人三十三人；居然在中國領土內，由英國領事審判他們，判決三個領袖監禁四五月，其餘三十人亦判一兩月的監禁，這又是何等痛心的事呢！

英國帝國主義者不只是這樣橫暴的殺害漢口苦同胞，他還不交還威海衛，佔據片馬，殺害上海唐山香港等處工人，陷害國民黨政府，毒打重慶愛國的學生。而且這類事實，簡直數不勝數。但是中國人民受了這許多痛苦和恥辱，恐怕不能長久容忍下去吧。

這次事件發生以後，漢口百萬市民憤激異常，都以為中國人民如再不奮起圖存，勢必淪為黑奴之不若。湖北工團聯合會所屬之二十一工會，當然更憤激，而且準備為實力之奮鬥，武漢之學生界新聞界商界等亦已發動。北京自接到此項消息後，學生界和熱心民權運動的人們均極為重視，準備有所行動。這些消息證明中國人民已能明瞭這幷不只是資本家壓迫工人的意義，簡直是外國侵略家壓迫全中國人民的意義。我們希望中國的青年國家主義者能由這次的行動，證明他們不僅僅是口頭上反對帝國主義，而且實際努力反抗帝國主義的侵略。因為這種實際反帝國主義的運動，是解放中國民衆首先必要的工作。

革命與反革命

獨秀

吾人對於指導人類行為一切名詞之解釋若無一定的概念，則行為者及批評此行為者均易於墮入迷途而不自覺。中國革命者反革命者及批評家往往墮入迷途，正以對於革命與反革命這兩個名詞無明瞭的概念故。

綜計人類社會兵爭之禍有四：（一）外患，這是種族間的侵略戰爭；（二）內亂，這是野心家搶奪政權的戰爭；（三）革命，這是社會組織進化的戰爭；(四)反革命，這是社會組織退化的戰爭。

這一切現象界均日在進化的過程中變動不息，人類社會也是現象界之一，在如流不息的漸變中，積諸多複雜的因果關係，往往現出組織上的頓變，革命便是這種頓變之代名詞。

革命既是社會組織進化過程中之頓變的現象，則革命必以不違反進化社會組織爲條件，反革命必以違反進化爲條件，內亂乃以社會組織之進化或退化兩無主義爲條件。革命者反革命者及批評家必須明白了解這些觀念，然後才不至墮入迷途。

人類社會之歷史，乃經過無數進化階段及多次革命戰爭，乃至有今日之組織及現象；其組織進化之最大而最顯著者，乃是由部落酋長進化到封建諸侯王，由封建諸侯王進化到資產階級，由資產階級進化到無產階級。在這些最大而最顯著的社會組織進化之中，又各有幾多比較小的比較不甚顯著的進化階段；在每個進化階段新舊頓變時，都免不了革命戰爭。革命之所以稱爲神聖事業，所以和內亂及反革命不同，乃因爲他是表示人類社會組織進化之最顯著的現象，他是推進人類社會組織進化之最有力的方法。

因此，革命者反革命者及批評家都應該明白了解革命與進化之關係，對於一個革命運動都應該以他的內容及起因或結果是否有進化的意義定功罪，不應該以他的行爲者屬何階級何黨派定是非。因爲一個階級一個黨派的理想比較是靜的，社會現象比較是動的，以靜的階級黨派理想應付動的社會變化，便往往因前後對象不同，一個階級一個黨派在前是革命的，在後是反革命的。動的社會進化日在新陳代謝之中，一個靜的階級黨派，對於障礙他進化的舊階級黨派，他是新的革命的，同時對於比他更進化的階級黨派，他便變成舊的反革命的及新的階級黨派進化的障礙物了。

封建諸侯王在打破部落酋長制建設比較的統一政治時代，他是革命的，到了民主革命時代，他便是反革命的了。民主派在資產階級革命時代，他是革命的，到了無產階級革命時代，他便是反革命的了。在這些階級爭鬥亦即社會組織進化最顯著的時代，固然明白顯出他們革命的及反革命的性質；在這些時代之每個時代中，又復有幾多小的進化階段現出革命與反革命的爭鬥；在一些進化階段短促變化複雜的社會裏，一個黨派的理想，一個人的行爲，同時能建革命的功勞也能造反革命的罪惡。

秦始皇以武力兼併六國，建設統一的政制，建設統一文字，這是革命的，至於焚書坑儒壓迫言論，便是反革命的了。段祺瑞在贊成辛亥革命反對洪憲帝制討伐張勳復辟時：本是革命的人物，後來組織賣國機關(安福俱樂部)討伐西南護法軍，便是反革命的行爲了。康梁一派人在戊戌變政時代是屬於革命性質的；辛亥革命以後完全取反革命的行動。趙恆惕在參與辛亥革命及討伐洪憲時，也算是革命分子，到了割據湖南慘殺黃龐時，便是反革命的軍閥了。陳炯明在辛亥革命時代在漳州時代，在討伐陸榮廷莫榮新時代，都是一個很好的革命黨，後來阻撓北伐軍，驅逐孫中山，便是反革命的行爲了。胡適之先生說陳對孫是革命行動，這實在是一個很大的錯誤，因爲陳炯明，舉兵逐孫不但未曾宣告孫中山反叛民主主義之罪惡及他自己有較孫更合乎民主主義之主張，而且逐孫後，做出許多殘民媚外的行爲，完全證明他是一個反革命的軍閥。吳佩孚在奉袁世凱命討伐護國軍時，在奉段祺瑞命討伐護法軍時，本是一個反革命者，但是他討伐段祺瑞安福部張作霖交通系，都是革命的行動；因爲段祺瑞張作霖安福部交通系這班賣國的反動派失去政權，是給資產階級的民主派能夠得着政治上發展的機會。

不但封建式的黨派人物在這進化階段短促變化複雜的社會裏同時現出革命的及反革命的兩種行動，即民主派社會主義派也往往前後取對革命反革命兩種不同的態度。例如：法蘭西的共和派，在十八世紀打倒帝政時是何等急進的革命先覺，在二十世紀因為要壓迫無產階級的共產運動，不惜與帝制派宗教徒妥協；俄羅斯的社會革命黨，在帝政時代是何等革命的英雄．現在因為反對勞農政府不惜和一切反動派合作。

因此，我們對於革命與反革命可以決定兩個概念：（一）革命應以社會組織進化為條件，不應以武力暴動為特徵，因為革命反革命及內亂都要取武力暴動的手段；所以不但用武力改進社會組織是革命事業，凡是在社會組織進化上階級爭鬥的日常工作，都是革命事業，凡是一個革命家萬不可誤認革命之手段（武力暴動）為革命之目的（社會組織進化）（二）我們稱許一個革命派攻擊一個反革命派或自命為一個革命派，都不應該以一個階級一個黨派或個人之靜的名稱為標準、應該以那階級黨派個人之動的行為為標準。

我們若是明白瞭解了革命與反革命的概念，對於任何黨派甚至於任何軍人每個革命的行動，都可以與之聯合；這種聯合純然是革命的聯合，為推進革命的過程而聯合，為克服反革命而聯合，決不是妥協的聯合。

因此，我們可以看出國民黨在革命與反革命的進化階段上未認清目前最反動的敵人是誰；我們又可以看出益友社反對一個較開明的軍閥取媚一個最反動的軍閥之政策的錯誤。

反動政局與各黨派

獨秀

中國政治上主觀的需要是實現民主的統一的政制，不幸社會的基礎日久建設在家庭農業手工業之自足的經濟狀況上面，以致客觀的民主的統一運動猶未發達到全社會普遍的拚命的要求，以致軍閥尚完全掌握着統治權，以致除中國共產黨以外沒有一個黨派不徘徊於軍閥政治與民主政治之間，因此我們敢說：中國政治改造之目前第一步，還說不上建設民主的統一政制，目前第一步的奮鬥是要比較進步的黨派即刻覺悟自身的價值與使命，相互捐除宿怨聯合起來，打破最黑暗的軍閥（張作霖段祺瑞曹錕等）及賣國官匪（新舊交通系安福部等）互相勾結的反動的政局，這種反動的政局，是中國政治向民主統一的路上之唯一障礙物，此物不去 民主的統一政治永遠不能開始工作，去此障礙即是民主的統一政治開始工作之第一步。

楊以德殺傷唐山工人事件，最高問題賄買議員事件，破壞司法獨立事件，這都是反動政局所必然演出的反動現象，固然是我們應該起來積極反抗的；但同時我們應該覺悟：我們萬萬不可以只看見這些反動現象之各個問題，而忘記了這些各個反動問題都是一個反動政局所必然演出的現象；因此我們固然應該向這些各個反動現象加以攻擊，我們尤其應該向產生這些現象的反動政局加以根本的總攻擊！

全國工友們！楊以德不過是有威權者的爪牙之一，他槍上所染的唐山工人血，是應該用我們全國工人血來洗去的。惡政治日日來壓迫我們，我們應該即刻拋棄工人不干涉政治的謬論，大家站起來做打倒軍閥官僚改良政治的急先鋒，比資產階級知識階級的革命家還要加倍勇敢前進！

國民黨諸君！保障民族民權是國民黨人唯一的使命，要奉行這個使命，第一要認清最違反這個使命的敵人是誰；第二要將奉行這個使命的基礎建設在每個民衆革命的行動上面，勿失去一個參加民衆運動的機會，萬不可單單建設在軍事行動上面；造成新的軍閥，站在被革命的地位！

好政府主義者！你們在政治的信用上，對於目前的反動政局固然不應該取消極的態度，即在個人的友誼上，依封建時代的道德也不應該袖手旁觀！幹！幹！幹！

青年學生諸君！「五四」的光榮由你們自己消失了，也可以由你們自己復興起來呵！希望你們萬勿只看見蔡校長辭職問題，和羅文幹下獄的問題，而不看見漢口的市民和工人同胞被英國帝國主義蹂躪的問題；更希望你們萬勿把蔡校長辭職當作僅僅一個教育問題，忘了這是一個重大的政治問題！政治是一件整個的東西，各項行政作用是絕對不能夠分離的，「司法獨立」「教育獨立」不但不是革命的口號，並且是不可能的夢想；像這種消極的退縮的哀求，是萬分不應該出諸青年之口！

工商實業家諸君！你們要明白在這種賄買總統破壞司法摧殘教育的反動政局之下，裁兵製憲理財的理想又何能夠見諸事實呢？你們出來與聞政治是中國一個好現象，但游說哀求是必然無效的，望諸君百尺竿頭更進一步！

益友社諸君！你們黨中很有許多有氣節有骨格的革命分子，你們若真心要打倒軍閥，我們焉有不敬仰之理，但不幸眼前的事實，你們卻一面跪在一個最黑暗的軍閥面前，一面來抵制一個較開明的軍閥，這種反動的態度，是國民所斷不能容忍的呵！

研究系左派諸君！你們過去在政治上雖然做了許多很大的錯誤，然終究不但不是軍閥，並不是官僚；你們的態度雖過於溫和，然終究還算有點政見的；凡是一個政黨，對於重大的政治問題發生，絕對不許取消極的態度，諸君若不決心拋棄政治生涯，便應該加入打倒軍閥官僚的聯合戰線！

政學會諸君！你們目下開始與革命的國民黨合作，是很能洗去以前的過失，應該受人讚美的；因為我們評判各黨派的功罪，應當以目前行動是革命的或反革命的為標準，不應懷抱成見的。但希望你們對於目前反動的政局應該有積極的表示，僅僅消極的否認彭允彝為非政學會會員是不夠的呵！

小孫派諸君！諸君由進步黨的左派而加入革命的國民黨，已經證明你們有了一很大的進步。諸君既已加入了國民黨，國民黨一天不拋棄革命事業，你們便應該和他一致行動。在現在這樣反動情勢之下，已經迫使退步的政學系前進一步；你們已經前進了一步的，便當更向前進而與革命的國民黨密切的合作呀！

洛派軍人諸君！你們在打倒安福部段祺瑞打倒張作霖交通系的行為上，不但是愛國者，並且是一種革命的行動，但同時你們謬誤的方法和軟弱的心理釀成了現在的反動政局，簡直是你們的罪惡，你們若沒有立功贖罪的決心，國民是不能寬恕你們的！

反動政象的惡空氣幾乎堵住了我們的呼吸，國會議員的行為完全醜化了人間社會在畜牲界以下，全社會各階級人格在畜牲以上的各分子快快起來加入打破反動政局的聯合戰線呵！誰是愛國者便應該擔任這聯合戰線上之第一個砲聲！

賠償問題與帝國主義

和森

一九二三年資本主義世界開始的現象：一面美國艦隊集中太平洋，一面法國十二萬大軍進佔魯爾。這種現象，就是表現帝國主義戰爭在資本主義的舊中心（英法德）和資本主義的新中心（美日）同時抬頭向全世界人類示威！

賠償問題所以至今不能解決，根本原因就在法國帝國主義，英國帝國主義，美國帝國主義之間政治經濟的利害衝突。這種衝突，資本主義的自身，是證明沒有方法可以解決的。

一九二一年春季，協約國以最後通牒強迫德國所承受的賠款總額爲一千三百二十億金馬克。這個數目等於德國全國財富的半數，縱然分爲三十年償付，事實上是做不到的。照倫敦會議的決議，德國每年應付二十億金馬克。以一九二一年五月間每元值六十個紙馬克計算，二十億金馬克等於二百八十億紙馬克。德國交付第一批賠款後，紙馬克價格異常跌落。開恩斯會議雖把一九二二年二十億金馬克之數減爲七萬二千萬金馬克，但以當時跌價之紙馬克計算，七萬二千萬金馬克等於五百一十億紙馬克。實際上償付額不僅未減，而且增加。當時德國希望國際借款成立，但美國銀行家宣言，凡爾賽和約中的經濟條款不修正，美國拒絕借款。由此紙馬克更大跌特跌，八月初，每元值八百馬克以上。卽以億月間馬克價格計算，七萬二千萬金馬克約等於八千億紙馬克，卽償付額由二百八十億紙馬克增至八千億紙馬克。德國是絕對沒有這樣償付能力的，所以法國同時要求償付貨物，先後與德政府及德資本家私人訂有威白登(Wiesbaden)和史丁納(Stines)德國權傾國家之鋼，鐵，煤大王）條約，儘量掠奪德國的煤，木，鐵等。

當海牙會議還在開會時，德國正式通告賠償委員會，不能清付到期賠款，請給他一個延期的許諾。那時馬克更隨着大跌，證據更加充分，使一九二一年三月倫敦會議種種決定，完全成爲無效，於是各帝國主義強國間的利害衝突又集注於這點。

取銷協約國間的債務問題，早已提出爲解決賠償問題的唯一方法。戰前法國債額爲二百九十八億；一場大戰的戰費爲一千七百億；戰後三年，債額總數爲三千五百億佛郎。法國欠美國債額爲四百億金佛郎，欠英國債額爲三百億金佛郎。據上年八月一日貝爾福通牒：德國欠英十四億五千萬鎊；俄國欠英六億五千萬鎊；協約國欠十四億鎊。英國欠美國的爲八億五千萬鎊。法國爲英國的債戶；英國爲美國的債戶；美國爲全世界的債權國。

法國本爲大陸上鐵的資本主義國，戰勝後，由凡爾賽和約掠奪德國煤礦三分之一，鐵礦四分之三，於是更由鐵的帝國主義兼煤的帝國主義而爲歐洲第一等工業國，並且成爲英國最可怕的敵競者。英國經濟地位，反降於與德國相競之域；因爲馬克跌落，生產費低廉，英國不僅不能恢復德國爲市場，德貨反暢銷於英國及世界各地。所以修改凡爾賽和約，成爲英國必爭的政策。英國早就對法國說：『或是還我的債，或是修改凡爾賽和約』。同時凡爾賽和約對於美國也發生同樣不利的影響；所以英國常與美國攜手以反對法國。

戰後，世界資本主義的中心既由歐洲移於美洲，美國雖然也受凡爾賽和約不利的影響，但因一時國內市場還未恢復，並且卽使輸出多量物品於歐洲也只換得些不値價的紙幣，所以宣言退出歐洲局外，不管他們的閒爭。實際，他干與或退出歐洲的態度，全視他資本主義的需要爲轉移。一年以前，美國失業者曾達六百萬以上，他的救濟方法有兩個：一是奪回國內市場(如增加入口稅)；一是輸出資本；而救濟歐洲一事還非所急。

貝爾福通牒一面表示要索回法國的錢去還美國，一面表示如果美國放棄英國的債，英國也願意放棄協約國間的債。這個通牒到美國，大受了美國輿論的反對。就是美國國內的意見也紛紛不一：自由黨主張完全取銷協約國間的債務，保守黨也贊成，但有一部份債權者是反對的。美國是完全的債權國，所以反對取銷外債；英國債權債務各半，所以主張取銷；法國債務超過債權甚遠，這種政策於他是很占便宜的。但因爲美國反對，則貝爾福通牒無異故意加法國以壓迫，所以由此成爲美國壓英國，英國壓法國，法國壓德國的形勢。 （未完）

The Guide Weekly.

週報

◀第十七期▶

每星期三出版

發行通訊處 上海老西門肇浜路潮發里八號 北京大學第一院收發課轉劉伯實

分售處
上海亞東圖書
上海民智書館
上海公民書
北京大學出版部
武昌時中書報合作社
太原晉華書社
長沙文化書社
濟南齊魯書社
南京樂天書館
成都華洋書報流通處
杭州古今圖書館

定價
零售每份銅元四枚
郵寄三分全年大洋
一元三角半年大洋
七角郵費在內

一九二三年一月二十四日

（中華郵務管理局特准掛號認為新聞紙類）

時事短評

反動政局下兩個要案

獨秀

一，議。員。受。賄。案。

二，國。會。違。憲。案。

我們曾立在反對帝國主義的見地上攻擊外交系之前內閣，無所謂個人的好感與惡感；現在對於羅文幹賣國嫌疑，不欲作事實及法律以外之攻擊或辯護，亦無所謂個人的好感與惡感，惟對於司法行政長官，以命令干涉審判及不依訴訟法之聲請再議，拘押被告這兩點，不得不警告資產階級的和平派夢想在軍閥勢力下能實現『司法獨立』和『保障人權』。至於一個教育總長結黨營私，一個大學校長憤而辭職，我們除了感覺得是反動政局開始崩潰之徵兆以外，更沒有特別注意討論的價值；在資產階級民主政治的原則上，值得我們注意值得我們討論的只有兩件事：一是刑法上的議員受賄案：一是約法上的國會違憲案。我們注意討論這兩件事，不是厭惡反動政局之心理的推測，乃根據下列兩個事實：

（一）（某問）外間謂此次閣下包辦最高問題確否？（高答）最高問題現在時機未至，更無所謂包辦。（某問）此次二百元之津貼，非由尊處經手乎？所謂包辦卽指此也。（高答）此事從前係由劉君與政團接洽，余事前一無所聞。迨本月五號以後，某軍需官來京借住敝宅，所有各黨名冊，均送至紅羅廠，致發生此種誤會。至曹巡閱使此舉，係仿從前送冰炭敬之意，不過聯絡感情，更無所謂津貼。（某問）外間傳言閣下與張亞農之新民社獨厚確否？（高答）余對各黨向無歧視，亞農此次向余支款，余以不經手銀錢謝絕，幾為亞農所惱，何厚之有？（節錄一月十六日北京京報高凌霨談話。）

（二）昨日下午一時，北大學生約千人，自該校第一院出發赴象坊橋衆議院，每人持旗幟一面，上書『驅逐教育敗類彭允彝』『擁護司法獨立』『保障人權』等等字樣，列隊而行，沿途發散傳單。學生軍維持秩序，隊前有大旗一面，書『警告國會』四字。二時四十分，至衆議院門前，時法專醫專學生已先至。三校學生相見，呼聲雷動。各校正擬推舉代表呈遞請願書，突有警察百餘人…………或用槍刀或用皮帶，向人叢中突進，學生手無寸鐵，皆披靡奔避。警察仍拚命追逐、致學生有倒臥地上不能行而受踐踏者。當時情景，旁觀者多戰慄驚愕，目不忍視……而此時有類似車夫之流氓多人，亦應聲呼喝，大打學生。警察將學生驅出象坊橋後，始行退回院前。事後調查，計受傷二百餘人，受重傷者約五十餘人，其傷腦及內臟者北大有八人。如夏應池當時重傷，至嘔吐鮮血，黃日葵呼霹靂皆頭部受傷極重。現受重傷學生皆分別抬往醫氏，德國，法國，首善，尚志諸醫院。（節錄一月二十日北京晨報。）

第一件議員受賄的事實，由京報登載出來到現在已過一星期，議員及內務總長高凌霨兩方面均無一字之聲辯，其眞假便不用討論了。並不是點名發餉，爲什麼某軍需官來京即將各黨名冊送至紅羅廠？正在籌說所謂最高問題時，曹巡閱使忽然送議員炭敬，聯絡感情，究竟是何用意？在歐美日本諸立憲國，此種事實若在新聞上披露出來，行賄者受賄者均早已由檢廳起訴拘押在監獄裏了。化日光天之下，公然行賄受賄，內務總長公然向新聞記者直言不諱，眞是目無國民，目無檢廳！

第二件國會違憲的事實，也是百口莫辯的。凡是立憲國無論君主民主，人民在憲法上都有請願的權利，中華民國的約法也有明文；現在學生是向護法的國會請願，不是向皇帝京控，議長竟縱令警衛流氓毆傷學生多人，這明明是不承認人民在約法上有請願的權利，這樣若不算是違憲，什麼是違憲？議員諸君試捫心自問：若以前安福國會在北京有此舉動，諸君在廣東高唱護法時，是否要通電嚴責非法國會違憲之罪？當眞諸君卽是約法之化身得任意或違或護嗎？現在教職員學生似乎重視驅彭留蔡問題而輕視了國會違憲問題，一般社會以爲此次風潮是國會毆打學生問題而忘記了是國會剝奪人民請願權利問題（今日學生請願被打，將來農工商人請願也可被打），都是大錯而特錯。原來憲法上請願權之用意，是使含冤受苦的人民有路可走，是和緩革命之方法；我們向來不贊成這種叩頭下跪式的請願，正因爲他是非革命的方法，是和緩革命的道路，現在既然由國會宣告「此路不通」，大家趕快另外尋一條可通的路去走罷！

資產階級的工商業家及學者諸君！你們向來是反對社會主義，反對無產階級社會革命的，你們向來是迷信資本主義民主政治的，可是今天橫在你們眼前的議員受賄違憲兩個問題，並不是關於社會主義的問題，更不是無產階級社會革命的問題，乃是一般人民權利被損害的問題，尤其是資產階級民主政治所不容許的問題，你們若不出來爲此問題而奮鬥，以後還有何資格有何臉面高談什麼資本主義的民主政治！

司法界諸君！檢察官對於這樣明白受賄違憲的事件若不提起公訴，不能說不是溺職，以後還有何資格有何臉面高談什麼司法獨立！

評蔡校長宣言

獨秀

蔡校長爲惡濁政治的惡濁空氣所逼，憤而辭職，且正式發表宣言，歷數政府國會之糊塗，墮落，無人格，他這種高尙潔己的品行，我們當然要承認他比一班仍在北京「有奶便是娘」「助紂爲虐」「在文化事業上作裝飾品」「在衙署裏面之胥吏式機械式的學者」高明得萬倍；但是我們以責備賢者之意，對於他這種「消極的」「非民衆的」觀念，認爲是民族思想改造上根本的障礙，所以不得不竭誠把這兩個觀念的缺點忠告於蔡校長且以告國人：

（一）是打倒惡濁政治必須徹頭徹尾採用積極的苦戰惡鬥方法，斷然不可取消極的高尙潔己態度，因爲社會上領袖人物若取消極的態度，不但不能夠打倒惡濁政治，並且往往引導羣衆心理漸漸離開苦戰惡鬥積極的傾向，而走到了退避怯懦的路上去，不啻爲惡濁政治延長生命，這是何等的罪大惡極！「東洋民族之所以衰弱不振，正以消極的思想爲最大病根，」因此我常常痛恨中國的老莊學說及印度的婆羅門教佛敎爲東洋民族唯一的仇敵；甘地之消極的不合作主義及非暴力的抵抗主義大失敗之經過，消極的東洋民族之弱點已暴露無餘，現在北京晨報竟稱蔡校長爲中國之甘地，竟稱不合作主義是打破惡人政治之一方法，眞是中國思想界一大厄運！我們當如防禦鼠疫霍亂一樣日夜防禦蔡校長之消極的不合作主義侵入思想界，以保護羣衆的革命運動之一綫生機。而晨報記者反希望蔡氏之主張能如甘地風靡印度，眞是豈有此理！

（二）蔡校長宣傳不合作主義，明明不過是希望一般做裝飾品做機械的學者官吏採取折台政策，他這種政策，可以證明他眼中只看見一班無良心無能力的學者官吏，而不看見全國有良心有能力的士農工商大民衆；國民黨的革命運動只看見武力不看見民衆，蔡校長打倒惡濁政治的運動也只看見學者官吏而不看見民衆，這可以說是中國領袖人物輕視民衆的一個共同缺點。辛亥之役，清帝政府雖倒，而革命並未成功，正以這個缺點爲最大原因，蔡校長的宣言竟引據推倒清室爲不合作主義成功之例，正是一個相反的證明。

我們敢正告蔡校長及一般國民：革命的事業必須建設在大民衆積極運動的力量上面，依賴少數人消極的折台政策來打倒惡濁政治，未免太滑稽了，太幼稚了，而且太空想了。

最低問題

獨秀

現在各報上差不多沒有一天不談什麽最高問題，我們却要談談最低問題。

楊以德恭維洋大人殺傷了許多開灤礦工，至令這些工人的家屬顚連無告，這是一個很明顯的帝國主義者勾結軍閥屠殺中國工人問題，大家何以不談？

美國的軍警在漢口開槍打傷了許多棉花工人及商人，像這樣帝國主義者公然屠殺我人民侮辱我國權的大問題，大家何以不談？

北京一個軍人毒打一個肚子疼拉車不快的車夫，從廊房二條胡同一路打到西四牌樓，一文不給，（見一月二十二日北京益世報）這是關係軍紀勞動兩個問題，大家何以不談？

中國鴉片之害未除，復加上嗎啡，最近又加上金丹，毒遍全國，北方各省尤甚，這是一個重大的人種問題，大家何以不談？

在科學發達之二十世紀，而同善社悟善社道德學社普化學社等，公然遍立於中國，均以扶乩請仙斂錢爲事，呂純陽前在上海某雜誌做文章，現在又在北京某銀行做行長，內幕中還伏有扶清滅洋之陰謀，這是什麽一種東方文化，大家何以不談？

北京安定門外教場前土匪嘯聚之露天大賭局，近由軍人保險，每日聚賭者三四百人，居然抗拒偵緝隊（見一月二十一日北京益世報）這是關於地方治安問題，何等重大，大家何以不談？

北京西城東斜街張醫生的十八歲幼妾，被大婦毒打自殺，經地檢廳驗稱無故輕生，不予起訴結案（見一月二十日北京京報），這是不是應該發生人權問題，大家何以不談？

北京內外城無食貧民現有九萬八千九百八十六名之多（據最近警署所調查），大家何以不談？

青年會原爲美國人傳教機關，日前美國兵在北京青年會賽球時打人，大招青年會中國人之反感，青年會幹事並不向美兵交涉，此種有意侮辱中國人之事，大家何以不談？

保定師範學生驅逐素行惡劣之校長，省長竟拘押學生代表，以軍警護送校長復校，開除學生代表十七人，（見一月二十一日北京晨報）這種武裝的校長，豈非教育界之恥辱，大家何以不談？

這些最低問題，都是重大的政治問題社會問題，大家都從來不注意不討論；總統問題雖然也是一個政治問題，但不過是價値二百圓的一個小小政治問題，實在合不着天天用他點汚了輿論機關的淸白，而且呼做什麼最高問題，眞是合人看了氣殺！

趙恆惕降北與借款

振宇

近日京滬各報載趙恆惕派徐子貞赴京，與張閣疏通意見，以地方分權為條件，表示附北。

同時漢口消息又披露趙恆惕派員向英國揚子江銀行接洽一千萬大借款，允許該銀行在湘發行鈔票，吸收現金，並以地丁作抵押品。這兩件事實，在三千萬湖南人面前表現出聯省自治的真相，不知湖南人作何感想？

陳炯明和英國資本勾結，趙恆惕也和英國資本勾結；陳炯明近日申明取消自主，趙恆惕也表示附北。眞不愧為一對倡聯省自治的好漢！

各國供給中國軍械的互哄

振宇

近日北京各報載稱：「日本暗中運售軍械軍火於中國軍閥，各國屢有煩言，不意日前公使團會議，駐京日本公使小幡氏對於此事竟反唇相稽，謂前者公使團宣言於南北未統一以前，暫不供給中國軍械，日本政府守此規約，故將兩國曩日所締結之軍械借款軍械，暫斷交貨，免致使團方面之責斥；乃近據調查所得，近來中國各省軍閥，向各國私自購置軍用器械，似使團宣言毫不發生效力者，如最近天津英美法義各國商人，皆有販運槍械子彈入口售與中國之高級軍官情事，此種行為，甚屬與國際公法不合；刻奉本國訓令，對於日本商人之行動，嚴加查禁，但其他各國似取開放主義，而各國政府對於在津外商售械與各省聽其私行配置，則日本方面亦難限制日商不供給軍械與中國云云；各國公使，因此擬邀合各國，定一種協約，嚴切限制供給中國軍械云云」。

英美法意帝國主義者若是沒有供給中國軍械的事實，何不反駁日本帝國主義者這種『反唇相稽』的話呢？哼！『定一種協約，嚴切限制供給中國軍械』，你們這樣用慣了的掩眼法，可以永遠欺騙中國人嗎？

賠償問題與帝國主義

（續第十六期）．　和森

賠償問題是世界經濟恐慌和混亂的主要原因。一面破壞資本主義世界的經濟平衡；一面又為減少工錢，增加時間，失業，罷工，戰爭等現象的來源。德國在賠款政策之下：資本的蓄積，異常減低，雖無失業者而工人因營養不足，馬克跌落，工資增加的比例低於物價增加的比例，生產力異常衰退；工人困苦日甚，幾至不能買必需的生活品；馬克每大跌一次，外貌上商業反大興盛一次，但結果吸收不到現金，商人都將所得之現金存於外國銀行；加以法國實施直接向工廠取償貨物之政策（法取貨物於德工廠，工廠向德政府要錢）史丁納權傾國家，國家權力全被破壞。英國在賠款政策之下：失業者常在幾百萬之；減低工資，使成本低廉，以與美德貨物相競；因而罷工常起，工人階級政治上的傾向日趨於左，如上次工黨左翼在選舉中的勝利，就是明證。法國在賠款政策之下：雖然掠奪了許多東西，並且失業恐慌不如英國；但因為德煤輸入之故，本國煤業遂受嚴重影響，直到於今，法國北部煤的出產祇有戰前一半；此外各種償付德貨在國內市場之競爭，很與一部份工業家以影響，所以反對威白登史丁納條約的頗不乏之人；法國資本家因此更減少工錢，廢止八小時制；但這種方法英德美也同樣的採用，結果仍是抵禦不住；他方面，匯兌率常常隨著馬克的低落而動搖，財政恐慌因此愈益嚴重。

資本主義崩壞之顯而易見的事實，就是信任制度的動搖，現在歐洲各國差不多以紙幣代替了金本位，德幣不如法幣，法幣不如英幣，英幣不如美幣。全世界幾乎只有金融鞏固的美國能買能賣；但美國也難於做買賣，因爲美國銀價比歐洲各國的高得多，所以出品的成本也高得多，因而在國際市場上反不能與金融低的各國貨品相競爭，因此更不能將貨品輸出於歐洲。並且在賠款政策之下，馬克跌價一次，美國的農產品（素來以歐洲爲銷場）也要隨着跌價一次，農人雖然豐收，而窮困比前更甚；因而農黨在美國政治上漸漸得勢，最近政府黨已分裂，而有要求承認蘇俄和參與歐洲事件的急進黨出現。

從經濟的見地上講，要救濟資本主義崩壞，便須恢復國際間的平衡，要恢復國際間的平衡，只有兩個辦法：第一注銷國際間債務；第二財富國（如美）借款給貧窮國（如德奧俄等）。但這種根本挽回資本主義頹運的方法，又始終爲帝國主義（資本主義的產兒）所阻撓而不能實現，無論德欠法債，法欠英債，英欠美債，現金償付都是同一的不可能，所以貨物償付成爲國際債務間的原則。假使債權國爲生產低的國，那末索還許多貨品自然很合經濟的需要。現今事實不然，每一個債權國（如美英）的生產量都比較他的債戶高，而且生產過剩，所以索取一次賠付貨品便增加一次人家和自己的經濟恐慌與混亂。因而國際間的平衡愈益傾畸，即資本主義的本身愈益崩壞。但這種矛盾和危機，資產階級自身和他們的帝國主義是不能解決的。今再把各帝國主義間的利害衝突詳細分析出來：

法國賠償政策有兩種傾向。第一是鐵業資本家的計劃。這種計劃要求佔領萊茵河左岸和魯爾流域，綜合羅林的鐵與魯爾的煤，鞏固法蘭西大工業在全歐洲的優勢，並在萊茵建立稅關；操縱德貨的輸出與英美貨之輸入；分離佔據地與德國的關係，以武力屈伏德國爲他的奴隸；最後目的便是分裂德國，使巴維亞等脫離普魯士而獨立，打破德國民族的統一，使德國降爲完全無抵抗能力的殖民地，這就是拿破崙式的新計劃，這就是從戰勝中產出來的法國新帝國主義。

第二是國債票持有者—小資產階級，農人，官僚們的傾向。這類人所最關心的就是法蘭西的財政狀況。法國雖無英國一樣的工業恐慌，而財政恐慌是頂厲害的。這類人知道要使匯兌穩定而且進步，要減輕軍費的負担，只有一個對德和平與親善的政策可以達到。一部份出口工業資本家也贊成這種傾向，他們主張迅速恢復東歐市場。這種傾向雖遭狂熱的帝國主義報紙攻擊，卻是一天一天的强盛。上年七月中，普恩賚雖然兇光霍霍，却是受了這種傾向的支配。那時普恩賚頗想用和平的方法，利用德國工人做修復法國北部的事業，故一時盛傳法國有一個和平解決賠償問題的政策。據英報所傳的內容，大約是英國注銷法國的欠債（在美國放棄英債的假定上面），法國大減償付數目，而使德國的國際借款可以實現。但是八月一日貝爾福的通牒一發，一夜工夫，普恩賚完全轉變到第一種傾向去了。

法國欠英三百萬萬佛郎（合法國總債額百分之十），欠美四百萬萬佛郎（合法國總債額百分之十五），而總債額爲三千萬萬佛郎。若是取消了英國債務就等於把法國經濟地位增進百分之十；英美兩債都取消就等於把法國的經濟地位增進百分之二十五。可見取消國際債務問題對於法國是何等重要了。法國把什麼做報酬呢？據坎斯（Keynes）等經濟學家說，一點值價的報酬也沒有。即使他注銷比國欠法國的三十萬萬佛郎，但這是一筆落水賬，本來是什麼也還不出的；即使他注銷一筆相等（與英注銷的法債相等）的德國賠償，但人人知道這筆賠償，除了不值錢的紙馬克外，法國本來索不回這麼多的（凡爾賽和約規定法國得德國賠償總額百分之五十二）。

我們再看英國帝國主義。英國反對普恩賚的政策，並不因爲魯易喬治與波拉勞而不同，因爲普恩賚的政策實現就是法國新帝國主義實現，將來英國工業不僅不能與法國競爭，而且經濟上反將成爲法國的隸屬國。實際，英國帝國主義始終是要獨霸歐洲，恢復德國勢力至相當程度，防止法國拿破崙主義的復活；並且力謀和美國結合，集中一切生產手段於條頓帝國主義者之手，以隸屬拉丁各國中歐各國及全世界的經濟生活。他在賠償問題中，對於法國雖然不肯絲毫退讓，他的政策却是很細心很奸巧的。他一面怕法德資本間有一種合作與妥協，所以對於法國的强暴政策，每每故意任令他去嘗試；一面又疑慮於德國經濟狀況太恢復快了英國將反蒙不利，所以對於注銷國際債務是沒有誠意的。其實從經濟的立脚點看來，英國負担一點注銷的法國債務，實在不算什麼事。但是他決不肯白送這一筆人情，使法國增加一筆武裝費，因爲法國的大砲多半是準備向英國放的。

（未完）

學生運動的我見

國燾

自「五四」到現在，全國學生大有變化，這是我們敢斷言的。從前日本侵略我國太厲害了，全國無人不憤恨，所以北京學生一發動，便得着全國的同情和響應。那次的學生運動，不但是全國一致的學生運動，也是全國人民都表同情的運動。現在外國侵略中國的情勢依然一樣的厲害，內政更是腐敗不堪，而學生運動居然消沉了，這是何等的可惜！學生運動消沉的原因，當然很多，大概有四項原因是最重要的：一，地方觀念太甚，沒有「全國學生一體」的熱烈觀念；二，各省各地政治情形不同，造成各地學生對於政治的不同觀念；三，他們與民衆接觸太少，沒有由學生運動形成民衆運動；四，他們對於自己的地位和責任，沒有澈底了解。既然有這些原因，結果便使各地學生分離，使學生運動不能有永久的影響；而且造成現今學生界的複雜情况。但是現在許多政治現狀促着各地學生都興奮起來了，或者像「五四」運動一樣的學生運動，能夠復活於今日罷。如果各地學生能夠採取一種適當的方針，我想全國學生是能重新團結起來的，而且能夠得到全國人民的同情，達到一種一定的結果呢。

五四運動以後，接着便有安徽學生驅逐李兆珍的運動，湖南學生驅逐張敬堯的運動，天津學生反抗楊以德的運動………；但是這些運動都沒有得到全國學生充分的援助，僅僅有些地方，曾有某省學生之同鄉會援助某省學生之舉。全國學生既不能充分的援助某個地方的學生，便使全國學生不覺得嚴密結合之必要和功效。這種現象，是地方觀念造成的；地方觀念深入人心，所以難得發生一種彼此休戚相關的强固觀念。各地學生既無親切關係，便使各地學生團體解體，無法抵抗惡勢力。地方觀念或者是中國民衆最大敵人之一，而且地方觀念現已侵入各種民衆運動。魯案協定，只有山東人民出頭反對，他省人民絲毫無表示；片馬問題，只有川滇人民力爭，全國人民漠不關心；這是兩個顯明的例。如果全國學生能夠不受地方觀念的影響，將北京學生被政府國會協同蹂躪的恥辱，認爲是全國學生和全國人民的恥辱；將英人毆傷重慶學生的恥辱，認爲是全國學生和全國人民的恥辱；大家戮力同心，一致對付；才有增長民衆勢力消滅敵人暴力的希望罷。所以全國學生的目前任務，尤其是北京學生的任務：便是如何重新組織一個全國學生聯合會。從此大家結合得異常嚴密，彼此互相担保：以後無論那一個地方學生發生事情，都要認爲是全國學生的事情，一致行動。有這種觀念和行動做基礎，全國學生聯合會才能實際成立，才是學生界有益的工作。

最重要的問題，還是全國學生結合於什麼目標之下。學生不過是求學的青年，并沒有一定的經濟基礎，因此也沒有政治上的共同利害關係；所以要找出全體學生的共同目標，眞是煞費斟酌。從前全國學生聯合會以抗日成立，以抗日爲惟一目的；雖然反抗日本的事業仍須進行，但是這個單純的目的，現在是不能維持全國學生會的存在了。如果重新組織全國學生會，便有重新審定該會目標之必要。全國學生會的目標，不外兩種：一種是政治的，一種是學生界的自身利益。現在我們先說學生界應取的政治目標。全國學生界的觀念比從前確有變化和進步；雖然因各地政治情形不同，造成各地學生不同的政治觀念，但是也有歸於一致的趨勢。最近學生界的活動很可足證明這種趨勢。進步最速的學生要算湖南學生，他們不但組織得很好，最近還發表宣言，表示他們要推翻軍閥和國際帝國主義的壓迫；漢口學生為英商和英國捕房殺傷拘禁花廠工人事件，竟與以實際援助；重慶學生為片馬問題，且舉行抵制英貨的示威；廣東學生且能明瞭英國借款給陳烱明的用意，和他們必須贊助民主革命的使命，因而舉行反抗借款的國民大會；上海學生是素來否認北京政府，否認北京政府一切賣國條約和賣國借款的。北京學生在政治的見解上，的確比南方學生較為落後：雖然他們是五四運動的發起者，雖然五四運動明明是政治運動，但是他們屢次表明他們不干預政治。他們歷來便取不理政治的態度，以為專心求學和造就個人是能「定吾國文明的百年大計」的。現在蔡校長之走和像坊橋之被毆，是使他們覺得非干預政治不可了，而且承認他們現在的行動是干預政治的行動呢。去年雙十節的裁兵運動，取銷治安警察法的運動，民權運動和高師學生預選孫中山為大總統的事件及最近北京學生暴露國會罪惡的運動，均是表示北京學生厭惡軍閥官僚和反對北京政府國會贊成民主革命的意向。其餘各地學生，如東三省等處學生，思想雖較落後，但是沒有不痛恨軍閥官僚和外國侵略勾當的。照上面這些事實看來，如果全國學生的結合以反抗外國侵略為共同目標；當然是沒有人反對的；再加上以打倒軍閥官僚建立真正的獨立的中華民國為共同目標，也是沒有人不贊成的。或者還有許多學生不覺得有取革命方法之必要；但是非有政治上的共同目標，全國學生不能結合攏來，這一點或者大家能夠明瞭。而且各地學生的活動，已經證明現在學生界是有採取一個共同政治目標的可能性了。要是說到學生界的自身利益，那就比較簡單。因為學生都是青年分子，所以他們的利益也就是一部分青年的利益。中國社會有許多舊道德舊思想舊習慣（如婚姻制等），束縛青年的發展的，非根本剷除不可；官僚政客時常宣傳青年腦筋簡單，受人利用的謬說，而且禁止青年干政，用意都是妨阻青年的進步，青年須一致反抗。他如實際要求擴大青年的選舉權，改良學校制度，普及教育，謀學生求學之安全等事，當然更是他們的緊要利益。所有這些共同要求和共同利益，都可做為全國學生結合的共同目標。而且非有全國學生一致的努力，決不能達到這些改善青年境遇的目的。現在北京學生既然要挽蔡驅彭謀得求學之安全，又不能忍受象坊橋之毆辱，那麼，便非聯絡全國學生一致行動不可。我希望北京學生能夠認清這次運動的性質，急速聯絡全國學生。而且他們要引起全國學生的熱烈同情，便不可專以挽蔡驅彭為目的；首先要明白全國學生的要求和意向，再進於採取全國學生所須要的共同目標；這次北京學生運動或可變為全國學生運動。

學生在中國社會上的重要地位，這是誰也承認的，但是學生離了民衆，便會一事無成。最顯明的事實，便是無論商人羣衆，工人羣衆，農人羣衆或軍警羣衆，只要一有組織和覺悟，都比學生羣衆的力量大得多。學生引導各種民衆運動是可以的，但是離開一般民衆而成為獨立的學生羣衆，是決不可以的。現在各處的學生運動，都有離開民衆的形勢，這真是學生運動的危機！江蘇省議會減少教育經費的議案，這是省議會把納稅人所納的教育費移作別用的行為；江蘇學生便應該和納稅人一同起來干涉。但是我們只看見江蘇學生包圍議會和召集全省學生代表大會等舉動，沒有看見他們向納稅人為適當的宣傳。要是他們能夠有適當的宣傳，納稅人誰不願意他所納的稅用在教育自己子弟的事業上呢？蔡校長憤目前政治萬惡而以辭職抗議，北京學生並沒有本着蔡校長的意思向民衆宣傳；怪不得象坊橋學生流血的時候，滿街市民都說：『又是學生搗亂』。學生請願被打，還是政府國會蹂躪人民的一樁大罪惡，學生如果能夠到民衆中去宣傳這件事實，民衆的同情和憤激是會發動的呢。所以我們可以說：各地學生第一步的工作便是團結全國學生；但是這樣是還不夠的，如果時時把學生運動形成單獨的運動，還是很大的失策呢。我希望全國學生不要忘記了與民衆密切結合的重要，漸漸在實際上不離開民衆；我尤希望憤恨政府國會軍閥並有革命精神的學生諸君，能急速到民衆中去，做革命的宣傳。

我還要說的，便是他們不澈底了解自身責任的事件。許多學生認爲他應該專心求學，將來以所學貢獻國家社會，現在蔡校長指示給我們說：從前的留學生和學者不過給惡政府做裝飾品；所以現在學生要將來不做惡政府的裝飾品，便只有先行引導民衆改造現政治的惟一方法。還有許多學生抱和平改革政治的觀念，但是有許多事實早已證明這種觀念的謬誤。國家財政已屬破產，軍費反日增無已，教育經費不是拖欠便是裁減，安徽的教育經費，簡直被軍閥勒扣了去。廢督裁兵無望，理財制憲亦無望；連學生請願的和平行動，都已屢遭政府的毆辱。人民生命依軍閥官僚的喜怒爲轉移，一切法律均歸無效。外力橫行國中，土匪無處不有，現政府何能解決呢？這些事實，我們只要思想一番，便知道民衆革命是惟一的道路。又有一些人，以爲民主大革命是辦不到的，雖然民衆勢力一天一天的增長，但是他們還不感覺革命之可能。現在我敢斷定如果全國學生能夠在革命目標之下團體得緊密，再在全國民衆中下宣傳的工夫，那麼，革命也許在很短的時期之內便會大成功的。我希望全國學生——中國社會最活動分子——能夠拋棄一切和平苟安的觀念，認清自己的責任，毅然把爲自由爲獨立的革命擱在自己的兩肩上才是。

末了，我要說的是：現在團結全國學生的機會到了；全國學生聚集一處，大家訴說他們受軍閥官僚和外力蹂躪的痛苦的機會也到了；現在他們決定共同反抗軍閥和外力的時機也成熟了；或者從此還可動員全國學生向軍閥和外力進攻。我們現在問問全國學生們：你們還忍拋棄你們的時機呢？還是歧路徘徊，莫名其妙的瞎幹呢？還是奮起革命呢？

長沙通信

記者：湖南省憲雖早已宣布，省長司長雖次第選出，新政府已定於十二年一月一日成立。但就目前的現象看來，總是沒有樂觀的希望：土匪偏地，鴉片煙偏地！軍官運煙土有一年發財至幾百萬者；發幾十萬的軍官，屈指難數。

各鎮守使各師旅團長駐在的防地，就是他們私有的產業。無論是縣知事，釐金局，雜稅所，権運局，警察所，都要用他們駐在的軍官所保薦的家族戚友；所徵收的田賦，釐金，雜稅，鹽稅，都是截留作他們的軍餉。財政廳只靠賣印花，收幣造廠的餘利，供省城裏幾個消費機關七扯八弄的過日子。

這一回省議會的選舉，簡直是一場大買賣，笑話鬧得不堪入耳！現在七司組織職員，又要照三路均分，一言以蔽之：『强盜分贓』！

從前湖南銀行，湖南儲蓄銀行，詐騙人民的血汗九千多萬；繼續有實業銀行，商業銀行，裕湘銀行，也接連的騙去幾千萬；現今是詐騙不到手了，又要想向外國銀行借款，頗聽得這一個勾當，不久將要成功了！

站在湖南以外的人，不知道這中間的把戲；就是在湖南以內的人，只要有賊分給他，都是醉生夢死的！無知無識的小百姓，任人割烹，任人咀嚼，並無絲毫反抗的能力。唉！湖南自治！

C.k.於長沙。

The Guide Weekly.

嚮導週報

中華郵務管理局特准掛號認為新聞紙類)
一九二三年一月三十一日

定價
零售每份銅元四枚
郵寄三分全年大洋
一元三角半年大洋
七角郵費在內

分售處
上海亞東圖書館
上海民智書局
上海公民書局
北京大學出版部
武昌時中書報合作社
太原晉華書社
長沙文化書社
濟南齊魯書社
南京樂天書館
鄭州中州書報流通處
杭州古今圖書館

▶第十八期◀

每星期三出版　發行通訊處 上海老西門肇浜路閔發里八號　北京大學第一院收發課轉劉伯青

時事短評

○四派勢力與和平統一

和森

本月二十六日孫中山先生發布和平統一宣言，略謂：『文於往年八月十五日發表宣言，對於國事主張使護法問題完成解決，以和平方法促成統一，對於粵事主張討伐叛國禍粵之陳炯明……今者討賊諸軍已逐去陳逆而戡定粵局，則障礙既除，建設斯易，文於撫輯將士及綏靖地方外，當竭盡心力以敦促和平統一之進行……邇者法統之復亦可爲時局一大轉捩，誠得西南護法諸省監護匡助以底於成，此時之中國當已入於法治之軌；徒以陳逆叛變，護法政府中斷，而北京政府所爲遂致任情而未及澈底，且以毀法之徒謬託於恢復法統，國會糾紛及今未解，而於人民所渴望之裁兵廢督諸大端，反言行相違，不復稍應其求，而增兵備戰之消息乃囂且塵上……今之大病固在執政柄兵者未有尊重法律之誠心，而國中實力諸派，利害不同，莫相調劑，亦其致此之緣故。試舉今日國內勢力彼此不相攝屬者辜較計之，可別爲四：一曰直系，二曰奉系，三曰皖系，四曰西南護法諸省。此四派之實際利害果何以衝突，亦自難言；然使四派互相提攜互相了解，開誠布公，使率歸一致，而皆以守法奉公爲天職，則統一之實不難立見。又今爲救國危亡計，擬以和平之方法圖統一之效果，期以四派相周旋以調節其利害。在統一未成以前，四派暫時畫疆自守各不相侵，內部之事各不干涉，先守和平之約，以企統一之成。倘蒙各派領袖諒解斯言，文當暫竭綿薄，盡其力所能及，必使和平統一期於實現。而和平之要，首在裁兵……有謂須俟統一始可議及裁兵者，此未免爲估亂之談。何者？兵不裁則無和平，無和平則難統一……裁兵辦法可以坐言起行者，其綱要有三：一本化兵爲工之旨，先裁全國現有兵數之半，二各派首領贊成後全體簽名，敦請一友邦爲佐理，籌畫裁兵方法及經費，三裁兵借款，其用途除法定監督機關外，另有債權人並全國農工商學報各團體，各舉一人監督之……諸公朝贊，則夕可商諸施行……統一成而後一切興革乃有可言，財政實業教育諸端始獲次第爲理，國民意志方與以自由發舒而不爲強力所蔽障，其爲統一則永久而非一時，精神而非形式，國人同奮於法律範圍之內，而無特殊勢力之可虞……』

我們從文字上分析上列宣言，可得五個要點：(一)中山認調和四派勢力可以立刻實現中國永久而非形式的統一，即所謂擬用和平方法來圖統一；(二)中山以周旋於四派之間調節其利害自任；(三)調節其利害的入手方法，爲四派暫是畫疆自守各不相侵，內部之事各不相干；(四)統一之先決條件爲和平，和平之先決條件爲裁兵，主張用兵工政策，來裁全國現有兵數之半；(五)主張敦請一個友邦爲裁兵的佐理，並舉行裁兵借款，債權人有參與監督用途之權。

直系奉系皖系是什麼東西？是前清遺留和外力扶植的封建勢力。西南勢力是什麼東西？除了現還忠於革命的領袖外，都是由封建殘局孳乳出來的新軍閥（參看本報第二期武力統一與聯省自治）。關於統一問題，我們早就從事實上理論上論證過：「政治上的統一，顯然不是混合或調和各大軍閥的舊勢力可以做成的，乃須經過不停的革命奮鬥才能真正成功。若舍却革命的宣傳與行動，只與軍閥謀統一，結果只有上當」(參看本報第一期統一借債與國民黨)；關於和平問題，我們認十一年以來民主與封建之爭的主要原因，在舊支配階級的武裝未解除，北洋派領袖至今因其武力而承襲政權，所以我們屢次高聲肯定，用和平方法去與軍閥謀裁兵是做不到的，必須用革命手段根本破壞舊軍事組織，由民衆武裝去解除舊支配階級—軍閥的武裝。我們這種肯定是科學的歸納過去十一年的事實之肯定，不如此，和平統一是無望的。現在即使調和四派勢力的政策能告成功，結果至多不過是維持半封建半民主的局面(如畫疆自守各不相侵……)，換過說即依然是不統一不和平的局面。我們從純客觀的事實觀察，從階級爭鬥和國際的眼光觀察，中國統一的形式只有兩樣：一是維持現狀的封建的協調於內外勢力範圍的（如聯省自治等形式）統一，一是革命的民主的和民族的統一。前樣的統一是外國帝國主義和軍閥所需要的；後樣的統一是中國被兩重壓迫的人民所需要的。換過說，前樣的統一，中國人民應拚命反對；後樣的統一，中國人民應拚命促成。現在中山的政策是促成前一種的統一呢，是促成後一種的統一呢？從這點推論，我們不能不說中山現在調和四派勢力的和平統一政策沒有離開革命立場的危險！

我們固然知道小資產階級和平空氣還布滿全國，人民左袒革命的還屬極少數；我們固然知道國民黨此時若繼續北伐等軍事行動將惹起商民的誤解和畏避；但我們所主張的民主大革命並不是要國民黨純粹建立在軍事行動上面（參看本報第九期國民運動革命軍革命宣傳），也不是要國民黨只做轟轟烈烈的大革命而不去領率種種零零碎碎的民衆運動和政治要求（如裁兵運動等參看本報第十五期革命黨的否認病）；我們乃是要國民黨建立在有系統之革命的羣衆組織和革命的羣衆宣傳上面；我們不是空想的忽略實際的革命家，對於一時還不能根本推翻的軍閥和至今還不感覺革命需要的商民，並不反對用一種適當的政策去證明武人怙亂之下的和平企圖之不可能；但我們反對國民黨離開革命的地位而以周旋於四派軍閥間的調人自處；我們更反對國民黨同任何一個帝國主義的「友邦」(或美或日)來合作中國的內政，因爲這樣一來不僅犯了與軍閥妥協的毛病，而且犯了與外國帝國主義接近的嫌疑。

像中山這樣太右的和平妥協政策，在上年六月和八月間發表還不失爲稍有意義，因爲那時全國商民更是死氣沉沉，一面又夢想黎元洪魚電的騙局或能實現。現在民間空氣就比較的不同了，縱然商人與虎謀皮的希望還未盡消，但同時他們已覺到和平哀求的手段終難有效，所以準備舉行全國的大示威，而繼之以罷市罷稅等抵抗；此外智識階級與工農階級間的空氣更形憤慨激昂。不意國民運動的領袖忽於此時出此右極的政策，簡直比民間現在的空氣還更右！「打倒軍閥」漸漸成了士農工商普通的口號，而國民運動的領袖反高唱與各派軍閥大調和！試問革命分子對于國民黨將作若何的感想!?我們更要問，現在國民黨的民衆基礎在那裏？國民黨直到今日還是局促於局部的軍事行動而疲於奔命，對於基本的革命宣傳工夫一點沒有做，就是我們屢次所要求的全國大會至今也還沒有召集！國民黨長此在無民衆後援的空架子上做上層的工夫！而且專門是做與軍閥相周旋的危險工夫，一旦失敗下來，不但一個民衆的波濤引不起來，而且民衆將認他的失敗爲應得之咎。假使中國有個像俄羅斯共產黨一樣的民衆勢力基礎的黨，於此時採用和平統一的政策號召各軍閥，那麼各軍閥不聽從時，馬上就有幾百萬工人幾千萬農人起來擁護這種政策而與軍閥宣戰。現在國民黨那裏說得上這個呢？不久中山這次調和各派軍閥的和平統一的號召失敗，我們敢說在民衆中一個影子也沒有。所以像有民衆基礎的俄國共產黨來採用一個這樣右的政策或還沒有什麼大的危險；但像無民衆基礎的國民黨來採用一個這樣右的政策，前程是很危險的！

教育界能不問政治嗎？

獨秀

我們一方面天天罵軍閥官僚包辦政治敗壞國家，一方面却又天天主張我們不干預政治，這種思想是何等矛盾！ 中國社會向分士農工商四個階級，士人（教育界屬之）說：我們只要專心辦學求學，不必問政治；農民更在那里睡覺；連政治這個名詞還不大知道；工人說：我們只求改良生活，我們不願干預政治；商人也說不談政治；好了，士農工商都不問政治，有個國家又不能沒有政治，如此政治只得讓軍閥官僚來包辦了。因此，我們敢說：中國政治壞到現在這樣地步，不是軍閥官僚自己要包辦政治的罪惡，乃是士農工商都放棄責任而且忍心害理的主張不問政治，甘心讓軍閥官僚包辦的罪惡。單就教育界的士說，政治不清明，財政紊亂，教育費無着，你們如何能辦學，求學？於是你們妙想天開的說：教育獨立，不問政治。我現在要問：所謂教育獨立，是不是離開社會把教育界搬到空中去獨立或是大洋去去獨立？我又要問：若只是主張教育經費獨立，在這種軍閥橫行的政治之下，政府指定之獨立的教育經費有何力量可以保證不被軍閥拿中？若無人圓滿的解答這兩個問題，我們希望「教育獨立不問政治」這種毫無常識的話，勿再出諸知識階級的教育家及學生之口！現正有些人對於學生請願被毆風潮又說：我們只主張教育獨立，司法獨立及驅彭，不干預政治。其實教員學生除了教書讀書以外，出來主張教育獨立，主張司法獨立，主張驅彭，也都是些政治運動了；還說不干預政治，眞是掩耳盜鈴。亞里斯多德說得好：「人是政治的動物」；除非不是人，那能夠不問政治！「不問政治」這句話，是亡國的哀音，是中國人安心不做人的表示！

中國人民要與西方工人一致反抗法帝國主義對德的橫暴

君宇

經了大戰後這五年整的和零的宰割，德國是差不多成了各強盜國家的殖民地了。最近，最頑固反動的法國帝國主義又加他以從來未有之橫暴，派兵强佔魯爾，立意要對德國做大的宰割，掠奪他出煤的一大區域。這是何等令我們憤恨的一件事情！同時，法國這樣行動實促我們兩種理由，要我們，中國的民衆，不單是工人──親切的站在同情被壓迫的德國一邊。

第一，法國口口聲聲說是執行和約規定，其實就是帝國主義國家公平協定他們宰割世界的巴黎和約，亦沒有條文許法國照現在那樣橫暴；這次法國的橫暴可昭告我們：帝國主義國家是一以侵略搶奪爲事，他與弱小國家間的契約只是責對方奉行義務的口執，同時帝國主義國家的自身却可破壞契約而出規定約束之外。簡單一句說，帝國主義國家對於弱小國家，只有侵略搶奪，只是有橫暴。第二，法國這次搶奪，是注意在割據一大煤礦區域，這不但是與德國人民經濟很有關係的一件事情，就是與東方別的弱小民族也關係非淺：因爲法國將魯爾煤區佔據是會資助了法國資產階級，使他迅速發達大工業更有力做侵略的帝國主義國家。所以這不但是德國人民的損害，也是全世界弱小民族危的險。

我們全世界弱小民族是站在利害相同的一邊，是站在帝國主義國家對敵的一邊，從法國這次對德橫暴，這個意義更明顯使我們認識了。我們明白了各弱小民族是站在利害相同的一邊，便要聯合一致來反對各帝國主義國家，在這個聯合中更不能離了親切站在全世界工人和弱小民族利益而奮鬬的蘇俄的助力。

我們的重要是聯合各弱小民族與蘇俄，來一致反抗帝國主義的，但還是費努力才成功的一件事情；我們現在對法國的橫暴馬上就要表示我們憤恨的反抗。對於德國人民這次被壓迫，最親切的是俄國工人他們全國（海參威在內）一致示威，要來幫助反抗法國帝國主義的橫暴；法國革命的工人更是很勇敢的反對他們本國的帝國主義，因之他們奮鬥的領袖—共產黨首領開香（Cac'iin）同志也被捕了 意國工人亦表示援助德國人民；英國工黨亦要壓迫政府，出頭干涉法國。西方工友們已一致表示要援助德國人民，反抗法國的橫暴。我們—中國民衆—爲了上述利害關切的緣故，是要怎樣表示我們對帝國主義的憤恨呀？全國工友們及一切民間團體應迅速表示我們是一致與西方工友們反抗法國帝國主義這次對德的橫暴！

賠償問題與帝國主義

（續第十七期） 和森

至於由大戰新興的美國帝國主義，如英如法都自然的降爲他的經濟隸屬國，他的政策自然在鞏固並發展這種世界的帝國主義之無上地位。他不僅要隸屬歐洲那一國，並且極力經營下次太平洋戰爭的形勢，因爲將來太平洋戰爭就是決定他奴隸全世界的命運的。以美國的富力說，取消英法債務，眞不過九牛之一毛；但美國始終拒絕將賠償問題與國際債務問題混作一談。修改凡爾賽和約，減少賠償總額，是美國贊成並且主張的；但一談到取消國際債務，他便聲色俱厲的拒絕起來。他這種矛盾政策，與其說他是經濟的理由，無寧說他是政治的理由。從哈丁，許斯，摩根（銀王）及美國各機關報屢次的宣言和論調看來：美國注銷協商國國際債務與許諾國際借款去恢復德國的市場是可以的；但是間接被法國拿去增加他的海軍（法國至今拒絕批准華盛頓海軍條約），實現他的拿破崙主義，美國是抵死不會這樣慷慨施恩的。

美國現在是全世界惟一無二的債權國，是資本主義旺盛的新中心，他救濟歐洲的設定，當然完全建立在自己資本主義和帝國主義的利益與需要上面，出於這個原則，他是不管歐洲的閒事的。任令賠償問題經久不決，任令歐洲終久混亂，任令法國財政恐慌加甚和英國工業恐慌加甚，於美國總是很有利益的，所以過去四年之中 自然樂於冷冷淸淸的坐視旁觀。但現在情形漸漸不同了，上年下半年五穀豐收，國內市場鞏固，不但近千萬的失業數目減至零點，而且要修改移民律以吸收外國的勞力；所以農人階級和出口工業家壓迫哈丁政府不得不出來干與歐洲的『閒事』。故上年十二月以來，美政府又出頭倡議召集國際經濟專家會議以解決賠償問題，意思是要純從經濟的見地來解決賠償問題。但美國自身何嘗拋棄政治的見地呢？我們試看一月二日華盛頓專電：『美國務卿許斯於新哈文地方演說，主張賠償問題須委託一各國專家會議處理，由各有關係財政方面謀訂適宜條約，勿以政治問題視之，如此方能得最後解決；但國際債務問題與賠款問題則須分別討論』。這不是表現美國仍然堅持兩重不相容納的政治經濟政策嗎？

英國爲半債務國，取消國際債務，於他本無不利，而且賠償問題之解決爲救濟工業恐慌所急需；但他始終要滾着美國在一塊去阻礙法國帝國主義的發展，所以他仍願永遠負担並清償（以貨品償付爲原則，現在財政大臣包爾溫親赴華盛頓談判即爲此事）美國債務，而不願國際債務一筆勾消以增進法國的財政地位。這就是英國始終保持矛盾的政治經濟政策的背影。

法國以債務國地位，在理自然樂於取消國際債務，使德國舉行國際借款，解決賠償問題，救濟自己的財政恐慌。但事實不然，他知道在英美德協作之下來這樣的和平解決賠償問題，結果一定是修改凡爾賽和約，根本推翻法國帝國主義既得的新基礎；所以他緊咬牙骨，一意單獨行動，進行他的强暴政策。因爲如此可以一舉佔據魯爾，再舉奪盡佔領區域的煤鐵森林，三舉勒令德國完全承認法國的償付計劃並完全管理德國的產業與財政。所以他不僅不希望取消國際債務使德國成立國際借款，而且屢次宣言：『如果國際借款成立，必須促德國將賠償全額如數照付』。同時美國銀王摩根也屢次宣言：『若是德國舉行國際借款的意義等於是送給法國，則美國一文也不借給德國』。

由此我們可以斷定：英美法各帝國主義間的利害衝突，是永遠使他們不能操用一種一致的經濟政策；資本主義世界的混亂，崩壞，恐怖，戰爭，是要一天一天嚴重的。

現在德國工商業的咽喉！魯爾，己被法國帝國主義扼住了，這不但是扼住德國的咽喉，同時也是扼住英德德美間經濟關係的咽喉。法國帝國主義高聲向他聯合國宣言：『如果德人對於此次武力壓迫依然漠視，協約各國惟有各自單獨行動，索償本國之損失』。這樣一來，固然使英美帝國主義者敢怒而不敢言；但從別一方面觀察：英國何以這次對於法國的約外侵略行動仍採容忍態度：美國何以仍採旁觀態度（並宣言採旁觀態度）；英美債務談判（英財政大臣包爾溫現正在華盛頓談判此事）何以急於此時進行；法國國會何以於此時提議批准華盛頓條約；美國何以於此時撤退萊茵駐軍（均見近日京滬各報）。由以上種種的分析，我們就不難推想英美法各帝國主義間現在鉤心鬥角縱橫捭闔的鬼計與隱謀了。所以這次德意志民族的蹂躪與世界和平的動搖，不僅法國帝國主義負責任，英美帝國主義都應負責任；同時證明一切帝國主義的强國爲全世界的和平與被壓迫民族的仇敵。

全世界人民—尤其是工農階級和被壓迫民族，要從資本帝國主義戰爭的恐怖世界中解放出來，惟有促成西方的社會革命與東方的民族革命攜手並進，實現世界革命的企圖。自上次帝國主義世界大戰後，占地球六分之一的那一部份版圖—俄羅斯—已經不屬資本帝國主義的範圍了；而且蘇維埃俄羅斯在這五年之中業已鞏固了；同時東方的民族革命（如土耳其，印度，埃及，朝鮮，中國等）也漸漸的起來了，這土耳其印度等處的國民運動已一天一天向勝利和擴大的路上走了。這就是表現舊世界崩壞的歷程中新世界一天一天誕生起來。所以中歐無產階級和近東被壓迫民族正在努力進行並鞏固德俄土聯盟；我們中國一切愛國之士都應起來號召中俄德聯盟呀！

（完）

更正： 本報第十七期一三八頁第二行『集中一切生產手段於條頓帝國主義者之手』，條頓二字係盎格魯三字之誤。

論暗殺暴動及不合作

獨秀

政治之根本的改造，只有『組織民衆積極革命』八個大字爲正確的有效的方法；然而自來小資產階級出身的改革家，總脫不了浪漫的傾向：激烈的往往走到暗殺或暴動（一時無組織的暴動）的路上去，和平的往往走到不合作（新村運動也歸在這一類）的路上去，或左或右，或上或下，繞來繞去，總不肯向正確的有效的革命軌道上走。這些浪漫的傾向，自然是社會改造運動中不幸波折，却是階級根性上曖史的遺傳、非一時所能脫淨的。　從事暗殺或暴動的人，不能不算是激烈的革命分子；但是他們所用的方法；老實說還是封建時代非組織的一時衝動的浪漫根性之活現。　實行不合作主義的人，他那種憤時疾惡的熱誠，比起一班同流合污之輩，自然值得受人讚賞；但是他那種消極的態度，老實說確是小資產階級的和平心理之模範的暴露。

這些把戲—暗殺，暴動，不合作，現今都也在中國政治運動中或隱或顯的照例扮演出來了。

中國經濟的變動及緊迫，已造成新勢力民主革命的條件，而舊統治階級—軍閥官僚—之黑暗昏瞶腐敗無能力，又日夜拚命向被革命的路上狂奔，無形的革命空氣一天增漲似一天，至少也充滿了沿江沿海沿鐵路各城市：『山雨欲來風滿樓』，只恐怕國內一班新勢力之領袖及青年，仍爲浪漫的理想所迷，而不知採用正確的有效的方法（組織民衆積極革命），因風造雨，致失時機，豈不可惜！

暗殺是第一謬誤的方法，因爲善與惡都是社會的關係階級的關係，暗殺者之理想，只看見個人，不看見社會與階級，暗殺所得之結果，不但不能建設社會的善階級的善，去掉社會的惡階級的惡，而且引導羣衆心理，以爲個人的力量可以造成社會的善階級的善，可以造成社會的惡階級的惡，可以去掉社會的惡階級的惡，此□個人的傾向，足以使羣衆之社會觀念階級覺悟日就湮滅，因此，我敢說：暗殺不但不是革命的行爲　而且是革命之障礙；我敢說：暗殺只是一種個人浪漫的奇蹟，不是科學的革命運動，科學的革命運動，必須是民衆的階級的社會的。

暴動這個方法，比暗殺進步得多，但革命固然要採取暴動的手段而暴動都不就是革命；我們并不是從根本上反對暴動，我們所反對的是有些人誤解迷信無組織無系統無計畫一時衝動的暴動就是革命。

我們所尤其反對的是妄想利用軍隊或土匪或紅鬍子一時的暴動，達到革命之目的。　這種浪漫的暴動，決不能達到革命之目的，即使僥得着一時的勝利，也決不能在實際上推倒舊統治階級的勢力。因爲這種無組織無系統無計畫的暴動，好像水上浮萍毫無根據，而且沒有有訓練有紀律的民衆基礎，往往有以暴易暴的危險，他自身決無建設新秩序來代替舊秩序的可能，至多不過真像胡適之先生所說：『決意一時」『惡因種的如此之多，好人如此之少，教育如此之糟，決沒有使人可以充分滿意的大改革。』罷了。　要達到革命之目的，只有有組織有系統有計畫科學的暴動；這種科學的暴動，決不是一時的衝動，乃建設在長時間無數的有訓練有紀律的民衆運動上面，也只有在這些前前後後大大小小無數的民衆運動中，才能使革命的新勢力得到無數的新教育新經驗新人才，才能去掉許多惡因，才能產生許多有用的好人，才能使革命的新勢力有建設新秩序來代替舊秩序的可能；必須如此，才能使複雜的社會組織現出一度變更；這種暴動這種革命才是科學的，這些結果都不是浪漫的暴動所能夠得到的。

我們反對不合作主義，不用說不是贊成與惡濁政府合作，乃是反對社會上領袖人物只知道拿消極的不與政府合作當做打倒惡濁政治的方法向民衆宣傳，引導民衆集中到消極的和平退讓的路上去，而不知道採用積極的與民衆合作方法，來做積極的進攻的革命運動。　這種消極的不合作主義，不但有引導民衆離開積極革命的惡果；而且不合作主義的自身，是浪漫的；是和平退讓的，在印度百餘萬甘地黨徒尚且是行之無效，明白的破產了，結果只變成了革命的障礙物，變成了革命黨人看做在英政府以上的仇敵；何況中國式的不合作主義，蔡校長一個孤家寡人的不合作主義，簡直無產可破，請看蔡校長所希望在衙署裏面之胥吏式機械式的學者，正在那裏得意洋洋的代表總理大人說什麼『彭蔡解除誤會，或更至交歡』這一類的話，便是一個明證。

以前蔡校長等所發表的政治主張（見二號努力週報）上說：『我們

深信中國所以敗壞到這步田地，雖然有種種原因，但「好人自命為清高」，確是一個重要的原因。「好人籠着手，惡人背着走。」因此，我們深信，今日政治改革的第一步在於好人須要有奮鬥的精神。」又說：「做好人是不夠的，須要做奮鬥的好人。」 這種積極的精神，實在是治療中國人懶劣的消極根性之要藥，想不到現在蔡校長又回到籠手消極的舊路上去了！我們現在要請問當日和蔡校長發表同一主張的十五個要做奮鬥的好人們，是否也都跟着蔡校長籠起手來讓惡人背着走？ 是否也要做當日自己所痛罵的「罪魁禍首的好人」？

我們明瞭正確的主張是：

科學的革命運動—組織民衆積極革命，反對一切個人的浪漫的暴動的行動；

創造武裝的民衆，不贊成個人的暗殺；

組織有系統有計畫有訓練有紀律的暴動，不是一時無組織浪漫的暴動；

積極的與民衆合作，決不把消極的不合作當做一種主義，當做打倒惡濁政治的方法向民衆宣傳。

政治運動與智識階級

秋白

中國的辛亥革命死了！ 在滿中國都是反動的潮流，他一天一天的緊迫要想返中國於封建制度。這難道是偶然的，寇盜式的軍閥財閥——一大班督軍總長議員政客，另要拍賣中國於世界的列强，引起五四運動六三運動。這難道亦是偶然的？

現在的國會又嗾使軍警毒毆請願公民，通過軍閥走狗的內閣，假使一察十年來社會中專制與民治兩勢力的消長，就可以知道，蔡子民先生的辭職，決不是僅僅一北大校長問題，更不是教育總長干涉司法問題，甚至於不是國會安自蹂躪民權的問題。而是中國社會生死存亡的問題，是中國國家能否立足於地球之上，中國國民能否不淪於中外軍閥財閥的奴隸的問題。

中國社會的「下意識」已經早就覺着這種危險，所以五四運動以來全國的革命潮動盪不止，到蔡子民先生辭職不過第二次突顯的爆發。五四的精神伏流至此自然復生。我們要切記：「外爭國權，內除國賊的事業三年以來不但沒有寸進，反已受無量的摧殘。失敗，失敗又失敗！決不是偶然的！這一次的決戰，再不切記歷來失敗的苦經驗，不但中國的民治要受一次摧折，而且全國的平民死無葬身之地了！

三年以來看看是祇有「智識階級干政」，學生運動。失敗是學生的失敗，教育的摧殘。實際上卻大謬不然。政潮學潮的根源遠得多呢。

中國自有的宗法社會制度，「半自然的經濟」，受外國資本主義帝國主義的侵入，二十年前已經漸崩壞之象。因此，科舉的廢除，世家的頹敗，所謂「士紳階級」日益墮落：外貨充斥原料輸出，農民階級更破產得不了。於是社會上發生兩種游離份子：「高等流氓」與「下等兵匪」—都是造成軍閥政治絕好材料。中國「自己的」資本主義，從買辦式的「商業資本」起直進到官僚式的「財政資本」，以全國經濟總體而論直成一種畸形的狀態。然而這種資本主義僅僅是軍閥制度的政治及帝國主義的經濟之副產品。—凡此等份子當然成為賣國派專制派，因為他們的安富尊榮全賴平民的汗血和外國人的剩肴殘羹。同時，受剝削的農民階級，無論他們如何守舊，如何愚蠢，始終不至於學香崞祝請督軍去殺他們，請政客去汚辱他們，請官僚土豪去魚肉他們：—他們最小限度的要求—生存。工人階級，當然更受不了所謂「國立企業」—鐵路等類機關中官僚的剝削，外國企業家的「洋大班」，况且籠着國內外新經濟制度的發展而漸漸組織起來，覺悟到自身的利益。再則因中國經濟的落後，各省各區各地方往往自成其爲半獨立的經濟區域，自有其商業手工業；受歐美技術文明的促進，較大的純粹中國的工商業亦漸漸形成一經濟勢力—當然還遠不能集中中國的經濟。這兩種才是眞正的中國自己的資本主義，—大概可算作商人階級。這種商人階級不但暫時夠不上勾結外國資本，而且天天受他擠軋，不但受不着軍閥的庇護寵愛，而且天天受他的勒索壓迫。凡此等份子當然成爲愛國派民治派，因爲他們的發展，他們的要求，處處遇見國內國外軍閥財閥的抑遏。這兩邊的敵軍—賣國派專制派與愛國派民治派—之間的爭鬥，忽明忽暗，一消一長，或進或退，已經十幾年了；雙方營壘內部，正在『階級分化』的過程中，又各自有消長，或者不久雙方會有內部的大爆烈，（限於篇幅也不能詳爲論列），然而現時的總陣勢是如此，五四運動不過是此鬥爭中一大高潮，一大激戰。

何以五四運動獨能成一大高潮呢？學生！智識階級！胡適之先生說得好：

『在變態的社會之中，沒有可以代表民意的正式機關，那時代干預政治和主持正誼的責任必定落在智識階級的肩膊上』。

「然而智識階級，究竟是什麼東西？中國式的環境裏，—那宗法社會的士紳階級，當年或者曾經是『中國文化』的代表，現在不由得他不成爲社會贅疣—高等流氓，以政客爲職業，以議員爲職業，—這是舊的智識階級；那『歐風美雨』，學校的教職員，銀行的簿記生，電報電話汽船火車的職員；以及最新鮮的青年學生，是新經濟機體裏的活力；正在膨脹發展；—這是新的智識階級。新的智識階級中之學生界，尤其占最重要的地位，和舊的智識階級中之官僚一樣，—一是民治派的健將，一是專制派的鏢師。」

「智識階級，在生產制度尙未完全發達至有絕對平等教育之可能時，他往往立於代表社會文化的地位。—這並不是智識階級可以自傲的，而正因當年士紳享盡優越的權利，現代學生受用生產的剩餘，—勞動平民的汗血，方能有此『智識』來代表文化。他應當對於勞動平民負何等重大的責任！何況在此新舊潮流衝突的時候，中國社會生死存亡的關頭！雖然……雖然……政治運動單靠『良心』是沒有無用處的。智識階級始終衹是社會的喉舌，無論如何做不到主體。當此社會中兩種政治傾向的衝突，就可以知道確是兩種經濟制度的傾軋：—政客不過是軍閥財閥的機械，代行帝國主義侵略詐騙的野心，學生不過是勞動平民的利器，表顯中國經濟要求獨立的意識。況且實力的關係，外國資本與中國經濟的鬬爭，反映到政潮上來，各有各的主力軍：—一方是軍閥的兵匪，一方是平民羣衆，政客和學生不過是雙方之『輔助的工具』，此等輔助的工具往往先行試用，不中用時，主力軍就非親自出馬不可。不過雙方主力軍的訓練組織，因歷史的社會的條件，大相懸殊。—一面是現成的，一面是散漫的，同時因世界經濟進化的環境，又令一面是日落的漸死，一面是日昇的新生的。所以政客當軍閥的機械，是很老辣的，—因爲他身後輜重隊一大本營『完備』得很，絲毫用不着自愿。而學生當平民的先鋒却往往畏縮—因爲他身後的主力軍剛剛有些具體而微的模型，不肯自信不敢自信。然而軍閥昏淫末日快到，平民覺悟自己的實力，也就不容遲了。兩軍交戰了，容不得猶豫疑！」

The Guide Weekly.

嚮導週報

第十九期

每星期三出版　發行通訊處　北京大學第一院收發課轉劉伯青

（中華郵務管理局特准掛號認為新聞紙類）

一九二三年二月七日

定價

零售每份銅元四枚　郵寄三分全年大洋一元三角半年大洋七角郵費在內

分售處

上海亞東圖書館
上海民智書局
上海公民書局
北京大學出版部
武昌時中書報合作社
太原晉華書社
長沙文化書社
濟南齊魯書社
南京樂天書館
成都華洋書報流通處
杭州古今圖書館

時事短評

為自由而戰！

獨秀

「不自由毋寧死」這句話，只有感覺到自由的確是生活必需品才有意義。現在惡濁政治熱烈的指教我們，使我們漸漸知道自由是我們的生活必需品，不是可有可無的奢侈品了。北京學生為了向國會請願受警察毆打，這明明是不許國民享有憲法上請願的自由權利了；京漢鐵路工人為了在鄭州開總工會成立會被軍警强迫解散，這明明是不許國民享有憲法上集會結社的自由權利了。我們盼望各界人士都要認清這兩件事是一般國民失了自由的問題，不單是學生工人自身一部份的問題，各界人士其同時速起，為自由而戰！

中國之大患—職業兵與職業議員

獨秀

現在全世界的大患都是兵患，但歐美日本各國的兵患，不在兵之本身，而在帝國主義的政府拿兵來壓迫殖民地，拿兵來互爭殖民地，中國的兵患，乃在軍閥拿兵來擁護他們私人的地位，增益他們私人的財產；而中國的兵何以甘心供軍閥私人的利用和犧牲，乃因中國兵是由軍閥僱傭的土匪及各種無業游民而成，軍閥的威權乃建設在這班土匪游民之上；這班土匪游民專以當兵為職業，職業兵靠兵官吃飯，兵官靠大帥吃飯，大帥一旦失了地位，兵官及兵便失了飯碗，兵靠大帥以生活，大帥挾兵以橫行，兩相結合，遂造成中國之大患；因此，可以說中國的兵患乃在兵之本身。救濟中國兵患之根本方法，不專在裁兵，而在改用徵兵制來代替現在的職業兵；因為徵兵服役有一定的期限，退伍後有一定的職業，和官長大帥沒有永久不可離開的經濟關係；而且徵兵區域有法定的限制，勢不能任意的無限增加；所以在徵兵制之下，無論如何野心家，至少也不能夠造成中國土匪頭的軍閥。

議會制度雖在歐美各國已成末路，而他們當初發生及存在却有歷史的意義：因為他們的議會制度是資產階級的產物，他們的資產階級都很發達，大部份的議會議員都有相當的職業，都隸屬於政黨，每個政黨都能代表資產階級一部的意見與利益；所以他們的議會制度是有意義的，而且是有後援的。中國的議會則不然。產業幼稚的中國，小資產階級的勢力尚未集中起來形成一個階級，因此至今不曾有一個代表階級意見與利益的政黨，所有的政團，無非是一班非階級化的無業游民單純爲自己個人利害關係湊攏起來的。因此，中國的各階級議會都沒有階級的後援，各級議會的議員都沒有相當的職業，這種以議員爲職業的議員，自不得不視職業爲謀利的工具，這種浮萍無根的議會，自不得不仰權門的鼻息以圖生存，他們助紂爲虐固然可以橫厲無前，若與爲民權奮鬥而抗權門，直不能一朝存在，議員只能爲惡不能爲善，乃是必然無可逃免的事實；所以我敢說：全國各級議會的議員種種失德敗行橫暴墮落無人格的行爲，並不是議員們本身的罪惡，乃是强效歐美的議會制度而不合中國社會狀況的罪惡；循此不變，雖改選數十百次，也必然是後先一轍。救濟之道，惟有用革命的手段廢去現行各級議會的組織法及選舉法，改用由現存等團體（如工會商會教育會律師公會等）選舉的國民會議。市民縣民會議，代替現在職業議員的國會及各級地方議會。此種國民會議，不但代表其團體的意見與利益有一定之後援，能收監督政府之實効：而且每年改選一次，每次會期不過一二月，不妨礙議員固有的職業、謀生無後患，至少也不至像現在的職業議員長久羣聚廢業，爲謀利求官而有奔走結納煽動政潮的必要與經驗。

反對「敦請一友邦」干涉中國內政

和森

孫中山和平統一宣言主張與軍閥妥協及與外國帝國主義合作，上期本報曾反對過，不過對於前一點說明較詳，而後一點說明較略。他的宣言發布幾日後，上海商界總聯合會通電贊成，並解釋：「：敦請一友邦爲佐理，係自動的而非被動的，參加債權人監督用途，係暫時的而非永久的；自動的則他邦不能援以爲例，暫時的則異日已無可藉口……所敦請者不過一人，於主權何傷，於進行尤便，以視華會向我國忠告，海關鹽務歸外人操縱，熟得熟失，不待明辯……」這點關係中國國民運動的生死、我們認爲有再加辯明之必要。

中國國民革命運動唯一的正軌：對內是打倒軍閥，對外是打倒侵略中國扶植中國軍閥的外國帝國主義。軍閥不是天上滴下來的，是前清遺留和外力扶植的產物；所以反抗外國帝國主義尤爲國民運動根本的重要。外國帝國主義與中國的關係，就是侵略與被侵略的關係，甚麼「友誼」「友邦」都是騙人的鬼話。辛亥以前，革命黨的目的是肅清內政以禦外侮；直到於今，這個目的還達不到的主要原因就是由於外國帝國主義借款賣械幫助北洋派軍閥袁世凱，段祺瑞，張作霖，吳佩孚等以打革命黨。無論那個資本帝國主義的强國，都是中國人民，中國國民運動的敵人。美國對於中國的侵略與壓迫雖然遮飾得巧妙，宣傳得體面，但他乃是在華盛頓會議確定協同宰制中國的劊子手，他乃是與日本帝國主義相競搶奪整個的中國隸屬於其資本鐵鎖之下的惡魔；中國人民若是認他爲「友邦」，便是認賊爲父，國民黨是若認他爲「友邦」，自動的邀他來公然合作中國的內政，便是教中國人民授權於賊父，公認他爲干與中國內政的合法主宰！

屢次倡言與軍閥妥協裁兵，已是損傷了革命精神；因裁兵而主張邀請外國帝國主義者干與內政，更是引導國民運動脫離正當軌道。我們固然不承許軍閥內閣張紹曾「若邀請友邦人士越俎代謀未免有外人干涉內政之嫌」的假話爲比中山更愛國；但使中山這項主張實現，國民革命運動的精神便將根本動搖；若不實現，也足迷亂國民對外心理，在一羣侵略的强盜英法美日中分恩仇，也足迷亂國民對內觀察，在武人紛亂的內政中看不出外力的關係，而且反認求援於外力足以解決時局。當外國帝國主義者假稱非廢除軍閥不足以解決中國時局時，他們又是向容易被欺的中國人民準備一種侵略和隸屬的新方式！

我們知道革命是勢力的事，但我們反對國民黨倚仗三五野心將官烏合起來的軍隊勢力和求助於軍閥的舊勢力，我們主張國民黨必須倚仗民衆並組織民衆的勢力；我們知道革命是國際的事，但我們反對國民黨暫時或須與結納國際帝國主義英美法日的勢力，我們主張國民黨必須忠實進行中俄德聯盟計劃。今年一月一日國民黨的宣言，縱然未標明『打倒國際帝國主義』，然而認中國業已淪爲列强殖民地及主張修正與列强所締一切不平等條約，我們方認爲是國民黨一大進步；最近蘇俄代表越飛與中山在滬接洽的結果及民國日報屢次發表中俄親善的議論，我們方認爲是國民運動前途的吉兆；幸望中山先生迅速改變這次宣言與各派軍閥妥協與外國帝國主義合作的有害政策，這樣的政策，即使不計及將來實現上的惡果，就是現在紙面上的不良影響，也足以損傷國民革命運動的精神呀！

再論不合作主義答北京晨報記者

獨秀

蔡校長是我們最敬愛的人，但我們對於他消極的方法之宣傳，認定在青年思想界，在革命的民衆心理上，都有極大的惡影響，故不得不進以忠告。

以前蔡校長只辦教育不問政治的謬誤主張，已經收了惡果，以經引導青年學生到了極沈寂的睡眠狀態幾於不可救藥；他現在雖然覺悟到惡濁政治使他不能再忍再受而希望政治清明，卻已後悔遲了，而且仍然取「退的」消極態度，又來宣傳第二個謬誤主張，北京晨報記者指明他是不合作主義，並居然稱許爲『確是打破惡人政治之一方法』；我們認定蔡校長這第二個謬誤主張，又要造成惡果，第一個惡果已經遺禍無窮，一時很不易改正過來，現在又要收第二個惡果，眞是青年思想界之厄運重重，我們實在忍不住不出來反對；因爲中國人要退的懶惰的病根甚深，消極的不合作主義正合他們的口胃，若是有人附和盲從起來，要退懶惰不肯挺身奮鬥的們人，正好藉此鳴高，其實是拿不合作主義爲安樂窩爲避難所，以遮掩他們懶惰怯懦的羞辱。

北京晨報記者現在也承認：『現時我國可否鼓吹「不合作主義」，的確是一個問題。』也承認：『我們中國在軍閥政黨盤踞的政狀之下，非有一種更深刻的標語，更嚴厲的手段，恐怕不會得羣衆底了解。』我們深深感謝晨報記者這種論調可以加宣傳不合作主義者一個很大的打擊。　晨報記者又說：『不合作主義是打破現狀底一種方法，而恐其不是有效的方法。　況且蔡元培宣言，僅僅說到正誼主張者，不要替政府幫忙一層，此外有無其他主張，及蔡自身辭職之後，有何活動，都無從知道，我們決不願輕易替他鼓吹。」這些話都說得極其明白，但是我們一定要懂得：惡濁政局是有歷史的有組織的一件東西占住了空間，必須有一件東西能夠積極的打倒他代替他來占住這空間，才是有效的方法，不合作主義的本身決沒有這種性質，不但沒有這種性質，而且是消滅這種性質的利器，因有民衆心理尤其是懶惰怯懦的民衆心理，遇有人示以解決困難之比較的和平方法，他們的精神希望便集中到這個方法，癡心忘想以爲他足以解決困難，非等到這個方法完全失敗，便不會發生另尋方法的精神作用，更不會——而且以爲不須——走到革命的路上去。因此，我們認定宣傳不合作主義，在打倒惡濁政治方面看起來，是絕對無效的方法；在消滅民衆的革命心理方面看起來，卻是第一有效的方法。　蔡校長若不願與惡濁政府合作，辭職出京，別有所活動，則不合作只是別謀活動之過程中一個行爲，決不能說是一個主義，但是他不獨辭職宣言後無所活動，而且宣言中明明只是宣傳某君『相率離京』『相率辭職』『不再替政府幫忙』等名言和他自己對於研究學問的興趣，此外並沒有別的主張，蔡校長癡心夢想用這種浪漫的消極方法來折散惡濁政府的台，來求政治清明，已經是大錯而特錯了；晨報記者又從而盛稱他『宣傳不合作主義確是打破惡人政治之一方法』，更是錯上加錯。　我們應該竭誠忠告晨報記者，個人立言錯了是小事，因爲要迴護自己的錯遂不顧社會的錯是大事；

因爲不忍社會的錯，遂不惜承認自己的錯，這是最勇敢的行爲呵！

晨報記者不承認『不合作主義』是消極的有害的主張，不承認甘地主義在印度已經失敗者，不承認甘地『不合作主義』是消極的。在第一點，可惜我們沒有這種邏輯的頭腦可以認識『不合作主義』不是消極的；至於他的害處，前文已詳，現在不必再說。　在第二點，還有事實的證明，本報另有紀述，也不必重及。在第三點，這是晨報記者根本的觀察錯誤，我們不可不討論一下：第一，晨報記者所列舉的甘地八種主張，若說都不是消極的，便可以說人間行爲無一不是積極的，而西文字典上也可以將Negative, Passive,　等字永遠删去。第二，若說『不』字是他們的手段，決不是他們的目的，此話便差了；我們正是指斥他們所取的手段是消極的，其結果不但沒有達到目的之可能，而且阻礙革命運動；至於說到目的，出家求仙學佛及山林隱逸的人，何嘗沒有積極的目的，蔡校長想拆散惡濁政局的台，又何嘗不是積極的目的。第三，晨報記者舉出甘地許多積極的行動，證明他不是消極的人物，這便更差了；正因爲他積極　的『樹起「不合作主義」的旗幟之後，遍歷全印，到處宣傳，演說不足，繼以文字，務使一般印人徹底的了解他的主義。』革命運動因此大受了釜底抽薪似的打擊，甘地的奮鬥，正是他的罪大惡極處；他若是憤而辭職之後，隱遁起來，獨善其身，所遺下的惡影響還小得多。第四，晨報記者說：『他（甘地）根本上對於現代歐洲文明，異常反對。　他覺得機械工業，而成不公平的社會制度底最大原因。　英政府想把這種機械工業制度移植到印度去，所以非極端反抗不可，民族觀念還在其次。』　如此說來，甘地運動，決不是民族的革命運動，乃是復古的反革命的運動，移他完全不了解人類歷史進化的必然性，把資本私有的罪惡和由他產生的帝國主義的罪惡（這些罪惡也是歷史進化的必然性）。都歸到機械工業物質文明身上，簡直和從前英國工人打毀機器是同樣的見解，托爾斯泰，達哥兒，甘地都是這一流的昏蛋，他們妄想以爲人類社會可以拿主觀的空想來改造的，他們妄想以爲手工工業可以和機械工業競爭的，他們妄想以爲人類歷史可以由人力開倒車的；吳稚暉先生說：『印度比中國更無望，因爲印度反科學反物質文明的民族性比中國更甚。』這乃是東方民族所特有的二大病根之一（其一是消極的思想）。『第五，晨報記者說：『勞動階級底罷工，也是一種『不合作主義』底表現，難道嚮導週報記者連罷工也不贊成嗎？』我們的答復是：工人罷工，乃是被雇者在承認現制以內，對於雇主在一定的要求條件之下所採用的手段，部員罷工索薪，也是這一類，與所謂『不合作主義』一直是風馬牛不相及；因爲不合作主義應該是無條件的（這一類的運動，只是一部分的改良生活的有條件的經濟要求，不是無條件的根本推翻的政治爭鬥；像工團主義派不主張用武力奪取政權，而妄想單用總能工的手段推翻統治階級，簡直和蔡校長想拿總辭職來打破惡人政局是同樣的謬誤，我們當然也是不贊成的，此外還有幾種罷工）如不適時機及對於工人階級的利益對于社會主義運動的工作等），也是我們所不能贊成的；晨報記者以爲我們對於工人罷工都應該盲目的一概贊成，這個思想未免過於簡單了，過於浪漫了。

我們很敬愛的晨報記者！請你們去掉成見，去掉浪漫的思想，平心靜氣的就客觀上精細研究一下：消極的不合作主義是否是個不能實現的空想？是否有打破惡人政治的可能？惡人政治是否必須積極的民衆革命才能夠打破？消極的不合作主義是否有消滅民衆革命心理的惡影響？　倘弄清了這些問題，希望你們起來和我們同做思想界防禦鼠疫霍亂的工作。

一九二二

印度國民運動的分析

永釗

這篇文章是印度共產黨員魯雅（Roy）給第三國際的報告。魯雅同志不但是印度革命工人的領袖，且也是眞正爲印度民族爭自由和獨立的一位戰士；他對於印度的政治情形和國民運動的實際，是十分明確的了解。他常有論說報告印度政治實況，和指示印度民族以得到解放的正路。他這篇文章是作於去年十一月中間，是包括了去年十一月以前印度國民運動中各種重要的變化和實際。所以我們要請讀者注意這篇文章的重要，這是使我們明瞭印度最近政治狀況一篇材料。還有一點我覺得應當連帶提到，就是讀者尤要從這文看出不合作運動現在在印度所站的地位，他是不是已到了落伍的時侯？現在中國有一派人想將蔡孑民造成空洞的道德偶像—甘地一般的『重要』，這樣固然一半是小資產階級和平清高心理的必然表現，一半也是因爲他們不知印度國民運動最近的情形，還迷信甘地聖人的運動是件有力的武器，印度的自由是要靠他爭到；若在中國製造出同樣的『運動』，也是會救了中國的。在今日軍閥和外國帝國主義交相壓迫下的中國，我們敢十分肯定的說：這種做夢的努力不但不能成功一種有力的運動，且是會引誘一部分不明白的國人入於空洞的迷途，妨害了解放中國有效勢力的發展。我願國人讀了魯雅同志這篇文章之後：明白『甘地運動』不但不是印度推翻英國壓迫的武器，且已在印度羣衆中落伍了呀！我們要不着也來走他們—事實上已證明—錯誤的路子，迅速拋棄造成『中國的不合作運動』謬誤觀念的努力，一致來加入勞苦羣衆革命的戰綫！中國智識階級要了解這是他們現在惟一可走的道路。

（君宇）

（一）政治狀況概要

印度自從甘地被捕以後：英政府實行高壓政策，六個月間算是混亂的時期；但是代表各方面的勢力也就在這個時期內重行集合，確定政治綱領， 把各別的經濟方面同社會方面的要求表示出來。近五年來自稱全體印度人的代表的國民會議，不過是代表小資產階級利益的複雜組織。

甘地雖然是印度民衆運動的一位名義領袖，他却不能表現印度人民的眞精神。就是那些後起之秀如亞里（Ali），來宜（Rai），大斯（C.R.Das），馬拉維鴉（Pundit Malvign），拉吉戈巴納赫利亞（R njagopalacharia），同韓金牙馬（Hakim Ajmul Khan）等人也都犯同樣的毛病，這些人都不能把印度革命分子的熱願宣傳出來。同時印度的城市無產階級，無田產的苦農，窮困的智識階級都是印度的革命分子，他們二十年祕密結社，暗中活動，無日不想推翻英人的統治。

印度經濟受了歐戰的影響，因之十分緊張，無產農民和工人們急感革命的必要，時時發生暴動，這些革命的精神反到爲國民會議所利用，助長他們的政治目的。甘地的聲望也能維持國民會議在羣衆中的勢力，使他不自然的延長下去。等到大會草定巴爾陶里決定後，屢次犧牲農工階級的利益，否認一切羣衆的運動同激烈的經濟要求（參看本報第二期革命運動中之印度政治近況），印度羣衆纔知道國民會議實在是代表小資產階級的利益。

後來國民大會中央委員會通過巴爾陶里決定，甘地隨之又被捕入獄，國民會議在羣衆中的統御能力就完全失去了。從此羣衆運動爲政府的武力所鎮壓，各城各鎮皆駐重兵，軍警戒嚴如臨大敵，前後人獄的二萬多人，雖有新領袖來指導羣衆運動，也非易事了。

所以夏季幾個月中印度狀況十分紛亂，暗中摸索不知去向。國民會議，沒有適當的領袖，只是望大斯八月能否出獄做補充。城市中罷工的工人，鄉間暴動的農民，一方受政府的壓迫，一方爲國民會議非暴力政策所誤引，不能做獨立的經濟鬥爭。當此混亂的時期國民會議的首領們正做着一種無用的禱告，就是勸告織用土布以爲爭自治的惟一手段，又派一些委員到各省去調查看不奉管理政策是否適合當時的民情。其實他們早打定主意不實這個政策，不過有意裝模做樣要像煞很鄭重罷了。調查結果祕不發表，說是要等到十二月間國民大會在凱牙(Gaya)開年會的時候纔能洩露出來。

（二）各省會議中新派的發展

全印國民會議中央委員會雖然墨守甘地的觀念和政策，認一切違背巴爾陶里決議的意見爲背叛的表示，但各省分會仍然是起來反對，感受中央專斷過甚的聲浪在四五月間相繼起來。馬霍拉剌脫（Maharashtra）—孟買的部分—分會根本反對巴爾陶里決議，其地各省雖然通過那個『建設綱領』，要實行抵制英貨，違抗法庭同官立學校主張自製布疋，自設學校　自建仲裁法庭等事——但是總有多少分子始終反對這種政策。

馬霍拉剌脫國民會議分會不獨否認巴爾陶里決議，且自擬一個政治綱領，主張『不協作者』——反對政府派——也加入『改革會議』，政府的反對派實行負責的協作，監督政府的設施。他們宣言巴爾陶里決定所主張的『反抗法庭』，『抵制英布』，『離脫官立學校』諸事都已失敗。就是抵制英國布也要用本地出產的機器織的布來代替，不當用手搖車織的土布來代替。馬霍拉剌脫分會並且主張大規模的國外宣傳，宣傳印民意見於國外，這也是同甘地一派人的意見相左的地方。由此看來，馬霍拉剌脫分會會員的意見同國民會議及其事務委員會的意見如此相左，並且脫離了國民會議及其所在省的分會，這種反對算是有一定政治主張，因政見不同而脫離大會的了，比起帶宗教彩色而有反動傾向的國民會議馬霍拉剌脫的地方團體自然是要新進些，激烈些，合理些了，但是他的政綱最後目的不過是和憲政緩和派（Constitutional Moderates）聯合。他的會員都是些國家主義者，律師們，商人們同實業家，他們一方以政府的改革設施爲未足，一方又嫌國民會議的政綱太抽象像空洞不能收多大的効果。

其他各省反對國民大會的傾向同馬霍端剌脫相彷，不過沒有明顯的表示就是了。當加殺爾(Bengal)分會宣布巴爾陶里決議的時候，會長大斯夫人出席演說，力言組織農工團體以改良工人階級的生活爲必要。並謂一人獨裁制，國民自衛軍是抵制政府的利器。同時各省對於修改在巴爾陶里同選爾哈(Delhi)　決定的大會綱領都有修改的呼聲，最重要的是白拉爾(Berar)同聯合省(United　Province)二省。白拉爾省主張組織選民會，納稅人大會，農民會同工會實行『不奉管理』。聯合省主張不協作者也要加入地方同城市行政各部的選舉。本牙省（BerGab）會議承認巴爾陶里決議可以暫時實用；但是主張立刻實行不奉管理。同抗稅罷租。古借拉特　(Gujemt)　省是甘地的家鄉，是完全承認巴爾陶里決定了。　南印度各省，特別是麻隊斯　(Majras)　因爲受過莫卜拉暴動(MoplahRebelliou)　的恐怖，主張溫和的，建設的計畫，勸告國人用土布，中部諸省於四月間在拉格普爾　(Nagdur)　會議結果決定用實用的方法監督政府，主張加入改革會議，設立專門學校教育工人，　放棄反抗法庭的，　以爲不能實現，而且以大會綱領應當建在效能和實用上，不當建在抽像的道德標準上。拉格普爾會議宣言說，大會的目的完全是現實的爲現實的幸福的，所以必要用明顯的現實的方法來達到他—拉格普爾會議主張不奉管理。

由此看來，反對大會綱領，在起初幾個月雖然是很空洞很混亂而且很糊塗，後來就顯然分爲左右兩派——右派主張加入各改革會議；左派主張採用武力政策（militant tactic），在非暴力條件之下實行不奉管理，若遇武力壓迫時，則以武力抵敵。右派熱心恢復法庭的威權，他們的機關報吹鼓加入改革會議的選舉，因在大會委員會中不佔勢力的原故，就公然與大會脫離，馬霍拉剌脫算是這派的大本營發源地。

（三）反對大會左派的中心分子

左派反對者既在各分會中反對大會綱領，又於六月間在聯合省與克羅（Lucwnow）地方所開全印國民大會會議中發表他們的意見。國民大會委員會到此不得不開秘密會議討論對付左右兩派反對聲浪的方法。對於右派他們直接指責，說加入改革會議反對巴爾陶里決定是不忠實於爲非暴力的不協作事而被捕的領袖甘地。這次大會馬霍拉剌脫代表不曾加入。

對付左派就不容易了，因爲他們的呼聲是很有勢力的。般格同對聯合省因爲受政府的壓迫最甚呼聲也最強硬，他們主張用報復手段實行武力自衛同羣衆的不奉管理。大會委員認自衛的要求爲正當，但是不敢立刻通過這個要求，組織一個不奉管理委員會，派員到各省去調查民意與實力，約定九月十五日報告調查結果，做委員會參考的標準。調查員擬定很長的調查表，凡是關於大會綱領的意見同在最近的將來要修正必要都經問到。七位調查員出發遊歷各省，到處受人歡迎。到了九月十五，調查員宣告調查未能完結，要等到十二月凱牙年會纔能報告。他們同各省重要的不協作者的談話同會議都祕不發表 我們所知到只是少數接談的人所發表的問答。

調查委員們是些甘地派的忠臣，那自然是要防止通過羣衆不奉管理了，政府的壓迫同國人的指責最緊迫的時期已經渡過。他們自然要想在年會中拿他們所實際調查結果來壓倒反對他們的人了。

十二月開的國民大會或者不免於各派的分裂。右派反對者已有從思同憲政緩和派聯合，而憲政緩和派因爲受了魯易喬治在英國國會中關於印人參與政事（Civil Service）問題演說的激刺，起了反感，現在已經比較從前進步一點，激烈一點了。這兩派的聯合的可能因此增大許多。左派代表主張武力革命推翻英人的羈絆，明知大會的綱領必歸失敗。他們跟大會實力所依的羣衆日漸聯合，以爲時間緊迫不可懈怠。却是這些左派的激烈分子的政治眼光非常有限，而且滿頭播裝了小資產階級的觀念；他們公然反對階級鬥爭，不敢採用革命的綱領來引得羣衆的幫助。但是他們又想藉羣衆的力量達他們自家的要求；主張組織農工，促進羣衆的勢力。假如甘地同大會委員會仍然堅持自已見意，他們不免要分裂了。分裂後其中一部分人就要求組織一個新的羣衆的政黨了。

（四）憲政緩和勢力之恢復

曾經加入改革會議的憲政緩和派代表國家主義者的極右派，他們於一九一〇年因爲國民會議，採用非暴力的不協作運動，並且拒絕改革政策的原故，同大會分裂。當時全國人民非常激烈，因爲他們同政府協作，都鄙棄他們。他們在社會上因此沒有絲毫勢力。一九一九同一九二二之間印度國民運動最熱烈的時候，他們已爲社會所不聞不問了。但是他們代表印度資產階級中階級意識最明瞭，政治心理最顯著的分子，如大地主，大企業家，大財政家們。他們堅持自已的政策到底，實現了許多改良政策，恢復自家的勢力，重爲印度政治運動的主幹，因之受國人的注意

憲政緩和派在改革會議中第一次反抗政府的議案就是提議減少歲支，把各項稅率減輕百分之五，減少軍費，廢除棉業加稅。這個獨立的舉動頗爲同印度英國社會所注意。英國棉業界同帝國主義者因爲利害衝突的原故，大起反對，阻礙這種改革的政策實現。印度廢出本來

每年就要缺欠6,106,000磅，本想定新稅率來補充；至此反被減少，所以每年要缺欠10,6 6,0 0磅之多。政府處此情形，只有兩條路，一則命令取消立法會議的議案，一則勉力裁減消耗收入之半數的浩大的軍費。府政眼看當時羣情憤激的情形同不作協作運動的掙扎，知道允許減少軍備較為適當，委派一個減少委員會，以印加伯爵（Heri) Iuo he:h）為首席，調查他項收入的財源。這是憲政緩和派改革政策成功的第一步，他們自己也很能利用此次的勝利向國民宣傳改革政策。

他們對政府第二次的攻擊，就是在立法會議同諮政院中辯駁魯易喬治首相於七月間在英國國會中關於印度參與政事的演說。他們先前就曾非正式加入政府會議討論對付不協作運動的方法調解政府和人民間的隔膜。又曾在改良會議中勉强否决攻擊政府釋放政治犯議案。

現在印度政府中的重要位置都在英人手中，憲政緩和派提倡印人執政以漸至印人治印；這是憲政派素來的呼聲，也是改良政策的一部分。但是一到執行這個要求的時候英國國會便發生異議，英國在印度的官僚更大加反對。因此兩方惡感日深，種族界線愈甚，兩方報紙互相駁辯，印度報紙則謂將來印人執政，印人治印終有一日可以脫離英國之羈爲自主的國家。

五月十日印度總督通電詢問各省間對印人參與政府事務的時間與程度的意見。這種消息傳出後，兩方爭論愈加激烈。魯易喬治爲安慰英國駐印官僚起見。在英國國會中巧爲辯護。他說印人治印不過是一種試驗，印度無論如何不能脫離英國的統治憲政緩和派異常憤怒，不協作者亦指責政府許允印人參與政務之無誠意此次爭論異常激烈，印度總接魯易喬治演說的電稿後之卽招請憲政緩和派代表向之解釋首相演說爲無惡意。九月五日副總督又向立法會議和諮政院中做同樣的解釋，勸阻他們對此演說有反對的決議，亦屬無效。兩院都有攻擊首相的決議措詞非常激烈，雖致得罪院內英國議員亦所不顧。憲政緩和派這種奮鬥足證他們階級意識非常明瞭，看清奪得政權之必要。他們又在立法會議中通過取消報紙條例，否决政府祖護王公不受報紙批評的條例，當時立法會議中以四十五對四十一票否决政府的提案，但是政府轉交參政院强迫通過。

這些花樣說明他們風頭的去向。憲政緩和派已有完全的　覺悟了，不協作新的運動又助長他們的勢力，他們就自居爲全國國家主義運動的領袖。一年來的小勝利使他們領略得到完全政權時的滋味。經了這些鼓勵，他們這些最有階級意識的資產階級，遂決意奮鬥到底，想實現他們的完全計畫，使印度完全自治，或爲一個英國的自治的領土。

在這種情形之下，一方緩和派想實現改良策，一方不協作者的右派想加入改革會議，柏森夫人 Mrs Ourie Berr n 同她的自由同盟會(Liberallae) 的黨徒就倡議合併兩派成爲一大政黨。她們就用1 [1 國的名義宣言兩派要合併，在憲改的範圍內爭求自治。這種運動的效果如何，現在還不能完全豫料。但是假使國民大會甚雅會議分裂之各右派的結合總不無希望。右派脫離之後，大會的勢力完全失去，要想維持固有的勢，非採用經濟的政綱，應羣衆的需不可。但是此事恐難實現。

（未完）

The Guide Weekly.

（中華郵務管理局特准掛號認為新聞紙類）
一九二三年二月二十七日

定價
零售每份銅元四枚
郵費二分全年大洋
一元五角半年大洋
七角郵費在內

嚮導 週報

分售處
上海亞東圖書館
上海民智書局
上海公民書局
北京大學出版部
武昌時中合作書報社
太原晉華書社
長沙文化書社
開封[illegible]書社
南京[illegible]天書館
成都華洋書報流通處
杭州古今圖書館

第二十期

每星期三出版　發行通訊處北京大學第一院收發課轉劉伯青

中國共產黨為吳佩孚慘殺京漢路工告工人階級與國民

工人們，農人們，全國被軍閥和外力壓迫的同胞們！二月七日長辛店和漢口的大慘殺，你們已經耳聞目見或身歷其境了，這場野蠻殘酷的大慘殺，就是前此倡言「保護勞工」的軍閥吳佩孚發縱指使的！這個虛偽陰詐的武力魔王，「保護勞工」的假面具戴不到幾個月；現在已在全國工人之前，畢露其猙獰血淋淋逞兇慘殺的眞面目了！

中國共產黨早已告知全國勞工階級：惟有共產黨是眞正保護勞工為勞工階級利益而奮鬥的黨，此外一切標榜保護勞工的黨派和勢力，都不過是為他們自身的利益或他們階級的利益而施行的一種政策；但在勞工階級的勢力還未組織成熟及未建設勞工階級的國家以前，共產黨為保護勞工目前利益及完成其組織力戰鬥力起見，在一定限度內，並不反對那些開明一點進步一點的黨派和勢力採用這種假仁假義的「保護勞工」政策：雖然明知他們採用這種政策的用意，雖然明知他們採用這種政策的虛偽，但代表勞工階級利益的共產黨是要毅然決然領導勞工階級乘此努力成就本階級的組織，準備並訓練本階級的戰鬥力；有時並須幫助這樣一支較開明較進步的勢力，——以勞工階級利益為前提，打倒其他較黑暗較反動的勢力，漸進而推翻一切舊勢力，與新興的敵對階級爭鬥而達到勞工階級革命專政的目的。在這個原則之下，所以中國共產黨向此亟須公然戳穿吳佩孚「保護勞工」的假面具，只望京漢各鐵路工人努力進行工會的組織，一步一步成就勞工階級的勢力與使命。

> **威埠工人電弔**
> **、我們的死者**
>
> 海參威工團總會接得中國鐵路工人被殺消息，於其開全體大會時，特議決致電京漢工人表示同情，茲錄其電報如下：
>
> 「中國共產黨轉京漢鐵路工人：海參威工團總會敬致其熱忱於中國勇於奮鬥的鐵路工人，並表同情於被殺同志之家族，特鄭重宣告中國軍閥之罪惡，——彼等竟任意屠殺我工人，——屠殺中華民族利益之眞正保障者！」

可是京漢路總工會要告成立了，這個戴着「保護勞工」假面具的軍閥——吳佩孚便害怕起來了！怕什麼呢？因爲他知道：中國現在除了他們軍閥的軍隊勢力外，還沒有比他們更集中更強大的組織力存在；京漢路總工會的出現，就是保障中國人民利益眞正勢力的出現，這當然要觸犯了軍閥的畏忌心。所以這個冒稱「保護勞工」的軍閥便不惜自揭假面具，破壞約法賦與的集會結社自由權，便不惜血肉橫飛慘殺赤手空拳以爭自由的勞動者。

全國爭自由的人民呀！這次漢口的大慘殺，不僅是軍閥慘殺工人的意義，乃是軍閥慘殺爭自由人民的人民的先鋒軍的意義；這個慘殺兇手吳佩孚不僅是工人階級的敵人，乃是全國爭自由的人民的敵人。「不自由無寧死」，現在我們三十九個烈士已經慘死了，軍閥們從此更將肆無忌憚的向我們不自由的人民進攻了！全國不自由的人民呀，你們應一律準備和爭自由的先鋒軍——工人階級——起來打倒慘殺工人的軍閥吳佩孚曹錕呀！打倒一切壓迫工人的軍閥呀！

統一的國民運動

致中

軍閥們的罪惡，國民都已經親眼看清楚了，非打倒軍閥不能救國救民，國民也漸漸覺悟了，但是如何打法才有效呢？

我們一知道：軍閥的運命固然已去末日不遠了，然自古道『困獸猶鬥』，他們的最後必死戰，卻也未可輕視；況且他們的知識力是固然不過是些土匪頭，不能當眞算個什麼軍閥，但是政權武器都在他們手裏，比起我們組織很弱的人民來，還是矮人國裏的長子，若是沒有組織力很強的很廣大的國民運動，還怕是敵他們不過。

所以要打倒軍閥，散漫的各個爭鬥是不濟事的，必須是各階級各部分爭自由爭民權的各種勢力，在一個統一的目標之下集中起來，成功一個有組織的廣大的國民運動，才有充分反抗軍閥的力量。

現在的事實卻不是這樣：工人屢次罷工，別人都袖手旁觀；學生請願被打，大家說是學潮；林詒然非法被捕，只有新聞界出來抗議；商界雖然召裁兵運動，而眼見學界工界與軍閥血鬥，仍然置之不理；江西人民反抗蔡成勳，安徽人民反抗馬聯甲，別省的人都是隔岸觀火；這樣散漫不集中的各個運動，決不能打倒困獸猶鬥的軍閥；能夠打倒軍閥的，只有統一的國民運動。

克門案與運送飛機案

和森

美國駐張家口的領事索克賓與資本家克門，爲中國奸商保鏢，強運六萬大洋出口，並用手鎗射擊合法阻攔之中國兵士，克門因中國兵士回鎗射擊以致斃命，因而惹起中美間嚴重交涉，美國公使向北京政府提出三條最強橫最苛酷的條件。索克賓違法庇奸不上算，美國政府反要求中國高級軍官張錫元都統同區區一個肇事的領事謝罪，此外還要求將張錫元以下的軍官革職永不任用，並要求卹金五萬元，其屈辱中國全體之用意，與貴族主人嚴懲傷害其雞犬之家奴沒有兩樣！許斯在紐約中美協會演說『……若對克門案無滿意解決，則美將改變對華政策。』同時駐京美使屢次直接找着張紹曾示威，大有不如其命即將下旗歸國之勢。被外國帝國主義壓迫的同胞們！幸喜美國絕對華政策還未改變，你們多來領略些『中美親善』的味道罷！

反過一面，我們看美商運送飛機給吳佩孚的案子有如何下落呢？二月十九日申報轉載字林西報云：

『美商施利文氏運送飛機至漢，被美艦查獲扣留一案，經美國駐漢按察使羅平傑氏迭次傳集人證開庭鞫審、業於十三日宣布判決書，以案中並無充分證據，足以證明該項飛機確供軍用，雖據運送該機之船主供稱，曾聞華經理李某，有此項飛機運漢，係供吳佩孚軍用之說，然傳李某質審，又復否認此言；且查本案所控各節，係違犯軍火出口律，然「出口」二字意義，似於飛機運到上海後，其行爲即已終了，美國法律固經明定門規，凡自甲國運至乙國，謂之出口，若於同一國內自此口運至彼口，則係轉口，而非出口，故被告行爲自上海運至漢口，不能目爲出口，而謂之違犯軍火出口律……因此宣告被告無罪，並取銷漢口美領事預審時宣告之飛機暫留，聽候美國駐華按察使處分之判決云。』

前案的要求，是美國帝國主義者獎勵他們的外交官資本家在中國橫行無忌的與奸商們做違法勾當；後案的判決，是美國帝國主義者獎勵他們政治侵略的別動隊供給中國軍閥們的軍用品。前者是小題大做，是八十年來外國帝國主義在中國獲得種種特權的慣用方法；後者又是從新立了外國帝國主義今後便於供給中國軍閥軍用品的出口律上之新註解。中國人民須從這些地方領略帝國主義者的本領呵！

孫中山南下與英國

和森

近日報載英公使語人，彼贊成孫中山日前宣言中之裁兵辦法；又廣州十八日路透（英國帝國主義傳播世界消息的機關）電：孫中山十七日午後八時抵香港，本夕親臨香港總督之招待宴會，有明日來粵之傳說；該總督之招待孫中山，或係孫氏對英態度，不無變化歟，故現下內外人士，均注意及之。

這些昨日幫助袁世凱，陳炯明，不久又將幫助吳佩孚，沈鴻英……以打國民黨的英國帝國主義者，現在好意思又來吊孫中山的膀子。中國國民黨的領袖要當心，不要受了帝國主義者的玩弄呀！

全國商界的好榜樣

君宇

本月二十四日北京各報多載有上海來電云：

上海商界近以慘殺工人之反響，因認罷市之示威運動，爲不可或緩之舉，當即議定以陽歷三月二日（即陰歷燈節）一律罷市。

據此電看來，京漢罷工是爲了全國人民爭自由的奮鬥，這個意義已爲中國進步的商人所了解，而且決定要加入奮鬥的陣綫了。這是何等可在中國國民運動史上大書特書的一件事情！我們要懇切的告全國商人：你們也是一樣受軍閥的壓迫的，你們現在責任不是在像什麼工商友誼會一樣，打糊塗電報，來幫軍閥（我們的共敵）慘殺工人；你們應當是一致起來像工人一樣的勇敢，爲了爭到我們公共的自由和打倒我們的公共敵人而奮鬥。現在好了，你們先進的上海商界已準備奮鬥了！全國商界你們要一致起來加入這個戰綫呀！

助軍閥殘民之總統命令

君宇

黎元洪於二十二日發長令一道，替慘殺工人的軍閥大保其鏢，其大概云：

『頃者京漢鐵路工人偶因集會細故，率爾罷工，竟與軍警衝突，致有死傷；罷工爲刑律所不容，何得遽以罷工爲要挾，甘身咎戾，所有此次肇事情由，著由內務交通兩部會同查明，呈候核辦，並著主管部妥擬工會法案，咨送國會議決，尅期公布，俾資遵守。』

明明是軍閥破壞約法，工人爲保障共和國民應享的自由而抗爭，總統反說成是『細故』；明明是軍閥任意慘殺工人，反說是工人『竟與軍警衝突。』照此命令，不但將軍閥一場殘殺的罪惡替他輕輕遮掩了過去，且將保障『約法』的工人說成了罪戾，且要製造出新的桎梏，讓軍閥去做更大的摧殘了！然而其如同日又申令尊重約法之謂何？要國民遵守約法，而自己却不尊重約法，且反來包庇違反約法之武人，這不是更明顯表示政府只是軍閥的政府嗎？被壓迫的同胞呵！我們若還希望這些軍閥的雇人，是不能有什麼用處了；我們自由的爭得，只有是繼續流血，全國人民一致來奮鬥呀！

二七大屠殺的經過

全國工人，農人及一切被壓迫的同胞們！

二月七日京漢鐵路工人的被慘殺，想你們都已知道了。自此次罷工開始以至現在，敵人方面—軍閥及其雇用的政府—利用他們的報紙電報及文告，揑造種種誣蔑及誘惑的事實，不斷的來欺騙國民，以冀破壞我罷工工友團結及阻斷國人對於罷工的同情援助。我們很相信：在被敵人方面造謠的宣傳欺騙下的國人，必然有一個很熱心的希望，就是希望我們將這次大屠殺的實際經過作較詳細的一篇報告。

京漢鐵路工人此次罷工的惟一原因，就是為了爭集會結社的自由，就是約法上規定我們人民應享的自由。

近兩年來，京漢工人陸續組織「工人俱樂部」。至一九二二年春，全路俱就緒，得十六個單位，每站工人過百人者即組織分會，較少者歸於附近分會。四月九日在長辛店召集全路代表，決定組織總工會。八月廿日復召集全路代表於鄭州，決定總會地點設在全路中心—鄭州，在成立大會未開以前，由總工會籌備處行使職權；并決定統一名稱然後依「權力集中」「經濟集中」兩原則，以促成一有實力而統一的組織。籌備了四個多月，才於本年一月五日總工會委員長會議，定於二月一號在鄭州開京漢鐵路總工會成立大會，遍邀各工團各界到鄭參與典禮。

因為集會結社是約法上賦予人民的「自由」，一方軍閥在相當期間內尚保持其假面，和工人謀妥協。因為這個原故，京漢工人遂得在軍閥高壓下發展到這個局勢。宣言「保護勞工」咧！贊成「勞動立法」咧！但是工人卻始終「謹防扒手」，階級的戰線日益緊切。

當國家鐵路為其私產的直隸系軍閥看工人的組織愈進步，他們愈恐慌，遂不得不揭開其「保護勞工」的假面具，拿出摧殘工人很辣的手段來，圖滅盡工人的勢力了。在路局方面，如趙繼賢，馮澐，他們原來就是持破壞工會主義的。趙氏在先曾利用一部分工人組織傳習所，以圖工人的勢力破裂，不想惡謀失敗，凡示好於彼者工人羣棄之，而工人底團結遂益堅實。馮氏先亦聯絡司電生以上的員司，組織京漢同人通誼會，與工會對抗，乃終亦未成功。自總工會成立會之召集露布以後，於是他們謀摧殘的進行益急切了。趙以保系嫡派的資格，馮以京漢南局局長不啻吳大軍閥的外賬房，而又有兩湖巡閱使署副官的資格，遂日夜奔走於曹吳之門，以製造空氣，謀殺工會。而乖巧奸詐的吳佩孚遂利用機會，以趙馮等報告為根據，下令於靳雲鶚，使其嚴禁開會，必要時得以武力解決。靳又指使鄭州警察局長黃殿辰執行一切，於是軍閥借刀殺人之計盡便決定了。

仇人嫉視工會，工人未嘗不知，且身處虎口，固軍閥掌中物。但尚不知對方欲摧殘若是之急迫，所以大會籌備皆取公開，以為如此或不致釀成巨大誤會，豈知至一月二十八日，而意外的消息到了！黃殿辰首先來會警告禁止開會；始而取出趙繼賢致吳佩孚的電報，繼又取出靳雲鶚發來給他的命令，猜他底意思，好似討好於工人，顯得此事主動者大有人在，但其心也太陰惡，相持者幾三日夜。工人憤激非常。至三十日，忽得吳佩孚致總工會電，召代表赴洛計議，工人於憤激之餘，遂派代表楊德甫，凌楚藩，李震瀛，史文彬，李煥章五同志即日赴洛陽。

代表們到洛陽，當日（三十日）往西宮，吳辭不見，約以當晚用電話談。至晚，用電話約定次早八時談話，次早得見該署副官長徐某及其政務科長白堅武，由他們轉述吳意，只是一味敷衍恐嚇，代表方面堅持愈烈，最後才由吳佩孚親見。現在把那時談話大要，記在下面：

吳佩孚說：『你們工人的事，我沒有不贊成的。你們想，什麼事我不幫助你們？不過鄭州是個軍事區域，豈能開會？你們不開會不行麼？你們改期不行麼？你們改地方不行麼？其實會個餐亦可開會，在屋子裏亦可開會。我是宣言保護你們的，豈能和你們為難？這是你們局長來的報告，我已經允許了他，我已經下了命令，要制止開會；我是軍官，豈有收回成命的道理？我以後保護你們的日子還多咧。你們說開會沒有什麼，我亦知道，不過——你們若是非要開會不可，我可沒有辦法了……』工人代表與他據理力爭。吳佩孚總是『顧左右而言他』。明以告之，使其無備，激之使進，而假手爪牙以盡殲之，其手段真辣呀；約接談三時餘，不得要領而散。流血大慘劇，遂伏於吳佩孚微笑中，好危險奸詐呀！

先是，各地及各鐵路工團先數日接到京漢鐵路總工會在鄭州開成立大會的請柬；無不興高采烈，爭欲前往慶祝。至三十一日晚止，計到者有漢冶萍總工會，漢陽鋼鐵廠工會，漢冶萍輪駁工會，花廠工會，人力車夫工會，香煙廠工會，揚子機器廠工會，武漢輪工會，粵漢鐵路總工會，徐家棚粵漢鐵路分工會，武昌機器工會，機器縫紉工會，鄭直豫蛋廠總工會，湖北蛋廠工會，西式皮鞋工會，洗衣工會，武漢電話工會，武漢調劑工會及建築工會籌備處等，共三十餘團體，代表百三十餘人，尚有武漢及各地男女學生及新聞界三十餘人。

各路代表到者，計有京奉，津浦，道清，正太，京綏，隴海，粵漢等路，共約六十餘人。本路分會——長辛店，琉璃河，高碑店，保定，正定，順德，彰德，新鄉，黃河，鄭州，許州，郾城，駐馬店，信陽州，廣水，江岸各分會代表到者計六十五人。

返洛代表於三十一號晚返鄭，趕即在會所召集全路代表會議，報告與吳佩孚態度後，全體大憤。對於一面高唱『保護勞工』，一面盡力壓迫，言不顧行，絕無信義的吳佩孚都說無注意的必要，因為我們乃本於約法而開會，當即決議，無論如何，仍照原議，決於次日仍在鄭州普樂園劇場開會。

○

二月一號清晨，鄭州全市緊急戒嚴，軍警荷鎗實彈，沿街排列，商店閉門，行人斷絕，幾若大敵即在目前，鄭州京漢工人全體及各處代表，無不笑他們小題大做，又無不恨他們妄以武力干涉人民自由，都說必須開會，不可為武力所屈，各代表當在五洲大旅館整隊出發，以軍樂前導，所送禮物如牌匾對聯等次之。各代表手執各團體名義的紅旗，順序而行。一方鄭州工友全體由會所出發迎接，至距會不遠處，被軍警包圍，舉槍威嚇，阻止前進，全體大憤，先推代表再三理論，終不允；全體鵠立街心約二小時，憤激不已，乃奮勇拚死衝開陣線，擁入會場，首由主席宣布組織宗旨，及此次被強權無理壓迫的可憤，遂即鄭重宣布京漢路總工會的正式成立，群衆大呼『京漢鐵路總工會萬歲！』『勞動階級勝利萬歲！』是時全場四周，已盡被武裝警軍包圍，群情至此更加激昂，奏樂歡呼，聲振屋瓦。既而黃殿辰至，出言百般恐嚇，群衆照常開會，延至下午四時，始衝出重圍，宣布散會。

這天（二月一日）下午，代表所駐各旅館，便有兵來監守，不許偶語，總工會在萬年春菜館所定的飯菜，亦不准開售。各代表一時完全喪失自由，飲食不得。各團體所贈的匾額禮物等，也盡被毀遺道旁，不許餽送。總工會會所被重兵佔駐且禁止工人出入，室內一切文件什物，盡被搗毀。問何以如此強暴，都說『是奉大帥命令……』當晚會所即被封閉。

晚間，各處代表全體集議，以吳佩孚違背約法，摧殘集會，并兵困旅館，不准來賓自由出入及互相談話，勒令酒店歇業，不准來賓集宴，來賓出街，則以武裝軍警追隨；在在皆待工人如囚犯。似此情形，惟有迅速引去，以免其他人民同受無端驚怖。於是全體決議從速離鄭州。武漢方面代表，當晚仍搭原車南下，其他各路代表概搭次日早車北上。各代表臨行時，無不憤恨軍閥官僚朋比爲奸，此後工人地位危險萬分；都說，『京漢鐵路總工會能否健全，實全國工人共同問題，我們應討論繼同京漢總工會爭回人格及自由——此乃我們今後的重要使命……』

總工會既遭如斯之摧殘了，全路各分會代表會議在十分忍無可忍之下，當即通過一決議，其大要云：『我們爲抗爭自由起見，議決於四號午刻宣布京漢路全路總同盟大罷工，同時爲事實上的便利起見，總工會決移江岸辦公，全路一切進行，於罷工期內，全視總工會命令而定，我們是爲爭自由作戰，爭人權作戰，只有前進，決無退後的。』並議定要求五項：(一)要求由交通部撤革京漢局長趙繼賢及南段處長馮澐，要求吳巡閱使靳師長及豫省當局撤辦黃殿辰，(二)要求路局賠償開成立大會損失洋六千元；(三)所有當日被軍警扣留的一切牌額禮物，要求鄭州地方長官用軍樂隊再送至總工會；佔領鄭州總會會所的軍警應立即撤退，鄭州分會匾額重復掛起，一切會中損失，由鄭州分會開單索償，並由鄭州地方長官到鄭州分會道歉；(四)要求每星期休息，並照發工資；(五)要求陰歷放年假一星期，亦照發工資。

總罷工的第二日（二月五日），蕭耀南派其參謀長張厚生至江岸，先使該地警官某，以强硬態度，要挾工會交出楊德甫朱蘭田張濂光羅海臣林祥謙五人，工會答以『如有對於曹吳及交通部正當負責人來，總工會當然有全權代表與之正式接洽，否則，恕不能接待，』延至午刻，忽探報廠內已被大批軍隊佔領，大智門車站已開始售票，張參謀長在工人家，拘去開車二人，用軍警壓迫，即行開車。分會委員會聞此，即派糾察團進探，一時集於廠門者約二千人，衝破軍警防線，將該二工友搶回，當日上午，軍警忽拘去糾察團工友三人，工會特派代表張濂光項飛龍羅海臣等四人，請軍警釋放無故被拘的三人，軍警方面百般威嚇，謂須槍斃斬首等語，他們毫不爲動，軍警無法，始將三人釋放。這是敵人方面用破壞不成，繼之以威嚇的失敗。

武漢各工團代表自鄭州歸來後，各以此次所身歷的壓迫與不自由當衆發表，有痛哭者，有憤詈者，奮發激昂的態度，實可動天地而泣鬼神。全體議決，願以死力與京漢鐵路工人一致進行。遂於大罷工的第三日，由各工團各派代表數十百人，各持旗幟來江岸慰問，即在江岸舉行慰問大會，當時合江岸工友到者約萬餘人。首由京漢鐵路總工會執行委員長楊德甫同志報告招待慰問代表的盛意，並申述此次大罷工之意義及希望。繼由各工團代表及與報館記者數十人演說，無不激昂慷慨，次由京漢總工會秘書李震瀛同志代表總工會向衆致辭，略謂：『我們此次大罷工，爲我們全勞動階級運命之一大關鍵，我們不是爭工資爭時間，我們是爭自由爭人權。我們是自由和中國人民利益的保衛者。工友們，要曉得我們京漢工人的責任如何重大，麻木不仁的社會早就需要我們的赤血來渲染了！工友們！在打倒軍閥的火綫上應該我們去作先鋒！只有前進呵！勿退却！……』最末有人高呼：『京漢鐵路總工會萬歲！湖北全省工團聯合會萬歲！全世界的勞動者聯合起來呵！』者凡三，羣衆和之，聲如雷動。羣衆乘其憤怒之餘，遂舉行大規模的遊行示威，由江岸經過租界以抵華界，歷二小時許，沿途加入三千餘人，所過商民多高呼歡迎，巡捕崗警無敢阻攔，此種情形實爲僅見。又那知同時即有督軍代表與洋資本家在租界正大開會議，準備做從未經見之大屠殺呢！

△二月七日，距罷工開始，已四晝夜。惟蕭耀南方面屢次使其參謀長張厚生用羅網捉主要人物計，作種種誘騙，均被工會防絕，並提出調停談判之先決條件十一條，率以對等負責之會議爲標準。同時又聞漢潯渡江哀求蕭以武力壓迫罷工，蕭吳間的電報日必數起。至七號下午二時，有一警官來會說：『奉蕭督軍命令，特來請求貴總工會派全

權代表開會談判，如得允許；張參謀長頃即可來貴會再談，並擬穿便衣來，以示誠意；條件六條，均可完全承認；惟請先將全權代表名單開示。」當時由總工會全權代表李震瀛張濂先二人接見。在軍警包圍中，因窺見來人態度猝變緩和、頗有非誠意的破綻，始終未以眞姓名見。後彼方又改方法應付，約總工會全權代表于當日五時半在會所相候，參謀長准親自來會，遂匆匆別去。至五點二十分頃，代表等正欲赴會中相候，半途槍聲大作，於是流血慘劇開幕！蓋他們乃用誘敵之計，以爲時間已到，重要人物定皆在是，遂由該參謀長戎裝指揮，率領全副武裝二營急馳而至，先將會所包圍，開槍環擊，計放鎗在五排以外。當時有工友數百人在工會門前守候消息，躲避不及，又都赤手空拳，無從抵禦，當被亂鎗和馬刀擊死者有曾玉良等三十二人，殘傷者二百餘人。在工會前鎗殺之後，兵士乃分途搜捕，有一家又被殺男女三口，分會長之弟亦被慘殺，總會委員長之侄則被斬去其腿。於亂殺之頃，軍隊又大肆搶淫，計福建街一夜連洗三次，工人家所有細小都被一掃精光。當時情形之慘暴，恐江水漢河亦爲之嗚咽不流！

當江岸分會被殺害的時候，有工友六十人被捕去，該分會正執行委員長林祥謙同志亦在內，縛於車站電桿上迫其下上工命令，林君嚴厲拒絕說：「此事乃全路三萬人生死存亡所繫，我分會非得總工會命令不能開工。頭可斷，工不可開！」如是問答者三次，張厚生即呼喝下令，在數十被捕工友面前，將其「梟首示衆」，懸首車站。如是至死不屈，從容就義，綱紀謹嚴，非眞爲勞動者利益而奮鬥者怎能如此！蕭耀南通電，謂林取出手槍格鬥而死的，這全然是軍閥造謠欺騙國人的話，勞動者能有武器，豈能任他們如此殺戮？又何以軍隊方面來無一人死傷？這是不待智者而辯的。戮殺之而又重誣之，軍閥之肉，其足食乎？

△同日在長辛店亦有大慘殺的事情。自罷工開始，各分會都一律惟總工會命令是聽，趙繼賢却數次威迫辛店工友單獨交涉，分會工友只以「只知總工會命令，不知其他」答之。於五號有曹錕兵開到三營，六號宛平縣知事手執「紳商與軍界」旗子前來勸說上工，趙繼賢亦布告威嚇，要工友上工，工友只以鎮靜處之。不意當天晚上，曹兵四出捕人，當捕去工會職員史文彬吳汝明等十一人，都是赤身提赴保定。在七號晨九時曹兵大隊又來工會捕人，當時工會門前有工友數百人聚守，軍隊到時即開槍亂放，計當場被慘殺者五人，受重傷者六十餘人，其屠殺之數雖不較江岸爲多，然軍閥之殘暴亦云極矣！當時路局竟甚至於禁止工人家屬購買食糧！至捕送保定之十一人，至今生死尚未明瞭，聞已決定將鎗斃二人。

在鄭州情形，尤足表現軍閥摧殘我爭自由的人民之種種手段。在罷工的第二日，靳雲鶚捕去工會職員王宗培同志五等人，加刑拷打，威迫要彼等開車，他們始終堅持「非得有總工會命令，不能開車」，靳又令押赴街市，持旗招呼開車，亦沒結果。靳知威嚇無用，乃又改用軟化手段，當即與五人大擺飲宴，遂又釋放二人，要他們出來勸工人上工，二工友出即外逃。靳又出妙法，即一方面捏用五人名字，打一造謠通電，一方由黃殿辰在普樂園開一國民大會，製造幾個威嚇工人的決議，並大打其造謠通電。（載京津各報不過當時只到了三十餘人，大半又係其署內警察，而他們用的名字却是「鄭州軍商政學路局」，竟假之以斷絕工人的飲食和居住，這眞是又好笑又可恨的事情。此外，各分會差不多都受過武力的摧殘，受傷的人不知確數；信陽州分會執行委員長胡傳道，因軍警強迫開車不從，竟被斫斷一臂，至今生死未卜。

在武力蠻橫的壓迫之下，未死的工友，他們是手無寸鐵，只有是回復工作之一途了！然而他們回復工作時的勉强和眼淚，足以證明他們是終於不甘屈服的呀！現在他們的作工，是和獄囚一般，這些將使他們更需要爲自由而奮鬪了。

此次罷工，不但表示本路工友團結的一致，亦表示全勞動階級聯合的一致。計自罷工後三日，道清正太等路及津浦南段都一致罷工援助。其他各路亦都表示參加，惜都爲武力壓迫，結果不得不步京漢的同一命運。有好多職員被捕。工會被封閉了。在二七慘殺之後，武漢勞動者都義憤塡膺，當由湖北全省工團聯合會發布總罷工命令，爲京漢路工人之後援，計自八日起宣布罷工的工團：有粵漢路工，但不久卽被五軍士挾一工人，強迫恢復工作；有漢陽鋼鐵廠工人，漢冶萍輪駁工人，竟亦爲軍警圍迫上工；有丹水池工人，宣布停工一日，以追悼江岸被難工友；有楊子機器廠工人，後該工會被軍警封閉，延至最後亦不得已而恢復工作；他如武漢電話，電燈，自來水及其他工人，事前都被軍隊包圍，不許外出，遂不得實行。軍閥以武力摧殘罷工的勞動者不算，且將湖北工團聯合會及眞報封閉了。施洋同志於七日被捕，於十五日亦被蕭耀南慘殺了！

全國的工人同志及被壓迫的同胞們呵！

這次他們的罷工，他們的被殺，所代表的重要意義是什麼呢？國人知道這次慘劇的經過，當然都完全會了解：

（一）自由是全國被壓迫的人民都需要的，所以此次工人罷工的目的，不是爲了工人單獨的利益，是爲了全國人民共同的需要。

（二）軍閥是全國被壓迫者的共同仇人，他們此次屠殺工人，其意義不僅是屠殺罷工的工人，實是屠殺我爭自由的人民，屠殺爲全國人民爭自由的先鋒軍。

全國被壓迫的國人呵！自由是我們大家都需要的，京漢鐵路工人此次的被屠殺是證明軍閥已向全國人民很惡烈的進攻了呀！我們農商學各界人民要急速連合起來，起來做：

（一）打倒我們的仇人軍閥和幫助他們爲惡的國際帝國主義！

（二）同時也勿忘了我們目前還有急迫的責任，就是京漢工人共有死者三十九人，傷者三百人，入獄者二十七人，被開革失業者五千餘人：這些被摧殘的人及他們的家屬，是正需要我們的援救呀！國人要速以財力來援救他們！援助他們恢復工會！

國人起來，起來一致的解除壓迫！援救京漢工友！

全國的工人呵！你們是中華民族利益的眞正保衛者：惟有你們做前導的努力，中華民族才得着自由與獨立！此次京漢工友的被摧殘，是證明我們更要努力於階級的團結呀！

打倒軍閥！

工人的自由團結萬歲！

中國勞動組合書記部　一九二三年二月二十七日

讀者之聲

記者：

買讀貴報第十五期，後面載有敬告讀者一段，知貴報因經費支絀，幾有不支的形勢。我見了，不由得心中起無限的恐懼和忿恨。黑雲密佈的中國，這點微微的燈光，也要滅跡嗎？滿腹牢騷，眞是「欲言不盡」呵！照爵簡單說幾句：生長中華民國的我們，不欲祖國適應世界潮流而生存則已；如果是稍微具點羞恥心，不欲爲人作牛作馬，那末，非取革命手段，推翻現時社會裏面的一切吃人的制度和人物，另外建設一種新制度，使國民全體發享幸福不可。如果有這樣的覺悟；那末，非助長其蠢蕪的革命，火速成功，使無產階級執政不可。假若不是這樣做，任憑怎樣的變更，終是換湯不換藥，水無澈底澄清之日。我雖然沒有隨着諸位先生做點革命的事業，但是對於諸位先生的言論和行動，却表無限的同情。我現在很願意將我每月十餘元的薪水，按月一元供給貴報。這雖是杯水車薪，無濟於事，只求其能將我的「同情」表現出來，就算夠了。我尤其盼望諸位先生忍辛含苦，堅持不懈，看光明戰勝黑暗？黑暗戰勝光明？我更想拿貴報的存在與否，做我國人人格的「試金石」，如果貴報因經費支絀，不能得大多數羣衆的援助，那末，這四萬萬同胞，眞可說是「麻木不仁」「牛馬無異」了。可敬可愛可憐的四萬萬同胞，當眞如是嗎？其餘的下次再談，敬祝貴報萬歲！

鄭彥之白。一月十八夜。

The Guide weekly

嚮導

週·報

▶第二十一期

（中華郵務管理局特准掛號認爲新聞紙類）

一九二三年四月十八日

價定

零售每份銅元六枚
郵寄三分全年大洋
一元三角半年大洋
七角郵寄在內

分售處

廣州丁卜書社
上海亞東圖書館
上海民智書局
上海公民書局
北京大學出版部
武昌時中書報合作社
太原晉華書社
長沙文化書社
濟南齊魯書社
南京樂天書社
京都洋書報流通處
杭州古今圖書館

每星期三出版　發行通信處
北京大學第一院收發課轉劉伯青
廣州昌興新街二十八號二樓[illegible]社

中國共產黨告滇軍兵士

親愛的滇軍兵士們！

英勇奮鬥的滇軍兵士們！

這幾日不是你們追悼陣亡將士的大會嗎？ 你們的死者爲國而死，爲擁護共和而死，是死得很有價值的；與其他軍士之爲個人而死，爲各個野心軍閥而死，顯然有輕重之別；所以中國共產黨對於你們的死者及你們全軍兵士表示誠懇的敬意！

你們過去及將來的責任，就是爲革命而戰鬥。 革命的目的在那裏呢？ 就是要使中國戰勝外國的侵略而獨立，戰勝軍閥的壓迫而自由，總而言之，就是要爲全國人民的利益爭得獨立與自由。 所以你們的責任與光榮不僅在以前護國護法及驅陳之役，尤其在繼續擁護革命，進而打倒一切壓迫人民的軍閥和侵略中國的外國帝國主義。 那末，你們目前急切的工作，就在極力擁護孫中山打倒北洋軍閥吳佩孚曹錕等及不肯退還旅大取消廿一條的日本帝國主義了。

同時你們要明瞭你們自己的地位是窮苦的無產者，爲你們自身將來的自由權利計，也只有聯合工人及一切勞苦羣衆建立工兵農的眞正共和國（如一九一七年以來的俄羅斯一樣）。 所以你們對於工人及一切勞動運動應表充分的同情，不僅永遠不要學吳佩孚曹錕蕭耀南的軍士慘殺工人，而且現在就要表示爲京漢路被殺的工人復仇！

親愛的滇軍兵士們！ 中國共產黨還有兩件事希望你們：一是希望你們不要吃鴉片烟，鴉片烟是從前英國帝國主義者用來消滅中國民族抵抗能力的毒藥；一是希望你們不要包賭，因爲開賭是剝削工人及一切平民的粃政。 中國共產黨希望你們完成爲人民而革命的責任與光榮，所以誠懇的向你們下此忠告！

中國共產黨中央執行委員會

一九二三年四月十一日

時事短評

反抗日本帝國主義應持的方針

犖子

收回旅大與否認廿一條已成爲普遍全國的運動。 麻木不仁的民族，因着外部的強烈刺戟和自己民族生存的保全，羣起反抗貪慾無厭的日本帝國主義，這是很正當而且很快人意的。　可是他們犯了兩種錯誤的趨向，而所持的方法又僅僅只有一點：

第一他們夢想英美法……帝國主義者的幫助和強盜國際的仲裁。這是一種很錯誤的趨向，並且這種趨向是五四運動以來最不好的遺傳，我們要大聲疾呼根本反對。　爲甚麼？　因爲英美法……都與日本是一鼻孔出氣的，無一不是宰割弱小民族的老法家，也無一不是宰割我中華民族的老主顧，希望他們的同情幫助是不可能的。　他們在華盛頓會議中締結之四國協定，這就是他們互相諒解，協同侵略中國的契約。　我們還夢想英美帝國主義者會幫助我們嗎？　至於強盜國際的仲裁之不可靠，更是不待煩言的。

第二他們主張只做外交不管內政。　這也是一種很錯誤的趨向。試問沒有眞能代表民意的政府，何能產生眞能代表民意的外交？我們一考各種喪權辱國條約的歷史，便可恍然於內政外交之關係是何等的密切了。　卽以全國痛心疾首的廿一條說，這個亡國協定，不是袁皇帝與日本帝國主義者的一種交換條件嗎？　秘約宣佈，全國沸騰，巴黎華盛頓一再抗議，已有完全消滅之勢，而貪權戀棧之徐世昌爲保全個人總統地位計竟不惜以欣然同意四字延長亡國條約的殘喘！迨至現北京政府之時，該約又經兩院議決聲明無效，當然不能成立，旅大滿期，自應照約收回，而北京政府故於文字與手續之間掀起糾葛。　及至日本政府強硬拒絕，全國憤起，誓以死爭，而北京政府視同秦越，惟亟亟承曹吳大軍閥意旨下令援亂閩粵各省！　咳！　自袁世凱政府徐世昌政府以至今日曹吳軍閥的機械之黎元洪政府，何一不是賣國政府！　我們主張只做外交不管內政，就無異是說：我們專做救國的運動，至於賣國政府繼續不斷的賣國勾當我們可以不過問！

至於他們所持的那一點方法，就只是經濟絕交。　這在全國同胞反抗日本帝國主義的熱烈感情上我們不能不表示贊同。　而且我們承認這個方法，在某種限度之內，是可以給日本帝國主義者一個打擊的。　但是我們須早日覺悟，單靠消極的經濟絕交，反抗帝國主義的侵略，終嫌不夠。

故我們的主張是：一面力爭自由，擴大民衆組織的戰鬥力，尤其應當幫着工人階級完成其大規模的組織之戰鬥力，——因爲他最是眞正的革命勢力——以打倒賣國的軍閥政府而建設人民政府，同時與反帝國主義的蘇俄親密聯盟，并組織民衆武裝的國民軍，以打倒日本帝國主義與國際帝國主義的連環。　這樣，我們才能得着眞正的解放，才能眞正戰勝日本帝國主義！

中日交涉與中俄關係

和森

東方社三月廿九日東京電：今日東京朝日新聞大阪朝日新聞皆揭載社論，標題曰『在改造時期之中日俄三國之關係』，大旨謂近四年間日本已緩和對華政策，廢棄強硬對外說，努力於平和主義，已得相當之結果。　如更進一步與俄國互相協商，圖滿蒙勢力均衡之策，則必能喚醒中國之夢想的外交論者。　華人須知可恐者並非日本，而在俄國傳襲的對華政策之復活……惟中國國民力攻日本惟一之弱點，如日本不能不與中國交換物資，而故意提倡經濟絕交。　若長此不已，則無異驅迫日本，使日本出於不得已而默認俄國之傳襲的政策，並將與俄國握手……今日俄國所表示之對華政策上之變調正在徐徐還復於帝政時代之舊態，同時日本不可不期臨日俄國際關係改訂之時期。　日本當局之意志注及於此處與否，悉懸於中國排日風潮之具有永續性與否……

日本帝國主義者這篇欺騙恫嚇的論文，大約可分爲兩點：第一是說現在中國收回旅大運動，由於日俄協商之未成，如日本侵略滿蒙政策已得俄國之諒解，中國必不敢作收回之『夢想』；第二是說中國不要怕日本侵略，但要怕所謂俄國傳襲的對華政策之復活，若排日風潮長此不已，則日本惟有被迫與蘇俄携手，而默認俄國之傳襲的政策。

第一點，就是日本帝國主義者自暴其對華陰謀。　年來日本帝國主義者亟謀與蘇俄妥協及暗中破壞中俄會議，就是由於這種陰謀的驅使。　可是這類陰謀，只能與他協同侵略弱小民族的英美……夥伴互相交換，一遇了勞農俄國就要成爲懷恨終身的單相思。　當後藤市長與日政府暗中計議邀請越飛遊日時，如此這般，發動了滿腹春情；及聞越飛迂道赴滬與孫中山協同發表宣言，頭上冷水，使他們通身冷了一半；及越飛抵日，嚴詞拒絕其祕密勾結，日本帝國主義者至此固已絕望，然猶在新聞上故意宣傳日俄兩國關於滿蒙一般之協商，大體已得諒解，並聞現猶設法阻止越飛前此在滬宣言兩月後赴粤一行之約。

至於第二點之用意亦不難看出：一面欺騙中國，恫嚇中國，使其拋棄收回旅大運動；一面破壞蘇俄信用，離間中俄兩民族的聯合。日本及英美帝國主義者年來在中國所用的破壞蘇俄信用政策，就是所謂「俄國復活其傳襲的對華政策」，只因中國人民缺乏常識，國際帝國主義者這種愚弄政策遂賄壞了全國輿論的空氣。　朝日新聞這篇大胆欺詐的文章，就是完全建立在國人對於蘇俄缺乏常識的弱點之上！

讀者試想想：假使英美帝國主義的外交家　於越飛的地位，不知幾早就把中國的利益拿去與日本帝國主義者作兌了；但蘇維埃俄羅斯，他是全世界工人與被壓迫民族的保障者，決不會絲毫犧牲弱小民族的利益去與帝國主義國家交換本身利益的。　現在國人反抗日本帝國主義，否認二十一條收回旅大的運動，不亟謀聯合惟一反帝國主義的蘇俄，而反去求援於英美帝國主義者或他們宰制弱小民族的總公司國際聯盟，這眞是中國民族不自覺的恥辱呵！

外國帝國主義與軍閥協同壓迫革命的眞勢力

和森

年來中國最可注意的事實，莫過於勞工運動的發展，全國各產業中心，交通地點，勞動者莫不隨着各種大大小小的罷工運動團結起來。　勞動者的組織一天天的發達，一天天的集中，在中國社會上已成爲一種新勢力。　這種新勢力之要重，不特在勞資階級間表顯出來，而且將在政治上表顯出來，尤其將在反抗軍閥與外國帝國主義的國民革命運動上表顯出來。　因此，就觸動了外國帝國主義與軍閥們的大畏忌，乘京漢鐵路的大罷工，直系軍閥及英國漢口領事英國香烟廠大班等，公然大開會議，相約於二月七日舉行大慘殺，以圖根本剿滅年來蓬蓬勃勃之勞動運動，與解救全中國人民之革命的眞勢力。

自京漢路及各處共產黨與工人，同時被嚴重壓迫之後，胆怯的上海產資階級的總商會即向軍閥申明沒有能市罷稅的舉動，此時縱有一班別有用意的外國報紙（如大陸報字林西報），學潮中想利用工人餘威以達到其非政治目的之先生們、宣傳所謂八路罷工，以威嚇軍閥政府，但其結果，除了增重共產黨及各處工人的壓迫外，沒有別的影響。此外，資產階級裁兵運動中、更發現一種更胆怯更可憐的哀求傾向，他們簡直主張恭叩軍閥門庭效秦庭之哭！由此可見工人階級的勢力不存在，幼弱的資產階級及渙散無力的小資產階級，只有愈益匍伏於軍閥與外國帝國主義的宰割之下而莫可如何！

現在保洛軍閥又要大發殺機了，新的奉直戰爭又在全國「和平」「裁兵」的哀呼之下發動出來了，假使京漢路總工會能至今存在，不很可以阻止野心軍閥的殺伐行動，並幫助那些爲國家獨立與自由做工夫的領袖與國民運動嗎？

國人們！你們要得眞正的保障或眞正的解救勢力，只有充分同情並幫助勞動者早日恢復其組織力戰鬥力呵！

聯孫曹携手

和森

近來二三熱心爲北洋派領袖曹錕捧場自謀攫得政權的政客，在京滬間極力製造孫曹携手的空氣，一面進行所謂最高問題，一面進行倒閣，甚至倡言曹錕應爲總統，孫曹妥協來統治中國，此外還有所謂某人代表南方某督代表北方的對等會議。

這種空氣，一面爲軍閥政客三夢合一的産物（有夢想總統的，有夢想總理的，如溫世霖楊度等則夢想總長）；一面爲北洋派統治中國的弄猴政策，這種政策的內幕，不過是教孫中山向北洋派投降罷了。孫中山若可和曹錕携手，若可夢想與北洋派妥協來統治中國，那末，早就應該效法康有爲梁啓超，何必革命？

章太炎還說得不錯：「今日之對於北洋曹吳，猶昔日之對於滿清也……其陰爲曹吳謀者，雖僞作正言，不得不與之絕……」這却不是瘋話。

北京教會學生的單獨對日示威運動

振宇

因爲日美帝國主義在華利益的衝突，所以凡屬反抗日本帝國主義的運動，美國帝國主義者總要暗中插足利用，或發縱指使，五四運動後面的耐恩施（當時爲美國駐京公使），就是這樣的好手（所以五四運動最大的缺點是親美）。

可是現在學生羣衆漸漸覺醒了，京滬湘鄂及其他各處的學生聯合會或總會，皆顯明的帶了反對國際帝國主義的色彩。 美國牧師們教習們既在普通一般的學生羣衆上喪失其支配力，於是直接受其支配的就只有教會學生了；而美國教會學校的政策，就在把中國統一的學生運動分裂，把中國統一的愛國運動分裂，由此就發生北京教會學生的單獨對日示威運動，並表明「絕不干與其他政治問題」。

美國帝國主義者（美國牧師們教習們）何足責，我們只要問教會學生：你們是不是中國人；是不是同受武人政治與外國帝國主義的壓迫；你們何以不與一般的學生同胞合作；何以不干政治，而專限於做美國帝國主義及教會學校的機械呢？

怎麼打倒軍閥

獨秀

中國的統治階級還是帝政餘孽北洋軍閥，他們是外國帝國主義者下面的臣僕，是中國政府上面的太上政府；他們利用政權來賣國，來紊亂全國的財政軍紀，做出在法律以外壓迫人民的一切黑暗罪惡，他們斷然置外交緊急國庫破產而不顧，一意索款增兵，藉口統一，屠戮異己；這些都是昭然的事實，人人知道，不用我們再說了。 近來以外交內政上種種事實的教訓，國民各方面救國的思想及方法都己漸漸集中到「打倒軍閥」這一點，這也不用我們再來解釋了。 現在的問題是怎樣打倒軍閥，但是在決定這個問題之前，必須瞭解軍閥存在的基礎和將來的運命。

第一我們要瞭解軍閥們所以存在，決非偶然，他們有兩個強大的基礎：（一）是國外帝國主義者的後援。 帝國主義是資本主義發達的最高形式，他是依靠掠奪殖民地及半殖民地而生存而榮華，所以自來各帝國主義者都不願被他們壓迫的民族能夠自強，他們在殖民地半殖民地所採用的政策，總是扶助比較黑暗的舊勢力撲滅國民運動的新勢力，在中國極力幫助袁世凱段祺瑞壓迫民黨，這是以往的明證；現在對於地方的軍閥還是明扶暗助，日本在奉天供給軍械，英國在廣東援助陳炯明，上海的領事團極力結納何豐林，連市民對於孫中山的歡迎會都禁止了，連國民黨出版的國民週刊都不許發行，這都是眼前的明證；所以帝國主義者在中國的勢力，若不因中國國民之反抗或國際形勢之變遷而失墜，終是軍閥最有力的後援。 (二)是國內無業游民的後援。 軍閥的勢力在兵多，兵從那裏來，不用說不是依法徵調而來，乃是一班無業游民，由軍閥出錢招雇來的。 這種兵匪不分的兵，原來本無職業，或是失了職業，現在以兵爲終身職業，終身要靠大帥吃飯，自然不得不昧着良心服從大帥命令去殺人放火搶錢，無所不爲，大帥拿出吃飯不飽飲酒不醉的小錢，雇用一些土匪兵，去搶政府人民成百萬成千萬的大錢，眞是一本萬利；可憐這班職業兵，打死一隊，馬上可以再招一隊，解散一師，馬上可以再招一師，這種非階級化的游雖無產者(卽無業游民)，不是他們心裏之惡特異於人，乃是他們的境遇他們的職業，使他們不得不供軍閥犧牲，不得不爲軍閥作惡。

中國此時無業游民羣衆日見增多，他們簡直是供給軍閥勢力之無限的活動資金。

第二我們要瞭解軍閥的運命固然已去末日不遠，然而自古道困獸猶鬥，最近曹吳馮齊有在『北洋正統武力統一』口號之下大結合的趨勢，他們這最後的決死戰，却也未可輕視；況且他們的智識力量固然不過是些土匪頭，算不得什麼眞的軍閥，但是政權與武器都在他們手裏，比起我們組織很弱的人民來，還是矮人國裏的長子，若是沒有組織力很強的很廣大的國民運動，還怕是敵他們不過。

在這種狀況之下，要打倒軍閥，必須注意左列各點：

(一)必須做民族獨立運動，排除外國勢力，造成自主的國家，以根絕軍閥之後援。 有一班人以爲只須做擁護民權打倒軍閥的運動，不必牽扯到反對帝國主義，多樹敵人。 他們不知道中國在國際地位還不是一個獨立自主的國家，軍閥自身究竟沒什麼眞實力量，他們的屢次戰爭背後都伏有列強間勢力競爭的意義。 所以我們固然要根本上反抗列強在中國政治上經濟上的一切侵略，而目前最急的是要抵死反抗他們以各種名義的外債直接或間接供給軍閥。

(二)必須做武裝平民的裁兵運動，在產業幼穉兵匪不分的中國，召來便是兵，散去便是匪，根本的救濟固然只有開拓工業農業來吸收這些非階級化的無業游民；然而目前救急，裁兵也算是縮小軍閥勢力救濟財政破產之一法。 但我們要知道：(1)只裁一部分兵，其結果反使軍閥荷包增加一筆裁兵費，而他們壓迫平民和兵爭戰亂的力量依然存在；(2)希望軍閥自己裁兵，眞是與虎謀皮；(3)希望軍閥行兵工政策，更是附虎以翼；這些方法都是不行的： 我們主張(一)以平民的宣傳力量使兵士倒戈而自散；(二)資本家合力興辦濬河築路等公司，以兵工政策吸收一部分解散的兵；(三)農村平民出資組織大規模的鄉團，城市平民出資組織大規模的工團商團，如此，不但可以吸收一部分解散的兵，並且有了武裝的平民才可以打倒武裝的軍閥。

(三)必須做民主的統一運動，使同一國民在一個統一的國家統治之下，才能根本改變軍閥割據紛爭的局面；然而這種統一的國家，必須是民主的統一才能夠實現，決不是軍閥們『北洋正統武力統一』所可冒牌；民主的聯邦固然不害於統一，然而軍閥們所提倡的『聯省自治』，却是破壞統一之變相的封建割據。 趙恒惕盧永祥都主張聯省自治，到了人民眞要實行省憲法都害怕起來；吳佩孚口口聲聲主張統一，實際上處處破壞中央政府財政軍事的統一，而且見了工人聯合統一的運動便害怕起來。 這班軍閥們，力量小的便想藉口『聯省自治』以圖割據，力量大的便想藉口『統一』以擴張自己的地盤，這種軍閥割據的省自治，這種軍閥兼併的統一，不但去自治與統一都有天淵之隔，而且同是紛爭戰亂的源泉。 我們主張只有民主的統一才能和民主的省自治並行不悖。

(四)必須做統一的國民運動，使全國各階級各黨派各部分爭自由爭民權的各種勢力，在一個統一的目標之下結合起來，成功一個有組織的廣大的國民運動，才有充分反抗軍閥的力量。　現在的事實却不是這樣：工人屢次罷工，別人都袖手旁觀；學生請願被打，大家說是學潮；商界雖號召裁兵運動，而眼見學界工界與軍閥血鬥，仍然置之不理；江西人民反抗蔡成勳，安徽人民反抗馬聯甲，別省人都是隔岸觀火；這樣散漫不集中的各個運動，决不能打倒困獸猶鬥的軍閥，能夠打倒軍閥的，只有統一的國民運動。　統一的國民運動之具體辦法，最好是各省各團體集合在國民革命軍中心地方，開一國民代表大會，以議定解决政治之統一的戰略。

（五）必須做民主革命勢力集中的運動，在國民運動中，要成就一個革命的局面，斷然不可沒有一個勢力集中的革命黨做中堅，擔負破壞及建設的責任。　中國民主革命至今未能完成，軍閥政治得以存在，唯一的原因，就是民主革命的勢力未曾集中。　此時全國各黨派傾向軍閥官僚的分子，當然不必說了，凡屬民主革命的分子，若當眞要革命，便應該集合在民主革命的中國國民黨，使他成功一個強有力的革命黨，才有打倒軍閥的希望。　若是大家都想別樹一幟，這便是游戲，出風頭，不是眞要革命，如此做法，只有使革命勢力分散不能集中，只有使北洋軍閥延長生命。

（六）必須認定勞動階級是國民運動中的重要部分，全世界的各種革命史，大部分是勞動階級的熱血所造成，眼前的中國事實更可證明。

知識階級諸君呵！　最近政象已明白告訴我們：我們若不願投降於軍閥，只有民主革命這一條路可走，別無中立徘徊之餘地。　你們切不可迷信憲法可以革軍閥的命，白紙黑字的自由是騙人的廢話，自古只有革命造成憲法，沒有憲法造成革命；你們切勿想單靠你們決戰的輿論和學生運動來打倒軍閥，你們的輿論與運動倘不中途退却，固然也可以造成革命的空氣，並且你們當中富於革命精神和革命理論的分子，自然在革命運動中恆站在指導地位，但是你們離了工人貧農的勞動羣衆便沒有當面革命的可能；這是因爲被壓迫的勞動羣衆之現實生活的要求及階級的戰鬥力，都具有客觀的革命條件，並非是些浪漫的革命分子可比。　你們勿怕，我們現在並不是鼓吹勞農革命，即在國民運動中若忘記了勞動階級是重要部分，這種國民運動也必然是軟弱沒有力量。　所以知識階級，工商階級不但不應當怕勞動階級的組織及運動，而且應當竭全力以贊助此等組織及運動：（1）保障工會之權利，（2）擴大工會之組織，（3）與之爲平等的結合。　如此方能運用此最有實力之社會階級來反抗軍閥。　勞動階級不但要求眞民主主義最切，而且能爲眞民主主義奮鬥的力量也最大。　並且此時中國的國民運動，勞動階級不但是重要部分，已經是最勇敢急進的先鋒了，試看鐵路工人已經首先起來以血肉和軍閥相搏，便可明白。　他們此次的血戰，不只是爲工人的自由與人格而戰，乃是向軍閥們黑暗勢力爲全國人民之人格與自由而戰；兇手們北洋軍閥的罪惡，不只是因爲殺傷了幾百個工人，並且是對全國人民之民權自由與人格而宣戰。

普遍全國的國民黨

T, C, L,

中國現在很需要一個普遍全國的國民黨，國民黨應該有適應這種需要努力於普遍全國的組織和宣傳的覺悟。

五六年前，有一位中國人在俄國境內旅行，偶過一個人家，客廳中懸掛一幅中山先生的小照，主人指點此小照告此旅行過客的中人國說：我甚敬佩此人，因爲他能在海外創造一個中華民國。　我們從這句批評贊揚的話裏，可以看出國民黨的根萌植在何處了。

國民黨的根萌，實際上是培植在海外華僑散在的地方，和中南國邊華僑母國的廣東一省。第一革命後，雖然一時全國到處都有了國民黨，但這些虛浮無根的花，只是那幾株栽植在南方的廣東和海外華僑散在的地方的『國民黨』樹上所開的花，一陣風來吹遍大地旋卽萎謝了。然而那幾株在社會上有根柢的樹還是遠在南天孤孤零零的長着。

中國的疆域太遼闊了，中國內地的政治景象太枯燥了，那樣稀稀零零遙在南方或海外的幾株樹，實在潤澤不過蔭蔽不過這樣闊大的一個沙漠似的中國來，我們要多多的播布這樹的種子，若使他普遍全國，在中國到處植下了根基，任他沙漠似的狂風裂日也吹不荒曬不荒中國政治的田地了。　國民黨是中國今日政治的國民的花，在廣東和海外的栽植者啊，要努力傳播他的種子於荒涼滿目的全中國！

『推倒滿洲』是一個早熟的果實，因為這個早熟的果實反以遲緩了國民運動的發育。　自從第二革命後，國民黨受了北洋軍閥重大的打擊，一般懦弱的國民不敢去參加國民黨，國民黨亦因此自懦，荒廢了並且輕蔑了宣傳和組織的工夫，只顧去以武力抵抗武力，不大看重民衆運動的勢力，這不能不說是國民黨的錯誤。

幾年以來，北洋軍閥造下的罪孽，使這一般懦弱的國民亦漸漸覺悟了，亦漸漸知道要一個國民黨作他們反抗軍閥的大本營了，呼喚國民黨的聲音隨時到處都聽見了，今日的國民黨應該挺身出來找尋那些呼喚的聲音去宣傳去組織，樹起旗幟來讓民衆——反抗軍閥與外國帝國主義的民衆是工人是學生是農民是商人，那集合在國民黨旗幟之下，結成一個向軍閥與外國帝國主義作戰的聯合戰線。

一個政治革命的黨，必須看重普遍的國民的運動，要想發展普遍的國民的運動，必須有普遍的國民的組織，國民黨從前的政治革命的運動所以沒有完全成功的原故，就是因為國民黨在中國中部及北部沒有在社會上植有根底的組織。　國民黨現在惟一要緊的工作，就在向全國國民作宣傳和組織的工夫，要使國民黨普遍於全中國，不要使國民黨自畫於廣東，要使全中國為國民黨所捉住，不要使國民黨為廣東所捉住，要使國民黨成功一個全國國民的國民黨，不要聽他僅僅成功一個廣東和海外華僑的國民黨。

一九二二 印度國民運動的分析（續十九期）

永釗譯

（五）城市無產階級運動之復振

跟着甘地被捕以後的靜止狀態而又為政府暴力所激起的，就是城市無產階級同革命的無產的農民們的新運動。　城市的罷工已不帶政治的彩色了，所有的罷工都是經濟的，為着要增加工資減少時間而起的。　這些罷工都是很持久的，工人所堅持他們的非到他們的要求完全得到不止，不至饑餓到不能支持決不上工。　今春東印度鐵路三個月的大罷工，五月間加里各答海員三萬人同運貨工人一萬人的罷工，及六日紗場聯合罷工——都是為增薪而起的——都足證明印度工人經濟奮鬥的精神和決心。　近來孟買電車同機器工人的大罷工，都可證明同樣的事實，這不過無數罷工中之大者，其他短期罷工更不勝述。

可是這些罷工的結果總是妥協，其原因都在組織不好，和缺少經濟之故。　工人們的精神非常熱烈，假如他們要有好領袖的指導，有經濟的後援，他們定可以堅持到底，罷工的起因大都是因一二工友受頭工的虐待或藉端開革激起公憤所致。　有了這樣好的精神和團結力：將來一定很可有為。　工人們因為援助一位被捕的鐵路守衛兵，這位守衛兵係愛爾蘭人，因他在工人中活動組成西北鐵路工會被捕，工人們大動公憤，鼓吹全國總罷工，要求立刻釋放，政府迫不得已允准他們的要求，於是三萬工人列隊歡迎他出獄。

罷工運動之外，我們還可看見勞動組織亦見增大，團體日漸結合。

工會漸漸入於階級鬥爭的軌道，不復帶有駁雜的政治的社會的彩色。

各省中同業工會聯合會也漸組成，最要者若礦業，棉業，同鐵路工會聯合會。全國鐵路工人於十一月間設立總工會，同時全國勞動聯合會也可成立。最大的工會聯合會是在般加爾，加入的有十四個團體，共計會員二十五萬人。

勞動運動發達了，就有一班野心的政客改良派要利用勞動界做議會運動的援助。代表孟買勞動界出席議會的代表同一位英國牧師安得斯都說要指導勞動運動入於議會政治的途徑。安得斯且曾被推為鐵路工會的會長。他們用優裕的地位，同改良派的主張，阻止罷工，減殺工人的熱誠。此外還有許多政府顧用偵探，罷工破壞者，加入在工會裏面。這次鐵路罷工的失敗，就是這個原因。工人受了打擊，不知眞相，便懷疑任何領袖。

印度立法的新現象就是通過幾個改良工人生活案，立法會議近來通過工場法，工人養老案也要通過，此外還要任一個委員會到各省去調查工業不靜的原因同解決的方法，並設一政府仲裁局以調解工人同資本間的爭端，由此可見印度工人在國家生活上所佔的地位的重要了。政府對於仲裁局調解工人與資本間衡突的事，看得比不協作運動重大得多。魯易喬治在英國國會的演說同印皇總監在立法會議的演說，都說不協作運動的危險時期已經過去，但是總監力言勞動立法維持明年工業界的平靜之必要。

（六）農民運動

自後國民大會在巴爾陶里否決不奉管理同抗稅罷租，又主張尊重地主土地保有權和私人出產後，農民運動始而混亂，繼而靜止，終而暴發，抗稅罷租，非常激烈。當甘地被捕時，政府布告詳述農民抗稅罷租的號召對於生命財產之危險，各省稅務委員報告收入減少由於農民抗稅，政府遂用壓迫手段，對於地方，聯合省，般格爾，麻隊斯幾發生暴動的地方尤其迅速猛烈。抗稅者的田地政府派兵佔領，隨時變賣，武裝逼駐暴動地點。軍隊同農民的衝突，結果多數不是被傷就被捕，戒嚴令的威嚇不過是維持暫時的平靜。

所以到夏季七八月間，農民暴動又在麻隊斯，般格爾，中印度，固本牙等地方發生。簡簡單單的一個電報就可叫政府調來大隊軍警，前來鎮壓。最重要的革命勢力，就是中央印度農民比爾人革命決心最為堅強，能同政府軍隊對抗數星期之久。孟買省的馬爾福斯人實行消極抵制，馬霍端脫農民因為達太公司侵佔土地起而暴動，政府拘捕領袖人物入獄，不能平靜，政府不得已出而調和，雙方爭鬥，始行了結。最猛烈的爆動發生於本牙，該地教徒與僧侶爭奪廟產，雖經暫時平定，不久又復發生更激烈的暴動，亞加里教徒之奮門發生於數年前，雖然名為宗教運動，其實乃是爭產運動，政府布告也公然認為是爭產，教徒佔據廟產，非政府武力壓迫不去。

政府軍警同教徒於八月間在居拜地方有一次大決門。其起因由於教徒伐取廟田樹木，不受軍隊干涉，因而被捕，其他教徒前往助戰。附近教徒漸次聞知，火車禁止通行，他們便步行前來，同軍隊血戰。前仆後進，死傷甚衆。軍警沒法，用鐵羅圍繞該廟，派兵防守，有行近該廟的，立行拘捕，本牙全省聞風而起，加入戰門計十萬餘人。政府於此地慘殺秘不宜布，然消息早已宣傳全國。計此役被受創者四百餘人。

農民覺悟後，國家主義者同政府的政策都受這影響。農民政黨或將實現，地主階級亦因而覺悟。也有幾個農會已經變成農黨，農會為之基礎。資產階級的國家主義者受了這種影響，都高唱到農民間去組織農民。他們主張替農民設立學校醫院以改良農民的生活。般格爾的智識階級大呼農民問題急需解決，Sih一族的農民團體已能與大會協作，並且於自己的政綱，政府對於農民的方法是就一方調和，一方高壓。各省紛紛討論土地法案，也有幾省已經制定完截的。政府又派員到各地點鬪查原因同解決的方法，以便一方應農民的要求，一方不失地主的好威。未解決時政府則藉戒嚴令維持治安。

由此可知印度現在有兩派勢力：一派想維持現狀；一派要打破現狀，無產的農人階級已有了革命的種子，只等待相當的領袖來指導他們，使他們成為一個有主張的政黨。國家主義者也想抱一個空鬪的理想，也想同他們接近，大呼組織羣衆；但是却沒人知道如何去組織和為何要組織。就有一二明白的人也怕生命財產發生危險，不敢去實行；所以印度羣衆是正需要一個適當的領袖來指導他們入於正當的軌道。（完）

The Guide weekly

嚮導週報

第二十二期

每星期三出版　發行通信處　北京大學第一院收發課轉劉伯青　廣州昌興新街二十八號三樓本社

（中華郵務管理局特准掛號認爲新聞紙類）

一九二三年四月二十五日

價定

零售每份銅元四枚
郵寄三分全年大洋
一元三角半年大洋
七角郵寄在內

分售處

廣州丁卜書社
上海亞東圖書館
上海民智書局
上海公民書局
北京大學出版部
武昌時中書報合作社
太原晉華書社
長沙文化書社
濟南齊魯書社
南京鄉天書社
成都華洋書報流通處
杭州古今圖書館

時事短評

沈鴻英叛亂與政學會

獨秀

二月中李根源到上海，向孫中山游說什麼孫岑携手平分粵桂，孫中山未應從他這種分贓而且是買空賣空的妙計，他同到北京便翻轉面孔，替曹吳向黎元洪催發閩粵令了。

沈軍未變前數日，廣州即轟傳岑春煊楊永泰催沈就職並爲籌餉之函電；沈軍敗後，林正煊（省議員）以赴新街會議之嫌疑而逃，容伯挺（沈軍諮議）以密探之罪而伏法，政學會在省港之秘密機關，已破未破者聞共有八十餘所。

此次沈鴻英叛亂，固然是北洋軍閥與南方衝突之開始，主要原因還是政學會與國民黨第二次破裂之表現。

和平的研究系，他自前淸直到現在，還能抱定他始終一貫的立憲主義，政學會的主義是什麼？不過是『鼠竊狗偸做官發財』八個大字的黨綱。他們縱彭允彝以大湖南主義入寇教育界，來討反動的軍閥之歡心；他們犧牲沈鴻英在廣東做投機買賣；他們還想利用黎元洪做首領來組織政黨，與吳佩孚妥協來壓迫南方；他們以如此一來，在南北政治舞台上都能占得勢力了。但是他們在南方的投機買賣，眼見得要失敗，可憐犧牲了一個沈小軍閥，政學會雖無所失亦無所得；他們在北方策略，到第二次奉直戰後，無論誰勝誰敗，不知道他們將來又用什麼一種迎新送舊的面孔來處置他們的新首領黎元洪？這種蠅營狗苟的政客們，其敗壞國事的罪不在軍閥之下！

對等會議與孫曹携手

什麼對等會議！不過是孫曹携手的變相名詞，陰謀孫曹携手的人們，以爲用這個名詞稍稍冠冕一點便於公然宣傳。什麼孫曹携手！不過是勸孫降曹的變相名詞，陰謀降曹的人們，以爲用這個名詞稍稍體面一點便於向孫勸說。孫中山這個名詞，在歷史上是爲民主革命向北洋軍閥奮鬥而存在的，若與北洋派首領曹錕携手，試問携手去做什麼？

這班政客們欲降曹便去降曹，爲什麼要拉孫同去，又爲什麼造出這種名詞？這是因爲他們有的想靠曹做總理，有的想靠曹做總長，又覺得單是自己降曹終屬人微價低，不如用孫做一份見面的厚禮；并且他們都曾列名黨籍，若單獨降曹和孫分離，恐怕在輿論上站不住，將來要蹈陳炯明的覆轍，所以索性拉孫下水，以便遮羞而免後患，這就是他們造作名詞淆惑聽聞之苦心。

北洋首領曹錕，代表帝政餘毒的舊勢力，民黨首領孫中山，代表民主革命的新勢力，兩者不能并存，民主革命的企圖中，必不容北洋軍閥有存在之餘地，有了北洋派，便沒有民國，此種順逆是非之大義，炳若列星，我們希望民黨賢者若汪精衛胡漢民徐謙三君，愼勿為降曹派詭詞曲說所欺，致犯誤國叛黨之罪！

全民社一班人已經睡在糞坑裡了，我們希望小孫派勿跟着他們倒下去！　當年孫毓筠輩迷信袁家武力，故不惜抉破民黨與北洋軍閥之大防，以苟圖富貴，現在你們勿再迷信曹家武力罷！　你們要知道：陰謀孫曹携手使孫自殺的人們，比公然聯曹攻孫的政學會罪惡更大！

海軍態度

獨秀

海軍態度之變動，在近年政局上有很大的影響，例如一九一八年第一艦隊與第二艦隊分離，對北京政府宣告獨立，并擁護孫中山南下至廣東組織護法政府，使北洋軍閥至今不能統一中國。　此次駐滬海軍宣布擁護福建省自治，對北京政府取脫離態度，這是中國海軍反抗北洋軍閥第二次之表示。　林司令通電上說：

『國家之有海軍，所以衛國保民，原非供一二人政爭之武器。』

又海軍將士復旅京福建協會電上說：

『統治大權旁落於軍閥之手，今日國家已如軍閥之私產，元首等於傀儡，内閣儼若家臣，四百兆人之國家將成一二人之天下。苟不念及國家，尚可靦顏視息；設以國家為前提，能不投袂而起，以解倒懸？　軍人所服從者，建築於民意上之政府命令耳，豈其犧牲千萬人之生命，以逞一二軍閥之私慾！』

這樣嚴正的指斥北洋軍閥，不但加軍閥以打擊，即被軍閥支配的傀儡家臣，也應聽了面紅耳赤。

但是我們要忠告海軍將士諸君兩事件：（一）是始終固結團體，勿為北洋軍閥金錢所惑中途改變態度；（二）是要結合南北各省革命的軍人工人學生，徹底打倒北洋軍閥，以建設全國統一的人民政府，勿單以福建省自治為滿足。

西南形勢之進步

和森

自西南諸將或明或暗背叛革命以來，革命勢力，瀕於破產，不僅不能統率團結，而且互相爭殺不休，致令北洋勢力顛仆不破，而割據自私諸將，除或明或暗投降北洋正統外，亦幾無自存之餘地。　直至陳炯明失敗，形勢才稍有轉機；閩粵令發後，西南各領袖才有聯名之寒電發表。

自孫中山而外，聯名各領袖之動機如何，我們不必深究，只就此次行動而言，確係從新進步之表徵。但同時有二點須忠告於各領袖：

第一，今後應奉黨魁孫中山為西南惟一領袖，而各自居於黨員地位不應與中山取自由的聯立形式；

第二，應拋棄割據自私的聯省自治假面具，亦赤條條在民主革命的口號，紀律之下進行革命。

倘若不能實行上兩點，就是沒有根本的覺悟，遲早仍不免為革命的叛徒——陳炯明第二！諸君勉之！

外國帝國主義者對華的新舊方法

和森

密勒評論—美國帝國主義在華的機關報—最近發表一篇對華態度的論文，大略謂：在中國以外國字刊行之報紙，爲數頗夥。近來此等報紙除少數外，其批評中國之語詞，皆極不滿，所持理由爲拖欠外債，保持冗兵，縱容盜匪，漠視條約等。除報紙外，各種外人團體亦多通過議案，指斥中國；有一般外人在公共場所或私宅談話，亦多雜以批評中國之語，近日北京外人議會席上之議論，至少當有十分之九為譴責國會內閣軍閥等者，吾敢斷言也。　夫此等批評，華人自然知之，然則彼等作何感想乎，亦受其影響否乎？　記者欲知其究竟，近曾以質直之語問答於華友云：「君對此外人批評之意見若何，中國又將若何對付之乎？」　被問之第一人為一銀行家，曾在外國留學，任某有勢力銀行之經理，歷有年所，問答之始，提及與中國久有商業關係之某國報紙批評中國之語，此君之答語曰：「彼所說我國情形，吾人自知之。　但彼國百年來在華獲利已多，今中國遭此艱境，彼稍感不便，詎能忍受。　中國商人銀行家尚能忍痛奮鬥，向前進行，外人乃不能少安毋躁耶？」第二人乃一新聞家，常投稿於外報，曩在官辦學校肄業，未嘗出洋，其答語云：「凡此外人批評，有一切實效果，即使中國各界領袖益加決心，謀使中國脫離外國控制，吾人今正依此旨而進行，必至脫外人勢力羈絆，使中國被尊重而後已。」此君雖未言如何達此目的之方法，但吾信其確為由衷之言也。　第三人為一日本學堂畢業生，現執業銀行界及商界，彼乃反對裁兵者，其言尤堪玩味，其語云：「近來中外人士盛唱裁兵之說，吾頃遊東三省，乃悟吾國不當裁兵，特須淘汰老弱耳。　今之問題，不在裁兵，乃在設法控制軍隊而善籌軍費，中國欲為獨立之國，非盡保存現有之兵不可。　裁兵之說獨盛於中國，然彼為世人尊重之各國，非保有陸軍海軍，即具有隨時可以召集軍隊之組織，是固吾人所知也。」　記者為顯明之理由，不舉出上述諸人之姓名，但此三人，外人多知其名，其意見可代表中國智識界，具有甚大勢力，吾人味此三人之言，可悟一事：即從前處置中國之方法，今日已不適用，第一，中國已不復如前之易受恐嚇。　曩時欲恫嚇中國政府祇須在外報上登一論文或紀事，華人即知為出於北京某使館或某商埠某國領事之指使，至北京政府接到一外交公文，輒如受電震；今則外報之批評論文，殆已絕少效力。　美國人之華北明星報，近有一文論此事，其言絕智，大致謂世界大勢變遷，中國情形隨之而變，在華外商宜熟察中國政局，以調劑其商業事情，庶免鑄錯。　中國今日之政治問題，與曩昔不同，且與一兩年前異。　故處置之道，亦當更新，不可拘守舊法，徒取紛擾，可謂中肯之談……然則吾人將取何態度乎？　此天然之問題也。　對華國際銀團中美銀團代表司提反氏近曾表示其意見：謂中國目前之困難，非恢復帝制或外國干涉或擁戴一強有力之人物以民治之名施專制之實所能解決，欲救中國，祇有發展中國民意之一法。　但發展民意，非徐徐從教育上作工不可。　今日世界中無一權力能迫中國裁兵或還債，無論其近鄰遠鄰，皆無此大力……

這篇百看不厭的絕妙文章，不僅那三位代表中國智識階級的先生所說的話—很足表現中國民族自覺的精神—饒有趣味，我們體察外國帝國主義者覺悟到「從前處置中國之方法，今日已不適用，中國已不復如前之易受恐嚇」而亟思換用新的欺騙方法，更覺饒有趣味！

密勒評論的記者雖然不便將他們的新方法很具體的說出，但是他既顯然引用了司提反的話，我們更不妨替他引用朱邇典（英國帝國主義者，曾做過英國駐華公使）最近發表的話，作個補註：

「…中國全部經濟生活大受兵害，華人商會已發起裁兵運動，並請外邦友人合作，以期達其目的，英美輿論頗為中國所重視，今英國之注意中國裁兵運動，當無異於以有力之輿奮劑給與發起此種運動之商界代表也。（見四月十一日申報）」

外國帝國主義者知道軍閥勢力快要崩潰了—縱然由他們不斷的供械借款，左顧右盼，急於覓得將來代其統治中國的代理人，於是就光顧到中國幼稚的資產階級，就想在中國造成一種太上的國民運動（參看本報第十四期及第十六期時事短評）。　他們外面上假惺惺替中國高唱打倒軍閥，實際上只教京滬及各地商人：『點名就是裁兵』。所以剖破他們對華的鬼胎，不過是爲軍閥與資產階級合作，建立附屬於他們的『封建資本制度』，這就是他們所親爲穩固而可靠的殖民地政治，也就是他們今後對華的新方法！

『以後一切對華侵略皆將以教育的形式出之』

振宇

關於退款與學問題，最近密勒評論著文云：近來每一星期中，幾必有一國宣布其願還拳亂賠款於中國之意，最近宣布之國，則日本與比利時也。　日本議會，於數日前延會時通過一議案，決以日本應得賠款用於中國『文化』事業；比利時之計劃，雖無所聞，但諒其目的亦必在用教育方法以增該國在華之勢力；英國如何利用此賠款，討議已逾一年，尚未公布辦法，預期亦充教育之用。　縱此以觀，可知以後一切對華侵略，皆將以教育形式出之，各國皆以多教育中國男女青年爲競爭，西方對東方之心理，從茲一變，斯誠大佳之事矣。　猶憶一九零八年美國將其所得賠款第一批退還中國，一時在華各外報對美國大肆譏評，美竟爲衆矢之的。　今苟能檢出讀之，當大有趣味。　假令羅斯福而猶生存者，見彼所發起之還款與學計劃，數年前猶爲侵略中國者所非難，今實際上已爲參加各國一致贊同，則其欣慰尤爲何如乎！

西方美人對華獨到之魔術，英日比帝國主義者翩翩也要競相學步起來，怎得不大起醋意！

醋海興波，率性把『對華侵略皆將以教育形式出之』的隱密暴露出來，『斯誠大佳之事矣』！　我們讀者應當謝謝密勒評論！

北京政府之財政破產與軍閥之陰謀

巨緣

北京政府之財政總次長都是保派的嫡系，是人人都知道的。　現在弄得內外羅掘一空，竟想到私印印花稅，增發流通券，甚至於要公賣鴉片烟，無一不是故意擾亂金融，盜取社會財富，以遂軍閥的陰謀，鞏固其統治地位。　當年袁世凱帝制逆謀的時候，濫發公債，平民受禍已經不小，如今曹錕想買總統，又要在內債頭上想法，——竟想停止內債付本一年，騰出二千四百萬元來做大買賣。　而且一班肩客又是當時的帝制罪魁，復辟餘孽，——薛大可，楊壽枏等，眞正是一邱之貉！

北洋軍閥自始即竭力摧殘革命，陰謀帝制，（不論他是要做皇帝做總統，橫豎一樣）做民主共和的惡敵，至今還是招兵買馬，壓迫西南，謀武力統一以定北洋正統，這班東西存在，再加以大小財神，中國之國家財富及國民經濟，那裏能有一日安寧！　金融的大紊亂以袁世凱稱帝時爲第一次，徐世昌之『安福選舉』爲第二次，現在曹錕的最高問題是第三次了。　若不肅清禍源，不但財政無整理清楚之一日，而且全國經濟都將毀滅。

請看從前的洪憲功臣，現在的曹家三小子——薛大可的妙計（見四月十日申報）：

一、增印印花稅票備充抵押品。　此事已經實現，經印花稅處長告發。　不意大可神通廣大，竟設法想以『印刷局與印花處職權爭執』一句話輕輕打消檢察廳的檢舉，仍舊積極進行。

二、增印流通券，去年陰歷年關，財部直接發行流通券，定額二百萬元，已經祗有六折以上的市價，如今竟由庫藏司及泉幣司通同作弊添印一百萬元，現在已成問題，薛大可還想如法泡製。

三、將未作抵押品之金融公債號數全部印就以作抵押之用。　此計大概不久也要實現。

若是三計能完全實現，可以得二三千萬之鉅款，請問要他何用？

無非是養兵，戰爭，屠殺勞苦平民！

除此以外，曹家幾位賬房先生——劉恩源，楊壽枬，張競仁，異想天開要停內債付本一年。據安格聯（總稅務司）的話：現在整理案內的各公債基金，計關餘一千四百萬元，鹽餘一千萬元，再由交部年撥六百萬元，論理本無不敷。可惜鹽餘一項自上年六月起從未撥過一次，應付到期息本，已爲政府先期挪用，交部担保之款，至今分文未繳。此中所謂先期挪用，無非是應付軍隊索餉，交部扣留不繳，亦是軍閥伸手，連年鐵路款項，時時有人報效保洛，而教育費等仍舊積欠，可見挪去本非作正當政費。然而還不甘心——也實在不夠！於是有停止付本計畫，這一計畫的意義，並不單單在于省下來的二千四百萬元。此二千四百萬之中以一千萬作『補充政費』，以一千四百萬整理外債。破壞內債以『整理外債』，猶外的色彩已經很濃。原來國內資產階級究竟力薄，北京政府雖靠他們支持幾月，他們却借不出一筆買總統費。還是外國老爺錢多，怎能不巴結呢？因爲若是保障內債基金，於軍閥別無益處，若是騰出一千四百萬略略整理對外的舊債，却可以一面博得同情，一面進行新債，——最高問題的大借款！

由此看來，北京政府的財政不但搜括一空倘在百方羅掘，已可謂完全破產，而且全在軍閥的陰謀中，——無底慾壑萬無滿足之日，愈拖愈重，國家財政前途，眞正不堪設想。

何止鴉片公賣，何止私印印花，何止破壞內債基金！外債亦並不能整理，反有增累之虞呢。必將此等軍閥官僚殲滅淨盡，中國財政，才有可望。

中國的資產階級已經受過賣國賣民的袁世凱徐世昌兩次教訓，難道還定要嘗一嘗曹錕的滋味麽？祇有勞動階級的革命澈底澄清社會，方有救藥。中國的資產階級呵，你們若要民權，要理財，再也不可以迷信和平手段，迷信外國人的勢力了，——快快低首於勞苦平民的革命偉力之前，和他們共起推倒軍閥罷！

全國資產階級諸君呵！你們不要睡覺了，軍閥們殺到你們面前來了！請看二月七日京漢罷工工人受曹錕，張福來，吳佩孚，蕭耀南的殘殺壓迫，工會封閉，被殺近百人，被捕幾十人，至今尙在獄內。此種反動潮流捲及各路，直到上海，這明明是軍閥們對於國民的示威運動呵！平民方面呢，不必說他！商人嚇得連忙告饒，聲言不敢罷市，各地更無行動上的援助。自此之後，直到如今，北方勞工運動都被鎮壓下去。可憐的中國商人階級，自己以爲有幾個錢，像個體面『上等人』，若是『安分守己』，軍閥就能饒他們了。『各人自掃門前雪，休管他人瓦上霜。』全國商界對於京漢工人慘殺案，連一點同情的言論都沒有。其實打倒勞工階級，——民權之大後盾以後，橫暴的軍閥，對於胆小的商人還有什麽顧忌！蕭耀南吳佩孚殺人，怎能當做單純的工潮問題！北京政府現在濫發流通劵，私印印花票，動搖內債基金，如此膽大妄爲，也就是仗着慘殺工人的餘威。全國的商人呵，眼看着奉直第二次戰爭又要爆發，戰費是你們担負，曹錕要做總統，收買議員的費用也是你們担負，軍閥要養兵，養兵的費用也是你們担負，——看你們有何辦法？勞工階級爲民權而戰，絕不妥協，誓死掃除此軍閥階級，——所以他的運動必定是聯合全國的統一作戰，處處發難無不求匯合猛進。商人階級若終是畏縮不前，與軍閥官僚妥協，不敢加入羣衆的運動，那眞是萬劫不復的了。你們手筆大的，鑽到北京政府作財政上的投機事業，祇知道學些政客的濫調：裁兵呀！理財呀，制憲呀，却不謀打倒軍閥的根本計畫，手筆小的，坐在一個碼頭上做生意，祇求苟安，寧可送錢與軍閥，所謂『維持治安，』了了目前的問題，再也不敢過問政治。如此，各地的商民終要受軍閥的摧殘，永無出頭之日。

總之要看看明白：——軍閥階級不倒，各地方不聯合作一總解决，民權永無伸張之一日；全國各界不附合於勞動階級作全國的羣衆運動，亦永無建立民權之人。

資產階級的革命與革命的資產階級

獨秀

人類社會組織之歷史的進化，觀過去現在以察將來，其最大的變更，是由游牧酋長時代而封建時代，而資產階級時代，而無產階級時代，這些時代之必然的推進，即所謂時代潮流，他若到來，是不可以人力抵抗的；在空間上各民族以環境所演的機會不同，雖至進化之遲速大相懸絕（例如非洲南洋之游牧酋長社會，東方之封建軍閥社會，西歐南北美之資產階級社會，俄國之無產階級社會，同存於今世。）而在時間上，進化的歷程恆次第不爽，這是因爲人類治生方法，次第變更發展，由單簡而複雜，造成次第不同的經濟組織而爲社會一切組織進化基礎的緣故。

中華民族以地大物博易於停頓在家庭農業手工業自足的經濟制度之下，及與治生方法進化較速的西歐民族隔絕這兩個原因，封建軍閥時代遂至久延生命，由秦漢以至今日，社會的政治的現象，都是一方面封建勢力已瀕於覆滅，一方面又回向封建，這種封建勢力垂滅不滅的現象，乃是因爲封建宗法社會舊有的家庭農業手工業已充分發展而有更進一步的傾向，但新生的經濟勢力（即資本主義的大工業）過於微弱，還不能取而代之的緣故。

明代西力東漸，這是中國民族思想制度發生空前大變化的最初種子；清代鴉片戰爭，這是西歐資本帝國主義向長城內封建的老大帝國開始發展，也就是沈睡在長城內老大帝國封建宗法的道德思想制度開始大崩潰；甲午庚子兩次戰爭，這幾乎是中國封建宗法的道德思想制度最後的崩潰，也就是資本民主革命運動最初的開始。　近代資本主義的工商業，在西歐征服了封建宗法的道德思想制度，進化到世界的資本帝國主義，世界各國的銅牆鐵壁都被他們打開，封鎖不住了，老大帝國之萬里長城那里還封鎖得住？　所以中國自甲午庚子兩次戰爭以來，已由內部產業之發展遇着外部國際資本帝國主義之壓迫，驅入封建宗法主義與資本民主主義之轉變時代，『富強』『維新』『自強』『變法』的呼聲遍滿全國，便是這個時代的精神；自此以後，無論幾多老少昏蛋天天講什麼人心道德，什麼禮教綱常，什麼東方文化，什麼精神生活，憑他們喉嚨叫得多少響亮，可憐終於被機器算盤的聲音掩住了；這種歷史進化的必然現象，就是封建宗法主義進化到資本民主主義的現象，或者也很可憤恨，很可鄙厭，然而我們主觀的憤恨鄙厭心理，終於敵不過客觀的歷史進化歷程之必然性，因此這班老少昏蛋的咨嗟太息終於無用，因此清西后及剛毅輩無論有如何威權終於失敗。

辛亥革命，已由和平的資本民主運動進步到革命的資本民主運動，更是中國歷史上封建帝制變化到資本民主之劇烈的開始表現。　所以單以滿漢民族衝突解釋辛亥革命之原因，那便只是皮相的觀察，忘了經濟的歷史的基本條件；因爲辛亥以前，已經有了十七年以上的富強維新運動，辛亥革命，正是封建派壓迫資本民主派富強維新運動之反動，所以『非革新不能自強，非推倒滿清不能革新』。　是當時革命派反對立憲派之重要的理論。　當時革命與立憲兩派的方法雖然不同，而兩派之目的同是革新自強，換句話說，就同是『革舊制』，『興實業』，『抗強鄰』這三個口號，明明白白是半殖民地之資產階級民主運動的口號，那能說是滿漢民族之爭。

辛亥革命所以失敗的原因（此次革命表面上雖說成功，實質上可說是完全失敗）。　也正以當時幼稺的中國資產階級，未曾發達到與封建官僚階級截然分化的程度，未曾發達到自己階級勢力集中而有階級的覺悟與革命的需要，他們大部分只看見目前的損失，不懂得民主革命是他們將來利益，更不懂得民主的革命黨之勝利就是他們資產階級之勝利，所以革命事業猶在中途，他們便現出小資產階級和平苟安的根性，反對繼續戰爭，而且反對革命黨，遂使全國的武裝及政權完全歸諸帝政餘孽北洋軍閥之手；帝國主義的英美日本等國知道中國資本民主革命成功是他們的不利，極力援助北洋派壓迫革命黨；於是革命黨失敗逃亡，以至帝制兩次復活，革命黨屢戰屢敗，一直到現在還是孤苦奮鬥，唯一的原因就是：全國資產階級之多數缺乏階級間利害不同的覺悟，所以始終依賴他們的敵人——封建的北洋派，而漠視或更至嫉視他們的友人——民主的革命黨之故。

辛亥革命本身的性質，是資產階級的民主革命，而非民族革命，更非其他階級的革命，這是如上文所述在經濟的歷史的觀察上及革命的前因後果上可以充分說明的。　但以革命運動中主要分子而論，却大部分不出於純粹的資產階級，而屬於世家官宦墜落下來非階級化之士的社會；這種非階級化的『士』之浪漫的革命，不能得資產階級親密的同情，只可以說明辛亥以來革命困難不易完成的原因，不能以此說明他不是資產階級的民主革命。　將來革命事業完全成功時，社會階級分化究竟至何程度，那時對於革命的性質究竟如何解釋，我們現在還不知道，現在也沒求其知道的必要；可是觀察過去及現在的革命運動，確是資產級階的民主革命，而且我們也應該希望他能成功一實實在在的資產階級的民主革命。　因為依世界的政治狀況及中國的經濟文化狀況和在國際的地位，資產階級的民主革命正負着歷史的使命，這是毫無疑義的。　半殖民地的中國社會狀況既然需要一個資產階級的民主革命，在這革命運動中，革命黨便須取得資產階級充分的援助；資產階級的民主革命若失了資產階級的援助，在革命事業中便沒有階級的意義和社會的基礎，沒有階級意義和社會基礎的革命，在革命運動中雖有一二偉大的人物主持，其結果只能造成這一二偉大人物的奇蹟，必不能使社會組織變更，必沒有一個階級代替他一個階級的力量，即或能夠打倒現在統治階級，（北洋軍閥），而沒有眞實力量牢固的占住他的地位，被打倒的階級時時都有恢復故物之可能。　因此，我們以為中國國民黨應該明白覺悟負了中國歷史上資產階級民主革命的使命，在這革命運動中，不可有拒絕資產階級之左傾的觀念，我們對於這種左傾的觀念，自然十分感佩，但是在目前革命事業上，這種浪漫的左傾，實是一個錯誤的觀念；因為每個階級的革命，都要建設在每個階級的力量上面，決不是浪漫的左傾觀念可以濟事的。

同時我們對於右傾的觀念，也不得不加以警告。　原來在各階級的革命當中，實際參與的只是該階級中一部分最覺悟的革命分子，挺身出來為全階級的利益奮鬥，決不是全階級的動作與意識，并且全階級中一定還有許多失了階級性的分子同時出來依附敵對的階級，來做不利於自己階級之反革命的行動！　這是歷史上現社會上常見不足為奇的事。　因此，我們雖然主張中國國民黨不可有拒絕資產階級之左傾的觀念，同時也不主張國民黨有極力與反革命的資產階級妥協之右傾的觀念。　在產業幼稚資產階級勢力不集中的社會，尤其是在殖民地或半殖民地的社會，資產階級每每有分為三部的現象：（一）是革命的資產階級，他們因為封建軍閥及國際帝國主義妨礙大規模的工商業發展而贊成革命，如中國海外僑商及長江新興的工商業家之一部分；（二）是反革命的資產階級，他們因為素來是依靠外人的恩惠及利用國家財政機關與軍閥官僚勢力，造成了畸形的商業資本，專以賣國行為增加他們貨幣的富，他們自然而然要依附軍閥官僚及帝國主義的列強而反對革命，他們也可以叫做官僚的資產階級，如中國新銀行交通系之類。 自盛宣懷以至張弧王克敏，乃是他們代表的人物；（三）是非革命的資產階級，他們因為所營的工商業規模極小，沒有擴大的企圖，沒有在政治上直接的需要，所以對於民主革命傾取消極的中立態度，這種小工商業家，在小資產階級的中國社會居最大多數。 中國國民黨應該一方面容納革命的資產階級，為他們打倒妨碍工商業發展的一切軍閥，並且為他們排除援助軍閥而又壓迫中國工商業的國際帝國主義者，因為在半殖民地的中國，資產階級深受外資競爭和協定關稅及種種不平等的條約之痛苦，非排除國際帝國主義的勢力，脫離半殖民地的地位，成為完全自主的國家，實行保護政策，決不能完成資本民主革命，所以中國資本民主運動自始便以維新自強抵禦強鄰外患為唯一的動因；一方面也應該提攜中立的小資產階級，引導他們上革命的路，增加革命的勢力；至於那班反革命的官僚資產階級，實是中國真正資產階級發展之障礙，絕對不可和他們妥協，他們為做官扒錢計，有時也鬼混到革命政府做事，一到了困難艱險的時候，他們是絲毫不負責任的，就是在沒有困難艱險時，他們也有使勇敢純潔的革命黨變成官僚化的能力；他們始終是靠帝國主義的列強及國內的軍閥而生存，他們始終是阻撓革命運動，他們當中最優秀分子，也不過一足立在軍閥階級，一足立在資產階級，調和兩方面革命衝突，結果必然造成封建的資產階級，封建的資產階級是帝國主義者及軍閥的工具，可以永遠阻住本國的資產階級自由發展及國家獨立自主；所以國民黨要想完成資本民主革命的使命，萬不可和反革命的官僚資產階級妥協，因為中國此時的危機，「軍資妥協」更險惡於「勞資妥協」，官僚的資產階級正是軍閥與資產階級妥協之媒介物，也就是資產階級中賣階級之蟊賊，和歐美勞動運動中鼓吹「勞資妥協」來賣無產階級之改良派（如社會民主黨）等是同樣的奸惡。

我們也知道中國資產階級勢力微弱，尚不足克服封建軍閥及國際帝國主義，所以使革命黨易於採用右傾的妥協政策；但是要知道現有一條活路橫在我們的眼前，就是與革命的無產階級攜手，打倒我們共同的敵人。 中國的經濟現狀，軍閥階級已與資產階級顯然分開，而資產階級與無產階級之分化，尚未到截然分離的程度；所以革命的資產階級應該和革命的無產階級妥協，打倒共同敵對的軍閥階級，不應該和反革命的資產階級妥協；因為勞動羣衆本來具有革命的實力，應在革命運動中占重要部分，而且此時和革命的資產階級共同敵對的目標相同，可以聯合一個革命的戰線；官僚資產階級所處的環境，使他不得不站在軍閥和國際帝國主義者那一方面，決不能和革命的資產階級聯成一個戰線，這是中國國民黨應該明白覺悟的。 無產階級也明明知道此種民主革命的成功誠然是資產階級的勝利，然而幼穉的無產階級目前只有在此勝利之奮鬥中才有獲得若干自由及擴大自己能力之機會，所以和革命的資產階級合作，也是中國無產階級目前必由之路。

總括起來說：在每個革命運動中，浪漫的左傾觀念和妥協的右傾觀念都能妨礙革命進行；中國國民黨目前的使命及進行的正軌應該是：統率革命的資產階級，聯合革命的無產階級，實現資產階級的民主革命。 可是要想資產階級的民主革命完全實現，在革命運動中，革命的資產階級斷然不可忘記了兩件大事：（一）是反抗國際帝國主義的勢力而脫其羈絆；（二）是承認無產階級的勢力而與之攜手進行；因為本國的資產階級決沒有在外國資本帝國主義政治或經濟的侵略之下能夠發展的希望，幼穉的資產階級也很難以單獨的力量完成革命事業；所以「反抗帝國主義」及「聯絡無產階級」這兩個原則，是全世界殖民地或半殖民地資產階級民主革命所特有的共通原則。

The Guide weekly

嚮導週報

第二十三期

每星期三出版

發行通信處　北京大學第一院收發課轉劉伯青
廣州昌興新街二十八號三樓本社

（中華郵務管理局特准掛號認爲新聞紙類）

一九二三年五月二日

定價
零售每份銅元四枚郵寄三分全年大洋一元三角半年大洋七角郵寄在內

分售處
廣州丁卜圖書社
上海亞東圖書館
上海民智書局
上海公民書局
北京大學出版部
武昌時中書報合作社
太原晉華書社
長沙文化書社
濟南齊魯書社
南京樂天書社
成都華洋書報流通處
杭州古今圖書館

中國共產黨五一節敬告工友

親愛的工友們！

中國「五一」運動，今年是第四次了，去年「五一」正當黃龐同志被難之後，今年「五一」又當京漢數十工友及施洋同志被難之後，此二次「五一」運動中，均充滿悲壯慘痛的空氣！

「五一」聖節，本非尋常慶賀之節，乃全世界工人追悼卅餘年來諸先烈在每次「五一」運動中斷頭流血極悲壯慘痛之紀念，同時又爲全世界工人階級對全世界軍閥資本家示威運動之節。今年之五一節，不但中國工人階級有無限之悲痛，即全世界工人階級都有無限之悲痛，現在全世界工人階級，除俄國工人外，無一不在資本帝國主義及軍閥嚴重壓迫摧殘之下，而以德國法國意大利之工人爲尤甚。

本黨同人用敢敬告親愛之諸工友，鄭重紀念此追悼工界先烈之「五一」節，尤其鄭重紀念本國及全世界工人階級同在患難中之今年的「五一」節；患難相依之全國工人階級和全世界工人階級均應團結一致，不相分裂，方能合力向資本帝國主義及軍閥反攻！　我們中國工人在今年「五一」節向軍閥反攻之口號是：

全國工人大團結！

打倒軍閥曹錕吳佩孚爲京漢工友復仇！

恢復全國工會！

中國共產黨中央執行委員會

一九二三年五月一日

時事短評

外交問題與學生運動

獨秀

「弱國無外交」，這句話或者不盡然，「昏亂政府無外交」，那便是自然的結果了。國民不便直接辦理外交，無論如何奔走呼號，只是做政府的外交後盾，北京政府歷來賣國誤國的行爲姑且不說，即以此時昏亂的現狀看來，對於西南的內交尚且弄得顛倒錯亂，不成話說，如何能夠對列強辦外交呢？ 因此國民起來干涉內政比干涉外交還加倍重要緊急！ 可是中國國民並且是國民中自稱覺悟的青年學生，竟有只問外交不問內政的傾向。 我們敢說這種傾向是青年們廻避革命的心理引導出來的；我們敢說這種非革命的外交運動，開會，游行，通電，排貨等運動，因爲是欽命的官許的，便一文不値！

「五四」運動因外交而牽到內政，而牽到一切社會問題，不是一個單純的外交運動，一時頗現出一點革命的空氣，「五四」的眞價値在此。 隨後空氣銷散之原因，是誤於「只問外交不問內政」及「只讀書求學不做社會運動」兩個口號；這兩個口號的心理，歸納起來，就是「不革命」三個大字。

現在又來了！ 懦弱的青年啊！ 聽憑你尋找任何不革命的道路（如道德救國，基督教救國，農村救國，人道互助，地方自治，不問內政，讀書運動，憲法運動，不合作，合作而促其速倒等道路逃走，軍閥官僚總非追着「革你的命」不可，你往何處逃！

樂志華案是一幅中國的縮影

巨緣

一個寗波人，西崽樂志華，向洋主人辭退，滿意想安安穩穩的回家，誰知道大禍飛來天外。 主人無端的寃他，說他偸錢八百元，登是驅到巡捕房，那裡由得你中國人叫寃！ 巡捕房是誰設的？——刮刮叫的「文明」國家。 難怪那裏面，立刻現出一幅活影畫。請看：

「……到第三次醒後，他們又拉我起立，去我的手銬褪衣。……這些西人日人華人，把我臨空吊起，脚也不能着地。 那西探說聲：「請他吃雪茄烟」。 登時我的鼻孔裏，插進一個紙撚，紙撚一頭點起，火烟直衝心肺；滿身的急汗，滿面的眼淚，淌個不已。 西探哈哈笑得眞得意。 我還記得他早就說過了：「你若不全招，必定打死你，我是老上海，打死個中國人，有什麽稀奇！」 心上想着又怕又氣。 日探忽然又束緊我的筋骨，上上下下壓得喘不過氣。 暈過去，醒轉來，滿身又是澆得冷水淋漓。 死來死去不知道幾多次，這些西人日人華人還要打我的嘴巴，打過不止……」

這是樂志華控告那虹口捕房的二西探二華探一日探的供詞。 樂志華一個人的苦痛受虐，不必說起，總是他做了中國人不好，—可是中國却要羨慕羨慕樂志華：樂志華還有一個甯波會館，替他提起訴訟，或者可以想伸寃(?)；中國却沒有，請閉着眼一想：樂志華是不是中國的縮影！——日本霸佔旅大；英國人佔據片馬威海；美國人因克門案便下哀的美敦書似的通牒；……眞眞不錯，中國現狀和樂志華受吊打烙時的景象，一般無二。 可是那裏去找一個中國的「甯波會館」呢？

哼！ 可是樂志華也沒有十分大可羨慕的地方！ 他提出訴訟的所在，是上海英按察使署，—「文明」國家的「文明」司法。 其實有了「這樣文明的」巡捕房，已經很可以藉口中國司法不改良，而拒絕撤消治外治權了！ 何必又要「按察」，是否英按察使來問，能給樂志華伸寃，便可遮遮人的耳目呢？ 可惜當場就現原身，和國際聯盟等一樣。 請看：

被告律師駁詰，謂樂志華無錢積蓄，此案之控告，或有「友人」助力。（見西文文匯報所載此案公堂記錄）

似乎「友人」——甯波會館帮他控告，是不應該的；「無錢」的人該死！ 可見幸而是甯波人。 更可見每年每月活活打死的「非甯波人」——無團體的人不知多少呢！

「被告律師又出示一中國文通告：且曰：「此係四明同鄉會一千二百五十人之簽名：并有要求撤消治外法權之言」。…按察使曰「欲我離去上海乎!?撤消治外法權!?第一步如何」!? （同上）

好個大英國上海按察使的威風！「第一步如何」，—眞正如單其聲！萬惡的帝國主義者，等我告訴你：這「第一步」就是：「無錢」的人，─中國一切勞動平民聯合團結。 假使願意聽 我再告訴你那「末一步」：中國勞動平民聯合世界無產階級，─及一切殖民地的平民大團結，趕得你無國可歸，看你還要治外法權不要！

外交系與吳佩孚

和森

中國最可怕的惡勢力，除北洋軍閥外，要算是英美帝國主義培植的外交系。 國人對於北洋軍閥，雖然漸知深惡痛絕，但是對於外交系的認識，還是很不明白。

外交系一面代表英美帝國主義與吳佩孚結不解緣；一面代表英美帝國主義作合一派中國資本家與北洋軍閥間之關係。 王內閣倒後，親日派有抬頭之勢，故顧維鈞輩盤桓留戀於北京而不去。顧維鈞施肇基的留戀盤桓，也就是英美帝國主義的留戀盤桓，英美帝國主義者在北京政府中由奉直戰爭獲得的優越地位，自然舍不得拋棄。

張作霖與吳佩孚的衝突，也就是英美與日本在華利益衝突的反映。 現在奉直再戰的形勢又來了，休戚攸關的英美帝國主義者怎得不關照吳佩孚，吳佩孚怎得不急找外交系做籌餉人？ 所以從吳佩孚迭催兩院迅速通過顧維鈞長外的通電看來，從英美駐京公使輕視黃孚等事實看來，便可知道此中底蘊了。

中國革命運動與國際之關係

和森

一、世界資本主義與民主主義之崩壞

自十八世紀以來，人類經濟生活演進到資本主義時代，政治組織也就隨着演進到民主主義時代；產業革命與民主革命的潮流，在歐美各先進國，次第掃蕩農業手工業與封建制度，而建立了近代資本民主的政治經濟組織。

資本主義發達到十九世紀下半紀，銀行資本與工業資本混合，托辣斯與加特爾壟斷國際市場，於是逐入於爭奪殖民地的帝國主義時代；資產階級民主主義的國家，由階級爭鬥與國際競爭的結果，一面成爲一些托辣斯爭奪殖民地之武力的集團，儘量擴張其軍國主義與軍備，一面漸漸揭破其「德謨克拉西」的假面具，顯出資產階級專政的眞相。

一九一四至一九一八年，資本帝國主義世界大戰的結果：一面釀成俄羅斯無產階級革命，一面破壞了全世界資本主義的經濟基礎。這就是世界資本主義與民主主義崩壞之發端。

現在我們可以簡單列舉資本主義崩壞之科學的例證：

一、地域上的推廣阻止了並且縮小了。 以前資本主義之昌盛由於不停的推廣殖民地及常常獲得新市場；但地球面積有限，資本主義發達到今日已是無孔不入，亞洲非洲的窮鄉僻壤，都有了大工業國的商品；加以勞農俄國成立，占全地球六分之一的地方，已不是資本主義的範圍了。

二、有些資本主義國家，回復到資本主義以前的經濟狀態去了。 這種狀態在中歐與東歐特別顯著：因爲紙幣的跌落，農人漸漸回復到自給的經濟狀況，既不願將其農產品賣於市場，又不願買市場的商品，而以家庭生產自給；從前以現銀納稅，現在以貨品納稅，從前用貨幣交易，現在用穀物交易；資本不投於生產事業而投於不生產的交易事業。

三、國際的分工限制了，世界經濟生活的單位搖動了。　比如美國從前是農業國，英是工業國，因有這種國際的分工，所以資本主義發達非常暢利。　現在不然：美國由大戰一躍而兼爲工業最發達的國家，同時英國也高唱發展自己的農業；各大工業國皆極力恢復幾百年前的保護政策，增加進口稅，（如美國新稅則）以防外來商品之輸入，鞏固國內的市場；因爲國際貿易額大減，國際經濟的協作衰頹。

四、世界經濟生活的統一破壞了。　戰後，資本主義的中心由歐洲移至美國與日本，但以前歐洲的舊中心能藉水陸交通，將高量的生產勻送於低量生產之各地，故世界經濟生活常呈統一平衡之觀；現在不然，因爲國際經濟的平衡破壞，中歐東歐紙幣的跌落，生產高的國家不能將其生產品勻送於生產低之各地，高量生產與低量生產遂失其調劑而分爲兩種半身不遂的經濟狀況。

五、生產減低，財富的積聚也減低了。　戰後，中歐東歐完全破產，喪失其購買力，故工業恐慌，在英美特別顯明，失業者常自二三百萬至六七百萬，所以生產異常減低，財富之積聚自然也要異常減低，這種狀況在戰敗國更甚。

六、信用制度崩壞了。　戰前歐洲各國皆採用金本位制，紙幣與金幣價格相等；戰後幾乎完全變爲紙本位，紙幣與金幣價格相差懸殊；國際間匯兌率尤爲奇變，國際經濟之平衡異常傾畸，國際交易也就異常衰歇。

資本主義這樣的崩壞，有方法可挽回嗎？　這個問題，資本主義的本身是不能解答的（參看本報十六期至十八期的賠償問題與帝國主義）。　至此我們更可審查現在還免強可以維持其存在的政治形勢。

現在各大強國的資產階級，以最少數的人口統治了十二萬萬以上被壓迫民族（占全人類四分之三以上）及其本國幾百幾千萬無產階級。

戰前殖民事業發達，經濟狀況優裕，資本民主國家的統治權威，自然要算是「萬能」；可是現在就不同了，經濟恐慌，財政恐慌，失業問題，貧困問題，不僅一個不能解決，一紙凡爾塞和約，更弄得破產的歐洲一塌糊塗。　不僅國際資產階級不能協調一致，就是一國的資產階級，因爲利害關係亦常常四分五裂互相衝突（如美國禁酒案商船津貼案之爭等）。　他們再也沒有能力解決社會問題了，對於革命的無產階級，便只有揭破「德謨克拉西」的假面具，野蠻的反動起來。

他方面，我們試看各國共產黨運動之強大，英國工黨左翼在上屆選舉之勝利，勞農俄國（世界革命的大本營）之鞏固，土耳其及東方被壓迫民族之崛起，就可知道世界資本主義與民主主義的末日快到了。

二、殖民地的革命運動與中國

資本主義與民主主義在歷史上雖然已入了凋謝日期，但在殖民地及弱小民族，因爲國際侵略的關係，還未充分發達並且不能充分發達，如中國就是一個例。　國際資本主義最後生息調劑的源泉，現在可說只有中國，他們若容中國政治經濟獨立發展，便無異是宣布自己的死刑。　中國民主革命至今不能成功，關稅至今不能自立，就是因爲他們不任中國政治經濟獨立發展的緣故。　他們維持袁世凱與吳佩孚的封建勢力，目的就在永遠握住中國的經濟生命，掠奪中國自然的富源與勞力，以圖救濟或和緩其國內政治經濟的危機，延長其資本主義民主主義的命運。

中國三十年來的革命運動，雖然是幼稚的資產階級民主革命運動，實際上與十八九世紀歐洲資產階級民主革命運動有國際地位及經濟地位之不同。在英法各資本主義先進國，資本主義不僅自動的萌芽於封建社會的內部，而且自動的成熟於封建社會的內部，以至打破封建制度狹隘的束縛；殖民地及半殖民地則不然，這些地方的資本主義，乃因國際資本主義之侵入而發生，但在國際資本壓迫與操縱之下，決不容獨立的發展至于成熟；這些地方的資本主義，在外貌上雖比十八九世紀英法的經濟狀況更發達（如上海），但這係外鑠而非自動，係外國資本之幻影，而非本國資本發展之實質。

各資本主義先進國的民主革命，可說完全是對內的革命，他的敵人只有一個，就是封建階級；殖民地及半殖民地的革命則不然，不僅是對內的革命而且是對外的革命，他的敵人有兩個，一是封建階級，一是外國帝國主義。當資本主義先進國革命時，國際資產階級每每能互相援助（如法美）以對抗國際的封建勢力；殖民地及半殖地革命時則不然，國際資產階級不僅不幫助此等地方幼稚的資本階級去打倒封建勢力，反而援助封建勢力壓迫民主革命，中國十二年來的往事，就是明證。

資本主義先進國的民主革命與殖民地半殖民地的民主革命既有如許區別，所以中國革命運動之性質與歷程必與從前歐美資產階級的民主革命大不相同。當此世界資本主義和民主主義業已開始崩壞之時，當此被壓迫民族與無產階級同夷為最少數帝國主義者的奴隸之時，殖民地的革命運動已不是純粹資產階級民主革命的問題，事實上業已變成為國民革命（亦可稱民族革命）的問題，而且這個問題要待列入世界革命的議事日程中才得解決。

殖民地國民革命運動的特性就是：一面打倒國內的封建勢力，一面反抗外國帝國主義；在這種立場上，殖民地的無產階級所以可與革命的資產階級結成聯合戰線。革命黨的領袖們如不認清中國的革命運動為殖民地的革命運動，如不認清中國的革命須同時打倒軍閥與外國帝國主義，則其方略與趨向必至大錯而特錯，不但不能達到成功目的，而且將使革命運動中道夭殤。

三、革命黨之謬誤觀念

上述中國革命運動的性質，是由中國國際地位決定的；中國革命運動之動因（因外力侵凌，清廷喪權辱國）與挫折（因各國援助袁世凱以下的舊勢力），自始即具有複雜之國際關係；中國革命運動之成功，亦必成為國際的問題而不是純粹可由中國自己解決的「內政」問題。資本世界崩壞的現象：在西方業已形成普遍的無產階級之革命運動，在東方業已形成普遍的被壓迫民族之革命運動；兩種革命運動的焦點就是推翻國際帝國主義，兩種革命運動的成功就是世界革命；必須使中國革命運動與世界革命運動匯合，中國革命才能成功，中國革命問題才能真正解決。所以「聯合蘇維埃俄羅斯」實成為中國革命運動更向前進之惟一重要的先決問題。

然而，中國革命的領袖人物，常有許多謬誤觀念：第一，他們認不清中國的革命運動是殖民地的革命運動，所以他們把中國的革命專門做成為一種解決「內政」的運動，他們以為對于外國帝國主義無須倡言反抗，只要內政肅清，強鄰自然改顏相向。第二，他們誤認革命為純粹的中國事業，與國際沒甚關係，他們以為只須用一種政策阻止外國的干涉，中國革命便可成功，只須聲明「承認（或不侵犯）一切條約」，外國防害革命的舉動即可免避。第三，他們常常夢想所謂「友邦」的幫助，換過說即一派外國帝國主義者的幫助，雖然事實上常常證明這種夢想得不到什麼益處，但是他們心中總還保留這種想頭。

其實，外國勢力早已在中國內政上支配着：東交民巷的太上政府可以決定北京政府一切動作；外國公使領事商人牧師的態度可以影響一切官吏甚至於國民領袖；不僅北京政府一舉一動要仰公使團的鼻息，就是廣州前前後後的革命政府對於「如在其上」的香港英國帝國主義者也常常免不掉畏首畏尾呢！ 況且外力不停的援助軍閥們，革命形勢常在失敗之中，中國「內政」何日可以肅清呢？ 國民黨因爲種了以上的謬誤觀念，所以對於全國如火如荼的反抗外國帝國主義的愛國運動（如現在收回旅大的運動）常常縮頭縮腦不敢出面領導羣衆，有時且故意躲避。 又如年來工人階級罷工運動之發展與失敗，這在國民革命的意義上何等重要，但是國民黨因爲避「赤化」的嫌疑——恐怕外國報紙指他爲「過激化」，對於被軍閥與洋資本家壓迫工人的事情一聲不響；最近吳佩孚——國民黨現在主要的敵人——對於京漢路工的大慘殺，國民黨還是一聲不響，還是恐怕惹起英國帝國主義的嫌疑，却不顧及因此要減低勞動羣衆對於他的同情！

因爲夢想「友邦」的援助，或者也是使國民黨不敢與愛國運動和勞動羣衆接近的原因之一個。 雖然，丟開過去的事實不談，我們且看現在自稱對於孫中山改變態度的英國帝國主義：英國帝國主義者，除了敲敲廣九與粵漢路接軌的竹槓外，幫助了孫中山些什麼？ 不但沒有絲毫幫助，而且香港又成爲陳炯明的陰謀窟，英國帝國主義者不日又要資助陳賊回粵發難驅逐孫中山呵！ 我們試回憶中山先生在香港的演說，有何意義呢？

因爲要避外國帝國主義者的嫌疑，因爲要保持「外交」的面孔，國民黨不但不敢與民衆接近，更是不敢與蘇維埃俄羅斯接近；蘇俄革命或功已六年了，土耳其國民黨得其幫助（這才是被壓迫民族眞正的幫助）業已戰勝外國帝國主義使土耳其民族朝向解放的路上走了，然而中國國民黨至今還未派一個正式代表赴莫斯科呢！

以上種種謬誤與失策，實是中國國民革命運動的損失！ 這種損失比較軍事的失敗地盤的喪失要重大得多！ 我們誠懇的希望中山先生們迅速估定革命新方針，朝着國民革命的正軌走去，而且朝着世界革命走去，中國革命才得成功，中華民族才得解放！

中國之地方政治與封建制度

秋白

「中國的經濟發展，久停滯於宗法社會及半宗法社會的狀態，所以雖然號稱『中國』，其實是一個一個大大小小的『半自然經濟』的區域，生生的黏合起來罷了，——那裏是整個完全的中國。 因此，每一經濟區域自然形成一政治的中心，——割據的局面，藉此而造成。 從外國資本制度的侵入以來，一方面，他利用中國社會此種渙散零落的經濟組織，假手於官僚軍閥，而確立其『勢力範圍』；同時別一方面，工商業亦因之作畸形的發展，漸漸破此幾十重障壁，以求大刀闊斧的運用其『歐洲式文明』。 暫時的局勢如此，所以軍閥制度有所憑藉，——外國資本家及中國姦商的經濟力量，直接的或間接的都還可以在一區域內戴得住所謂『地方政府』。 然而，亦就因爲如此一面反激一面開濬，中國的平民漸能養成其反抗力及組織力，尤其以無產階級化的勞動者爲甚。」

中國的經濟程度既如此，平民的經濟能力不能集中，政治實力自無結合，於是：——非受專制君主之巡撫鎮守，就受變相的封建諸侯（軍閥）之督理宜慰，——雖有所謂『辛亥革命』，也是枉然。 『統一，統一，』——初不過是一尊的皇帝制度的呼聲。 等到軍閥勢均力敵，等到中國平民經濟力增長，——前者相互之間畸角勢成，畏於發難；後者逐漸開展，力求接觸，急需融匯，於是有今日要求「省憲」（或自治）與「統一」同時發作的現象。 固然是政治經濟略進一步的朕兆，然而結果必釀得封建制度與資本制度妥協撮合的複影。 現在的反動勢力，或以自力，或借着外國帝國主義作後盾，還在極力把中國社會往後拉，——回嚮封建制度，況且地方政權的本身(軍閥)，依其天性，已經是畸形的封建制度的現象。　中國自己的工商業之發展，却在要求正軌的進步，要求自分而合，融匯全國經濟爲一體。　此處爲篇幅所限，不能詳盡分析，但請中國平民，處此進退顚逆兩潮流中，看清自己所處的地位，方能積極奮鬥。　否則，軍閥借重帝國主義姑不待言；經濟不能獨立的中國資產階級也要借重帝國主義，甚至於政治能力薄弱的平民，也想借重帝國主義，這才是『有奶便是娘呢』！

要知道，不論是整個的，是零碎的，是和平，是武力，——帝國主義的『野心』非吞滅中國淨盡不止。　其實他連這『野心』之心也沒有，世界政治經濟狀況逼迫他：使他不得不如此做，——帝國主義若沒有中國，便不能存在。　這是他的生死問題，可亦是中國的生死關頭呵！中國若是畸形的封建制度國家，則帝國主義格外容易零封鬻割；若是經濟潮流傾於統一，有利於列強財政資本的攫取，則帝國主義亦將助大資產階級與大軍閥攜手，或是武力統一，或是……反正不出他的範圍。　獨有積極的以自力消滅此封建制度，不但間接已與帝國主義一大打擊，而且也非此不足肅清『中央政府』，建立『平民的統一國家，平民的地方自治政體』。

請看：

一、湖南趙恒惕委託中交兩行，代向外商借債二百萬元，以地丁作抵，——好來養兵。

二、山東省議員王貢忱代日商冒牌承辦鹽田。

三、福建農民因軍隊拉夫，——行農奴時代之政策，持白旗請願於各國領事，要求收容，表示脫離中華民國國籍之願望。

四、浙江公民開大會反對議員受賄費，反遭政客走狗毆打。

五、江蘇省長勸派七百萬公債。

六、河南張福來違背約法，禁止京漢工人開總工會。

七、湖北蕭耀南任意屠殺京漢罷工工人，封閉工會。

八、直隸曹錕擅行拘捕京漢工會之職員代表。

九、吳佩孚開府洛陽，據國家鐵路，視爲私產，任意取携。

十、張作霖割佔東三省，儼然王國，甚至於外交人員都成張氏家臣。

這不過拉雜舉的例，其他各省，沒有一處不生這種『地方問題』，——難道是『省憲』『自治』所能解決？　此種目前現實的『地方問題』，關係於中國社會生活非常重要，不在中央的國會制憲理財等問題之下。　中央問題的解決，不足以解決地方問題。　地方問題的解決更不足以解決中央問題，——（如：中央財政既非鏟盡軍閥不得解決，省憲運動更無能力保障民權）。——原來現在所謂『中央』，實際本未存在，祇是各『地方』中最強者的稱號。　本來沒有合，有什麼可分！

單就上列各例而論，中國現存的制度，明明白白是一封建形式，——正要創造中央，以合經濟生活求統一的傾向，決不用倡導分治，停滯社會進化的機運。　平民的創造中央，自然應當從地方着手，然而必須一竿到底；否則限於自治，不但中央問題不能解決，自治始終不得穩固，而且至多弄得個宗法社會的同鄉主義，——在現代的中國是不可能的事。　軍閥假使得大資產階級與之妥協，便要妄想以武力統一，勢必造成皇帝制度，那時更無所謂民權；若是他暫時勢力微小，又要利用小資產階級的聯治運動，——甚至於盧永祥之冒充同鄉，——以鞏固他的割據的局面。　對於外國帝國主義者，必利於有軍閥的統一或聯治，決不願有平民的民權運動建成眞正的獨立國家。——所以他儘可以一面與吳佩孚吊膀子，一面暗助陳炯明，一面附和上海大資產階級的理財裁兵的空言，一面唆使蕭耀南於京漢罷工失敗後，盡行封閉湖北的各種工會，——尤其注意於與外國資本有關係的。　凡此一切，都因中國正在過渡時代，經濟組織還不免渙散，而平民勳運方在開始，力量很小，以至於放任軍閥及帝國主義橫行，—是地方政治的畸形的封建制度之惡現象。

「經濟區域所限，政治運動往往易於散漫，不是此起彼落不相呼應，就是祇顧中央忘了地方，或是祇顧地方忘了中央」。　現在各地方的問題如此迫急，中央的問題如此糾葛，看來混淆雜亂，好像各不相關，其實大謬不然。　軍閥制度自成其爲無系統的系統，—試看：鄭州封閉京漢總工會；漢口長辛店拘捕殘殺工人；津浦革除「不安分的」工會職員，以至於尋常苦力，任他流離失所；—接着上海就禁止商會的裁兵示威運動，商人因此縮脚，北京毒打學生；孫傳芳進閩，沈鴻英亂粵，楊森入川。　請問：何豐林不去，市民行動都不自由，裁什麼兵，理什麼財！　吳佩孚不誅，成都石室中閉門制憲的省自治騙什麼鬼！

「可見中央地方問題原是分不開的。　必須要痛痛快快的總解決。　不但是『必要』而已，而且已有開始的『可能』。　何以呢？　帝國主義已經滲入中國經濟生活，鐵道鑛山及汽機工業既集中資本，同時亦集中無產階級，都已到一定的程度」。　京漢路總工會有成立的需要，全國鐵路工會有成立的需要，鑛工海員亦是如此，以至於全國的勞工運動之統一；—不但勞動平民如此，近年資產階級，—商聯會等一切運動無不有由分而合的趨勢；就是新銀行團等外國大資本家聲言『中國不統一不借款』，也足以證明中國經濟生活政治生活中統一的需要。—（除非是投機式外交陰謀的政治借款，方肯冒險。）總之，中國現時地方政治的封建制度，—雖有萬惡軍閥帝國主義的一部分的挽留，—始終是留不住的了。　他們自己都漸漸的想着，—不過暫時勢均力敵互相爭長，眞命天子還沒有露面罷了。　此種陣勢祇有兩方決最後的一戰。　究竟是軍閥來統一，還是平民來統一？　軍閥統一是由封建變成郡縣的老文章，平民統一是由封建進於民治的大進步。中國的人民呵，請問你願意那一種？　由現勢進於統一，必經地方革命；若放任軍閥霸占地方或與之妥協「自治」，必不能進於平民的統一，并不能得眞正自治。　軍閥妥協的自治不過以地方爲其侵奪略取的根據，各求遂其武力統一的夢想；平民革命的自治方能互相聯合直取中央，以建立眞正的統一。　中國的人民呵，請問你要那一種？

最大多數的中國勞動平民，要求全國的聯合正是非常迫切，已到徹底以自力打破畸形的封建制度之時機！

孫中山氏是中國民主派的先鋒，屢次嘗着依賴武力革命的滋味，如今方覺悟平民羣衆之能力：—「平民有罷工罷市拒納租稅撤回代表之能力」。　全國商會也有過這樣的宣言。　可是等到京漢路工眞正實行罷工，并醞釀全國的鐵路罷工，那時却不見各方的援助，商會更嚇得自己聲言不敢「附和」。　勞工階級在智識上或者因爲替人家作牛馬沒功去求學，比資產階級的文化程度差些；然而他在「社會的意識」上，却比資產階級的政治覺悟高得多呢。　他不怕外國人說閒話，也不怕何豐林出告示，—以中國政治問題看作整個的看，要運動必是趨於統一的運動，現在雖還是其中的少數，不久便當普遍全國，—確是能適應中國經濟流動的趨勢。　資產階級呢，不但膽小如鼠，祇頗日前，或者倡導所謂「聯治」，得一個浙江湖南四川現在的好成績；甚至於上海的商界打個電報反對中央，北京的商人反看着國會府院發呆，各省公民代表受軍閥將買離間，旅外的同鄉又只持快郵代電主義，白白的教郵差費神。　這種解決中央問題，解決地方問題的方法，眞正笑死了人！若是不改這種謬誤觀念，永久不能脫離軍閥的壓制，那就祇有持白旗降服帝國主義了，唉！

「總之地方問題（南北問題亦在內），與中央問題（憲法問題亦在內），應當有一線的革命的解決方法；擁護平民自由的武裝革命與團結平民奮鬥的羣衆運動，應當同時並進互相爲用。　應當各就當時當地聯合各界以至於全國，組織平民羣衆一致反抗軍閥政客，肅清腐敗政治，響應南方革命，以直接行動積極鬥爭，自下而上一直湧向中央殲滅一切軍閥；然後才能自上而下以革命政府徹底解決全局，確立民權；然後才有憲可製，有財可理，有實業可振興，有教育可提高普及……」

這是中國經濟發展的動象中，顛覆封建制度，掘帝國主義的根，絕帝國主義的命，所當取的方法，所不得不取的方法。

The Guide weekly

嚮導週報

（中華郵務管理局特准掛號認為新聞紙類）

一九二三年五月九日

價定

零售每份銅元四枚郵費三分全年大洋一元三角半年大洋七角郵費在內

分售處

廣州丁卜圖書社
上海亞東圖書館
上海民智書局
上海公民書局
北京大學出版部
武昌時中書報合作社
太原晉華書社
長沙文化書社
濟南齊魯書社
南京樂天書社
成都華洋書報流通處
杭州古今圖書館

第二十四期

每星期三出版　發行通信處　北京大學第一院收發課轉劉伯青　廣州昌興新街二十八號三樓本社

時事短評

陳家軍及北洋派支配下之粵軍團結

獨秀

軍隊應該屬於國家，湘軍滇軍粵軍桂軍奉軍等名詞，已經很表現地方主義的色彩，不成其爲國家的軍隊了。等而下之，更有所謂龍濟光之濟字營，陸榮廷之榮字營，這明明白白是私人的軍隊，完全是部落酋長時代的把戲。陳炯明舊部之爲陳家軍，也是在事實上人人都知道的。陳炯明向來把持以陳家軍爲中心的粵軍，壟斷粵政，只知有廣東，不知有中國，這種部落酋長思想，是國家主義之大敵，是國民運動之障碍，這是我們所以反對他的最重要之點，別的事還在其次。他現在反抗中山先生之陰謀，仍舊利用地方主義煽惑粵軍；即使他這種陰謀能夠達到目的，除了使全國進步分子厭棄他這種部落酋長人物之感想增加強度以外，恐怕別無所得。第一，正在南北酣戰中，他不勸告粵軍一致對北，卻利用吳佩孚齊燮元之勢力金錢，來團結粵軍，謀襲南軍之後，此計果成，其結果必至引狼入室，明白大義的粵軍，未必盲從他的陰謀誘惑，爲他爭權位報私仇，以貽鄉土無窮之患。第二，即使中地方主義毒的粵軍一時爲其詭詞所惑，而陳炯明之部落酋長思想，將由廣東主義一縮而爲惠州主義，再縮而爲海陸豐主義，三縮而爲陳家軍主義，陳家軍勢力支配之粵軍團結，怎能不凶終隙末！

我們希望粵軍健者：以國家主義代替地方主義，以「團結革命軍」口號代替「團結粵軍」口號，無論何省軍隊工人農民學生，凡是爲國民革命而奮鬥的都團結在一個旗幟之下，合力打倒北洋派軍閥，建設統一的真正民國，那才是粵軍的真正光榮。若團結在北洋派雇用的陳家軍旗幟之下，豈不要受兩重奴辱！

楊森果爲統一而戰嗎？

獨秀

「國民的統一」，在內政上外交上及國民經濟上，都有急切的需要；但是「北洋正統的武力統一」，不但在理論上爲有害而無利，在事實上也是絕對的不可能；因爲軍閥階級自己不能統一，加之兵隊軍需輸送之困難，想用武力征服全國，真是做夢。

進一步觀察，所謂北洋派統一中國，也是吳佩孚欺騙北方武人的話；他曾對我一個朋友說：『什麼統一！就是我吳佩孚統一』，我們如聞其聲，如見其人！吳佩孚並未奉北京政府命令，竟私自助楊森打四川，袁祖銘圖貴州，孫傳芳到福建，陳炯明沈鴻英據廣東，不過雇用一班新式的胡大海，常遇春，爲他打江山罷了。

再進一步觀察，中國封建的勢力，已被新發展之地方的經濟勢力逼得瀕於滅亡，封建的道德紀綱因此已完全破壞，所以馮段不能始終服事袁世凱，曹張靳雲鵬不能始終服事段祺瑞，吳佩孚也自然不能始終服事曹錕，至於吳佩孚雇用的一班胡大海常遇春等，更不過一時利用吳佩孚之金錢聲勢各遂其割據之私圖，自始就沒有服事吳佩孚的心理，假使王承斌得了東三省，楊森得了四川，袁祖銘得了貴州，孫傳芳得了福建，陳炯明或是沈鴻英得了廣東，都會馬上變爲吳佩孚的敵人，吳佩孚想雇用這班新式的胡大海常遇春，來爲他打江山，也真是做夢。

楊森！誠實說罷！你如其說『爲中國統一而戰』，不如說『爲吳佩孚統一中國而戰』。更誠實些，還不如說『爲楊森統一四川而戰』。最誠實無欺，應該說『爲楊森割據四川而戰』。

全國人民應起來反抗英國帝國主義魚肉租界同胞的慘刑案

和森

上海自被外國侵略家宰制之後，居住租界的中國人民在國際帝國主義者直接統治和壓迫之下，不知受了多少冤屈多少恥辱。這些外國侵略家資本家及其鷹犬不僅役使中國人如牛馬，而且待遇中國人如牛馬，他們公園門邊常貼的是『華人與犬不得入內』，他們習慣不給黃包車夫相當的力錢，黃包車夫與之爭索，不被痛打即被扭入捕房大罰特罰，此外最黑暗最殘酷最欺詐並魚肉中國人民的，尤莫如他們的治外法權。慘無人道的樂志華案，就是此萬惡叢中僅發暴露之一案。

請看樂志華案，現在怎樣判決呢？兩個被告的西探——加布德與鮑爾慶已公然宣布無罪了！這個野蠻兇殘的慘刑案，雖經英國按察使陪審員及被告律師們使了無窮偏袒曲辯賄買的伎倆，但卒至不得不承認樂志華傷殘之係出於虹口巡捕房中；然而何以一面又宣布虹口巡捕房兩西探無罪呢？請看字林西報——英國帝國主義在華的機關報——所說的話：

『法庭已將加布德及鮑爾慶兩探捕被控之可怖罪名註銷，外人公衆聞當無一人不深感安慰者，尤以英人爲甚，蓋此等被控情節，關涉一切西方人之『威信』，假使成爲罪案，則決無一人不感覺吾人所自誇之『文明』已遭汚玷矣。』

原來違法註銷其鷹犬的罪案，用意是在洗刷英國『文明』的汚點及維持英國帝國主義在中國的『威信』的！所以字林西報接着說：

『陪審員不問本案之政治方面，洵屬正當，當此易起擾亂之時，牽涉政治，雖勢不能免，但此事不因勢不能免而可減少遺憾，堂上贊成甯波同鄉會之爲樂志華援助，當爲人人同具之心理，但該會許用其名義與煽動人心之傳單發生關係，堂上加以糾責，吾人亦應贊同，近來上海及中國他處，發生許多團體，如雨後春筍之怒茁，此等團體，發與傳單相同之言論，自在吾人意中，但不期位尊望重之甯波同鄉會而亦被其傳染，今已因此引起許多猜疑，吾人信該會將用其勢力以阻止任何不合的激昂舉動』。

英國帝國主義者利用他的治外法權曲庇其爪牙外，他們還要胆大的教訓中國人，教訓甯波同鄉會，不要對樂案鳴不平，但要『用其勢力』幫助英國維持其『威信』呢！

英國帝國主義者對於樂案用了兩個方法：第一是以三千元去賄買樂志華（見四月十九日樂供詞），教他不要戳穿英國的『文明』，可是被樂志華拒絕了；第二就是把罪過嫁到日探與華探的身上去。

據五月二日滬上各報消息，樂志華竟因英按察署宣告兩西探無罪乃改而控告日探，這不是中了英國帝國主義者的鬼計麼？

國人們，你們還視樂志華案為甯波同鄉的事嗎？甯波同鄉們，你們還信任樂志華案可靜待法律解決嗎？

義憤填胸的全國人民呀，應一律起來：

推翻魚肉租界人民的治外法權！

打倒英國帝國主義！

可憐的伸手派

獨秀

上海申報北京電云：不信任案眾院審查決退回，將付大會表決，此與伸手派有大利，若表決則無買賣。政客云，尚有一星期可做，國院俸七萬五為扶閣派議員搶去，擬再索薪，秘長云，只要總理無恙，薪俸決不爽約。

又電云：二十六日憲議流會，但大柵欄俱樂部發津貼，到者極多。

這種怪現象，許多人很以為異，其實毫不足異。原來國會議員不過是當時統治階級之代表，代表人民，本是一句騙人的話。任何國家之統治權，都握在一個階級手裡，這個統治階級決沒有讓別的階級代表組織國會的情理。此時統治中國的當然是封建的軍閥官僚階級，在他們統治下之國會，議員們當然是軍閥官僚的代表，這是毫無疑義。「民主政治」是資產階級起來向封建軍閥奪取政權之口號，中國的資產階級並未奪得政權，並未站在統治階級地位，國會裡怎能容得民主分子，也自然不會有民主政治的要求。現在統治中國的封建階級裡面，武的既然拿鎗搶大錢，文的只得伸手討小錢，本沒有什麼稀奇，拿鎗搶錢的誠然可惡，伸手討錢的也委實可憐，他們這種分贓的怪現象，本是軍閥官僚的政治中應有的文章，非經過民主革命，建立民主的國會，是不會改變的。

好個救國的妙計

獨秀

曹吳等反動的局面逐開展，他們去崩潰的日期趨近，在客觀上的觀察，誠然合理；然在主觀上以促成反動的行動為救國妙計，則未免荒謬絕天下之倫了！ 楊度肯公然厚着臉說：「我辦籌安會助袁世凱稱帝正是倒袁的手段」，如此說來，楊度不是帝制犯乃是民國功臣了；如此說來，端那剛毅載漪都是排滿巨子了；如此說來，嚴嵩魏忠賢客氏之義子乾兒，都是除惡鋤奸的義士了；這是什麼一種荒謬絕倫的邏輯！ 無恥下流何代沒有，所可痛心的是此時自命清流的教育界，也要和他們所攻擊的北園拜壽議員走到一條路上去，還要厚着臉公然說是救國妙計，廉恥道喪，天地晦冥，何一至於此！

北京政府之懲治工人條例

鵬萬

北方軍閥不惜為外國帝國主義之走狗，屠戮工人，已非一次！如唐山礦工及京漢工友已受軍閥一再橫殺，但工人之團結，仍日益堅，於是北京所謂『中央政府』仰承軍閥意志，令農商部擬一工人協會法案共五十條，除三數無關輕重外，其餘無一非置工人於死地者。試觀原案第八至第十三條，則其用心之險詐了然可見。

第八條工人協會選舉職員及議決事件應呈請該管地方行政官署，國有或公有事業之工人協會除依前規定呈報外，並須呈報主管機關。

此法案第五條所規定組織工會須呈請核准一條剝奪工人自由結社權；顯然與約法相違背。此條更規定工會每舉須報告官署，豈非寸步難移，法律上此條固絕無成立之理由，事實上亦難行。

第九條，該管官署認為必需要時得派員赴會訊查。

每事既須呈報又須查訊。工人尚有何自由可言？

第十條，未經該管官署核准而設工人協會者，除將該會解散外，處發起人以百元以下十元以上之罰金。

第十一條，依本法規定應行呈報而未呈報者，處以五十元以下五元以上的罰金。

工人血汗之資受資本家的軍閥官僚日夜敲詐已是不平。今設立工會復作他們的發財機會，真是怪事。「核准呈報」如此繁瑣，是故設法網「陷民於罪」。

第十二條，工人協會之議決有違反本法或其他法令情事，該管官署得命其撤消之，該工人協會對於該管官署撤消之命令，並不遵行者，該管官署得制止之

前者唐山京漢等處官僚及軍閥以強力壓制工人之行動，尚未有法律上的根據；今之規定，則軍閥官僚壓迫工人之權已公然受法律上承認了。如此則工人直同牛馬聽人鞭策，不准反抗，豈有此理？

第十三條，工人協會之議決或本於議決之行動有左列之一者，該管官署得命其解散：一，淆亂政治；二，妨害公安；三，危及國家社會者。

「何謂社會國家」？一切勞動者之數必占全國人口百分之八十以上，社會中一切事物皆工人所造成，故工人即是社會，即是國家，工人決不「妨害社會」；乃稱為社會之軍閥官僚資本家日日妨害工人，使食不得飽衣不得暖居不得安，乃真正「淆亂政治」真正「妨害公安」真正「危及公衆之生活者」。因此工人不得不以相當手段力求澄清政治，維持多數勞動公衆之生活，保障真正之公安，雖暫時妨害交通，亦所不惜。此法案純以軍閥為「國家社會」之主人，此為共和民主國所不容有。

我們認定這種「工人協會法案」，是變相的「懲治工人條例」。

商聯會仇日親美

贅予

路透社廿二日北京電：商會聯合會昨日通過議決案，請政府取消中日無綫電報合同，並促政府於克門案讓步，俾恢復中美友交。

商聯會這種仇日親美的主張，真是引虎拒狼！他們只知道凶暴露骨的日本帝國主義可惡可怕，而不知道陰柔詐偽的美國帝國主義更可怕。美國帝國主義慣使陰柔手段，籠絡吾國人民，吾國人民居然被他騙住，異口同聲的稱贊美國不侵畧！其實他的宣傳政策早已把中國人民麻醉了，大規模的經濟侵畧(如新銀行團)，和政治上無形隸屬中國的陰謀，早已佈置妥當只待「請君入甕」了。如商聯會的主張，真是引虎拒狼呀！

大借款之內幕

和森

當此奉直再戰呼聲正高的時候，吳佩孚兩川亂粵正着力的時候，北京政府與新銀行團間忽有四萬萬大借款的交涉，據四月廿一日北京電，劉恩源四月十七日在滙豐銀行所提出之借款內容大要如下：(一)名稱為整理內外債大借款，(二)款額四萬萬元，(三)担保品為關餘鹽餘煙酒稅三項全部，(四)利息週年一分二釐；(五)九五交款，(六)承借銀行為滙豐正金匯理麥加利四家銀行，(七)借款未償清以前，担保品交承借之銀行管理，(八)每月墊款二百萬元，(九)借款四萬萬元中，以三萬萬元償還外債，以一萬萬元充行政費之用，(十)期限以三十年還清。

這次大借款的內容是甚麼意義呢？上海商報說得對：「試觀民元至今，無論北京政府之作為如何違法如何卑劣，而一遇在野勢力起而抗持，則外交上之助力必左袒北京到底」。我們再看下列專電：

北京二十一日電，英使專車赴保晤曹錕；二十四日電，劉恩源由保回，頗高興，當備十萬磅支付單交滙豐，晚又與鄭某接洽墊款事；又電，顧維鈞以外長兼駐英大使名義，向新銀團斡旋墊款二千萬，備撥注軍費，議有把握，再就外長職。

原來牽線者不是別人，乃是英美帝國主義的走狗顧維鈞，借款者

不是別人，乃是楊森所謂代表華府會議統一中國之決議的曹吳，承借者不是別的團體，乃是久想共管中國財政永遠隸屬中國的新銀行團！

吳佩孚代表英美帝國主義執行統一中國的決議，張作霖代表日本帝國主義執行獨占滿蒙東三省的決議；上次奉直戰爭剛要結束時，英美公使提議借款給吳佩孚統一中國，立即遭了日本政府的反對，現在奉直戰爭又要再戰了，英美又要大借款給吳佩孚，所以也就免不掉日本的反對。據北京二十四日專電說：劉恩源向新銀行團進行之二千萬墊款，因日本反對，將打銷。

此外據商報所載，黎元洪派恐保派有錢進行最高問題，對於借款條件也不贊成。所以這次的大借款並不是一齣單簧戲呢。

吳佩孚與國民黨

孫鐸

中國現在最有力的軍人自然要算洛陽軍閥了。洛陽軍閥的力量並不是他的思想比別的軍閥高明一點；吳佩孚說不上有什麼自己的政治思想，對于中國國際的地位，和中國人民所以受苦的原因他更是不知道。但是無論那個留心國事的人都知道吳佩孚實際上能指揮北京政府，保曹威權的存在全靠吳佩孚的擁護。吳佩孚的力量到底在什麼地方呢？怎樣他能得着這樣大的勢力呢？他的強大而眞正的權力就是他專注於一件事業的堅強意志力。他不是一個政客，亦不是一個政治家。他自然是亦沒有什麼主義的，然而他有他的方法去得到宰制中國的勢力。他是一個狠好的組織家，他知道組織的重要。因爲他不是一個有近代思想的政治家，他沒有想到政治的組織，和政黨，他對于經濟發展的計劃，自然更是從來沒有用過心。他的組織力完全專注在軍事方面。他看見他的仇敵沒有一點組織和訓練，對于他實在是一個好的機會，于是他自己繼續不斷的用力訓練成一個少而精的軍隊。他不叫他的兵士和軍官到大城市裏面去，怕他們做賭博和他種壞事，忘掉他們的責務。他把他的軍隊與普通的中國社會分隔。他在中國的中心找着一個合意的地方，在那裏他可以照他的意思訓練他的軍隊，他把軍隊帶到一個容易掌管近代產業發達中心的地方，因此他的軍隊能得着經濟的來源。在這個中心他能出產比中國別處更多的軍事用品。他把農民和苦力招進營裏去速成高級的專門兵士，他是一個狠能吃苦做事的人，自己常常在兵士中檢查，不許他的手下人放棄責務，敗壞他的事業。他想教他的軍隊明白他們的責任。他極力發展他軍隊的勇武精神。他自編了戰歌，教他的兵士在整隊遊行的時候高唱。他對于他的兵士演說他們必須報日本人侵掠中國的仇。他用他全力造成強固而有訓練和有組織的少數軍隊，這個就是吳佩孚的眞正力量。他不願意犧牲他最精的兵去打河南土匪。當土匪鬧得不像樣了，與他的名譽不好聽了，他于是派別人的軍隊去打這些土匪，或者招撫這些土匪。當他要攻打各省使他們歸順他的時候，他只用那些傀儡去打，只幫助他們軍火和金錢，或是叫北京政府賞賜一個不值錢的官職，他所保留他的模範第三師總是不動，他和不重要的仇敵開戰，只利用別的武人的軍隊，留了他自己軍隊去打那北方和他有相等權力的武人！張作霖。他很明白奉張是和他有同等組織能力的，雖然奉張不能像他一樣能完全注意于軍事。

像吳佩孚的組織力對于造成一個有力的獨立的中國是能極有用的。他能夠！但是他不願意。他將爲中國國家和中國人民的大害。他祇能做一個袁世凱第二，想做武力專制魔王，暫時依附于曹錕旗幟之下，其實他打着他自己的旗幟。因爲兩種原故，他對于中國和中國人民是一個禍害，第一他沒有一點國民革命的思想，雖然他在他的軍隊中宣傳反對日本的宰制中國。我們記得袁世凱亦曾仇視日本，而因爲要借欵于日本來維持他的權力，遂不惜賣國與日本。當吳佩孚的走狗楊森進攻四川時，對人民宣言他是爲統一而戰，是爲實踐華盛頓會議的列強的要求而戰，華盛頓會議以吳佩孚爲能實行他們要求的人，所以楊森就這樣宣言說吳佩孚是代表華盛頓會議列强的；這個宣言完全表示吳佩孚是英美帝國主義的計畫實現之人。因爲吳佩孚不會加入中國革命的國民運動，他決計不能對于建設一個强大的獨立的中國有所供獻。一個不能脫離外國帝國主義勢力的武力專政，祇能使我們中國的情形比現在情形更壞。第二，吳佩孚是中國的一個大患，因爲武力是他的『智能』的終始。他不能和人民有一種友善的關係。他除掉沒收京漢路的進欵和强迫他的屬下督軍供給他經濟，沒有別種方法得着金錢供給他的軍事行動。他的金錢完全是用强迫人民的手段徵收來的。他否認人民有集會結社權。當工人爲增加自己地位而組織團體，吳佩孚極力去破壞這個新生的勢力，這種勢力對于中國的改造將有極大的供獻。吳佩孚現在這些行爲，已足證明他是一個比以前世界上一切的專制皇帝還專制的人物。京漢路慘殺的四十餘工人，林祥謙的梟首示衆，施洋同志的斬斃，都可以提醒中國人民要反對洛陽軍閥的專制。因爲吳佩孚有這樣大的武力和組織力！他更是中國人民最危險的仇敵。因此中國眞正的國民運動者，應該集中他們力量來打破這個想做中國專制皇帝的權力。他在今年二月七日犯了慘殺人民大罪之後，對于他無論用那種方法，在道德上都是允許的，我們應該無顧忌的用各種方法去掉他。

然而我們如果看輕我們這個仇敵的勢力，那就愚極了。我們倘若自己沒有一種眞正的勢力，我們不能够完成我們打倒他的責務。他的勢力之秘密就是他的組織力。我們首先要緊的責務就是成立一個全國國民革命份子之强有力的組織——一個眞正强有力的羣衆黨。我們現在首先的問題決不是如何建設一個政府，因爲我們知道當我們還沒有一個政黨的時候，這完全是一種夢想。我們祇用武力一種方法，我們決計不能打倒吳佩孚的武力專制。國民黨的注意太完全放在軍事上和放在政客談判秘密的計劃上。我們固然不能完全放棄軍事行動，但是我們如果沒有一個好的强固的黨，我們不能希望我們自己能有强固的武力。有了這個强固的黨，我們就可以造成我們自己的眞正武力——信奉主義的武力。並且有這個武力才可以制裁如陳炯明一類的軍官賣黨行爲，而同時才可以減低我們仇敵的武力。

中國國民黨要成功一個强大的黨，勢必要大大的注意于有力量的和有統系的宣傳事業，非特要在國民黨勢力範圍之下的各省，非特要在西南各省宣傳，因爲國民黨是中國國民黨而不是地方主義者。我們的思想一定要能使簡單的兵士和海軍水手明白。這樣做去，我們的將來才有希望。這樣做去，才能進到國民運動歷史的一個新時期。

讀者之聲

獨秀先生：——是不錯的，『民主革命的企圖中，必不容北洋軍閥有存在之餘地，有了北洋派，便沒有民國，此種順逆是非之大義，柄若列星』。現在我有一感想，應着對等會議與孫曹携手而生的，是『西南寒電與駐滬代表』。寒電說：『窺其（直系）用意，非吞齕西南摧殘民治不止。是則和平統一，祇爲片面之要求；强敵在前，果非文辭所能禦』。又『兵爲防守，不爲爭權；雖折衝靡湯，爲義興師，終不背和平之旨。』明明白白是對北洋派最後的通牒了。

可是，要知曹吳是狠，黎元洪是狽，前者食人飲血的獸慾已是達至百度以上，眞配稱『狠之王』了；後者誰敢認他不是狽呢？實在，若黎氏沒有曹吳的武力憑藉，同時若曹吳沒有黎氏的僞銜憑藉，雙方未必猖獗至於此極。

說黎爲軍閥傀儡，太縱容他了。爲着諂媚袁氏，他知道仇殺民黨，爲怕身以國殉，他知道解散國會，他何嘗是傀儡？我見陰險殘滑之小人，從未有如黎氏之甚者！

寒電和曹吳宣戰了，怎樣對黎？『討賊』這個名詞，恐怕要『勉爲其難』哩。因此，駐滬的四代表，我以爲實無存在之餘地了。

鄧漢瓊十二，四，二九，於南堤美華學院

賊滑的黎元洪，固然令人恨，也實可令人笑，你說他是狽與曹吳幷稱，却是過於高抬他了。『擒賊先擒王』，此時實際上『統亂』中國的是北洋軍閥，北洋軍閥之王是曹吳不是黎元洪，黎是曹吳的傀儡，放過使傀儡的人而專責傀儡，這是北京上海一班爲曹捧場的政客暗渡陳倉之妙計，章太炎所謂『僞作正言，陰爲曹吳謀者』，正指此輩，幸你勿爲他們這種僞作正言所誤。

獨秀

北京通信

現京盛傳直奉不日卽再戰，惟據我們推察：吳正有事於西南，此時必不願再與奉天開釁，在奉天上年戰創尚未大復，雖吳現局似甚可乘，利其多事而擊之，彼內部尚不整飭，似亦不宜急戰；雙方都有可敗的資格，故現在邊部雙方軍隊調動，似仍然在互增戒備，張如不先發動，戰事絕不至實現，也可信在最短期間內，奉天方面不至發動；我們預料這個戰事的開始，至少必在廣東局面稍可發展，或長江變動較不利於吳的時候。楊森佔領重慶，戰局轉換必不至如是迅速，恐消息有些欺人；人謂吳將使二十三師回防河南，開三師征蜀，此恐亦不確，現在奉天既有乘機再進關的心事，二十三師必不敢由直隸撤去。第三師係吳主力親軍，吳如不親自出馬，第三師必無獨去之理，若蜀局果不利於吳，吳須加派重要援軍，那恐直系地位又成一個新的局面，起了不利的變化，情形恐不容吳秀才還可從容圖蜀，更還可派他的親軍出馬。總之楊森無論勝敗，吳地位已不能費大力圖川了。

上海五艦的獨立，背後一定有大有力者的組織，其關係必不止單對孫傳芳，意在打擊直隸全部，或者會有一個大變動繼此而來？如我們的推察不錯，則我們可斷定：粵局最近必可有大的發展，奉天必提前開始第二次的直奉戰爭。國民黨要會利用這個新的局勢。

在北京城圈內官僚活動，大體很有利於曹錕。日來各派的倒閣，細分起來，全民社係保定嫡系，其倒閣係在破壞北京之『三角同盟』，促進最高問題的進行，此當然不容疑問；研究及民治之流，一面總在要自己組閣，他人上台他們總是反對，此次出頭倒閣，亦有幫助曹三的味道。據我所見，他們說『最好是推曹上台，造成更反動的一個局面，那時直系內部必分裂了，直奉必打仗來自殺了，中國便有希望了，』這是他們排出來的堂皇話，肚中實在還是『洪憲功臣』的心事。贊助這樣個『政策』的人很多，北京內有些小研究小外交系們也都稱這是『妙計』。努力幫助更反動局面的造成，這就是官僚及準官僚們救國的方法了！

學生運動最近忽生了一不好的現象，就是單嚷外交問題去了。其原因，是收回旅大運動起了之後，有些向未加入學聯的學校學生，願單爲了外交加入運動，有些是經了政府方面乁泡製的，想以外交問題來轉移各方不滿意政府的空氣，故造反的學聯頓覺應付不了，和平派因之乘勢主張目前只爭外交，來迎合對方的心理，雖決定仍是內政外交同攻並向，然注意和努力現在差不多全移在外交上去了；這不能不說是學生運動脫出正軌之危機。

四月十二日　君宇

第三國際婦女部告中國女學生書

中國女學生同志們！

中國的軍閥受了外國上司的命令，又正在摧殘中國革命的學生。種種殘暴的屠殺，使你們奮起反抗，力爭民主獨立，——此等困苦鬥爭的時候，我們對於你們極表同情，謹致熱忱贊助之意。

國際共產黨的世界婦女書記部——是女勞動界的唯一奮鬥機關，日方注意於中國平民和中國婦女解放運動。

我們很知道，你們的運動是處在極困苦的環境之中。中國軍閥，既受外國強暴者的賄買，又復自相仇視。十二年來弄得國內戰禍不止，平民國民受盡苦痛。

你們的鄉村，屢屢受軍閥兵匪的焚燒殺掠。你們農民饑寒困頓，買男鬻女，不得不逃入城市，男的做乞丐，苦力，洋車夫，女的到工廠妓館。

我們知道中國幾百萬男女工人怎樣的困苦，——受盡外國資本家的壓迫，外國資本家正趁着中國內亂拚命的剝削你們呢。

英法美日本訂了四國協定，要想吸收中國人的血汗。他們用金錢借給軍閥，使他們互相爭戰。他們的工廠就是我千萬男女工人的墳墓，——工人一面做工仍舊是受盡饑寒，受盡病痛。他們把富有天產的中國變到如此的窮困，幾百萬人民盡成了他們的奴隸。

『華人與狗不准入內』，——這是他們掛在你們『國內的外國公園』門上的告牌。他們還要用手杖趕着洋車夫走。他們把中國人不當人。中國婢女在外國人家裏還要羨慕太太心愛的狗呢。

雖然，受壓迫的中國裏革命運動却亦一天一天的發展，中國的男女學生及先進工人能做這革命的領袖，——這是我們看着有非常之大的希望的。

我們早已聽見你們對於山東問題的呼聲，聽見你們號召勞苦羣衆抵制華盛頓會議，與凡爾塞和會，聽見你們號召他們起來反抗慾壑難填的外國帝國主義，聽見你們號召他們起來爭中國的自由獨立。我們已經看見你們在最近一次鐵路工人奮起的時候，會經積極地參加援助，——可恨賣國賊軍閥竟任意殺戮，祇願了討英法等國倂國主義者的貢獻。

軍閥及外國資本家非常之恨你們，下令禁止你們的宣傳，槍斃你們的工人先驅，逼走你們敬仰的大學校長，洋文報紙上亂道你們的謠言，——凡此種種，更足以證明你們對於革命運動有一定的價值，對於國內的反動派及國外壓迫者有一定的可怕的意義。我們知道，現在中國學生界是民族革命運動及勞工運動的大動力，——最近已有極激昂的罷工運動將來必定掃除外國帝國主義的霸占局面。然而此等在在開始的鬥爭，若是沒有女勞動界的參預，是不能得完全的勝利的。

女勞動者無組織無覺悟，容易受人欺騙，一到緊急關頭他們或是竟不能加入門爭，——同來反抗壓迫者。所以中國之革命的女學生負有極大的責任，——就是應當竭力援引幾百萬女工羣衆，使加入有組織的門爭，反對外國資本家，與帝國主義者。

你們在此種運動上已有經驗，因爲你們已有婦女的愛國團體。然而幾千萬的女人們還沒組織，還沒覺悟，並且非常之窘迫窮困。應當在他們之中多用功夫。應當教他們和中國無產階級的門爭結密切的關係，并解說給他們聽：男女工人及革命學生界在目前的利益是相同的，祇有勞動界戰勝外國強暴者之後，中國受剝削的女子方能得到解放。

俄國大革命之經驗，俄國女工農婦反對資本國家陰謀干涉的門爭以及俄國勞動界全體，已經證明：祇有無產階級專政下婦女方有眞正的自由，眞正的平權，而不僅是紙上的空談。

你們，中國女界之花，女學生革命家，實有極重大的責任，就是做中國女工的前導者，努力奮鬥，經由民族的獨立以達到自己的解放。

請領導婦女的民衆勇猛進行以達到革命之最終的勝利。

你們有你們的權利，你們有全世界女勞動界援助。

中國被壓迫人民解放運動萬歲！

中國女勞動者：——中國解放運動中之健將，萬歲！

中國革命的女學生，——女工羣衆的良友，萬歲。

國際共產黨世界婦女書記部東方科

The Guide weekly

嚮導週報

（中華郵務管理局特准掛號認為新聞紙類）

十二年五月十六日

價定

零售每份銅元四枚 郵費一分全年大洋一元三角半年大洋七角郵費在內

分售處

廣州丁卜圖書社 上海亞東圖書館 上海民智書局 上海公民書局 北京大學出版部 武昌時中書報合作社 太原晉華書社 長沙文化書社 濟南齊魯書社 南京樂天書社 成都華洋書報流通處 杭州古今圖書館

第二十五期

每星期三出版 發行通信處 北京大學第一院收發課轉劉伯青 廣州昌興新街二十八號三樓本社

中國一週

閩贛局勢之新發展

獨秀

奉張段盧孫傳芳臧致平王永泉薩鎮冰劉冠雄王占元等，聯合倒吳運動，醞釀已久，行將見諸事實，最近各派代表在厦門開聯席大會，會議結果如下：(一)各派共同出兵倒吳；(二)盧小嘉為聯防辦事處主任；(三)以福建總司令畀孫傳芳；(四)抽調駐閩各軍先出江西；(五)援贛軍以李協和臧致平為聯軍正副指揮；(六)改編艦隊以便收復長江。

在此消息中，我們應該有兩個極明白的觀念：(一)孫傳芳居然加入這個，即以證實吳佩孚的武力統一是做夢，吳佩孚想雇用一班胡大海常遇春替他打江山也是做夢；(二)此次聯合倒吳佩孚運動，純然是兩派反動舊北洋軍閥爭奪地位，別無他項意義，在此爭奪中，自然予民主革命發展的機會，然亦僅僅是民主革命發展的機會，他們爭奪本身的性質，和民主革命却是風馬牛不相及，陳炯明聯吳是認賊做父，我們對於這班倒吳派也斷然不可認做賊子！

段派之活動

獨秀

段祺瑞雖隱居天津，山東浙江兩省都還有他的軍事勢力。 奉直形勢緊急，上海海軍獨立，粵中民黨勝利，這三件事都是給段派復活的新刺激，他們北由奉天南到福建這一條線路的活動，已是彰明較著的了，他們想佔據津浦路，與直系佔據京漢路對抗，顯然是直系的敵國。 曹吳禍國亂政，自然是全國所痛憤，但若由段派的勢力打倒曹吳，其政治上的反動現象，豈能減於今日？ 安福部過去的罪惡：如親日賣國，濫用賣國金錢，用兵西南，殘民以逞，賄賂公行，權傾一世，使國民敢怒而不敢言，這都是國民所永不能忘的；他現在的罪惡：如盧永祥何豐林等壓迫人民出版集會結社之自由，和曹吳是一個鼻孔出氣；他們將來的罪惡：如徐樹錚吳光新陳宦曲同豐朱深姚震王揖唐段芝貴這班人的腐敗橫暴，我們可以預想而知。 段派安福部是中國極腐舊而橫暴的軍閥官僚之結晶；段派背後是日本，和吳佩孚背後是英美一樣，表面雖是皖與直之爭，裏面實是日本與英美之爭；國人若希望他們打倒吳佩孚，比以前希望吳佩孚打倒段派安福部，是同樣的荒謬！

吳佩孚與康有為

獨秀

康有為好似醜妓從良，又復見棄，老而不安於室，萬分無奈，只得看重了衆人共棄的吳秀才；吳秀才近因放縱無行，鄉黨自好之士，都不屑和他往來，也自然只得垂青於康氏了；他們這種天然的撮合，本來不足為奇。但是我們所注意的是：(一)康氏為吳秀才拜壽時，適與清帝代表同至；(二)康氏公然以中興輔弼勸誘吳秀才；(三)康氏與吳秀才晤談祕室，至於涕淚俱下；以如此情狀推之，吳秀才揚言張作霖要復辟，還是惡言出於仇口，倒是吳秀才自己或者要做張勳第二！

華洋人血肉價值的貴賤

獨秀

我老說洋人血肉的價值比華人的血肉要貴些，大家不說我媚外，便說我瘋癲；可是現在中國新聞記者大都分都以為洋人的血肉比華人的血肉重得多！

歐美日本人殺傷華人侮辱華人事件，幾乎無日無之，無恥下流媚外的中國新聞記者可曾注意？　英國人日本人勾結蕭耀南殺死四十多工人，無恥下流媚外的中國新聞記者可曾注意？　樂志華無辜被英日包探打得血肉橫飛，英官公然宣告兇手無罪，無恥下流媚外的中國新聞記者可曾注意？　現在山東土匪擄去二十幾個洋人，算得什麼大事，無恥下流媚外的中國新聞記者便大驚小怪，連篇累牘，說個不休，你們是什麼一種心理！　連年軍閥殺人無算，這姑且不說，土匪擄人勒贖，南北各省是常見不鮮的事，從來不曾因此懲罰地方官，獨偶然小小觸犯了洋祖宗，連地方最高級的文武長官都要受處分，為什麼獨有洋祖宗這樣聖神不可侵犯。　北京政府如此儒弱昏聵，真是中國民族的奇恥大辱！　此次被擄的人，華人一百餘，洋人不過二十餘，無恥下流媚外的中國新聞記者獨注意被擄的洋祖宗，是不是主張土匪只可擄華人不應該擄洋人？　土匪擄人不分華洋，却毫無媚外的心理，無恥下流媚外的中國新聞記者說此事是國恥，我敢說只有你們這樣媚外真是國恥，比別的一切國恥都厲害，這班無恥下流媚外的新聞記者，實在比土匪還不如。　一班洋商洋律師在中國欺嚇敲詐，無惡不作，現在受點小小委曲，還算是很輕的報復，重的報復還在後來；他們在中國搜刮了堆積如山的金錢，使中國人窮而為匪，可憐無用的土匪們只知道分潤這一點，還算是小小的光復，全部的光復還在後來。

我更要正告一班無恥下流媚外的中國新聞記者：帝國主義的英美法日意等國，一向立意要宰割中國，做他們永遠的殖民地，因為他們非此不能生存，華盛頓會議不過稍稍抑制日本獨占中國之野心，他們共同侵略中國之色彩更加濃厚；我們在最近的將來，若不能實現有力的國民革命，無論無恥下流媚外的人們如何長跪哀求，決無倖免之理。　歐美日本各國若藉口區區土匪擄人問題來實行軍事的自由行動，決不能使我們格外恐怖，因為歐美日本在華海陸兩方面軍事的自由行動，已不自今日始，而且他們和平的經濟侵略比軍事侵略使我們更加恐怖。

英國人想藉土匪擄人問題遮掩樂志華寃案，日本人想藉此遮掩旅大問題，他們這種卑劣手段，只能欺騙一班無恥下流媚外的中國新聞記者，決不能夠欺騙良心上還知道華人的血肉和洋人的血肉有同等價值的人們！

國民黨與交通安福

獨秀

國民黨唯一的使命，是用革命的手段，實現民主政治。　辛亥革命，第一目的是掃蕩清室的惡濁政治，為掃蕩惡濁政治，不得不推倒清室統治權，這還是第二目的。　清室倒後，北洋軍閥袁段等繼承清室的統治權，輔以交通系安福部等蠹國亂政的妖孽，政治之惡濁更甚於前清，所以是國民黨不得不繼續革命，以求政治之清明；也正因有此志此心，雖革命戰禍再延長數年數十年，國人也應該諒解。

國民黨欲以革命手段達到政治清明的目的，必當重視全國革命分子，建設勢力於傾向革命的民衆之上，不得重視官僚分子，建設勢力於釀國亂政的官僚之上，如此明白無疑的邏輯，簡直和二加三等於五是一樣。

辛亥革命後，黃克強引用黃芝祥沈秉坤等一類官僚，頗輕視革命黨人，其結果如何？ 交通系安福部一班妖孽，力助袁段爲虐，民國以來政亂財潰，正壞在這班人手裏，這班人若能使政治清明，辛亥革命後國民黨便不必繼續革命了，國民黨若引用這班人，便是根本的自殺！

眞心忠愛國民黨的人們，應該一面消極的洗刷釀國亂政的官僚，一面積極的造成擁有全國大羣衆的革命黨，才不至爲親者所痛仇者所快！

吳佩孚爪牙閻錫山第二—楊森

獨秀

我們以前只知道楊森是國賊吳佩孚的爪牙，現在可在他對於四川父老宣言中，知道他並且是閻錫山第二。 閻錫山第一的欺世用民政治，已令人銜恨刺骨，現在又有一個閻錫山第二！

楊森宣言中所說治川的方法，其中謬誤之點，此時當然沒有討論的必要，而且總算他說出一點方法，但是這種欺世盜名的鬼話，我們對於陳烱明的爲人已經得着經驗了。

在他的宣言中，我們應該注意兩點：（一）他說，『我們至少要做到像閻錫山之在山西』。 他這樣辛辛苦苦打回四川，辛辛苦苦做一篇皇皇大文想勸四川人歸降他來統一四川，好讓他倣行閻錫山的欺世用民政治，所以他公然說，『以後，我在前台唱戲，所望的，就是要你們在後台打鑼鼓，合着我的板眼！』（二）是他說：『吳子玉將軍決不貪佔我們四川的土地，這次，一是吳將軍本於素來的旨趣，想把四川弄好，好做別省的模範。』他又說，『而且能信仰吳將軍是怎樣熱心爲我們四川謀幸福了』！ 此時中國最反動的軍閥吳佩孚如何縱兵慘殺工人，如何主張封禁全國工會，如何責罵蔡子民使北京政府敢於蹂躪教育界，這些都不須說，我只回答楊森道：吳佩孚叫蕭耀南督湖北，搜刮得湖北民窮財盡，這也是決不貪佔湖北的土地，也是本於素來的旨趣，想把湖北弄好，好做別省的模範，也是爲湖北謀幸福；吳佩孚助沈鴻英圖廣東，派孫傳芳到福建，想必都是同樣的旨趣。

可惜孫傳芳沈鴻英不像楊森這樣會做文章爲吳將軍宣傳，不然福建人廣東人都會感戴吳將軍的德意；更可惜沈鴻英不會打戰，不然他督理廣東，又可使中國多一個模範省。

楊森若以四川民衆的勢力，打倒熊但等武人政治，我們便應該贊成；但是他現在假借最反動的軍閥勢力，打回四川，有造成四川爲第二湖北的危險，無論他如何大言欺世，無論我們如何原諒他，也只好說一聲『鄉本佳人，可惜從賊』！

三千萬墊款與英美之陰謀

和森

本月三日，上海各報登載三千萬墊款之由來：

『三千萬墊款問題，實出英人方面之計畫，其作用約有四點：（一）現時銀團對於鹽餘祇有保管權，而無處分權，英國欲攫取鹽餘之處分權，故乘此墊款機會，要求以鹽餘爲第一担保品（查現在鹽餘每月約在三百萬元以上、六百萬元以下，皆指定爲政費），鹽餘既爲第一擔保品，則爲求確實保障起見，對於鹽務之監督保管，自不能不有更進一步之要求，於是有裁撤鹽務稽核所權限之條件，並聞現時各省鹽運使所管轄之緝私隊，以後亦歸稽核所管理，此事如果實行，則鹽務變爲各國共管之局，（二）英國久欲掌握我國內外債權，唯內債問題因與外國無干，故向無容喙餘地，現在鹽餘既作爲第一担保品，而關餘（二五附加稅）又爲第二担保品，是內債基金根本動搖，則將來如欲劃定內債基金　勢不能不與銀團磋商，而內外債基金，於無形之中便可合而爲一，將來英國及其他各國對於內債問題，亦有發言之權，且將來丟定內債基金時，縱使能加我國銀行團，而還本付息之事，債權者爲求債權穩固起見，勢必盡向外國銀行支取，而外國銀行又以滙豐爲領袖，則滙豐自變成獨當其衝，操縱內債之實權，盡在其掌中矣，（三）英國深知我國現時政狀大借欵不易成立，於是乃自創出墊欵名目，款額較少，此事若可成功，則將來儘可根據此項墊款，共締結四萬萬大借欵，萬一不成，而此項墊欵，已攫得今日中國政府可以自由處分之鹽餘關餘，足制其死命而有餘，外人共管財政之局，當然卽可實現，（四）新銀團自成立以來，因條件大苛，國人反對，迄無活動，近則故意以各銀行出名承借，而所承之銀行又盡屬銀團分子，間接使中國政府陷於不能不承認之境遇，對外揚言係各銀行承借，而裏面仍爲團體的行動，借款既成功，則國民縱極反對，而亦無可奈何矣，此爲英國欣然承借之原因也。」

同日又登載某議員關於三千萬墊欵之談話：

「余於前日（二十八日）下午二句鐘，訪吳藻伯議長於其私宅，吳告余云，公來甚巧，余適有一要事，正思與公等三五同志共同討論，因余於早間往謁黃陂，黃陂告余云，據內閣報告，現與各國公使磋商一筆墊款，爲數三千萬，此事已將成功，大約明日可簽字，余（吳自稱）問黃陂此事要否提交國會，黃陂云不知，又詢墊款與於借款，借款內容究竟如何，黃陂又云不知，所知者日本公使，頗持反對態度，以爲直奉戰機已迫，此時借款中國，不免助長其內亂之嫌，嗣經英國公使親赴保定，詢曹三爺直奉是否再戰，曹對英使表示極堅決之語，謂無論如何，吾必不先向奉天挑戰，英使卽據以告日使，日使遂亦贊成，使團中某某二使均極願此事之成功，自日使諒解後，交民巷遂完全通過，現各公使正在電告其本國政府，回電一到，卽可簽字云云，此黃陂告余之言也。」

五日，又登載英美法日間意見之不一致：

劉恩源楊壽枏張饒仁彭解洪鑄所奔走中之三千萬元墊款，據昨日所聞，已成絕望，此次英國毅然承受，其內幕之四大陰謀，業經揭破。　英國現時金融本極緊迫，似無餘力担任此項借款，聞其背後實有美國許爲代墊，故敢承認。　美國亟欲投資中國，已非一日，史蒂芬來京兩年，一無所成，美資本團所費已屬不貲，是以今茲中國有此提議，美亦欣然來就。　唯英美之間，尚有意見相異之點，美欲先商定五萬萬元，（或四萬萬圓）大借款後，再交三千萬元墊欵，英則先主墊三千萬元，俟墊款期滿，再議大借款。　美恐中國政局變化無定，墊款到手，大借款未必卽能成功，英則以墊款既成，屆時無論何人當局，在勢萬不能不續商大借款，是兩國注重大借款之點雖同，而觀察則大異。　至法國方面，則因本國經濟力，不足担任借款，唯爲維持在華勢力起見，如各國果行承借，則法爲銀團一分子，不能自居圈外。　日本因西原借款，北庭延不整理，近見財部窮窘萬狀，若非先得三千萬元之墊款，則張閣殊難維持，故乘機要脅，以整理西原借款爲唯一條件。但尚有一層顧慮，卽此次借款係以英國爲中心，如果成立，英必操全權，於日亦為不利，故猶躊躇未決。」

我們看了以上三節新聞，對於英美帝國主義的對華陰謀自可充分明白。只緣奉張的後台老板—日本以「直奉戰機已迫……助長中國內亂」的理由出頭反對，於是英美，乃連日宣傳須待北政府及直系領袖申明不戰才得協商進行。由此就產出曹吳申明不戰的通電，俾英美得此「保證」有以搪塞日本之反對，有以掩飾中國人之耳目，而完成大借疑之陰謀。英美法三國公使先後赴保接洽，爲的是什麼？然而他們還要大吹特吹：「決不借款助長中國內亂」；現在直奉既皆申明不再戰，所以可以借款給中國了這就是英美帝國主義者欺騙中國人的邏輯！

香港政府與粵亂

振宇

上月二十八日，申報北京專電；洛訊，海軍北歸，第一步需赴港修理，港督默允可入港塢，但英商慮得罪中山，以海員罷工抵制故，請沙面領事徵孫同意，孫答反對修理，有五艦將自動赴港入塢，因艦底生銹，不修即僨，聞吳擬再向英使商量。又三十日北京專電；洛吳電慰沈鴻英，只須韶關與贛南確實連絡，進退不成問題，勿急切入省爲要，競予隱靑，足以遮斷許軍入省，外交方面，此間已佈置，港援已絕，計劃遲早必成。由此可看出吳佩孚與英國帝國主義的勾結，更可看出自稱改持親善態度的香港政府對於國民黨領袖孫中山的「幫助」！

世界一週

英國海軍工程案

和森

路透社五月一日倫敦電：海軍部國會秘書孟塞爾氏今日在下院提出海軍工程請予票決案，謂英國現既採一權標準之制，故今後尤須能迅調英艦駛往世界任何部份。海軍部擬在馬爾太，阿典，錫蘭，仙光，新加坡添置油池。此路極關重要，非至準備完善時，英國不能保障殖民地之安寧，或充分保護英在東方之利益。孟塞爾氏繼陳述新加坡築軍港辦法，工黨某議員問曰，防誰乎？答稱並非防人，但不過保險耳。此項計畫，國防委員會既主張於先，前內閣與現內閣亦皆贊成於後，而殖民地又催辦甚力。華會公約不包括香港之發展在內，故此工程尤屬必要。英國在遠東領土，目前未有可容一主力艦之船塢。所需建築經費，已減去一百五十萬磅，而爲九百五十萬磅，大約分十年撥用，深望甚有直接關係之殖民地可通力合作云。

工黨海氏反對此計畫，謂全部問題爲英國是否在新加坡設防禦工程以制美國或日本，遠東人民恐將視此舉爲直接挑釁舉動，日本人尤將有此感想云。自由黨蘭白特氏提議不投票以示反對，並依據國際聯盟會章第八條，質問政府曾否商諸日本，如未則蔑視聯盟。又謂此軍港與殖民地甚有關係，政府曾商諸澳洲乎？孟塞爾答曰，商諸澳洲，已得同意。蘭白特氏繼謂何不稍待至帝國會議之後，蓋此軍港不僅費二千萬磅，且須駐重兵以守之，費巨款於新加坡，而置帝國中心之倫敦於不顧，無以防天空之攻擊，不亦妄乎？自由黨愛士葵稱，此計畫在軍略上與財政上，大宜審慎，雖不違背華會公約，但須在道德與精神方面，特考慮之，孰能決定十年之後今日軍艦尙爲海戰中分決勝負之要素乎？從前無遠處之軍港，未嘗不能保護海外商業，今何不仍舊貫乎？與此費巨而無確實把握，且多危險之工程，實非善要云。自由黨貝萊爾斯氏辯稱，國際聯盟會章第八條之目的，僅欲防甲國向乙國秘密備兵，今新加坡之工程並非秘密，且此問題曾在華會詳言之，華會固深知英國可在新加坡築軍事根據地也。　日本所最注意者，在軍港設立地點，不應密近日本，所應討論者，惟此而已。商業中心今已移至太平洋，英國苟無大軍港，則不能維持其遠東艦隊。

新加坡將來或可爲美國所利用，以保衛非列濱羣島，此乃一種弭戰之善具。　吾人非謂英國或美國擬與日本興戎，但日本穩健派能否久握政權，而不爲軍閥所代有，則非英人所能知，如英國將來欲保衛澳洲，則非在遠東有主力艦與船塢不爲功，新加坡處於帝國之中央，勝於朴資茅之船塢云云。　海軍大臣愛梅立氏起稱，華會明白了解新加坡不在公約範圍之內，英國既無危及日本之意，亦無慮及將來日本與或他國邦交決裂之念。　此後十年或五十年內軍港與主力艦斷不至過成廢物，蓋海軍專家無一不謂戰艦在可預料之長久時期內，仍不失爲戰中之主力也。　愛梅立又稱，政府擬在新加坡築一修艦駐艦之根據地，可容最大最新之主力艦，凡各工場及軍藥庫等，當然設備完善。

至於駐防一層，現有兵力或須加增，或無需偉大陸軍或航空軍，因他國大軍未必能於海軍來援以前，遽即登陸也。　不投票之動議，卒以二五三票對九四否決之，此案遂成立。

英國帝國主義者何以要在新加坡設軍港？　爲的是要保障『在遠東的領土』和『香港之發展』；從『新加坡至香港』，全憑他海軍的優勢來制遠東民族的死命：固然日本帝國主義將遭他的打擊，而宰割鯨吞的目的物便是中國。　英美協力霸占遠東宰割中國之局勢，是在上次華盛頓會議確定的，故英國帝國主義者在下院再三申明華會明白了解新加坡與香港不在公約範圍之內。　上幾月美國撤回大西洋艦隊與太平洋艦隊合併而集中於太平洋（見本報十六期）未曾遭英國的反對，自然這次英國要在新加坡建軍港，也不會遭美國的反對。　英美協同東侵的步驟來得這樣兇猛，這樣可怕，不僅給感覺敏銳的日本帝國主義者一大驚駭，全中國人民與日本工農羣衆的覺悟分子也要感受一種可怕的驚駭。

美國帝國主義者用門戶開放政策打破了以前『英日霸占中國』的局勢—即英日同盟，同時按照美國的計劃，完成了『英美霸占中國』的局勢。　新銀行團之組成，北京政權之歸於直系軍閥，外交系之得勢，親美空氣之濃厚，都是這種局勢的表現。

所以中國獨立奮鬥之第一步當用適合於民族獨立的外交政策，打破英美在華的霸占局勢；第二步當用民族革命手段，完全推翻一切外國帝國主義在華的掠奪權利。　在第一步，自然應當儘先聯合全世界反帝國主義的領袖勞農俄國；然後以中俄聯合爲中心，在一定程度內，聯及德國，或那被迫而自稱『改變對華態度』的日本，縱然日本帝國主義始終是我們主要的仇敵之一個，但我們應當利用這個醜態畢露他日不能在華發生無形權力的仇敵與那兩個假仁假義的仇敵之間的衝突，儘可能搖動英美在華之霸占局勢力；不過這種政策，惟有首先與勞農俄國密切的結合後，才能有效而無害。　孫中山先生以前也曾說過這種中俄德日四國同盟的政策，但他有一點重大的錯誤，就在重視日德而視蘇俄不過爲通德之樞紐，這樣便要喪失這種政策的眞正價值與功效，自他與越飛在滬接洽之後，似乎這種錯誤已改正了。

故我們要積極的準備干涉下次帝國主義的大屠殺與中國民族的解放，惟有早日聯合蘇俄。

第二次的世界戰爭

孫鐸

本星期香港英報紙載澳洲的輿論對於英政府在新加坡建築一個新海軍港之決定頗爲滿意。　其目的在保護大英帝國在太平洋的利益。

我們須注意這個新聞，並須明白他的重要。我們大家以爲上次世界大戰應當是武力解決國際糾紛的末一次，但是我們大家都知道世界又將投入一個比前更利害的新戰爭。各帝國主義的國家爲討論和平曾開過許多次會議，曾組織過國際聯盟，這個國際聯盟照美國前任總統威爾遜的意想是要成爲英美管理全世界的機關，但是後來變爲英法帝國主義衝突的場合。王寵惠離廣州赴海牙接任國際法院裁判職時，宣言這個機關是一個最好的世界和平之保障，這種話不過是王氏用作粉飾他出國的口實，其實他應該在中國幫助國民黨造成一個強固獨立的中國，這個國際法院和國際聯盟一樣沒有什麼價值。

華盛頓會議大家知道是爲了太平洋沿岸各國的事情而開的。在這次會議上承認了大戰艦的限制。但是自從那時起，所有承受華盛頓協約的各國都積極預備未來的戰爭。法國因爲他飛機發達和注意於潛艇，使英國震恐。英國把這個作爲驚人的和法國競爭之有力的宣傳。所以在英國的上議院議決，審查『前次大戰後十年之內不會再有大戰。』這個意見是否仍舊不錯？美國大戰以來成爲一個純粹的帝國主義國，有組織的宣傳傳愛國主義，把海軍集中於太平洋以保護他大戰中所獲得的經濟地位。星加坡設立海軍港，日本一定知道侵犯日本的利益，是太平洋未來大禍的又一個警報。 未來的大禍將如狂風暴雨而來。

勝利的各國資產階級之衝突，就是在太平洋沿岸殖民地或半殖民地經濟利益的衝突，尤是其他們在中國的衝突。在這戰爭之中，中國的地位將如何呢？是否我國人民消極的等他來，或者我們可以積極的干預。我們就是不能阻止這戰爭，亦至少不至如我們在凡爾賽和會受同樣的魚肉？似乎看起來，我們勢將爲列強的捕獲物了，但這決不是我們所情願的地位，如果我們明白我們的責任，把國內各種人民的勢力聯合起來，以抵禦帝國主義的各國，我們一定能有我們自己的力量。我們要使我們能這樣成功，我們須把我們的全力去發展國民黨。國民黨亦須抓住民衆，成功一個民衆黨，站在指導民衆地位，然後才能建設一個脫離列強羈絆之獨立的中國政府。國民黨又須使中國人民明白有和蘇俄合作的必要，因爲蘇俄是始終爲反對侵略的資本主義國之宰割世界而戰的。

日俄談判

和森

自蘇俄紅軍掃蕩國際帝國主義者所扶植的反革命軍—白黨餘孽並克復海參威後，日本對俄政策又起變化。變化的原因不外經濟的與政治的兩種。通商與解決濱海省之漁權問題，關係日本經濟最巨。日本駐兵北薩哈連(即北庫頁島)不但曠日持久毫無結果，而且蘇俄已擬將全島石油租給美孚油公司並擬將全島讓與美資本家開採，日本業已窮於應付；此外日本爲對抗美國在遠東之形勢計，自然要謀聯合蘇俄，如英國聯俄德以抗法國的計劃一樣。 因此日本政府和資產階級便授意後籐子爵邀請越飛東遊。四月二十日日政府議決委託後籐與越飛非正式談判，二十四日閣議討論後籐轉達越飛所述之蘇俄政府意見，並決定開始交涉。 越飛所提意見大要如下：(一)北薩哈連日本駐兵無條件撤退，(二)莫斯科政府對於廟街事件之責任以及賠償等事，無論任何要求皆不能應諾，須日本自行放棄一切要求，(三)莫斯科政府對於正式承認一事不堅持其要求，(四)日俄兩國互相派遣使節，正式作爲外交官，并以正式外交官待遇之。除上列之外，關於北薩哈連地方之日本既得權問題，俄國亦曾表明相當之意見，日本政府對於撤兵一事似可容納，惟於廟街事件之解決，因從前曾聲明須俄國正式政府成立以後，所以此時還是忸怩後藤子爵對於此點亦曾再三質問政府，詢其能否放棄責任及賠償之要求，並詢其能否與承認問題分離辦理。二十四日後藤子爵往陽河原訪問加藤總理，探取切實意見後，同日下午即赴熱海訪越飛，越飛當即對後藤子爵提出個人意見多端，而對於日本政府之正式意見，則言明須請示本國政府後，再行正式提出交涉。後藤子爵即日復返東京將事此日報告日府，並於二十六日再赴熱海，與越飛為第二次之接洽。因此外間遂認日俄第三次會議即將開幕，自然要惹起英美帝國主義者特別的猜疑。下列新聞，尤足使英美坐臥不甯。

二十九日東京電，聞俄日談判之主要點，乃在濱海省之漁權，日本商人極注意此事，西比利亞政府非俟日本提出含有承認蘇俄政府之建議，不允日人享有此權，五月間若無調停辦法使日人得享此權，則日本將受財政上重大損失，聞越飛現擬大讓步，使日本以一種方法承認蘇俄，後藤子爵亦頗贊成此法，俄日談判現以後藤為中心點，保守黨人員現反對承認，謂時期尚未到，消息靈通之官員數人，甚至以為此種謀俄日親善之企圖，已成政局危險之事端，路透訪員謁見其他消息靈通之官員，據謂後藤圖冒險試其將來政治之野心，使俄日兩國成「新四國協商」之中心，惟日本最有勢力之各界已決計反對之，保守黨公然宣稱後藤已不能定談判之基礎，然外間仍謠傳如莫斯科能以租借或出售使日本無限期享有薩哈連之權利，則日本或將為利所動，較前善視蘇俄政府云。

英美所怕的在那裏？ 自然在「俄日兩國成新四國協商之中心，近來日俄談判的消息不僅驚動了神經過敏的英美資產階級，就是贏本的中國輿論界也漸漸驚動了。 試看五月二日上海中華新報的時評：「記者所謂日俄談判必成於中俄談判之先，今東京電訊傳來，果然越飛氏已遞覺書與後藤子爵矣，不日即將再開談判，記者且預料其必有美滿之結果，蓋日俄間問題，經若干時之猶豫考量，雙方當已皆預備妥協，水到渠成，乃自然之勢也。 然而我國之外交形勢，又將陷入孤立之境矣，嗚呼！」

中華新報代表我國前此忽視蘇俄或誤聽英美法日之離間宣傳的輿論，出此追悔的嘆聲，很值得國人注目呀！但我有句話要安慰同胞們：只要國人覺悟到蘇俄是我們惟一的好友，蘇俄始終不會與他所要劃除淨盡的資本帝國主義強國打做一片來宰割被壓迫民族。

讀者之聲

嚮導週報諸同志：

嚮導是四萬萬踢在國內外強盜脚下苦難同胞的赤衛軍之先鋒隊。

筆底驚雷萬鬼苦，

天昏月黑一星赤！

你們的聲光的波浪，已飛渡重洋，傳入我們的心靈，如夢初覺！國內勞動羣衆得此「大雄無畏」「單刀直入」的嚮導，敵在眼前，槍在手中，決戰非遙，勝算可操。

英金四鎊，聊助公等筆墨之資，四方傳布，必有聞風興起者矣。

匆祝

精進！

叔隱
濬明．三月十一日夜，於德國
語罕

The Guide Weekly.

嚮導週報

第二十六期

每星期三出版　發行通訊處　杭州馬坡巷法政專校轉安存真　北京大學第一院收發課轉劉伯青

（中華郵務管理局特准掛號認為新聞紙類）
一九二三年五月二十三日

定價
每份三分全年大洋一元三角半年七角
國內郵費在內

分售處
巴黎　廣州　上海　武昌　太原　長沙　濟南　成都　杭州　雲南
中國書報社　丁卜圖書社　上海書店　民智書局　時中書報社　共進書社　晉華書社　文化書社　齊魯書社　新書報流通處　古今圖書社　新亞書店

中國一週

臨城擄案中之中國現象

獨秀

土匪擄人勒贖，在政治組織薄弱的中國是常有的事，擄去洋人也不自今日始，獨有此次臨城事件竟鬧得全國震動，這緣故很容易明白，乃是帝國主義的列强，尤其是英日美三國，欲藉此達蓋他們凌辱中國人的醜行并達到共管中國的貪慾，所以在他們的通信機關特別張大其詞，可憐我們無知而又媚外的中國新聞界，竟不能窺破其中奸計，隨着幾家外國通信社的吠聲盲目的附和，不知不覺的爲他們利用了，外人竟能利用全中國的報紙做他們的宣傳機關，豈不是中國人最大的恥辱！

政府社會都專門注意幾個被擄的外國人，中國人被擄的一二百，至今無人過問，這又是什麼理由？

一切黨派自然都應該起來反對并打倒惡貫滿盈的北京政府，但打倒北京政府應該集合民衆勢力，堂堂正正的作政治奮鬥，若是藉臨城擄案來極力攻擊北京政府，并想藉此機會，利用洋大人的勢力來推倒曹吳，這是何等卑劣而且懦弱！我們固然要打倒軍閥，我們斷然不可藉洋大人來打倒軍閥，因爲洋大人比軍閥是我們更大的仇敵。

當吳佩孚大殺京漢工人的時候，張大總理大罵這班過激派應該殺，越多殺越好，此時臨城案發生，這位張大哥嚇得屁滾尿流，當日大罵工人的威風安在？

楊以德也曾稟承洋大人的意旨大殺唐山工人，現在又要爲了救搭洋大人親到匪巢作質，他這樣「輕視工人，畏懼土匪，孝順洋人，」的態度，眞是中國軍閥官僚之代表。

有人說此次擄案是安福部破壞北京政府之陰謀，安福背後還有日本的教唆；此事如果屬實，更可以證明帝國主義者在中國所造的幸福！

臨城擄案固然是件小事，即此這件小事，便可以將帝國主義者在半殖民地的中國之陰謀與橫完全暴露出來；同時也可以將中國軍閥資產階級（政黨及上海商會）知識階級（新聞界）之懦弱與媚外的心理完全暴露出來。

土匪和外交團

孫鐸

前週中外報紙所喧傳的題目，就是臨城事件，火車被搶綁票許多洋人，土匪的要求，和沒法釋放被困的洋人，北京外交團立刻干涉，英國報紙大寫拳匪之後未有這樣的凌辱，各國公使大活動，他們要北京政府設法援救受難的洋人；懲罰負責的當局，甚至說要撤曾錕吳佩孚的職。可憐的北京政府！要削職慣于推翻中央政府的兩位專制魔王。這種要求簡直是那些統治中國京城的洋大人先生們弄玩笑。許多傳說總長要到土匪巢穴去解決這問題。日本報說中國元首應當親自去說服土匪。同時接到電報說列强已有軍事干預的方針，像幾月前的美國克門案一樣，自從華盛頓會議對于中國有關係的列强已承受門戶開放政策。『門戶開放』的意義，似乎是有用法律秩序，人類文化等名義來共同搶掠的權利，拳匪亂後已經表示給中國人民看過了。『門戶開放』又解釋作當外交團同意于用激力的方法來教導文化的時候開了大門讓巡洋艦，砲船，飛艇，軍隊近來。

這班北京的各國公使正活動者，北京成爲國際陰謀的著名中心，中國的土匪們已經不能受列强代表的容許了。這些列强看中國是他們的獵取割讓的地方，看作他們的銀行家須有用借款來奴隸中國的權。這些帝國主義的國家在中國所作所爲，就是搶掠我們全國。他們進口鴉片，耶蘇教，因此得弄弱我們國家的機會，當這兩種貨品的商人和中國人起衝突的時候，其實又沒有請他們來，列强于是乎和我們宣戰入寇，很容易證明他們的軍器比我們好，壘次使我們受辱，壘次的和議使他們宰制中國的力日强一日，而使中國日弱一日。中國政府失掉管理財政的權，失掉定關稅的權，有這些權才能夠使政府自己的地位鞏固而壓服軍閥，這些軍閥永遠地擾亂，但是常常都是列强的詭計。今日的軍閥是明日的土匪　北京的政府却沒權力反對他們，因爲外國帝國主義者不要中國有强固的政府。

當土匪的活動的程度到了不止殘殺中國人民，搶掠中國的財產，各國公使又組織一切新的活動來反對中國，中國已經被他們的行爲弄到這樣糟的地位了。土匪橫行完全是列强干預中國事情的結果，反轉來，土匪又結列强增加他們在中國的勢力，實在說，列强對於中國比土匪還要危險。

文明的列强野蠻的中國？

巨緣

山東臨城的匪案，吵得天翻地覆；外國人說中國已成『匪世界』，中國人自己也認爲『國恥』。英美日本等自從辛亥革命之後就狡施陰謀，或是公然的幫助北洋軍閥或是暗地裏慫恿匪類，一直造成現今兵匪橫的行局面 …他們當初是藉此鎮壓中國的民治派，（助袁家正統却遏民黨等等彰彰在人耳目，）中國大多數人民早已受害不少，現時，他們自己吃了這一些小虧，却又大叫起『中國野蠻了』；中國的『進步份子』，仰慕歐美文明，也口口聲聲幫着說國恥；其實是這般吃洋飯的傢伙，做慣忠臣順民，那願爲百萬顛連無告的平民流爲兵匪，所以偏要故意裝點文明的幌子，纔說出這種無恥的話來。

我倒要問問，『究竟是中國野蠻還是列强野蠻？』

固然不錯，臨城的匪就是舊日的兵，然而他們是因列强爲保護其債權起見『顧念』中國財政而提倡裁兵的犧牲，…所以由兵而匪。不但如此，他們更是因列强幾十年的侵略，破產失業，因之而入軍隊，墮落惡化，「所以由民而兵。何況在劫案發生時，他們形式上實際上不是政府的正式軍隊，——這是第一要點，應當記清。

據被擄者自已的敘述：匪擄人後，有的還送幾包雞牌香煙吃，外國人還有白飯豬肉吃；即使夜中徒步荒野，如大陸報所謂『手足流血，顛頓前進，』——『鄙陋』的中國就是幾萬萬農夫樵子的平日生活還種偶然的事一天不知多少，—並不一定要被擄，文明西洋人就苦死了！匪的目的在改編爲兵，勒贖些金錢，維持生活。犯罪行爲的程度不過如此。—這是第二要點。

列強的對待辦法：(一)美京提唱嚴懲中國，停止增加關稅，保留領事裁判權；(二)法使提議本月起扣留關鹽餘，積索庚子賠款；(三)衛使要求設護路軍由使團監督；(四)意使主張援庚子例聯軍入華；(五)英商藉口臨城事件謀佔天津舊德國租界；(六)日本報紙謂黎元洪當親赴臨城議和。原來近年主張『人道正義的華府會議』，『保障弱小民族的公道政策』，煌煌的全世界『新文明的』外交方針，不過只有這一點價值！可見以前言不由衷。如今列強藉口匪亂，竟想完全『自食前言』，露出真面目，更進一步做公開的野蠻的侵略政策。—這是第三要點。

北京政府嚇得屁滾尿流，軍閥的威風也就煙消雲滅，很毒殘殺京漢工人的交通總長吳毓麟，力助英國老爺鎮壓唐山工人的楊以德，—如今縮頭垂尾，甘願自入匪窟爲質，求放外人。中國官署方面對於外國堂上們如此之忠順，其舉動之文明真正空前絕後，世界第一。—這是第四要點。

中國人民方面，也像甦奴貪睡，直睡了十二年，到如今聽得外國老爺的怒喝，方纔睜眼看見了軍閥的罪惡，上海的甯波及其他同鄉會決議，電領袖公使團被擄『人士』之商界總聯合會要求『嚴懲軍閥曹琨吳佩孚田中玉』。以前京漢工人死傷拘捕如此之多如此之慘，上海商界沒有勇氣要求懲辦軍閥；以前樂志華案外國輿論反認甯波同鄉會之告發，爲涉有政治嫌疑，呀！真正是仁厚好讓，不念舊惡優禮外賓之遠東古『文化國』！—這是第五要點。

僅僅二十幾個外國人被匪擄，而列強之對待是如此，中國政府的辦法是如此，中國人民的表示是如此。大家想想誰文明些？

我們應記得樂志華案，這是很近的事。那時是：(一)犯罪人爲租界的官署人員，虹口巡捕房之西探日探；(二)毒刑拷打樂志華至今殘廢終身，目的却在爲大腹賈逼認樂志華所未竊的八百元大錢；(三)樂志華不過被告而已，幫助他的甯波同鄉會也祇提出極正當而絕無過分的要求，『收回治外法權』(中國人民也沒有因爲日探打樂便要求日本天皇來和四明同鄉會講和)；(四)『上海政府』—英按察使署宣告西探無罪，枉法魚肉華人；(五)外國輿論說，『假使成立爲罪案……吾人自誇之「文明」必遭汙玷矣』！(字林西報)若與上列五要點比較起來，我們更可以說，中國人真文明極了！

可惜這類的文明人只配過奴隸生活！列強的『文明的野蠻』却已高過子午線！唉！可以醒醒了：祇有顛覆軍閥，顛覆世界帝國主義的列強，纔有文明。爲什麼現在中國人民 中國輿論，不攻擊列強的野蠻侵略？—真是怪事！不但不攻擊，上海商會總聯合會反而打電報給外交團請他們扣留關餘鹽餘不要給北京政府，好像說『我們請你們文明的外國人來做中國政府罷』！好個文明的亡國奴！ 五月二十一日

墓中人語

孫鐸

五月十四日是紀念第一次革命七十二烈士的日子，我到了黃花岡，在那里國民黨造了一個紀念碑以表示他們感謝和尊敬這些烈士爲人民犧牲的熱情。我看見各學校的幾千小學生，女學生 男學生，軍隊，各工團的工人，他們都來了。他們一直到山上，帶着花，和着軍樂。我四處找尋國民黨的人。他們應當對羣衆演說，應該告訴羣衆這些學生和軍官的戰鬥的歷史，他們不能等待普徧的發動，他們願以身作則，拿他們的生命換他們的壯烈。我四面找宣傳員，他們應當對青年，工人和軍人說明今日的情勢，他們應該鼓勵羣衆去繼續反抗恥辱和剝削的大戰爭，激發在這戰爭中和七十二烈士的同一樣的犧牲精神和勇敢。

我找遍羣衆兜着的圈子，找不着一個，沒有一位國民黨的代表利用這個機會給人民以政治教育。不錯，我看見各團體散傳單，我看見賀討吳佩孚慘殺京漢工人的書……但是除掉這個之外，政治教育和宣傳完全沒有。於是我離開了人羣，我走到那樣遠還聽見人聲，但是不是我已經離開的人羣的聲音？起初不能聽見說的什麼，後來注意細細一聽很清楚，聽見那些墳墓中間的一個說話。

這就是他說的：同胞們！你們知道不知道中國革命已經十二年了，還是一無所成。我們犧牲了一切去推倒滿清。我們奮鬥爲爭得自由的中國，獨立的中國，强大的中國，和一個引用新生產方法爲全體人民謀幸福的中國。我們爲主義而奮鬥，主義給了我們勇力　我們是先鋒。我們死了是要我們的主義勝利，我們中國地區很大而中國的政治生命的組織很小，我們中國很弱而我們的仇敵很强，他們比滿清强得多，危險得遠。他們就是歐美列强，他們要求他們有統治世界掠奪世界的權，像他們在他們本國掠奪勞動階級一樣。這些帝國主義的列强毒害我們中國，他們阻止中國統一的進行；他們製造紛亂；他們雇用中國的軍閥，革命的頭幾年袁世凱就是被他們雇用的。他們的權力實在可怕，他們帶了巡洋艦砲船飛機，並且在我們中國組織義勇隊，以保護他們在中國的統治。他們並且把他們的學校和資本主義的思想送到中國來，想把我們的智識級階分裂，使他們變成美國式的鑽錢眼者。滿清從未有和他們這樣强的，所以我國愛國的人們亦須用格外强大的力量：第一，不得不把中國一切革命家人物强固地組織在一個大政黨之中；第二，中國明白人民痛苦的革命家必須把他們打倒。我們的大政黨有宣傳這種政治教育的責任，我們沒有一個强固組織的眞正革命團體決不能得着勝利　這個黨有政治教育的大工作，不可失掉一個機會，必須在革命黨中發展那些性質，使他們能勇敢和百折不回地奮鬥，以達到勝利的目的。黨一定要對革命的人們指出誰是我們的仇敵，打倒仇敵的方法是如何，誰是我們的朋友。我們不希望紀念日子來對我們表示敬意，如果我們不能看見奮鬥的羣衆來集合在我們墓前宣誓他們將完成我們開始的工作，很清楚地表示他們的革命思想，把紀念弄成奮鬥精神的新衝動的事情。」

我默默地聽着，我的血到面上來了。把紀念日做慶祝節還不是這個時候，勝利的日期還遠。我們的已死先烈有要求我們在這紀念日紀念他們的義勇，只是要把他爲了犧牲的主義去感動青年的心和激起勞動羣衆和兵士去繼續他們以前的奮鬭。

我離開了黃花岡，學生，工人，和軍士，他們還是來着。我一面想，國民黨如果要造成推翻宰制大中華之外力的力量，一定要重新改造。

幾天之後，我在廣州街上走過，看見各大街道上小學生，大學生，男的，女的，許許多多忙着募捐，以慰勞打走吳佩孚的走狗和反賊陳炯明之軍士。他們很活動，他們極力去把孫中山的軍隊和城市的人民接近。他們停止了人力車和汽車募集捐款。這些青年學童做了很好的工作。他們覺着他們自己已經是爲解放他們國家做事的人了。他們這樣的活動使他們接近國民運動，幾年後他們一定是國民黨很好的預備員。這些廣東的新青年學童，像前敵的國民黨軍隊和京漢路罷工時所表示的壯烈的工人！都證明中國儘有力量發達一個大的國民運動，這個運動將造成一個新中國，就是爲了這個十多年前中國這樣多的最好份子把他們犧牲

軍閥統治下之學生運動

獨秀

可憐懦弱的青年們！軍閥們決不願在他們統治之下，有任何工人運動學生運動，所以京漢工人連工會成立會都被禁止。你們以爲只問外交不問內政，大概軍閥能夠了解你們是愛國者不是革命黨，庶幾可

以平安無事，不料吳大軍閥仍要尋着你們，說你們五七運動是離經叛道，目無法紀，幷飭軍警拿辦首要，看你們再往何處逃，除非再逃到趕快聲明連外交也不敢問的路上去。

孫曹果然攜手了

獨秀

滇桂軍占領韶關後，搜獲曹錕致沈鴻英電云：

萬急由昌源電局逐轉韶州探送沈督理冠南兄鑒，誠密，頃接吳巡閱使馬電開，接洪湘臣來電，略謂現楊熊何之三部，向石龍襲擊，林軍向五華反攻，與甯謝徐陳三部，反攻江門，胡部反攻高州，尹李賴蘇四部 分途作戰，大浦潮州尋鄔潘留日前動作等語。又接禡電云，接港電報告，林指揮已下動員令進攻梅縣等語。查林洪各部，既經出發，乘此時機急進，合力進勦，敵氛不難廓清。驅孫定粵，在此一舉。除電促林洪一致進行外，特電奉達。務望激勵貴部，奮勇進攻，以期一鼓盪平，早定粵局，是所盼切。曹錕寢。

不知主張孫曹攜手的人們見了此電作何感想？

洋人勢力下之宜昌學生與上海學生

獨秀

日本人在宜昌殺死中國學生；美國人在上海三育大學因為學生有愛國的演說，要強迫解散全體學生，幷且公然說：『既入教會讀書，應當斷絕國家關係，愛國二字斷無存在之餘地』。又說：『本會宗旨，斷不容任何人有國家之觀念』。（教會學堂學生聽者！）

這兩件事想必中國新聞界都知道，不是我們造謠言。新聞界諸愛國記者，關於臨城事件，已十二分巴結為洋人宣傳，諸君若還承認自己是中國人，請在為洋人宣傳的餘暇，也做幾行批評，為孤憤無援的青年說幾句公道話。

無恥下流媚外的中國新聞記者！你們試問良心：你們為臨城被擄的洋人說過多少話，何以對於洋人殺中國人辱中國人，竟一概啞口無言，難道你們都入教會學堂讀過書，謹守教會之宗旨嗎？

國會議員宣布張閣罪狀與曹吳態度

獨秀

議員溫世霖宣布張閣罪狀如左：各報館均鑒，國家之敗，由官邪也，官之失德，寵賂彰也；民國成立，歷任內閣違法失職之事，雖曰數見不鮮，然未有無法無天若此次張閣舉動之甚者也。查總理張紹曾執政以來，任用私人，亢法亂政，授意秘書長呂均，藉勢招搖，更與財政總長劉恩源，農商總長李根源，朋比為奸，賣官鬻爵，營私舞弊，明目張膽，肆無忌憚，除已經同人通電宣布其對於日本二十一條及收回旅大之外交失敗情形外，茲再舉其紊法亂政之最著者為諸公陳之：（一），私印印花稅票五百萬元，縱使印刷局長薛大可偷運密售，朋分票價，是為監守自盜。（二），未經國務會議議決發額外流通券一百萬元，密使彭解等私向裕華銀行押款，是為詐欺取財。（三），擅改國務會議議決，將印花票案查辦大員之莊蘊寬，改為趙椿年，又魏聯芳本係簡派勸辦實業專員，無端變為特派字樣，是為僞造文書。（四），違反國會決議，先抽籤償還外債內之日本部分債券四千萬元，又私向美商運動，竟敢過戶承認津浦北段德國部分之債票七千萬元，再對於法國庚子賠款，擅自承認紙佛郎改為金法郎，損失國款七千餘萬元，以致各國援例要求，是為搆成外患罪。（五），朋分中日實業公司之官股二百五十萬元，偷將股票改填張紹曾劉恩源李根源文章彭解等私人名義，是為侵佔國有財產。凡此種種，證據確鑿，無一不觸犯刑章，至於販賣煙土，私售蘆鹽，公然列諸閣議，無非禍國殃民。最近更向新銀行團舉債五萬萬，而以關餘煙酒稅為担保，秘密進行，以抵償向無担保之外債，及回扣貼款，而以四萬萬七千萬元，所餘之三千萬元，作爲墊款，按六個月分期交付。此項借款，擧中國所有財源抵押以盡，忍將中國財政交之各國共管。自新銀團成立，其宣佈之政策，即在掌握中國財政；今政府竟迎合新銀團意旨，訂此借債條約，倘成事實，則將來一切政費，非得銀團許諾，絲毫不能動支；共管之局一成，亡國之禍立見，而所得之三千萬元，外人於八個月內只將關餘煙酒稅收入撥付政府，已無不足，按之實際，確係毫無所得，只以張閣貪此二千餘萬之回扣，遂將國家主權財權斷送無餘，稍有人心，寧忍出此。衆議院日前開會，要求當局出席說明，張紹曾劉恩源均避不出席，僅派財政次長張弧仁到會；經同人質問條件內容，堅不答復，近更向各國公使秘密談判，熱烈進行，若非揭破奸謀，先行防阻，淪胥之痛即在目前，此尤我國人應急起一致反對者也。其他違法失職，書不勝書，報章所載，固已國人共見。總之張閣存在一日，則外交挽回無術，內政日見紛亂，非立予罷斥，國事愈不可爲。現參議院已通過不信任案，而張閣抵死不去，并特設機關公然賄賣，抉廉恥之藩籬，破政治之常軌，瞻念前途，言之滋痛。諸公熱誠愛國，義憤同深，尚冀同聲伸討，去此惡魔。謹貢區區，貯候明教。

張紹曾貪劣無恥，人所共知，而國會議員貪劣無恥的程度，比張紹曾只有加無減，張之罪狀出諸議員之口，已足令張紹曾齒冷，何況出諸保派嫡子溫大煙燈之口，更顯然是一種「僞作正言」的作用，果然曹錕覆電表示贊成。在地方面，吳佩孚却電京反對改組內閣，再催兩院制憲。同時參議院提議先選總統，敦促黎元洪下野，再議制憲，吳佩孚又極力反對。這些消息，或者都是曹吳翻臉之徵兆。

黃大偉背叛的教訓

隆郅

通緝黃大偉已見十一日的帥令。以「培植十餘年，內預機要，外參戎行，優渥隆重，鮮有倫比」之黨員，尚且「桀驁放縱，倒行逆施以至此極」則此外之黨員，有甚麼人可以絕對靠得住，這不是國民黨一個狠大的危機嗎？這個危機何由而生？由於國民黨的組織不强固，而軍事行動早已成爲尾大不掉的形勢。

一個革命黨要完成他底革命的使命，固然不得不借助於軍事行動，但是第一要黨的組織鞏固能駕御一切軍事行動。第二要後面有極大的革命羣衆，然後他底軍隊總有眞正的基礎，所以革命軍就是革命羣衆的急先鋒。必革命軍的首領，一面受革命羣衆熱烈的督促，一面有革命黨嚴密的監視，才不致流爲個人自私自利的行動而造成新軍閥。

現在國民黨用來革命的軍隊，多半是隨時募集或改編收容的，不特兵士不知道革命的意義；就是軍隊的領袖除了個人活動的慾望之外，多半不了解或服從主義。這樣僱兵或利用軍官來革命，實在不是辦法，並且還含有許多危機。

民二以來西南各將領之降北，陳炯明之反叛及最近黃大偉之失節，都是過去歷史上狠好的教訓，國民黨應該及早覺悟到這一點，迅速改進黨的組織與宣傳才好呀！

國際一週

洛桑俄使遇害與資本主義國家之「文明」

和森

本月十日洛桑電，俄使伏羅斯基氏在薛西爾旅館被法西斯蒂（Fascist）少年康拉第槍斃，同時並傷伏羅斯基之秘書狄維柯夫斯基氏與阿倫斯基氏。據阿倫斯基氏在病榻對人發表之話看來，此案不僅爲瑞士警察放縱法蔗行刺，實際上含有嚴重之政治意味。

上次洛桑會議，因爲蘇俄代表之參加，協約國不得如願宰割土耳其，以致會議決裂。所以這次會議重開，協約國不邀請蘇俄赴會；但是蘇俄竟派駐意公使伏羅斯基氏赴會，於是宰創被壓迫民族的魔鬼－協約國帝國主義者，圖窮匕見，只有出於暗殺之一途。這種卑鄙，野蠻，違法，殘暴的伎倆，就是表現資本主義各强國之最後的「文明」！

你看：藉着臨城刦車案，外國帝國主義者怎樣宣傳中國爲匪世界爲野蠻國家？但是他們文明的國家現在已僱用了幾百幾十萬專門殘殺工人遏抑社會革新進化之文明的土匪－法西斯蒂，他們的文明國家現在已次第將統治權委託於一班最反動的匪徒與違法組織之手（自意大利的墨索里尼至法國的普恩賚，匈牙利的霍爾第以及行將掌握德國政權的德意志法西斯蒂），他們的文明國家現在又暗殺了工農共和國的堂堂大使。他們的土匪比中國的土匪文明地方在那裏？中國土匪綁票而尚惜義（如優待被擄者，以得解勸或贖金爲止點）；外國土匪則公開的殘殺製造人類生活物資與文明的勞工或暗殺代表新文明之革新領袖。資本國家的文明，眞文明得狠呢！

德國賠欵新提案之失敗

和森

德政府於四月三十日議決新賠償條件，五月二日牒告協約國，牒文略謂，德國願付三百萬萬金馬克，分三次籌募國際公債以償付之，公債之類一爲二百萬萬金馬克，二爲各五十萬萬金馬克，以全國經濟財力爲担保品，否則將全部賠償問題交國際委員會解決。牒文又稱，須俟魯爾軍隊撤退後，消極抵抗方可全停，二百萬萬金馬克之借款須在一九二七年七月一日以前發行債券，照協約國金融市場之尋常價格籌募之，一九二九年七月一日以前行發五十萬萬金馬克債券，其他五十萬萬金馬克，則在一九三一年七月一日以前募集之，第一次之二百萬萬金馬克可即招募，一九二七年七月一日以前之債息，可交賠償委員會收管，作爲特別經費，如在一九二七年七月一日以前，不能募足二百萬萬金馬克，則從是日起付息五釐，並付還本準備金一釐，如兩次五十萬萬金馬克之借款不能在規定日期以前籌募足額，則應召集國際委員會秉公決定不足之數應於何時及用何法募足之，德國可依照現有條約償付貨物，其額量俟後決定之。牒文聲明魯爾被佔後，德國經濟組織爲之薄弱，今之提議已達德國經濟能力之最後限度，且是否超過德國能力，尙屬可疑，如他方面尙不以爲然，則全部賠償問題，惟有提交不受政治勢力之國際委員會決定之耳，德國義務之履行，緊於德國貨幣之穩固，故此後不可再施强奪或懲戒計畫，任何契約可束縛德法，使兩國將外交上不能解決各爭端提交公斷或調停者，德國準備接受之。牒文末稱，談判之起點，在魯爾駐軍之早退，來因地狀況之恢復，被拘德人之釋放，及被逐德人之返里云。

德牒送到法國後，巴里資產階級報紙大譁，他們反對的論旨，略謂德牒雖明爲償付三百萬萬金馬克，實則僅以國際公債方法立即償付二百萬萬金馬克耳，且此數內尙須扣去五十萬萬金馬克，以作還本準備金與債息，故德國之債權人所可指望者，約一百五十萬萬金馬克，此數尙視法蘭西一國所受之損失爲少，德國所提以國際公債方法籌集賠償之說殊爲空泛，蓋自德國對法宣布消極抵抗以來，迄今四月，德國財政已處於無人信任之地位，不獨外款無從舉募，即國內公債亦無從募得。他們對於先撤魯爾駐軍然後停止消極抵抗一層，攻擊尤力。五月三日法政府發表反對德牒之理由：一爲條件不滿意，二爲担保品缺乏，三爲款額不足。區區二三百萬金馬克何能滿足新拿破崙主義的懲罰！他所要求的是魯爾區域的分割，德意志民族統一的破裂，全德財富的榨取。現在呢，自然隔得太遠。

據五月十三日路透電，英意已以同一意旨之牒文駁覆德國新提案。但是英法間的利害衝突與兩國資產階級報紙間的互相醜詆，何嘗因此減少？「協約國的一致」，早已成爲官僚的夢話；同時史丁納（德國資本大王）與羅齊（法國資本大王）之法德聯合（向無產階級進攻：減工資增工時……）以恢復歐洲資本主義的陰謀也成 不可實現的畫餅。自然混亂無已時的歐洲大陸，現在只看見法西斯蒂與法蘭西帝國主義者野蠻殘暴的橫行。但是看你橫行到幾時！

讀者之聲

我每讀貴報，卽滾滾地沸騰着革命的熱血，紅紅的燃燒着愛民衆的眞心，我並認定貴報是中華民族底福音！不過，亦覺不無小疵——就是貴報祇向着有成見有智識的一些不生產的及利害相反的人們說話，而不向着具有革命情緒且有潛勢力的勞苦民衆說話。貴報的使命：固然(一)是指破國際帝國主義及國內軍閥及附於軍閥作惡的官僚政客議員等的陰謀，而判定他們的罪惡；(二)宣傳中國共產黨在今日的政治經濟環境之下，所要完成的事業；(三)游說較開明的團體及握權的人物使之與貴報連成一民治主義的戰線。然貴報既是中國共產黨的機關報，當要負教導無產階級的使命；今於此使命竟放棄，則實是舍本逐末。我今要求貴報將教導無產階級的使命負起來，多印附張：

(一)縱橫普遍的宣傳共產主義及民治主義(文字要淺顯易懂)；

(二)說明中國危弱之因，及今後改造之方；

(三)用刺激力大，感情色濃的詞句說出被迫害人們之危殆悲慘，及所以致此之因與今後得到幸福之路；

(四)用簡明而涵義廣大的標語，向民衆去呼號。

—其效果要做到：

多數人了解主義。

多數人信仰主義。

多數人憤恨敵人。

多數人危懼被害。

多數人希望將來的幸福。

—然後纔能多數人團結，纔能多數人行動。

此問撰安並祝

嚮導萬歲！

我底希望總說一句，——其實祇此一句，——用通俗的文字去縱橫普遍宣傳。

LM在長沙二十，四，一九二三。

承教用淺顯的文字，向民衆普遍宣傳，這是本社同人所應努力做到的。至於宣傳主義本也應該，但同人決不願在本報上離開問題而談主義。用簡單的標語來煽動民衆的憤恨心，這種名詞運動斷不能當作家常便飯。尊意以爲如何？

新青年社啓事

啓者：本社總發行所現已遷移廣州昌興馬路二十八號樓上，仍照舊宣發賣書報。購書信件，均請寄至此處。所有本社的書報以及人民出版社的各種叢書，均尙有存。上海方，面託伊文思圖書公司和民智書局經售，其他各寄售處也都照舊。諸君如欲購買，請就近接治。此白。

The Guide Weekly.

週報

（中華郵務管理局特准掛號認爲新聞紙類）一九二三年五月三十日

定價

每份三分全年大洋一元三角半年七角
國內郵費在內

分售處

巴黎 廣州 北京 上海 武昌 太原 長沙 濟南 成都 天津 杭州 雲南

中國書報社 丁卜書報社 大學出版部 上海書店 民智書局 時中書報社 共進書社 晋華書社 文化書社 齊魯書社 華洋書報流通社 古今圖書社 新亞書店

◀第二十七期▶

每星期三出版

發行通訊處 杭州法政學校安存眞 北京大學一院收發課轉劉伯青 馬坡巷

中國一週

臨城案件和兵工政策

春木

社會上一般眼光淺見不到事實的底奥的人們，常常不知治本而主張治標，提倡廢娼裁兵，想借道德的制裁或法律的强制來解決這兩個問題。不知廢娼裁兵決不是如他們想的一樣，是一個道德問題或法律問題；都是個經濟問題，是一個很簡單的飯碗問題。倘若否認這一點，這兩個問題永遠不能解決的。上海巳實行廢娼，但是公娼減少的速度還沒有私娼增加的快，這是一個很顯明的事實，證明單是法律決計不能解決這個問題，經濟問題是一個牢不可破的東西。現在臨城案件又是一個證明，證明裁兵問題如果不當他一個經濟問題來解決，是永遠不會解決的。中國無智識的新聞記者祇知道大驚小怪的代外國强盗宣傳，不知道研究這案件的緣由，去警告中國人。

> **請看華會決議中國門戶開放主義之効力！**
>
> 申報十五日北京電：滬領團議，根據華會中國開放門戶主義，要求政府將公共租界楊樹浦以上至吳淞口爲中英美日法比各國共管區域，在此區內所有港務市政，由各國各派委員組織機關，共同管理，使團現擬向政府提出。

臨城土匪大半是裁掉的新安武軍，我們可以看見，祇知裁兵而不去解決經濟問題，兵就會變爲匪的。本來兵就是匪，匪就是兵，同是一個失業者；當兵當匪，同是爲一個飯碗問題。這個失業問題是中國的最大問題，如果不能解決，什麼裁兵什麼勦匪都沒有用的　除非把中國的兵匪完全殺掉，這是一個不可能的事情。中國這個失業問題是歐洲資本制度的勢力所造成的。資本制度在歐美把舊有手工業和農業經濟打倒，把做手工業的人和農民都吸收到資本制度的大工廠大企業裏去了，因爲在歐美是有資本制度的大工廠，而後手工業才被摧殘。資本制度和中國就不同，中國資本制度並未以自力發達，却有歐美的資本制度從外面侵入把中國的手工業和農業經濟打破；

同時製造外貨的工廠都在國外，—國內藉外貨而發展的僅僅是極可憐的交通機關，投機性的商業金融業。所以因此受殃的人們大多數不能進資本制度的工廠謀生活。因為沒有地方謀生，于是才當匪當兵，兵匪是現在中國失業人的唯一職業，你奪他兵的飯碗，他就搶匪的飯碗，這是無從禁止的。所以裁兵是不能解決這個失業問題的。新安武軍裁掉了會變臨城的土匪，吳佩孚的兵裁掉了會變洛陽的土匪，那末京漢路又要倒霉了。

所以要裁兵而使其不變為土匪，只有裁掉之後能代他們找一個飯碗，他們才不會去當匪，於是就令人聯想到所謂兵工政策。但化兵為工的政策不是在武人割據爭雄的現狀之下可以實行的，也不是少數資本家借着為民謀生的名義設幾個小工廠容納裁下的兵就可以實行的。兵工政策一定是要推倒軍閥之後，國家來辦才能夠成功。國家創辦大規模的實業才能夠解決中國這個失業問題。能代國家來創辦大規模的實業的政府一定不是現在這種腐敗政府，一定要中國勞動平民的革命實力才能創造此種政府，並且是能反抗外國帝國主義的獨立政府，因為如果沒有一個獨立的政府，關稅財政等都受外人支配，中國國家創辦實業是不可能的事情。關于這一點不是此地所能說完的。

總而言之，臨城案件擄幾個外國人不算什麼事，他們用武力來干涉亦不算什麼，我們受他們的武力干涉也不止一次了，本來就天天在他們干涉之下，所以不算什麼，用不了大驚小怪。對于中國有心的人，最重要的就是怎樣能解決中國的失業問題，怎樣能推倒軍閥實行兵工政策，怎樣能建設強固的平民的政府，怎樣能推倒國際資本主義的壓迫而創造一個獨立的中國。

英人中國協會主席之演說

和森

英人中國協會上海分會，十五日午後在上海總會開年會，由馬凱氏主席，茲將馬氏演說關於中國時局之各節譯記要旨如左：

統一外債借款問題，中國政治情形於本會及吾等個人均極重要，因其關係對外商務甚大故也。中國財政漸趨於完全混亂之域，祇須觀安格聯爵士上月在滬上各公團歡迎席上之演說，即可恍然。故苟非成立一種統一外債之借款，則中國宣布不復能還債之日，定已不遠。中國反對此種借款，吾殊不解其故。海關鹽署，彼均曾許外人管理，且祇由外人管理之後，此兩方收入始成為中國之眞財產，此已不乏證據證明之。統一外債借款決不至影響中國主權之問題，不過為海關鹽署管理之擴充而已。但此借款足以鞏固目下北京與各省間財政上鬆動之制度，並使中國得有一相當之預算。若依目前情形，則收入支出，全無確實計算，不肖官員可以任意作弊。吾意時勢至此，凡曾貸資於中國之列強，應速決定一種計畫，使中國財政從此立於鞏固基礎之上，此不獨為吾人利益計，亦為中國計也。

臨城刦車事件，在英國等處之演說家，畜其口辯謂中國如何進步，如何發達，實與事實不符。中國今日中央政府不能管理各省，司法黑暗，苦武人之指揮，官吏貪利好貨，腐敗已極，號稱保障國家主權，實則徒梗阻外人之經營。凡此皆足使列強覺悟今日中國之政府實不配管理此廣土衆民。最近且發生世界震驚之津浦路大刦案，其詳情諸君已知，無庸贅。本董事會經詳慎考慮後，曾致電倫敦總會，其文云：關於津浦路刦案，應力請英政府設法，會同他國政府，堅持立用有力方法，由外國監督裁遣中國軍隊，必需之經費，由外國借助。現信外國干涉，將為官員及大部份華人公衆所歡迎；本會認目前時局，要求外人管理主幹鐵路，由外國軍官辦理護路警察；各國政府不可失此機會，應出要求範圍極廣之方法，使不獨危害生命財產，並根本上妨害一切改良之武人行政從此終止。董事會並將決議及電文通知英商會及美國協會，該兩會諒亦已有同樣舉動。總之，本會以為中國現當三事：

(一)由外國借款監督裁遣軍隊。

(二)各幹路由外員辦理管務。

(三)成立一還債借款，由外國監督整理財政。

此等係臨時方法、維持至大局鞏固，列强認爲滿意時爲止。中國目下之朽腐政府，決不發生新生活之希望。所可怪者，中國商人平時於關涉商業之事輒能一致行動，較任何他國之商人爲更有力，何以對於腐敗惡劣政府，獨不能共起驅逐，而即於商界中妙選人材，另建一乾淨上進之政府乎？中國商人處理其本業事務，極有才能，在舉世商界中殆無超過之者，若能得友邦專家之指導，而謂無管理本國政府之能力者，其誰信之乎？

是的！『今日中國之政府實不配管理此廣土衆民』，你們列强牽性直接來管理好了；何必慫恿那些可憐的中國商人做你們的傀儡　而你們自居於『友邦指導』地位呢！

是的！『現信外國干涉將爲官員及大部份華人公衆所歡迎』，你們列强牽性立刻來干涉好了；何必還要促成五萬萬大借款，俾北洋軍閥無窮期的擾亂中國，無窮期的製造內亂與匪患！

『本會認目前時局要求外人管理主幹鐵路，由外國軍官辦理護路警察，各國政府不可失此機會，應出要求範圍極廣之方法』，你們趁火打刼的貪慾既已如此暴發，同時你們大借款的陰謀仍不拋棄，你們竟能公然對中國人說：『中國財產要待外人管理才算是眞財產』！其實你們不過是要多製造些『要求範圍極廣』的機會罷了。

中國財政何以如此混亂，中國政治問題何以至今不得解決？只是因爲你們列强握住中國關稅，榨取大宗賠款，幫助北洋軍閥及其走狗陳炯明沈鴻英等攻打國民黨，最近復在京漢路與直系軍閥合同摧殘中國的新勢力－這支新勢力乃是解決中國政治問題惟一的生力軍。

據滬上消息，你們這些戴着『洋商』假面具的外國侵略家又因臨城案要開所謂萬國公民大會，『另籌方法，重造在華英國勢力』（見十八日申報專電），你們這些海盜，你們這些英國帝國主義侵略中國的別動隊，這一年內是何等明目張膽的向中國人民進攻呀！

帝國主義的列強與軍閥

獨秀

中國土匪頭（軍閥）不能約束小土匪，居然冒犯了洋大人，洋大人自然要赫然震怒，自然要責罰土匪頭的軍閥－曹吳，昏蛋的中國人民，切不可因爲洋人所辦報紙有非難曹吳的論調，遂以爲外國帝國主義者，也痛恨中國軍閥不再予以援助了。帝國主義的列强，在中國經濟的政治的侵略雙管齊下，直弄得中國民窮財盡兵匪滿地，又復扶助軍閥，抑壓革新進步的人民（如助袁段曹吳攻打國民黨，助北京政府壓迫學生愛國運動，上海租界兩次封閉全國學生總會，洋人勾結軍閥大殺唐山礦夫大殺漢口鐵路工人之類），斷絕中國維新自强的一切道路，所以臨城案件，第一罪魁是帝國主義的列强、第二才是軍閥曹吳。洋商也鼓吹廢督裁兵理財，這是一面籠絡華商使其不依附軍閥而依附列强，一面威嚇軍閥逼他們對待列强益加恭順；外報因臨城案痛責曹吳，明明是借此威嚇軍閥，令他們伏地叩首絕對屈服於列强，不但不因此召人民之反感，而且因此博得一般昏蛋的中國人民之同情；列强們對待軍閥，一面加以威嚇，一面又加以撫摸，英美法公使赴保接洽，大借款現仍在京進行，像這樣恩威并用，軍閥們焉有不絕對臣服之理！蠢如曹錕還知道列强　用意，故敢於臨城擄案熱鬧聲中，積極進行總統問題而毫無所顧忌。昏蛋的中國人民，若還不相信外國帝國主義者和中國軍閥勾結爲患，若還相信外國帝國主義者現在痛恨中國軍閥了，以後不援助曹吳了，那眞是昏蛋的程度還在曹錕之上。

吳佩孚的「匪力統一政策」

獨秀

河南全省已由吳佩孚造成了匪世界，現在吳佩孚又派遣大幫河南土匪擾亂安徽湖北江西，還打算擾亂廣東福建，人說吳佩孚是武力統一政策，我說他是『匪力統一政策』。

黎元洪與曹張

獨秀

曹錕有了英美法公使赴保接洽的援助，又有黃金收買議員，只要吳大軍閥不反對，想過總統癮不是難事；近來且有曹正張(作霖)副之說，曹錕想做平安總統，這種妥協也是意中之事。黎元洪的助手只有政學會，那是曹三的敵手？我們於黎曹張均無從軒輊，我們只主張：以民衆的革命勢力打倒北京軍閥政府，建設不受外國列强及中國軍閥勢力支配的國會，組織保障國權伸張民權的新政府，他事不屑過問。

世界一週

英俄漁船交涉

和森

英國漁船侵入北海穆爾曼斯克港，事爲俄國巡船發見，令英船停止駛行，英船不聽，反開槍射擊俄船，俄船乃逮捕一艘帶回穆爾曼斯克港，聽候政府決定處置辦法。由此惹起英俄嚴重交涉：英國一面派遣軍艦赴北海，一面向蘇俄發出類似哀的美敦書之牒文，要求蘇俄將北海十二英里之領海縮小至三英里，並要求蘇俄撤退印度波斯等處領事，此外更干涉蘇俄內政，要求撤銷前此答覆英國抗議處罰教士之所謂『無禮牒文』。

穆爾曼斯克漁產，爲該處居民維持生活之唯一物資，只有該處居民有享受此項利益之主權；英國漁船擅行侵入蘇俄領海，顯然爲逾越法軌之掠奪行動；今乃反放潑賴，甚至不惜再起戰端！

武力干涉，爲資本國家向蘇俄進攻的第一步；經濟封鎖爲第二步；柔魯會議，要求蘇俄退回沒收之私產爲第三步；現在資本國家一面暗殺洛桑俄使，一面藉着漁船交涉小題大做，要算是進攻之第四步了。自然，這屢次的進攻，除了證實資本帝國主義不停的擾亂人類和平外，得不到什麼結果；事實教訓他們，勞農俄國不但推不翻，而且漸入了成長時期。

英國帝國主義橫暴無理的要脅，不僅激怒了全俄工農羣衆，各國工人皆表示願爲蘇俄後盾，英國工人階級尤其激昂。工黨與勞動組合，在羣衆壓迫之下，已一致起來向政府作嚴重之干涉，我們試看下列消息：

路透社四日倫敦電：職工聯合會大會，全國工黨代表國會工黨議員今日在下院開聯合會議，討論政府致牒俄國引起之時局，且發表文告，嚴詞反對牒內之條件，謂足使白軍復攻俄政府，而復以武力代談判與公道，今當召集大會，解決此事，或將兩國之不平移交國際法庭仲裁。文中並反對與俄斷絕商業關係，謂此舉之結果將增多失業工人，擴大政治之不安，且有戰爭之危險云云。

十五日倫敦電：今日俄代表克拉新坐於下院特別外客旁觀席中，聽工黨領袖麥克唐納爾氏攻擊外部之議論，麥氏要求承認蘇俄政府，並謂英牒中所述種種事項，縱屬確實，亦可於其發生時以外交方法解決之，如俄國果在英國或印度東方等處鼓吹革命與暴動，英政府誠有嚴重抗議之權，但政府須呈出真實憑據，若以爲互換措詞激昂之文件，即可得美滿結果，則殊無益云。外部次官麥克尼爾答稱，俄國復文在各點上完全不能令人滿意。俄國人民在大戰初期，曾有勇敢犧牲，已黎賴以保全，故英人對於俄人，非無友誼，今亦不欲毀斯商約，但欲俄國遵守此約耳。至於俄人宣傳之證據，絕對可恃，除一九二〇年英人台維生被害哈丁女士下獄外，至少尚有英人一百十六人無端繫獄。俄據言漁船事，亦屬不能滿意，既無損失上之賠償，亦無對於將來之擔保。以言召集會議一層，英政府不願被曳入復有種種糾葛之談判中。如克拉新驟意　則外相克松可與之相晤　且可寬展期限，俾克拉新可與莫斯科接洽，但除允從英人要求外，未有可使英人滿意者也云云。前相喬治贊成政府政策，勸政府利用談話之機會，並謂世界事態殷實非常，幸勿以導火線置其中。愛士葵氏亦以喬治之言爲然，主張與克拉新從緩討論，以期得共同諒解。工黨議員特萊夫良氏稱，外部次官既稱克松可與克拉新晤商及寬展期限之說，工黨議員認爲工黨反對外部之目的，已達到第一步，但若政府後仍欲與俄國絕交，則工黨議員將再彈劾云。辯論未畢時，共產黨議員紐波爾氏屢次插言，且不從退席之命令，後由下院以三百票對八十八票通過暫停其出席權利之提議（這就是資產階級專政）。

因爲工人階級的反抗，英國帝國主義的智囊—魯易喬治已覺悟到『幸勿以導火線置其中』，英政府也聲明『不欲撕毀商約』，這一層還是次要；最可注意的是英國工人階級對於蘇俄的同情復見之於行動，換過說卽革命的精神與要求從新緊張。自一九二〇年資本向勞動反攻以來（自一九一七年俄國革命至一九二〇年意大利工人佔領工廠爲勞動向資本進攻之期）．各國工人困於減資增時的重圍之中，對於援助蘇俄之事（卽要求革命之表現），一時寂靜無聞。直至英國上屆國會選舉，工黨左翼獲得勝利（占國會之次多數）成爲現政府之主要反對黨，這就是表現勞資陣勢已入了『工人政府』時期。故近幾月中，英國工潮復有由靜而動之勢：建築及其他工人之罷工爲一次；五一大示威，包圍日使館要求撤退北庫頁島駐兵爲一次；這次嚴重的反對英政府向俄挑戰，又算是一次。這些都是國際勞資陣勢轉變的徵兆，我們歡迎着罷！

日俄談判之進行

和　森

路透社十一日東京電：後藤子爵已於承認蘇俄政府之舉有所進行，乘視承認越飛氏爲蘇俄政府正式代表，予以簽定赴濱海省漁民所領執照之權實爲局勢變動之證。越飛氏由後藤子爵同請電致蘇俄政府，請接受日本所提出交換商業委員之建議。日人在六星期前已有此請；但至後藤出場，始有着落。日政府現承認後藤爲居間人，由前倫敦日使署參贊永井氏代表日政府與後藤接洽一切。俄國以濱海省漁權讓予日人，啓談判之機，今談判方在進行中、保守黨雖力加反對，但人數不敵自由黨進步黨及欲得西比利亞商業讓予權之商業黨。承認蘇俄政府問題，今在內國政治上占顯著之地位，政府與反對黨等結合之團體已於四月二十六日簽定西比利亞林木讓予權合同，並付俄政府之款有日幣二千五百萬元云。

據東京各報所載日政府最近表明對俄態度，約有下述七項：（一）日本政府此時並不急急以謀與俄國恢復交誼，但兩國國交之恢復，從兩國國民幸福上觀之，有重大影響，故若俄國方面以誠意希望恢復友好關係，日本方面亦無固辭之意。（二）交涉開始之對手，於越飛氏並無異議。（三）俄政府之正式承認問題，在大體上，現在列國之對俄政策別無拘束日本者，故日本無顧慮列國意向之必要，日本得完全立於單獨自由之地位而決定其意見，是故日本方面只要俄國表示其在國際信義上爲正式國家之誠意，則不妨予以承認。（四）日本於廟街事件，無必須要求賠償之意，然其責任，當然由俄國政府負之。（五）薩哈連駐兵問題，日本之態度不能變更，故不能容納俄國方面之要求，但依相當方法而收買之，則有考慮之餘地。（六）俄國方面，在原則上應承認戰時債務三萬萬五千萬元之債務。（七 俄國方面必須承認朴資茅斯條約中之日本漁業權。俄國方面於前述第四項以下廟街事件，薩哈連駐兵問題，對俄債權問題 日本漁業權問題，如大體上能容納日本方面之希望，則爲現在日俄會議再開之困難關頭，大部分已得除去，故無論何時，均可任命相當委員，非公式與越飛氏開始預備的交涉。

讀者諸君！你們看完了上列記載作何感想？第一，關於正式承認蘇俄問題，日本政府自己申明日本得完全立於單獨自由之地位，不受別國對俄政策任何拘束，而中國政府則何如？第二，日本鄭重宣言交涉之對手於越飛氏並無異議，而中國一般輿論則何如？京滬間無常識的新聞記者，藉此受了外國帝國主義者的愚弄，不停的狂叫：『撤換越飛才能表示蘇俄對華的誠意』，現在呢，與英美共同運用這種愚弄政策的日本，居然將承認越飛爲對手，作爲表示其態度之要項！第三，承認蘇俄問題，在日本爲欲得西比利亞讓與權的資產階級之利益，而在中國則爲全國被壓迫民族的利益；在日本已有忠實代表資產階級利益的政黨，故此問題在日本內國政治上占顯著之地位，然則承認蘇俄呼聲在中國還這樣低，豈不是證明中國還沒有忠實代表中華民族解放利益的政黨嗎？這一點，我們還希望國民黨努力呢！

星加坡建築軍港—「給各國一個榜樣」

大雷

香港南華報載巴黎時報對于英國星加坡設港的一段話：『巴黎時報說：英國在星加坡建築軍港給各國一個榜樣，教導我們，第一，須準備時機到來給以打擊，第二，紙上擔保常是不夠用的。又說：英國在太平洋上的準備，祇是防備他的朋友，叫我們明白法國必須在來因河上採防禦手段』。

中國人聽了這一番話也可以明白了：—第一，一切國際聯盟和華府會議等虛文的無用已由參加這些會議的帝國主義的法國自己說出、巴黎時報在法國如倫敦泰晤時報在英國有同樣的勢力，這兩報代表兩國的帝國主義）。華府會議想調和的就是英日美在太平洋上的利益，其結果祇是英國在星加坡築軍港防禦「友邦」的日美，日美的各自準備亦如英國。第二，各國都起首爭奪軍事要害的地點預備未來的世界大戰，英國在星加坡築軍港，『給各國一個榜樣』，尤其是日本美國。三國此後軍備競爭將愈烈，戰爭的重心必在太平洋而受禍的必是中國。第三，法國人說英國在星加坡設港還不過防備他的朋友，我們佔據德國來因河域是防禦我們的仇敵，是格外應該了。我們可以看見無論那一個帝國主義國家，他們行爲都是一樣爲保護自己的利益—帝國主義的利益。法國佔領來因河和英國在星加坡設港是爲同一樣的目的。中國人亦要知道日本強迫我們承受他的條件和美國強迫我們受他的教育是同一樣爲侵掠中國。

讀者之聲

記者、

在黑沉沉底下的中國，『嚮導』眞是一線的曙光了。也用不着我說許多恭維，祇望『嚮導』週報裏的諸先生，不斷地奮鬥，那就無論國中的暮氣如何濃厚，羣衆的感情如何薄弱，得了奮鬥的影响，也許能夠令羣衆漸漸地甦醒起來，團結起來的可能，或發動的準備。

我此回將我近來的感想中的一條寫出來，但這樣粗淺的文字，未知可能佔一些『嚮導』的篇幅否？題目爲『國民黨領袖與教育事業』，原

The Guide Weekly.

嚮導週報

（中華郵務管理局特准掛號認爲新聞紙類）一九二三年五月二十三日

定價：每份三分 全年大洋一元三角 半年七角 國內郵費在內

分售處：
- 巴黎 中國書報社
- 廣州 丁卜圖書社
- 上海 上海書店、民智書局
- 武昌 時中書報社、共進書社
- 太原 晉華書社
- 長沙 文化書社
- 濟南 齊魯書社
- 成都 華洋書報流通處
- 杭州 古今圖書社
- 雲南 新亞書店

第二十八期

每星期三出版 發行通訊處 杭州馬坡巷法政學校轉安存眞 北京大學第一院收發課轉劉伯靑

中國一週

臨城案件與國民黨

孫鐸

統治國對于殖民地的政策總是用分裂國民運動中的分子來破壞被壓迫民族反抗的力量，例如在印度兩派互相攻擊已有多年。印度真正急進和革命份子已用全力反對外國的統治；他們認外國侵掠者對于國民運動的讓步，祇是想把國民運動的一部分拉到統治的英政府方面去；溫和派則相信這種讓步可以證明英政府的誠心改革和教育印度人民的自治能力。許多印度的官僚，許多地主和資產階級的份子是站在英政府一面反對革命的國民運動的發展。

在中國亦有許多例可以證明，聯合管理中國的外國帝國主義者，用外國教育來造成一班中國人相信列強願意誠心幫助中國發展他的富源，建設近世的政府組織，使中國能強大獨立，足以自保。大市中的都國商人和洋人有一種密切的關係，從這種關係所生的結果就是中國商人階級看了洋人和列強的代表是維持中國法律秩序的要素。所以中國商會打電北京公使要要求干涉臨城案件，乃是天然的道理。中國商人這樣態度自然是絕對錯誤，他們完全忘掉列強對于中國現狀所應負的責任。他們把中國人個人受洋人虐待案件—如最近樂志華案—忘掉了，並且把中國民族全體的恥辱亦忘掉了。然而無論如何，中國商人所以做錯誤的緣故，及其授列強以推廣侵掠中國的武器，都是容易解釋的。

少數學生亦曾踏了同樣錯誤的觀念。這事實可以證明年輕的青年受了外國教育的影響。這些學生應當是站在爲中國自決和獨立奮鬥的戰線上面。他們應該研究帝國主義的性質和中國近幾十

中國人民流到外國的血汗

中國稅關報告	一九二一年	一九二二年
進口貨價格	九〇六・七二二・四三九兩	九四五・〇四九・六五〇兩
出口貨價格	六〇一・二五五・五三七兩	六五四・八九一・九三三兩
進口超過	三〇五・四六六・九〇二兩	二九〇・一五七・七一七兩

年來的歷史。他們應當明白臨城土匪的方法和列强的方法所差別的不過是列强比土匪·損害些中國。他們應該知道請侵掠的强盜國的代表來保護中國人民反對沒有外交代表和新式軍用品的土匪不過是中國人民自己的羞辱。

但是中國的國民黨亦借臨城案件而請求外國公使干預內政，實在是中國人民的羞恥。國民黨之所以成立是因爲反對外國侵略者的統治。因爲這個緣故國民黨集合了勢力推翻滿清。此後國民黨就經驗着，外國在中國的勢力已很强，足以使袁世凱破壞辛亥革命的結果。這事可以證明中國那時已在列强勢力宰制之下的程度。國民黨如果不在人民中發展一種民族的精神，如果不鼓動中國人民起來反對列强在華勢力之日長，實在沒有存在之理由。說國民黨會到北京公使團面前去請求他們『給中國人民以發展一個能得全國擁戴的政府之機會』，異令人難以相信，但是這於事實居然發生了！因爲臨城案件，國民黨總部乃發一個電報給奴隸中國之列强代表。這個給外國公使團的電報是用外交家的說話寫出的，所以沒有說實話。國民黨必須反對北方軍閥和其政府，這是很明白的。國民黨所以要反對這些北方軍閥，因爲他們是中國的仇敵，他們阻止中國的發展，他們把中國變了列强的獵場，列强如果自己中間利益衝突，早就併吞了中國。國民黨應當召集中國人民中一切知道所以反對北方軍閥的罪惡之份子，國民黨是這反對派的領袖。然而如果國民黨採用錯誤的政策去召集外國侵掠者來反對北京政府，那末，他如何能自稱領袖呢？稍能明白政治的人都可以懂得國民黨這樣做法，猶如給一個執照給外國侵掠者，甚至拿中國國民黨的名義來統治中國。因爲本報篇幅少不能登錄該電報的全部。國民黨對于中國人民沒有做什麼宣傳，但是這個電報各報都登載了！所以祇錄其中緊要的幾句：『雖北京僞政府及其各省官吏應對現狀負責，敝黨代表國內自由主義及進步份子，敬對其人民受禍各國公使表示抱歉。同時國民黨願指出北京僭竊者之不爲中國人民所承認，其存在祇賴列强之承認而無他。是以列强于支持一不行使或不能行使政府職權之政府，已或于無形之中干預中國內政。』因爲這個原因所以國民黨要求列强撤銷承認北京政府。國民黨這樣的見解，眞是萬難了。北京政府祇是靠列强的承認這話誰能相信，沒有一個政府能靠外面的承認而生存的。說列强代表『或于無形之中』干預中國事情，就可以表示民黨不明白中國最大仇敵的眞性質，或者因爲他不肯說實話。如若是不肯說實話那就對列强太客氣了一點。列强有組織的在把鴉片基督教和戰爭販到中國來造成現今中國所處的治安呢！

中國國民黨須組織爲打破列强統治中國的運動之前鋒。然而這個電報竟要領導建設新中國的中國人民去跪在公使團的面前請求賜給中國人民以『發展一受全國擁戴的政府』的機會，這種舉動無異就是反對國民運動的宣傳。這種不好的宣傳，不過使中國人民的民族精神，喪失於中國國民黨之手！

嗚呼！外國政府下之商埠同盟！

獨秀

北京軍閥官僚政府是我們必須反對的，中國之大患兵與匪，不單是我們素所深惡痛絕的，并且是我們應該出力處置的；但是我們要知道：以工商業侵略中國，使中國人貧而爲兵爲匪，又極力的扶助北洋軍閥(現在還正在進行大借款)，故意造成中國亂而益貧貧而益亂的重複因果，這罪魁禍首是誰？不待說是帝國主義的列强。我們反對軍閥，同時又必須反對帝國主義，正因爲這個緣故，并非是感情的故意排外。

組織商埠同盟，并且同盟起來，自治起來，武裝起來，反對軍閥政府，抵抗兵匪的侵略，這都是我們贊成的；但是我們却不忍心贊成

外國政府宰割下之商埠同盟

上海字林西報載西人投函說：英法美均以用費太鉅不願以兵來華，鼓吹中國人組織商埠同盟，以武力防禦兵匪，幷且加壓力於各省當局，這話都不錯；但同時他說什麼「不得不於外國政府贊助之下」，什麼『以各商埠中外人士間之合作為根據』，什麼『警士可用華人警官則用外人』，什麼『利用外國兵艦保護江政』，這是什麼用意？這是什麼一種商埠同盟？這種在外國政府宰割下之商埠同盟，不過是各國共管中國各商埠之變相名詞，這樣變相的和平共管，比用巨費派兵來共管的方法，更是巧妙！

中國土匪也來了！

獨秀

意大利之法西斯蒂黨，其反動的理想與行動，簡直是土匪，他們近來在意大利的成功，幷在德國法國恢復帝制運動，不但是世界工人階級之危機，幷且是世界資產階級的民主政治之危機，日暮途窮的歐洲官僚資產階級利用他來救濟一時之急，真是引虎自衛；所以歐美日本聰明的資產階級分子，都把意大利的資產階級揑着一把汗。

中國已被土匪鬧的不得了，不料上海大陸報記者又要介紹外國土匪到中國來，他說：『上海現有一意大利的法西斯蒂黨代表，名為馬郎柴納Signor Maranzana，倘華人商會向他訪問，他必樂得以他們成功之方法及原則見告。』大陸報記者又說：『中國現在遍地皆匪，匪有良好組織，為布爾雪維克主義所傳染，向聞布黨中人曾在彼等中傳布主義，鼓吹推翻現在社會秩序已經數年；據臨城刧案中被擄之蘇雜門氏說，匪中有一人能操俄語，（其實匪中還有多人能法語）其妻為俄人，彼曾服務於俄軍中。』臨城案件和安福部顯然有多少關係的痕跡，若說抱共產主義的布爾雪維克在土匪中傳布主義，希望土匪來推翻現在社會秩序，真是天大的笑話！真是絲毫不懂得布爾雪維克主義是什麼！臨城匪中也許有俄妻能操俄語曾服務俄軍的人，但是我們要知道：俄國白黨在西伯利亞及蒙古失敗後，他們和與他們共事的中國人，紛紛退到內地活動的很多，他們活動之目的，我們應該知道，若以為凡是俄人及與俄人接近的別國人都是布爾雪維克，這種簡單的頭腦，實在未免可笑。大陸報記者一面誣衊俄國布黨和中國土匪聯絡，一面他自己卻介紹意大利的土匪給中國商人，請問他是何居心？

美國不是外國？馮玉祥不是軍閥？

獨秀

馮玉祥在北京長老會堂演說：『五月七日那天，兄弟的軍隊全招集到南苑，開一個國恥紀念會，不料正開會的時候，從城裏頭來了一個電話，是某部長給我打去的，我接電話，說我是馮玉祥，什麼事呵？他說，方才聽說貴軍在南苑開會提倡抵制日貨，那不要惹起外交嗎？我當時氣是火冒三丈，遂回答說，必得把軍隊解散，槍砲都送給外國人，才算不排外嗎？你還是有骨頭的人嗎？』馮玉祥這段說話，我們十分贊成；但同時我們要警告馮玉祥：『你須知美國人也是外國人！你須做一個始終有骨頭的人！』

他又說：『回頭看看中國的現象，窮的尋死上吊跳河，日有所聞，但是那文武大官僚，終日吃的山珍海味，……』馮玉祥這段話，我們也十分贊成；但同時也須請問馮玉祥：『你的衣食固然很吝嗇，你的荷包裏究竟怎樣？』

我們固然不以人廢言，我們更希望馮玉祥：反對外國侵略勿把美國除外，反對文武官僚貪橫勿把自己除外！

外國統治下的商人政府

春木

美國公使休門在上海總商會演說勸中國商人應當干預政治，應該自己出來建設一個強固的政府。香港南華報記者在五月廿八日報上亦勸告廣東商人應獨自造成一種勢力，並勸他們發展廣州的商團軍。英美兩國現在都希望中國能有一個商人政府出來。中國的商人能出來打倒軍閥建設一個代表中國人民的政府，在歷史說來是更進步的，只要真傾向民主主義，真能革命。但是我們所希望的民主主義政府是一個獨立不受外國勢力的政府。決不是英美所希望我們所有的商人政府。因為他們幾年的試驗，覺得中國軍閥靠不住，不能完全行使他們的命令，他們于是想找中國的商人，他們一定能更比軍閥服從一點，因為他們本來是洋行買辦，外國人的雇傭者。這樣一個完全受外國統治的商人政府一定比現在的軍閥政府還要壞，中國人民將愈受外國的掠奪。英美這樣的企圖是中國一切愛國的人們應當反對的。

狼狽為奸之中外資本

田誠

五月廿六日申報北京專電：「近日各小銀行銀號，向外國銀行接洽押款甚多，行息一分五，但轉借政府，可得四分淨利。」這個消息表現什麼意義呢？

1外國資本家假手於中國各小銀行銀號，用暗度陳倉的妙計，借款給北京軍閥政府，助長中國內亂魚肉中國人民。

2中國銀行資本家為外國資本的傀儡，只要有小利可圖，助長內亂固無不可，即賣國亦無不可。

這樣看來，外國人反對軍閥，銀行公會主張理財裁兵，都不過是青天白日的鬼話。外國資本家一面用恩威並施的方法，勸告中國商人反對軍閥，一面又用金錢助軍閥，以至違反商人利益；真是奸猾的洋鬼子！那些小銀行銀號，簡直是資產階級中害羣之馬！凡屬愛護中國的商民人等，還不應羣起而攻之麼？

為廢止棉花出口令禁告中國實業家

春木

上年棉貴紗賤，國內紡紗業，極為恐慌，廠商為保存自己生存起見，呈請政府禁棉出洋，當由北京政府照准施行。後來外交團援據條約所保障之土貨購買輸出權利，累次對北京政府抗議禁止棉花出洋，近日北京政府已由國務會議通過廢止棉花出口議案。這個議案當然是不利於中國紡紗業，是中國實業家所要反對的。

中國實業家從這件事上可以明白外國資本家和你們自己的利益是相反的。先發達的資本主義國為什麼要變成帝國主義國要征服殖民地？——就是因為資本主義在本國已無發展餘地，所以要得着殖民地來銷售他們的工業出品的市場，一方面要採取殖民地的原料來供他們的工業。因此資本主義國對殖民地非强迫着決不肯讓殖民地實業發展，決不肯讓殖民地原料出口有限制。我們中國雖不是一完全殖民地，亦就相差無幾。對於外貨的進口和原料的輸出都須受外人 管理。這頒棉花出口的禁止是保護中國幼稚紡紗業所需要的，而外國資本家決不能允許這個，因為這是直接反對他們的利益，一方面他們需要賤的棉花供給他們的工廠，一方面怕中國紗廠得了賤的原料可以在中國市場上面和他們的紗競爭。

所以在經濟地位上中國幼稚的實業家（完全和中國商人不同），一定是反對外國帝國主義者而成為中國國民運動的一份子，中國的獨立和中國實業家的利益是不能分的。中國的實業，倘若沒有獨立的政府爭得對于出入口貨有絕對的主權，來保護他的發展，是無從存在。這種北京政府祇能保護外 而不能保護中國人民，非推倒不可。中國的實業家，你們應當知道你們自己的利益和自己的使命。你們更應當知道：中國的解放獨立非得最大多數勞動平民的參與，決不能成功；——不是現在北京政府能保護實業 而是平民革命政府。

一致團結的反對軍閥罷！

巨緣

上海·商會通電全國銀行，在內外債未得整理担保之前，對于政府的一切借款，完全拒絕；若有一銀行冒此不韙，便將羣起攻之，與之斷絕營業關係。

北京却有許多中國的小銀行連日向外國銀行團借小債十萬二十萬不等，且願以行址地基生財作抵；實在是想以輕利貸外債，重利盤剝政府　據說端節前，北京政府與華銀團方面四分利以上之小借款合同成立必多。

請問：中國國民反對軍閥政府的運動，能不能算得統一，能不能有力量？好的已經祇能消極的同盟抵制，壞的還要貪不利，——真正是沒有出息的東西！

奉直戰爭和日本與英美的利益衝突

春木

新銀行團三千萬墊款是英美想幫助曹吳打敗奉張，推倒日本在華特殊勢力，日本有鑒于此，所以藉口于怕有助長內亂之嫌　反對這個借款。于是現在英美想法用完全英美沒有日本關係的克利斯浦銀行來借款給曹吳政府以抵制日本。借款未成功，曹吳不敢對奉張開戰，所以奉直戰爭延宕至今，未能實現。這奉直戰爭醞釀之中，反映出日本與英美的這種利益衝突。中國的所以不統一就因爲列強的對華利益不統一，各要扶助一派以植自己的勢力；而列強的利益終無統一之時，所以中國亦無統一之日。只有第三方面，就是中國平民自己起來把兩種勢力——軍閥和列強——都推倒，方才能有統一。

中國還沒有亡？

巨緣

申報北京電，據新銀團要人云：無論新團或克利斯浦團墊欵，其

條件必需(一)擔保必須鐵路，或增加後之關稅；(二)財政必須稽核。因現在歐洲現貨極缺，決難冒然爲無方針之投資。漢口的所謂萬國公民大會議決五案：(一)請各國政府迴知中政府，撤臨城軍隊，及會議代表並調停人，由使團直接與匪磋商，商定辦法，由中政府負責辦理；(二)請中政府裁汰浮軍，有必要時，由外兵輔助；(三)提議組織護兵隊，由外人統率，保護各鐵路；(四)保護雞公山牯嶺事件，函各國緒派軍艦駐漢滬，以便遇變時由義勇隊開往保護，有軍艦陸戰隊登岸接防；(五)願各國代表請各政府於中國混亂更重時，準備武力干涉。

照此看來，外國人借款給曹錕選總統，不久就要監督財政抵押鐵路了；藉口匪亂，卽刻就想武力干涉，增加外軍，組織護兵隊了。並且外國人要親自直接與匪談判，中國自己的財政交通軍事警備外交的各管理機關可以完全停止辦公了。然而還未恐中國不亡。——他們更主張『裁汰浮軍』，——製造土匪；接下便說『遇必要時，由外兵輔助』。既如此，盲目的裁兵愈多匪亂愈盛；匪亂愈盛，所謂『必要』之時愈常遇；所謂必要『必要』之時愈常遇，外兵派入中國愈有機會。這一著棋下得眞妙極了！那時眞可以『放心作有方針之投資』了。哼！

土匪軍閥借用洋人勢力的兩種手段

之龍

洋人利用中國軍閥作亂，好來乘機打劫，於是乎接濟軍閥的餉械；軍閥要作亂，也不得不借洋人的援助。曹吳擁有幾省的地盤，和洋人接洽款械，重視抵押品的洋人，當然是極歡迎的。但是尙未成形的軍閥——臨城土匪——沒有地盤，想借洋人的勢力，那能辦得到呢？所以他只有擄去洋人之一法。臨成土匪招撫之後，擁有地盤，拿着北京政府任命的督軍督辦巡閱使的台銜，再和洋人籌商借款，不用說，也能

和現在的曹吳一樣，用不着擄人了。更進一層，假使曹吳失掉了地盤，那時不能和洋人接洽借款，他們—曹吳—也要在保定洛陽附近的山中，擄刦洋人呢！借用洋人的勢力是一樣的，不過兩下的勢力不同，所用的手段，也就不同了。

世界一週

英國內閣之變化

和森

二十二日倫敦電：今日午後財政大臣包爾溫被召入宮，未幾公報發表被任相職。據今日某獨立方面之消息，外相克松侯爵所以未能擢登相位者，因工黨聲稱如以貴族爲首相，定用種種政治手腕以推倒之也。而保守黨亦有一部份不贊成貴族首相。包爾溫在宮約一小時。今晨保守黨領袖會集議於唐林街，一致決定繼任人物。包爾溫自一九〇八年爲下院議員，初不著聞於世，迨五年前入財政部供職時，其名始彰。包屬於保守黨中主張急進改善稅則者之一派，其在卡爾登俱樂部之演說，即混合政府傾覆之動機。包素主張純粹保守黨內閣，故擁護張伯倫者，恐無復入保守黨勢力範圍之望。大約賀恩爵士或可擔任財政大臣一席，克松則仍長外交。

現在英國政黨的背影，以波拉勞爲領袖的保守黨代表銀行資本，以魯易喬治爲領袖的自由黨代表工業資本。上次選舉與內閣之變化—魯易喬治下台波拉勞上台，即銀行資本對於工業資本之勝利。這種變化及於國際上的影響其顯然可見者爲：英國對俄政策之惡化；對法（占領魯爾）政策之讓步。因爲工業資本所需要的在恢復國際帝場，而銀行資本所需要的在恢復其債權，故魯易喬治內閣對俄軟而對法硬（反對法國對德賠償占領計劃），波拉勞內閣則對俄硬而對法軟。

此外保守黨內閣及於美國之影響：第一爲厲行保護關稅政策（增高進口稅）以對抗美國商船津貼案，這即間接與美孚煤油公司以打擊（津貼商船案如得通過，則美孚油運費減輕）；第二即英美債務問題之解決。原來美國銀王摩根與英國銀行資本淵源甚深（其父老摩根爲英國銀王並爲在美投資於鐵路與工業之惟一大債權者），而英國工業資本與美孚煤油公司頗有關係，故魯易喬治內閣頗有利於美孚煤油公司，而波拉勞內閣頗有利於摩根。

這次包爾溫做波拉勞的替身，自然沒有別的新變化可言，自然要討法美五金資本家與銀行資本家的惋惜（對於波氏）與喝彩（對於包氏），因爲他們同是保守黨。然而有一事特別可注意，就是克松—最反對勞農俄國的保守黨—竟遭工黨的反對而不能組閣，不然，波拉勞的替身還不會輪到包爾溫。

日俄談判再進一步

和森

東方社二十五日東京電：今日後藤子爵關於與越飛氏之交涉始末，發表一長文之陳述書，略謂今後之關係，將移於勞農俄國代表越飛氏與日本政府當局之事業，而進行於當然之順序矣。今兩者間已將所有可由非公式交涉前進於公式交涉之條件具備，是誠余爲日俄兩國由衷心所歡喜不置者云云。後又舉出基礎私案名目五項如左：（一）薩哈連問題，決定對於賣買或爲日俄合辦之企業組合，與以特許之利權；（二）國債義務履行問題，除承認問題之外，又留保爲將來之問題，以俟國際會議之解決；（三）廟街問題，當由俄國認爲精神上並物質上之責任，但在俄國若舉出日本軍有相同之行爲之確證，日本亦認爲同樣之責任，而抵消其賠款；（四）駐於北薩哈連之軍隊，基於日本之自由意志，言明撤退日期；（五）承認之聲明，不別用形式，由條約批准之日起發生效力。以上五條件，爲曾質諸政府者，與越飛氏所提出之三條件一致之妥協案也云云。

東方社二十五日東京電：越飛氏今日對于記者團之質問，爲大要如左之解答：（一）余所提出之條件，信可令雙方滿足；（二）後藤氏與首相會見後，問題已過私約交涉之階段，由此將入公式之交涉；（三）余渡日之目的在養病，能得今日之政治的結果，殊非預期，又鑒於四國之事情或尚須留意．（四）經過之發表，須得雙方之同意，（五）拘禁之日人雖已接全部釋放之電，然大庭氏之出處現尚不明。

我們細審後藤氏所提五項私案基礎，若公式交涉完全建築於這基礎之上，我們可信日俄間懸年料談障隔業已大大消除，而正式開議之良好結果必不在遠。於此不僅看出日本政府外交手腕遠勝英國保守黨內閣數籌。（其實最近英國克松外相之對俄反動政策，謂爲促成這次日俄談判成功之動力亦無不可），而日本政府善於自謀之對俄妥協政策，亦於遠東大局之前途不無禆益。由此更可見蘇俄國際地位，絕非英國頑固的保守黨與意大利野蠻的法西新帝所能撼其毫毛。前此英國工業資本家及其代表者魯易喬治，要算是世界第一了解蘇俄地位之重要的人物（當然他們這種聰明現在還是一樣，不過現在是他們的反對黨執政能了），現在以後藤爲領袖的日本工商家要算是第二了。我們試看五月二十四日東京來電：

二十四日東京電：聯合商會上書政府，要求以切實方法與俄訂約，俾藉通商而保兩國間之經濟發展，書中又言兩國如輔車相依，急宜恢復商業關係；且俄國國勢日見穩固，現需外助及外國資本以圖其經濟膨脹，各國已均注意及此。

充滿威嚇的世界

大雷

英國在星加坡建設軍港，日美間之當然都有戒懼，所以日本報紙都說這是『對日本挑戰』。（五月廿五日香港南華報）五月廿八日香港南華報載美國海軍總長鄧壁的演說亦是有鑒于此。丹培說：現在的世界是一個『充滿了威嚇的世界』，我們不能不防衛自己，在軍備限制協約範圍內我國應增添巡洋艦，飛機：：：。

現在美國人自己亦不能不說成華盛頓會議的無用。在此種『充滿了威嚇的世界』還是大家積極備戰能。崇拜美國因而迷信美國人所召集的華盛頓會議和所創造的國際聯盟的人們，不要再替你們的主人圓証了。

長沙通信

湖南省憲的意義到現在愈加明白了，他僅僅是趙恆惕這个弱小的軍閥用以保險的工具（强大的軍閥，不要省憲法保險）。省憲法許多條，僅僅只有省長由選舉不由任命和外兵不得入境兩條是他自己要的東西，其餘他是一概不要。就是這兩條，在趙恆惕的意思都要有個時限才好，就是如果孫中山打倒湖南時，省長最好能由北京政府任命；他的好友袁祖銘派兵赴漢陽運鎗械回黔，這些兵最好能自由過境；相當的時候，及希望吳佩孚的兵能到岳州。這些在所謂根據省憲法的省政府成立以來四五個月內已完全證明了。人民要的就是趙恆惕不要的。人民雖然要，覺無如趙恆惕不要何。舉出最近擾動長沙城的幾件事做例：

封大公報　大公報以指出省憲法爲軍閥利用及議會政府種種金錢買

壹醜行，遭議會議決政府執行封閉。『人民有用言語，文字，圖書，印刷及其他方法自由發表意思之權，不受何種特別法令之限制及檢查機關之侵害』，省憲上明明白白的條文，大公報雖然要，無如省政府省議會之決心不要。

封人力車工會禁輾穀工會　苦到無以為生的人力車夫組織一個工會，也遭警廳封閉，原因是警廳中人及政府中人多是人力車車主；虧得車夫們强硬反抗才使警廳屈服。禁輾穀工會則藉口前清時工人罷工官府曾有禁令，竟忘記省憲法『人民有自由結社和平集會之權不受特別法令限制』的新條文了。

檢查郵信　有總司令時，檢查過的信上蓋用『湖南總司令部檢查訖』九個字的橢圓形圖章。新政府成立，無總司令部這個作惡不怕醜的名義了，就率性省去蓋圖章一個麻煩手續，信還是要看，絲毫顧不及省憲法的『書信自由』。外來的報紙有罵趙的話就被守在郵局裏的政府檢查員扣留。但終究奈何不得漢口江聲報，因為他越扣留越罵。

教育費不僅不能加巳有的一點都不能發省憲法規定教育費占歲出百分之三十，教育司長無法叫這條憲法實行，發生」一個違憲的問題。已有的一點不及百分之十，還卡上四五個月不發。教職員先生惱了，罷課大鬧教育司一次，結果發一個月了事。小孩得了一個餅，暫時不哭了。他們並不知道這是軍閥的罪惡。

軍費的違憲問題　省憲法規定軍費不能超過歲出三分之一，省自治的生死在這裏，新預算不能照辦。這是一根要命的繩，將省政府省議會生生綑住　省政府不能使預算合法是省政府違憲，省議會不能糾正他是省議會違憲。這個問題現在鬧到省務員辭職，省議員咬文嚼字的爭，趙公元帥束手無策。但我們知道這不過是他們一時有意鬧的把戲，過一陣一定要將這根繩子斬斷，就是省憲法絕命之日。

自從種種事實將省憲法證明是一部與人民不相干的死文章，從前希望省憲法的人現在都死心蹋地的絕望。從前主張省憲最力的大公報，現在轉鋒攻擊省憲以至於遭忌被封，就是顯明的證據。

子雲　五月二十四日

讀者之聲

記者：——我讀貴報廿七期，先生駁曾[illegible]光君文，心中大受打擊，有不能已於言者！夫所謂『無政府的非政治空氣充滿了廣州教育界』，自是事實。然其所以致此者，則廣州教育界，經歷次政潮之震盪。腦筋既有昏迷之勢；所以對于國民領袖孫先生光明磊落之政治革命，亦未參與；此自是廣州教育界之罪過！然我希望其能急起自新者。至於以農專公法甲工一部份惠州學生，有『反革命』情事，遂謂『擁戴陳炯明的惠州主義惡化了全廣州市的學校』此是何種的邏輯？我不知先生何以服人，何以如此荒謬！我奉勸先生：此後發言，不要徒逞筆鋒！甚幸！

梁我於廣高，六月三日

你若不信『擁戴陳炯明的惠州主義化了全廣州市的學校』，請你睜下你們廣高十五週年紀念特刊號！

記者

The Guide weekly

嚮 

週報

▷第二十九期◁

（中華郵務管理局特准掛號認爲新聞紙類）

一九二三年六月十三日

定價

每份郵寄三分全年大洋一元三角半年七角國內郵費在內

分售處

香港 厦門 上海 雲南 北京 武昌 太原 長沙 濟南 南京 成都 杭州

萃文書坊 新民書社 民智書局 新亞書社 大學出版部 時中書報社 晉華書社 文化書社 齊魯書社 樂天書社 華洋書報流通處 古今圖書社

每星期三出版

發行通訊處

廣州昌興新街二十八號二樓本社

北京大學第一院收發課轉劉伯青

中國一週

日本慘殺長沙同胞

獨秀

帝國主義者以兵力強迫中國開港通商，以兵力強迫中國銷他們的貨物，已不知有多少次，這種橫暴的「武裝通商政策」，實在是目中無人！　前月日本兵在沙市慘殺排貨的中國學生，現在又在長沙以武力阻止中國學生檢查日輪搭客，槍傷市民四十餘人，不知道無恥媚外的中國新聞記者們，以爲比較臨城擄去二十多個外國人情節輕重如何？

羞見國民的中國國民黨

春木

國民黨應當是國民的黨，是領導國民羣衆的政黨；所以他的職務應是組織國民羣衆，在國民羣衆宣傳，鼓起國民的精神。　國民黨和國民羣衆須有一種密切的關係；無論何時國民爲自己的利益而奮鬥，國民黨應立刻就去幫助他們的奮鬥，去指導他們走正當的道路。　要在國民的心中有國民黨是能代表他們，能代他們利益奮鬥的觀念。　這樣一個國民黨方能算爲一個眞正的國民黨，這種國民黨準成功無疑的。　土耳其的國民黨就是一個最好的例。

中國國民黨辛亥革命以來十二年的奮鬥一無所成，因爲他完全和國民斷絕關係，而祇知道和軍人政客交際。　無怪乎國民不願認國民黨爲他們的黨，實際上國民黨沒有做他對於國民應做的事情，沒有和國民接近，沒有盡一點鼓起國民精神的責任。　我們不能說國民黨的份子沒有參加近年來的各種國民運動，並且的確國民黨人在學生運動，工人運動中亦很盡了一份力量。　但是個人的行動和黨的行動是大有差別的。　例如上海六月三日這次國民大會，有許多國民黨的人物參加在內，但是國民黨的面目沒有拿出來。　據說國民黨有意在國民羣衆運動中不把旗子樹起來，因爲恐怕國民黨的旗子樹起來了反把羣衆嚇跑了。　這種實在是一種錯誤的觀念。　因爲日日和國民接觸，使他們漸漸相熟，知道國民黨是他們的黨是爲他們奮鬥的黨，於是國民黨才會得國民的擁護。　如果大家不相接近，愈離愈遠，那末國民黨將變成無國民的政黨。　國民黨的現狀就快要到這個地位了，這是國民黨裏的稍明白的份子都能覺察到的。　國民現在所以怕國民黨的名字因爲國民黨一直所採的方法和一切混蛋的政團如安福系，交通系，直系，奉系等的無甚差別，固然在主義上面自然大有不同。　如果國民黨能把以前錯誤的政策改過來，注意於國民羣衆運動，注意於國民的宣傳，國民非特如現時的怕懼國民黨將歡迎之不暇。　所以國民黨不應當如舊禮教的女子怕拋頭露面而不見國民羣衆，應在各種國民羣衆運動中高樹國民黨的旗子接近國民，指導國民，鼓起國民精神。　這才是眞正國民的黨，這個國民黨一定能如土耳其的國民黨能達到同樣的成功。

中國改造之外國援助

孫鐸

在前期臨城案件與國民黨一篇論文中我曾說起：一切殖民地和半殖民地上做政治自決和獨立運動的人們有兩種趨向，絕對的互相衝突。　革命份子主張用發展革命運動來實現他們民族的獨立，革命運動的宣　能醒覺革命精神，能集合被壓迫的國家民衆與外國統治爭鬥。　他們對民衆解釋外國帝國主義的眞正性質，即使在外強被迫給重大讓步的時候，他們看了祇是外國統治的新形式，想暫時破裂革命運動的勢力。　反對方面則國民運動中的反革命份子倡議被壓迫民族的自決祇是與外國統治者合作的結果，他們祇在過去的時期中是殖民地上的剝削者，現在他們明白他們必須幫助殖民地的人民培養他們國家自治所需要的資量。

人人都知道後一種的傾向在中國是很強烈。　革命的國民運動者疏忽民衆中的宣傳，不能見着集合羣衆的重要，祇知注重於軍事行動，而大半的外國留學生和與外國利益有密切關係的商會又常常請求外國幫助中國和中國人民的進步份子。　中國評論三月號上載了主筆一篇，『中國與列強』的論文，其中有一句話說：「中華民國的成功與失敗大半在英國手裏。　所以最好我們應該得到英國的幫助和合作來開發中國的極大富源。　我們希望倫敦廣州的政治家能獲得這個機會並且儘量利用這個機會」，這位主筆是贊成中山先生的人●　他希望國民運動的領袖實行英國幫助中國改造。

廣州日報的主筆亦是中山的擁護者希望美國能幫助中國。　至少他在他的報上發載了一篇美國人的文章，他想運動華盛頓承認孫中山為中國的法律上的和憲法上的總統來改善中國的狀況。

受外國教育的智識階級中這樣缺乏明瞭帝國主義的眞正性質，眞是令人驚異。　然而他們對於資本主義和帝國主義的智識或者能說是缺乏，他們總不應不知道外國勢力在中國發達的歷史，並且在過去的時期中曾經常常說及外國資本主義在中國的幫助。　這幫助的結果，每個中國人必已知道了。　國民黨的領袖須找得英國幫助中國改造的路途，這種提議怎麼能有的？　就是假設明天孫中山靠了外國的幫助得着機會做了民國的總統，豈可說中國已距離他的自決和獨立近了一步了嗎？　決沒有，祇造成了使孫中山喪失他是一位忠實的革命黨的名譽之機會。

新近顏惠慶與北京導報記者克拉克談話中發表他對於發展中國的意見。他很是樂觀，他對於列強有什麼方法來幫助改造中國？這問題的回答如下：「第一條原則就是：須讓中國自己救濟自己。第二條原則是：須不援助中國內爭的任何方面。列強對於中國已往是忍耐了，讓他們再忍耐一刻」。遠東評論說顏惠慶是一個極有才的人「中國人民漸漸多希望他出來領導創造一個眞實的民治主義的和統一的中華民國，中華民國將是一個最強盛的國家」。然而我須說：對於一個說列強對於中國已經忍耐好久的先生，不能希望他做領袖有多大用處。要想列強情願停止他們干預中國事務，要想他們能驟然完結幫助中國軍閥中這個或那個的的方法，這自然是一種烏托邦的思想。　帝國主義的政府可以對中國用不同的方法來謀他們國內資產階級的利益，但是政策雖不同，他們拿中國的利益滿足他們自己資產階級的利益則相同。例如日本要利用中國軍閥中一個的援助的時候，美國亦採同樣方法阻止日本在中國勢力的發展。

我們贊成顏惠慶的意見，說：中國的改造必須是中國人民自己努力的結果。但是同時我們應指明中國改造非特是要反對封建式的軍閥並且要反對外國的宰制中國。外國帝國主義在中國的勢力已經是大極了。北京遠東時報主筆所說的並不算過分，他說：如在中國的中心要開一槍沒有不射着外國的利益的。當帝國主義列强或是互相競爭或是互相結合同是關係於中國的剝削。那個能幫我們爭得國家獨立？那個强國有與我們同樣的仇敵？革命運動須回答這兩個問題。回答這些問題並不難。新俄羅斯自從一九一七年以來，一直和列强爭鬥，這些列强想像剝削中國一樣剝削俄國的富源和俄國人民。勞農國的革命軍能保衛他們的國家，維持他們的政治獨立，造成現在俄國遠勝於德國的地位。資本主義列强還沒有停止他們攻擊俄國由大革命造成的新秩序的戰爭。他們繼續用經濟的方法來强逼俄國回復到資本制度。目前我們又在一個英帝國主義恐嚇開戰和所謂民治主義的美國不肯與俄國生關係的時期中。全世界的帝國主義者聯合着仇視俄國，這是很明白的。就是因為這個緣由新俄羅斯祇應是征服民族的天然朋友而這些國的革命運動必須與勞農共和協同作戰。中國革命的國民黨應明白：雖然改造中國的大力量是他們自己的運動，而聯合俄國亦是在大戰爭中得着勝利之所必需。

一年以前香港英國報紙登載了孫中山的中德俄同盟計畫的秘密公文。在這個計畫上，可以證明中國國民運動的領袖懂得有聯合反對帝國主義列强的各種勢力之必要。那些真想創造獨立和强大的中國之各團體應把這種與俄國結合的思想極力宣傳。

馮玉祥與吳佩孚

巨緣

吳佩孚那時也會高談愛國民主，居然有人迷信他；現在現了原身

，人家才知道他是京漢罷工案的殺人犯，中國平民的專制魔王。——他自己的兵留着，養精蓄銳包藏禍心，却專派「匪兵」四出騷擾南方各省。這想必大家看得很清楚。

馮玉祥現在也來講什麼愛國，也來罵什麼文武大官僚（參看本誌第二十八期）。人家再不要上他的當！祇看他現在：對外交系慎出處（勿賣身與窮軍閥的黎元洪，自有人出巨價）；宣言尊重國會（哄着他們選曹錕做總統）；宣言維持治安（可以恩慫乞丐團圍黎府再藉口兵諫逼宮）；并說保全黎元洪生命財產，但對黎地位不預聞，（就是說「滾你的蛋，便饒你的命」）。他為曹錕作倀，已非常明瞭。然而他真心為曹麼？那又不然。他曾宣言不肯打奉，要在京維持，隱隱中養兵自重預備犄角之勢。

總之，軍閥內部的衝突必令中國國破種滅而後止；他們之中一個也靠不住的。

中國國民呵：「謹防扒手」！快快一齊打死這班互相吞噬的當道豺狼！

危險人物的蔡元培和荷蘭殖民地政府

孫鐸

我的一位住在爪哇多年的朋友，告訴我該處荷蘭殖民地政府對於蔡元培的一種巧妙的對待。蔡教授或者因為在北京政府之下的北京大學不能容身，想出外洋游歷。他想先游歷南洋荷蘭殖民地，此地是世界最富的殖民地之一，且對於世界地圖上所難找的，一個祇有六百萬人民的小荷蘭之經濟和財政力上有極大的幫助。荷蘭殖民地政府懂得如何維持他在爪哇的統治，至三百餘年之久，雖然在過去的二十年間，政治獨立的運動在爪哇人民中間發展，但是他寬猛並用對激烈分子主嚴懲，對溫和分子用退步的手段，所以終能維持他的統治。

在荷屬南洋羣島，有許多中國的商人工人，居住在城市開墾的地方。們許多關心中國國民運動並且與民黨有多少關係。們對於民衆的進行有多少幫助。在爪哇的華僑的地位是土人和荷蘭政府間的緩衝。因爲殘酷的剝削而引起爪哇人的反抗精神暴發之時，許多地方是華人先受其殃，因爲他們和爪哇人直接接觸，所以把他們認爲土人的唯一剝削者。

當殖民地政府想用使爪哇人上級社會階級喪失國家觀念的手段來使中國人亦喪失愛國心理，（就是說，應用荷蘭教育的手段），中國人創設他們自己的學校，祇教漢文和英文而不教荷語，因爲後者對於和外人交接絕無用處。我設想蔡元培是因爲關心於這學校，所以他想到爪哇之行。但殖民地政府已知道蔡氏是一位危險人物。這個政府極怕革命的宣傳。十年以前孫中山亦因是不能得着許可，不能入境。在那時爪哇土人的國民運動尙不十分利害。但在大戰期中及其後，國民運動特別發展，所以引起政府的不安。這個政府得着報告說蔡氏在中國的青年中有鉅大的影響並且在北京和上海會有革命性質的演說。爪哇報紙都是如次宣傳。或者荷蘭使館通知了爪哇政府，蔡元培現在失掉了參觀那奇異樂土—東方的花園—的機會，也不能看着爪哇農民和工人的貧苦了，他現在只好放棄去和那邊青年接觸的希望。在殖民地政府發表關於蔡元培的這種決議以後，有一位中國人覺得有批評那個政府錯誤之必要。因爲蔡元培並不比孫中山危險。似乎中國人住爪哇和帝國主義文明接觸之後其結果心理上變成了奴隸。但我們却懷疑蔡元培對於爪哇報紙的評論是否認爲滿意。

民國主權在人民的一點表示

春木

人人都承認：現在中國的主權都落在列强手裏和軍閥官僚手裏，中國人民可以說沒有一點份了。但是事實有不然：袁世凱想做皇帝非弄些「公民」來勸進不敢；段祺瑞恨國會自己不敢出頭打國會非請些「公民」來不可；現在曹錕張紹曾要趕走黎元洪又要用乞丐組織公民團來圍總統府。袁世凱段祺瑞那時的威權不可說不大，今日曹錕的威權亦是人所共知；但是非請出幾位乞丐的公民來表示他們的意思是人民的意思，不敢有所舉動。唉！這就算民國主權在人民的一點表示！

世界一週

美國與月俄會議

孫鐸

我們可以希望，協商恢復通常關係的第三次日俄會議快開始了。自從二月初起，蘇俄代表越飛因爲他的健康關係，應東京市尹後藤之招，即留住在日本。他的住留是預備想法重開那大連和長春沒有結果的會議，這是狠清楚的。在大連會議之時，以前的遠東共和國代表只與日本代表討論那時存在的日本與該共和國間之遠東困難問題。但在長春會議之時，越飛已以蘇俄代表的名義參加，而且實際上是與領袖遠東代表結合的蘇俄代表團。在大連會議以後的期間，俄國政治勢力增高，普通都知道兩國重開會議是依日本完全承認爲轉移的。這個旭日東升的國家的資產階級堅强的贊助這種意見。日本的工業是在困難狀況中。向日本的企業開放西比利亞，對於他是極端重要。他們反抗那使日本政府對俄所持的錯誤政策負責的軍閥政黨。日本保守黨分子的大活動，對後藤男爵公開的攻擊，和許多驅逐或者甚至逮捕越飛的提議只有以下的結果：協商是預備着，討論的新基礎業已尋得。在這時候，俄國海岸漁業問題業已解決，而且日本企業界的地位也增高了、日俄協商對中國和對國際都狠重要。俄國—被壓迫民族的有力幫助者—永不會與日本有有損中國利益的諒解，完全相反，倘如兩國通常關係存在之時，日本的傾向將對華政策完全改變的一派思想佔優勢也未可知。

這次新的會議和日本承認蘇俄的國際的重要是在：假如兩國有聯絡，太平洋的國際形勢會有轉變。西方和英美法的所謂民主主義，一向是仇視俄國的，看見保守的天皇帝國比較西方經過革命發展的國家還不怕去承認蘇俄過去的歷史發展，自然是心中不安的。他們還想阻止日本。他們現在更頑强的反對俄國，如英國之以決裂為威嚇，如美國哈丁以解散賑災委員會，不許加利甯的夫人來遊美，和允許五百白黨由海參威帶俄船到美國的停留在菲利濱等手段表示仇視感情。他們國禁止日本破裂帝國主義國家對蘇俄問題的聯合戰線。美國尤其關心。所以美國機關報紙，上海密勒評論報，忽然對蘇俄取强硬的進攻。這個不斷的以政治經濟教育在中國美國學校的學生，使其變為美國工具的報紙，說「布爾札維克主義應用在俄國，已是一可憐的失敗」，並且「列强文明的并名譽幸而未屈伏于布爾托維克派的紛擾。休士國務卿自始即為蘇俄在任何情形之下不能承認的這種觀念的强有力擁護者」。在這些話以後，那位聰明的記者努力禁止日本承認蘇俄。這是無用的，美國的忠告對于那急欲與蘇俄通商的日本資產階級是沒有多少價值的。

文明的列强很聰明的想不與蘇俄建立友好關係！但第一我們看看美國，承認蘇俄的運動日高一日。參議員波拉和拉佛勒便是這種運動的領袖，法國現在也決定了遣代表團赴莫斯科恢復通商關係。

美國，你這文明的國家！我們知道洋錢支配着你們的民主主義，支配和腐爛公衆的生活。我們知道洋錢王宰制美國文明，所以勞動運動和罷工都被極野蠻的方法破壞。我們知道，美國文明的私刑拷打為警察所用，美國一百萬人的秘密會社，百分之百是 Ku Klux Klai 黨（譯者按此乃美國法西斯蒂的別名）綁票勞動界激烈份子，殘傷他們的俘虜，私刑拷打黑人以取樂，這都是表示美國的文明呀。是的不錯，美國的文明是高極了的，美國人不飲酒，在社會交際上有高尚的道德。休士君是不承認俄國蘇維埃的。俄國總會比這位遠見的政治家的休士生存得長久些。然而我們都要知道一般青年學生對于國際政治會受這密勒的論的影響，這種美國的影響對于中國是很危險的。

日本人民對于日俄關係投票的結果

大雷

日俄關係已惹起日本全國的注意：日本一個大報中外商報，因為要確定日本人民對于此問題的意見，在報上登了好些問答由公衆投票；其結果絕少贊成日本政府以前所採對俄政策。贊成立即承認蘇俄政府的佔大多數。對于佔據薩哈連問題還是等了俄國有了滿足的賠償後，還是立即退還，輿論是贊成立即退還。于是又問日本還是對俄單獨行動，還是和列强共同行動。回答贊成日本單獨行動的遠多於贊成共同行動的。主張完全承認蘇俄政府並立即恢復外交商業關係的比主張先結商業條約然後再有政治的承認亦更多。日本中外商報在日本商人階級中最有智識和最有勢力分子銷路最廣，所以這報上的這些意見是有價值的。雖然日本政府現在還沒有正式和蘇俄代表越飛開談判，日本人民已願意和蘇俄攜手。

日本人民能明白自己的利益；英國自從魯易喬治下台後守舊黨執政以來，日和美國接近，英美在太平洋上的結合是對抗日本的，是危害日本的利益的，因此日本不得不找一個幫手，現在只有俄國是日本唯一的幫手；並且日俄結合後日本可得着西比利亞的市場；明瞭這個日本人民要求單獨承認蘇俄。

中國的智識階級雖然對于俄國可說是表同情的，但是中國工商階級的表示都是反對中俄有親密關係的。中國的資產階級不知道中俄密切關係是和反抗列強和建設中國獨立有重大關係的，而中國的獨立是有利于中國資產階級的發展的。中國資產階級或者是因爲受了英美帝國主義者的悶香把心蒙閉了，因此不能了解自巳的利益，不然如何會這樣呢？

第二與二半社會國際的聯合

仁靜

五月二十二日倫敦電，國際社會黨大會開會於漢堡，代表數千人，其目的乃在依戰前基礎，恢復萬國勞工大會，布爾札維克無代表參加。又二十八日漢堡電：國際社會黨大會今日閉幕，大會通過議案多起：(一)對于協約國驅迫德人變爲國家主義派及帝制派之舉動，提出抗議；(二)請德國勞動家絕對勿從德國資本家不顧犧牲以使德國履行義務者之唆使；(三)抗議魯爾之占領，英代表對於反對帝國主義者干涉俄國內政一案，未曾投票。

這次社會黨大會是第二國際與第二個半國際聯合的成功，舉行結婚的典禮。第二個半國際當歐洲革命潮流高漲之際，從第二國際分裂而獨立組織。他們口頭贊助蘇俄的革命，贊成無產階級專政，但反對加入第三國際，實際却與第二國際攜手，擁護資產階級，助資本主義之恢復。他們的用意是希望靠口頭的承認社會革命，實際的妨碍他，以抑止歐洲勞動階級向左的傾向和革命的成功。所以第二半國際與第二國際在政治上和勞動運動上的政策，仰制罷工和示威的運動簡直是沒有分別的。

經過兩年的分裂，歐洲無產階級由進攻的地位退到防禦，資產階級逐漸鞏固其在大戰後的破產的資本主義經濟，受動的潮流彌漫全歐，勞動階級革命的能力銳減，從此口頭主義與實際的政策，已無分道揚鑣的必要了。所以從去年發生合併的提議至此次的會議慶祝合併的成功。

我們只看此次大會的決議，便知是第二半國際摘去他們革命的假面具，完全屈服于第二國際的表示。對于賠償問題，對于協約國帝國主義榨取德國人民血肉以供戰勝的帝國主義恢復他們的工業的問題，他們勸德國勞動階級勿受人「唆使」，而不履行「義務」。(因爲賠償的革担是間接壓在勞動階級身上) 魯爾之占領，震撼全歐，法國爲取得鎔鐵的焦媒，竟占據處分德國全國特以生活之工業精華區域，任意屠殺毫無武裝的人民。但這次社會黨只止于口頭的抗議，不想積極的示威，消除禍根。且拒絕與共產黨聯合奮鬥的要求。他們的袒護資產階級，不顧搖動資本主義的行爲竟毫不欺飾的暴露出來了。

我們再看各國共產黨是怎樣的舉動。對於賠償問題，各國的共產黨都主張推翻規定幾千萬萬的賠償鉅額的凡爾賽和約。羅爾的佔領，德法共產黨都拚死力反對本國帝國主義的野心。法國的共產黨和工團聯合會的領袖因此被捕數十，德國最近的魯爾區域的暴動，在街市與警察軍士衝突，也傷亡不少。這樣的英勇奮鬥的精神，豈是改良派的第二與二半國際所能及其萬一的麼？

這次二半與第二國際合併所代表的意義是歐洲的資本主義日趨反動，口頭的革命主義宣告破產。這種合併也是幫助勞動運動的開展，給共產黨擴大勢力的機會。改良派的合併，使欺騙勞動階級的舉動暴露其赤裸單純的性質，勞動階級也認清在勞動階級中誰是他們的敵人和誰是他們的朋友。

法西塞黨的破裂

大雷

羅馬六月一日電：法西塞黨前黨員，密塞利議員因爲在議會中批評法西塞派的幾種現象並請莫奈里尼設法回復到平常憲法的方法，在街上被三四人毆打受重傷，這件最近驚人的事變可表示出法西塞黨內部的衝突，法西塞義勇軍內的一位青年軍官因與這件惹起大衆憤怒的事有關係被捕，司法總長宣言採嚴重手段務使犯法者受法律之審判。密塞利演說還有一種影響就是農業部司長哥基尼辭職，他慶賀密塞利的演說。莫索里尼允准了他的辭職。

意大利法西塞黨本來是一班複雜份子所組織的，沒有穩固的經濟基礎。所以實際上純是資產級階的工具。他起初成立是一班失業的軍官，一班小資產階級在戰後覺得自己在社會沒有立足地了，於是組織起來採法西塞的這種愛國主義和野蠻方法，以爲這樣可以使他們得着社會地位。意大利的資產階級因爲他們壓迫勞動者因此極力的縱容他們，極力幫助他們，因爲他們在野的壓迫勞動者還不夠，所以假之以國家機關。這就是法西塞黨成功的緣故。雖然法西塞黨執政後否認一切資產階級的憲法權利，並且對於他的黨綱有許多不滿意，資產階級容忍着因爲他們知道法西塞黨的熱血會慢慢冷下去，會漸漸服從資產階級的法律。在實際上法西塞黨現在完全屈服的意大利資產階級之下。他執政後所採的政策如解散防止因戰贏利而設的檢查契約委員會，減少奢移品的征稅，廢除公立學校的國家助款，限止失業利益的權利，增加官俸，征收工資稅，廢除遺產稅等等，都是使人民社會損失以增加資產階級的利益。而法西塞黨內的一班小資產階級除掉能得到一官半職者以外多不能滿意于這種政策。並且近來有廢除強迫租賃條例之事，使小資產階級失掉住屋的保障，因此本來擁護法西塞黨的亦大覺失望。法西塞黨把以前擁護他的鄧南遮的團體和皇家衛隊解散了。後者的解散遂引起去年十二月卅一日今年正月一日的反叛。法西塞黨的內部因此早就起了衝突了。法西塞黨既已盡了對于意大利智產階級的義務，把意大利無產階級暫時壓下去了，所以現時意大利資產階級對于法西塞黨裏一派的「不法行爲」已不能容忍，現在要強迫他們服從資產階級的法律了。實際上呢，是法西塞黨內一派大資產階級容忍不了一派小資產階級的胡鬧，因而開始「整頓」。——現在工人階級已經壓得不能動彈，自然用不着這班胡鬧東西，再胡鬧要鬧到資產階級自己頭上來了！法西塞黨將來或者祇有低頭服從命令，成爲一個很適意於純粹大資產階級專制政黨。

讀者之聲

嚮導記者：

以談政治爲可羞的「士君子」固然是天下第一昏蛋；祇問外交不理內政的「學生界」，也何嘗不是天下第二昏蛋？今漸漸地進一步了；中國國民黨出死入生，斷而復續地爲民主革命而奮鬥的觀念，在新青年腦系所佔的地位，總算日見其增而日見其固。可是，馬上有攻擊之必要的；差不多普遍學生界，尤其是廣東的學生界，實實在在缺乏羣衆的濃厚感情，熱烈的犧牲精神和精確的判別能力。因此，流爲偏私，流爲狹見，何必諱言？這眞眞青年之危機，怎忍得住緘口結舌！

民主派首領孫中山先生要打倒軍閥，剷除官僚，謀徹底的政治革命，因而討賊興師鋤奸動武。戰士死于沙場的，尸積成山。這少少的一時牽迷于反革命教育界的飯碗，和農專甲工的校址問題，在理，在情，實所難免。因此弄得全廣州市學生界徬徨失措，小怪大驚，眞笑話了！

青年因此而有所謂「傾向於國民黨的一旦失望」。哼，何其狹見偏私，一至於此！

二叔公聽聞屠狗，卽爭先恐後地掛號値雙份，一經告訴以要科銀若干，他便退縮失望；因失望而抱怨，因抱怨而作反屠狗的運動，這一類例，在人類史中很易尋見。洪兆麟溫樹德何嘗不知護法之大義凜然，元首之倚偉隆重？不過因偏私狹見而甘於犯大不諱遺臭千秋！

培養羣衆濃厚感情，熱烈的犧牲精神和精確的判別能力，固然是我所十二分期望於今日思想蓬勃有作有爲的青年學生；當頭之棒，誅心之論尤其是我所馨香禱祝於嚮導同志！

鄧漢鐘十二，六，三，於南堤美華學院。

學界非政治非革命的傾向及商民反對變賣廟產，我們固然要加以當頭之棒誅心之論；但我們對於一班投機的商人搖身一變而爲投機的官僚，大賣校址以收回他們向政府投資的本息，也不能容恕！

記者

革命統一與武力統一

我們認定時代進化是無窮期的，時代革命也是無已時的。歷史教訓我們，酋長時代進化至封建時代，君主專制時代進化至君主立憲時代；因此這君主時代而進化至民治時代而進化至無階級時代，這是必然的無可義疑的。

在每個時代轉替的當中，卽舊時代的勢力和新時代的勢力之爭，舊的要維持其舊的勢力，總可說他是復辟，新的要擴大新的勢力，革除舊的不滿人意的一切，總可說他是革命。一個復辟，一個革命，無論任何時代我們準贊成革命的行動，因爲革命是進化的，復辟是退化的。

辛亥革命是民主派的革命，卽是不滿意滿清的君主專制而革命，卽是順着進化步驟而革命。我們不必問這革命的成功與否，我們相信沒有誰不表同情這民主派的運動，暫時雖不能成功，終必有成功之一日。

民國十二年來這樣糟踏，是時代轉替的現象。大家要知道不光是袁世凱張勳等輩是個復辟派，現在曹錕吳佩孚諸軍閥，也是個復辟派，何以呢？因爲曹吳是反對革命的，是退化的。

中國民主派孫中山先生是革命首領，他始終都是主張革命，現在在除空想家外，無論如何反對他的，卽是反對革命，卽是復辟。

民主派主張革命統一中國是當然的，那反對革命統一的吳佩孚沈鴻英自然要打他克服他。總有統一的可能。但是同時吳佩孚也倡起武力統一來，這武力統一是他一個大軍閥克服民主派打倒革命軍的反革命的統一，統一後他就是唯一獨尊的統治階級，做秦始皇專制也好，袁世凱稱皇也好，我們準可想得見的。

現在有人以爲吳佩孚派沈鴻英來打革命軍他的口號也是統一，革命軍去打吳佩孚的口號也是統一，是兩家都用武力的，任誰勝負都好。準要求其早日解決。

這種厭亂心理是我中國民族沒革命精神的弱點罷。你們要知道民主派的革命統一和軍閥的武力統一大大不同，軍閥的武力統一，是反革命的是退化的，是要做秦始皇般的專制帝君的！民主派的革命統一，是打倒軍閥是順進着化潮流的，是爲我中國民族爭自由的！

郭眞瘦於廣東法專

The Guide Weekly.

嚮導週報

定價
每份三分全年大洋一元三角半年七角
國內郵費在內

（中華郵務管理局特准掛號認為新聞紙類）
一九二三年六月二十日

分售處
巴黎 廣州 上海 武昌 太原 長沙 濟南 成都 杭州 雲南
中國書報社 丁卜圖書社 上海書店 民智書局 時中書報社 共進書社 晉華書社 文化書社 齊魯書社 華洋書報流通處 古今圖書店 新亞書社

▶第三十期◀

每星期三出版 發行通訊處 北京大學第一院收發課轉劉伯宵 杭州馬坡巷法政學校轉安存眞

中國一週

兒戲之北京政府

獨秀

北京目下之政局，與其說他是惡貫滿盈，不如說他是兒戲！

黎元洪本來是個昏蛋而且奸險，他做總統本來沒有法律的根據，不過一般下流政客，至少比黎元洪還要昏蛋十倍，為了要擁曹上台，忽然想起老黎非法　我們不知他們將來有何神通使老曹為合法總統？

黎段本有不解之仇，今黎為曹錕張紹曾逼走，李根源彭允彝竟主張「即走亦當任段祺瑞爲總理使搗亂」，政學系的特質於此暴露無餘。

曹三有的是兵，儘可拿出慘殺京漢工人的態度去到北京，愛做什麼做什麼，為何要利用軍警索餉及乞丐變相的公民團來逼走黎元洪？

黎元洪走便走了，為什麼要挾一顆不值錢的印，曹黨也偏要攔路搶印，簡直是戲台上「搶帥印」的把戲。

所謂驅黎運動的國民大會，天安門布滿了軍警偵探，到會散驅黎傳單的只三四個國民，與其說是國民大會，不如說是軍警偵探大會。何人指使這三四個國民的國民大會，現有兩說：一說是由交通部發出；一說是張紹曾從天津印刷寄京，托呂均僱車夫着長衣散放；後說大半近實。

軍閥官僚們見了人民集會散傳單，便喊道這是過激派，該殺！現在他們也採用過激派的方法了，究竟是誰該殺？

所以目下北京政局，與其說他是惡貫滿盈，不如說他是兒戲！

臨城事件與長沙事件

獨秀

臨城事件不過是土匪擄去二十幾個外國人，外國報紙中國報紙都責罵得不亦樂乎，長沙事件是外國水兵殺傷了四十多中國人，上海字林西報竟說：華報對於臨城土匪刦車案，不知激厲民衆，力促政府營救被擄八士，今對長沙事件，反有意大吹大擂的論述，殊非正當。果然洋大人是神聖不可侵犯嗎？中國人生命等於貓狗嗎？無恥媚外的中國新聞記者們，看了字林西報這種「正當」

的議論，該有點覺悟了罷！

告上海納稅華人會

獨秀

上海公共界租納稅華人會本年大會的會務報告列舉四事如左：、(一)界內行政司法兩事，其權完全操諸外人之手，吾人在工部局方面，以無正式華董在內，不獲享有發言之權利，以致所受種種不平等之待遇，在洋涇濱條約未經修改以前，進行十分困難。……吾人居住租界者，只有年終納稅之義務，而無發言之權利，雖自民國十年起，工部局有五華顧問之加入，然因非正式代表之故，春季納捐人大會，各國均可參加，獨擯我市民於納捐人會議之外，世界不公道之事，更無有甚於此者。本年爲樂志華被虹口捕房無辜虐待受傷一案，……公函五顧問，要求向工部局建議，爲此後全市民保證安全之法：…此案在交涉中，尙未得覆，將來結果如何，斷難預料。(二)會審公堂爲華洋間相互訴訟而設，當日洋涇濱條約，權限範圍，本有明白之規定，自辛亥光復，領團藉口民國政府尙未得各國承認，攘爲已有，迄今已歷十二年矣。……完全華人訴訟，須聽領團裁判，視租界若殖民地，種種違背約章，侵犯主權之處，不可枚舉。(三)工部局比年來對於界內各業商店，時時發生加捐問題……首當其衝者爲銀樓，此外如米業西式成衣業……小菜塲及食物業現在又有加捐之舉，從此以往，必至無業不加。(四)蘇州河因關係全省水利，不在洋涇濱條約範圍之內，而工部局竟任意填塞，不特視主權若無物，且爲害於全省水利者甚大。

卽此上海一隅四件小事，已將帝國主義者在中國政治的經濟的侵略，描寫的淋漓盡致；而中國人眞正民族的覺悟，也漸漸表現出來了。

我們更要敬告上海納捐華人會諸君：要收回主權及排除租界虐政，只有大規模的民衆示威可靠，和平請求或希冀媚外的北京政府出來交涉，都是不濟事的啊！

國民黨目前之兩種責任

春木

國民黨應是一個對外謀得民族獨立對內建設人民政府的政黨。他的責任是覺醒國民的愛國精神，領導羣衆做政治的奮鬭。在行使他的這種責任的時候，他就得有機會發展他自身，他自身日益發展就使中國的獨立和人民政府的實現時期日益接近。這是個個國民黨黨員應當明白的；非特是要明白並且是要督促國民黨實行的。

現在目前就有兩件事是國民黨的責任，要黨員督促黨去做。

第一件是長沙日本慘殺中國同胞。這是一件何等侮辱中國人民的事！一個代表國民的黨能袖手旁觀默默無聞嗎！北京上海等處已有表示反抗的運動。這是一個極好的題目來做國民運動的宣傳；這件事可以鼓起國民的愛國精神。領導和提倡這種反對日本的運動和宣傳國民革命不應是散漫的國民大會的而應是有政治組織的國民黨的責任。尤其是在國民黨統治之下的廣東國民黨應當出來提倡出來指導這種運動。至於那種因爲某個國民黨黨員做了省長或鹽運使的慶祝遊行儘可不必，因爲我們不是來提倡做官主義的。一種爲提起人民愛國精神的反對日本的示威遊行，國民黨實在有提倡的必要。

第二件是北京政局的變化。不要臉的菩薩已被叫化子趕走天津道而保定的猴子還沒敢坐金鑾殿；被開差的張內閣還沒有回任，靠洋人的外交系正在用力鑽謀；豬仔國會被五花六色的金錢弄得七零八亂無從行使職權；美國上帝的兒子和清朝皇上的家奴率領着軍警在京城橫行。人民對此應是何等傷心！代表國民的黨能忍視不言嗎！上海總商會聯合會對此已發表長文之宣言和國民自決的辦法；各團體亦有同樣的表示。國民黨應當起來應人民的要求代人民說話，國民黨應當起來領導國民爭奪政權；不應當被人民遺棄在後面跟着走，失掉自己的領導地位，放棄領袖就是放棄自己的責任；國民運動如若走迷了道路，國民黨應負這種錯誤的責任。

國民黨諸君！現在國民受了國內國外的壓迫已是憤怒填胸，他們彷徨迷途，不知所措，他們正等着你們的呼聲，他們正希望你們的領導。你們應當放大眼光，放開喉嚨，注視中國全體，喚醒一般人民，率領着他們向正確的路上走，向國民革命的路上走。

（注）在寫完這篇論文的時候聽說孫中山先生將有對于時局的宣言，我們希望他這篇宣言是以國民黨首領的地位對國民所發表的而不是以政府首領的名義對軍閥官僚所發表的宣言。

世界一週

英國對中國的好意！

大雷

路透社六月十五日倫敦電：泰晤時報在一篇「中國之混亂」的評論中說：現在這顯明的不可解決的唯一救濟就是擴充中國僱用熟練外國人的制度，這制度以前有可贊的成績。最有用先從警察做起。一個由外國官統率的警察隊定能增加政府的行政權和保衛商旅不致遭如山東這樣的橫禍。外國鐵路管理權亦須擴大，擴大到行政上面和財政上面，如此鐵路上的一筆大進款不致不到中國國庫。

我們應該感謝英國人的好意！

外國租界上的警察官已有極好的成績，中國人已經聆教過了，不敢再勞。上海樂志華一類的虐待華人案都是外國警官幹的。中國的警官決不敢這樣無法無天。

這種外國管理關稅，管理鐵路就是無形的外國共管中國財政。關稅的外國管理已足使外人能左右中國的內政，何況鐵路是國家的命脈，倘管理權再擴大而完全屬之外人，中國的經濟生命就將完全在外人之手了。

土匪的軍閥固然不好，强盗的列强尤其可怕。讓我們人民自己處置自己的事罷！

未來的太平洋大戰之又一表徵

大雷

殷必雪君前月在英國下議院質問海軍總長：香港海軍港至今所費若干，現在每年所需開支若干，需要何種軍事設備以保護之？愛來孟塞爾司令回答：以前八十一年中所用共二百六十三萬六千三百六十七金磅，每年約合二十八萬磅，今年預算是七十四萬磅。為保護任何殖民地起見都需要陸軍駐防，不論其是否軍港。

讀者在本報二十七和二十八期已見英國在星加坡築港，現在又在原有的香港軍港增加預算，今年預算比以前每年預算要增加三倍。這是何種用意呵！太平洋上之大戰就在目前了！

杭州通信

一、浙江的政治狀況

浙江現在的局面是暫時沉靜的局面，由各方勢力互相利用互相牽制而成的，而這些勢力最大的還是武力。

浙江的政治勢力，概說之，可分為屬于本省人的和屬于外省人的。浙江軍事按民國元年中央政府的計畫原只有一師一混成旅，以保持地方秩序的。當呂公望督浙時因迫于環境的需要—浙江獨立—將一混盧旅擴充爲省軍第二師，但改編未完成，呂氏敗了。楊善德繼之，一直到如今，浙江偏安的局面要無擴充武力之餘地，于是省軍第二師依然是殘缺不全。現在浙江的省軍名目上共有兩師，對于省內的政治還占重要的脚色。

此外浙人有勢力的，就算是警務處長兼警察廳長夏超了。夏氏略有才幹，野心勃勃，然思想簡陋。因其地位之優越和手段之毒辣，他竟然能在浙江政治上佔一席地位。現在浙江的保安隊警察儼然是武裝軍人的化身，就是他的功績！他又善招搖一班武人作他牛馬，他是一個崇拜武力的人！

今浙江警備隊總司令周鳳岐也是浙人勢力中的一個台柱。他曾任督軍署參謀長，繼爲混成旅旅長。他屢次顯示自己是一個大胆的有用的人，所以他有潛勢力在舊軍官中，並且這些警備隊一旦有事也無時無刻不可變成正式軍隊的。

浙江本省人的勢力，雖如上述，但仍不一致。第一師師長潘國綱，資望旣淺，勢力又不充，孑然孤立，自爲一面；第二師師長張載陽，警務處長夏超和警備隊總司令周鳳岐則互相提攜，又爲一面。現在後一派的人一心奉迎盧氏，頗得盧督辦的信任，故很得勢。張氏已做省長了，夏氏和周氏也還不絕地做那黃粱夢！

外省人的勢力就是楊氏督浙時帶來的第四師，其師長爲陳樂山，和現在盧氏的第十師。第四師與第十師原非一系：雖同是北洋軍隊，然終不免互相猜疑。吳佩孚若欲以武力統一浙江，第四師自是唯一的索引了。不過盧氏處置第四師甚爲適當；拔擢第四師旅長何豐林爲上海護軍使；不但使上海實際上成爲浙江的藩屬，即駐防浙江之第四師也因兵力分散不能不俯首于盧氏的麾下了。盧氏一方利用浙省人的勢力以自固，同時張載陽夏超周鳳岐也利用他以求進步，他方安置第四師使不得有反抗餘地：盧氏遂完全統一浙江，而浙江沉靜的局面遂一直繼續到如今。

盧氏既已統一浙江的武力，一般省內的議員政客自可置諸不問矣。盧氏對於他們一取敷衍態度。所謂自治，所謂制憲，全是空名，全是一種點綴的文章。實際，浙江的政事並不較他省爲好。只在這無處不糜爛的中國浙江比較沉靜的罷了。

二、

浙江人和浙江的地勢均偏于保守的。而浙江的局面又惟以安靜爲有利的。所以浙江時局的變化，必不發端于省內，將由於省外。

浙江欲求自固與進取，非從事于省外活動不可，此盧氏之所知也。盧氏在過去對于直皖戰爭，直奉戰爭，法統問題嘗有所表示，在現在對於奉直戰爭問題，最高問題，上海問題，廣東福建問題也着着力求進取。玆有可述者：一爲與廣東福建奉天保定信使之往來；二爲財力接濟福建與海軍；三爲省內軍隊之調動。

信使往來原是中國軍閥之慣技，但浙江自直奉戰爭後因欲減輕其孤立之狀態，勢不能不與比較有感情的他省聯絡。初則爲普通的應酬，繼則求感情的融洽，今將爲事業之互助矣。

自孫傳芳入閩以來，浙江形勢驟形緊迫。盧氏環顧左右，危殆已甚，乃不惜以重資運動海軍和接濟福建。同時浙江軍隊也行調動。其調動軍隊之用意固未易窺測，而第十師集中於浙江北部與上海軍隊連成一線，分爲四師之一牛駐紮贛閩邊境，以浙江省軍爲中部之策應，則爲有目所共見。

然此種省際政策，浙江當局果能一致乎？是一疑問。浙江當局鮮能洞察社會大勢順應人民要求者。張載陽夏超方沾沾自喜奉迎手段之得計，而其迷信武力之觀念尤牢不可破。他們竟誣盧氏聯粵爲失策，暗中施行妨害或破壞。他們是國民黨的反動派，可憐盧氏與國民黨合作之勇氣也減衰了！

我居浙省有年，歷經政局變遷，初以為浙江是安靜的省分，繼而疑之，今斷定他為暫時沉靜的局面。浙江同胞！大亂在即呢！

一九二三，六，于上海。

哈爾濱通信

哈爾濱在地勢上僻處東北隅，隔了南滿鐵路一段，與內地隔閡殊甚，舉凡政治經濟文化勞動等運動和情形較內地通都大邑真是望塵莫及，今分述如下：

（一）政治現狀　哈埠原是商業區域非政治中心地。滿洲政權既壟斷於張鬍一人之手，故哈埠大小官吏無論係中央派署與否大都非先打通鬍帥的關節，即到任也是坐不煖席便下台的，所以東三省的治政簡直是張鬍一人的家事—。白黨和倭奴盤駐腹地與張鬍勾結恰似三角聯盟，張鬍的政治方針隱有他們暗示。邇來白黨雖然完事死灰無復燃的可能，然而他們於地方政治還有勢力，他們的皇帝時代的三色國旗還飄揚於市上，儼然哈爾濱還是他們的故物，道裏市政還完全操持他們之手。至於中東鐵路本來中國不顧信用收歸國有，無理已極，乃國有特有其名，特設一個督辦也不過是俗話說的「聾子的耳朵」罷了。枉費許多國帑，一切實權概把持於舊黨之手，其餘中國辦事人員也都是領乾薪的。特區行政長官公署是今年二月間成立，長官是朱慶瀾，他原是護路軍總司令兼任為行政官，這無非是張鬍擴充自己實力範圍的辦法。至於蘇俄駐哈代表現在却很能在其範圍之下行使權力不受他項的阻碍。

（二）經濟情形　哈埠開闢的歷史不過二十五年，至今有小上海之稱，其經濟的發展力真大極了。現時成為日本的殖民地，白黨的逋逃藪，而高麗人被迫來此者也非常之多；中外居民比較起來差不多是二五與一十的比例。但是中國人大都是中小資產階級及勞動者，與外國人比又恰成反比列。英美意丹各國都有大資本家駐哈的公司洋行工廠等，吸收豐富的原料與賤值的勞力。哈埠真是唯一的好地方，所以在政治經濟上哈埠的地位不過是中國的縮形或更比他地利害些罷了。至於生活程度之高為北方冠，一班勞動界的生活較他地自然更苦，再加以東三省連年兵災匪患歉收許多農民破產，强者不去為匪，便去當兵，怯弱者只好跑到城市賣勞力，以此兵匪愈多農民失業者也愈多，失業者愈多，全無產階級的生活越行搖動，資本家們更可運動用其金錢魔力了。

（三）社會思想進步總須有真正悟覺的智識階級作前導方有日新的可能。在哈爾濱中等學校僅有兩所，共有學生百二三十人，小學也寥寥無幾。辦學校的人既腐敗不堪，又無教育費，此處教育與俄人比較差不多要等於零下。圖書館等類極少。報館雖有五六個，平均每個報每日出售不過七百份；簡直沒有一個知道社會主義，一切言論都是抄襲與造謠，都是奉承官廳的意旨，以故社會上不解所謂潮流，其他更無論了。此處除為愛國運動開了兩次會外，別的什麼經濟絕交運動，學生運動，民權運動及勞動運動等，別處鬧得翻天覆地，而此處倒寂寂無聞，或者還不很聽見過。各國洋資本家跑來哈爾濱吸收去的是窮人的血汗，輸入來的却都是愚弄人的精神營養料—宗教制服殖民地的先鋒軍隊—，哈埠少有點知識的人能跳出這個自縛的圈的人實在不多見了。

（四）哈埠工人居全人口十分之六七。技術工人多係外國工人，中國工人大都以苦力為最多，此外貨皮匠磨坊油坊車夫為多，電業和運輸工人較之猶少，鐵路製造廠中俄工人為三與七之比。中國工人都從事於粗笨工作，大約在二千人左右。鐵路運輸部工人不易調查，大約人數較製造品爲少。除苦力苦最外，其餘工人每日工資平均都在一元以上。鐵路和電業工人每日工作時間都爲八小時。

中俄工人接觸時候雖多，然感情却非常之壞，因爲中國工人程度比俄國工人相差甚遠，又以言語關係不能互達意見，一千九百二十年七月俄國鐵路工人受羌帖影響罷工，中國官廳欲破壞之，乃誘中國工人從中破壞，卒將罷工打消。以此俄國工人痛恨中國工人，時存排擠與賤視之心，至今不能互相提挈。

中國鐵路工人全無組織與訓練，那裏禁得起官廳的利誘，當破壞罷工時，鮑貴卿爲吉林督軍指使工人組織鐵路工業維持會，一方面以收歸主權與愛國的標語，使中國工人仇視俄工；他一面增加他們的工資，便他們代替俄工之工作，這樣一來官廳自然會成功了。可是現在這個官立工會還有兩個警察守衛，而工人也不知工會與自己有什麼關係，工會之存在與自由與否眞是不關他們痛癢。

俄國工人團結精神很不錯，現在沿路之在會工人在四千以上，分工會也有好幾處，他們集會時很多，中國官廳到也干涉不了。

織武，心甫。

讀者之聲

嚮導報記者：

昨日看見廣東農專學生會出版的「農聲」第二期中，有一篇善友先生「請看嚮導記者的言論」的大文章，裏邊完全是一蹋糊塗的說話，你們諒必看見的。我以爲善友先生的謬誤，有下列各項：

一　誤孫中山爲軍閥

二　誤陳獨秀爲僞革命—即反革命

三　誤無政府的非政治空氣是好現象

四　誤無政府主義是眞實革命

五　誤陳炯明是廣東或中國的好人

六　誤軍閥是良善者

他說「我們所見的軍閥……在廣東一省來講，也遍滿了全省」，這就可證明他誤孫中山爲軍閥了，可惜他「軍閥」兩字不解識。又說「該報的主選，我們都知道是一位有名的獨秀君…宜乎一般人深惡僞革命的威風」，這就可證明他誤陳獨秀爲僞革命—即反革命了。這恐因他「久不見嚮導報」或是「從未見嚮導報　纔碰着友人以該報第二十七期給他一看，就惹起他的脾火；他對于獨秀的歷史，自然懂得很少，但却也難爲他還識得獨秀曾在北大當一次教授的了。第三第四項的誤謬，他說「如果眞是無政治的非政治空氣，遍滿了教育界，那末，廣東軍閥的末日快要到了，眞實的革命快實現」」。

我以爲這句說話，最奇離怪誕，照他的意思推論，教育界可以打倒軍閥了，無政府的非政治主義也可以打倒軍閥了，你說謊謬不謊謬呢？至於甚麼叫做眞實革命，甚麼叫做非眞實革命，我相信他不配講。像他空想的無政府主義者在現在社會活著，沒絲毫的革命精神，那裏會說眞實？陳炯明的惠州主義的惡化，在廣州各學校中是否好現象，首先要解決的問題，至說「擁戴陳炯明的惠州主義惡化了全廣州市的學校」的話有無根據，他可不必問，而且確有證據的！這無理取鬧，誤認陳炯明是個好人，何嘗認賊爲父！他說「我想要等到全世界無軍閥的踪跡，至少不是一百年工夫所能做到的。……在這等加級數的長時間內，試問可以把教育完全停辦麼？」這種論調，即是在軍閥統治底下，也可以振興教育的。我相信不過一百年或五十年世界或中國的軍閥還不打倒，不獨教育自然要停辦，若那位頭腦簇新的先生還在，怕要殺他的頭了！這就是第五六項謬誤　地方。就此六項謬誤之中，又是互相矛盾，但既然通同謬誤，可就不必說了。記者，你以爲是麼？

末　說幾句話。廣州的學生（大多數）昏蛋至極了，不但沒有革命！社會進化的必然—精神，而且將來是造成反革命者啊！善友先生那篇文章本來沒有駁的價值，徒浪費筆墨罷了，但這種反革命或學生墮落的危險很緊要的，你也以爲不屑教訓麽？

六，十夜瘦眞●

記者先生！

我是一個中期的學生，我平素對於孫先生的革命主義；和革命精神，是最服膺的，我個人的私心，以爲我國今日最有希望，最有建設之人，只有一個孫先生而已，所以無論何人，我若遇着他有詆毀孫先生的事情，我必斥他謊謬，雖與其人鬧至極烈，或相搏，亦且不顧●不料和我同校的同學們，也大多是惠州主義化的，陳炯明的忠心子民，他們無日不在校裏代陳炯明宣傳惠州主義，辱駡孫先生，於東北兩江軍事時期，則造謠惑衆，我因爲要擁護孫先生的主義；和精神故，也無日不在校裏與此輩爭持！

昨日偶閱貴報，得見先生附批於曾國光君的「國民黨領袖與教育事業」之後的文章，甚快我心●先生說：將來省政府若有辦教育的力量，他們若有決心，非先行解散這些反革命的教育機關不可●此種主張，確是最勇氣；最澈底的主張，我是十二分同情的●但是我以爲更需要的辦法，於解散這些反對革命的教育機關之外，尤須認眞甄別其餘各教育機關中之反革命，不識大義，不知大勢的教育人員；和這些昏蛋的惠州主義化的學生●先生以爲如何呢？

孫容玉屏十二，六，八，於宿舍●

記者先生：—

廣東的壞教育，蒙先生痛快的批評，我們當要如何的自新，如何的感激呵！不料有些糊塗蟲竟大發牢騷，說嚮導的記者不應該：我眞不懂他們是何居心？現在我有幾句很誠懇的話，要對我們教育的青年兄弟說一說：

高語罕先生的廣州遊記，也說廣州的教育不好，嚮導週刊的記者，也說廣州的教育不好；我們廣州教育界的先生們看了自然不高興●但是他們和廣州的教育界又無寃無仇，難道他們發瘋不成？要知道廣州這種「飯桶教員和大部份陳腐學生的結晶體」的教育，凡是國內熱心的眞正教育家看了，都忍不住要痛駡的；豈獨他們這兩位先生●

因爲國內的眞正教育家，很少到這個「言語特別，排外心很重」的廣州教育界來，所以廣州教育才壞到這一步！現在有人來叫醒我們，我們不知領情，反怪人家揭破了我們的醜處；這眞是天大的錯誤，這眞是自殺的蠢想呵！

如果廣州的教育眞好，那怕一百個高先生和嚮導的記者，都是說不壞的●如果像現在這樣的情形，就是高先生和嚮導的記者，天天幫我們空吹，也是無能爲力呀！設使嚮導的記者大聲疾呼道：『廣州教育好！廣州的教員都不是飯桶，廣州的學生全不陳腐，比北京南京的好得多呀！』人家看了縱不發笑，我們自已問心有不有愧呢？

我希望教育界的青年兄弟要知道：如想人家不說我們的壞而說我們的好，除非大家起來努力的改革；單單反對人家批評是不中用的●尤其要緊的是：不要感情用事，做出「惱羞成怒」的醜態來！

潮音六月十號●

記者：

爲了廿七期的通信，惹起許多青年無意識的麻煩●；昨天我們校裏同學余君又有一篇大文發表了，想先生們看見了，又不知如何生氣。

現代青年最大病根，是不肯承認自已的錯處，其實便是不肯「說實話」的大毛病。自已學校辦得腐敗了，偏要在外面粉飾；自已學問沒有了，偏要在報紙上說起高强話來！孔二先生說：「知恥近乎勇」，現在青年既不說實話，一面又想遮掩他的壞處，便是不知恥了，便是「廉恥道喪」了。

廣州的中等以下的教育，我們且不要批評。就是中等以上的教育，也誠如先生所言；「維持」一班職教員的飯碗，和製造一般學生的文憑」的事實！我們學校算是全省最高級的教育機關了，然而全校學生估計精通英文的，至多不上三十個，其餘簡直是看中文講義譯本過日！像這樣的高等教育，還不是大破產而特破產嗎？我們外來人，以所見的高等教育學校來比，真不曉得我們學校還有什麼地位！便是余先生呢，據我所知，他雖然在文史三年級，郤連一本很淺的原本文學書，也看不明白，還要說什麼！

在這種教育之下，有一班學生還毫不覺得羞恥，反要替一班飯桶職教員辯護，正台了胡適之先生所說：「大家生在這個猪子世界之中，久不聞猪臊氣味，也就以為『猪仔』是人生本份」，的笑話了。如此卑弱屈懦的民性，我久已為富於革命精神的廣東人招魂了！不知先生們也有同樣傷感沒有？

六，十三，仲容於廣高。

中國共產黨第三次全國大宣言

中國人民受外國及軍閥兩層暴力的壓迫，國家生命和人民自由都危險到了極點，不但工人農民學生感覺着，即和平穩健的商人，也漸漸感覺着了。

目前北京政局之紛亂兒；戲北洋軍閥統治之下工會學生會日在壓迫摧殘中；山東河南兵匪之猖獗，外人之藉端要挾，并要爭回華盛頓會議所賞的利益；沙市長沙日本水兵之暴行；外人强令棉花出口；吳佩孚齊燮元爭相製造廣東之戰禍；吳佩孚蕭耀南合力助成川亂；又若未來的奉直戰，及直系軍閥之內鬨；—在在可以證明內憂外患更復加於國民之身，除集合國民自已之勢力，做强大的國民自決運動，別無他途可以自救；也在在可以證明本黨一年以來號召的『打倒軍閥』『打倒國際帝國主義』之國民革命運動，不是一條錯誤的道路。

中國國民黨應該是國民革命之中心勢力，更應該立在國民革命之領袖地位；不幸中國之民黨常有兩個錯誤的觀念：(一)希望外國援助中國國民革命，這種求救於敵的辦法，不但失了國民革命領袖的面目，而且引導國民依賴外力，減殺國民獨立自信之精神；(二)集中全力於軍事行動，忽視了對於民衆的宣傳，因此，中國國民黨不但要失去政治上領袖的地位，而且一個國民革命黨不得全國民衆的同情，是永遠不能單靠軍事行動可以成功的。

我仍希望社會上革命份子，大家都集中到中國國民黨，使國民革命運動得以加速實現；同時希望中國國民黨斷然拋棄依賴外力及專力軍事兩個舊觀念，十分注意對於民衆的政治宣傳，勿失去一兩個宣傳的機會，以造成國民革命之真正中心勢力，以樹立國民革命之真正領袖地位。

中國共產黨鑑於國際及中國之經濟的政治的狀況，鑑於中國社會的階級(工人農民工商業家)之若痛及要求，都急需一個國民革命，雖認工人農民的自身利益，是我們不能一刻忘忽的，對於工人農民之宣傳與組織，是我們特殊的責任，引導工人農民參加國民革命，更是我們的中心工作；我們的使命，是以國民革命來解放被壓迫的中國民族，更進而謀世界革命，解放全世界的被壓迫民族和被壓迫的階級。

中國國民革命萬歲！

全世界被壓迫　民族解放萬歲！！

全世界被壓迫的階級解放萬歲！！！

The Guide Weekly.

週報

◀第三十一二期合刊▶

分售處

巴黎 中國書報社
廣州 丁卜書報社
北京 大學出版部
上海 上海書店 民智書局
武昌 時中書報社 共進書社
太原 晉華書社
長沙 文化書社
濟南 齊魯書社
成都 華洋書報流通社
杭州 古今圖書店
雲南 新亞書社

定價

每份三分全年大洋一元三角半年七角
國內郵費在內

（中華郵務管理局特准掛號認爲新聞紙類）
一九二三年七月十一日

每星期三出版 發行通訊處

杭州馬坡巷法政學校轉安存真
北京大學第一院收發課轉劉伯青

北京政變特刊號

北京政變與國民黨

獨秀

民國十二年之亂，如癸丑之戰、洪憲之役、復辟之變、護法之戰、安福之亂、直皖奉直兩次戰爭，以至此次曹黨之變，那一次不是帝政餘孽之北洋軍閥在那里作怪？即至三次小小的廣東變亂，也都是北洋軍閥在岑陸陳炯明沈鴻英背後作祟。這都是因爲辛亥革命不澈底，革命的國民黨未得着政權，統治中國的仍是帝政餘孽，北洋派——袁世凱、段祺瑞、曹錕、吳佩孚——之舊勢力，才有這種怪現象。

國民黨究竟怎樣？我們用不着誇張，我們敢說：國民黨兩次在廣東執政，爲期尚短，雖無什麼積極的建設，而消極的未曾壓制人民集會結社出版之自由，這是我們所親見的；至於國家每有大難，如袁氏謀叛、張勳復辟、段氏毀法等，國民黨莫不出而肩負鉅任爲國犧牲，這些事實，便是反對黨也不能否認。

現在國家的大難又到了，國民黨應該怎樣做？直系軍閥之擁兵亂政，固應爲全國所不容，然而昏庸奸猾的黎元洪，罪惡昭著的段系奉系軍人與安福政學等國蠹以及無恥的國會議員，他們雖然也都反對直系，却不是國民黨所應該利用的武器；國民黨眞的武器，只有國民——商會工會學生會農民等人民團體——的力量，只有用國民的力量來做國民革命運動以靖國難。

我們也知道此時國民的力量很弱，然却只有此很弱的力量是國民黨眞的力量，是國民黨永遠不可忽視的力量；此外不但不是國民黨的力量，而且實是國民黨的敵人，無論他們此時對國民黨說的如何好聽，去年今日直系軍人擁戴黎元洪又何嘗說的不好聽。國民黨若不建設在國民的力量上面，而建設在敵人的力量上面，就是他們能夠擁戴中山先生做總統，其結果能比傀儡總統黎元洪高明幾何！

此時國民無論對何派人都絕望了，所希望能救國的只有國民黨，在此重大時機，國民黨就應該起來統率國民做革命運動，便應該斷然拋棄以前徘徊軍閥之間，鼓吹什麼四派勢力的裁兵會議與和平統一政策。我們想想四派勢力是什麼東西，直系奉系皖系不用說都是罪孽深重的軍閥，國人全知之；西南諸省像唐繼堯趙恆惕熊克武劉顯世又是些什麼東西，那一個不是擁兵稱雄的軍閥，那一個能聽中山先生的命令去革命？這四派勢力果然結合起來更是人民的厄運，希望他們自己裁兵，眞是與虎謀皮，卽或裁點空名的兵，他們殘民的勢力依然存在；希望他們行兵工政策，他們的勢力更加鞏固了。若是聯合三派共討直系，這種軍閥間的新戰爭，除了損害人民的生命財產和阻礙工商業發展外，別無絲毫民主革命的意義，我們爲什麼要製造這種無意義的戰爭？

西南諸將不但無心聽中山先生的命令去革命，其中有些還是國民黨的敵人；皖系奉系雖與直系敵對，而終有他們歷史上的首領，我們何苦爲他們做幌子！

現在有兩條對立的戰線：一是國民的戰線，一是軍閥的戰線，負有國民革命使命的國民黨，斷不可站在和國民敵對的戰線那邊，那邊戰線也終不容他人混迹，國民黨除了集合自己的異勢力—國民勢力，引導國民去做革命運動以外，實無別路可走；斷不可徘徊依違於軍閥之間而終無所就，徒然失去國民之希望與同情，致阻國民革命的機運，所以我們不得不向敬愛的國民黨垂涙而道之！

北京政變與英美

和森

臨城案前不多時，英美公使赴保接洽最高問題與四萬萬借款，這是閱者還記得清楚的。更前不多時，吳佩孚的靈魂白堅武赴保建議寬和羅案，議請外交系以恢復英美對曹感情，這也是讀者還記得的。

當着洋大人宣傳臨城案如何嚴重的時候，保曹居然積極進行最高問題，背後不得到洋大人的默許，不有大借款爲後援，敢嗎？

這次政變的發難者爲親美派基督教徒馮玉祥，而外交上爲曹錕奔走者爲顧維鈞顏惠慶。政變中顧顏熱中奔走之勤及『顧閣』『顏閣』呼聲之高，就可看出英美與這次政變的關係。據確實消息，這次政變的內幕，確係美國積極贊助曹錕；英國與美國發生利害衝突，英公使態度殊不明瞭，而英國在華各機關報（如字林西報、京津泰晤士報、上海泰晤士報等）對於曹錕馮玉祥甚爲攻擊。試看下引字林西報的社論：

『……夫誰人主治中國，列强不應過問，至此人以何方法而獲爲主治者則爲列强所甚宜過問之事。吾人今敢鄭重聲言曰，曹錕派人所用擁曹爲總統之方法，乃不能容許者……北京間有一派人以爲曹錕乃一强固人物，有事時可加以壓迫而取得若干之結果，故曹氏作總統於事爲便。此說甚巧，然太謬妄。須知曹錕是否爲强固人物乃一大疑問。彼爲其弟曹銳一派人所擁戴，銳蓋欲藉其兄以握大權。聞其計劃之主旨，在與張作霖媾和，此舉足使吳佩孚與曹錕離異，而直派之最良軍隊亦不復爲曹所有……倘外交團挾一幻想，以爲與此輩周旋，頗爲便利，且可謀中國或他人之幸福，則誠大謬特誤……天津派之所爲，不獨破壞國憲，並敢漠視臨城事件……吾人以爲各使館今當將此等事實痛切報告各本國政府，打破華會中留遺之迷夢……曹錕謀作總統之無恥勾當，實與列强以大好機會，可以乘此作一正義的偉舉，爲中國開一新紀元』又上海太晤士報，顯然揭破美使舒爾漫贊助曹錕之態度道：『曹錕將聽國會之請，於四十八小時內來京就中央政府之狄克推多任……惟曹於與其政治身世大有影響之一端未免忽視，此端維何，卽外國使署對曹所擬建設任何政府之態度……各公使非盲目無睹者，彼等固嘗親見軍閥治制之趨勢也。昨日美使與客談話之際曰，誠然，惟中國乃有元首之政府也；客答曰然則有多少元首耶，此亦可見外人之態度矣』。

由以上的社論可以看出幾點：(一)這次政變的後幕美國從中贊助；(二)美國贊助曹錕做總統的目的在有事時加以壓迫而取得若干之結果於事爲便；(三)英報反對這次曹銳派之曹擁方法，顯係與吳佩孚的態度相策應；(四)英報所以反對曹銳派的理由，係因曹銳派計劃之主旨，在與張作霖媾和，此舉足使吳佩孚與曹錕離異，而直派之最良軍隊亦不復爲曹所有，即曹錕是否爲強硬人物乃一大疑問：（五）英國帝國主義者之目的是要乘此『大好機會』，嚴重處置中國，如設立外員管轄之憲兵隊，外國管理鐵路等『爲中國開一新紀元』。英國這殘政策，得不到美國政府的一致，所以字林西報另一日的社論，憤憤的說道：

自臨案被擄者釋出後，本報曾披露有味之紀載數則　雖其性質爲新聞而非意見，但頗有評論價值。其一英倫密特爾斯白露製造區議員湯森氏於本月九日致電在華營業之英國工程業行家勸告後，在下院質問政府曾以何法保護英人在華生命財產，政府答稱已令駐北京英使力主組織一鐵路警察隊，並取得對於鐵路收入之較大管理，以保路警之必得薪給，又謂彼應與他國公使會商，一致行動，按此第二段答詞，不啻一人以右手給物，而以左手索回之也。其二倫敦太晤士報於臨案發生後，倒頗能振振有詞，本月十五日社論中又力主設立外員管轄之憲兵隊，外國管理鐵路及鐵路財政。又警告中國，倘華會對華政策中止實施，乃中國自取其咎。其三曼楷斯德指導報於十六日報端載稱，英國若干最大商業團體對於臨案非常注意。其四據今日消息，不列顛工業協會以在華商業受損，正向外部陳述，並條陳應付中國亂局之切實辦法，此最後消息頗堪滿意，英國在華許多有價值之市場，業已鎖閉，而英政府猶以爲對華貿易不足注意，至爲可怪，今工業協會之陳述或可改正政府之誤見乎。英國工商界漸能重視華事，而美國意見，據昨日所得消息，殊令人失望，此消息係五月八日至十四日傳出，已逾一月，但其間苟會有變更者，吾人必得報告。據昨消息稱，哈定總統以爲中國之混亂，純由於財政不穩，祇須續予以借款，即能成立一有力中央政府，以如是之高級方面而有此言，實堪悲歎。哈定總統距不知財政不穩，決非自己發生，在中國則尤爲執政者腐敗不道德之直接結果，若對此等人續予以借款，則所買得者祇有財政愈不穩固全國愈亂而已。又史蒂芬君（美國新銀團代表）深信所謂　道德化之領袖　及耶教學校　不知此兩者欲其有效，至少須再經半世紀，此　議會中之廢話，吾人聞之已熟，誰能信之，但在美國則影响絕巨，十四日華盛頓方面發出一種半官宣言，主張續予借款，波士頓謄寫報謂『美國輿論，不許用臨城案爲侵犯中國主權之藉口』。夫美國輿論苟果以華人槍殺美公民雷滿德柯爾曼及擄劫其他美人爲維持中國主權之正當理由者，則其心理誠難索解矣。』

由此可以看出英美政策不一致的底蘊了，英國欲藉臨城案完全管理中國鐵路及設立外員管轄之憲兵隊；美國欲藉曹錕上台成立大借款，完成新銀行團管理中國之陰謀（六月卅日路透電：美政府現有鼓勵美銀行家續借款於中政府之象，哈丁總統近曾表示意見，謂銀行團或能收鎮靜中國之功，有非軍事或外交方法所可及者云，美政府定贊成美銀行在華之更大動活）。英國政策，以英國利益爲中心；美國政策，以美國利益爲中心。行英國政策，美國在華不能占第一位之優勢；行美國政策，英國在華不能占第一位之優勢。所以兩派帝國主義者對於這此政變鈎心鬥角，同床各夢。英國字林西報專醜詆曹錕這次的篡竊行爲，而美國大陸報則輕輕爲他做了一種奇怪的解釋：

『臨城案之善後重要談判正將舉行，而黎元洪適於此時被迫出京，此中關係可作數種解釋，而最合邏輯者厥爲曹錕與直系不欲黎氏參加於談判是也。曹錕與吳佩孚以直系領袖地位，現正爲衆矢之的，蓋臨地暴舉發生地點在曹吳轄境以內，而今之北京政府本爲彼等所手造，即黎之復職亦出於彼等勸誘，但黎氏為人懦弱，反對強硬舉動（指對臨城土匪），此次曹吳既受人攻擊，因而急欲擁出一本系有力之人為政府首領，乃意中事。』大陸報除一度為曹錕做了這樣一種『最合邏輯』的解釋外，以後對於北京政變便不多說話了。而字林西報京津太晤士報上海太晤士報等則恰與之相反，他們對於美國雇用的馮玉祥（最近馮玉祥與美國締訂汽車借款，得了幾百輛軍用汽車 尤其不客氣的加以攻擊。英報千篇一律將臨城案責任加於曹錕一人，而美報則加於曹吳（佩孚）二人，兩派帝國主義的報紙鈎心鬥角，煞是好看！

然則英國果會反對曹錕到底，與美國衝突到底嗎？不會的，絕不會的。試看英文京津太晤士報下面一段話：『……列強苟欲誠意扶助中國，今日即一大良機，列強若袖手不顧，交臂失之，罪將不赦，列強應於此時向北京聲明，非依某種條件，則列強對於外交團認為臨城案負責之人所主持之政府絕對不能承認……。』由此可知只要曹錕依了英國某種條件，英國之承認是不成問題的；只要曹錕屏棄曹銳馮玉祥王承斌蕭（皆吳佩孚對頭）聯絡奉張的方法而採用吳佩孚先憲後選的方法，英國之承認也是不成問題的。這些不成問題，自然英美協調宰制中國的步驟又可一致；何況臨城案前不多時，英美公使赴保接洽最高問題與四萬萬大借款的陰謀，本是一致的。

據最近消息，津保派第三步方法（先選舉）行不通，先憲後選（即吳佩孚的主張）的空氣轉移以來，英美公使即議請顧維鈞馮玉祥及各閣員以示好意；並表示中國中央政府依債約習慣應在北京（即反對反曹谷派遷國會移政府之暗示）；同時直派擬承認新銀團一切條件，願維鈞已備好就職通電，只待徵英國公使同意了。外國帝國主義者與軍閥間難圓的好夢也快要圓了。

北京政變與吳佩孚

和森

奇怪極了！自北京政變以來，一干人對於陰鷙莫測的吳佩孚有形無形之中竟存一『洛吳反對』的夢想與安慰或欣幸；一些新聞紙對於這個陰鷙莫測的魔王代替他做了許多有利的宣傳，這種宣傳多少可以增高無政治常識的人們對於這個魔王的神秘同情與期望；此外，黎元洪派更散布『保洛分家』『吳段聯合』的空氣以壯虛聲，因而國人對於態度不明的吳佩孚更加以莫明其妙的揣測，彷彿狂風暴浪中得了一顆定心丸！

國人不要健忘：去年此時吳佩孚主唱的『法統重光』『擁黎復位』是什麼目的？第一，打倒民黨護法旗幟，使『法統』握於直系軍閥之手；第二，利用舊國會制憲，以為征討西南武力統一的武器。總括一句，仗着他的好身段，足足演了一年 挾天子令諸侯』的拿手戲。

曹錕在當時何以不一定要登『大位』，只是因為『子玉至計』打動了他的心坎，換過說即吳佩孚教他利用黎傀儡，短期過渡，制成憲法，削平西南，然後舉『老帥 為統一後之合法總統。可是黎傀儡登台後，居然自顯神通，『制憲』這種武器轉為善隣所利用。黎善隣明知憲法不易成立，故意提倡先制憲後選舉，憲法不成即黎之地位可以永續不動。至此津保派大呼『上當』，曹錕慌了，於是制憲經費等問題爆發，遂形成這次的政變。

吳佩孚會反對曹錕做總統嗎？他不但不反對，而且是最忠於曹錕的第一人（其實就是忠於他自己），他與津保派不同的，只是要『老帥』做各方無詞反對的合法總統：五月廿二日申報北京專電吳佩孚語孫某日，予對北京過去之捧場辦法實非愛曹，予深致不滿，但予為唯一擁戴曹使者，不過所取方法與北京不同。又上海泰晤士報北京通訊說：『……至吳佩孚反對曹錕總統運動之說亦非事實，兩人舉動完全一致，曹氏在北進行，毋使有不虞之事發生，吳佩孚在南進行，使不致有意外之反對，記者此言聞之特別留心時局之中西人士，非敢臆說。』這種消息是很確實的。

檢閱奉直和議，確是津保派打擊吳佩孚的一種陰謀；吳佩孚對於津保派這次的捧場辦法自然極不滿意。但現在曹錕已完全採用吳佩孚的辦法了，曹錕既電兩院，速成憲法，同時津保派與曹家議員三十五政團因他們預定方法行不通的緣故也只得決定變更擁曹步驟：先制憲後選舉。

吳大軍閥的主張貫澈後，外交團立即表示尊重國會，不干涉中國內政（見廿二日滬報專電）。再過一二月，保證「北洋正統」的憲法告成「老師」依法正位，外交團表示尊重國會選舉之「合法總統」，然後吳佩孚左挾英美金錢之援助，右挾違反國憲之天書，南征北討，大動干戈，那時候國人們對於吳佩孚之神秘的迷夢便可醒了！

北京政變與商人

澤東

這次政變發生，警醒了老不注意政治的商人忽然抬起頭來注意政治，這是何等可喜的一個消息：上海各馬路商界總聯合會於六月十四日發表宣言，主張召集國民會議解決國事；上海總商會復於六月廿三日經會員大會議決，發表對全國國民的宣言，這個宣言裏說：

「用敢掬誠宣告中外，自本月十四日起，所有曹錕高凌蔚等因僭竊政權對內對外種種行為，凡我國民概不承認其有代表國家資格。除通電各省軍民長官請各自維持其境內之治安以維現狀外，其善後建設事宜，謹當與全國國民共謀解決。」

總商會同時議決否認「不能代表民意」的國會，並組織一個民治委員會以為積極解決國事的機關。上海各馬路商聯會和上海總商會這次舉動，總算是商人出來干預政治的第一聲，總算是商人們三年不鳴一鳴驚人的表示！

中國現在的政治問題，不是別的問題，是簡單一個國民革命問題；用國民的力打倒軍閥並打倒和軍閥狼狽為奸的外國帝國主義，這是中國國民歷史的使命。這個革命是國民全體的任務，全國國民中商人、工人、農人、學生、教職員，都同樣應該挺身出來擔負一部分革命的工作；但因歷史的必然和目前事實的指示，商人在國民革命中應該擔負的工作較之其他國民所應該擔負的工作，尤為迫切而重要。我們知道半殖民地的中國政治，是軍閥外力互相勾結箝制全國國民的二重壓迫政治，全國國民在這種二重壓迫的政治下自然同受很深的痛苦，但是很敏銳很迫切地感覺這種痛苦的還要以商人為最。大家知道厘金和關稅是商人的兩個生死關，商人之迫切要求裁厘加稅，是他們利害切膚的表示；但裁厘加稅並不是容易做得到的事，因為裁厘有損於軍閥的利益，加稅又有損於外國帝國主義的利益。假使把厘金通通裁掉了，結果是軍閥一天一天瘦而商人一天一天肥，那時商人起來推翻軍閥真是只要「一聲喊」，搬了石頭打自己的腳，聰明的軍閥決不做這樣蠢事；假使把外貨的關稅特別加增，或竟廢掉協定關稅由中國自己定出保護關稅來，把中國商人身上的鐐銬撤去了，一轉瞬間國內工商業加速度發展，外貨在中國就立刻沒有立足之地，狡猾的外國帝國主義者更決不做這樣蠢事。所以裁厘加稅，與外國帝國主義和本國軍閥簡直是有生死關係，斷不是黎元洪一紙稽滑的起身砲命令所能做到的。我們再看最近上海紗商要求國家發紗業公債為曹銳靳雲鵬破壞，要求國家禁棉出口又為外國公使團破壞，更足證明外力軍閥和商人是勢不兩立的。這些都是上月二十三日到了上海總商會會員大會的那些體面商人穆藕齋先生們親自嘗到的苦味！

商人們歷來「酷愛和平」，未想到政治的改造需要革命，不是幾個「裁兵制憲理財」的電報所能收効；更未想到革命須要自己出馬，號召組織全國國民，造成廣大的群衆運動，才有革命的實力；甚至以為改造政治不必需要一個政黨，而怪國民黨之努力革命為多事；商人們從前這些幼稚而且怯懦的心理，試將現在的情形比較起來，豈不要啞然失笑？從前還有一部分迷信美國的商人，他們迷信美國是扶助中國的好友，而不知美國竟是最會殺人的第一等劊子手，試把近來美國怎樣陰謀扶助那商人及全國國民所反對的曹錕去搶奪政權，以及怎樣出死力妨礙商人所要求的禁棉出口政策等等實際的事例看來，就可以知道迷信美國的錯誤了。我們從這次上海商人對於政變的舉動看來，知道他們業已改變從前的態度，丟掉和平主義，採取革命方法，鼓起担當國事的勇氣，進步的非常之快。至其對於美國陰謀侵略中國的憤恨，我們從上海總商會和銀行公會反對美國商會及美僑協會『乘我國民於民治運動奮鬥期中，高唱隱含共管中國的論調，而以中國商會及銀行界己予同意之謬說，建議本國政府』的文電看來，『中國商人媚外』的惡名，至少也洗去了一部分。

上海的商人起來了而且行動了，我們希望上海以外的商人都一齊起來一致行動。現在的時機是火燒眉毛尖一樣的迫切，再不容我們躲懶睡覺；現在是要團結全國國民實行做革命運動，更不容於商人之中還分出派別。須知外力軍閥是全體商人以至全國國民的共同敵人，而革命成功後所取得的又是共同的利益，為推翻共同的敵人取得共同的利益而團結而奮鬥，是最必要的。我們希望天津北京兩地的商人，不為曹銳和一班『官僚資本家』所迷惑，漢口的商人不為吳佩孚所刦持，一齊起來和上海商人取一致的革命行動。商人的團結越廣，聲勢越壯，領袖全國國民的力量就越大，革命的成功也就越快！

末了，我們還有須警告全國商人的：第一，革命的大業 是容易的事，在向來外力軍閥兩重壓迫革命的中國環境裏更不是容易的事，惟有號召全國商人、工人 農人、學生、教職員，乃至各種各色凡屬同受壓迫的國民，建立嚴密的聯合戰線，這個革命才可以成功；要實踐總商會『與全國國民解決』的宣言，不要再蹈從前商教聯合會拒絕工人加入的覆轍。第二，現在商人們既已很勇敢地踏上了革命的第一步，就要趕快去踏上第二步，堅持以國民會議解決國事的辦法，整嚴步法，努力向前，不達目的不止；切不可稍遇阻力就停止不進，或更走向和外力軍閥妥協的錯路上去。大家要相言只有國民革命是挽救自己和國家唯一的道路，歷史上許多的革命事業都可以做我們的參攷或指導。我們的環境己經引導我們做歷史的工作，我們不可再懈怠！用革命的方法，開展一個新時代，創造一個新國家：這就是中華民族歷史的使命，我們切不要忘記！

北京政變與勞動階級

競人

自京漢罷工，曹吳軍閥顯出他們凶惡猙獰的面目，施展他們壓迫摧殘的好身手，殺工人，封工會，逮捕，驅逐和開除許多工人，將二年來澎湃一時，艱難締造的北方和中部的勞動運動，打得落花流水，那時直系軍閥的橫暴野蠻和趾高氣揚，記憶起來，宛然如在目前！

在二七大屠殺的慘劇以後，四個多月，即有北京政變發生。京漢路的劊子手，全國工人的大仇人曹錕為要總統自為，不惜用極下流的方法，（乞丐的公民、索餉的軍警）驅逐他們擁戴了一年的黎元洪。黎元洪走了，以後曹黨遂會弄許多把戲，如收買議員，督軍團擁戴，公民請願等等卑劣手段扶着曹錕登極。

曹錕登極所代表的是什麼意義？這是代表反動的軍閥勢力已團結雄厚，故毅然決然，衝破一切法律民意的網羅，來做皇帝式的總統。這種黑暗無比的軍閥得勢，是直接與中國勞動階級恢復勢力的一絕大打擊。壓迫勞動運動，壓制罷工，和禁止工人集會的自由，在這時期中必是更劇烈而且殘暴的。工人們處在窮困無底的深淵，只好任資本家恣情的掠奪，休想有改良待遇，增資減時的餘地。

其次曹錕做了總統，或者團結了直系以外大大小小的軍閥勢力，抵抗直系；或者直系軍閥內部因爭奪地盤而瓦解和分裂，（如吳佩孚與馮玉祥之衝突、王承斌與馮玉祥之衝突、王承斌與吳佩孚之衝突等等），都是醞釀和製造以後連續不斷的內閧和戰爭。這些戰爭的損失都是要人民—特別工人和農人—來負担的。簡單說，曹錕的得勢，是中國民主政治的實現遙遙無期，封建的戰爭不可休止，而且英美帝國主義奴隸宰制中國的新銀行團是要慶祝他們的勝利。（這次政變，美國帝國主義，扶助曹錕甚力。

看啊，全國中素來麻木不問政治的商人，現在也起來高舉反抗之旗了。他們已充分理解曹錕的成功是全中國人的不幸，是跟着上述的危險。所以上海商人通電激烈攻擊北京政府，否認國會，否認曹錕有被選資格，幷主張召集國民會議等等。中國勞動階級，在全國國民中是最先發難向軍閥作實力進攻的；此時不應速起而作堅決的表示麼？京漢罷工為國民爭自由，對軍閥作戰之失敗，是為缺少國民充分的同情和援助。此次政變，已激起全國國民的反抗，改變了商人，知識階級的偷安的麻木的心理。勞動階級與商人知識階級打倒軍閥的聯合，是一定可以為京漢工人復仇，成京漢未竟之功的。

中國的勞動階級此時應贊成商人階級的主張，要求召集工商學農聯合的國民會議，解決時局。應當否認國會南遷，西南團結以軍閥倒軍閥，請求帝國主義的列強推翻軍閥（如上海一部份工人提議要求公使團不承認曹錕為總統不交關餘鹽餘于北京政府）等怪誕的主張。這次政變與勞動階級有切膚利害的關係，全國的工人們，你們要拿出京漢上次罷工時所有的英勇奮鬥的精神和團結力，抵禦將要上台的凶狠橫暴的直系軍閥——曹錕和吳佩孚呀。這次你們應該聯合全國商人，知識階級和國民黨來奮鬥，以博最後的勝利。

北京政變與學生

獨秀

自「五四」運動以來，學生們的確在國民運動中做過些實際的工作，例如全國學生非基督教運動，唐山學生援助礦工反抗外力與軍閥，北京學生為軍閥壓迫教育界舉行示威運動、為軍閥慘殺京漢工人舉行示威運動、為反抗軍閥政治的元宵運動、武昌沙市及長沙學生反抗日本的國民示威運動、這都是明顯的事實。

現在學生社會對於北京政變的態度如何？北京學生聯合會之不承認已辭職的內閣攝行總統職權幷反對武人為總統及現在之國會三個決議，都十分正當。同時他們所辦的週刊上說：『對於所謂五頭（孫段張黎與政學會）的協商，我們僅認其性質為反對直系的共同，不是反抗軍閥的共同，更不是個革命的同盟。』這幾句話將各派政客的行動批評得入骨而合邏輯。只可惜他們的主張中，是消極的而缺乏積極的。

在上海學生總會的意見：否認曹為總統及僭內閣，號召國民不納稅，反對軍閥政客合組行政委員會，這些主張都很對；惟其電勸國會勿舉曹錕為總統，又請上海總商會知照使團與僭閣絕交知照稅務司等勿以關餘鹽餘交僭閣，那便錯了。

無恥而又曾毆打學生的國會議員，學生總會為什麼還承認他有選舉總統之權？乞憐中國太上政府的只有軍閥官僚，他們本來是和洋大人同惡相濟，為什麼學生的國民運動也要請洋大人幫忙，惹得洋大人笑着說：以中國主人翁自命的驕傲學生到底也要來求教我們了！

同學們！積亂的中國，非國民自力的國民革命是不能援救的呵！

國民革命，同時有對內打倒軍閥，對外反抗強鄰侵略兩個意思，利用軍閥打倒軍閥，利用外人打倒軍閥，都是可恥而無益的辦法。你們應該在上海召集一個全國學生會的代表大會，幷努力實現商界所主張的國民會議，以造成國民革命之真實的基礎力量。我們要站在這個基礎力量上造成國民對於軍閥的戰爭，萬不可像各派政客們只知結合奉段等反抗直系，造成軍閥對於軍閥的戰爭！

北京政變與克利斯浦借款

和森

爲籌備最高問題上台的張英華，擬發行二千萬圓新公債千四百萬元鹽餘庫券外，更擬向英國克利斯浦銀團借二千萬磅。當時雙方接洽條件大概如下：（一）借款額爲英金二千萬磅（合華銀二萬萬元），（二）擔保品爲鹽關兩餘及烟酒稅收入全部，克利斯浦銀團將派人直接在上述機關坐收本息；（三）期限三十年，年分兩次還本；（四）利息全年八釐，先扣半年；（五）實數八四交付，即每百磅交八十四磅，手續費在內；（六）本借款用途，爲整理外債和舉辦實業兩項；（七）訂立草約後，先付墊款二百五十萬磅，以五十萬磅償還馬可尼無線電借款，五十萬磅償還維克斯飛機借款，五十萬磅償還之加哥銀行烟酒借款，五十萬磅償還拓業烟酒借款，餘五十萬磅作爲中央政費；（八）二百五十萬磅墊款外之借款，由中國開明用途單後，得公使團及克利斯浦銀團之承認，即正式簽約付現。據各方面證實之消息，所謂十二年新公債與鹽餘庫券皆爲莫能實現之畫餅，張英華對於財政之把握，只有此克利斯浦借款爲有希望。

津保派主持的政變發生後，英國帝國主義者雖假惺惺的聲言扣留鹽餘，但一轉移間，吳佩孚先憲後選的主張走上風，克利斯浦借款的聲浪隨即復活：

（1）申報六月二十四日專電：英倫確息，克利斯浦借欵已提出對案：（一）借款一千萬磅，以半數換給英美舊債票，半數付現金；（二）先訂墊款一百萬磅；（三）年息八釐；（四）實收九折；（五）無回扣；（六）關鹽餘担保；（七）先徵國會同意；（八）簽字日交五十萬磅，內以五分三爲議員歲費制憲經費，五分一爲使領經費，五分一爲軍警維持經。九月再交五十萬磅，用途由國會議決分配，以國會經費軍警維持費使領費政費留學經費爲限，餘俟債票售出清交。朱兆莘請政府先將大綱通過國會。

（2）又二十五日專電：倫敦電，克利斯浦向朱兆莘聲明，百萬磅墊款須國會通過，及中國保證不資政爭，方可簽字（哼！明明借給曹琨做總統，反說這樣門面話來欺中國人。）

當今中國人民嚴重反對猪仔國會之時，當猪仔國會爲曹錕製造總統之時，當曹吳加勁看重國會之時，而英國帝國主義者竟亦如此看重國會而以墊款成交之五分三爲制憲經費及必須國會通過爲條件（猪仔議員那還不通過），讀者諸君試猜一猜，這是個什麼啞謎！

北京政變與各政系

和森

這次政變中，擁曹派有外交系研究系小孫派討論全民新民各社；反曹派有民黨議員政學系安福系民憲同志會。

擁曹派中最可注意的爲外交系及進步黨之舊侶—即研究系及小孫派，其餘無論列之價值。經紀於曹吳與英美之間的外交系，自然成爲政變中之紅牌，曹吳之總統與統一的好夢，全仗他們在洋大人面前周旋，而英美對於這次政變採用的政策亦全仗他們的獻議與報告去決定，吾人已於另篇詳言之，此處不必贅說。

年來研究系所號召的是制憲；小孫派所號召的是孫曹攜手。這兩種奸謀同是建立在擁曹爲吳的勾結之上。『法統重光』的政策（年來吳佩孚全仗這種政策逞威風），是去年王家襄蒲及在洛陽的小孫派給曹吳計畫的，這種政策的裏面，就是教曹吳以『法統』，使直系軍閥名正順的來武力統一。孫洪伊大言不慚的『孫曹攜手』策，自以爲深得蘇張之秘，斗大相印，怦怦然動其心而縈其情，其買空賣空之騙術，曾經本報攻擊過幾次了。

這次『逼宮』活劇出台後，津保派原定排場大偪特偪，而首先向猪行老板王毓芝獻『制憲招徠』之錦囊計的，就是研究系的王家襄林長民藍公武等。他們口頭的說帖是：『目下憲法會議法定人數爲五分三之出席，如便憲議照常開成，即去選總之三分二不遠。倘憲會停頓，選總人數更屬無望，故宜竭力以制憲相號召，誘令出京議員回京，先保住五分三，漸漸引致俾達三分二；然後如何卑辭厚禮設法使之入彀，惟諸公好自爲之，不患老帥之大事不成。現在最要者爲製造制憲空氣，並宜由芝亭(王毓芝)往謁老帥面稟一切，即請老帥發電敦促制憲，併示並無亟辦選舉之意，庶聲言不贊成選舉者可因制憲之名義而回京』。以上是上海商報六月三日北京通信揭露的，該通信接着說：『王毓芝袁乃寬等均極口稱妙，王並允於謁曹談到大最高問題時，順便將王家襄之小最高問題(參院議長)一提，請三爺速爲資助以遂目的。曹氏敦促制憲之馬電，即王毓芝造膝陳詞之結果也』。

小孫派在政變中的態度，與研究系完全一致。民治社議員即爲最熱心擁曹者。黎出京後，研究系議員在國會中提出准黎辭職組織選舉會之議案；而小孫派民治社議員即電請曹錕即日入京，後又宣言主張議員不出京努力制憲，孫曹提攜可辦統一，反對國會遷地。趨炎附勢保泉捧袁捧段始終與北洋軍閥狼狽爲奸的進步黨人物，在這次政變中，毅然拋棄其數年來以文化運動欺騙青年的假面具，完全狐狸現本相了！

反曹派中安福系是捧段瑞祺的，政學民憲是捧黎元洪岑春煊唐紹儀唐繼堯陳炯明的。所以一時國會南遷，多頭行政委員會聯省自治，孫陳復合的呼聲又甚囂塵上。這些又是要重演廣州政府七總裁的故事。國民黨若是仍要與這樣軍閥(段祺瑞張作霖盧永祥唐繼堯等)及無賴政客(南政北安等)的大團結，結果只有仍如從前一樣的上當無結果！

北京政變與上海工會之主張

孫鐸

在臨城刦案以後的一種危險時期，由一般直系腐敗無能的官僚所造成的北京政變，充分暴露了中國國民運動之軟弱和缺乏領袖國民運動之國民政黨。就事實上說，國民黨還沒有向過人民發言，還沒有爲近的將來製定一革命綱領。當商人、學生、工人，一切人民團體討論臨城事件善後方法，(如本報前期所指出的)要求列强以不承認無望的自稱的北京政府的方法，幫助中國人民，給中國人民自己創立新政府之機會。國民黨是從來不向人民發言，怎樣建立一個新政府的。全國各種階級在此政變中需要政治領袖而他們空等一場。我們只是看見國民黨參加在天津進行的陰謀，這種陰謀的結果不必勝于曹琨和他的部下在北京的(努力)。所以人民的團體，沒有看見以國民黨名義發表的主張，除了致公使團的那一個可憐的電報—他們提出的主張，容易走入錯誤的道路了。若是國民們每天看一看路透社的電報，他們也應知道英國帝國主義者，藉口于中國最好的分子也希望武力干涉解決中國事情，來勸美日帝國主義贊成協定干涉的方法，那時他們也應知國民黨致公使團的電報是如何危險了。

我們要說，應付政變的適宜方法，這次不是出于國民黨而是出于上海的商會，『重病須以猛藥醫』上海商會不僅攻擊曹琨，而且攻擊一般猪仔議員，爲每日二十元出席費才制憲，像娼妓一樣的賣給曹琨。上海商會主張國民會議的必要指出和國民會議如何組織。自然我們也知道商會是在美國帝國主義影響之下動作，是與美國方面的勸告一致的。我們也知道商人不是純粹的國民革命者，但是就他們的提議和行動看來，我們要認識他們在現在領袖着國民運動。他們作的正是國民黨應該作的事，不應該以天津杭州間的秘密外交解決中國時局。

繼上海商人之後，即有上海工會所發表的主張。各種要求都以本地工會的名義發表，這些工會除開海員工會外，大半是個空名。中國工人階級是如中國資產階級一樣幼稚和不發達，中國過去的習慣在工人中盤據甚深，他們的組織幼稚而且分散各處，他們的組織在去年幾次大能工之時遭逢狠大的失敗，所以真正工人們對此次政變沒有他們自己的堅強的和清析的主張是很明瞭的。特別在上海，工人的組織原來狠可憐。雖然現在上海的工會或所謂工會比任何地方的政治主張——例如湖南湖北的工會比較的組織得堅固得多——表示得快些，然而上海工會的政治覺悟却毫不發達。登在報上的工人意志有四種表示，人人一見而知其覺悟，其對政局之了解，其實現劇烈變化之方法，都比上海商會落後。

干涉政治應該是中國工人階級之任務。工人階級應該是新中國之創造者，在此種工作中，他佔極重要的地位。全國的各工會此時應努力迅速召集他們自己的勞動大會，將他們對此次政變的地位，明瞭規定。例如由海員、鐵路、礦工三工會發起此會，這是再好不過的。他們由此可以阻止以工人階級名義所發表之不但錯誤而且引導工會做致命的活動之主張。國民黨致公使團的電報即有以下的惡果：上海工人自救會要求列強主張正義，十七工團要求公使團交付關餘于廣州政府。至少工會應當明瞭各國外交官是不會依他們的意思行的。

普通說來，上海工會的主張是可行的與不可行的提議之混合物。這些提議證明工會或者至少用工會名義發言的一般人物頭腦未免昏亂。我們看上海各工團為此事召集會議，并且決定用湖北工聯會、京漢總工會、湖南勞工會名義，我相信若真是這三個工會的工人羣衆發表意見，比這班假託他們名義所發表的主張一定高明得多。

九工團人民儲金懸賞殺曹與蕭(其實這名單還可以寫長些)的辦法，是祕密暗殺團的把戲而不是工會的主張。工人都是有常識的。他們或者以為將劊子手吳佩孚的首級高懸于竹杆之上，工人損失不了甚麼；但他們應該懂得殺這鐵血魔王好復仇，是不能靠公開懸賞的方法來實現的。發表這樣主張正是違反無產階級利益的行動。而這一班主張暗殺軍閥以推翻軍閥的工會，同時卑詞請求公使團的援助以反對北京政府，而不知這公使團正是他們通電中所稱為要殺的北洋軍閥之庇護人。

海員請孫黎合組新政府和僑滬廣東工界要求孫中山恢復政府正位總統的主張，也解決不了這次時局危機。孫中山或為所謂的南方政府推出，或者與黎段浙盧協定之後產生的總統，其地位不見得比在吳佩孚庇護之下的黎元洪勝過多少。孫中山被國民會議選出才能稱中國的真正總統。這個國民會議方能尋出方法打倒和人民作對的軍閥。但是孫中山若為南方政府選出或與北方軍閥妥協得來的總統，正如袁世凱以後的總統一樣，不能代表人民。孫中山的黨能領袖創造新中國的運動，但他不能用與國民的政黨不相容的方法。

這些工會的主張還有一點值得我們注意的，即是這九工團要勞動階級管理政治和經濟，這種主張也要是殺曹琨等和求援于公使團的九工團所提出，正因為這個原因所以這樣無產階級執政的提議，未免太滑稽了。表面看來，提出這要求的人是很革命和很激烈。但在事實上這是不可能的，所以等於一句廢話。勞動階級應起而主張國民會議，認定這是目前最革命的要求。在國民革命中工人階級應幫助進步的資產階級。在國民會議中工人階級須提出自己的特別要求，正如資產階級之提出他們的綱領一樣。如此工人階級才能影響國民運動，才是國民運動的推動者。在現在的中國經濟狀況中，而要求工人階級之管理政治經濟權，其結果只是工人階級與國民革命運動隔離，——而此運動又為中國最近的將來惟一可能之革命的政治活動。

上海工會之主張證明工人要參加解決目前的政治危局了。但那些主張更證明有立即召集全國勞動大會之必要。此大會應制定工人在政治運動中的綱領，這種政治運動是由直系軍閥破產之結果正在醞釀中。

北京政變與軍人

獨秀

把有槍的軍人都當做軍閥，這是一個很錯誤的觀念。

民國十二年的歷史，是大小軍閥（巡閱使督軍督理師旅長等）的亂國史，也就是一般軍人（下級軍官及兵士等）困苦犧牲的史。一般軍人都是爲少數軍閥傀儡；供少數軍閥的犧牲；巡閱使督軍督理師旅長們個個成了富翁，何等逍遙快樂，可憐下級軍官及兵士在營裏被種種軍律管束，變成了活死人，平時連正當的餉都領不齊；巡閱使督軍督理師旅長們都擁有三妻四妾，陣亡的和未陣亡的下級軍官兵士，可憐他們的家小是如何困苦度日！

民國十二年中，傷亡的下級軍官及兵士到有多少，究竟他們爲什麼而戰？爲什麼而死傷？不用說是爲少數軍閥私人的利益與地位而戰而死傷。在這十二年少數軍閥驅遣多數軍人到火線上，爲軍閥們私人利益與地位的戰爭中，老百姓所受的困苦損失，眞是計算不清；軍人無罪，罪在軍閥。

現在曹大軍閥正在搶總統做，他何所恃？他所恃不過有許多軍人替他打江山。可憐的軍人們！請看着曹家花園的奢侈，比你們的生活如何？你們何必千辛萬苦拚着可貴的生命爲曹琨個人爭地位。你們也是國民一份子，你們也應該設法合攏起來，贊成全國商界工界學界所提倡的國民會議，你們也應該要求派出代表在這國民會議發表自己的意見，主張自己的利益；但軍人代表中如有受軍閥指使，有左袒軍閥的言行，國民會議應該取消其出席權。

北京政變與農民

仁靜

民國十二年來連綿不斷的內亂、戰爭、兵變、搶掠、災荒，將中國舊日農村和平生活掃蕩淨盡，一般農民的田野荒蕪，屋宇爲墟。農民今日逃荒，明日避難，農民的子弟都是牛馬一般的被兵士拉夫。

農民的錢糧爲閻王似的督軍，預徵數年，物價飛漲，而農民的糧食賣不出錢，只好挨凍受餓。陝西的農民還要被督軍逼着種那殺人不抵命的大烟，紹興的農民集了一個小小的協會，被軍警打得血肉模糊。農民的痛苦在這十二年已算受夠受盡了。試問這幾年來的戰爭損失，那一樣不是直接間接壓在農民身上？加稅、抽捐、綁票、勒索，那一樣不是吮吸農民勤勞的血汗？

夠了，督軍的罪孽已算造滿了。督軍不倒，農民被踩在十八層地獄之下，永遠無翻身之日。農民受盡剝削，只會窮至兩根精骨無伸起之可能。現在農民應該覺醒起來，認識軍閥的罪惡，和廣東鄉團攻打沈鴻英一樣都起來反抗北洋軍閥罷！

最兇惡的曹琨，連年轉戰湘鄂川豫直，嗾使他的部下蕭羽援亂福建廣東，那一處難關的血腥不是與他的歷史和事業有關？他的今日直魯豫巡閱使赫赫頭銜，正是幾十萬拋妻別子的怨鬼孤魂流血成海的結晶。現在他又嗾使部下將他擁戴了一年的黎元洪趕走，意圖親登大寶，總統白做。農民同胞們，我們能讓這殺人不轉眼，靠殺人起家的混世魔王曹琨做總統麼？

曹琨做總統，張作霖段祺瑞與他競爭，磨拳擦掌，準備廝殺。他的部下馮玉祥吳佩孚王承斌爲爭地盤，搶帥印，也是劇烈的暗鬥明爭。洋鬼子幫助軍火，子彈一批一批的往天津送（見上海六月三十號申報），農民同胞們，這一場蔓延六七省的北方大戰快開幕了。你們還是做浩劫難逃的刀下之鬼葬骨荒郊呢，還是起來高舉反對軍閥的革命之旗呢？大戰前後的賦稅加重，物價增高，田野荒涼　你們還是任他們的零碎宰割呢，還是起來將他們推翻打倒呢？

此時的農民爲防禦自己，只有兩條辦法：第一，模仿廣東鄉村組織鄉團，抵制土匪和不法的軍隊蹂躪鄉村；第二，是隨着商人工人學生之後，要求開國民會議取消現時代表北洋軍閥之政府與國會，組織一士農工商政府，肅清國內軍閥，一勞永逸，防止將來的大亂解除我們的厄運。

農民同胞們！不要做夢了！現在的時代，已經不是什麼「眞命天子」可出來救濟我們的時代了。我們要將我們生命財產付託在我們自己之手，他人不可靠，要靠我們自己選出來的「眞命天子」來保護我們。

北京政變與孫曹攜手說

致中

曹琨之賊民亂國，全國皆欲起而誅之，雖平日最穩健和平不敢開罪北洋派的上海商人，現在也出來反對曹琨，曹之不容於國民，已可想見。在這反曹的怒潮洶湧全國之時，而說素以革命黨自負的國民黨首領孫中山肯與曹琨攜手，眞所謂「出人意表之外」了。國民黨能做這種違反民意的事，甘爲國民公敵嗎？國民黨若眞與曹琨攜手，那眞是自殺了！我們始終不信有此怪事。

國民黨數年來重要的口號是『北伐』，北伐伐誰，不用說是伐北洋軍閥曹錕吳佩孚等。爲什麼討伐陳炯明，始終是因爲他通北，阻撓北伐；爲什麼討伐沈鴻英，也因爲他受曹吳的命令來攻取廣東；若孫中山可與曹錕攜手，那末，北伐伐誰？那末，豈不是孫中山和陳炯明沈鴻英走到一條道路？那末，孫中山可以聯曹，何以陳炯明沈鴻英聯曹便罪該萬死？

孫伯蘭一派主張孫曹攜手，固然十分荒謬，然他們是公開的，而且說話還冠冕一點；另有一班所謂「民黨」的人，在暗幕中鼓吹孫曹攜手，和曹錕嫡裔溫大烟燈南北相呼應，這是什麼一種勾當！這是什麼一種民黨！

田桐君說得好：「孫曹聯合之說……溫世霖在京亦極爲努力。迨大兵入川，閩粵督理命令發表，……從此去十分之四五；及沈鴻英作亂，被破于韶，檢得曹錕之電若干種，而孫曹聯合之精神，從此又去十分之九矣；至北京政變時，孫伯蘭猶勸曹氏撤退攻粵之師，而南方終不見聽，聯合之說已至山窮水盡矣。」

孫曹攜手說已到了山窮水盡之時，幷且在反曹怒潮洶湧全國之時，而仍鼓吹孫曹攜手，我們不暇責其人格如何，我們只責其何怨何仇於民黨，而必欲其名譽掃地以盡也！

所有國民黨的忠實黨員，都有痛闢此邪說的責任。

北京通信

（一）

自直奉戰後，北京政權遂成了直系軍閥獨占的私產，去年直系之所以把黎元洪請到北京，原不過要他坐賬房管家，替主人做幾件事情，在那時黎元洪的招牌，確是較軍閥親來當家有利於直系，至少所謂『法統的恢復』給吳佩孚武力統一的政策得一個理由的根據。但直系起用黎元洪，究竟是一種暫時的政策，軍閥的政權是軍閥要直接來支配的，所以半年來曹琨最高問題的種種進行便喧雜於社會了。經過許多名流狗記者的宣傳，曹琨居然成了惟一適當的候補總統了，投票的猪仔也收買下若干羣了，英美兩國和國內銀行團的援助也講好了，在這權威和這樣順利形勢之下，曹三的總統成了『天與人歸』不可堵當的事實，所剩的只是轎夫們照行『民意』的一步手續了。將由『民意推戴』而進三海的曹琨，忽然用起不和平的非常手段來，他的乘巧至少會認這是一種蛇足的行動。

說這次政變是因黎元洪的抵制，這是不明現在政局的實際，是不明現在北京政權的主人是直系軍閥，是不明黎元洪的地位不過是替直系軍閥做奴才罷了。主人要將奴才革掉，要親自出來掌家，奴才因怨望而生抵賴之心，這是人情之常；但黎曹勢力和地位的懸殊，黎任何的抵制都不會使曹三受何等打擊的。所以，這次黎元洪雖然也收買議員。運動制憲，對曹琨總統進行爲抵制的掙扎，但這僅不過是怨憤的一個必有的反動罷了。這個不能與曹琨較的抵制，在軍閥眼裏簡直值不得何等注意，非常手段的應付更是不必。

這次所以用高壓勢力迫黎去職，在因總統買賣包辦起來競爭的緣故，我們知道曹琨之下是分所謂保定系與天津系的，這次總統問題的進行是在保定系包辦之中，最先要推曹上台的天津反而連大帥的門都踏不進去，眼巴巴的看別人占了首功，天津系的忌妒是怎樣呢！最近保定因大典籌備是要清一色曹家內閣担承，所以保系閣員開始對張閣爲踢台的排擠，而適於此時府院又生了爭執，這樣把張紹曾逼走了。這種局勢予了津派一種機會，乘勢用速成法將最高問題完成，搶了保派的功首地位。他們的計畫：第一步在迫黎去職，第二步在由驅吏擁曹上台；其手續較保派之走投票的路子實非常迅速簡捷，人謂津保之分只在緩進急進，此是不明內幕或故意不告人的說話。在這樣計畫之下，馮玉祥（基督教中人！）王懷慶又欲各顯其長，所以那幾天弄得北京妖氣迷漫，人鬼難分，什麼命令式的警察罷崗，痞子湊成的公民請願，軍警官佐的要薪，接二連三的種種把戲都演出了，天地至此，黎大奴才祇有滾蛋之一途！政變就是如此造成功了。

君宇於北京六月二十三日。

（二）

曹琨垂涎總統已久，最近益發急切難熬，不顧時事順逆，指使他的走狗驅逐黎元洪於天津，只待搬入三海，即登大寶。吳佩孚已電致國會，說：『……制憲與選舉並舉固善，但組織選舉會尤爲重要……審權輕重，早日進行爲盼等語，除電馳仲帥外特抄原電，敬祈一致主張……。』此外還有張福來張鳳台王懷慶蔡成勳馬聯甲呂調元陸洪濤林錫光……都紛紛電到國會，無非是衆口同聲的要『速成大選，早定邦基。』一批替曹琨着急的豬仔議員，主張於一月乃至十日之內解決『最高問題』。反對方面，議員只會發布傳單，否認六月十六日會合會之議員的宣言　主張國會遷移上海開會——這層恐難成事實，;京閣並無舉動，各團體及人民不見有何表示。看來曹琨的總統已穩當了！

但是我們就目前黎元洪在天津發表四個討賊司令的命令，李際春代表保曹赴奉被擋駕不能成行這兩件事的前因後果看來，曹琨的總統也許穩當，可是絕不太平！

曹以金錢收買國會議員，利用憲法會議，一面制憲，一面大選，連日京津各報均載有這類事實——名稱 數目，過付，都有詳細的記載，自從登載之後，都不見有任何方面的聲辯，自然是實在的事了。曹琨彰明較著的行賄，國會議員公然受賄不辭，一般人民都裝着不聞不問，一般司法官吏也不提出加以制裁。這種國會議員選出來的大總統，將來不知爲害國家政治要到甚麼地方？制憲與大選正是製造中國將來一切禍亂的開端！只有組織人民的力量，推翻這種國會，打倒北洋軍閥，實行革命，纔可以截止中國將來的一切禍亂！

伯靑於北京六月廿六日。

讀者之聲

記者：

我今天（六月十一日）由保到京後，就聽說：北京昨天（六月十日）警察罷工（罷崗）——有十五小時工夫，巡警們很有秩序，——為欠餉原因。我當時很覺驚訝，北京的警察有這種胆子，為欠餉居然敢罷工，真是奇怪，後來我一想，哈哈！原來是有指揮的呵！像這種好鬼頭的手段，真可笑極了，其實這正是你們的運命到了，促自速死呵！

北京的警士們！指揮你們以欠餉為名而罷崗的人，你們知道是什麽意思呢？這是利用你們呵！內閣不是已被要想作大總統的趕跑了嗎？這不能算完，還必須把現在的大總統趕跑了才可以呢；但是趕跑他用什麽法子呢？於是就利用你們罷工，找他要餉，好迫他無路，就得走呀；而你們終久怎樣呢？或者得一點！哼！

只就現在說：米糧店不是就要不賒給你們吃的了嗎？家中老幼餓的不是也幾於要飯吃了嗎？在這種將死的情形下，而現在當大巡閱使兼大督軍的曹大帥却還不為滿足，更想要作一作大總統，而利用你們以達他的獸慾，這是多麽……！

北京的警士們！你們不要只受傍人的利用，要為真正的原因——飢寒——來罷工。你們現在是與工廠、鐵路上的工人是一樣，他們有時因生活問題而罷工，資本家的走狗們——即你們的長官——却指揮你們逮捕，殺戮工人去，試問你們當時的心裏覺着怎樣？你們現在再想一想，和你們現在的情形來對照對照，覺着怎樣？我敢說你們是共患難的，當同病相憐，攜手聯合起來，以求活路呵！生死關頭的時候！還受利己的羣小們指揮，利用嗎？想想怎樣以求活路吧！

曹大帥現在對於北京的窮人們，真是大發慈悲呵！——九，十，十一，十二幾日在北京福隆寺大放賑，也分等次，可不是按窮富分，是小頭目五角錢，普通的二角錢，每人全是五個饅頭，得賑的人數約兩千來人，却有個條件，不能白得賑，在吃了饅頭後，每人再領個小白旗子，到黎元洪的門前，喊一喊，以後才分散到各處領錢去。這是多麽憐惜窮人呵！可是現在的報紙和一般的人全說這些領錢的窮人是「公民團」　到黎元洪門前是為請他退位。這也不是知怎麽一回事？離奇鬼怪的戲，怎麽全在中國唱呢？

漱袞　六月十三日於北京。

記者：

見『農聲』第四期善友先生答我的言論後，禁不住又要說幾句話，若你們再許我在嚮導一些篇幅來發表，著實萬幸！

嚮導第三十期我和你們通信說：『陳炯明的惠州主義的惡化，在廣州各學校中是否好現象，首先要解決的問題。』善友先生幷不明白答復，只嘰哩咕嚕的含血噴人！

前回人民慰勞會學生募捐的時候，農專法專甲工……等校都有學生從中破壞，幷且有些學生大放傳單罵馬克斯社會主義黨，這是我親目看見的，腦筋稍不簡單的人莫不知這是奉陳炯明的惠州主義來搗亂革命政府的，那末，說陳炯明的惠州主義惡化了全廣市的學校，幷不冤枉！要知道惡化了全廣州市的學校，是說這惡空氣充滿了全廣州市的學校，幷不是說全廣州市教員學生都受陳炯明的惠州主義的洗禮。

善友先生如果承認陳炯明的惠州主義惡化了全廣州市學校是好現象，當然他也會罵孫中山是軍閥，陳獨秀是反革命！不然，善友先生何必斤斤為陳炯明辯護？難道無政府主義黨也要借重陳炯明去打天下麽？

我們現在最要小心的認清真無政府黨與假無政府黨。真無政府黨無論其奉克魯泡特金、托爾斯泰都好，革命政府下當然許其言論自由，任其合著眼飛到空中樓閣坐涼風！

若是假無政府主義的非政治思想，暗中做反革命如陳炯明等的走狗，在我們革命進行中來搗鬼，實在下流！　瘦眞七月一日晚。

記者：

國民黨是代表國民的一個政黨。國民黨做民主革命，是代表國民謀國民利益而革命　這不獨國民黨當承認，凡人們都當承認。

你們贊成國民黨的民主革命，加入國民黨的戰線上去努力，這不獨國民黨要歡迎，凡國民——中國的國民都是歡迎的。

國民黨在革命進行中，有許多不妥貼的地方，你們說：國民黨要和國民接近，不該同國民離開；國民黨要向民衆宣傳，不該單做軍事上工夫；國民黨要做純國民運動，不該做半國民運動（聯曹聯張與請外國援助的半國民運動）；這幾種糾正是你們應該的責任。

但是，國民黨中有好多不明白的人，對於你們這幾種的糾正很不滿意，因爲他們在國民黨中只是個食客只是討好領袖，爲將來升官發財的機會，不明白民主革命是什麼（國民黨被這黨員悞了不淺，十二年來革命不成功就是這個緣故）。你們正打對他們的鼓心，有妨碍他們的飯碗和升官發財的機會，所以他們便不滿意於你們了。

他們已不服膺你們的糾正，又沒有什麼理由反對你們，所以東找西找你們的貓子脚，貓子脚又不容易找，便放空槍來打你們了。實在放空槍打人，不關痛癢的，我們只覺得是國民黨之羞！

西南評論我知道是國民黨人辦的，在第一期中大罵陳獨秀（題目忘記了）。說陳獨秀在陳炯明統治廣東時曾做過教育委員會會長，受了陳炯明的恩惠，現在攻擊他了，這是反覆無常的小人。我見了不禁一笑，試問陳炯明未叛變以前，國民黨人大都稱他競公，孫中山先生也稱他陳總長，現在聲聲叫他陳逆了，這也是反覆無常的小人嗎？

我以爲他們這種借弓射箭，不如爽直主張聯曹就聯曹，聯張就聯張，維持飯碗就維持飯碗，同你們討論，何必出此伎倆！

他們簡直是搗亂派、糊塗蟲，做民主革命的國民黨中不應該有的，我狠希望國民黨領袖孫中山對於黨中的搗亂派糊塗蟲，嚴加懲辦！

六月廿六郭漢鳴于廣東法專

記者：

今日的社會，是惡劣社會，是軍閥專橫的社會，他的罪惡已經暴露無餘，想在軍閥勢力之下，得到一個共同生活的社會，一定是不可能的，所以我們想得到共同生活的社會，一定要先打倒軍閥。

北洋軍閥首領曹吳等是賣國殃民的軍閥，我們處在他們勢力之下，想得到什麼權利還勿論，連生命都不能保。所以北洋軍閥，是國人所同疾，天地所不容的，是應一致打倒的，這也不待我來說。

但是社會上有一班人說，「打倒軍閥，如曹吳等固應打倒，但孫文……都是軍閥，何以我們又要與他聯絡而不打倒」？我想他對於打倒軍閥，未嘗不明白，不過他對於自己階級未有十分明瞭，沒有深刻的印象，而對於打倒軍閥，也沒有比較(Compare)的觀念。

我們現在處在軍閥勢力重重壁壘之下，又未有什麼堅固的團體，想來用赤手空拳來得到我們的良好社會，良好國家，一定不行。

中國現在比較有組織有革命精神的，算是孫中山先生，他對于革命確有一種堅忍不拔的意志，所以他回來廣東，我們都是很自由，非如上面所說，處在北洋軍閥勢力之下，連生命都不能保可比。

我們已想得到我們的良好國家，已有重重壁壘阻礙於前；我們惟有與較有組織有革命精神的民主派聯絡，來共同打倒北洋軍閥，這是爲我們理想中的良好國家而聯絡，也是爲剷除北洋派勢力而聯絡，使到我們理想中的國家快捷的實現？

我對于社會上這班人，最後要忠告幾句話！就是『我們要用客觀的批評，不可用主觀的見解，來感情用事，須知用主觀的見解來用事，是天下第一亂源。』

炳榮于廣州甲工。

新青年雜誌啓事

本誌自與讀者諸君相見以來，與種種魔難戰，死而復蘇者數次；去年以來又以政治的經濟的兩重壓迫，未能繼續出版，同人對于愛讀諸君，極爲抱歉。茲復重整旗鼓爲最後之奮鬬，并以節省人力財力及精密內容計，改爲季刊，數量上雖云銳減，質量上誓當猛增，以補前此愆期之過。其定閱而未寄滿者，一概按冊補齊，以酬雅意，并此聲明。第一期現已出版，定價二角，發行所廣州昌興馬路二樓本社。

代售處 上海棋盤街民智書局

前鋒

創刊號出版了

本誌露布

一、中國國民運動之過去及將來……孫鐸
二、現代中國的國會制與軍閥……瞿秋白
三、中國之資產階級的發展……屈維它
四、帝國主義侵略中國之各種方式……屈維它
五、中國農民問題……獨秀
六、中國最近婦女運動……警予
七、寸鐵……
八、省憲下之湖南……石山
九、法西斯主義之國際性……太雷
十、近代印度概況……太雷

（定價每冊二角）

總發行所廣州昌興馬路平民書社

代售處 上海棋盤街民智書局

新青年社舉行大廉價

本社出版各種叢書以及新青年八九兩卷，自七月一號起，至八月三十一號止，大廉價兩個月。本社書價，向來概無折扣；這回廉價期內以現款購書，一律照原價六折計算，外埠購買，寄費加一，郵票代價，十足收用。

廉價以廣州本社爲限，與各埠本社代派處無涉。期滿卽照原價出售。愛讀本社出版物的諸君幸勿失此機會。茲將各書列表如下：

書目	原價	廉價
新青年八九卷每冊	二角	一角二
社會主義討論集	七角	四角二
哲學問題	四角	二角四
到自由之路	五角	三角
歐洲和議後之經濟	五角	三角
工團主義	三角	一角八
階級爭鬥	五角	三角
共產黨底計畫	三角	一角八
俄國共產黨黨綱	一角	六分
共產黨禮拜六	一角二	七分
列甯傳	二角	一角二
共產黨宣言	一角	六分

書目	原價	廉價
馬克思資本論入門	一角	六分
工錢勞動與資本	一角八	一角
勞動會之建設	一角六	一角
國際勞動中之重要問題	三角	一角八
第三國際議案及宣言	四角	二角四
勞農政府成功與困難	一角二	七分
勞動運動史	一角	六分
俄國革命記實	三角五	二角一
兩個工人談話	一角	六分
京漢工人流血記	二角	一角二
共產黨月刊三期至六期	各一角	六分

（總發行所廣州昌興馬路新青年社）

The Guide Weekly.

嚮導週報

第三十三期

（中華郵務管理局特准掛號認爲新聞紙類）

一九二三年七月十八日

定價

每份三分全年大洋一元三角半年七角國內郵費在內

分售處

巴黎、廣州、北京、上海、武昌、太原、長沙、濟南、成都、杭州、雲南

中國書報社、丁卜書報社、上海大學出版部、上海書店、民智書局、時中書報社、共進書社、晉華書社、文化書社、齊魯書社、華洋書報流通社、古今圖書店、新亞書社

每星期三出版　發行通訊處

杭州馬坡巷法政學校轉安存眞

北京大學第一院收發課轉劉伯青

國內一週

我們要何種勢力管理中國？

獨秀

將來管理中國的不外三種勢力：第一，是英美日法等列強勢力；第二，是中山先生所分析的直奉皖西南四派軍閥勢力；第三，是農工商學生人民勢力。

第一派勢力，現在已經是利用軍閥政府間接的管理着中國，做他們的半殖民地；自華盛頓會議英美日法四國協定以來，時刻在那里尋找機會——如臨城事件北京政變等——來直接共管中國，做他們公共的殖民地，一旦他們的意見利害一致，至少也要在中國沿江沿海沿鐵路的地方實現他們的計劃。

第二派勢力，中山先生細分爲四派，其實只是一派，我們無理由把他們分家；直系軍閥固然是罪惡昭著，政學會所號召的「反直系大聯合」，也只是軍閥政蠧的大聯合。直系無論其挾憲法或武力竊取政權，或并挾二者統一中國，其蠧國亂政將更甚於今日。反直系之軍閥政蠧們卽能聯合起來，無論其以任何形式——高等行政委員會、總裁制、或元老院最高級軍官等——竊取政權管理中國，觀往察來，其蠧國亂政，亦與直系是一丘之貉。這兩派——直系及反直系——軍閥政蠧無論那一派管理中國，都同樣是列強的經理人，不但不能改變列強間接管理中國的局面，其蠧國亂政，必且引導列強直接管理中國的局面日近一日。

第三派勢力，乃是中國眞正主人翁的勢力，這派勢力目前自然還是混亂、散漫、軟弱；但這派勢力若終不能集中强固起來管理中國，中國便永遠沒有救濟的希望！

我們究竟要何種勢力管理中國？不用說是希望第三派勢力，因爲第一第二派都是制中國死命的勢力。

負有歷史上國民革命使命的黨派，當然要建設在第三派勢力之上，對於其餘二派敵方勢力，不應稍存妥協或利用的想頭。凡社會上有聲望的團體或個人，對第一派勢力發言，都須萬分謹愼，一是恐怕引導國民誤走錯路，一是恐怕列强據爲「中國人希望外國干涉中國內政」的口實。

美國人第二次造謠

孫鐸

密勒評論報的記者鮑威爾，在臨城匪巢可憐的居了六禮拜之久，自此以後，他卽變成主張干涉中國的最熱心的宣傳家了。他竟希望中國人請求美國出來作干涉的領袖。在七月七日的該報，他因爲上海總商會和銀行公會致電紐約否認他們同意于美國商會和美國公會的六條主張……這是美國人第一次造謠失敗——對于中國商人的態度遂大失所望。

他又在該報上說：『普通中國人希望外人担當將中國從泥坑救出的全部事業，這是不可爭的事實。這種態度由孫中山在六月廿一日與某外人談話中充分表現出來。在這談話中，這位所謂民主主義領袖的話大意如下：「若是公使團和中國人民能使我居總統之職，那麼我早已有一計畫在我袖中。」』這就是一種模範的態度，若說這不是孫中山親身請求外力干涉的話，那麼我們連我們本國的言語都不懂了。

若是孫中山眞說了這句話，蜜勒評論自然有權說孫中山親身請求外力干涉中國。但以國民黨領袖而發如此言論，是不能令人相信的。最奇怪的，是他並沒有指出這話是向誰說的。孫中山竟至承認公使團有權使他或別人做中國總統麼？這是不可能的事。若是如此，那便是國民黨領袖宣告中華民國主權消滅，那便是國民運動宣傳受長利害的打擊。我們絕對不相信有這事。

鮑威爾君一定弄錯了。或者他得着不正確的消息，或者臨城匪巢的苦痛使他的胸筋發昏了，他竟不知道他寫的是什麼。他很要中國人贊成列强來干涉中國，在他看來這是不可避免的。他竟說：『某種形式的外人監督中國，這是無可疑的，中國知識階級能早認識清楚這事實一日，他們及他們的國家卽早安一日。』這位美國先生要賺美國大學出錢教育幾萬中國學生的一筆大利息，只是可惜要得太高一點了。

這篇說孫中山說過那句話的文章，淸淸楚楚的證明這位鮑威爾先生在臨城所受的驚恐太大。他在最後一段說中國是挾在蘇維埃俄羅斯與帝國主義的日本兩種惡勢力之間。臨城的土匪不僅有日本的來福槍，而且匪隊中個個人和小孩都攜帶着俄國短刀。這位美國先生一面指出土匪與俄國日本有關係，可惜一面忘記了近日幾個美國人因爲私運從海參威逃出的白黨那裏偷來的軍火，以致在上海被捕，他們賣槍砲機關槍、炸彈、榴彈、軍火，十六萬來福槍與土匪，他們正在這裏一面創造新臨城事件的機會，一面却鼓吹他們的祖國以武力干涉中國呀！

鮑威爾論日俄與臨城事件關係的方法，可認爲是他文章的特點。如他極容易誣蔑這兩國——其實這兩國幷不願做民主主義的和公正無私的美國要他們做的事——一樣，他也太鹵莽的對於中山談話的事，妄下論斷。密勒記者是要使讀者受他宣傳的印象，所以中山先生應出而絕對否認，因爲這是于他的名譽和國民運動前途都有極大的關係。

國會與制憲

競人

與民國同『千秋』的國會，現在因逼宮的悲喜劇，鬧得四分五裂；一般猪仔議員，各爲其主，東奔西散，國會在現在已算支離破碎不是國會的局面了。但是曹錕爲要做合法總統和挽回已失的人心，要求國會制憲于北；他方面爲對抗直系，號召國民，亦要求國會南遷制憲。一般頭腦不淸的新聞記者，在這舉國反對國會和軍閥的激烈聲浪中，偏要以『明罵暗幫忙』的手段，鼓吹『憲法不成，則共和國體立卽發生動搖，或產生復辟，要未可知，列國亦必取消承認甚且設法共管』的一片鬼話，（其實共管和復辟是憲法條文能阻止住的嗎？）來附合軍閥，轉移民衆反對軍閥的目光。

國會成立至今，只是在民國二年時代反對袁世凱，爲稍存正氣。以後每遭一次解散，卽遭一次墮落。至今日國會內部，更是笑話百出，分裂成五十餘政團，毫無政見的結合，只是牟利的機關，趨附軍閥，無惡不作，充軍閥的御用工具。稍有氣節的國民，早已不齒此等國會議員于人類，不承認他們夠格制憲了。現在國會因政變瓦解，正是國民重起爐灶的良機，應當掃除此齷齪不堪的國會，由國民自已担負制憲責任，對此醜聲四播穢聞于天的機關是不應尙存留戀的。

其次，國會議員，現在各有政治淵源，制憲不過是政爭的工具。此時藉口于國本動搖，共管復辟，禍至無日，要求制憲的，他日亦可藉同樣理由(而且更充足些)，速選總統。國民此時如承認這是國會，有權制憲，以後亦得承認他們所抬出的總統和政府。我們既然不能起死回生，將一般議員的靈魂換過，要他來學一個克林威爾時代純粹資產階級的國會(如盧永祥的牽强比附)，我們卽應揭破法律的假面具，重新以民意建造人民革命的政府。我們如『不可因反對直系之一時熱情，而遽然對于往日之禍國諸派(如安福等)引爲同調』，更應該澈底否認國會，不使他爲曹錕或其他軍閥政黨所利用，因爲議員中間的各派，大多數是大小軍閥的盾牌。

國民阿！在此時的北京政變已充分指示軍閥的勢力，可以淩民駕意，撕破法律。靠制成一部成文憲法來做金剛符咒，降服這一般鬼怪妖魔，不是隔靴搔癢，文不對題，便是有意助長軍閥的專橫。『以暴力對暴力』，這是唯一的正當的解決方法。我們不惟否認這國會，更應勸告一般國民黨和一般潔身自好的議員，不宜同流合污，應當速自退出，加入我們革命的隊伍，謀國事正當的解決。

美國僑商團體之對華主張

仁靜

六月十四日上海晚報載上海美國公會及商會（據稱足以代表旅華美商全體之意見），共同致美國政府一電，略謂『中國現狀……陷于紊亂，令人不復可耐。全中國美人生命財產，悉瀕危境，而其威望與商務亦以無强硬之行動，日見摧毀』因此要求美國政府對華應採取下列方法：

(一)所有華盛頓會議給與中國之利益，一律暫行停止；

(二)裁減中國軍隊令其歸還原籍，并以外人監督中國財政；

(三)水陸交通要道派外兵駐防；

(四)全國險要地方派外兵駐防；

(五)暫停退還庚子賠款；

(六)協同英國籌補救現狀之策。

電末又謂『以上六端，並得中國殷實商界與銀行界之同意，若冀欲救國家之紊亂，而懾于常道之淫威，不敢有所舉動』等語。

自此電文發出以後，上海輿論不聞有嚴正的攻擊。只是上海總商會和銀行公會發出否認他們同意的聲明和私人對美使書信的抗議。總商會的聲明且說『熱誠固屬可感』『未便贊同』和『倘經施行，必引起各國國際之糾紛』等語。一件驚心動魄露骨的主張國際共管的文電，只遭逢着一點商業微弱反抗的聲音。這不是奇怪的現象麼。

美國歷年來對華『文化』的設施。教會學校的『教育』，退還庚子賠款的興學，美國輿論爲日本侵略中國高鳴不平，協助中國之排日運動和其他慈善事業，頗博得中國商人和知識階級的好感。中國的日報沒有一家反對美國的，中國的羣衆運動無一次有過排美的表示，雖然美國政府曾幫助過張作霖吳佩孚的戰爭，他的對華之進口事業在一九一三年爲百分之六强，至一九二二年增至百分之十七强，這就是電文中所說的『摧毀』和『在華地位優越于他國之上』。美國帝國主義實際上在中國人中間種下了不少親美的種子和灌下了不少的麻醉藥。現在中國人對于日本的侵略是很害怕而且盡力反抗，但是對于具有雄厚經濟勢力的美國，組織新銀行團，專門準備借款中國，提倡門戶開放掠奪中國富源的侵略，竟安之若素，處之坦然。這或者因爲美國一向主張

『和平、正義、人道』的原故。但是這些人道和平正義的假面具，現在已輕輕的爲美國兩團體的電報戳穿了。

所有華會給予中國之利益一律暫行停止，是取消百分之十二·五的關稅·治外法權不取消；外郵恢復，和日本英法仍得保留青島、威海衛和廣州灣的意義。庚子賠款暫止退還是對華侵略以後不以教育形式出之而代以更野蠻露骨的軍事侵略。至于共管財政，外兵守護交通要道與駐防各重要地點，直是吮吸中國貧苦同胞的血汗，還要永遠鎮壓住他們的反抗，做他們的永世奴隸。協同英國籌救治現狀之方法，則是盎格魯撒克遜民族合力宰制中國的野心和雄圖。這眞是代表英美帝國主義要求的呼聲，臨城事件是他們很好的一個藉口，這種籍口與德國因殺死二敎士而强借膠州灣的藉口沒有兩樣。

國民呵！尤其是留美學生呵！你們再不要夢想美國是好和平扶助中國的好友了。世界沒有好和平和扶助弱小民族的帝國主義者。美國以武力干涉，助長墨西哥內亂，垂數十年，扶植反動勢力，强佔墨西哥的土地富源比日本騷擾中國有過之而無不及。以前對中國表示『好友』，完全因爲帝國主義勢力尙未長成，無投資中國的要求，樂得向中國行一點布施，收買一點民心，擴充在華工業品的市場。牠現在帝國主義的勢力日益膨脹，投資慾日高一日，故不得不露出帝國主義凶惡面目，以奴隸隸屬中國爲其目的。去年幫助吳佩孚打敗張作霖，對華貿易條例之頒布，對克門案之橫蠻，今年對臨城案之强硬和高唱財政共管，和這次顯然幫助曹錕，都足證明美國向中國積極進攻，改變大戰以前的政策。國民不應永遠留戀他以前所給的『恩惠』，國民此時當認定英美帝國主義之武力與經濟的侵略，其兇橫十倍于日本；所以我們當用十倍於排日的力量，打翻威脅世界弱小民族的英美在中國的勢力。

此文作完，聞報載美政府已拒絕兩會之請求。這種拒絕或者希圖緩和中國人民的情感。但是以銀行團共管中國財政和插脚中國政治這兩種政策是永不會變更的。

他們的道路與我們的道路

孫鐸

危險是在門前：英美帝國主義對華政策，已得着一種諒解了。自華盛頓會議以來，他們一日接近一日，在今年的美國獨立紀念日，英國軍艦才第一次向美國國旗行禮致敬，慶祝他們反抗母國的勝利。

他們是會走上一條道路的，雖然沒有明言向那一條道路。我們看，住在中國的英美僑民對克門案時意見逐漸接近，這種接近，在臨城案時已大成其功。他們中間現在只存着一點的分別，美國人的態度，比英國人一向的態度更爲進攻。過去的時候，美國人大吹特吹他們的善意和美國政府對于這個姊妹之邦的特別友誼。不懂得帝國主義的眞性質的中國人居然相信了這些鬼話，竟變成了百分之五十的美國人。但是美國帝國主義的鬼臉現在已經揭穿了；看起來比英國帝國主義還要凶惡。試將英國字林西報和美國密勒氏評論報的論文比較一下，都可證此言之非誣。密勒評論的總編輯鮑威爾爲臨城土匪所擄，六禮拜之內喪失魂魄。他堅强的主張干涉中國——自然說是『爲中國人民的利益』。他强烈的宣傳英美協同動作。字林西報，比鮑威爾聰明些面又不如鮑威爾之張脈僨興，對于孫中山的論調又不相同。這個報紙從來沒有如現在這樣熱心贊成國民黨。

現在在中國的外人主張立時以武力干涉。辛博森只提議列强組織三人的高等委員會來華調査眞相，歸國時附以建議。但是外人都全體要派兵艦、軍隊、機關槍、飛機，佔據全國要害，要將中國變成一純粹的殖民地，這是毫無疑義的。

自然列强可以如此做……但他們願做至如此極端與否，是不一定的。第一，他們中間不能達到一種一致的詳細協定。雖然英美能在這一塊地方消滅競爭與衝突，然而還有日本不能贊成。排斥日貨運動，使日本在中國如英美一樣的凶猛。日本政府自英日同盟取消以後，早已知道要改變外交政策，然而還沒有找着新政策的綱領。但事實雖然如此，日本人也不會贊成武裝干涉，因爲其天然結果即是增加在中國的英美權力。

第二理由，英美不至走至如此極端，是歐洲的政局喚起英美嚴重注意。德國馬克，以一百多萬才換得一金磅，實際上一文不值了；法意和比利時的錢幣也隨着跌得非常之快，這是歐洲大陸的一大危機。法國必被迫而向德改變政策，國際借債給德國變成急不可緩之舉；這是防止中歐革命唯一可能的暫時救濟。所以歐洲的危機也要英美帝國主義者的全力對付，他們不能同時在遠東担當一件極費力而冒險的事主業，所以目前外人統治中國或者不至實現。

然而危險已在門前了！由一班人要得外人幫助重新建立的政府和總統，由這班人的媒介擴大外人管理和監督權的危險，已在門前。這種管理權是老早存在的，現在不過是性質不變分量加增。公使團已計算了七月間鐵路上綁票的次數：中國一定要接收洋人訓練路警的辦法，外人管理中國財政一定要擴大範圍。現在似乎英美都同意曹錕做總統，雖然現在北京無內閣，但顧維鈞一班人是贊助曹錕的。雖然目前中國不至立時變爲帝國主義的殖民地，而中國離殖民地的地位可謂更進一步了，因爲在此次政變中中國的國民運動是表示得如何微弱。

歐洲時局的危機，使列强不能照着他們居留民的要求瓜分中國；這是迅速發展國民革命運動之一大時機。若是我們不趕快努力做這運動，只顧博得帝國主義報紙的喝采，那麼，這些機會沒有利用着，外國帝國主義者的得意洋洋，眞是「喜可知也」。

從前朝鮮也是獨立國；朝鮮直至日本帝國主義者說他在朝鮮人民中負有使命，其獨　始被破壞。日本人說：「爲朝鮮人民之利益起見」，文明的日本應派軍隊到朝鮮去。於是剝削開始，抵抗打破，許多知識者爲日本施以亡國的教育。不妥協的分子奔走國外，除了在上海建立政府，反對外力和繼續鬥爭外，沒有旁的法子。後來他們依着下列兩種方法行事：依賴華盛頓與巴黎的外交（相信美國帝國主義可以拯救他們）、和依賴在朝鮮邊境的軍事行動。朝鮮的大衞反抗日本的哥里阿（二人均見基督教聖經），可惜沒有得着上天的幫助，所以這些軍事行動都歸失敗。朝鮮革命分子忘記「朝鮮人民，他們以爲革命即是軍事行動。日本的統治者努力以教育使一部分朝鮮人民歸化；日本的利益因剝削朝鮮而日益增長；但是僑居上海的朝鮮政府只以政府爲兒戲，忽視朝鮮人民政治組織的發展，如組織革命的黨在民衆中不斷的宣傳與煽動等。因此朝鮮國民運動的成績實在可憐。雖然朝鮮所受的壓迫比印度所受的英人壓迫更爲嚴厲，而國民運動的成效則不可同日而語。今年初，上海朝鮮的人民會議，即發悟舊的方法不能引導成功。被壓迫民族的運動必以相信人民有權力爲基礎。國民運動的領袖，一定要到民間去，煽動民族的感情，建立人民之組織。國民運動領袖以政府爲兒戲而沒有堅强的有組織的少數爲中堅，沒有一個好的政黨爲中堅，他的失敗可以預期。

中國的國民運動不比朝鮮運動的情狀好，而其結果也將一樣的壞。我們不相信打倒封建的軍閥（他們爲帝國主義有所援助，正如帝國主義之援助土耳其和印度的封建分子相同），須利用軍閥的力量，並同時急迫的請求列强停止對中國內政「不自覺」的干涉。這是民國十二年來的經驗，理該使我們有所覺悟了。我們更應該覺悟：地盤、名位、政府，非革命黨的軍隊等，不能做革命的武器了。

『地盤即權力』。但若要保此地盤，先須供給那今日服從號令的軍隊和將官，便無餘力用系統的方法教育在此地盤的人民。『地盤即權力』，則全副力量，都要集中來保守此地盤，一切宣傳民衆組織民衆的工作都不得不拋向九霄雲外去了。

十二年之間，列强對于中國的操縱一日强似一日，中國國民運動忽略了這個危險，他的威嚇一年可怕一年。雖然過去時候有幾次請求列强讓中國自主，自己解決自己的事情，而列强並沒有絲毫傾向放棄他們的侵略和干涉。我們不可再主張只先整理自己的家政，再反抗外人的侵略。在商人、知識階級、農民、工人，甚至在軍隊各階級中，若是我們懂得我們的義務到民間去，煽動和組織民衆，一個堅强的羣衆政黨早就可以組織好了。

世界一週

華府條約的效力

大雷

華府條約所想解決的有兩個問題：一個是遠東題問，一個是海軍限制問題，——而這兩個問題是互相依附的。我們知道這是一種夢想——資本主義國家的帝國主義政策永遠使他們互相衝突，不能使他們減少軍備。在表面上看來，華府條約是漸次被列强承認了的，應該我

歐洲大戰發生，給與中國從來沒有的機會，因為沒有普偏全國堅强的政黨，所以不知利用這次機會以完成國民革命的事業。這次機會的失去，全由于我們未曾以適宜方法發展一個大的國民革命黨。大戰告終，歐洲仍繼以不能解決的極大危機，所以東方被壓迫的民族現在仍有機會　我們應該承認充分利用此千載一時之機為我們的義務。但若沒有為反對帝國主義和軍閥爭鬥的組織，這種機會仍然是不能利用的。我們現在要知道除了做部長、省長、大元帥的外交官以外，還有好些更好的工作要作呀！我們要作，而且這是我們的唯一任務，下種者出外下種，在人民中種下了解決中國情形的學問，種下仇恨外國壓迫者與本國幫手的心理，種下反抗剝削與屈辱的自覺與自尊的心理。危險是真實，急迫而且可怕的在門前威脅；我們能號召浩大的革命以抵制這逼人的危險嗎？但那是要我們脫離舊習慣、舊觀念，和變國民黨為真正人民的黨啊！

們可以希望各國海軍軍備有限制。然而實際上，重艦雖受限制，輕艦則日增不已。據報告日本的巡洋艦增加最快，其總數超過英美兩國所有的總數。美國海軍總長鄧壁亦提倡美國應增加輕艦和飛艇等，並謂此與華府條約無衝突。英國在星加坡和香港增設軍港。

現在法國衆議院在批准華府條約時所發表的意見又如下：

七日巴黎電：衆議院今日以四六　票對一〇六票批准華會海軍條約。此案審查會報告員稱：華會比例不利於法國，但法國所害者為輕艦；而非大艦隊，此約有効時期有限，國會宜投票批准之，以表示法

國和平意旨云。白里安氏謂此約乃友好的協約國間之協定，但若時局變化，法國可恢復其完全自由云。普恩賚以此解釋爲然，謂並不承認此約爲對於法國海上軍隊之最後限制云。海軍大將古柏拉特氏謂重艦與輕艦兩相比較，重艦並不佔優勢，此約無損於法國主權，法國於必要時，可設法規避此計畫云。

從這上面我們尤其可以看明白：各國批准華府條約不過是想遮掩耳目，並不是大家有意限制軍備以免除將來第二次大戰。若他們這種明白的規避華府條約而增添輕艦，再看法國白里安氏的言論：若時局變化法國可恢復其完全自由，普恩賚並以此解釋爲然。

華府會議本來是一種騙局！華府條約是一種騙人的東西。現在列強藉口中國目前的政治狀況拿出這騙人的東西出來恐嚇我們，想再敲一點竹槓，國人應不受其恐，因爲華府條約本來是遮掩耳目而沒有效的東西。

讀者之聲

層出無窮的錯誤觀念

曹錕指使部下逼走黎元洪出京，這不過是反動的政局裏的一次政變，何足奇怪？袁世凱叛國稱帝，張勳謀亂復辟等政變既演了於前，不久反動的政局裏的大政變必再演於後，我們國民早就應當有一種正確的觀念以着手救國，無如錯誤的觀念層出無窮，以致於無數次的誤國，殊爲可歎！

有了國際資本帝國主義底壓迫，便沒有弱小民族底自由獨立，有了軍閥底統治，便沒有民治，我們惟有用國民革命的手段推翻以上二層壓迫建設眞正獨立的民主國家，這是最顯明最確實的救國辦法，並沒有高妙的道理，人人早當懂得，可憐知識幼稚的國民，對於時局仍有層出無窮的錯誤觀念，我們今後應當切實匡正才好。

在從前，教育界的人，常常堅決主張教育獨立，不管政治，然而全國所有的財政都是爲大小軍閥所把持，充他們的私餉，教育經費，無從籌出，教育總長由軍閥派署（彭允彝即是一個好例），校長也可由軍閥派署，最奇怪的，在保定天津一帶的學校的教職員及學生，如得罪了曹黨，馬上就要受軍法的處置，教育獨立，教育萬能這些話，眞是一錢不值。此外如商界也常以在商言商不談政治爲口號，然而受國際資本帝國主義的壓迫，受軍閥的剝削及亂事影響，言商的勢已不能言商了！總而言之，「莫談國事」這句話，在中國誤國甚大。

有些人也曾感覺難受紛亂的困苦，希望軍閥吳佩孚或馮玉祥等來統一中國。却好，吳佩孚馮玉祥等已露出了他們的禍國害民的眞面目，這種希望又完全失敗。

在現在，國民感覺受政治上的痛苦，都有談政治的動機了，這不能不說是較前已大有進步，然而仍不免有種種錯誤觀念。

有主張制憲的，我們要試問在北京上海天津保定湖北洛陽等地，連開一個國民大會還不可能，敵人會讓我們制憲嗎？就是我們躲在屋裏或租界上制成了憲法，這憲法在軍閥統治之下能實行嗎？

有主張西南團結以抗北洋軍閥的，我們要知道現在西南各省的軍人，多半也是軍閥，不主張國民革命而主張西南團結，設若西南團結戰勝北洋軍閥，這也不過是由北洋軍閥換了一個西南軍閥。

有主張國會南遷行使職權的，然而我們國民難道還不知道現在國會議員是一些什麼東西嗎？要錢不要臉，還到天邊都要依附軍閥，現在中國最壞的政客官僚，要算國會議員第一，實在早就應當解散現有國會，懲辦議員。

有主張組織行政委員會的，但我要試問這個行政委員會由全國人民選舉，還是由各官僚軍閥自由組織，如由官僚軍閥自由組織，仍是軍閥當權；如全國人民選舉，試問在沒有國民革命以前，有何權力行使此職權？如由國民與官僚軍閥混合組織，結果—國民委員將必屈服於野蠻軍閥勢力之下。

有主張請外國援助中國統一的。這主張更屬荒謬，近世紀以來，帝國主義的列強援助弱小國平定內亂，結果，總是弱小國家被屬受宰制，例如朝鮮請外援的結果怎麼樣？

我們在這種種情況之下要來確正我們的觀念，只有依貴報的主張：集合全國商人工人學生農民等國民代表會議，開始進行國民革命運動。

偉仁於香港七月十五日。

The Guide Weekly.

嚮週報

定價

每份郵寄三分全年大洋一元二角半年七角國內郵費在內

（中華郵務管理局特准掛號認為新聞紙類）

一九二三年八月一日

分售處

香港　廈門　上海　雲南　北京　武昌　太原　長沙　濟南　南京　成都　南昌

華文書坊　新民書社　民智書局　新亞書社　大學出版部　時中書報社　晉華書社　文化書社　齊魯書社　樂天書館　華洋書報流通處　中華書局

◀第三十四期▶

每星期三出版　發行通訊處　廣州昌興新街二十八號三樓本社　北京大學第一院收發課轉劉伯青

國內一週

歡迎民治週刊

獨秀

經濟落後的民族，一切小工商業家與小農其對於政治的需要與慾望，自然不發達，所以中國農民一向酣眠，商人說在商言商不問政治，教商界主張教育獨立不問政治。然在殖民地半殖民地外力及軍閥的壓迫到了民不聊生的時候，或者本地的工商業發達已到須與外力衝突的程度，國民運動也會起來，此所以向來不問政治的中國人民，大都會的商人學生，近來也出來談談政治了。代表這種國民運動的是上海商人及北京上海的學生。浪漫的青年學生們，有時說幾句激烈話；似乎比商人更急進些，實際上并不然，這是可以拿上海商聯會和學生聯合會的言論行動比較證明的。

上海各馬路商界總聯合會出版的民治週刊，我們已見過兩期，其發表的意見，可以看出他們政治的觀念上三個優點：(一)主張民治運動應由國民自幹，不倚賴任何方面的軍閥；(二)反對任何派別的國會議員；(三)不會有求助外力的觀念，不會請求外國政府或公使團取銷北京政府，予列強共管中國的口實，這一層商人的觀念比學生的觀念清楚得多。

我們竭誠歡迎商人階級起來做國民運動，我們更歡迎商聯會的民治週刊富於國民運動的精神。最後，我們要忠告中國商人階級：在國民運動中，勿忽視了勞動階級是革命的急先鋒，是你們有力的友軍！

嗚呼！北京學生聯合會！

獨秀

我們在前期本報上，曾不滿意於上海學生總會乞憐於公使團的態度，以為北京學生的見解總要高明些，那知道北京學生聯合會也曾致函使　請各國保留北京政府承認案，這種認敵為友非國民運動的態度，不但取笑於外人，其結果只落得外人與外人的經理員——所謂攝政內閣——勾結一氣，飭警廳前行取締，這是何苦來！

我們最痛心的是：北京上海的學生及上海工人這種倚賴外力的謬誤觀念由何種引導而發生？

攝政內閣賣國賣民之點將錄

（見上海各報七月二十九日北京電——唯王正廷僅見時事新報）

巨緣

一、顏惠慶（總理）：洋奴……裝腔做勢：——還在間保曹『宗旨』呢。

二、顧維鈞(外交)……洋奴……已經深入侯門，—正替攝政內閣爭『國書』呢，

三、王正廷(司法)……教徒……在羅內偷雞新郎，—以南方政府代表資格自歐返國後，你這叛賊幹的什麼事！

四、王克敏(財政)……買辦……半推半就着，—回頭望望股東的氣色，抬頭仰瞻曹帝龍顏，委實解決不下。

五、馮玉祥(陸軍)……教徒……『砸窯子』的開國元勳，— 現時準備自己出馬，專管殺人部

此外還有兩位無名小卒：一是張國淦(農商)—本來楊花水性又値久曠，『小妮子不免春心動也！』一是傅增湘(教育)—昏庸傀儡，五四運動時嚇得屁滾尿流的窘相，人人都還記得。其餘曹家幾個嫡系三小子—吳毓麟高凌蔚，更不用說。祇看這班『名流，』—國人曾經對他們表示幾分『信仰』的，—現在明明白白的當曹家的走狗，串賣中國與『人道正義』的美國了！

上海大中華紗廠停業給我們的兩個教訓

春木

上海聶雲台開辦的大中華紗廠近來因虧本而『暫時』宣告停業，虧本的原因是因為棉貴而紗賤。中國的棉貴而紗賤的狀態自然是因為受了國際的影響；國際資本家方面極力的收買中國棉花以供他們本國工廠之用，一方面把他們大工廠出產的賤紗賣到中國來，如此形成中國現在這種紗貴棉賤的狀態。國際這種影響本可用保護政策來防止的，但是中國被外國政治的壓迫不能採取這種政策。以前中國廠主曾請求政府禁止棉花出口以維持中國紗業，但是北京公使團一紙公文給中國政府說這禁令違條約，中國政府，立刻就答應把這禁令取銷了。總而言之，沒有獨立的中國，不能自由訂定關稅，中國實業的發展是夢想，將來繼中大華紗廠而關門的一定是很多。

中國實業家常想用剝削工人的手段來減稍生產費使能與外貨競爭(近來上海絲廠對女工加工減資就是一個例)，但是現在中國工人的工資已經無可再低了。你們要他們做工，至少要給他們肚裏吃飽。況且這樣來減少生產費決不足以使中國貨能與外貨競爭！中國的實業家呵！祇有圖給全國人民來爭得了中國的獨立才有你們發展的機會呵！這是我們得着的第一個教訓。

第二個教訓就是：這班實業家如穆藕初聶雲台等開辦工廠常以辦慈善事業自命，但是到了營業不能生利的時候，他們就會拿他們的慈善事業停閉了，工廠裏工人因此而失業不而回復他們的舊業的，他們就不顧了——這是什麼慈善事業？為他們個人的利益而已！中國的勞動者呵！快快自己奮鬥，決不要信他們的甜言密語。

國會選舉制憲統一的噩夢

巨緣

中國現時的國會，選出來了已經十二年了；這十二年中上的徽號：『豬仔，娼妓……』等等，也就夠受了。國人難道還不明白，這種國會，這班議員，已經絕不能代表絲毫民意，已經絕無最高立法機關的資格。—不論議員中還有幾位自命為『勉强做君子的』章士釗及丁佛言等(見上海新聞報七月二十八日章行嚴的社論)，而法律上實際上，此等『國民代表』國民早已應以非常手段取消他們的資格。——然而最近政變以來，居然有人想以國會南遷政府南遷作解決中國政治紊亂的方法。其實此等『職業議員』的反對北方軍閥；一大半是未滿所欲，一小半亦不過是個人的激清主義，消極的要『免負亡國之責』而已(看行嚴的社論可知)。難道這種東西能做真正的民權機關，真正的與北洋軍

閥奮鬥的機關嗎！現在他們已先問南來經費是否確實，可見雖暫與國內革命的黨派結合，等到時局一有變更，他們立刻就能賣此友黨，亦就立刻自賣。所以國會多數在南在北，本來不成問題。真正革命黨的議員便應當自己毅然退出，走入平民隊伍裏，做澈底推翻軍閥重建中國的大事業。

曹錕的總統位置是否以選舉得來，是否以非常手段得來，根本不足考慮；—反正是鄙汚齷齪狗彘不食的東西，即便國會全體選他，國會全體便當受國民的放逐。何況現時的國會，在選曹錕一事外，所行所為已經切實證明其賣國賣民而有餘。以求得議員多數南下為防止曹賊叛國篡竊的手段，—實在是可笑。

以前老黎想國會制憲以抵制曹錕；現在曹錕却亦要以先憲後選的誑話，騙議員留京，以便挾持强迫大選。『憲法是國家根本，』—好一句冠冕唐皇的話！國民經過十幾年磨折，也應有些經驗：—袁世凱的新約法是洪憲帝國的根本，黎曹的憲法，不免又是黎國或曹國的根本。關我們國民什麼事！『要知道白紙黑字的憲法，決不是什麼「根本。」民主國家的根本在於社會裏平民革命力的威權之表顯；革命澈底成功方有澈底的民主的憲法；革命力勝利的分數愈少，憲法上的民主性愈淡。—在於實力的表顯，而決不在於憲法學理上之完美不完美。因此，假使儘由現在的國會—背後絕無社會實力，—去制定憲法：好呢，憑着幾個鼎鼎大名的『法學家，』寫幾句空條文，以便曹吳等王公大人登廁之用；壞呢，簡直是由軍閥販買威逼的定下個『懲治平民法。』國民想想，制憲的辦法，應當怎樣？』

『國人早已覺得軍閥割據的痛苦，曾經以為『裁兵，理財，制憲』是消滅軍閥統一中國的方法』。這次政變以來，吳佩孚馮玉祥已經公然聲言武力政策；大選費及軍事費要請王克敏顧維鈞來紊亂財政進行外債；所謂『制憲』的意義又如上述。難道財可理，兵可裁，憲可制，中國可統一嗎？像這樣的『裁兵』『理財』『制憲』，祇有使中國愈紊亂愈分裂。國民要的統一，是否是吳佩孚的武力統一？國人希望統一，而又消極不動，難怪軍閥利用這種心理而以統一相號召。『中國平民，若不自己奮起結合做真正的政治運動，一直行向革命絕不與舊勢力妥協，努力掃除殲滅一切軍閥，則統一決不可能。』

由此可見，希望國會南下，防止大選，附和制憲，空言統一，—其結果必不免是一場噩夢。

『中國平民應當結合各界，排除萬難，組織真正民衆；並且立刻繼以革命的行動召集全國平民立國大會，制定憲法：—換句話說，即以非常手段取消十二年的死國會，以平民的社會實力組織國民軍，以社會的經濟力量安置舊軍隊，（剪除軍閥爪牙）以有組織的羣衆與軍閥宣戰，（殲滅軍閥根株）；——如此，方能奠定真正民主共和國的基礎，統一中國，復興中國文化。』

一九二三年七月二十八日

顧維鈞就外長職和中國國際地位

春木

直系趕走黎元洪其目的就是要捧曹錕出來做總統；但是現在辦大選的聲浪驟然和緩下去了，難道因為反對派的聲勢浩大所以直系就軟下去了，這恐未必。趕走黎元洪直系方面已蘊釀好久是有籌畫有準備的行動，至於事後的反對當然是豫料所到，況且一不做二不休，既破了面，遭了罵，本來又不要臉，還有什麼幹不下去的嗎？直系對于大選問題所以這樣遲遲進行就是因為辦大選和大選後所需之款項問題，沒有五千萬的借款袁世凱亦不敢有所作為，何況曹錕呢？直系這筆款項來自然祇有靠外債和內債，外債是要借重外國，內債是要借重本國銀行。直系看見做官熱的顧維鈞能邀外國公使的寵而王克敏在中國銀行界有些勢力，所以設各種方法請他們出就外交財政兩職。可見要他們出就外交財政兩職就是要替直系籌款，直系倘若沒有這筆款是不能買來擁曹錕做總統的，如果顧王出就這兩職這是爲直系出力，還是很顯明的。

王克敏的勢力是在各地中國銀行，現在各地中國銀行均反對其就財長，王克敏因此至今還沒有敢就財長；而顧維鈞居然于本月二十三日就了外交總長之職。他明知他的就職是不對的而要遭人反對的，所以他在他就職的通電裏說明他就職的理由：

『然一覘國外之空氣、則共管干涉之說、時聞於耳內、環顧國事之現象、則土崩瓦解之禍、直懸於目前、夙夜以思、不遑寢處、而國會賢俊、內閣賓僚、復謬採虛聲、强加重負、勸駕之使、聯翩而來、推轂之書、絡繹以至、徘徊考慮、進退俱難、英倫之使節非遙先入之歐廬猶在非不能潔身以見志避地以鳴高顧維鈞念個人名譽之損失私不足以敵國家地位之公政治生命之犧牲小不足以敵時局安寧之大熟權利害勢難兩全、既懍顧亭林匹夫有責之言、更深鄭子産僑將壓焉之懼、謹於七月二十三日、暫就外交總長署職、敬懸數義、奉以周旋、行使約法賦予之職權、維持國際現有之地位、』

素來景仰顧維鈞的人們看見了這篇話一定要說：我原知道少川決不是貪官的人，他就外長的目的完全是爲維持中國國際的地位。

顧維鈞做官的心熱，甘心幫直系，國人知道罵他，無庸說了然而他欲以能說洋話能奉承外國的資格來維持中國國際地位這一層，國人亦應不受今日所謂外交系的一班東西所欺騙。田桐二十七日闢顧維鈞就職通電中有幾句話把外交系罵得很痛快：『數年以來。國人認熟解洋語。善着洋服。惜食洋餐之人。爲外交系。如陸徵祥顏惠慶顧維鈞諸人。皆其選也。夫外交家者主觀的也。非客觀的也。外交家之所由來。卽愛國男兒精神之所勃露者也。以上三者爲構成洋奴之要素。不能謂爲構成外交家之要素。摹倣外人之聲音笑貌。仰其鼻息。體貼入微者。未有能知國家大事者。洋奴之技。西崽之才。正與外交相悖謬。」

國人常常以爲顧維鈞等能在國際聯盟會議或華府會議作很美的演說，受外國人的嘉奬：居然這樣年輕的中國人在各國老練的外交家前不害羞能說這樣好的英國語，眞是中國少年的人材，爲中國光榮。但是試問顧維鈞受外國人的稱贊於國民有何利益。在國際聯盟會議，在華府會議，顧維鈞受人審判而已。這種會議上的榮耀祇能博黃女士的戀愛而決不應得中國國人的贊美。弱國無外交固祇能聽人裁判，但是要知道這種會議的參加是羞恥而不是榮耀，要知這種裁判是外國要侵害于中國而不是賜恩於中國。如果有相反的意見這個不是糊塗定是洋奴。顧維鈞這班東西居然竟有此種思想，並且尤極力在國內宣傳，不免有一班虛榮心重的人和受英美教育毒的人們受他們這種喪失民族性的蠱惑。

自從華府會議之後，列强中尤其是英美要積極圖謀中國，覺着顧維鈞等是他們頂好的工具，而顧維鈞等自己亦以爲他們有了後援於是都邀擁到國內政治舞台裏來，國內的軍閥官僚亦因爲有借重於外國的必要所以替他們結把兄弟給他們政治上的地位，賣國的外交多因之成立，成爲軍閥和外國帝國主義者間的仲買人，可以稱之謂「國家買辦」

顧維鈞這次上台名爲維持中國國際地位實則降低中國地位，使中國成列强的附庸國。觀其就職後對外國記者演說：「中國目下在推移時代，不可不得各國之同情，如前此發生之犧牲外人事件，殊爲遺憾，然不可因此而謂中國國民變遷爲排外思想也，余對於外人之保護，與政府一同努力，又謂共和政府，在亞細亞爲最初之試立，故有過失，亦在所不免也云云，」可以見他的諂媚辱國的態度。

排外的思想在各國都認爲應該的；日本美國的排外不可謂不强誰能過問，祇有殖民地是被統治國，所以禁止排外。如果中國是獨立國，那末所謂中國的外交總長不應代表中國人民向外人宣言『中國並沒有發生排外思想，請你們不要動氣。』顧氏的所謂維持中國在國際的地位，恐怕是維持國際在中國的地位罷！

顧氏不就外長職，金佛郎案即使在北京猪仔國會裏通過了亦無人交涉，克利斯溥借款亦無人進行。有顧氏就職了，這兩件對於國內爭閥國外列强都有利的事就能成功了，顧氏對於他們兩方面眞可算功夠了，而不知何以對國民呢？

顧氏是以怕列强共管而出山救中國的，恐怕將來他還要做列强共管中國的委托人呢！

世界一週

歐洲各國的陸軍競爭

左表爲一九二二年歐洲九國人口總數，陸軍人數及每年收入用於軍費之成數的調查：

	人口總數	陸軍人數	每年收入用于軍費之百分數
法國	三七，〇〇〇•〇〇〇	六九〇•〇〇〇	三一•三
意大利	四〇，〇〇〇•〇〇〇	三五六•〇〇〇	一四•二
英國	四七•〇〇〇•〇〇〇	二五六•〇〇〇	一五•二
西班牙	二一•〇〇〇•〇〇〇	二五三•〇〇〇	三四•
波蘭	二五•〇〇〇•〇〇〇	二五〇•〇〇〇	五九•五
丹麥	三•〇〇〇•〇〇〇	二七•五〇〇	二六•五
荷蘭比利時	六•八〇〇•〇〇〇	二〇•〇〇〇	一八•七
瑞典	六•〇〇〇•〇〇〇	一九•五〇〇	三一•二

一九二二歐洲各國的軍隊及軍費比較一九一三年大戰前更多更大。波蘭一個新興的國家的軍費幾佔其每年收入三分之二而維持與美國同樣大的軍隊。這種軍備互相競爭到了無力維持這樣浩大的軍費時候勢必出於一戰。參加戰爭的軍隊一定較前次大戰更多而大戰的禍害亦益劇。各國的無產階級及東方民族應當起來打倒這班帝國主義政府，使這大戰不致發生，庶幾歐洲的文明不到毀滅迫盡的地步。

太平洋上英日美的海軍競爭

太雷

美國總統哈定氏前年召集華府會議想限制各國(尤其是英日美)海軍的競爭，使他們自己中間有一種條約的限制。我們知道國際間條約的効力祇能存其于對那一國有利益的時候或被實力强迫承認的時候；當今美英日帝國主義的利益正在衝突的時候，他們正在互相猜忌的時候，條約的効力實不能限制他們的海軍競爭。所以華府條約祇是一種官面文章，並不能有實際上的効力，英日美中間在太平洋上的海軍競爭依然存在。

同一召集華府會議的哈定氏本月廿七日在西雅圖新聞俱樂部演說，謂非致各國盡拋棄武力後美國不得不維持頭等海軍。在現狀之下各國拋棄武力是一件不可能的事，所以美國必爭海軍的領袖。哈定這次是從阿拉斯加回來。他到阿拉斯加的目的是爲視察建築美國軍港，因阿拉斯加離日本甚近，如果美國海軍能在其地設有軍港則日本海軍不敢離日本海而南下，這是美國控制日本的最好方法。

英國亦以日本海軍的可怕，決定在星加玻建築軍港，這事報紙上傳載已久，上星期英國下議院已通過海軍部建築星加坡海軍港之一千萬金磅預算。

日本方面當然亦有相對的發展。日本在一九二〇及一二九一年間巳早在布羅羣島乃琉球羣島之某某諸島築成砲台。近來日本『輸送艦』的迅速增加尤令人驚駭。

讀者之聲

獨秀先生：

中國無產階級的福音—嚮導週報出走後，我的心絃起了相應的振動數而共鳴了，黑暗旅行中胆子更壯了！你們所指導的方向，是萬分正確而剴切的；在這樣感覺遲鈍智能萎縮的民衆當中你們以不屈不撓的精神，進行篳路監里的工作，這眞是二千年來歷史上破天荒的癸發作業啊！先生：由現實產業制度反映出來的生活狀況之不可安，實在逼迫我們只能在革命和自殺兩條歧路上選定前途，遍國中非階級化的遊離無產者（先生這個名稱定得很適當）實在太多了；近代資本工業經濟潮流的慢性傳染，給與下級社會的苦痛太難堪受了！社會制度明言或暗示：只有欺詐刻薄，苟合，容忍諸美德，是現代正式生活之道，在這些情形下的弱者心理，由舊倫理和宿命觀訓練成的奴隸根性，鐵也似的堅，而階級意識極端難得侵入；同時有產階級的聯合勢力或抽象刑具，又不斷的對於我們加以威迫和利誘；雖然於苦痛經驗中，我們也曾覺得：這樣的遭遇，是一個站在羣衆利益基礎上而與反動勢力決戰的革命家，所應有的，不可逃避的自然運命，但亦使我們認識清楚了：在此種環境摧殘下，眞能具足必死的精神而爲主義奮鬥的志士，是何等的少！

中國共產黨此時橫在面前的緊要使命和工作，我以爲有兩大要點：（１）大規模的思想界消毒運動。（消毒的對象，就是：黃色的社會主義者，美國式的社會改良家，空想的文哲派，他們都是直接間接的御用學者，引導國民迴避革命心理的主要犯），（２）大規模鄉村共產主義運動，地方共產主義運動（包括農村組合運動共產主義的知識傳播等等。現在社會運動的最大弱點，就是都市式的色彩太濃—國民黨的病也在這裏—地方人材太少，有知識者沒有信民間去的決心，我們運動的範圍不大，半由如此）。（下略）

李子芬於湖北黃梅縣

來函所謂『空想的文哲派，他們都是直接間接的御用學者，引導國民迴避革命心理主要犯』，這句話，眞是現代青年的當頭棒喝，眞是一針見血的話。先生所主張的鄉村共產主義運動，鄙見以爲未免浪漫一點，這是因爲共產主義運動須以工廠工人爲主力軍，小農的中國，自耕農居半數以上，這種小資產階級他們私有權的觀念異常堅固，如何能做共產主義的運動。共產主義的運動如何能在自耕農居多的中國鄉村成功羣衆的運動，此時鄉村裏只宜於國民運動，而且國民運動是中國目前所急需所可能的工作，祇有國民運動能打倒軍閥，開闢我們共產運動的途徑。先生以如何？

獨秀

現在我們貴國的軍閥武人，算是聰明得很！把中國當做兒戲，弄得七亂八糟；迫走黎元洪，收買議員，欲自做大總統；像黎元洪這個「號令不出都門，尸位素餐，」的偶像總統，是應當走的；但是，這個「北洋嫡派，袁世凱第二」的曹錕，有什麼才幹和資格，又夠得上做中國大總統？這事實是曹錕的做夢，貽笑中外的笑話；無怪近來全國電文交馳，都起作討曹的運動；可見民意，比從前稍有覺悟，萬惡軍閥的傀儡技能，恐怕無所施了！

你看，現在的中國，已糟到這麼田地，實在沒有法子挽救；照我個人意見看來，只有革命三字，是很對症的藥劑，革命的大本營，即是國民黨，又有共產黨做他們的後援，（督促他們做澈底的眞正的平民革命，——記者註）以此將引起全國稍有覺悟的工學各界，全體都加入國民黨裏面，努力向軍閥進攻，可見國民黨的最後勝利，中國同胞的眞正幸福，不久即將達到目的啊！

但是，現在的國民黨，專注重武力一方面進行，宣傳的力量，太為薄弱，恐怕不能急於成功；這是國民黨的最大缺點，也是我對於國民黨的忠告：及到嚮導週報出版以後，國民黨得了許多的幫助；這是國民黨應當感謝的，也就是「黑暗之光，打暴不平，」的嚮導諸君，應當做的事。以後更希望嚮導諸君，努力替國民黨宣傳，這就是國民黨之幸，也就是四億同胞之幸；此祝國民黨勝利！嚮導諸君健康！

呂品　於雲南省第一中學校

「不問何種政府但求無損發財目的」這句話可謂在人心學解剖經驗過來。換言之：就是一般國民的心理一輩子被這個穿腸鏡照得肺肝如見！生產者整日價胼手胝足，以血汗換得一點糊口代價便心滿意足以為這是拜吃人不吐骨的資本家之賜，眞有階級覺悟者能有幾人？「政治」更一古腦兒不知所謂，但求做一隻「太平狗」就好了。消費者呢則更不消說，他剛要維持現存貴族式的政治或許就是他的護使來剝奪勞働者呵。總之但求無損他的「自由競存」主義便足了！那末！他們這樣「利祿薰心」「利令智昏」，是則為之「洗心革面」，嚮導同志們實無旁貸！

「洗心革面」，其實嚮導本身也要做這層工夫（不過前者重在「洗心」，這裏就重在「革面」）；因為嚮導的文章，強半注意在民主主義革命，社會主義革命反不甚積極。曉知社會主義革命才是改造社會的治本辦法，民主主義革命終是帶着貴族色彩的，所以我希望以後的嚮導要在嚮導群衆的當前，手揮紅旗大聲疾呼「社會主義大革命」！別再掩旗息鼓了。

鄧悲世　十二，六，念三于廣州宏英學校

讀來函知道先生是一位不滿足的社會的浪漫青年，我們很喜歡的引為同調。但同時我們須知道改造社會，第一要注意客觀的現狀，決不是浪漫的社會主義所能濟事的。現在半殖民地的中國，國民革命乃目前至急的要求，并且是近東遠東各被壓的弱小民族社會革命之前，所必經的過程民主運動不起，則社會靜止，工人尚僅願做「太平狗」，如何談得到社會革命。民主運動的過程裏，纔能鍛鍊徵集預備社會革命的力量。社會革命是經濟制度之改造，浪漫的「洗心論」是閻錫山的方法，不是馬克思的方法，社會革命是不能靠這種浪漫方法成功的呵！

記者

國民黨應與國民親密，國民黨應與國民如發生戀愛而結婚的一樣親密。國民黨對於國際列強當看做三姑六婆一樣很容易教唆新婦『放肆』離間其夫婦情感，弄成家庭不安的景況。

近來北京政局變化，有識者早料得到的，國民黨因此對國際發表宣言，本來沒有什麼輕重，但既發表宣言也罷。今日廣州各報載伍朝樞用英文起草宣言大意說：『……彼輩對於外人生命財產及商業保護，等閒視之。臨城刼案及河南匪案，足為證明。……列強若為中國和平計，應將現時承認北京政府案撤銷云云』

國民黨宣言僅僅指出臨城刼案及河南匪案，對於北京政府豢養的軍閥毆打學生，屠殺京漢路工人，……等等國民切膚的痛苦一字不提，恰是新嫁娘不敢和其丈夫說話，而且其夫婦間的利害本身親密的利害，不敢說出，專討好于三姑六婆。三姑六婆喜歡你便要玩你，不喜歡你便要討厭你駡你，這雖然不問家室的和平但仍不告訴良人，無能

互相了解三姑六婆的把戲，夫婦間的親密會離間的，或竟至怨惡而不能相容。這新嫁娘—國民黨很是危險的！　瘦眞於廣州

中國是混亂到極了！在此混亂當中，惟有國民黨纔能挽救中國的危局，所以我們對於國民黨有很大的希望，和同情。

自辛亥革命以至現在，民主革命還沒有成功，其原因雖多，但自國民黨自身而論，革命不徹底，（統治中國的仍是滿清遺毒）對於國民方面沒有盡力宣傳，切實的指導，沒有建築一個堅固的基礎，也是其中的最大原因；近二三年來，廣東的小小變亂，演出黨內的分裂，也就是他的明徵。

國民黨已爲民主革命而革命，當然要連合國民來做國民革命運動，什麼徘徊軍閥之間，鼓吹什麼四派勢力的裁兵會議，與和平統一政策，是我們應當反對的，因爲滿清遺毒的北洋隊閥，不但是民主革命的障礙物，而且是國民黨的敵人，與他們聯絡，無異引狼入室。

（下略）　炳棻於廣州。

餘錄

對于共產黨時局主張之西報批評

香港南華晨報有一段短評說：在此黨派意見發表充斥之際，我們很有趣的得着一本於人毫無裨益的一本小冊子。這本小冊子名爲『中國共產黨對於時局之主張。』這本小冊子只值得送到爛字堆裏，但因爲現在有人批評孫中山與共產黨有關，使我們不得不探尋這本印刷很壞的東西，看他說些什麼。從黎元洪總統開始，他們對於任何人一概罵到。他說去年直奉戰爭之結果，一面也是日美勢力之消長…。』黎元洪，曹錕，曹銳，國會和列强在他們看是一點作用沒有。對於廣州這一派的批評，却很聰明的溫和。他們僅說『西南諸將之擁兵聚斂，壓抑民權，無異於北洋軍閥。』他們主張結尾是英勇的打倒一切，號召全中國國民革命者聯合起來。這種聯合顯然只是天主教的把戲；因爲他主張召集全國商會，工會，農會，學生會及其他職業團體的會議。這種油與水混合的藥方，令我們猜想他對於共產主義運動到底有什麼好處。除了這種積極的建議外，這本小冊子是挑釁的，我們奇怪廣州當局封閉了多少，沒有觸忤的報紙，而獨許此種宣傳流行。雖然這本小冊子印刷很壞，然而做得不壞，令我們疑惑有外人的手脚。一些可尊敬的惡作劇家似乎爲此勤勞過度了。

黎元洪曹錕曹銳國會和列强不但一點作用沒有，並且都是中國之大害。這恐怕是中國人之公言，非共產黨一黨之私言。南華晨報記者說國民會議是油與水混合的藥方，我們以爲總比軍閥列强混合的殺人毒物好得多，而且這個毒物最擔心的是那油與水混合的藥方。我們最奇怪的是：該記者說那小冊只值得送到爛字堆裏，而自己却要對於爛字紙堆裏東西做很長的批評，說了許多驚疑挑撥威嚇的話，也『似乎爲此勤勞過度了』罷！

再者，關于共產黨主張的意見，就我們所見到的，還有香港電聞的一短評。該報除先日轉載那主張之一個外，與南華晨報同日也有一段社論。但我們因爲他『只值得送到爛字堆裏』，所以也不介紹或批評他了。記者。

The Guide Weekly.

（中華郵務管理局特准掛號認爲新聞紙類）
一九二三年八月八日

定價
每份郵寄三分全年大洋一元二角半年七角國內郵費在內

嚮

週報

分售處
香港萃文書坊　廈門新民書社　上海民智書局　雲南新亞書社　北京大學出版部　武昌時中書報社　太原晉華書社　長沙文化書社　濟南齊魯書社　南京樂天書館　成都華洋書報流通處　南昌中華書局

◀第三十五期▶

每星期三出版

發行通訊處
廣州昌興新街二十八號三樓本社
北京大學第一院收發課轉劉伯青

國內一週

中國人應這樣孝哈定嗎？

和森

中國眞不愧爲一個『倫理』的國，從前會忠孝君父，現在會忠孝洋大人。現在舊倫理將近崩壞，爹媽死亡不算甚麼傷心，同胞罹鋒鏑被殘害更不在意。獨對於洋大人則不然。從臨城案中，可看出長進的中國人（媚外的軍閥官僚政客學者報紙商人以至國民領袖）努力建立新倫理（忠孝洋大人）之初步；從哈定之死，更可看出這種新倫理之確立。

哈定死耗一傳到中國，中國人如喪考妣：北京兩院猪仔停議致弔；上海各馬路商聯會提議開追悼大會；各種報紙一律鳴哀頌德；甚麼救國聯合會女權同盟等團體以至革命領袖亦專電弔唁；此外外交官地方官奔喪於使領館，半旗插遍各大都市與衙署。充這般媚外猪仔官僚報紙商人……的心理，縱不寢苫枕塊，也要心喪三年（各報多有永毋忘哈定發起華會對華盛德之言）！

這或者不是偶然的事。以前的中國是君父的，所以應當忠孝君父；現在的中國是洋大人的（殖民地），所以應當忠孝洋大人！

各省聯席會議

和森

唐紹儀岑春煊章太炎發起的各省聯席會議，近日決定兩項辦法：

（一）由各省代表逕電本省長官，陳述召集聯席會議之必要，請即派定負責代表來滬洽商時局，規定一省一權，以省區作單位，人員派定後，知照浙江盧督辦。

（二）各省代表派定後，由派代表之省區長官聯名通電說明集會主旨，並通知國會。

由以上兩項辦法，可知完全爲一種聯督會議。而其背幕買空賣空的目的物，就叫做什麼中央行政委員會。

金星人壽公司與政學系的老板們，要用這種不費本錢的買賣贏得中央行政委員的地位；差幸『孫中山氏非一省當局』，且其大元帥名義未經奉浙黔承認，不得派代表於這樣聯督會議。同時我們希望汪精衛先生也不要參與這樣聯督會議的發起罷。

江浙弭兵運動

和森

近日江浙商人由裁兵運動民治運動一退——退到弭兵運動，這個方法到是便宜極了。裁兵運動至少不費力也須跑到軍閥麾下効秦庭之哭(申報時人名論欄曾登過一篇這樣主張的文章)；民治運動至少不費力也須做到罷稅罷市；獨弭兵運動只須打一個電報就達到了目的。弭兵運動諸君子打一電報給齊燮元，齊燮元馬上答復道：『燮元對於地方人民既以保安爲職志，何忍參入政治運動搆成軍事之原因，耿耿此心，有如皎日，轉布悃臆，咸使聞知。』至盧永祥答復之滿意，那是更不待說的。齊燮元連政治運動都不參加，弭兵諸君子要算達到了分外目的，世上那裏尋得出第二樁這樣便宜事？

但是弭兵諸君不要忘記我們的預言：北洋軍閥不打倒，兵是永遠弭不住的。

抵制日貨以後

仁靜

在殖民地與半殖民地的國家，反對帝國主義最有效力的武器之一即是抵制他們的商品。中國自三月以來，開始抵制日貨的運動繼長增高，據日本報告，日本對華貿易今年六月份較去年六月份的減少一半(一千四百〇五萬元對二千七百六十九萬元)，中國對日本的輸出，六月份超過日本對華輸入四百六十餘萬元，這是中日貿易以來第一次現象。雖然前幾年有過排日運動，但此次的成績總算最好。前幾次排日運動，以學生爲中堅，商人處于被動的地位。此次因旅大問題各地商人也熱烈的參加排日運動。武漢商人的水陸大遊行，長沙六一案後的示威運動，尤足證明中國民氣之激昂，這正是國民運動前途的好氣象。

排日運動直接是對日本武力侵略主義者一絕大打擊，間接打擊的是英美帝國主義。英美帝國主義的强盜和他們在中國所僱用的偵探，從這次排日的激昂或者也得了些教訓，不敢露骨的侵略中國了。因爲中國今日施之于日本的，明日可如法向英美進攻。最近武力干涉，『砲艦外交』的論調雖然大吹大擂的在洋人報紙上提倡，然而字林西報也有時表示一點排日運動是排外運動的先聲之憂慮。最近英美帝國主義不敢實行武力干涉中國，趦趄觀望躊躇不前，除了忙歐洲的事無暇在中國伸手之一原因外，另一原因恐怕是慴于中國排日運動的威風。

我們可以斷言，英美隸屬中國爲他們殖民地的計畫——以新銀行團共管財政，以外人訓練路警，駐外軍于全國要險等等——遲早終會實現，除非中國人民能以實力預先防止。實力防止方法之一即是抵制英美的貨物。臨城案件以後英美對華態度的兇橫——英國主張共管鐵路，美國主張加駐軍艦已凌駕日本之上。中國人如不感覺，如不反抗，未必中國人眞受了使命：只排斥日本替英美洋大人的貨物擴充銷場麼？日本遣派軍艦到長沙，中國輿論沸騰，抵貨越發激烈，美國要加增駐華軍艦，全國輿論不做一聲，未必中國人眞爲美國做準奴隸？

現在日本帝國主義，較之英美，已非中國之大害。中國的政治經濟的獨立，中國革命運動的成功，全賴養成排斥英美的强烈感情和實際行動，抵制英美貨物即是入手的第一步。

對華銀行團之新進行計畫

仁靜

新銀行團最近在巴黎開了一次會議，英法美日四國銀行團都有代表出席。協議數日之結果，發表了一篇漂亮的不即不離的宣言，大致謂新銀團承認華盛頓會議所簽立之協約。『此協約之結果係由列强承認尊重中國主權保其領土上之完全，幷予以自由不受束縛之機關，俾而發展其經濟上財源，而自行維持其有效力之鞏固政府。』銀團的作用是：「本協團實無異一相宜之器具，用以施行此項政策。其所圖者，非爲構成永久之機關，乃欲作爲暫時之渡橋，俾中國在此困難過渡時期內，受其助力能自混亂政治狀態中，得達于比較上安然郅治之境遇而已」。以後又稱許他們『最巨的成功』是未嘗輕允借款，『並曾制止在最短時期內，必將使中國破產之放蕩費用』。就以上所引的看來，新銀團比中國人還要愛中國。當中國人民，昏天黑地過老百姓的生活，不管國家事情之時，當內國銀行團濫借金錢供給北京政府之時，新銀行團偏不借款給中國，而且要助中國『達于比較上安然郅治之境遇』。中國人民豈不應感謝銀行團的善意？要是巧妙的文辭能遮掩詐僞和侵略，這篇文章可算是一篇傑作了。

關於中國利益所在，與其由列強各自另行對待之，則莫若共同從事之爲愈，因互相競爭，不如和衷共濟也。協團之目的，係襄助中國構成信用之鞏固，俾其日後能類似他國，得據其國家信用，借所需用之欵，無表明何項抵押品之必要，或監視用途之設施也。時機如至此，則解散協團之討論，或不爲晚，而未屆此期以先，協團即務須鞏固存在，仍蒙其各政府之嘉許援助，繼續其含有堅忍實行所指定之職務焉。

協團所認定之策非他，即關於中國內政情事一節，概不干涉。雖中國目下政治上之鼎沸，致事實上施行協團所擬之行政上借款之條件，即時歸於無望，然時局千變萬化，須臾之間，各該資本團必須常常預備，俟中國重行達到政治上平安穩健程度，鞏固政府產出之時，即爲相當之活動。唯實業上借款(建造鐵路之借款自應包括在內)不在此例，但使或有充足之抵押，其重行發展中國鐵路之交通即政治統一最有力之一方法，唯自各項理由觀之，目下似乎亦無用，尚需其行政上困難問題解除以後，方可議及之也。

並經承認關於中國財政上之重組之計畫所必然包括之一部分，係將浮債合併，而目下協團駐京之代表，則方在考慮是項合併計劃之中。查中國國民之中，似乎若干部分持有迷惑觀念，竟視協團之宗旨將用某種之方法，將中國財政暨鐵路之權握諸掌中。苟是項迷惑之念，實有其事，其原因必無他故，不外對資本團一方所業經宣布之聲明書之命義，有誤解之情事而已。

迭經聲明，以干涉中國內政，殊非協團程序之一部分，其重組中國財政之一事，當然由中國自身行之，協團之職務，限于設法於被邀之際，助中國當局恢復經濟上財政上之和平狀態而已。關於外國投資者與協團之對待關係，則若受其委託者，然如欲請求彼等認購中國債票，則必須令其深信該欵之用途無不相當之處，其所投之資本屆期能確實清還，否則即萬無就之之理。雖然，監視用途之若干程度，固屬必要之勢，而其管理必限於所必須之最小程度，俾便事實上得以備有滿足穩固之現象，蓋對於發賣國外借款、非此則斷難成功也」。

我們由這幾段話，可以看出下面幾點：(一　新銀團目下正考慮浮債合併之計畫。(二)中國目下政治借款，雖然歸于無望，但列強須作「須臾之間」的預備，準備鞏固政府產出後『即爲相當之活動』。(三)實業借款(包鐵路借款)隨時可借，但使或有充足之抵押。(四)干涉中國內政非新銀團的任務，他的『職務，限于設法于被邀之際，助中國當局恢復經濟上財政上之和平狀態』。(五)銀團投資『監視用途之若干程度，固屬必要之勢，而其管理必限于所必須之最小程度』。這五項的內容即是新銀行團的進行計畫。

我們若將此五項詳細分析，即可知新銀團奴隸中國計畫，閃爍逼人。(一) 中國無担保的外債約有二萬萬二千餘萬，這些外債，大部分是帝國主義的強盜借給中國的軍閥稱兵打仗，屠殺中國幾十萬同胞用了的。現在是要重新加上新担保品，從中國人民身上，敲詐一筆償還殺死中國平民的軍火子彈費。這是要靠中國人民做幾十年的苦工才能償還乾淨的。(二)行政借款，現在因爲尙無大宗担保品所以『行政上借款之條件卽時歸于無望』，但是等到他們認爲的鞏固政府出現了，中國有統一的希望，各地督軍再不扣留中央稅收時，那時他們再出來做一筆大宗買賣。(三)實業借款和鐵路借款更是他們虎視耽耽饞涎欲滴的要求。在中國造十萬英里以上的鐵路，由新銀團管理一切鐵路的建造，財政，行政，將所有的收入，利益，都捲入洋人的荷包，不論本國的公共需要，如印度的十萬英里鐵路一樣。這是銀行團初成立時計畫之一，這是何等的可驚可駭？(四)『干涉中國內政亦非協團程序之一部分』。這句話我們完全承認。假使銀團財政侵略成功，再由外人如此這般，煽動幾處土匪，擄掠幾個外人，那時自有他們的政府爲保護外人的生命財產，起來『嚴懲』中國，將中國政權收歸外人的掌握。『時機如至此，則解散協團之討論或不爲晚』。那時也正是他們助中國『達于比較上安然自治之境遇』成功凱旋之時，也正是『東印度公司』式的得勝凱旋。至于(五、銀團投資，必須監視和管理；這正是天經地義，又何必扭扭揑揑的不好意思，要說『最小程度』或『若干程度』呢？

我們完全不怪銀行團大規模的侵略計畫向中國平民的進攻，因爲這是他秉承帝國主義歷史的使命。但我們只問中國的工商業階級爲什麼對于要壓迫他們幾十年，要橫征暴斂的吸取他們骨髓血液，要將『中國土耳其化』(這是英國辛博森的話)的銀行團，如此的容忍，默認，不做一聲？

臨了我們要牢記這篇宣言的兩句警語：『其所圖者，非爲構成永久之機關，乃欲作爲暫時之渡橋』。我們完全承認這兩句話；並且認此渡橋非他，卽新式之奈何橋，渡我們中國的平民到滅亡之路，進那新式的鬼門關。

大家都是良民那裏來的匪！

巨緣

哈爾濱電：

『賓縣警官勒收佃戶張姓煙稅激變，張鎗斃官警五人，自殺家屬婦女九人，集衆起事，吉當局現調大隊堵剿。』

「可憐的中國農民，尤其是佃農，受着外國，督軍警吏土豪大田主等四五重的壓迫，田也種不成了，飯也吃不飽了，妻兒男女也養不活了。他們能怎麼樣」？

請看他們所處的地位：——

做工罷，第一是工廠少得狠收容不了；第二是自稱慈善家的實業家，苛刻剝削得狠；第三是遇着工業界稍窘的時候，這班所謂慈善家立刻停工，趕着工人就跑；第四是軍閥官僚還幫着壓迫，不准組織工會。做工是做不得！留在鄉裏種田，每年米麥的收成倒要被人家拿一大半；何況一則外國還要輸入米糧來競爭（去年僅寗波口岸輸入外洋米九十二萬七千一百七十四担）；二則奸商要任意從中取利；三則催取田租的惡吏要額外的孝敬；四則向土豪借債要受重利的盤剝。——耕田是耕不得！貪贓枉法無惡不作的督軍爲私利起見居然放縱人民種雅片，這對於農民反是皇恩大赦：種烟土至少比米麥多賺些錢，可惜：烟稅的催收又何嘗比普通的錢糧綏和些呢？眞正是上天無路下地無門。

於是祇能去當兵當土匪——甚至於忍心殺死自己親愛的家屬去當匪。又何獨東三省是如此？現時全國各省(如河南四川等，)無不如此。中國『人』現在大家吵着『匪禍』『匪禍』。這些匪難道是天上掉下來的？這些匪的殘忍兇狠難道是天生的野蠻性？不是！這都是窮無所告的農民苦百姓，被人逼迫到這步田地，——大家都是良民，那裏來的匪！真正的匪是外國資本家軍閥官僚政客！「農民現時唯一的路是反抗暴動，自己解決，——我們一切平民都應當自己來解放中國，來保證自己的生存。可惜農民受了千百餘年精神上物質上的剝削，頭腦裏祇有水滸式的『官逼民變』，而沒有結合城市勞工爲正當的羣衆組織及羣衆運動。然而這一天快到了。——也祇有這一天到了之後（最大多數的平民奮起之後），才有真正的民治運動，才能推翻軍閥解放中國。」

中國現時在政治上會學嘴學舌的說幾句話的『人民』，總算還有商會，有學者。請問你們這些體面上等人：你們鬧什麼制憲主張，什麼裁兵運動，什麼民治理財裁厘委員會；你們可曾夢見過那些民治運動中的真正力量，——那些最大多數的真正的平民：你們以爲祇有你們是良民。哼！若是你們仍舊儘做這樣不澈底不普遍的民治運動，不但你們的目的永不能達，而且你們自己間接的負縱軍閥容之責，也快要變成真土匪了！

世界一週

未來的英法航空大戰

仁靜

在震驚全世界的英國新加坡築港計劃討論尚未終了之時，英國突然的猛然增加她的航空軍備。據路透社六月二十六日電：英相包爾溫今日在下院稱，政府已決定除應付海陸軍飛行必要設備及印度與海外之航空需要外，英國飛行軍力必需包括國內自衛飛行隊；其力量須能充分保護國疆，以防外來最近而又絕大之飛行隊的攻擊。國防飛行軍當儘速成立五十二隊，日內即將籌備，將來結果除規定之飛行軍力外，再加三十四隊。此後飛行軍發展之問題，仍將視各國所有之航空力而定。政府甚願與他們合作，照華會公約限制天空軍備。今年費用不過五十萬磅，平均開支將不超出五百五十萬磅。

我們根據此電，可以推得下面幾點、（一）英國此次增加飛行力完全爲保護本國疆土防止最近的絕大的飛行隊之攻擊，因爲美國日本與英國距離不近，這顯然是暗示法國，與法國的軍備競爭。（二）本國國防飛行軍儘速成立的五十二隊，只是應本國的需要，印度與海外之航空需要，英國各殖民地的需要，全未計算在內。（三）此次飛行軍力之增加，固爲防禦法國，但『此後飛行軍發展之問題，仍將視各國所有航空力而定』這是預備與日美航空競爭的張本。

一隊飛行軍爲飛機十二架，所以五十二隊是六百二十四架飛機，單爲對付法國已需要六百餘架飛機！英國本年的航空預算已佔一千二百萬磅，現在又要加增五百五十萬磅。我們若看戰前英國航空軍費只有二百萬磅即可知現在加至七八倍以上之可驚了。

歐戰的結果將德國戰敗，法國在歐洲的地位，完全取戰前的德國地位而代之現在正是英法互爭歐洲雄長霸王的時機，大戰的經驗，和新式戰術之進步，大戰艦已屬第二等重要，所以這次英法航空競爭、正如大戰以前英德無畏戰艦的競爭。果然『銅山東奔洛鐘西應』，包附和廿六日在下院宣布政府的決定，廿七日，廿八日法國參衆兩院即相繼投票通過飛機預算，由三千六百萬佛郎增加至二億一千二百萬佛郎。法國海軍部長又要求議會通過二千三百萬佛郎的海防費。現在熱烈的軍備競爭已同復到歐戰以前的狀態，只是範圍更加擴大到全世界，日美都捲入了漩渦。前次歐戰還是海陸軍佔主要地位，然而已死了三千七百萬的人民（約當法國全國的人口），毀滅了中歐的大部分幾百年來的文明現在，航空軍的發展，可以任意射擊毫無防禦的城市，下次大戰的凶猛可畏，下次大戰的摧殘文明和屠殺人類較上次大戰更為殘酷，眞是不言可喻！

我們試看隨着軍備競爭所起的歐洲人心的憂慮，驚惶和恐怖！六月二十八日路透電，英國勞動黨大會通過決議咒詛英國增加航空力，與法國競爭，為戰爭先導，並要求召集國際會議廢止戰機武裝。英國人民最近之非戰示威運動如倫敦七月三十日電，上星期末英國各處開會，為『弭戰』之運動，演說詞中多謂歐洲現又漸陷于戰爭迫在目前之勢，其禍堪虞，其最大之運動，卽在海德公園，到會者約一萬人，多屬婦女云。這都是表現歐洲的人心杌隉不甯，大雨將至之濃雲密布呀！

限制天空軍備會議，這正是帝國主義者所常耍的猴把戲。我們不看見俄國的沙和德國威廉兩位魔王在歐戰前也召集限制軍備或和平會議麼？他們儘管召集會議，他們越武裝得爪牙畢現。獨霸歐洲的問題不待英法排演全武行是永遠不會解决的。

只有東方的國民革命，西方的無產階級革命打倒逞凶的帝國主義，才能救全世界人民免掉下次的浩劫。

英國船港工人罷工的失敗

仁靜

路透社七月三日電，赫爾船港工人昨日未奉總會命令，逕行罷工，反對按照全國合同減輕工資每日一先令。嗣卽延至格里姆斯貝，加狄夫，白里斯士爾三處，今延及倫敦與蒂爾白里，該處因此賦閑者數千人。又七月四日電，船港工潮蔓延益廣，賦閑者二萬五千人倫敦一埠占一萬四千人。又六日倫敦電，船港工潮繼續擴張，運煤夫四千名及短期航海僱員今日午後均罷工，倫敦罷工者今日達二萬一千名。利物浦今日續有五百人罷工。孟徹斯特之船工罷工復有貨棧工人四百名加入。各貨棧及通海港之道路，均有工人把守商業幾全停頓。倫敦罷工者今日開會，決議繼續罷工，至僱主承認條件而後已。

在三四日之內轟轟烈烈的船港工人的罷工幾乎蔓延及于英國的各重要都市。以後不斷的有生力軍參加，罷工的人，竟加增四五萬之多，且延及愛爾蘭的都柏林及柯克二城。罷工的原因是怎樣呢？不是要求減少工作時間，更不是要求加增工資，直是為反對資本家減輕每日一先令的工資。所以這次罷工完全是抵抗資本家新的進攻。但是，不幸這次罷工完全失敗，堅持數日的結果，各地的工人都斷斷續續的復工作，接受資本家每日減輕先令的新條件。甚至最後堅持的赫爾與白里的工人亦于七月三十日全體上工了。

自一九二一，資本主義克服無產階級革命運動以來，各國資本家的氣燄冲天，對于勞動階級變守為攻。或封鎖工廠，幾百萬工人失業；或減少工時，減少工資；或廢除八小時制而代以十小時；總之，資本主義是快破產了，他要取償于勞動階級的血和肉以維持其生命，對工人施以強烈的剝削。歐洲戰後的普通現象是物價飛漲，而工人的工資則不逮戰前。「例如現在英國生活必需的價格高過戰前百分之七十而碼工工資只超過戰前工資百分之二十或四十。」歐洲工人當此資本主義亡命的進攻，罷工無處不是失敗，已是心驚胆寒，準備過中國苦力一樣的生活。在此嚴重局勢之下的船港工人罷工，正足表現工人生活的每況愈下，迫而孤注一擲，以爭最後的生存。

英國今年上年有過一次農工的罷工，又發生過一次建築工人的爭議。前者罷工的結果得着每星期二十七先令和工作時間五十四小時的解决，這種解决卽在最溫和的人也承認這是他一生第一次看見的最不幸的事。建築工人的爭議結果，亦是工資被減資本家且違背扣工資須得工會同意的原約。現在船港工人罷工的失敗，更是第三次證明資本家的頑強與勞動階級所受的苦楚了。

英國一方面安排以二千萬金磅建築新加坡的軍港，亟亟加增航空預算五百五十萬磅，又用去八十三萬磅製造了一隻超等潛艇，本年的國外貿易又較去年爲旺盛，（見七月十一日及十八日路透電），但是對于勞動階級大舉進攻，要將勞動階級的生存權完全掠奪，要驅使這般勞動者不要命的爲他們積聚爲下次戰爭所用的財富，這是此等罷工告訴我們的意。

英國船港工人罷工失敗了，但是這次罷工也帶着些可喜的消息，不可不指出來。路透社五日倫敦電運輸工人聯合會之全國防衛委員會今日一致通過決議案命罷工之船港工人于七月九日上工。又六日倫敦電盎與利物浦船港罷工之共產黨美魁干氏，被控煽擾之罪已就逮。這兩條簡單的電文，包含豐富的意義。英國是改良主義的淵藪和巢穴，大多數工會都爲一班改良派的官僚領袖所把持。這班領袖一天天的希望會晤內閣總理，和他們的陛下英皇晚餐。大戰後他們費盡了九牛二虎之力抑止了社會革命運動。這次當然要爲他們的主人盡走狗之勞，命工人放棄爭工資的要求而上工。只有共產黨才不顧生死的擁護工人階級利益。這次罷工的教訓，至少使工人對他們領袖失望，憎惡羣起而集合于共產黨的旗下。英國勞動運動起死回生的轉機，我們可于此等地方預言。

讀者之聲

革命

假使有人說這擁兵爭權牽引國際帝國資本主義來做中國禍根的軍閥不該革命，眞是混蛋的中華國民！假使知道中華民國今日非革命無從下手的，而不肯平心靜氣團結青年立於一條戰線上做有組織有秩序有計畫的轟轟烈烈的革命運動，尤其是混蛋中之混蛋！朋友們！我不是故意要駡人，我是看見亂國罪魁曹錕吳佩孚黎元洪倒行逆施，到了極點，給國際帝國資本主義：日美英法以宰制我們的機會，震動了我底心弦，沸騰了我底血液，我不禁起來開口說話了。

朋友們！請看二十七號嚮導週報揭載申報之英人中國協會主席之演說一文該會主席馬凱氏一則說：『今日中國之政府實不配管此廣土衆民』，再則說：『現信外國干涉將爲官員及大部分華人公衆所歡迎』，又說：『中國財產要待外人管理才是眞正財產』，他這幾句演說辭，那一句不是中國死刑的宣告書？那一句不是在印度經驗過而獲有成效的格言？

這且暫爲擱住着，再看萬國公民大會議決的五項：

（一）請各國政府通知中政府，撤臨城軍隊，及會議代表並同停人，由使團直接與匪磋商，商定辦法，由中政府負責辦理，

（二）請中政府裁汰浮軍，有必要時，由外兵輔助；

（三）提議組織憲兵隊，由外人統率，保護各鐵路；

（四）保護雞公山牯嶺事件，由各國派軍艦住漢口，以便遇變時由義勇隊開往保護，有軍艦陸戰隊登岸接防；

（五）願各國代表請各政府於中國混亂更甚時，準備武力干涉。

把以上五條看來，更是令人驚心動魄了！

我們現在暫不研究這議案的內容，這是滅亡我們底議案，也用不

着研究了。但試問這種議案，英國何以不加之於美國？美國何以不加之於日本？而日英美法爲什麼聯合起來獨獨加之於中國呢？這都是黎元洪底穢行彰聞，曹錕底最高運動，吳佩孚底武力擾亂全國之所致。他們都是各顧私圖，拂逆民意；倚外人爲泰山之靠；而不知臨城事變發生，外人遂有所藉口，來致中國之死命了！蠢爾曹吳，吞外人之勾餌而不悟，我四萬萬無辜之人民，被你們底牽引，做奴隸牛馬萬刼不復，眞是冤哉枉也！

但是外人於這議案尚未決定以前，我國民而能於這極短時期內，依羣衆之組織，用最經濟的方法，來革去軍閥的命，脫離國際帝國資本主義的壓迫，那中國還是我們底中國哩。

同胞們！

革命！

革命！

革命之神已降臨於中華民國了！

栩文，在武昌。

無產階級與北洋軍閥

常有人說，現在的社會革命，是無產階級向着有產階級鬥爭，等打破資本家之後，也好建成一個無階級分化的社會。這個到是從事革命的人們都知道的。

但是，在我們中國現社會的情況看起來，對于資本家的壓迫，到不十分厲害，因爲我們中國不是工業國，還是農業國，就是幾個大點的商埠，有了幾個工廠，其實勞動的工人也不算多，何以現在無產階級的人一天多似一天，幾多中產階級的人，都漸漸變成無產階級的人呢？

這個道理，在普通稍具知識的人，大概都知道是軍閥的惡勢力弄成的。但是，不過只知道是軍閥的惡勢力，就不難知道這軍閥中最厲害的是北洋軍閥了。何以這北洋軍閥又有這麼大的惡勢力呢？那就要知道是英美資本帝國主義者在其中司機，教北洋軍閥來慘殺我們，和搶奪我們的衣食啊！

那末，結果英美資本帝國主義者的命運，到也延長下去了，北洋軍閥擄掠的目的，也圓滿的達到了，就是最高問題，也在他們掌握之中。但是我們這些平民的膏，已經被他們剝盡了，髓也被他們吸盡了，還講甚麼自由呢？

在我想來，我們的仇敵，間接固然是英美資本帝國主義者，直接還是北洋軍閥啊？因爲這北洋軍閥的惡勢力，卽是資本主義的前驅。我們當此勁敵向我們進攻最烈的時候，我們就該快快團結起來，對于北洋軍閥，下一個總攻擊，先挫掉他的銳氣，間接也就是打倒資本主義者。

這種攻擊，無論在何種社會主義進行手段中，也該向着北洋軍閥放第一炮。我所以很希望：

無產階級的同胞們，及將到無產階級地位的同胞們，大家要最猛烈的攻擊這北洋軍閥，那才可達到我們的無產階級分化的社會的目的，也才能實現馬克斯所謂的政權歸於無產者之手，形成無產階級的國家，大家集於共產主義旗幟之下。

一言，於北京

The Guide Weekly

嚮

週報

（中華郵務管理局特准掛號認爲新聞紙類）

一九二三年八月十五日

定價

每份郵寄三分全年大洋一元二角半年七角國內郵費在內

分售處

香港 廈門 上海 雲南 北京 武昌 太原 長沙 濟南 南京 成都 南昌

華文書坊 新民書局 民智書社 新亞書社 大學出版部 時中書報社 晉華書社 文化書社 齊魯書社 樂天書館 華洋書報流通處 中華書局

◀第三十六期▶

每星期三出版

發行通訊處 廣州昌興新街二十八號二樓本社 北京大學第一院收發課轉劉伯青

中國一週

外交團正式提出之臨案通牒

和森

外交團正式提出臨案通牒，內容約爲下列三項：

一、賠償問題——每個捕擄的洋人賠償八千五百元之數；

二、保障問題——（1）外交團要求中國政府對於負責之人加以相當之罪，外交團又保留在通商口岸之租界內驅逐此種犯罪人員之權；（2）關於護路政策：外交團現在心目中所存之改良案爲改組護路警隊，以特別編製之中國路警受轄於外國軍官之下，此類軍官受有保護中國鐵路之付託，外交團保留關於路警詳細辦法之提案權利；

三、懲辦問題——（1）山東督軍田中玉從速免職，嗣後在中國領土內不得予以何官職並不得予以任何勳章勳位等項；（2）兗州鎮守使兼山東第六混成旅旅長何鋒鈺免職，嗣後不得予以任何軍事官職；（3）津浦路局警務處長張文通免職，嗣後不得予以任何管理路警之職；（4）第四次快車警察長趙德昭免職，嗣後不得再行任用。

自臨城土匪闖出這場洋禍，外國報紙及戴着『僑商』假面具的侵略家，在中國境內大吹大擂

> ### 徵求國人意見：
>
> 天津漢口英租界九十九年，今年滿期，現在英國要求續租九十九年。此事關係中國存亡甚巨，望讀者諸君對此發表意見！
>
> 1. 字數一千字以內；
> 2. 登者一律贈閱本報三月；
> 3. 十月一日截止；
> 4. 來稿寄本報京專發行通訊處轉。

讓喊吶威嚇中國人民兩三月，嚇掉中國人的魂魄，奴化中國的輿論（有向洋大人叩頭謝罪的，有請洋大人懲辦曹吳的……），使人人存一『洋人聖明，奴罪當誅』的『待罪』莫測心理，然後千里來龍結一穴，至此才把『常人則以條件和緩爲異，……遠低於預料』（見字林西報）的通牒提出來：果然前此大驚小怪叫囂不休的中國報紙，現在默若寒蟬，一聲不響，大約眞是以條件『和緩』『公平』（見字林報）爲遠出於其預料之外了！

北京賣國公司的洋奴們在十日臨時特別閣議席上對於這個通牒還說了幾句『田何免職事關中國用人行政之權，特別路警關係中國主權甚巨』的官樣話；唉！代表輿論的報紙，連這幾句官樣話也不敢說嚇

護路陰謀中之曼德計畫

章龍

自臨城案發生外國帝國主義在中外報紙熱烈宣傳後，新進攻的形勢愈加橫暴，我們看最近公使團所致北京政府關於臨城案的通牒，眞要使我們素能容忍的國民驚心動魄再也忍無可忍了！關於該項牒文的全部本報別有論列，現在我所要指出的便是其中由外人設置路警一項。

雖說這牒文中所提出的各項正在靜候北政府的考慮與答覆，但是北政府早已仰承交民巷太上政府的顏色，『自動的』委任客卿曼德從事各路輻警的調查，以爲交涉之『先容』，據最近報載：曼德現調查畢事已經呈遞護路辦法說帖，重要的內容是：『每路置警六千名，其次置警二千名，總額爲一萬八千名，主要幹路各設教練處，總教練處設北京，警官聘用西人。』幾項，我們據此便知道：外國帝國主義怎樣毫無顧忌的剝奪中國的主權，將前此他們所高唱的『不妨碍中國主權』，『不干涉中國內政』等—騙人的話都抛到九霄雲外去了。我現在分析這個『護路』的辦法至少將來要演出下列的幾個惡果：（一）國內幾大幹路原來受外資的影響，被外人掠奪去的利益實在不少，但是總還有管理權及一部份的利益歸中國政府享受（？）現在無端設置純由『西人』教練指揮的萬八千名變象軍隊，是不是一個很大的威脅？鐵路行政是不是將受巨大的影響？這正不必遠找例證，證以年來軍閥覇佔鐵路之事實，便可了然。這種『護路』的作用將爲管理一切鐵路行政之漸，鐵路管理權從此將旁落『西人』之手。（二）外人既攫取鐵路管理權了，此一萬八千人更是壓迫鐵路工人之利器，將成爲鐵路工人的勁敵！以後防止工人階級的手段，經『文明國』人的陶冶將愈益狠毒，鐵路工會的運動將從此愈陷於悲運。（三）如上所述護路政策實施後，充其『護路』之野心，沿路各省份政治上經濟上所受的惡影響將愈甚，即此便是『國際共管』之濫觴。

我們知道：中國全部久已處在外國帝國主義武力羈軛之下，自北京交民巷數起，全國大小通商口岸無一處不是駐札各國的軍隊，沿海及內河大大小小的軍艦往來如織的梭巡，這些『保護僑商』的海陸軍隊不時殺戮中國的國民，還要藉此敲詐，這是習以爲常的，現在實行『護路』的政策，名義上也是『爲外僑策安全』，正是證明這種形勢的擴大，以此帝國主義的武力，將漫延及於全部，到處祇有『順我者生，逆我者死』，我全國被壓迫的國民到此眞有儳然不可終日之勢了！

最後我還要指出：這次的事，固然是外國帝國主義者小題大做，藉端向我國民進攻，但是啓釁開端的是軍閥，因爲他們獎勵盜匪才造成這種機會；助桀爲虐的是北政府的『新進外交家』，因爲他們受外人豢養引狼入室，才幹出這等禍國媚外的勾當，——這三者在我們看來均有同樣的罪惡，凡有血氣的國民均應一致的起來向他們猛攻！

「省憲經」與趙恆惕

澤東

「…自湘西問題發生，趙氏地位動搖，不能不假省憲以自衞，故前數日卽令其黨羽方克剛李濟民等以金錢買公團通電，或作一羣衆運動…寓擁護趙氏於維持省憲之中…定五號午前八時舉行遊街，…彼輩發信以工人團體爲多，以爲工人頭腦單簡，必有千餘人可來，詎是日候至十時，不特無一團體到會，卽私人參與者亦祇彼輩親朋數人而已，彼等焦急萬分，乃派人四出，至素爲匪徒包辦之中華工會及養濟院佛化講演院等處，每人大洋五角，並備點心一餐，雇請百數十人，於十二時出發遊街，遊街之先，在教育會幻燈場開會，一堂和尚叫化等共一百二三十人。首由：

(1)和尚爆培主席，報告開會宗旨，略謂：省憲法不如謂之省憲經，如佛家之有佛經…坐中和尚叫化卽兩手亂舞；

(2)散會後出發：

前有大旂二面——一書省憲維持會——一書省民請願大會；

第一隊——爲長衫馬褂隊，儼然省民代表，約二三十人；

第二隊——中華工會，約五六人；

第三隊——佛化講演團，光頭博衣，約四五十人；

第四隊——養濟院，約四十人；

五光十色：演此醜劇，盡滑稽之能事……」（見民國日報）。

我們歷來反對聯省自治，因爲他不是聯省自治，乃是聯督割據；我們歷來反對軍閥爛政客假藉名義的省憲，因爲他不能做人民的保障，反做了軍閥爛政客爭權爭利的保障。湖南最是個明證。趙恆惕現在堂哉皇哉與「護憲之師」了，而他兩年來—有省憲以來——慘殺勞工（黃龐等），勒封報館（大公報，自治新報，新湘報），剝奪人民書信自由（郵電檢查員未曾撤去一日），剝奪集會結社自由（封人力車工會，封礦穀工會，封外交後援會，多次禁止學生工人的集會），庇護兵軍隊販賣栽種鴉片烟，賄買選舉（派遣屬員私造省憲的總投票，用錢私造省議會，用錢買得省長），向商人勒捐（長沙總商會會長，屢被迫逃），向農人提征田賦（有些縣提征到民國十七年），破壞法定的預算比例減教育實業費增加軍費，鈎結吳佩孚蕭耀南：何一不是藏省憲假面具與人民爲敵！他這次興師動衆，也是和蔡鉅猷爭鴉片稅（所謂特稅）起始。趙恆惕這樣萬惡不赦的東西，居然還在那裏假借名義大吹大擂「護憲」，眞不怕羞死湖南人！

中國之所謂「五族共和」

巨緣

近時有一楊欽三，本爲天津流氓，奔走曹賊之門，前此北京政變逼宮搫印「實欽三爲黑幕中之主動。然聞保系亦知公民團把戲，未便再演，必須另覓公私團體及知名之人爲之，方有價值。於是欽三又大議其客，力爲說項。京中最有力之法定團體，厥爲教育會商會，私人團體則爲滿族同進會，滿蒙協會，及各區自治會。欽三先從滿族同進會入手，因該會王公最多，頗有一部份勢力。不意該會理事以冷俏之語答復，謂吾滿人，現在絕無力量，對於曹氏之總統，當然不敢反對，但吾人自辛亥以後，謝絕政權，除自治外，一切政治，概不過問。欽三又往尋滿蒙協會，蒙人之答覆則更妙，謂共和以後，只算一族共和，吾蒙人從未享受絲毫利益，亦不願代人受罵。經楊再三哀求，該會允勸進亦可，必須商會或教育會領銜。欽三又奔赴商會懇求，商會答復，謂本會未能隨同各省商會，一致反對，卽是人情面子，若再贊助，致為天下所唾罵，決做不到。」

哼！滿人說漢族欺侮他們，蒙人說祇是一族共和。當初辛亥革命的成功在那裏？那裏來的所謂「五族共和？」

就是蒙人所謂一族共和，又何嘗共和得！—北京商會祇看情面，一切民權都可以犧牲。向來是袁世凱段祺瑞徐世昌曹錕和他們反對黨的調和而巳，眞正的平民沒有絲毫自由及權利。而商會還要看情面！

醒醒罷！你們要不積極行動，——全體平民自己組織民團，農工的革命軍，—決不能得自由發展工商業，決不能得眞正的民治，眞正的自由。民國的共和政體，五族協作，難道還比曹錕的情面小些。

美國主張不干涉的好意！

巨緣

美國克蘭博士在橫濱告訴人說，中國有無盡藏之富源，應任華人自由發展。好極了！帝國主義的美國居然能欽賜中國如許的自由：—英法都要派兵絡來華，主張共管，主張護路警察歸外國軍官管轄；而美國却反對。他的好意，眞可以感謝了！然美國主張不干涉的理由是什麼呢？請看克蘭博士說：

「游華西人恆指摘中政府之無權，政令不出都門，然此非華人缺乏統治能力，乃數百年來施行總督制之結果；有時總督雖不服從中央，而統治境內人民，未嘗無成效可觀。」

原來美國人所謂不用干涉，就是以為曹錕吳佩孚蕭耀南等督軍眞正有統治能力，中國人民應該受他們的轄治。——這是美國人親善中國的好意！、

世界一週

賠償問題之英法衝突

仁靜

自德國五月二日之賠款提案，（見二十六期本報）大遭英法國報紙抨擊，英法比意四國發牒相繼拒絕接受以後，德國政府又於六月七日發就新牒，送交協約各國。牒文大旨，據路透六月七日倫敦電，略謂德政府願接受不偏袒的國際團體關于賠款數額及償付方法之決議，仍請召集會議，俾決定履行義務如何最為適宜。並謂口頭討論極關重要。如大規模之償付計畫莫可實行，德國願另提分年償付計畫。德國可以鐵路及實在產業之質押為担保。此兩種担保每年可各得五萬萬金馬克。如所言國際團體能以成立，德國願以種種必要資料供給之。庶該團體得對于德國付債之能力，下可恃之判決。德國且願公開其所有財政冊籍，供人稽核，並開示德國工商業之資產詳則。一百萬萬金馬克債劵之五厘年息，在一九二七年後，由德國鐵路儘先直接担負。德國全部事業從實業，銀行業，商業，交通業，農業皆與實在產業之質押有關，每年可由此收捐五萬萬金馬克。此捐或間接以普通捐形式從各種產業收取之，或從特別質押物收取之。

此牒文較前次牒文不同之點，是（一）取消前次德國自認的三百萬萬金馬克的賠款數目，而『願意接受不偏袒的國際團體關于賠款數額及償付方法之決議』，卽是願付超過三百萬萬金馬克以上的賠款。（二）前次牒文只說一句願以全國經濟財力為國際公債的担保品，此次却由確指出以鐵路及實在產業之質押為担保，每年可各得五萬萬金馬克。（三）前牒堅執須魯爾軍隊撤退後消極抵抗方可全停，而此次則撇過明問題不談，留有將來對法，妥協讓步的餘地。

自此牒文發出以後，首先表示同意的卽是英國報紙，而巴黎政界

則「一致視德牒爲不可接受。」自此以後，英法間的暗潮與衝突繼長增高。英法的報紙，互相醜詆。一日倫敦電，觀察報之外交記者云，如法國不允書面答覆英國所詢各條，則英政府將宣稱法國目前政策將釀成歐洲之危亡，英國不得不依六月七日德國所提之賠償辦法與德國開議。如法國不允參加談判，英國將單獨行動，或召集各中立國會議，以便離法國而與德國解決一切。而二日巴黎電，則謂此文已引起巴黎人士之驚異，巴黎時報謂此文爲哀的美敦書，可以德國昔所施行之威嚇行動喻之云』。如此英法間目眦欲裂之攻訐，彷彿忘記了他們還是『協約國』。

賠償問題，包含着英法不能相容的衝突。這種衝突最顯著的約有三點。第一，法國對于賠償數額，絕對不主張他有一定限度的規定，如有規定，亦是一千三百二十萬萬金馬克永世不能償清的瘋狂數目。法國是不希望賠償還清的，因爲還清了她便無所藉口，可以分裂德國，佔據羅爾，實現她的獨霸歐洲大工業國的幻想。『苟不幸而將德國負債之能力規定于一種永久决定之範圍以內，則德國不久將規避公斷之計畫，再握經濟之霸權，而以不道德之退化政策加諸世界』(見廿二日巴黎電，法總理普恩賚之演說）這是怕一旦德國經濟能力恢復，與法國競爭，而且報復凡爾賽和約的宿仇的明顯表示。至于英國則『主張就凡爾塞範圍審查德國負債能力。』如此可以恢復德國經濟購買能力，英國失業問題賴以解決，英國的工業賴以振興。同時可以扶植德國，防止法國獨霸歐洲。這二種政策的差異，一面使法國堅持法比壟斷的賠償委員會決定賠款數額，一面又使英國抬出英國可以操縱的中立國會議，或不偏袒的國際專家委員會，依德國產業情形伸縮賠款總數、務使德國不貧不富，做英國反抗法國的工具和商品銷售場。第二，魯爾問題，法國以無條件停止消極抵抗爲考慮新牒之條件。這是要德國承認法國現在強刼的地位，並且要德國人民恭順的替法國資本做奴隸，孝順法國資本家。至于英國呢，她決計不會出來爲德國鳴不平，將法國的強盜們從魯爾趕走。她一面暗中鼓勵消極抵抗，一面勸『法國寬弛控制魯爾之措施』，爲的是敲法國的竹槓，讓英國的資本也插隻脚進來，剝削魯爾的人民。第三，英國主張鞏固馬克，而法國則深願馬克狂落、落得一文不值。英國爲防止低廉的德國工業品與她在國際市場上競爭，所以她主張鞏固馬克，提高德國工業生產品的成本。法國則馬克狂落：正合他的脾胃。工人實在的工資減少，被法佔有的魯爾生產費低廉，她更可痛快的吮吸工人多量的血液，這三點都是英法傾軋的主要原因。

『自一月間法軍入魯爾境後，英政府向不明白宣佈其政策』。佔領羅爾，震動法國，『在魯爾的行動，影響國際貿易，正如將小刀插在鐘錶的機件裏』(包爾溫在格拉斯戈之說)，工廠關閉，生產減少，人類生活必需品皆形缺乏。這是何等驚心動魄的事？何以英國向不明白宣佈其政策？第一因爲受了第一次的洛桑會議的牽制，不敢反對法國；第二因爲魯爾戰爭，煤礦出產不旺，供不應求，可使英國煤鑛資本家，多發幾天橫財。但是洛桑會議告終，英國此時可以不怕法國搗鬼了，而且『中歐擾亂，英國非受累已深，但甫受累耳』(見七月廿日英相演說）所以此時干涉歐洲的時機已到，明白宣佈政策與法國開始談判，不僅口頭文字，而且要準備飛機，造成魯爾大戰。

這次佔領魯爾的爭鬥，是前此法德資本合作計畫失敗釀來的。此計畫在法國方面的代表人爲羅奢(鐵業大王)，德國方面的代表人爲史丁納(煤業大王)。當時史丁納。要百分之五十的利潤，羅奢只肯給他百分之四十。史丁納不答應，羅奢便一怒而派十二萬大軍浩浩蕩蕩，殺奔魯爾去。同時史丁納亦施展全身本領，號召魯爾國民『消極抵抗」。經過數月的堅持，德國的資產階級慾火中燒，痛癢難熬，忍耐不住，乃欲與英法成立諒解，同心協力剝削魯爾人民。這種諒解是以全盤德國財產—鐵路，實業銀行，商業，農業—抵押拍賣給協約國實現財政共管。同時魯爾的消極抵抗也減輕了。二十日巴黎電，魯爾境內現無破壞行為之報告，德人利用協約國所管理之火車者逐日增多。以前信誓旦旦，不撤兵不停止消極抵抗，於今付諸東流。史丁納與羅奢眉來眼去，快勾搭上了。只可惜魯爾的幾百萬人性命，做了他們吊膀子的犧牲。

可憐的德國人民和無產階級！魯爾未佔領以前，英國每一金磅，兌換馬克三萬九千五百；現在換一千七百萬，或一千八百萬的馬克。工人們今日所得工銀，到明日盡成廢紙。然而資本家仍大扣工資。糧食恐慌生活昂貴，災難盡落在德國窮苦工人的頭上。現在德國勞動階級的頸上又須加一重圈套了。這圈套卽是財政共管。以後德國一切租稅由協約派人徵收一切生活必需品烟酒之類都要加稅，德國人絕無抵抗能力了。國際共管絕不能壓迫着資產階級—因為後者是賣國引線的走狗。以後的重擔都要落在無產階級頭上，裁減工資，廢止勞動生活，失業，生活困難這樣將無產階級的血液變成協約國資本家的黃金，這是這次德國通牒的意義。英法合作或各自單獨宰制德國，這是將來必至之結果。

世界革命中之德國

巨緣

據國際資本家通訊社的報告（倫敦八月十一日的電報）尙且說：—『德國被占區域及未被佔之境內紛起罷工及糧食暴動，蓋以馬克價大落，紙幣幾不值錢之故。農民現不顧運糧食至鎮，小本經紀者及工匠均窘困不堪，致入稅寥寥。其局勢殊類俄國。（這也是『過激派』的罪惡？）自魯爾被占後，衆皆推料德國將有經濟之傾覆，今恐旦夕將成事實。八月九日柏林各商店均閉門，如政府不允按金本位定物價而照出口家實業家及躉售商之辦法 則零售商擬實行總罷工。國務總理古諾氏演說中所述之金借款及銀行家以值五千萬金馬克之外幣供德意志銀行購買糧食之用，衆視此稱舉動，無補大局。政府如欲入稅敷行政之用，尙須從嚴大徵實業之稅。蓋彼等不顧他人苦痛，常操縱金融市面以自利也。就德首相演說視之，德人忽然覺悟其前途須賴自助，而不以英是賴。然政府能否有力向實業家徵稅，尙屬疑問，蓋逃稅非特使賠款無從出，且足引起經濟破產也．當國會辯論首相演說時，為共產黨所組織之勞工代表團所包圍，要求內閣辭職，組織勞工政府。共產黨將於八月十三日投不信任政府票，社會黨對此動議之態度不明，此將以政府對金借款之行動決之，社會黨視金借款之担保為不安全，社會黨要求收全國之金貨，蓋此不啻財產之強徵也』。

張君勵所盛稱的德國『社會民主』政治之結果，乃是如此！八月十二日的電報•更說古諾內閣已倒，由所謂『人民黨』出來担任組閣。古諾手裏尙且沒有向實業家徵稅的能力，何況眞正資本主義的『人民黨』？不知道眞正大多數平民的德國工人農民受了自國資本家的剝削及法國愛國主義的侵略，能在此所謂『人民黨』新閣之下得着什麼！果然！請看：路透社十二日柏林電，『柏林宣布總罷工後，市政局工人一部分亦罷工，故柏林數區夜無煤氣電氣之供給。全國現紛起暴動與罷工，白萊斯洛附近警察與示威者衝突，死十三人，傷多人。瑪諾佛羣衆刼掠商店，死三人傷四十人。薩克遜尼之斯太斯費地方各鑛與工廠均停工警察與人民互鬥，死工人一名。佛蘭克化森糧食店被搶，此種行動已延至佔領區域。拉持化森之共產黨樹杆懸傀儡于上，代表古諾氏史汀萊氏等，警察三次倒衎，旋倒旋樹，卒乃互鬥，死示威者五，警察一，又傷十人。

德國所謂社會民主政治實已完全失敗。—現在要重新開始，而且已經重新開始了！非有眞正勞工政府，無產階級獨裁制不能解決歐洲的政治經濟的危機；不能斷然消滅資本主義的剝削，不能復興人類文化。

「眞正的世界革命已是不遠，——德國是最先的出發點—中國，印度韓國埃及等等一切被壓迫民族應當及早預備，不要受死哈定活許斯的騙，不要信任列强的幫助（共管），應當聯合世界革命的無產階級實行現代最重大的歷史使命，—自己解放自己。」

洛桑會議之重開與閉幕

仁靜

第一次的洛桑會議（一九二二十一月二十日至一九二三二月三日）經過七十餘日，集合着英法意美日十餘資本主義國家的代表，由英國領袖，協議怎樣宰　土耳其，掠奪土其的勝利之果。他們爲提防土耳其在會議場中多得一個幫手竟不許蘇維埃俄羅斯—至少他的利害關係比日本要密切些—參加全部的會議。於是由英國代表克松貴族在會場中大施恫嚇詐的手腕，希圖將土耳其的代表伊斯美空言壓服擬失之東隅的收之桑榆，他們在戰場中所受的屈辱可以在和會爲折衝樽俎之間的恢復。但是這手腕用了七十餘日，未見一點功效。『屬地徧全球』，『國旗不見日落』的英國帝國，竟奈何不得彈丸之邦的土耳其。這雙初生的犢兒竟不怕那張牙舞爪的假老虎。結果消磨兩月的光陰，一事無成，鬨堂大散。克松貴族依舊兩袖清風，浩然歸去。英國外交的日暮途窮可憐破產，於此可見一班了。

自和議決裂，克松氣憤憤的離開洛桑，以後依情理推測　彷彿合人懍然危懼，英國又要進兵小亞細亞，近東大戰卽在目前似的，但是完全不是那回事，英國的威風不但不敢開釁，反受了土耳其哀的美敦書的恫嚇，限令協約國軍艦於三日內駛出土境。英國既不能以武力屈服他的軟弱的敵人，只得改趨和平。倫敦的專家會議，討論近東問題，與土政府換文協商，進行不懈。交涉的新基礎得以尋定，洛桑會議得以重生，這是再度證明英國帝國主義之軟弱無力，虛有其表。

第二次的洛桑會議由四月二十四日起至七月二十四日，又經過十餘日的協議，始將和約簽定。在這次和約中，土耳其所得到的是些什麼？

（一）他回到歐洲去了，在歐洲重新得着他的土地。（二）他有對基督教少數民族處理之權。（三）領事裁判權撤消，外人服從土國法律，但五年之內，土國法官須輔以外人立法顧問。（四）外郵撤廢。（五）土耳其的國債由巴爾幹戰事和大戰以後分離的諸國分担。（六）君士担丁撤兵等至和約批准的六星期以內。（七）希臘的賠款以割讓加拉葛志三角形土地作抵了事。至于土耳其的債款用金法郎或紙法郎償付的問題（兩者差約及一百七十五萬磅）則保留待債權人私人與土政府交涉解決。至于關係土國生死存亡，關係英法帝國主義勢力消長的海峽問題和摩索爾石油問題或則爲有利于協約之解決—軍艦仍得自由通過達且勒爾海峽，隨時控制土耳其國家的咽喉；或則擱置未議，任英法的採掘，去製造那殺人的戰艦潛艇和飛機。土耳其民族數年來奮鬥沙場，白骨成山的勝利結果，竟不能減輕一百七十五萬磅的國庫負担，還要留待私人解決！結果土耳其這次的外交完全失敗，在軍事大勝以後的外交失敗眞堪切齒痛心呀！

土耳其這次外交失敗，完全可歸之于做了法國帝國主義的犧牲和武器。在第一次洛桑會議時，他因爲要反對英國所以希望法國帝國主義的援助。法國因爲英國反對他的魯爾佔領：所以也利用和鼓勵土耳其態度强硬；迫脅英國，要挾其贊助魯爾政策。結果，英國對法讓步，則法國與英國協同壓迫土耳其。而且因爲與法國勾的結果，對于英法有共同利害關係的海峽和石油問題通同無條件的讓步了。

在第一次洛桑會議以後，土國議會通過對美哲斯特讓與權案，准美國在土境與造二千七百里之新鐵路，『由摩索爾通至黑海之路線亦在其內，此線將與巴格達鐵路競爭營業。又規定以大規模改造安哥拉』。『協約國聞此案通過，咸大惶擾，法國爲尤甚』（均見路透四月十一日電）。除此外，還有石油及其他企業的讓與。這是什麼意義？這是土國重新利用美國帝國主義以抵制英國帝國主義。將來近東戰場的犖雄角逐，其製造戰爭將不亞于遠東。外國資本在土耳其的優勢又是重新奴隸土耳其人民和犧牲西方無產階級幾十年啊！

近東和約簽字了，我們對此有二種感想：（一）七國外交失敗，完全由于不能利用英法相互間的利害衝突，伸張自己的利益反爲人所利用。他只是俯匐降服于法國帝國主義的面前，他只是做了一回供法國利用以打擊英國帝國主義的工具。（二）這次洛桑和約，土耳其雖然佔了些小便宜然而海峽問題和摩索爾石油問題不得着有利的解決，距土耳其人民的眞正解放，還有千萬里路程。土耳其的農民經了七八年的戰爭，滿目瘡痍，此時自然厭惡戰爭，此時自然含淚忍痛。但是時機一到，土耳其農人工人的崛起，或者是英美法帝國主義覆亡的先兆。蘇俄因此次海峽問題得着軍艦通行的解決，他們也將被迫而在黑海與造艦隊。將來俄土聯合，對國際帝國主義作戰或者較過去更加親密呢。

南洋吉隆坡通信

此間的勞資兩階級，毫不假宣傳工夫，卽可分得清清楚楚。資本家眞是住在天國，勞働者實在陷入地獄，但一般勞働者不知如何至此境地耳。夫資本家多係保皇黨與民黨。中產者民黨佔十分之七，無政府黨佔十分之一，其餘爲無黨派。工人中民黨佔十分之七八，其餘爲無政府黨。信保皇黨的，常在日日望眞明天子，拖大辮，穿長袍，所辦的報以孔子紀年，眞是笑話極了！信民黨的也不曉得民黨是什麼，只知入民黨的就是好人，不入民黨的是壞人，唾罵不絕，尤可怪的，廣州人無一不是民黨，惠州人無一不是陳黨，並有械門事。至於他們的報紙，除揑造幾個我軍勝利的電報，什麼宣傳黨義，那就十無一聞了，信無政府主義的也有，無不莫名其妙，竟無絲毫組織，不過對人揚言曰：「我是無政府黨」而已—這是華人方面的。其次印度人方面，除那頭裹紅布而高大者一種外，其餘頗有奮門及反抗的精神。又其次是馬來人。此輩眞乃世界上之賤種，貪小利而忘大義，餓則食樹上之果，飽則睡於青草上，竟不知再有所事了。此外尙有一種土人，以殺人爲雄武。自英人一來，卽將彼輩趕入深山，不復再見人了。

楚屏於吉隆坡

The Guide Weekly.

（中華郵務管理局特准掛號認爲新聞紙類）
一九二三年八月二十二日

定價
每份郵資三分全年大洋一元二角半年七角國內郵費在內

週報

分售處
香港萃文書坊　廈門新民書社　上海民智書局　雲南新亞書社　北京大學出版部　武昌時中書報社　太原晉華書社　長沙文化書社　濟南齊魯書社　南京樂天書館　成都華洋書報流通處　南昌中華書局

◀第三十七期▶

每星期三出版　發行通訊處　廣州昌興新街二十八號二樓本社　北京大學第一院收發課轉劉伯賢

中國一週

國人還不急起抵制英國亡我的侵略嗎？

振宇

威海衛之吞併危在旦夕
津漢租界滿期又要挾續租
藉口臨案攫奪路權
海軍示威將迫我爲城下之盟
捕頭督路已置我爲刀下之肉
國亡在即！
民氣何在？
起！起！！
急以對日手段──
抵制英國亡我之侵略！！！

國人們，被英國帝國主義宰割一世紀的同胞們！亡國是在眼前，你們如何還不覺得，日本亡我的危機，仗着你們激烈的反抗已是挽回不少；而英國對我的侵略，你們視若無睹，聽若無聞，致令日嘗月試，得寸近尺，其胆愈大，其慾愈熾，現在亡國是在眼前，你們還不急起抵制尚待何時？

你們對於青島和旅大問題是何等的注意何等的表示過呢；假使對於威海衛之收回予以同樣的注意和表示，何致今日成爲永租吞併之局，何致前此能去曹章陸而今不能去一梁如浩？

你們坐視威海衛淪喪，一聲不響，好似這塊肉只關山東人的痛癢；又似乎只認收回旅大爲當務之急，而威海衛則可任英國永遠霸佔。我不知英國在華有何功德，而中國人對他應如此「孝順」如此「禮讓」！

功德是有的：最先是用大礮轟破中國的門戶與『體面』，打破中國人民一切抵抗，强迫中國人吃他的鴉片烟買他的商品；復次是敲詐大宗賠款，割據香港九龍……覇佔各大通商口岸，以至劃定楊子江西藏……爲他的勢力範圍；復次是握住關稅鹽務及中國一切經濟生命的最高權；復次是帮助袁世凱吳佩孚陳炯明等亂國至今……

英國帝國主義者仗着他這樣高功厚德，要求永佔威海衛之不足，更以同樣態度要求續租漢口天津租界(今年滿期)九十九年；猶以爲未足；乃藉口臨城案攫奪全國路權，强迫設全國路警置於其巡捕頭（名卜魯斯，爲上海最著之殘酷貪暴捕頭）之下，也就是將全中國置於其刀俎之下！

刀下的肉是不可逃的。報載：『英國護路提案，志在必行；故現在正從事運動各國，將來中國對於外交團護路之要求，若果出於拒絕，則英國主張用下列方法以强逼其承認：(一)海軍示威，卽由各國派遣軍艦，駛入中國各港，以爲示威舉動；(二)增加各國駐華之軍隊；(三)無期限延緩華會條約之實行。現在英國朝野上下公式或非公式鼓吹此說者極爲有力云』。

英國帝國主義何以敢於這樣堅决呢？英公使宣言：『華人實願共管，自護路案提出後，華人並無一言』。故積極猛進，必期達到目的。然則英國帝國主義這樣猛進的侵略，乃藉口建立於華人志願之上，人間可悲可憤可羞恥之事甯復逾此！

人若說中國人不甘爲日本奴隸而甘爲英國奴隸，聽者必不願聞。但事實是不可抗辯的，『華人並無一言』，這是英國帝國主義者對於中國『順民』的寫實。假使國人反抗英國侵略之態度能與反抗日本等量齊觀，英國帝國主義者敢說『華人實願共管』而如此無忌的侵略我國嗎？

國人們，亡國是在眼前，我們若不甘心情願爲英國的奴隸，我們便應立刻動員排斥英貨，以抵制日本有効的手段來抵制英國帝國主義亡我的侵略！

「自動處置」聲中之共管案

章龍

當我在本報前期論到護路陰謀的時候，便斷定此舉將召共管亡國之禍。當時不過依邏輯的推論認此爲必致的結果，在一般中和平毒的國人看來，未免視爲過慮；不料蕃墨未乾，最近外交團所通過的『護路』議案，乃予我們一個明徹無比的證明，外國侵略者的狠心辣手，竟比我們的推想力還迅速百倍！

這次護路的議案按外間公布的消息有如下列的紀載：『外交團自提出臨案通牒於中國政府後，關於路警問題，曾有保留提案之聲明，當卽組織護路委員會，籌商保護中國鐵路之具體辦法，籌備提出於中國政府，該會由英美法意日比荷七國公使組成之，荷使爲主席，第一次會議，在本月十七日舉行，第二次會議卽在昨日(二十日)舉行。先由各國公使提出意見書於會上，當時提出者有英美法荷四國，而採取爲討論之基礎者，則爲英國之提案。該案除有一二國公使反對外，竟以大多數通過於委員席上。

英國所提出護路方案之內容，大有類乎鹽務與海關之制度。(一)設立一護路政局於中央政府交通部，以外國軍官爲之長，握有全中國國有鐵路之警察權，此爲其在中央之機關。散布各地者，則(二)於中國每路設立護路辦事處，亦以外國軍官管轄之。(三)組織護路常備軍隊，分配於中國之各路，此項常備軍隊•直接受護路政局之指揮。(四)爲欲確保護路軍隊之經費起見，中國各路之會計及車務總管，應用外國人當充』。

同時他們很有把握的『建議以華人爲幫辦，外人爲會辦，其權限相同，同受交部節制，除洋會辦外，由中政府簡任外人二十名，……關於警官國籍，英、那兩國將有所推舉，預料此廿人及稽核員等當於數國中選任之。并擬聘用前上海巡捕主任卜魯斯氏（前上海虐待華人革職的罪犯）担任訓練路警之職。……』

最後還說了些：『外交團對於討論牒文時希望與中國合作，不願強逼承認，因此，以該管理處歸交部節制，庶執行任務時雖中外人權限相等，而實際仍歸中國統率……』等等『尊重中國主權』的話。

大家看完這段汚辱的紀載，不消說便了然此種『爲中國自己及列强萬不可少之辦法』包含怎樣危險的意義。他明白指出這是彷照鹽務與海關的制度，其實較之鹽務與海關還要酷毒幾倍，因爲前者只是掠奪稅源，範圍有定；『護路』政策則自『保護僑商』以至於覇佔鐵路，深入腹地的種種政治經濟軍事的無限侵略，無不畢具。這明明是外國的强盜們以爲漫性的吮吸中國人的膏血，還不足以速其滅亡，須得更敏捷的處置，才採用這『萬不可少之辦法』。

事實是十分顯明而且危殆的，現在用不着多說，國人只當明曉這次七國協以謀我是愈接愈厲的。嫺於『親善』的日本，狂暴的法蘭西，陰狠的英國不必說了，便是那素以中國良友自翔的美國都是這回暗幕中的主謀，這正是中國在華府會議後國際地位增進的効果，也是門戶開放後應有的初次招待，我們決不視爲狠偶然的。現在國人所當嚴行監視的便是北庭奴隸外交家的應付。

綜看這次臨城案交涉經過，在華府會議爲國宣勞的外交家，到處表示與公使團有極深的勾結。但他們雖是洋人的奴隸，畢竟是中國人的長官，他們找出最好的幌子便是由『中政府自動處置』。結束不久的克門案：承認合法的錯誤，撕毁本國的禁令，允許不近情理的賠償，均是自動處置的結果，大博美國公使的歡心。所以公使團所提臨案迪牒三項，他們所將駁回的馬上又想予以承認，不過這種承認是避名就實的『自動處置』罷了。因此我對於護路案應有的推測有二：（一）曼德護路辦法與此次公使團提出的雖稍有輕重之別，但是他的陰謀是一樣可怕的，外人預料必引起國人的反對，公使團此次提案便是踏進一步，以爲將來交涉論價之餘地，這必是在公使團與北庭外交部妥協下所串成的把戲。日後交涉的結果至少要承認曼德的辦法。（二）或者肆無忌憚的洋人，在華府會議四國協約中別有『諒解』，竟不屑用此周折的手段，盡情提出，觀於英公使表示『有不達目的不止之勢』，氣燄萬丈，咄咄逼人，端倪已露。這樣，北庭外交部必將據此提案進而增加曼德所擬辦法，實行『中政府自動處置』，去『拒駁』他們。總之無論怎樣前傾後傾，在這種『主奴結托』形勢之下，狠難逃避共管的惡運這是可斷言的。

所以我鄭重爲國人告：護路案，『其所抱之目的不在鐵路，而在中國之領土』（福開森語）而北庭現任的外交官英美走狗顧維鈞却又是個認爲軍閥『看門戶』的奴隸。請大家對此嚴重的事件，勿輕信侵略者及奴隸們的狡猾宣傳，亟圖一個所以善處的辦法。

如何反抗鐵路共管

國燾

臨城事件發生的結果，列强勢必趁火打刼，由中國人民身上敲詐一筆橫財，這是我們早就預料到了的。果然，最嚴酷的鐵路共管案，已於日前由外交團護路委員會預備好了，不日就要向北京政府提出。該案不但指明列强要共同握掌已成未成之全中國鐵路警察權，並須連帶管理全部鐵路財政權和運輸權。我國人處此全國鐵路將亡未亡之際勢非護路救國不可。

但是我們處在北京賣國僞政府之下，怎樣護路救國，怎樣才能達到護路救國的目的，這是我們目前最須考慮的一個問題。北京賣國僞政府，不但爲我們所否認，而且日夜處心積慮，勢非將他推翻不可的。如果我們現在去督促北京政府力爭外交，簡直是承認和鞏固北京政府的地位。我全國人民決不可因爭外交的緣故，便認賊作父。而且北京政府歷來的外交政策，是不待列强壓迫便自動賣國的傳統外交政策，這次不待外人要求，首先任命曼德組織鐵路警備隊，開門揖盜，便是鐵證。北京政府若存在一日，便賣國一日，因爲他專靠賣國以生存。國民如爲外交問題與北京政府合作，豈只認賊作父，抑且延長北京政府之賣國生命，促成他多多典賣國家利權呢！

列强這樣協以謀我，北京政府又不可靠，那就只有靠民衆勢力以救危亡。但是如果我們和前幾年的活動一樣，由全國各團體各自單獨打幾個代電，開幾次會議，效果勢必又等於零。就是舉行幾次無組織的國民大會或示威運動，效力一定也不大。我們並不能說民衆團體沒有勢力，只是民衆團體的組織還未强大，而且沒有全國民衆勢力集中的有力團體，起來號召全國民衆爲系統的救國運動。

因此爲護路救國起見，惟一的方法，只有趕快由全國各職業團體，商會教育會，學生會工會等，起來籌備和召集一個國民會議。這個國民會議組織成了，才能在全國各城市舉行有組織的國民大會和示威運動，表示民衆的公共意志，和愛國熱忱，並因而吸引更廣大的民衆加入運動。國民會議如果變成了全國民衆的中心團體，那麼，國民會議才能做全國民衆的武器。而全國民衆才能應用這個武器，內則攻打北京賣國僞政府和一切禍國亂國的軍閥官僚政客，外則反抗鐵路共管，制止列强一切侵略陰謀。倘若沒有這樣一個國民會議，我們雖然有十二分的愛國熱忱，如何能的反抗目前最緊迫的鐵路共管呢？

大來案與中美「邦交」

章龍

自臨城案發生後，聰明的侵略家不知道憑一種甚案巧妙的因果律，忽然反汗，將撤消領事裁判權的成議一筆勾消，連所謂『調查司法』一事，在他們眼中猶認爲多事，不予履行了。當日這樣細微的事自然不値得國內輿論家注意，所以也就輕烟似的掠過，被國人忘掉了。

最近有個酗酒的軍官在宜昌鬧了一件小亂子，因爲觸怒了白人的『尊嚴』，於是中外報紙連篇累牘所登載的『大來案』消息，佔了很寬闊的篇幅。這不免又勾起我的回憶。這般『重大』的案情，此處不必細表，我們只知道那位酗酒滋事的軍官所冒犯的是和平的美國人，事後由美國長江(！)海軍司令飛爾卜將兇犯逮捕監禁，『要求由美艦提交王(汝勤)軍立時在江岸槍斃。』因王未允　遂抗不引渡，挾兇犯至漢口，向蕭耀南爲同樣的要求。當時漢口美領事請奉到美公使訓令要求『將此擅在美輪行兇之劉副官立予槍斃，或在某(美領自稱)前執行，庶中美邦交，不致留有微憾。』但畢竟沒有實行，現在聽說該案已經宣判，犯人判罰四年幾個月的徒刑，美使還是不滿，保不住再有下文發生了。

在美使看來，這『不顧邦交』的判決，定是中國不良法律所致，至少也會要因此聯想到領事裁判權是決不可廢止的東西。然而他向蕭耀南提議槍斃劉犯時，却只說：『貴督軍具有權威；懲辦一軍官當無不可能。』我眞不解他們的文明法律到底是怎樣？難道具有權威者就可以任意懲辦人？爲顧全你們的『邦交』就該犧牲一個酒犯當禮品麼？文明國人的法律觀念果眞如此，那就難怪克門私運禁物，交民巷美兵任意毆斃北京市民，上海金隆衕的三美人黃夜行刼華商毫無忌憚了。因爲他們都是具有飛機，巨礮，潛艇極大權威的美國國民，很有許多『可能』的本領！

我們於此才認識了『中美邦交』的眞正意義。原來要維持這種『邦交』，撇開那些『門戶開放』『機會均等』的大道理莫論外，還須時時當心他們的所具有的權威。像長江海軍司令，交民巷駐防軍，通商口岸的義勇隊，均是這種權威的積極表現，而上海會審公室（領事裁判）尤其是這些權威的魔窟；因為他庇護洋匪，窩藏海盜，蹂躪華人，更是無所不至的。

我現在不禁要大聲疾呼正告一般講「邦交」親善的人，像這等「邦交」，只是奴隸的德性，有獨立自尊覺悟的國民是萬不能容忍的。如最近解決的辱國媚外的克門案，雖可謂令美公使毫無「微憾」，但只是奴隸外交家醜惡的勾當。我們決不宜坐視，讓這等事一再發現於「中美邦交」史上。

國際共管與「國際自管」

章龍

現在與其鼓吹國際共管，無寧主張「國際自管」。共管的高調縱唱的聲情激越，響遏行雲，在我們看來，不獨是多事；而且是厚顏！

現在鼓吹共管最力而且最公開的第一要推英國。他在言論上，一再宣布，主張中國困難問題，委托英國所開設的國際聯盟管理；在實行上已夥同其餘幾個帝國主義的國家提出共管中國鐵路的計畫。

其實他的幾多自己應管的事尚在應付不了：國內經濟的紊亂，無千累萬失業工人，愛爾蘭的糾紛，印度的騷動，無時不在急險可怕的境遇，他均不能自管！

此外他們共同負責的如：賠償問題，應付罷工問題，軍備限制問題，東開一會議，西開一會議，各邦代表，憧憧往來，點污了不少的名山勝境，到現在還是一籌莫展，不惟無以使歐洲經濟復興，反使歐洲大陸的文明愈趨頹敗。像這樣，還不引鏡自照，還拿妄言欺世，是不是厚顏！

我們反對共管，更反對那些不能自管而妄想其管他人的人。如果說鐵路發生刼案便是無「秩序」的證明，便應該請外人「整理其屋」我要請教他們的紊亂情境，究竟是否有「秩序」？他們釀成屠殺千萬人的大戰，一次不休，二次又來，現在還在明的暗的亟亟準備作第二次的世界大屠殺，是怎麼樣一種的秩序？

這只是租界的治安問題嗎？

君一

本月十八二十兩日內，上海租界內發生兩次洋人冒捕搔擾商店，毆傷事主，搶竊財物的事件，而一般華商才說了幾句注意租界治安的話。哼！這只是租界裏的治安問題嗎？

年來洋人在中國境內販運軍火，買賣毒物，以至於欺騙殺傷華人的事情，時有所聞，這都與我華人治安問題有莫大的關係，我們很少聽見過各界同胞說幾句同情話，更少見中國的輿論主張公道，媚外賣國的政府我們毫不足責了。

本年五月底上海北京美國水兵隨便打死了黃包車夫孫汝卿和李廷元，天津美兵無故槍斃搬運人張學書；和去年美兵壓迫唐山礦工，英兵毆打漢口棉花工人 以及最近拿獲美人在上海私運軍火，發覺意人在徐州販賣槍彈……沒有一件不是與我華人治安問題有重大關係。

現下是中國的治安問題，不單只是租界的治安問題；中國的治安問題不解決，想租界裏的治安是做不到的。

然而單就租界的治安問題說：至少這些租界內的洋土匪應鎗斃。我們看克門案，和最近臨城案與大來案，英美帝國主義者如何強暴的要求－共管鐵路呵，鎗斃犯者呵，高級官吏免職和謝罪呵。

所以我們現在應得高呼：

撤銷租界！

鎗斃洋土匪！

撤銷治外法權！

美國領事及巡捕頭免職謝罪！

世界一週

護路案與各國間之利害衝突

振宇

東方社二十一日所傳中美通信云：商業立國之英國，自歐戰以後，因失俄國與德國之二大市場，故不可不以中國置諸其管轄之下，以謀商業之發展。然近來因為中國所排斥而受困，故遂嗾使與中國商業關係最薄之意大利及荷蘭兩國公使提出此次之要求。現在法國尚未贊成英國之主張，日本則對於英國又別抱意見，獨美國反對之。然形勢極危險。要之昨日之委員會英國案雖有多數之贊成者，然日本公使謂須徵得本國政府之意見後始可承認。從而其詳細辦法，現尚未定。又英國似欲推薦英人卜魯斯氏為護路警察局長，然以有反對之者，故英國甚困難。徵諸此傭人問題，英國之陰謀，近將暴露矣。就此問題，中國政府以英國起草之辦法認為侵害主權，故交通部與參陸辦公處協議，似擬有自動的設護路總司令部，任曼德中將為總司令云。

歐戰後，英國國際地位一天一天跌落，歐洲霸權移於法，世界霸權移於美；自魯爾佔領後，法國經濟情形日佳而英國經濟情形更壞。『失之東隅，收之桑榆』，中國在英國帝國主義者的心目中，自然是他們的『桑榆』。

雖然，中國這塊肥肉却不是英國所能獨享，英國這次主持的護路案之目的，就是要倚靠他在中國路政上既得的優越地位，藉着臨案機會，來確定他在中國的霸權。這樣一來，第一受打擊是美國，第二受打擊的是日本。假使英國護路案能告成功，美國華會政策便盡付之東流。英國若在中國從新建立這種絕對優勢，美國新得到的世界霸權便將復返於英，而英日同盟遲早又將有復活之日。所以現在美國的反對，比較日本更甚。法國在骨子裏，自然也是反對的；不過他知道這項反對的主人是美國（法國在遠東地位居第三等），用不着他出面打醜，而對德問題扼英正甚，並且始終要得英國之妥協才能達到圓滿目的，所以他對於護路案的態度是很鬼巧模稜的（有傳其贊成的有傳其反對的，大約不外其在對土問題中所演之故技）。總括一句：護路案中的各國利害衝突，英日英法間是多少可以妥協的，而英美間之妥協則決不可能。

並不因為美國帝國主義者為其自身利益而反對英國護路案之故，中國人民才隨聲反對；中國人民應自覺的站在自衛的見地上，並且明白英國此時在歐正見扼於法並無多大餘力對付遠東，而自動的迅速的起來反抗英國帝國主義的侵略，才不失為自覺自衛之中華國民！

法國覆英之牒文

振宇

路透社二十二日巴黎電：法國致英覆文，首言法國之地位，謂有切實解決之要素。法國對於賠償問題從無自私政策，苟不統籌歐洲全部之利益，則不能解決此問題。法國常致慮及協約國之困難，而尤注重英國可悲之失業狀況。法國依據和約立言，凡違反和約之舉動將成危險性質之前例；覆文繼引證在賠償委員會估定賠款前後法國對德之種種讓步，乃此種讓步未獲報酬，但反招德國之一再違約耳。德國在一九二二年底自使其經濟地位愈趨惡劣，從無自行整頓之舉。德國所取運輸費視他國為低，官吏薪俸則有加增，對於實業家與航業家未嘗徵稅，且予以各種便利而造成新船業，在美國海上與英法航業相競爭。德國開濬運河，增置電話，凡法國所不得已而展緩之工程，德國輒與辦之，代價幾何，非其所計。德國情形如此，法國乃依照前所聲明奪取保證之意旨，決計佔據魯爾。覆文至此遂言占據魯爾之合法理由。但謂俟消極抵抗停止後，佔據情勢可以更變。覆文請協約國收甲乙兩種債券法國所應有之二百六十萬萬金馬克撥歸法國。並收兩種債券法國所應得之任何款額，撥入協約國償款項下。覆文又謂德國能力與資產應隨時估定，到期賠款之償付可視情形而更變之。此種更變，須由賠償委員會多數票決定之，人民與產業所受之損失，應較戰費更有取償之優先權，此爲無可疑者。故在德國未開始償付以前，而協約國彼此欲索取戰費，此乃莫可索解之事。法國願與英國等作友好的討論，想不難獲一種諒解。一面規定第一部分德國賠款等于兵燹區域修復經費之解決，一面規定第二部分德國賠款及協約國戰債之展緩。想英國未必欲于賠償問題未解決時，索取協約國所欠之費也云云。

此牒可注意之點有四：(一)說明德國經濟及財政狀況之優裕，坐實德國『自使其經濟地位趨於惡劣』的賴債政策；(二)申辯佔據魯爾之合法；(三)拒絕決定賠款總額；(四)在德國未開始償付前，拒絕英國向法國索債。

英國帝國主義者讀了這個覆牒，自然又羞又惱，然而你怎奈牠何？『單是吵嘴有何用處，準備戰爭罷』。英國帝國主義者縱然無時不有此覺悟，哼！奈何『我們的航空軍力遠不如法國』！

英國失業人數之增多

筠翁

路透社二十一日倫敦電，前數星期內失業者漸見增多，前星期增多二萬人，今已達一百二十一萬二千人。

現在法國是沒有失業的人了，並且還要吸收外國的勞力；美國尤然，他的經濟旺盛之程度，不但達到了『改正移民律』，而且漸漸無需採用保護關稅政策(民主黨於下屆總統選舉中將以此爲政綱)；即如德國，如法牒之所言雖不盡實，然而也要比英國順利些。英國帝國主義者覩此情境，能不急煞人也，哥哥！

讀者之聲

抵制日貨與曹錕媚日

白青

自從今年三月以來，普遍全國的抵制日貨運動，完全是發動於全國民人的愛國思想，完全是反對侵略我國的日本帝國主義，這是全國的愛國人民都應該一致起來，協力同心進行的。而且抵制日貨，確實是直接給日本帝國主義者下一絕大的打擊，同時又間接可給其他野心侵略中的英美法……帝國主義者下一警告，就是：『今日施之於日本的，明日就可施之於你們了』。

但是，因爲各國帝國主義者早已和我國的軍閥勾結，而我國的軍閥自來又不惜壓抑國民愛國運動以獻媚求寵，這麼一來，他們往往打成一片，所以我們歷來的任何愛國運動都不能成功！最近曹錕！北洋軍閥直系首領！對日本記者長岡氏談的一席話，更足以暴露出直系軍閥是何等死心塌地的屈服日本而壓抑我們的愛國運動！抵制日貨！以取媚。曹錕說：

『……抵制日貨之運動，在直系範圍內特甚之說，誠屬可怪。此種運動，現已逐漸平熄，全爲我輩嚴重取締之結果。不料外間有此讕言，殊屬憾事！余特希望日人注目者：關於旅大收回問題，余並未發過通電；亦未有何等舉動；且爲排日運動中心之學生團體，其中堅人物，究爲何省人耶？張雨亭在東三省，固已盡力取締排日，然在直派勢力所及之地，則煽東三省之學生出而鼓吹排日以嫁其責任於直派焉。此爲深悉中國情形之日人所知者，想芳澤公使亦知其事矣。至於排日運動之裏面；多直派在內之說，乃多數安福人物在津日本租界常與日人接觸，以致此誤會；惟在保定，則遇日人機會至少，本日所以提前時間與足下(指長岡氏)

相會，亦不外多談數刻，藉得日人之諒解耳。……」夠聽了！原來此次在直派範圍之內以及東三省一帶的抵制日貨運動，端的是他—曹錕—和張作霖這樣死心蹋地的臣服日本，孝順矮鬼—他們的洋祖宗—纔弄得沒見有何等功效。他們這樣獻媚取寵以報効日本的功勞，直可列論亡中國紀罪碑的第一等！然而我們國民從此更不能有絲毫活動的地步了！

國人呀！用不著氣餒！我們的抵制日貨運動，自然是還要貫澈到底。同時我們更要知道：單是做抵制日貨愛國運動，絕對不能成功，應該一致的聯合起來，澈頭澈尾的做打倒這種壓迫國民愛國運動以獻媚於國際帝國主義的軍閥的國內革命運動；更應該聯合全世界被壓迫的人民，做打倒勾結軍閥的國際帝國主義的世界革命運動！

眞不愧爲英美之奴

敬翼

本月十三日英文京津泰晤士報駐京記者往訪王正廷氏，叩其關于中俄會議之意見，王氏略云：

中俄會議，已積極籌備，急應提出討論之問題有四；卽承認蘇俄問題，鐵路問題，劃界問題，及通商問題等是。凡此四者皆須從長討議。承認蘇俄政府，中國應視英美之外交政策而定，中國若貿然加以承認，則將貽與約協國破裂之口實……

一國的外交，應以本國的利益和國際情形確定交涉方針。我國年來受盡了國際帝國主義蠻橫的壓迫，最近提出的臨城案牒，更加苛暴，直爲共管我國的張本。洋奴少年外交家也可說：若不承認，則將貽與協約國破裂之口實?!

我國與蘇俄國境相接萬餘里，僑民各數百萬，經濟上有密切關的，又同受國際帝國主義的壓迫，天然形成親善之路，早應開始談判。權奸當國，一誤再誤，今蘇俄已派略拉罕來華交涉，一入中國境地，受國民熱烈歡迎（哈爾濱各公團歡迎，北京學生會並致電迎迓）。想這位少年外交家的洋氣不退，不顧前後左右，仍唯英美帝國主義的馬首是瞻否？

打倒軍閥

「打倒軍閥」這一句話，是充滿了全國，差不多個個人都有一種印象在腦筋上。但是爲什麼要打倒軍閥？就是：順着歷史上的時代進化和事實上的觀察不能不打倒他。

歷史教訓我們，由酋長時代進化至封建時代，君主專制時代進化至君主立憲時代；因此這君立憲時代進化至民治的共和時代而進化至無產階級專政時代，這是必然無疑義的。然而現在的中國雖說是一個民治的共和國，但事實上看起來，還是軍閥專政武人割據的國家，換言之，卽是空掛民治共和國的招牌，所以我們依着時代進化，負有歷史上的使命，不能不打倒軍閥。

依事實上觀察起來，京漢路工人爲了集會結社的自由，就是約法上規定我們人民應享的自由，北洋軍閥首領曹吳等，竟敢違背約法，將京漢路總工會封閉，尤以爲未足，還要實行大屠殺。全國學生聯合總會在上海開會，解決切身問題，都被封閉。工人組織工會，商人組織商會，學生組織學生會，是很正當的事，他們竟敢出此罪惡蹈天的手段。所以賣國殃民的北洋軍閥，是國人之所同嫉，天地之所不容，應一致下一個爾死我活的決心來打倒北洋軍閥！

黃居仁于廣州甲工

記者：

我們讀了中國共產黨第三次全國大會宣言，被現在這樣非人生活和惡劣環境所壓迫的苦惱和悲哀，盡量底都變成一團火焰，對我們滿腔潛伏底革命熱血完全燃燒起來了；并且引起我們勇往直前底與這舊社會奮鬥的決心！

在這宗法社會裏邊，受專制遺毒軍閥的踩躪，與外國帝國主義者的壓迫，得着政治紛亂和民不聊生的結果。打算推倒現在內外的惡勢力，建設永久的平民政治，致最大多數底最大幸福，非從鼓吹國民革命的思想到鄉間去，警醒一般勞動者，然後由智識階級組織一國民革命運動大同盟，使他們用全體罷稅的手段，作爲革命的後盾不可。

岳斌周　周化南　於北京法大

The Guide Weekly.

（中華郵務管理局特准掛號認為新聞紙類）
一九二三年八月二十九日

定價
每份郵資三分全年
大洋一元二角半年
七角國內郵費在內

嚮
週報

第三十八期

每星期三出版

發行通訊處
廣州昌興新街二十八號二樓本社
北京大學第一院收發課轉劉伯青

分售處
香港 廈門 上海 雲南 北京 武昌 太原 長沙 濟南 南京 成都 南昌
萃文書坊 新民書社 民智書局 新亞書社 學出版部 時中書報社 晉華書社 文化書社 寄啓書社 樂天書館 華洋書報流通處 中華書局

共管案之變幻及其歸宿

聲東擊西——英國大顯幻術
表裏不一——日本平分路權
利益均霑——法美漸趨附和
華會騙局——而今痲痺國人心理
曼德計畫——加重分量實行
主奴結托——美其名曰自動處置
弱點暴露——國人靜如死海
自動抵制——救亡別無良法

韋謐

開價極高的鐵路共管案，經過一星期外交性的變化漸漸顯露眞面目了，痲痺怯懦的國民猛聽得一聲霹靂，轟去了魂魄一大半，繼而定一定神，看着他們剛柔曲折的鬪智鬪法，便又忘其所以了。共管案在這樣騙局之下遂幻成最近的新形勢。

當此案初起時，大多數國人很有一種苟且的心理，希望此案在列強利益不妥協之下而消滅，偶然看到日本記者有幾句不平的論調，便引為慶幸；又或以為華府會議之盟約未乾，「正義」猶存，列強將決不敢為此背盟爽約之事，至少美國將出頭干涉。但是這些胡想；現在事實告訴我們了，他告我們：列強的列益衝突是可以貿遷有無的；若論到「正義」，便起哈定於九原，也是枉然！

據本週報紙傳說各國的態度：英國是此案的主犯，所以他除從各方面努力宣傳與活動外，藉口中國鐵路大半是他投資築成，又主張以原案單獨向北政府交涉，這明明是想獨自壟斷，拒絕第三國分潤的意思，較之公共提案更進一步。日本至此，便不得不與他妥協了。於是所謂「修正案」提出，該案的內容：主張於設置由外人教管的路警外，復用外國會計管理鐵路收支，此案精神顯係日英妥協，意在使日本與英國平分路權。這麽一來，於是又激起美法二國的貪慾。這兩大國公使的態度，雖尙無積極表示，而法之於中國鐵路旣有些因緣，美國輿論亦以美國在各鐵路有二千萬債權之故，已漸表示附和，於是這兩大國所懷的鬼胎，到此漸見分曉。現在他們暗中着忙的便是彼此間權利的分配問題：正題目的路權分配，固應按照一定比例劃分，如果路權不夠，或者還要向他方面取償，。總而言之要使大家交易而退，各得其所，才有合於華府會議的精神。

至於北京政府呢，他千辛萬苦替外人所辦的臨案，外人旣不領情，交部所擬的護路辦法，近復大遭曼德的奚落。曼德現在已不是國人從前所想像與中國關係淺薄的瑞典人了，他已自有淵源，將提出用人權，指揮權及會計監督權以爲就職之條件。軍閥曹錕等嚇得不敢說話只求速「加重曼德權限」以弭眼前的禍患；「交部則正在設法(!)使曼德如何可以滿意。」

綜觀這些消息：無論是自動處置也好，被動共管也好，重要的兩個目的：教管路警，監督財政，是沒有兩樣的。所有前後一切名目，如臨案通牒護路部份，交通部護路章程，曼德計劃，英公使提案，日本修正案……等等只是這兩項用意所幻成的把戲，老早安排定妥的騙局。又如英國的憤憤作態，日本的假惺惺，法美二國的做好做歹，北京政府的半推半就，只是「主奴結托」論價成交時應有的儀態。可憐這些幻戲畢竟蠱惑大多數的國人，使之徬徨無措，如墮烟霧，這便是本報前期所警告的「侵略者及奴隸們的狡猾宣傳」了。

更明白些說：這種狡猾的宣傳，眞是巧不可比，他的效力已使那客卿曼德所擬外人管理路警計畫竟爲國內輿所默喩。前此覺得驚心動魄萬難忍受的，現在反拿他去做共管案的擋箭牌。前此認爲「分量過重」的現在爲使曼德滿意起見反欲增加其「分量」。這不是明明使列强的這次大買賣成功嗎？在賣國媚外的北政府自然還可以厚着面皮自誇他的自動處置手段高妙，只是被列强鐵蹄踐踏的國人啊，難道終不覺悟嗎？

護路提案與美日

獨秀

日政府素抱傳統的侵略中國政策，無人不知；美國自大戰以來富有餘資，急想壟斷中國的工商業，遂不得不改變其從前對華不干涉內政的策略，這件事實，除了美國留學生也都感覺着危險。此次美國日本對於英國護路提案都表示反對，難道他們放棄了侵略中國的野心嗎？尊重中國主權嗎？不是，不是。他們明明是不願英國再行獨占中國路政機關與海關鹽務署鼎足而三罷了。本月二十六日巴黎電，據法外部確訊，美政府提議列强各添兵二萬來華，分駐重要口岸，這本是中國之好友大美國侵略中國的特有方式—門戶開放機會均等！

英國人與梁如浩

澤東

威海衛交涉現在逼着要簽字了。除了山東人，全國國民並沒有何等表示，這到底是甚麼緣故！難道國民忙於收還旅大運動就忘記了收還威海衛運動？還是國民只知恨日本不知恨英國；只知日本帝國主義是侵略中國的，不知英國帝國主義之侵略中國是比日本帝國主義更要利害的？

辦理威海衛交涉的人：一個是督辦梁如浩，一個是帮辦陳紹唐。據陳紹唐在山東旅京同鄉會宣布梁如浩罪狀說：「梁督辦居心媚外，向英人獻保留劉公島之策。威海衛之交還關係軍事上甚鉅，梁氏甘心賣國，以無條件的交還，變而爲繼續的租借，且變而爲永遠的租借，無非另有交換，專謀利己。…梁氏恨余破壞其賣國陰謀，始則託人向余疏通，餌之以利，力言余個人一切開支將來均可代爲報銷，且結束後之種種利益，亦可分潤。經余屢次拒絕，且仍要求其完全公開，梁氏知余不可以利動，乃繼以威脅。更激烈不能相下時，梁氏往往拍案厲聲向余曰，此事我有全權辦理。往往指揮左右將余扶出門外。余憤不可遏，曾屢次擬以身殉。一日余竟手取一硯卽欲向頭自擊，某英人覩之大驚，向余勸阻，梁氏毫無所動也。……」

梁如浩與英人所訂之威海衛草約計甲乙兩部二十三條，八月二十三日濟南國民大會已經指出其喪權辱國重要的地方出來了：

(一)變接收爲續租　草約允許英國續租十年，十年後有展期續租之權。且將歷來未經租於英國之威海衛城，一並劃爲特別區域而續租之。

(二)斷送領土領海　草約規定(1)中國地方長官應換給英國原租人「永租」憑照；(2)按照外人永租華地向來辦法，不收任何手續費；(3)英商保留官地，中國不應收用；英國租出之地中國應予承認。其斷送領土爲如何。草約又規定：(1)劉公島海面之拋錨所，須俟英國海軍不使用時中國方得使用；(2)英國海軍得在劉公島派兵登岸操演打靶；(3)英國海軍得在劉公島拋錨所拖至外海操演。照此規定，英國占領劉公島及其海面，其陸戰水戰各隊得自由出沒於我領土領海。

(三)斷送國家主權　草約規定劉公島威海衛閒一并劃爲特別區域，既不統屬於山東地方，又非真正統屬於中央政府。我政府名義上雖得委派政官，然警察須由英國人統帶，財政由海關稅務司（英國人）管理，市政則由中英合組之中英委員會辦理。我國委派之行政官不過徒擁虛名，担負英國債務之償還及公費之籌備而已。威海衛竟做了香港第二，國家主權完全斷送。

迷信華盛頓會議的同胞們：華盛頓會議給了我們的在那裏？相信英國比日本好的同胞們：英國比日本好的地方在那裏？威海衛交還是，要把威海衛變爲香港第二；漢口英租界天津英租界期滿仍要強迫續租，要求廣九路與粵漢路接軌欲置長江上游及西南各省於香港政府的經濟侵略之下；關稅會議則主張以研究羞金問題爲限（八月二十六日救國會電）；最近更撕開一切假面具提出鐵路共管案來了。迷信華盛頓會議相信英國比日本好的同胞們：請問華盛頓會議給我們的在那裏？英國比日本好的地方在那裏？

國人應速起反對蠶食侵略中國的海盜英國人！

國人應速起反對漢奸梁如浩！

粵局與革命運動

獨秀

陳炯明已無閩南後顧之憂，潮梅軍隊有南下之可能，若同時洛吳積援沈鴻英，國民黨也會再失廣州。反對者將或以此輕視國民黨，即黨人自身也將或以此沮喪；其實大謬不然。革命的空氣若不充滿了社會，若沒有組織強大的革命黨，革命的事業決不會利用他人可以僥倖成功的。現在的國民黨爲了廣州這一塊土地，爲種種環境所拘囚，對內對外不得不降心妥協背着主義而行，日夜忙着爲非革命的軍隊籌餉拉夫，那有片刻空閒在社會上製造革命的空氣，那有片刻空閒來籌畫黨的組織，所以真的革命黨人，對於廣州之得失不但無所喜戚，或者還以失去廣州爲國民黨真的革命運動之開始發展。

江浙和平公約與商界

獨秀

江浙商界贊助和平公約，不用說是產業落後國懦弱的資產階級懦弱的心理之表現；但是這懦弱的心理之中，也含蓄着直系與反直系間軍閥戰爭無益於人民的心理。我們固然希望他們積極的起來反抗軍閥，達到真正和平目的，不以他們只是消極的弭兵運動爲滿足，但覺得總比一般政客以一派軍閥打一派軍閥的方法好得多，最可惡是這班政客，一向只知道捧軍閥捧老官僚捧議員，想利用軍閥間的戰爭得到自己的利益，至於人民因戰爭所受的苦痛，他們向來不會計及。還有一班有革命願望的人，也只認識軍閥議員的力量，對於初生的人民的民治運動—商界的民治委員會—被政客流氓們加以誣蔑中傷，而不予以辯護；使孤立無援的商界揣與避嫌，不得已走到消極的弭兵路上去了，這眞是可惜的一件事！

紙煙稅

澤東

我們時常說：中國政府是洋大人的賬房，或者有人不相信；我們不時常說：外國人（尤其是英美）的假親善只是想借「親善」兩字好多量壓榨中國人的膏血，或者也有人不相信。自禁棉出口令遭洋大人反對而取消，可不能不有些相信了；現在又來了洋大人壓迫政府取消浙江等省的紙煙稅，可更不能不有些相信了。申報八月二十八日北京電：「閣議，英美公使抗議加徵地方紙煙捐，結果電令各該省停止徵收」。徵收紙煙捐到底是怎麼一回事呢？我們看六月三十一日杭州總商會致北京政府電：

「竊維奢侈徵稅爲各國之通例。近年捲煙盛行，以吾浙論，每歲銷場竟逾千萬，消耗之鉅，駭人聽聞，流毒之烈不減鴉片。當局有鑒於此，特命設局徵收，化無益之消耗，作修路之正用。乃聞外商藉口條約權利發與政府交涉，殊不知此種特稅，完全取諸吸戶，與煙商毫不相涉；純粹浙人所輸之捐，外商又勞干預！且係國內行政主權，斷不容外人侵犯，自應據理力爭，勿任有所藉口，主權幸甚。」

原來英美據了協定關稅條約，不許中國對外來奢侈品自由抽稅，任憑是「純粹浙人所輸之捐」是「國內行政主權」，只因爲是對外國貨，所以到底不許抽稅。

英美煙公司所出的紙煙，一小部分是英美日本國運來的，一大部分是英美煙商用中國的煙葉雇中國的勞力在上海漢口等處中國內地設廠製造的。製造出廠時照「條約」出了一點輕微的稅，大批運到各省，以後就再不許中國「自由」抽稅了。浙江一省銷紙煙價「年逾千萬」，全國每年銷紙煙總額無確數，照浙江一省推算起來，至少在二萬萬元以上，眞是「駭人聽聞」！請四萬萬同胞想一想，外國人向我們「親善」到底是爲什麼？

中國政府的「閣議」，眞是又敏捷又爽快，洋大人打一個屁都是好的「香氣」，洋大人要拿棉花去，閣議就把禁棉出口令取消；洋大人要送紙煙來，閣議就「電令各該省停止徵收紙煙稅」。再請四萬萬同胞想一想，中國政府是洋大人的賬房這句話到底對不對？

世界一週

「德國中等社會總理之最後一人」

振宇

二十八日倫敦電：每日圖畫報今日載德總理史特萊斯曼博士之談片，謂今政府如因不能有所成就而傾覆，則恐彼將爲德國中等社會總理之最後一人。果爾，則匪特德國，歐洲大部分咸將困於布爾札維克主義。德人如得飽食，則自可無虞。今唯英法德三國之諒解，可恢復歐洲秩序和平與幸福。故當羣策羣力，以消除此慘烈風潮云云。

上次大戰不僅根本上破壞了德國，而且滅亡了德國；現在德意志並沒有國家的在存，只有資本大王史丁納個人的存在。過去的古諾內閣和現在的史特萊斯曼內閣，同一爲史丁納的賬房。

大戰與賠償把德意志全國弄窮了，而史丁納因此而愈富。馬克之跌落；一面固然是德國資本主義根本破壞的表徵，一面也是史丁納操縱金融，內以剝削勞工（馬克愈賤即工資愈減）、外以競勝國際市場（馬克愈賤即商品成本愈低，）抵賴賠償的奸計（上次法國復英牒文所言德國賴債情形，並非全屬虛無）。

然而史丁納並不是反抗法國的；他計畫歐洲資本主義的復興，主唱「法德攜手」，他與法國鐵業大王羅奢往復勾結，曾經一度訂過公式的條約；後來雖然決裂，然而這種計畫在他利益的立場上面是始終不會拋棄的。

史丁納有名的復興德國的經濟計畫是：國有產業賣給私人經營；對法賠償由他私人與法資本家訂立貨物償付條約（例如法施乃德工廠向史丁納取去煤若干，即爲抵償賠款若干，亦即爲德政府欠史丁納若干）；無限增加消費稅間接稅，使賠款負担完全落於一般人民身上——即工人農人身上；極力減少工資延長工時……。史丁納因爲要實現他這種計畫，一腳踢倒賴齊諾（外交總長，上年任中被暗殺），再腳踢倒韋士內閣而建立古諾內閣。

古諾任中一無所成，並不是古諾無能（他是個很能幹很智慧的賬行司爺），只緣德國資本主義命數快要告終，而法德資本間之衝突終難妥協，所謂「復建歐洲經濟的平衡」，不過是相互間自欺欺人的屁話。

從反的方面說：物價不停的增高 工人貧民及一般雇用人員，已不能過活；紙幣充滿全國，而金貨集中於最少數資本大王之手，農人小商人皆破產而不能買賣；消費稅徵及麵包冷水而資本家反日逃出於國家嚴重負担之外。怨毒斥充，全國洶洶，豈特勞工不平，揭竿而起，即農人及一般平民莫不儳然不可終日，願與資產階級（即所謂中等社會）偕亡。

古諾去而史特萊斯曼來，史的本領大過古諾嗎？不錯；他是人民黨的領袖，換過說，他是德國法西斯黨的領袖，即此一點看已可出德國資產階級政象愈趨於盡頭。『今政府如因不能有所成就而傾覆；則余將爲德國中等社會（即資產階級）總理之最後一人』，這確是一句不揑白的真話！

史特萊斯曼內閣所要成就的是什麼？不用說仍然是史丁納的計畫：對內極力剝削勞農及一般平民，對外再謀法德攜手，——然而這個目的不是從前的抵賴政策可以實現的，只好用投降的方法來實現。史特萊斯曼在上台之前就與史丁納下了這個決心，故上台沒幾日即宣布『舉德國經濟統系之一部而爲生利的擔保品；並非過大之犧牲』；史氏這個演說自然博了法國資本家的喝彩，卄五日巴里電傳法國各報評德總理演說，謂其語調表示較好之意思，並稱：『德總理並不堅持魯爾之衝突，而對於法國黃皮書所載法國之意見以此爲解決賠償之基礎者，亦認爲德國所不能憤懣之辦法』。史特萊斯曼準備向法國投降，多少是無疑的了，我們更看下列消息：

路透社三十日巴黎電：據報紙消息；德代表將赴柯白倫茲與協約國委員會商來因地民食供給問題時，曾與柏林有關係之各部長討論此事，聞德政府准代表要求法比管轄下，各鐵路運輸食物之便利，此種消息，甚爲反對黨所不滿，某德報稱，此乃對於消極抵抗主義之打擊，又謂史特萊斯曼內閣現將投降法比矣云。

前此德國派遣肥徵尼求美國予以財政上之援助，肥說美國曰『法爲歐洲防遏布爾札維克主義之屏障，美國若坐視不救，布爾札維克主義將不僅汎濫於全歐，而且將汎濫於全世界』；現在史特萊斯曼對法之演說如出一轍。雖然，資本主義的破滅始終是不可逃避的；現在各資本國家的衝突，千方百計莫能調解，最後只好借助『布爾札維克主義』來圖相互間的妥協，可見資本世界的末運更是不遠了。

洛桑會議後近東危機第一聲

振宇

意大利派赴阿爾巴尼亞勘界代表台里尼將軍及隨員三人，行至希臘邊界遇害，於是近東戰雲斗然忽起。意政府向希政府提出最後通牒，要求下列條款：(一)希臘最高軍事當道須赴雅典意使署，以完全官場之性質陳達歉忱，(二)被害者須在雅典大天主堂舉行莊嚴殯禮，希政府全體人員須赴教堂吊唁，(三)駐璧魯斯之希臘艦隊須對特別派往之意艦隊舉行敬禮意旗禮，放炮二十一門，鳴炮時懸意旗于桅上，(四)希政府須于五日內會同意使署軍事參贊在出事地點嚴密查究，(五)兇手須治以極刑，(六)五日內付賠款意幣五千萬里爾，(七)遇害者遺骸裝船運回意國時，希臘須對於遺骸加以陸軍敬禮。同時意軍集中於南方並遣驅逐艦陸達斯號駛抵歷吉爾；限希政府二十四小時答復。而藉口臨城案强暴要挾中國的英國，顯然發表袒希意見，攻擊『意國行動頗嫌操切，而哀的美敦書之條件亦逾分嚴厲』。這樣小題大做的事變，內容含着什麽意義？請看下列路透社消息：

○三十一日倫敦電：洛桑和約雖經批准，然土國與希臘皆不完全滿意；布國因未得通海之路，亦復失望，而阿爾巴尼亞邊界之劃定，又引起仇怨，故今日若以火把擲入巴爾幹，則爆裂蔓延之險，正不異於歐戰將作時也。倫敦各報社論皆以此為慮，雖一致表同情於意國之憤懣，但惜意相操切從事，恐將礙及歐洲和平。並謂證據未得，罪狀未詳，遽令希臘負責，是否公道殊堪疑問。國際聯盟會今日適開始集會，此事宜提交之。雖意相或未必實踐其言，但警報迭來，謂意國有仇視希臘之示威行動，且有意艦隊已奉密令之說，空氣愈趨緊張，意相第二步之性質，誠人所亟欲知之者也云云。

英國帝國主義躊躇滿意的洛桑和約，內中包含這多不平與失望（這猶是英國機關路透社說的，其實豈止不平與失望）；前此殺人不眨眼，至此新戰爭爆發，才令世人領略洛桑和約一點真相！

這還是洛桑會議後近東危機的第一聲，並且是與和約批准之日同時發生的；第二聲第三聲……之來，自然還要更聳人聽聞。

資本主義世界之有戰爭，真如天空之有風雨！

非正式談話可解決賠償問題嗎？

振宇

二十八日比京電：比國致英復牒論佔領魯爾合法之問題，謂比政府不過將協約國政府從前於同樣情形下所一致籌定之辦法，施諸實行耳，斯巴會議曾有續佔德國土地以實行協約國關於礦煤事決議之諒解，且屢次集議，從未發生佔領是否合法之問題，法比政府除視德國付款多寡酌定退兵外，決意不讓出魯爾，但消極抵抗停止時，法比可設法恢復，如一月十日所言之魯爾狀況，德國賠款與協約國債務兩問題，現已互相結合，協約國所表示之最低數目已使一九二一年五月五日付款表中所開之最低賠款數目有減去若干之可能性，至於德國幣制必須固定，財政必須由協約國監督，則早已議定，比國共已收德國一，二九九，○○○，○○○金馬克，英國已收一，二九七，○○○，○○○金馬克，法國已收一，一七五，○○○，○○○金馬克，其他國家共收六三二，○○○，○○○金馬克，比國所謂應得付款優先權之兵燹區域，乃指協約國所受之任何物質上損失而言，英國航業因德國行動而遭之喪失亦在此列，比國例此根據，當得德國賠款總額百分之十三，計六，五○○，○○○，○○○金馬克，其中有一，五○○，

○○○，○○○金馬克業已收到，若照賠款表，則規定應給與比國者，逾一○，○○○，○○○，○○○金馬克，兩數相差頗鉅，比國爲聯合迅速解決計，現願犧牲此相差之數云云。復牒又謂比政府以爲今日時機已到，可改變從前所採關於賠償問題之手續，友好而思慮周密之談話可在協約國大員間行之，不必有會議之召集，七月二十日英牒亦有此意思，主張開協約國間之談話，而八月二十日法國復文，亦請以更周密之形式從事談判，比政府對此兩種建議，皆所贊同，而以爲將來談話當可有上述兩種建議之效力，國家安全問題，甚關重要，苟被侵諸國之安全未有保證則軍備無眞正之減輕，此大問題一經解決定可使目前所討論之各問題發生愉快之影響，比政府雖再聲明欲與英政府討論此問題之意云。

哼！秘密談話的方法，你們在宰制近東和遠東弱小民族各種問題中發生衝突時，是常常奏効的；現在要用以解決這樣短兵相接的賠償問題，恐怕沒有如此容易罷（並且這幾年中你們往復會議秘商的事情至少也有幾百次了！）？不信，請看英國官場非正式的答復：

比牒未使時局稍異於協約國互換牒文以前之狀況，比牒對於英國所提國際委員會公估德國付債能力之議，未置一言，徒言各協約國所要求之數，於事無濟，以全部賠償問題必須從對於德國付債能力之觀察點而加以考慮也。一九二一年五月規定德國債務爲一三二•○○○•○○○•○○○金馬克，比牒今既減收，然德國仍須償付八○•○○○•○○○•○○○金馬克左右，據英國財政界觀之，此爲莫可實施之一事。

又謂：『英政府對於比國所提協約國間開非正式談話之建議，以爲如此項談話有成功氣象，則英政府願參加之，但若法比意見不容更變，則此種談話不但無益，且有損虧，聞英當軸之意，仍以爲將英國地位公布於衆，實與英國有益，如協約國明白表示願有協定，並準備依照時勢更變態度之意，英國方允與聞此秘密外交之談話』。

讀者之聲

日報關於英國護路提案的宣傳

白青

英日帝國主義者在東亞上的利害衝突，早已不能維持英日同盟的舊羈絆；而我國自歐洲大戰以後，已形成爲世界最大商場——英美日法…各帝國主義者的公共新式殖民地，故各國都要在我國營謀經濟政治的發展，決不讓那一國單獨的壟斷利權。這次英國乘臨城土匪刼車的機會，欲藉以現實其宿懷吞幷我國鐵路管理權的野心，故乃積極提出護路案於外交團，希圖攫掩我國鐵路管理權於一已掌中；同時日本方積極擴張在我國的新勢力，英國這樣把持包辦，實大遭其妬，不得不思抵制，所以關於護路提案，日本公使不惟不示贊同，且正式對輿論界宣言：『前星期之外交團會議，關於路警的辦法，純出自英國的主張，與論界應作極澈底之反對評論。蓋因華人對日，原取排斥主義，但日本對華政策，確已改變方針，極希中日之能日臻親善。中日原有地理上的關係，歐美各國苟有不利於中國之舉動時，則中日仍必趨於締好；中日若能實行互助，可以打破野心國之覬覦東亞也，』於是就有下列各報反對英國護路提案的宣傳：

『此（指護路案）有侵害中國主權，不獨美國應出而反對，即我國（本）亦當强硬反對。』（中外商業新報）

『此(指議路案)爲英國人所稱之中國鐵路國際管理案，幸得臨城事件之機會，卽作爲提案，以求實現。惟因鐵路國際管理，行將引起中國財政內政之干涉，違諸華盛頓條約與決議，其非理不當，自不待言。』(讀賣新聞)

『中國鐵路警備問題，將來恐馴致中國鐵路事實上歸列國共同管理；中國濶恍，實權操諸英國；今又野心勃勃，欲將中國鐵路入於其勢力範圍內，是不可不力爲阻止者也。中國興亡所及，於日本影響甚大，應愼重加以改良，不可妄事讓步。案中不當諸點，務須積極反對。』(東京朝日新聞)

『中國鐵路警備問題，更進一步，卽爲中國鐵路共同管理問題，與中國關係最密之日本，素來主張，爲是則是，爲非則非，現亦應出以正正堂堂之態度　不可僅追隨外國之後。』(東京日日新聞)

我們讀了以上各種日報的言論，若是單就字面上看，日本是何等的尊重我國主權？何等的愛護中國以反對英國侵略的野心？而態度是何等的堂堂正正？難道果然是：『日本對華政策，確已改變方針，極希中日之能日臻親善』嗎？就過去的種種事實觀察，日本與中國的『互助』，不曾是狠與羊的『互助』！但是我們也不應以人廢言；我們尤不應只知反抗日本的侵略而不反抗英國的侵略。我們現在對於英國帝國主義應該採取排日手段同樣的排斥，一致的反抗。不特這樣，無論是英美法日……凡一切侵略我國的帝國主義都應該一致的反抗和排斥，爲的是我們這個軟弱無力供人割宰的半殖民地國家，根本上不當和任何帝國主義者講『親善』『締好』『互助』……一類的蜜語甜言，徒然實禍！日本的『假親善』我們固早已看破；而英美的『眞侵略』我們尤不可半點放鬆而不與以反抗！

餘　錄

美人對列强對華之趣論

世界新聞社云：前上海大陸報主筆費甫氏Nathanal Peffer居中國較久，稔知華事，平日列强對華關係，頗能主張公道。近自康士但丁堡投函紐約的國民週刊，論中國問題，極不以列强干涉華事爲然，並根本上反對各國之政治法律，其言頗有趣味，玆照譯如左：

中國政府斷然腐敗，斷然與美英法意羅馬尼亞日本之政府同一腐敗，或者且稍過之。中國政府，換言之，卽搆成政府之軍閥官僚及以盜爲業者，每年攫奪中國人民一宗巨款，假定爲一萬萬元(美元)。美英法意羅馬尼亞日本之政府爲各該國財政家實業家商業家首領之合法代理者，亦每年攫奪各該國人民一宗巨欵，其數則尤巨，假定爲十萬萬元(美元)。

以上兩者有不同之點，卽一方之政府爲直接的强盜，又一方之諸政府則爲合法受委託之强盜代理人也。雙方不同之點，不過如此。但在向來崇拜「合法」之人民之意中，則此不同之點殊爲重要。所謂「合法」者，卽遵照依例寫定之競技規則而行動(此種規則恆爲勝者一方所寫定)是也。今卽爲此不同之點，并欲消滅之，使歸於一律，遂有干涉中國之呼聲。

美英等國政府之昌言干涉，吾能了解之，因彼等自以爲須維持其道德上之優越地位也。美英等國政府所代表之各階級昌言干涉，吾能了解之。因彼等對於一切政府宜代表彼等爲盜而不宜接爲盜之政府的秉經濟的理想，具有利益關係也。唯美英等國人民昌言干涉，贊助干涉，甚至因以爲利焉，則吾不能了解之。吾知中國人將決不聽受之，或屈從之因中國人縱所逼極惡，猶較美英等國之人民爲便宜耳。

關於中國問題之各方面，世人所寫論文，積其墨瀋，可以成海。但以上所說，爲此問題之根本，至少爲中國對所謂文明國家關係之根本。費甫。

六月十八日於康士但丁堡。

The Guide Weekly.

嚮導週報

中華郵務管理局特准掛號認為新聞紙類

一九二三年九月八日

定價

每份郵寄三分全年大洋一元二角半年七角國內郵費在內

分售處

香港 澳門 上海 雲南 北京 武昌 太原 長沙 濟南 南京 成都 南昌

萃文書坊 新民書社 民智書局 新亞書社 大學出版部 時中書報社 晉華書社 文化書社 齊魯書社 樂天書館 華洋書報流通處 中華書局

第三十九期

每星期三出版

發行通訊處 廣州昌興新街二十八號二樓本社 北京大學第一院收發課轉劉伯青

中國一週

日本大災與中國

獨秀

此次日本的大災，不但是日本的大變故，幷且是全世界的大變故，日本軍事上經濟上損失之大，不啻在第二次世界大戰中日本打了個大敗仗，他的傷痕决非十年以內所能恢復，因此日本在國際地位及他傳統的對華侵略政策，都必有相當的變動。

華盛頓會議，原來是英美日法四國想合起夥來侵略中國；其實法國自身本非大工業國，又集全力於中歐及東歐之霸權，在中國除雲南鐵路及一些奢侈品的商場外，本沒有多大的希望、現在日本又被大災，四國中只剩了英美兩國是專門高壓中國之死敵。

中國國民不但對於災難中的日本人民應有充分之援助，而且在外交上在反對國際帝國主義的運動上，也須有個緩急輕重之別。

國民黨應號召國民反對英國的侵略

和森

鐵路共管的危機，崴海衛喪失的危機，凡有知覺的國民已莫不感覺，難道代表民族利益而革命的國民黨反不感覺？

段祺瑞吳佩孚等軍閥尙敢宣言反對鐵路共管反對臨案要求（無論其動機怎樣），難道代表民族利益而革命的國民黨反不敢宣言反對？

崴海衛的得失並不比廣東的得失小，外人統治中國的危險並不比軍閥統治中國的危險輕，殖民地的革命運動並不是只問內政不管外交的謬誤觀念所能收効，我們不知國民黨對於如此嚴重的英國侵略何以要一聲不響？

有人說，孫中山先生要打得廣東推翻北京政府了，自然不能開罪英國。這完全錯了，國民黨要無情的反抗英國反抗一切外國帝國主義的侵略才能夠打倒曹吳陳炯明諸軍閥而管理中國。土耳其國民黨若不先反抗英國與希臘的侵略，怎能推翻君士坦丁政府（如中國北京政府），怎能管理土耳其？

我們敢斷言：國民黨不反抗英國，國民黨的革命始終不會成功。我們希望國民黨本部以招待議員先生同等的時間，在上海號召一個抵制英國侵略的國民會議！

一遍歡迎蘇俄代表聲

和森

我們試回憶蘇俄來華代表自優林以至越飛，一到北京，那一個不受英美報紙總動員的攻擊，那一個不受英美派洋奴外交家的冷遇，換過說，那一個受過如今日加拉罕氏到京時的歡迎？

哼！歡迎隊伍不僅是學生人民團體的代表，而且有『西北邊防督辦』馮玉祥的代表，不但王正廷奔走殷勤，顧維鈞亦派著名英顧問辛博森迎之於奉天，英美報紙不僅在消極方面不攻擊，而且在積極方面鼓吹或希望中俄會議之速開。

人民學生團體方面的歡迎，確是進步的現象，確是中華民族覺悟的先聲，並且是十二分的自動的誠意，這是毫無疑義的。但是馮玉祥王正廷顧維鈞辛博森及英美報紙之歡迎與希望，這就很值得注意了。

讀者注意：這樣的變化並不是起於加拉罕之來華，但是起於越飛之渡日。我們回憶越飛渡日與後藤男爵非正式談判後所引起英美報紙及路透電之何等的注意與惶恐，便可了解這種變化的起源。

讀者諸君如欲得更進一層的了解，我可先設一問：現在的北京政府，除了是曹吳的賬房之外，是不是英美的代理機關？如認為完全是的，我便可說下文了。

北京政府現在之斷送路權（所謂自動議路案）與斷送崴海衛，正在半推半就主奴結托的把戲中努力進行；而同時對於外蒙與中東路却像要同時努力，『收回主權』。斷送主權與收回主權兩種正相反的事情同在顧維鈞手腕下進行，這是什麼意義呢？為的是英美一面要獲得中國的路權與崴海衛，一面又要獲得中東鐵路與外蒙古（自然是委任西北王馮玉祥去代管）。

然則在現在全國否認的英美代理機關的北京政府之下，中俄會議既無意義，中俄二民族的真正聯合更談不到。

張作霖令駐京東省議員離京

獨秀

國會本是統治階級之附屬品，統治英美等國的是資產階級，所以他們的最大多數國會議員，分析起來，不是代表工業資本家，便是代表商業資本家，或者是代表農業資本家；統治中國的是軍閥階級（無論中央或地方），所以最大多數的國會議員，分析起來有五派：（一）直派（二）奉派（三）段派（四）陳（炯明）唐（繼堯）派（五）徘徊各軍閥間之投機派（如一部分之研究系與政學會），他們一向只仰軍閥鼻息，與人民絲毫無交涉，這種狀況，被近日上海各報專電『張作霖令駐京東省議員離京』十二個大字描寫得淋漓盡致。

無恥的議員們冒充人民代表還不足責，最奇怪的是一班反對軍閥的人們，明知國會議員是一堆臭糞，為了苟且的拆台政策，遂不惜將臭糞當香料看待，真是認賊做子！　這班議員們將來不是回京為曹錕維持舊台，便是在南方為段祺瑞搭新台，或者為陳唐幫幫場面，始終和人民無交涉，與民黨無關係，歡迎議員南下的人們，終是『賠了夫人又折兵』，真是何苦來！

所以我們覺得上海商界根本不承認現國會，他們階級的意識却很明瞭。

章炳麟與民國

獨秀

貪儒章炳麟劉光漢當初本只提倡排滿，不知共和民國為何物，劉光漢擁袁稱帝時，曾明白宣布此旨；章炳麟始終排斥中山先生，前只排滿，今只排北，也和劉光漢同一見解。

民國元二年間，章炳麟貪袁氏金錢官（東三省籌邊使）爵（勳二位）

，遂公然反對孫黃，公然宣言中國非袁世凱統治不可，他這種罪狀，實與劉光漢孫毓筠相等，而且在他們背叛民國民黨之前。

此時中國是軍閥與民治之爭，軍閥派與民治派南北均有，章炳麟主張南北對抗，於理論事實已都不相合；而且他所推戴的黎元洪何嘗不夥同北洋軍閥壓迫西南，他所左袒的陳烱明趙恆惕何嘗不和楊森沈鴻英同樣是曹吳的爪牙！

即以南北對抗而論，爲什麼不贊助南方革命的民治派，而贊助投降北方的黎元洪(第一次投降於袁第二次投降於曹吳)，贊助南方諸將中明白的勾結曹吳之陳烱明趙恆惕·這豈不是利令智昏！

社會制裁有時比國家法律還重要，像章炳麟這樣貪昏叛國的小人，他自己還儼然有介事的高談國事，固然是不知羞恥，而社會上不但不加以制裁；反以民國元老相待，似此是非紊亂，確是軍閥官僚們敢於肆行無忌之一大原因。

大元帥贊助何東爵士嗎？

和森

九月七日民國日報譯電欄載有一條頑意兒的消息，標題爲『大元帥贊助何東爵士』，其消息如下：

六日香港電：孫中山電何東爵士，謂爵士所建議之會議，如成事實，彼擬親晤中國其他諸領袖，何已乘亞后號赴滬。

何東是什麼東西？是一個香港的富商。他是中國人還是外國人？看他的姓名是中國人，而他的頭銜却是英國的爵士。一說他入了英國籍，一說英國賜他這種頭銜，俾他以中國富商和英國貴族的兩重資格在中國政治上來出風頭。

何東所號召的會議是什麼東西？據路透社第一次所宣傳的是『在西人監督下的全國領袖會議』。

我們再看這位爵士給顧維鈞顏惠慶諸人的一封信：

不佞前與駐港路透電訪員談話，注重於全國領袖人物團聚會議，以期得一彼此相安之方法，想執事披閱報紙，當已鑒及。又北京電稱旅京外國人士均以愚見爲然，此電想亦經北京報紙揭載矣。此間報紙多贊成愚見，即北京東方時報亦表贊同。不佞欣慰之餘，不揣冒昧；敬求鼎力助成此舉。執事聲望隆重，各界推尊，必能調停於黨派之間，故執事之能援助，無可疑也。不佞於此舉現正努力進行，孫逸仙博士前總統黎元洪君，已先後復電贊成，若會議竟能召集，則不佞之欣慰，有非可以言語形容者矣。北方領袖諸公，素與執事接近，如能因片言九鼎之力，而贊成愚見，賜以函電，允屆時躬臨會議或派代表出席，則執事之造福於中國誠非淺鮮。如執事對於愚見所擬辦法，能先賜電贊成，實爲感盼。至進行方法如何能迅達目的，倘蒙指示，尤所歡迎。不佞深信此舉惟求中國大局之底定，人民之安樂，他無所圖，想必有成效可覩也。如蒙電覆，尤爲感幸。何東拜啓七月三十日

由此我們可以完全明白了：也不是頑意兒，也不是出風頭，原來是英國帝國主義另出心裁的妙計，嗾使一個亡國妖孽來召集中國的亡國會議，輕輕兒把中國置於英國監督保護之下。這種空氣的製造到是不費力：路透(英國機關)訪員在香港發一電，旅京外人桴鼓相應，東方時報(英國機關)亦表贊成。外國帝國主義者愚弄中國人的把戲眞不少，這要算是其中最饒趣味之一個。

若說這樣的把戲會博革命領袖的贊成，有誰相信？所以何東口中『孫逸仙博士復電贊成』的話，我們可不追究；然而民國日報標題的『大元帥贊助何東爵士』，則未免太使人駭怪了，我們相信大元帥不會如此失察罷！

世界一週

日本大災在國際上的意義

和森

此次日本大災在國際上發生什麼意義？第一是日本國際地位的跌落；第二是蘇俄在太平洋地位之增高；第三是此後爲中國大患的只有英美。

日本遭了這次大刧，無異天然的解除他與英美抗爭遠東霸權的武裝。此後他不與蘇俄聯合，便不能消極的保持他和英美的均勢。英美在日本這次大變後，對於中國的掠奪，自然更圖急進與獨占；然而別一方面又要逢着一個根本反對的强敵，——這就是蘇維埃俄羅斯。從今以後，蘇俄將成爲太平洋上惟一保持遠東和平與援助中國獨立的强國。

前此日本帝國主義過於强盛，不僅是中國的患害，而且也是蘇俄在太平洋上伸展其正義與扶助弱小民族之權威的障碍。從這次事變後，這種障碍至少要減去一半。日本軍事的勢力，今後至多只能自保而不能脅俄；俄於遠東問題將漸有優越之發言權，而其紅軍勢力自亦足以與其反帝國主義之正義相伸長；他方面，英美如欲勞師遠渡以脅中俄，無論事實爲難能，卽能亦適足促成中俄日之大聯盟。

華盛頓會議，於中國國際地位沒有什麼變遷；到是這回大災，於日中俄皆同時起了變化。國人對於這種大變化要有深切的認識與努力，務期早日完成中俄二大民族的聯合；然後再在適當限度內，聯合日本以排除盎格魯薩克遜帝國主義於東亞之外；那時候中華民族才能得到獨立與解放。

限制天空軍備會議——重新宰割弱小民族

章龍

華盛頓會議的暗雲挾着東方弱小民族的哀怨，飄風驟雨般的過去了，一年以還，和平的黃金夢漸爲世人所遺忘，漸已明白弱小民族只不過供這類會議的宰制，做大國盟主的犧牲，再不敢痴心妄想了。不料這齣歷演不輟的黑戲又將重演於一九二三年政治舞台之上。

閱者想必知道當限制軍備的華府會議時，各國專門家在精確計算之中，有意無意的將飛機與潛艇放棄，於是一年來天空軍備的競爭，突飛猛進，便遠駕於大戰以前之上。據柏林國際通訊報告（六月份一二號），就歐陸方面說：法國去年一月至十一月間造成軍用飛機及所謂『商用飛機』凡三千三百架，續造的一千二百架，本年計劃建造的二千二百架，合計前數共爲六千七百架。英國本年度預算，決造五十二大隊，支出國庫金二十七萬萬磅。此外還有商用飛機，戰時稍一變化，均可變爲殺人塵兵的利器，更是不可勝數。

這樣狂烈的競爭，所以表明歐洲大陸第二次混戰爲期不遠，於是美國新任總統柯立志繼哈定『九合諸侯，一匡天下』的遺志便擬於本年十二月召集限制天空軍備會議（見廿八日大陸報）。

這次會議顯然是爲『解決歐洲經濟』問題而發，首被限制的當爲法國。因爲自所謂賠償問題發生後歐陸經濟情形的紊亂，英美所受的牽累，在在受天驕法蘭西軍備擴張的影響。爲避免廝殺而能『重興歐洲經濟』計，很有重新估定舊有贓物開始新的競賣之必要。

被估定被競賣的不消說第一是瀕於滅亡的德國，也許要牽動近東問題的公案。所謂重興歐洲經濟的意義不過是在會議席上怎樣去詳細計算英美法各國所應得的利益，一方面稍稍抑制法國的貪慾，恢復德人的購買力，使重爲英美二國之尾閭。魯爾的煤，摩索爾的石油，或者有一番更詳明的比例，以謀息未來之紛爭。

話雖如此，但是這個具有六千七百架飛機的法國是否會從容就範，毫無怨言呢？這是很難斷定的。不過這位新貴總統的主張却有他本身的絕對意義，他將力圖實現，這又是必然的趨向。所謂絕對意義：（一）為增進美國國際地位計，有召集此會之必要，因為他趁着做東道主的便利，當分配利益時，很可以慷他人之慨，施恩示惠使美國在國際上佔點優勢。（二）美國國際地位倘因是有所增進，然後這位勤勞有功的總統挾此便可以為下屆競爭選擧的幫助，既以謀個人的總統，又可圖本黨黨勢的發展。『殷鑑不遠』，便在哈定，前此華府會議所造於哈定者甚大，這是人人所公認的。

原來自神聖同盟起到華盛頓會議止所有歷史上的重大會議我們均可以這樣的去解釋。像梅特涅，畢士馬克，克列蒙梭，魯易喬治，哈定等為爭一國的霸國和個人的勛名富貴，總是忍心害理犧牲弱小國和戰敗國當國際間的犧品，而所謂強國更沒有不高興從和平中得到掠奪物的。他們的功業固然倖成一時，可是億萬的被宰制的民族却永淪地獄歷劫不復了。

同時我們也可以斷定：這些被宰制的民族事實上既不能殲滅強盜，強盜們的慾壑是永遠填不滿的，今後的所謂限制軍備也只是強者的口頭禪。大家看看華會席上限制海陸軍噸比例計算是何等精微！年來各國築港造艦的競爭又是何等放肆，所以會議的結果徒為帝國主義國家延長侵路，為被蹂躪的民族增加宰割的次數罷了。限制天空軍備會議難道能逃出這個定則支配之外？

讀者之聲

鐵路共管案和鐵路警備案

劬

『漫天要價，落地還錢。』

中國洋奴外交家發明這個秘訣以後，把所有的交涉，認做不是中國人和外國人的交涉，直接成了中國外交官和中國國民的交涉，所以每個問題發生，外國若是要出童叟無欺的眞不二價來，中國的外交官倒要坐無證的大臉　因此，不用外國人自已要謊，中國外交官就可以要求他們要謊。必須先把很無理很嚴重的問題提在前頭叫中國人知道外人的利害，夫然後慢慢的退下來，有時此外國人原意要求的還浮餘一點，自然外國人也滿意，中國人也不響，外交家也就對內對外兩面討好了。這樣的例子，不一而足。前幾年濟南方面和日本的交涉，便曾有中國外交官嫌人家要求過廉，退回修改的一件奇聞，這外交家的一貫新傳，自然是奉行罔替的了。

這次臨案發生，舉國人心，尤其是言論界——正在誠惶誠恐，莫迷莫措的時候，這般賣國媚外，獻勤討好的官吏，早想到組織護路警備隊，把數十萬勞工，數千萬居民，完完全全送到洋大人和萬餘警備隊之下。這麼，既便於洋資本家的侵掠，又便於中國軍閥的調兵遣將，屠戮平民，實在是一擧三得的辦法。但是他們又恐怕這警備辦法：無論怎樣的解釋也不免有人出來反對。所以出着他們外交的秘訣，請出他們的洋大人來了。所以這事不先不後，剛剛的要成立的時候，打催陣鼓的就跟上來了。我們一般國民，方在這裏拚命死號，其實這般洋大人和外交家，只怕還在那裏忍不住暗笑呢！

記者：

英美帝國主義者幫助曹吳的黑幕，屢經貴報揭穿了。然而此次直系軍閥逼走黎元洪的時候，英國帝國主義代表人，駐津英領事，頗有相黎的舉動，這是甚麼原因呢？京津泰晤士報，是英國帝國主義在華的機關報，近來對於曹吳，極其攻擊，而對於親日派的張作霖及一切反直派的行動，頗表同情，這又是甚麼鬼計呢？亟願貴報辭而闢之，以解疑竇，茲將昨日的京津泰晤士報寄上一份，請即參閱，曹家走狗吳毓麟任津浦鐵路局長時，曾擬令曹家兵在該路學習司機行車等工作，以備工人罷工時，代替工人，嗣為該路工人誓死抵拒，方才中止，現今曹錕在保定設了一個學校，令他的兵進去學習司機，升火，及一切行車的工作，却令被武力壓服的京漢鐵路工人在這個學校裏當教習，聽說洛陽王也有同樣的計畫，為的是再遇鐵路工人罷工的時候，他們便乘機來掠奪工界的衣食，殘殺我工界的性命，立在我工界前面的明星—嚮導—，千萬不要忽視了這件事實呵！我是一個為衣食所困苦，為武力所壓迫的工人，有以上幾層的感想，忍耐不住，所以寫了這封文字不通的信，請你們看看，我想你們是最注重勞動階級的人，當不至因為我是一個不知名的ABC，便把這信置之不看吧，

ABC於保定，八，十六，

英國要藉臨城案猛敲曹吳帳房(北京政府)的竹槓，所以外貌上故意極力攻擊曹吳；明知曹錕急欲上台，敲之將無不應；後來曹錕急電北京政府加重分量實現曼德護路計畫，這就是英國機關報攻擊曹吳的效果。政變以來北京政局是美國極力站在曹吳背後幫忙，為的是要和英國競爭在華的優越地位。洋奴顧維鈞上台，暗中就是美國的任命。軍閥採用兵工政策，不僅於我工人階級不利，於國民革命也不利，本報曾經極力攻擊過，今後尤將繼續攻擊。現在有一更大的危險横在我們前面，就是英國的護路提案與交部所謂自動護路計畫。二者無論任何一個實現，於工人於全國國民都是極危險的！

記者

贊成吳佩孚處置議員的辦法

白青

北京國會自今年六月十三日以後沒開成一次正式的會，到現在更分為京滬兩處，無論其合法非法，形式上，實際上亦亦都無制定憲法的可能了。宿懷利用國會『制憲』，好憑藉『法統』二字撐出幌子以便於『武力統一中國』的直系軍閥吳佩孚，這時也氣憤不過，對於議員，有：『……看看過十月十日，你們(議員)怎樣？那時如果還是這樣糟，我要帶兵進京：離京的議員拿著就殺，留京的也免不掉抄家。……』的處置辦法。(見九月二日北京益世報)

罪大惡極之北京國會我們久已不承認了，自然絕不承認其所制的甚麼憲法(假設制成)和所辦的甚麼『大選』……，更不承認由其分家出去到上海的所謂『自由集會』的國會的一切行動。我們既不承認，所以老早就主張『推翻國會』，『推翻國會』，就是要剷除這些貪橫無恥的議會這次吳佩佩孚對於這些議員，『要帶兵進京：離京的拿著就殺，留京的還免不掉抄家』的處置辦法，却是我們早就要做而苦於沒做到的！但在吳佩孚倒滿有這個『言出法隨』的本事，所以我們表示贊成，而且希望他切實照辦！

同時我們要注意到：這個辦法的實行，吳佩孚為甚麼要待到十月十日？難道又有甚麼『法』字可以藉口嗎？該不是僅僅說來恫嚇豬仔議員趕緊『制憲』的罷？我們還要注意到：倘若吳佩孚果真照著這個辦法處置了議員之後，北京政局要變成甚麼一個樣子？我們只消注意到這兩層，就應該趕緊集合全國國民自己的勢力來反抗任何軍閥假冒牌號的甚麼『法』和『政』，做强大而徹底的國民革命！

讀了「閱中國共產黨對于時局之主張」之後

我們作批評，最要緊的是先要對于我們所要批評的「對象物」有個相當的了解，繼之以分晰研求，辨其是非，論其當否；才算是盡了我們作批評的職務。若對于我們所要批評的「對象物」還不知道是怎樣的一個在西，就合着眼胡說起來，還加上「批評」二字；那就未免遺笑大方了。

河北日報七月二十九號曙光君的「閱中國共產黨對于時局之主張之批評」一文，他批評的「對象物」是「中國共產黨對於時局之主張」要作批評，先要對於中國共產黨對於時局之主張有個相當的了解，然後再辨其是非，論其當否。曙光君並沒有這種常識，所以說了些題外無關緊要的說，到了本題，只以「乃不幸又見有標名爲中國共產黨者出現矣，彼所揭之主張，凡最關重要者，如所謂開國民會議以統一中國等項云云者皆拾吾數年以來迭見論著之唾餘：：並不能別開一新局面，新理想」，幾句糊塗話了之。噫！這樣的人也要作批評！

中國共產黨對于時局之主張，「開一國民會議」固與曙光君偶然相同，但開國民會議的方法及開國民會議後的工作，就合曙光君大不相同了。其實曙光君不過空空洞洞的高唱開國民會議罷了，何曾想到方法？不過藉開國民會議作幾篇文章賺幾個大錢罷了，何嘗冀其實現？既不冀其實現，所以更夢想不到開國民會議後的具體工作了。至於中國共產黨呢？他們是有方法的——由負有國民革命使命的國民黨，出來號召全國的商會工會農會學生會及其他職業團體，推舉多數代表在適當地點，開一國民會議；若是國民黨看不見國民的勢力在此重大時機不能遂行他的歷史的工作，仍舊只召四個實力派的裁兵會議和平統一，其結果只軍閥互戰或產生各派隊軍閥大團結的政局，如此我們主人翁的國民斷不能更袖手旁觀，例如上海總商會所發起的民治委員會即應起來肩此巨任，號召國民會議以圖開展此救國救民的新局面。他們有目的，即開國民會議後他們要有緊要而重大的工作——只有國民會議才能代表國民，才能夠製造憲法，才能夠建設新政府統一中國；也只有他能夠否認各方面有假託民意組織政府統治中國之權，由此國民會議所產生之新政府，須以真正國民革命的勢力，掃蕩全國軍閥及外國勢力。曙光君，你可明白了？

按曙光君的心理，本來以偶合中國共產黨的主張爲榮，他心坎上的話是「幸而我之主張偶與賢者相暗合」不過他老大的衰習氣——無識自傲的習氣太深，所以就說出什麼「皆拾吾數年以來迭見論著之唾餘」等等話頭了。但曙光君你要知道：你所主張的是無方法無目的的國民會議，中國共產黨所主張的是有方法有目的的國民會議；你所主張的國民會議是毫無意義的不過供你作幾篇文章賺幾個大錢罷了；中國共產黨所主張的國民會議是解決中國時局的不二法門。名同而質異，曙光君別在醉夢之中引以自豪了。

安志成一九二三，八，一。

中國的亂源和挽救中國的各種主張

中國紛亂到這樣地步，不待說是國內封建軍閥的紛亂，國際資本帝國主義的侵略，形成中國爲半殖民地的國家。我們試一分析中國的紛亂原因，便可知道：

一、是滿清餘孽的北洋軍閥，這賣國殃民的軍閥，他所懷抱的宗旨，無非是爭權奪利，擁兵自雄，視國家爲他們萬世帝王的基業，張作霖知道媚日本，知道設法擴張奉系勢力，吳佩孚曹錕知道媚英美，只知擴充地盤，增加兵力，損害人民財產，爭城以戰，殺人盈城，爭地以戰，殺人盈野，慘殺勞工，罪惡昭著，他們全不知道國家人民爲何物，所以中國會弄到亂七八糟的田地。

二、歐美日本的資本帝國主義者，無時不欲施其侵略政策于中國，所以鼓動中國的軍閥，以施其狡計，如奉直戰爭，英美的帝國主義者，站在吳佩孚的後面，打倒日本僱人張作霖在北京的優勝地位，以便他們自己把持中國的政治中心，奪取中國的經濟命脈；日本的帝國主義者，想在中國實施其種種侵略政策，所以也幫助他的傀子手張作霖在北京的原有勢力，去年英國又暴露了贊助反革命行爲的陳炯明，予以金錢軍械，剗除民主派在廣東的勢力、此次臨城案件，和北京政變，歐美日本的帝國主義者，無不到處尋找機會，來共管中國，總之，他們利用軍閥造成四分五裂的中國局勢，爲的都是將中國化爲他們純粹的殖民地爲目的，國內軍閥已得到國際帝國主義者的援助，也只得窮兵黷武，兵連禍結，弄到生民塗炭，民窮財盡，形成四分五裂的局勢；所以中國有此誤國殃民的軍閥搗亂其間，有國際帝國主義者侵略和援助，我中國將永遠沉淪下去，而沒有希望。

現在國內人士感受惡劣政治之痛苦，不忍中國長此沉淪，所以有種種的主張，但主張的人們，仍多走入歧途，茲將我個人對於各種主張，略一評及；

一、主張制憲的，試問在軍閥統治之下，誰能去制憲，立法機關嗎？本身先是爭權奪利，那能代表眞正民意；那能制出好的憲法來，假；設可以制憲，試問狼狽爲奸的行政機關，立法機關，能夠執行不能？軍閥能夠遵守不能？我想在軍閥統亂之下，想得到眞正適合的憲法；是絕對不可能的。

二、主張聯省自治，聯省自治，就是獨秀先生所說的「聯督自治」，其結果，可與春秋戰國七雄相比擬。

三、主張裁兵，可以平定中國的，在軍閥統治之下，講裁兵是沒辦法，是夢想，我們希望軍閥自己去裁兵，簡直是與虎謀皮。

其餘仍有所謂西南團結，以抗北洋軍閥；有主張國會南遷行使職權的；有主張組織行政委員會的；……

總上各種主張，都是夢想，沒辦法，是軍閥搗亂的變化；將來無論任何主張實現出來，也同樣是一樣紛亂，所以我們現在首先要解決的根本問題，就是怎樣打倒軍閥；換句話說；也就是怎樣革命，現在從中國的國情和國民的需要上看來，能夠挽救中國的，算是民主革命，并希望民主派，做民主革命的工夫，要建立在普遍的國民身上，革命的目的，要爲全國平民的利益而革命；盡力的向民衆宣傳；切實的指導國民，跑上革命戰線上去，使到國民普遍的武裝起來；運合民衆的勢力，來打倒北洋軍閥；滅絕國際帝國主義侵略中國的野心；這是我們很希望民主派的領袖，早日見諸實行的。

炳榮于廣州工業

The Guide Weekly.

（中華郵務管理局准特掛號認爲新聞紙類）
一九二三年九月十六日

定價
每份郵寄三分全年大洋一元二角半年七角國內郵費在內

嚮導週報

分售處
香港 廈門 上海 雲南 北京 武昌 太原 長沙 濟南 南京 成都 杭州
萃文書坊 新民書社 民智書局 新亞書社 大學出版部 時中書報社 晉華書社 文化書社 齊魯書社 樂天書社 華洋書報流通處 古今圖書店

◀第四十期▶

每星期三出版

發行通訊處
廣州昌興新街二十八號二樓本社
北京大學第一院收發課轉劉伯青

中國一週

黎元洪南來

獨秀

黎元洪居武昌起義之名，倘好自爲之，本來可以弄假成真，做一個歷史的人物；怎奈他一通款於蔣鎮冰，再通款於袁世凱，三通款於吳佩孚，他政治上的節操，早不與共和民國有什麽關係。即退一步言之；倘他能始終堅持以不署名解散國會令而去職，以不署名擾亂閩學令而去職；更好是以堅持廢督裁兵等重大政治問題而去職，國人對他還能表示同情；怎奈他兩次去職；都硬是被動的丟掉了飯碗；并不是什麽因爲政治上不妥協而去的，倘敵人不硬要趕他滾蛋，他任何樣妥協都辦得到，但求不丟飯碗。即再退一步言之，黎元洪此次南來，倘誠懇的痛悔前非，以個人的資格，到民間去，做顛覆一切軍閥官僚的平民革命運動，國人還可以原諒他；怎奈他一到上海，和中外新聞記者談話，開口便是什麽『本人在國會未曾有正當解釋任期之前，總統地位當然存在。余在京因不能自由行使職權而移津，今天津依然爲暴力所包圍，故不得不轉而至滬。又說『曹吳等果能一反前行，……余亦極願與彼等合議，不願復有反直派名詞。』原來他是爲做總統而南來，原來他還在和曹吳吊膀子，這種人是何等可惡而又可憐！

章行嚴君見上海輿論不滿黎元洪，發憤的說：『竊以爲天下羣爲黃陂之故而反曹。』這句話只是代表政學會諸人的心理，不但不能代表全國商民工人學生的心理，并不能代表軍閥間反曹的心理。爲黃陂之故而反曹的人，除了政治上投機的政學會諸人外，只有買空賣空的唐少川章炳麟等幾個人。章炳麟等又還是唐少川之傀儡。吳大翁做總理夢在北方弄鬼，唐少翁做總理夢在南方弄鬼，這兩位新舊官僚的「大」「少」，擁曹擁黎之行事不同，其心迹卑劣都是一樣。

此時中國之大難，是帝國主義的英美和中國的軍閥官僚政客同時而又勾結爲患；真能救濟中國大難的，除了全國商民工人農民學生及其他職業團體之合作，實行平民大革命，沒有別的方法。章行嚴君所謂同事，所謂合作，是指被革命的軍閥官僚政客們反曹運動之合作；我們所謂合作，是指革命的平民掃蕩一切軍閥官僚政客運動之合作。反曹的軍閥官僚政客間，爲什麽出合作而不合作，爲什麽有所不滿，爲什麽不能了然其所不滿者何在，又爲什麽或即了然而不肯明言，我們實在不暇爲行嚴君解釋這種煩悶；只得把我們了然平民所以不滿於一切軍閥官僚政客不能與之合作的緣故，明白告訴行嚴君。

行嚴君！死守着前五年的頭腦觀察現在的事，便往往未免所見不廣呵！

哈爾濱撤鎖地畝運動與列強之干涉

和森

哈埠市民撤鎖地畝運動，橫受駐哈各國領事越俎干涉，將地畝處文卷一概封鎖，並且要強迫取消哈埠中國官廳與市民在特區設立之地畝局。中國人民自動的從舊俄白黨手中收回主權，而竟遭第三國如此橫蠻侮辱的干涉，他們干涉的藉口，說是『違犯華會決議』。我們哈埠同胞要算第一次親切領略華會決議的滋味，這種滋味的甘苦要哈埠同胞自己說出來，用不着我代說。

華會決議豈特是哈埠同胞受外國干涉與壓迫的機括，洋大人現在要共管全國鐵路，將來要共管全中國，也莫不是根據華會決議爲其宰割的根本法規。立這種宰割中國根本法規的發起人，無用說就是素稱『親善』的美國。美公使舒爾曼不先不後，正當哈埠華人受外國領事（美國領事在內）高壓時，施施從北京跑來哈埠；哈埠同胞以爲他是來施恩惠講『公道』的，故天眞熳爛的歡迎他並向他訴寃。九月八日哈埠各團體代表程小川陳際青張維中李明遠范俊夫往訪舒爾曼陳述撤消地畝運動之理由；現在請看這位『親善』而『公道』的美國公使之答詞：『貴代表頃述及地畝處事，純屬行政範圍，無外交關係；余不謂然。華府會議，各國承認在俄國無正式政府之前，貴國代管東路，在此管理期間，自應保持原有財產，地畝處所管地畝，係根據霍爾瓦特與吉江兩省長官訂有購地合同；既有此合同，所購之地卽爲東路財產，此時應予保留，以俟俄有政府，再解決此事。』

這是美國帝國主義者親自向哈埠同胞揭開牠的毛臉：第一，他認中東路爲各國共有物；第二，他否認中東路之中俄主權，而以代管之名委於中國；第三，永遠不承認俄國正式政府，並使中國也不承認，卽爲他們攫取中東路的方法。

陳代表駁舒爾曼道：東路財產界限至明，以路線用地爲限，若於用地以外任意展放，經營農產，劃分街市，移民強佔，此亦謂爲鐵路財產，華會議案，尊重領土主權之謂何？不圖貴公使猶不謂然！且華會既承認吾國對於該路之行政權力，國家行政之權不受何等拘束，豈對此無効占有之地畝，獨不得行使其權，而必謂此時應予保留乎？舒爾曼咬緊牙根答道：『東路不應有行政權，美國早有此主張，故對於東路向不納稅、至地畝處附帶有若何行政權，余此時難以論斷，此又涉於法律，言至此可分爲兩層說法，一俟俄有政府，再以此事有礙行政，和平商酌劃分，一按法律組織法庭裁判，余對於貴國行使政權，極爲尊重，惟關於東路財產，不能不公共保持。』

共管中東路的主謀不是別一個，原來就是美國。這是美國帝國主義制日制俄侵華的主要陰謀之一種，哈埠代表向他申訴向他論理，除了領略華會決議與中美親善的眞意味外；自然只能辱上加辱受舒爾曼一些蔑視中國人民主權的欺侮！而且是光着眼睛向我哈埠熱心愛國的同胞欺侮！

哈埠親愛的同胞們！你們不要虎頭蛇尾，務必堅持你們的運動到底，你們更要了解中國若有眞正獨立自主的人民政府，早日自動的承認了蘇維埃俄羅斯；何致中東路現在還握在白黨手裏；各國領事和美國帝國主義者何敢這樣的欺侮你們壓迫你們？你們現在更要採取必要的手段與表示以反抗白黨與各國帝國主義者的干涉。你們的口號應是：

撤銷白黨把持的地畝處！

反對第三國無理干涉！

承認蘇維埃俄羅斯！

引人入勝的外交案—組織聯合艦隊

章龍

本週滬上各報載有下面的一段新聞，內容是：「駐泊長江之英美各國海軍艦，曾於本年三月間，聯合開會，討論組織聯合艦隊特別警備方法，議決後，由駐京英美日法各國公使向外交部提出意見，嗣經外部反對，未曾實行，上月川省軍隊誤擊美輪及槍殺日船船主事相繼發生，日海軍司令乃重提舊議，開會討論繼續進行，昨已議決組日英美法聯合長江警備隊，其組織方法，將最近駐泊之英艦十一艘；日艦十艘；美艦八艘；法艦六艘，全數編入聯合警備艦隊，公舉警備司令官一人，統率指揮；遇有不靖事變，外僑發生危險時，由司令官隨時下動員令，警備防護，此項組織，大體業已決定，不久即將實行，其第一任聯軍司令官，大約由日司令充任，以後每年一任，由衆公舉。」

當鐵路共管案尚在明爭暗鬥分配利益之中，猛然又由列強發動這等驚人的消息：從正面看來似乎人人都該看見他們層出不窮的侵略政策是極暴厲的，幷且很直率的；其實暴厲是侵略家的本性，他們決不自諱，我們也不矜爲發現，祇是任用之間是很有些用意，包含不可名言的妙用。這卻是國人應該明曉的。

「川省軍隊誤擊美輪」便是本報前所評論的大來案，(見三十七期)槍殺日船船主事件是因爲宜陽輪私運軍火通過戰區，爲川軍干涉的結果。大來案因爲沒有稟承大美國事的命令辦理曾予美國政府以「憤慨」，槍殺日本帝國臣民更是滔天的罪惡，拿這兩件事實做組織聯合艦隊的原因，幷不算奇異，過去英法聯軍，八國聯軍的起釁也幷沒有比此更大的事實。

這裏所要注意的，他們「開會討論，繼續進行」以及「組織方法」，「不久即當實行」等等大有旁若無人之態，這樣共管長江的巨大計劃，他們只是輕描淡寫，夷然不以爲意的做去到底是甚麼一回事？

鐵路共管案比起這個也算不了甚麼天大的事件；但是那些强盜市儈們還能裝腔做勢：你提一議案，我加一修正，他又附一辦法，鬧得國人頭暈眼花，莫名其妙，難道共管長江案連這一點假斯文都用不着？

我想來想去，正在找不出頭緒，忽閱報載顧維鈞關於威海衛案之談話，才恍然大悟！原來顧維鈞等人(所謂外交系)所包辦的斷送威海衛案的有力理由便是說：「如欲共管案和緩；須先對威海衛『讓步』以和緩英人之情感」。他們這樣的外交手段真不愧青年(會)外交家的本色；我可以預祝他們無論遇見甚麼困難的案件都可以着手成春，糾紛立解，永不會有甚麼失敗。

因爲要和緩共管案的形勢；威海衛就應該「讓步」這是天經地義的了。試再往前一回溯：豈獨威海衛案爲然；若臨城案通牒；自動辦理路警，緘口不敢向英收回期滿的租界；停止徵收英美在國內產銷的紙煙稅，開放米境，這其間充滿「讓步」處處表現無限驚憂恐懼的神情，一言以蔽之：和緩共管案的形勢！

各强盜們對於共管案的正當收益還沒有計算時，這類的送上門去的額外禮物就已如此豪富，洋大人既不是傻子，自然決不拒收你的孝破，所以他又提出這一個更引人入勝的新公案。依過去的經驗看來，也許共管案又要因此而『讓步』，這次很可以獵取一個較大的禮品。

從這新公案的內容看來，儼然是當年聯軍攻打北京城的氣慨，不怕北庭不驚惶失措，不怕北庭不輸誠納款，同時更可以藉劇烈的刺激麻醉一般國人的心靈！使對於反對共管案失其所守。

這真是引人入勝的好把戲，恐怕還摻雜有奴隸外交家的手脚，因爲如此很可以使他們辦理共管案容易成功。

山東民衆的革命潮流

章龍

最近山東省政府強迫徵收產銷稅，稅則之苛及於小菜大蒜，於是激起沿膠濟路十餘縣人民劇烈的反抗，全體罷市，毆斃稅吏，拒絕官廳，結果停止徵收，才沒有釀成大變。

北洋軍閥壓迫最甚的山東人民，在十數萬兵匪馬蹄下偸生，由來已久；這樣十餘縣人民運動的暴發，至少將給與全山東人民一個永難磨滅的印象。山東內政上大於產銷稅的問題不知凡幾，像千辛萬苦爭來的膠濟路近且將被直系送拿去辦大選，遍地盜匪屠城破邑軍閥熟視無覩，這均值得集中民衆力量盡力反抗的，希望山東商人們更爲進一步的奮鬥，造成波瀾壯闊的民衆革命的聲容！

並希望山東各界的人們均能迅起協作，和他們一般的奮發，內以打倒盤踞的軍閥勢力，外以反抗正在吞噬威海衞的英國帝國主義！

華會以後美國對華的德政一斑

章龍

華會以還國人異口同聲贊揚美國對中國的德政，幾於罔極之恩，無從報答。僅得哈定死了，舉國下旗誌哀，竭意週旋盡禮，才算發揮了一點孝敬微意。但是大美國人的恩典，究竟是那几件與全國國民個個有深切的關係，恐怕還不免有些不甚明曉的人，那就真可謂『辜恩』，非大國民的風度了。因此我現在介紹下面的一段新聞，請閱者自去理會！

『據美國國家商業銀行調查報告：美國對中國貿易，一九二二年商業金額共二萬四千二百餘萬元。其中輸入占一萬三千六百萬餘元，輸出占一萬〇四百萬。美國輸入華貨亦以生絲占其半數，惟不及日本之多。次之爲植物油。惟僅花生油一宗。以不徵關稅故，仍陸續輸入不已。至於美國輸入中國之貨，常以鋼鐵製造品爲大宗，計占輸入總數四分之一。在大戰以前，英國輸入中國之鋼鐵品爲最多，計占中國鋼鐵品輸入三分之一，而德比香港美國輸入者，占其半數。戰後美國輸入者，反超過三分之一以上。至中國輸入之煙草，半數以上，亦由美輸入云。』

直派的大選股東究竟是誰？

文虎

所謂大選問題本報素不加以論列，以其是非昭彰，除極少數豬仔醉心外毫無析辨之必要。近來京滬等處新聞集中議論之點仍在此處，當衆人津津樂道之際我忽然問問大家直系大選的股東究竟是誰？大家不免認爲無謂，其實這實在是奇異的事，大選的股東不在津系保系却在直隸省的老百姓以至於全國人民！

曹錕雖積有數千萬的財產，決不自拿一文做大選的買價，他的爪牙便替他想出許多剜肉補瘡的辦法，大概有下列幾種：

(一)就直隸省各縣分攤自數千元以至數萬元。

(二)逮捕金丹犯五百名鎗斃數名示威，迫令其餘諸人每人平均罰款一萬約得四百九十餘萬。

(三)抵押膠島官產。

(四)開放禁米撥取護照稅。

（五）加徵關稅一成。以此抵借巨款。

（六）以黃海渤海沿岸漁業權押借外債。

細看這六項籌款買選辦法，直派大選的股東到底是誰呢？

我雖十分不願意說到這類汚辱的問題，但是現在却不能不大聲疾呼警告大衆，全國國民無形中都變做直派大選的股東了！要洗去這個罵名，亟宜奮起從事實上去否認他。

美人私運軍火與臨城土匪軍火之來源

振宇

『美人凱奈，前因私運軍火進口案被逮，曾由美公堂預審，經美檢察官胡薩提起公訴，控以違犯一八五八年及一九〇三年中美條約之罪，十四日下午在美按察使署開審，胡檢官控氏於一九二二年十一月，與停泊吳淞之俄難民艦隊司令施德克上將及梅易，蔡維茲等，互相勾結，買賣軍火，違背中美條約，並於同時以此項軍火售與杜海軍司令，在南京交貨，嗣後此項軍火，聞有為臨城土匪等所得者，凱氏至少曾以四萬元付給施德克上將，有天津鹽業銀行支票四張，然此僅係貨價之一部份，此外尚有米勒炸彈九百枚，及其他小件軍火，由俄難民在吳淞及崇明售與華人云。』（見大晚報）

這類消息與事實，在中國要算是司空見慣毫不稀奇；中國的土匪與軍閥本是外國帝國主義一手所造成也不稀奇；祇是臨案後外國帝國主義提出共管鐵路的護路案，國人至今一聲不響，倒是稀奇！

世界一週

德法間快要成熟的買賣

和森

路透社十二日柏林電：德總理史特萊斯曼氏向德國新聞記者發言，謂魯爾問題之解決，非賡續消極抵抗或採用武力政策所能成，如政府能縮短此爭端之時期，可謂告成大功。但就已有之探詢而言，來因地主權及魯爾恢復自由之問題，頗多困難，德國準備予以真正之保證。德總理又聲明謂德國現已提出之擔保品，確為可變賣之資產，不僅如和約所規定之抵押品，法國即可取得巨資。但德國先須有在魯爾行政之權，且須恢復來因地主權，苟有讓出魯爾及恢復來因原狀之保證，則此辦法即可解決消極抵抗之問題。凡德人之有家室於來因地或魯爾者，若得室家恢復之保證，則當然將復致力於工作。此種解決，度必可能。政府已得實業界與財政界代表之允諾，各願分認政府所擬計畫中之義務。此事能否有諒解，將視能否造成適當空氣為定，希望法國當道亦抱必須以公道政策謀取和平之見解，蓋惟公道政策，始能銷除國家感情而保障永遠和平也云云。

又巴黎電：法政府某要人在報端言稱德總理史特萊斯曼之對外政策確在改善德法間關係，故法國不當向其作難，惟法政府所根據為政策之各事不能對德國讓步；又云德總理請派專門家調查一節，巴黎政府當詳為考慮。

然則法德間——史丁納與普恩賚間的買賣之快要成熟是無疑的了。史丁納拍賣德國給法蘭西的決心，本報早已料其必委託史特萊斯曼內閣死心塌地的進行。自史特萊斯曼上台，即取停止消極抵抗之必要手段，裁減政府對於魯爾人民之經濟輔助，因而魯爾人民對法消極抵抗之勢頓形衰落。現在普恩賚與史特萊期曼的講價只有私產担保之一點。史特萊斯曼說：『凡爾賽和約規定德國債務之担保不過為德國聯邦之國有產業，今德國之建議願舉私有財產盡為担保，則法所得之便宜實超過和約規定之外」；普恩賚答曰：「和約既以德國國家各種產業爲賓矣，德國縱有所允，亦無以加此，故法國甯願有已在掌握中之實際擔保，而不願有此理想上之權利，吾人欲得實質，須俟款到手時，始能離去也。德總理以爲法德實業之合作，乃賠償問題解決之前提，要知此種意見，實與事實相反；德國產煤法國產鐵；雙方若有諒解，誠爲雙方利益，但法人所視爲第一職務者，乃欲政府獲取賠償問題之結果」（見九日及十三日路透電）。

史丁納及其他德國資本大王願意提供私產爲國債的担保，這是何等熱心的「愛國」，而我反說他們要拍賣德國給法蘭西，豈不惹起讀者的疑惑？然而這是不難了解的，請看全德工業聯合會（史丁納爲領袖）向政府提出的條件：（一）改良國有產業；（二）極力增加生產，取消八小時工作制；（三）取消一切强制經濟及對外貿易之檢查，卽麵包亦須改爲自由交易（現由國家强制訂價）……（見新聞報德國通信）。所謂改良國有產業，就是包含國有產業賣歸個人經營的意義（參看本報上二期）。史丁納等藉着「私產担保」的政策，不僅獲得各大國有產業，而且從此得儘量掠奪工人，抬高物價，自由無碍的操縱全德經濟生命；拍賣德國於他們是這樣的有益，只有全德工農小商人及一切工錢生活者遭他們的殃！

法德間這樣的買賣不僅要惹起德國工農及一切平民的大反抗，而且也惹起英法間嚴重的衝突。法德若是這樣妥協了，英國在大陸上便將喪失一切經濟的與政治的勢力。

英國在波納勞內閣時代，對於法國佔領魯爾取「合默」政策，包爾溫內閣則不然，因爲他所代表的是英國在大陸上的商業資本及銀行資本，所以上台不久卽向法國翻轉毛臉，而其第一驚人的决心便是增建六十隊航空軍力。

法國現在的航空軍力大過英國十倍以上，英國增此六十隊後，還只能趕及法國航空軍力之一半。包爾溫現在是要等此航空軍隊完成後，才向法國說硬話。英法間的戰爭遲早是不可免的，而包爾溫內閣對於史特萊斯內閣的拍賣計畫，預料不久必加以嚴重的干涉。目下呢，英國政府當然是啞子吃黃蓮，又苦又急。

國際聯盟與中奧

章龍

國際共管是最近英美資產階級政府宣傳最力的口號：日本震災以後他們的野心愈發放肆而各謀盤踞，就中最跋扈而無賴的莫如英國政府的宣傳。他們開口也是國際聯盟，閉口也是國際聯盟，天天夢想中國人匍匐爬進他們所創辦的國際聯盟公司中去，聽受英國大掌櫃的宰割。因此一片痴念，故他們的立言持論，往往極可哂笑而不自知，像最近字林西報所發表的『中奧國勢之比較』，一文便是一個老大的例證。

該項原文頗爲冗長，大意是敍述戰後奧國國勢之式微情形；奧民完全失望，無異亡國；幸賴國際聯盟監督之功，得以挽救。現在『奧國在此外員（國際聯盟所派）嚴格監督之下，其財政經濟，漸見轉機；失業人數，減少頗速，生活騰高外國旅客漸多，市場活動。政府預算不足，逐步減縮，瞻望前途，頗堪樂觀！』

在這樣記述之後，他希望：『凡中國之官若商以爲中國財政混沌狀况可以永久維持過去，不爲大算賬日之蒞止者，大有注意之價值。』并發爲浩嘆道：『今試以中國與奧國比較，中國富源廣大，未開發之天產不知凡幾，然財政現狀可慮已極！其信用無外國贊助時幾完全消失，今觀奧國以窮窘達於極點，毅然犧牲國家光榮（！）勵行穩健財政政策，以期恢復其威望及興盛，中國有此榜樣，（！）則曷不鄭重一思？中國果欲改良財政者，殆亦斷非藉外國專家之贊助不可耶！」

好個慈悲的國際聯盟，幷能發此聲情幷妙的傑作，我想中國人讀了，眞會要『犧牲國家光榮』，追隨『此榜樣』之後了！不過國際聯盟既有這樣菲厚的氣魄，幹出這等的慈悲勾當，足以使全世界民族仰望健羨於無已，料來他本公司各大股東間的情況是很齊整壯觀的了。爲甚麼賠償問題至今不能解決，凡爾塞和約變成一張廢紙，國際聯盟無如他何？歐洲經濟鬧得一塌糊塗，國際聯盟無如他何？像過去的土耳其糾紛問題，最近的意希問題，阜姆問題，國際聯盟坐視一籌莫展，他何以工於謀人，拙於謀己，一至於此！

據我所知道的國際聯盟加惠於我國的，顯著的是一年負担數十萬的經費爲一二代表博得委員，法官的虛榮；暗中爲列強把持門戶，結果竟得『毅然犧牲光榮』，步奧國後塵。像這樣供人犧牲的圈套，竟騙中國外交官（陳籙）說：『中國重視國際聯盟，聯盟確爲世界謀和平、彰公道。』（見本月十五日滬報日內瓦專電）眞可謂『非愚卽誣』了。

四川通信

四川自本年一月卽起手戰爭，北軍稱曰統一，川軍稱曰討賊，迄今八九月，戰爭尙未決，詢川事者，每欲知戰爭之究竟。川中爲全國較少的是多數國民黨的根據地，凡詢川事者，亦每欲知川中國民黨之情形。川中政黨，旣號稱全是國民黨的地盤，政府現又全是孫中山先生所委任，孫中山氏正在要向全國恢復革命黨，四川爲孫中山氏現有地盤之一，貴刊所指導者，亦正注重在國民黨果合其革命力量，打倒軍閥，打倒國際帝國資本主義。則上列各事於作四川簡單通信中，誠有略一敘述之必要也。

（一）軍事　軍事之單言形式者，各報已有記述，茲擬撮其精神。自國民黨看來，多數頗有感覺招兵不易補充無從之歎，因爲曠日持久，軍費亦無着也。然而臨到戰地，每有爲民黨所及知或不及知者，則自開戰以來，凡農工商及苦力，久失其業，衆之征役匪刼，無地不遍，人懷生活無着必死之心、恰遇招兵而往應募。北軍任以精械銳卒臨川，川軍臨陣，輕死者慣，應付沈着持久。北軍多輕易，北軍每敗必全體的棄鎗遺械。川軍每當子彈缺乏之時，亦曾能保持不敗，或能轉敗爲勝，往昔所開新式鎗械戰爭，全在較子彈之多寡，川軍此次常得其反，卽受傷愈後歸營，其勇氣亦復如前。如此失業壓迫；困獸思鬥之志，就能打得勝仗，此遍地失業之衆，豈僅一勝所能解決？北方軍閥吳佩孚，不僅禍川，而更有歷常擁護帝國主義于國中，而利用之以滿足私人慾壑之大罪，在四川的外人經濟侵略勢力，——就是國際帝國主義——恐怕的確是壓迫四川農工商各界普遍的日趨失業最有效的力量，此層意義，實應明白，而又似不易明白，當另立專節詳之。

（二）四川國民性　人咸稱川人有排外性，我殊以此語不確。若說所排是外省人，但明朝之末張獻忠大殺川人，全川現今遺民概非土著，何有外之可言。若說所排是外國人，自往昔有少數紅燈教倡仇外之說以來，一爲各智識界欠明確的糾正後，隨卽易仇外爲媚外，其他多數，只以相當人的敬禮對之，實尙無有以民族獨立之說號召指導，全是素燒，可赤可黑，多數全是尙在無表示之時代也。不過侵略與暴政之虐民常在侵臨，常有戒心，而又欠缺賢達指導，遂常常本其暫無表示之習性，只暫退避，不與相關，其最受害也在此。臨到張獻忠殺盡川人，川人亦反抗者決少，此固由川民散沙性無表示特性之最著之急應矯正，則一方明確的取川民對時局之認識盡指導之責，應同樣的重要也。

（三）四川國民大會　川中近年年中，常有國民大會，最近都曾見男女各一次，每次由純粹國民黨發起，各有數十人到會，然而打的電報，到寫自一二萬或數千人，以成都素是散沙的人衆中，又因政府素行壓制集會，又兼生活迫窮，自然與會團體甚少。但較已有團結傾向的，當要算工界及學生界，這兩界到眞各有好幾萬人，然而國民黨並未有此種基礎，並不能約集此事，所以僅一電報政策，都也要扯謊。

（四）女子參政　全國女子參政運動，恐怕要數四川爲最經久。在四川女子當這習慣固蔽，識見幼稚的期中，不注重去爭教育解放承繼權相續權之法律解放運動，以培基礎。專喜培養這保留附屬地位，保留昏庸；並且是毫無智識基礎經濟基礎的參政，我固深認爲危。然而彼輩年年以來亦正飽嘗參政競爭競爭不清的攻爭。至今尚未易解決。

（五）民權自由　此層在四川雖是民黨區域，實是太說不上，最露骨的是凡是無產階級，任誰在街市行走，都要被人拉去充夫役，鎖在一屋，臨到出發，纔來運搬，僅自飯食，數日始放回，被拉者之職業家庭生活當然在所不計矣。放回途中，亦曾有數次被重拉者。可遣人拉夫的，並不變好大官職，只要有着有軍裝的護兵。鄉村更是普遍。今單言都市，每一徵調事起，一有正式軍隊開拔拉夫，借此爲名者，遍街皆是，被拉欲脫離，須徵私賄，絕少詢問根由者，因爲詢者不能覺得援助，拉者則通互作弊，莫之敢問。聽說勞工聯合會反對過，尚無效。又如四川省長新被大元師任命，重新接事，有停止報紙檢查事，未半月又曾將川報記者捉將官裏去了。我只以爲揚森又打到省門了，或是眞不該大造謠言，或是載了非實事之涅汚。實則當時川軍正當勝利，亦並非登了軍事消息，只是某機關自已簽印寄稿，有軍械數字之故。這是四川當局侵犯自由爲所欲爲的便宜習慣，所以僅以些微小事，都自已把川軍小膽提敗的狀况，盡量的暴露出來。

（六）民衆基礎　大抵民心怨背，於戰爭勝負極有關係，所以軍事與政治，皆須立基在多數民心的嚮往裏。人民雖是散沙，由最近意義之工農界團結與組織取爲援助，猶深與人民基礎之意相合。然而四川政府與民黨，其近往之行爲則大異是：多以工人之團結只須有一會長能打電爲已足，卽有眞的工農多數，必要使在敵軍區域，或能於己有利，若是自己政治區域而有工農的團體，最是可令政府與黨人不勝毀忌之事。這固是素來「利用」心理，未有以眞誠與人民相見之故。但四川省議會茶會，忽有袁世凱時代被封之舊工會復活一種提案，到會人莫名其妙，後探其實，省會審查員可被工會舉出，運動被選者對此頗熱中，此種通過就是爲此。但我以爲吾人許事，到不必這樣深刻，四川之認爲應有省工會：總須要由眞的工人團體先組成工團由工團組織省工會，猶須限制神會迷信式，與會館子包辦式的參入，方算眞的省工會，方算與四川省議會通過工會之名實相符。

（未完）

The Guide Weekly.

嚮導週報

分售處

香港萃文書坊　廈門新民書社　上海民智書局　雲南新亞書社　北京大學出版部　武昌時中書報社　太原晋華書社　長沙文化書社　濟南齊魯書社　南京樂天書館　成都華洋書報流通處　杭州古今圖書店

定價

每份郵寄三分全年大洋一元二角半年七角國內郵費在內

一九二三年九月二十三日

(中華郵務管理局准掛號認爲新聞紙類)

◀第四十一期▶

每星期三出版

發行通訊處　廣州昌興新街二十八號二樓本社　北京大學第一院收發課轉劉伯青

中國一週

嗚呼！英國偵探的和平運動

和森

在外國公使監督下召平集和會議的陰謀經本報揭破後，中英合璧的『何東爵士』居然大胆來滬，來滬之後居然大胆向全國國民發出延請外國公使列席和平會議的主張，又居然大得各大紳商及報紙的趨奉與頌禱。嗚呼！這是何等亡國的現象！嗚呼！這是何等喪心病狂的現象！

悲哉商報之言曰：『記者常見滬上商人，每有同業之間發生小小爭議，雙方必互請外國律師：此種不長進之心理，卽民族衰亡之預兆，今若以解決國是之會議，亦必有待於外人之插足，則中國先已不國，毋甯幷此種可恥之會議而不願有之』！

> 新聞報專電：日武官某運動直派反對何東和平會議，並言何東背後有英人，此會成功，英人在華勢力將不可制。

前此所謂「萬國公民大會」在滬漢鬨大吹大擂，測驗滬漢商人倚仗外人解決國事之心理；那時候上海總商會諸君頗識大義，婉詞謝絕之；奈何這一次竟爲一英國偵探所愚弄而不自知！國民聽者：你們若爲中華民族爭人格，你們應怎樣憤怒的蹦起答復這個英國偵探可恥的號召！

試看英人護路的又一論證！

章龍

我上期說過：最聒絮而無賴的莫如英國政府侵略中國的宣傳。討人厭的濫調終日在報紙上嘵嘵不息。惟其聒絮大足以使國人意識沈醉；惟其無賴，故往往强詞奪理積非勝是。如近頃上嘵英商會九月份月刊所發表辯護護路案之論文可謂極『聒絮而無賴』之能事。

該論文之論點與最近倫敦太晤士報『論中國法紀紊亂情形』一文遙遙相對，不過後者主張『無論如何，列强不能再甘受欺侮(！)，如中國不自振作，則列强能切實表示其意見之道，不止一端，最後一舉卽大增駐華軍隊。』而英商會之意見，則仍係主張『與中國有關係之列强，必須盡力設法，保護鐵路之安固，幷迫中政府承認使團所送通牒之條件。』這其間立言分際，雖略有差遲，然孰爲虛寫，孰爲實寫，皮裏陽秋，明眼人自能洞見，此處無須贅述。

綜觀英商會論文約分三部：首先說英人因提議路案被『不負責任之記者在華報上妄指列强，

尤其英國之圖設法保衛其國民為懷有惡意的計劃」，他以為「這種淆亂事實之政策，凡有智識略知中國今日情形之人，必知此種詞說之可笑。」其次，說護路案之目的，「在使鐵路警務改良，此於中國自己之關係甚大，尤甚於外人之利益。」最後他將『三個月來報紙所載盜匪暴舉列一不完全之表（凡廿項），』以證明『大局愈趨險惡，中政府斷不能指護路案之要求為不合情理。』歸納起來，不過說『中政府實無統治能力，英人才出來幫助，完全是一番好意，華人不應該反對』。

論到現在的中政府無統治能力，本來就不勞英國商人指點，說明白些，中國現在連政府還沒有呢！那裏說得到統治能力？然而形成中國無政府的局面，完全是英國夥同其餘各國搗亂政策的結果。三個月所發生廿件匪案適足以證明外人私販軍火，縱容軍閥養匪的罪惡，乃英人不自引咎，反置身事外調侃他人，那麼，真所謂『淆亂事實之政策，凡有智識略知中國今日情形之人，必知此種詞說之可笑』了。

進一步說，英人除暗中接濟軍閥餉械助長內爭外，他們朝朝暮暮在中國租界及內地，所演的海盜行為，真是指不勝屈，（如最近四日內便有兩事：（一）十六日英國普里慈華拉爾輪船由賓橫載難民至神戶，該輪船員乘難民疲勞之際，襲擊船室，將男子全部投之海中，女子則加以非禮。（見新聞報）（二）十九日英艦普里那得號護送湘潭輪至漢口，行至靖港，開砲轟擊中國軍隊死傷多人。（申報））如果好事者也『列一不完全之表，』反唇相稽，試問英人將何以自解？更進一步說，威海衛抗不交還，片馬偷移界碑，唐山槍殺工人，這均與土匪事件風馬牛不相及，狡猾的英人又將憑一種甚麼巧妙的理論去解釋這類強盜的行為？

至於說到用意，更是撒野的話，我國人已領教不少，如果說英人

關懷中國『尤甚於外人之利益，』那麼自東印度公司併吞印度起至割據香港止，英國一部濃血充滿的殖民史上所紀載的事項，無一不可說是極仁義道德的行為，我以為英人縱極聖明，華人就未必便蠢呆到這個地步！

所以現在我們如拿消滅中國紊亂之真正原因，勸英人停止其擾亂中國政策，未免陳義過高；我們只當正告英國商人們，像你們這類的宣傳，『凡有智識略知中國情形的人，必知此種詞說之可笑，』結果不過引起相反的影響。為使華人諒解你們并沒有『懷惡意的計劃』起見，你們持論應極力減少『恐昧無識者之偏見，』多從『合情理』的方面去找論證，否則『最後一舉，即大增駐華軍隊，』亦係安格魯撒克孫民族的英雄本色，正不必乞憐於紙墨，徒為無謂之爭辯呵！

東鐵地畝問題

獨秀

究竟俄國人是中國之好友。還是美國人是中國之好友呢？我們現在該可以明白了罷！

中東鐵路所用地畝，本是舊俄用強力所佔據，除迫令吉黑兩省與之訂立展地合同明定的數目以外，還強佔了二十餘垧。加之俄舊黨盤據該路，專以壓迫俄新黨及殘害華人為事；凡沿路地皮，經華人呈領者，所索租價比俄人要多十倍，且每因勒索不遂，即以命令強迫華商拆屋，本年拆屋風潮竟有十餘起之多，被害華人竟至一千四五百戶之眾，此所以沿站商民一體向本國官廳請願收回此項地畝。新俄官場對於中國接收管理此項地畝，并不反對，卻是美國駐華公使舒爾曼勾串俄舊黨首領闞途碁出來反抗。舒爾曼在東鐵俱樂部演說，竟膽敢指

賣中國收回地畝是侵犯他國主權。原來帝國主義的列强之主權，在中國任何地方任何事件都可以自由行使，不許侵犯嗎？當事的俄國還可以放棄，到是事外的美國橫來干涉，并且唆使哈爾濱之領事團，將中國接收東鐵地畝處之文卷概行查封，這就是帝國主義的列强在中國自由行使主權而蔑視中國主權的態度，應該如此嗎！

究竟俄國人（新俄）是中國之好友，還是美國人是中國之好友呢！我們現在該可以明白了罷！

國民黨本部不應招待美國侵略家

振宇

報載：美人安文士近奉美政府命令來華考察中國財政及商業情形，現安君已偕其夫人抵滬，前晚國民黨本部在大東旅社宴請安氏夫婦，並請女賓作陪，張秋白主席，致歡迎詞，次張溥泉演說，何世楨翻譯，謂中國與美國本為良友，而本黨黨員與貴國人士，亦頗親密，今日得在滬相聚一堂，極為榮幸，中國財政混亂已達極點，安君將至北京，屆時當可窺見其優劣，而下明確之批評云云，次安文士答稱，鄙人極願與華人為友，來華已歷四次，至中山先生之主義，素極敬慕，不日將至廣州親聆其意見云云。

神經系都被美國侵略化了的親美派外交家基督徒說美國與中國為良友，毫不足怪；民黨同志也閉着眼睛說，我真不好意思下批評！看罷：『美政府訓令舒爾曼，表示對臨案隱無讓步餘地，囑催速罷田中玉，』（見民國日報二十一日專電），中國的『良友』固當如是！再看罷：現在曹吳的背後是美國，曹錕登了九五後，至少顧維鈞（美國的經紀）要組織內閣，至少美國要大借其統一借款給吳佩孚武力統一中國，中國的『良友』固當如是！

我希望國民黨本部當此英美侵略異常嚴重的時候，要多做些號召國民反抗外國帝國主義的事，以後再不要有這類招待外國侵略家的笑話才好。

外交家的體面

章龍

國際帝國主義壓迫中國的事實，一年以前的大學教授尙在目為奇談，（去年胡適在努力週報中對於中國共產黨解釋英美帝國主義侵略中國，認為海外奇談。）而今連吳景濂這流政客都能夠理解了（見吳在京歡迎加拉罕演詞）。這種客觀事實的脅迫，將一天一天使每個中國人不能不相信，是很顯明的一件事。

祇有現在『外交系』的人物，他們對此不惟始終沒有幾微的感覺，他們得意忘形，還到處向國人鼓吹英美的德政，意在使大多數國民均追隨他們做洋人的奴隸，像這流連吳景濂還不如的官僚，除承認他們別具肺肝說昧心話外再找不出別的解釋。

最可笑的他們罵夠了中國國民還不算，又以此薄技到蘇俄代表加拉罕前賣弄。當王正廷第一次在歡迎加拉罕席上演說時，開口便頌揚美國對華的德政，希望蘇俄繼美國與華親睦，但是加氏解答得很不客氣，他說美國侵略中國之所為，俄國并不願步武其後塵，又說俄國若是美國決不於臨城案通牒上簽字，這算是第一次教訓；落得一場沒趣。

過了几天北京總商會又招待加氏，在王正廷長篇演說之後，加氏答謝中，又明白告訴他凡爾塞和約華盛頓會議，於中國并無甚好處，勸他不必高興，王氏至此，只得嘿然無語。

本來這等極平常的話，在一般國民口裏說出，做外交家的儘可不理會；必要由這樣的形式說出，才見得信面有徵，這就是中國外交家的體面！

江西馬家村農民抗稅運動

章龍

半個月前安徽有一家當鋪倚仗軍閥的威勢欺侮小民，槍斃了十幾個老百姓（登載申報來函欄），這個消息只在報紙角上閃了一下，往後就沒有看見下文，我遍找滬上所謂輿論界的輿論竟一字也沒有提到。

現在几星期後江西樂平又在發現一件比較重大而同樣的事，此事的內容有如次之紀載：「江西樂平縣屬之南東鄉馬家村，前因蔡成勳通令預徵丁漕，無力完納，遂集全村男婦老幼，環請縣知事劉夢九從緩催徵，致觸劉知事之怒，派兵捕殺農民五十餘人，焚燬民房三百餘棟。近聞馬家村農民，自慘遭焚殺後，無家可歸，加之附近該村之各埠，尚駐有重兵，嚴查該村農民之往來行動，致該村農民，雖欲回村支架茅屋暫行居住，亦不可得，遂致男婦老幼，相率而流離轉徙於他鄉者，計達三千餘人。月前曾派人赴南昌地方檢察廳控訴，而檢廳因權力關係，不敢受理，嗣復擬公推族紳馬踞（係第一屆省議會議員）赴京請願，而馬踞又以北京政局腐敗，決不能發生效力，不肯前往。於是一般農民，憤恨異常，竟於日前乘劉知事下鄉之際，邀集數十人，各懷利刃，攔路行刺，奈短刀雖利，究敵不過無情之快鎗，結果又被捕去十餘人。現在官廳對於馬家村之查拿，愈逼愈緊，而農民因流離失所，對於官廳之仇恨，亦愈結愈深。已一面集資派人赴滬粵等處，聯合贛籍軍政要人，共圖雪恨方法，一面團集丁壯，從事於刺殺贓官之進行。劉知事見事已不可收拾為避自身危險計，日前已電省辭職，聞蔡成勳擬將其他調云。」

這是一幕極悲慘的農民問題劇，足以代表國內各地的農民情況，在這段簡單的紀載中可以看出軍閥貪橫，酷吏恣虐，法律無靈，農民革命的需要是很迫切的了。

我想這事至少也與梅神父被擄案。有同樣的重要，希望言論界的同業們，抽出一點時間來評評這一件應分注意的問題。更希望參加國民革命運動的人不要忽視了這一樁嚴重的事變。

世界一週

歐洲的土匪世界

和森

本月中旬西班牙發生的政變，與上年意大利的政變如出一轍。意大利汎繫政變的結果，墨索里尼（意汎繫首領）出台組閣；這次西班牙政變的結果，里夫拉將年（西班牙汎繫首領）出台組閣。據十七日倫敦電：西班牙里夫拉將軍語倫敦每日捷報瑪德里訪員，謂約在一星期內，將以十五萬兵士至摩洛哥米立拉區域內作大規模之攻勢，又謂日後選出之新國會將擬定新憲法，渠擬以四十五負責國民編成國防軍，不名之曰汎繫，而名之曰索瑪登，現政府將向法庭控訴前相白里吐氏及外相阿爾巴氏云。

然則里夫拉的目的，一面是建立資產階級反動政治，一面是拚命的侵略摩洛哥，與墨索里尼在意大利的狂叫（這種狂叫現在已震動柯夫島與阜姆）全無二致。

「窮兵黷武」，「倒行逆施」八個大字，足夠顯明歐洲資本文明的盜頭。資本文明的盜頭即土匪世界的開始（汎繫為資產階級化身的土匪）！

救災聲中日本軍閥的暴行

章龍

日本震災引起全世界人類的同情，獨不能稍減日本軍閥對平民的暴行，因此可證明資產階級倫理觀念的所謂『人道』不過是這麼一回事

當災情劇烈時蘇俄自海參威派遣列寧號俄船，裝載醫藥食物用品抵日救濟，日本當道疑其宣傳共產主義，不令停泊，於是十數萬飢疲病的災民只得張眼望着他駛去。

在天崩地塌人人救死不暇的轉瞬間，日本官憲一切都無能力，却乘機痛殺朝鮮人及所謂煽動者數百人，拘囚者一萬四千人，這樣殘忍的行為眞可謂『亘古未有』！

這還不算，『本月十六日關東戒嚴司令官福田捕到著名無政府主義者大杉榮，即命憲兵大尉甘柏及其部下委曹長二人，於十七日夜十時，將大杉榮及其夫人伊藤野枝及子二人惡罵，繼以毒毆，至十八日午前二時，先將大杉榮刺死，次刺死夫人野枝，及子二人，復用報紙將尸包裹投於後門之彈藥庫旁古井。』聽說堺利彥也同樣受了這類的慘酷遇待。

這些均是日本軍閥在世人所詬許安閒鎮定中做出來的罪惡，這些罪惡通常觀察固非偶然，但是吾人至此也就不免置疑於『救災』二字到底作何解釋？

這正是資產階級倫理觀念所型成的『人道』，大家不妨見識見識！

什麼縮減軍備會議——大家願意戰爭　　振宇

大陸報十七日華盛頓電：據此間可靠方面宣稱，美國已以試擬的提議向英法日三國接洽，擬再開一解除軍備會議，以補充第一次華盛頓限制軍備會議所完成之工作，據云此新會議將專討論太平洋問題及潛艇與飛機之限制，關於此舉之談判，當哈定總統生時即已開始，據云英國目下態度遲疑，法國則不贊成此舉，獨日本曾表示願參加此項會議之意云。

哼！豈特英法願意戰爭，即戴着號召和平之假面孔的美國，他的經營珠港，集中艦隊，增加航空與水底的軍備，何嘗不是願意戰爭。只有天災毀壞了的日本，暫時當然是不願意的。

四川通信

（續上期）

（七）四川各通衢經濟情形　由重慶北到合州為小河，由重慶南通瀘州敍府嘉定為大河大河已通輪船。由嘉定再三天平路即是成都外由重慶直赴成都者為中路，一曰東大路。現在宜渝一段，廣多輪船，獨占川人運輸咽喉，駐軍一變移，匪徒即滋擾，萬縣通成都之北路，早不通行。年來，照理此幾種大路，曾幾能養活川人多少生命。然而致其近狀，民船因軍事停業，外人輪船途專有四川之利；商旅亦因行人絕跡之故，運販裹足，中國對外人稅率為一定，曰海關子口半稅，外人在川輪船，能聯合各外商任意隨時可高漲舊價之若干倍，無人過問。四川商人尚須設法買外國旗來掛，繳洋稅，方能借此稍須運輸。使稍有利息，外商是否可聞信即拒絕川貨輸運自己獨占運輸，亦無人過問？四川當局素來以取媚洋大人為提倡的，乃眞是沿河沿路盡是外商白價美孚怡和等……洋行，充塞了各全市面之輸出輸入等貿易。市面雖有東省大腹賈，亦只是機會不常，近年來亦只是剩些表皮微利糊口。洋紗入川，土紗業絕，洋針入川業琢針者無路……洋廣貨入川吸盡所有城市鄉村之利矣；川人所能興辦之實業，還留有甚麼？直到農作品皮革藥材絲桐油等原料，外商隨市面消漲之機，務叨價廉物美。川

人自己不能通行于川省，外人足跡則無地不能達。各鄉市有教堂招待外人，對川人經濟侵界消息，又幾無地不遍，所有各業都被剝奪矣，川人尚還有何種工商業勢力技術等為川人留存者？以半開化或全未開化之四川，而被最文明外國商人盡量剝削如是，而尤以英美商人于川為根深蒂固，外國在川力量這樣深，號稱四川是天府之國，誰不閉起眼睛說麼「當開發實業」或曰「民生主義」。所謂經濟的天府，已早是誰家天下，是否曾有法對付此帝國主義？抑或所謂對付，就在依靠幾個軍人擁護外人勢力，聽其宰割吮吭？

（八）糧稅與軍餉　充現在四川，曾在打戰之軍官，亦即歷來川中之軍官，他們駐在一地，總是想以便宜迅速方法抽得多數軍費，雖全惡痞假濫紳以威權亦所不惜，惡痞濫紳遂借其威權，敲詐備至，地方稍持正義者，他們無不假派款事陷害之。匪徒對富商田主拉肥待贖，軍官醉心便宜籌款，專就防區亦有公開拉肥之事。田主無一幸免。多少城市駐軍，有派火餉樂捐等名目，軍隊找知事，知事找團總，團首，鄉約，甲長，十家牌頭，依次互壽，狡者有謂能設法運動得一鄉約，已屬致富捷徑。他們一面催遠供軍需，一面飽入私囊，不管佃戶小農，亦無一能免派者矣。然行之數次或若干次，膏血盡枯，遂又別開生面，不管小農佃戶，一律勒令種，每種者照派若干，不種亦要所派數繳出，種烟者雖不難繳，一到收割，匪去兵來，又重新認為利藪矣。軍人威權至于如此，他更何求不得，所以於此之時，頌揚軍人駐防功德之登報致謝：皆是出於各地方各法團之紳首，各軍區遍地又轉有禁種煙苗之皐皐告示，更且寫印俱佳。此種田主小農佃戶，都要受這永蘊的均貧之苦，能有幾處窮鄉不是在以青草雜食物　充半年之飢嗎？此種很普通的事實，誰能為之記述與傳播也！此種事實由所謂駐川民軍所養成者半，包蔽濫紳變本加厲，駐軍稍去，濫紳已成勢力，遂又分結土匪以固己勢，使莫敢鬨，此種罪過，亦占其半。到現在真的一致要打北軍，反致羅雀幾窮，苦無軍需，殊不知此種呼窮，並不能當成一般之抽不出捐，乃是經過上列事實，確已抽盡，致鼓勵軍士上陣衝鋒，編敢死隊，都無現錢，都在寫賬。由一般之苦痛更苦及在四川社會上有萬能性之兵士自身矣。到了現在，無日不在鼓譟『軍官坐地肥小卒戰場死』之口號矣。四川民軍官之肆意搜羅，也許是為黨費，欲固根基，或預備破敗之後捲土重來，但其不求以活人民作根基，專想從死的金錢作基礎，宜乎既往之所謂根基，只可作招來失敗之鐵證而已。

（九）軍閥兩字　說來也怪，人都知現在中國最大禍害就是北方軍閥，而號稱民黨軍官，其統率人民力量與軍士力量，正就是解除北方軍閥武裝，打倒北方軍閥的力量。兩者所異，就在民黨軍官自己應早自刻勵，早向人民組成力量，間人民作基礎而已。乃分明是民黨，遂亦同樣深怕「軍閥」二字，恐引起觸犯，疑起自己，四川各報，曾有多少字面，不準用，用了，要被檢查取消。

（十）四川政黨　自辛亥革命以來，民黨革新之機，真是春筍怒發，多麼可喜，既無滿清遺孽之官僚氣息，則在民黨軍權之下，最易發揚的宜乎是國民黨了。他們歷年辦黨的內容，也得略略分晰，舉議員議長省長，爲黨之活動最甚時也，勤者酬以知事徵收，補報一二，即爲對黨員之正當訓練，較之他黨公然買賣者亦自不同。但同是努力留保財避征收肉稅造幣廠種種黑暗內幕。甯使公私交困，以供黨員中飽，當亦與印黨之財務行政也。如是多的黨員，若干年的民黨執政，宜有若干民黨勢力　然稍一脫離實力派別即立成孤家寡人，黨員仍是攢充他人實力，下焉者充濫紳惡棍，然尚可希望有實力與地盤之可恢復也。但今者成都一市，誰都在來，誰都在去，幾進幾出的成都，還是要靠孫大元帥之委任名義，方能復興起來，地盤既是這樣暫時盤據，民國十二年中，無一年沒有戰禍，在在足以證明以實力據地之不足恃，也可醒了。

（十一）人民自覺中的革命性　最柔懦的四川人，虧了四川軍，數年來專門注意，探確人民性質，壓迫得如鹿豕一樣。凡駐軍一臨某地，除了少數可通同作惡之少數濫紳邀寵外，一讀到『說是本地人』，駐地之軍，無上下都可板面孔，立即强橫幾倍，立現官尊民卑之別，如見是外教聲音，只要稍習官場（軍官）惡習，就可立即行爲同類相待，勿差可拉，萬年可享優待，這種統制力之培衷，與直人民之推殘，四川既往軍官，直算是在勤施訓練。無怪北軍入川，亦巧妙的一舉。就像，惟性格怪直，不及川中軍官對于人民，能拔收濫紳以通路線，遂每爲習慣不相容，同是軍人，不能受同等恩遇，就中機括，遂亦大破，不惟不能加害人民，反亦嘗受川軍人之協助，稱「北軍全身都是銀元全都是子彈，只是身體太重不能行步，一失足即倒地不能起」等謠傳，當去反抗北軍，不惟無害，且得利圖與受川軍之優遇，人民服從軍威，不敢反抗軍人暴虐之公律，遂經此破其例。四川此後川軍，固較與人民接近，固有打勝仗之傾向。然如仍縱兵擾民，而不以人民爲有力援助，吾深爲這般殃民的軍官軍人前途危！

末了想寫幾句結論，只有一追溯民黨政府治川之成績，而思有以改造之。

中國現在在這種世界政治經濟力支配之下，要認清四川亦同樣早已落在半殖民地的地位，至深且劇。

殖民地反對帝國主義的奮鬥，沒有別種勢力可以阻止。革命的政黨，惟打倒帝國主義的宣傳，可以成一種絕大勢力，此力方不是封建式的楊森吳佩孚等軍閥，所能抵禦。

絕大勢力，就是宣傳工人農人，做國民運動，做打倒帝國主義的中堅力量，革命黨有了真的革命的中心力量，全智識階級，與舊之黨人的熱忱，可一定會重新發展趨于革命。

不然，若是依舊下去，所謂舊的黨人，比他們所攻擊的仇敵，不能更有革命性一點，甚或名實早已踏足在反革命行爲的途上，執迷不悟。然而他們却仍是號稱算是「國民黨」，何能當作革命的真基礎

四川雖是軍事匆忙期中，千萬莫謂單從軍事，真能得安固較久可靠的勝利，惟這種革命的宣傳，不僅可以强大發展國民革命的力量，民族獨立的精神，同時且能抵減敵軍力量，因爲革命思想可傳到敵軍中。

石公九月一日

讀者之聲

外國帝國主義國家及中國軍閥可以救中國麼！

再萬

我們處於外國帝國主義壓迫之下，我們欲發展實業，欲和平，是很困難的，因爲外國資本家在歷史上已佔有很大的勢力，和很有經驗的組織，足置我們於絕地，故我認外國帝國資本主義國家是我們惟一的仇敵。如現在我國的糾紛，分明是外國資本主義國家在其中牽線，而中國軍閥不惜犧牲我同胞而向之搖尾獻媚，以博外國人之一笑，如陳炯明之反革命與佩孚之殺工人戮學生封報館擾廣東亂福建，全國逕雲，兵戈四起，學生失學，農工失業，流離失所，慘哭號呼，全國眞無半片乾淨土，何一不是做外國帝國主義國家之傀儡有以致之。如臨城案，外國人一方變則暗助土匪，一方則鼓動共管中國，以遂其野心。以上種種足證中國的擾亂，是外國帝國資本主義國的幸災樂禍，故意做成掠奪的時機。結果祇令我們全無產階級受其禍害。

近日一些無聊政客欲籍外力之援助以解決中國之紛亂，倡斯說的我敢說他是狂病無知的雙才。我們須知外國帝國主義國家對於中國方擾亂之不暇，何能代你建設？縱一時能代你維持現狀，然終非其所願，而實際又是對於我們沒有利益的。所以我說欲藉外國帝國主義國家的力量維持中國是夢想，結果不過致中國變如高麗和安南。

中國軍閥是賴外國帝國主義國家做其骨幹，故吳佩孚得英美之助，便高唱武力統一，張作霖得日本之助，便力脩武備準備入關之實力，安福派不惜賣國而與日本勾結，顧維鈞不惜賣國而與英美勾結，此皆軍閥官僚禍國殃民之事實。卑鄙惡劣，奴隸成性之鐵證。此等軍閥官僚野心勃勃，各爲其主各私其私目中不知國家爲何物，而那無知之諸復望其能調和以致和平，豈不是等於空中樓閣之幻想？

總之我們不欲和平則已，倘欲和平則非激底革命殺盡這些軍閥官僚不可。否則洪憲復辟必相繼再至。然則憑師數旅的武力便可成功革命麼？這是不可能的。即使成功亦不過產出一新軍閥耳。故我以爲現在我們祇有團結起來繼續革命以爲數十年革命倘未成功之國民黨之後盾，合力攻倒軍閥而抵抗外國帝國資本主義國家，再造新世界，才有和平之希望。

餘錄

教育之奴隸化

偶檢前幾星期的申報得老圃君一文，錄之於下：

他國之外交家大率蒼顏白髮老奸巨猾，獨中華民國之外交家，則雪白粉嫩，口齒伶俐，尤長於外國語，從無錯誤之文法，與不入調之阿克生脫，而生平聚精會神僅在於此。故國事既不甚了了，更無修養，但知趨炎附勢，此誠顏黃門所譏習鮮卑語彈琵琶以服事公卿者也。此種人才，吾不欲深論，但就中國教育有不能已於言者，昔人進學堂，充出洋學生，其志皆在放欽差，今教育進步、宜不作此想矣，然中國新教育有特質，皆注重於外國語，尤注重於阿克生脫。男學如是，女學亦如是。是全國之主人翁似仍不脫做欽差之舊思想，而全國之主人婆似更有做欽差夫人之新思想。此雖甚奇，而細思之實無足奇，其所以然者，皆由教育之權操之外人，而教育家惟一之宗旨在培養一得人愛惜供人玩弄聽人指揮之人才故一言一動求其賞心悅目，此猶調計鸚鵡養八哥者，於鸚鵡八哥之舌必三致意焉，不然若讀外國書爲求學雖阿克生脫稍稍錯誤固不妨爲通才而今世少年或以爲大逆不道何也？

The Guide Weekly.

嚮導週報

（中華郵務管理局特准掛號認爲新聞紙類）

一九二三年九月三十日

定價

每份郵寄三分全年大洋一元二角半年七角國內郵費在內

分售處

香港華文書坊　廈門新民書社　上海民智書局　雲南新亞書社　北京大學出版部　武昌時中書報社　太原晉華書社　長沙文化書社　濟南齊魯書社　南京樂天書館　成都華陽書報流通處　杭州古今圖書店

◀第四十二期▶

每星期三出版

發行通訊處　廣州昌興新街二十八號二樓本社　北京大學第一院收發課轉劉伯青

中國一週

今年雙十節應注意的四大事

和森

今年雙十節第一樁應注意的事，無用說是曹錕的登台。無論他是用賄選的形式或擁戴的形式而登台，其在中國政治上的影響不僅是加強反動而黑暗的軍閥政治，而且一定要加強英美帝國主義在中國的統治權力。曹錕上台之後，不僅吳佩孚得着英美大借款的幫助武力統一之禍愈徧全國，而英美挾持曹錕這個輭弱貪庸的機械於其手，予取予求將無不如願以償，中國國權領土之喪失將加倍迅速莫可究詰。所以雙十節這一日不僅應有反對曹錕登台的表示，幷應有激烈的革命性質的大示威。

第二樁應注意的事，我可說這是一切愛國羣衆還未注意的事—即威海衛草約業已簽字而英國帝國主義攫奪路權的野心並未打消。國人若不急起抵制，一俟曹錕登台之後，護路案勢必重提而步威海衛草約之後塵，那時候英美走狗顧維鈞又將說「英國堅持某某案，中國對於護路案不能不讓步」。所以雙十節這一日，國民對於英國帝國主義的侵略不僅應有嚴重的反抗表示，幷應通過全國抵制英貨的決議案，予英國帝國主義以實際的打擊。

第三樁應注意的事是近日甚囂塵上的英國偵探何東爵士發起之外國公使列席的和平會議。英國帝國主義這種奴屬中國處理中國內政的陰謀屢經本報及商報時事新報發奸摘伏嚴厲反對之後，而一般倚賴外力解決國事的奴隸心理與昏天黑地恬不知恥的附和聲浪仍然日不少衰。這樣媚外無恥的惡劣空氣若任其長此伸張，不僅民族人格掃地墮落，而且給外國帝國主義以「華人實願共管」的確證。所以雙十節這一日，國人應嚴厲的反對英國偵探亡我奴我的和平會議之嘗試；同時幷應主張人民自動的召集全國國民大會解決國事，建立眞正的人民政府與永久的和平。

第四樁應注意的事是承認新俄羅斯，新俄羅斯現在是亞洲唯一反帝國主義的強國，他在東亞的勢力之不可侮視與中俄二民族聯盟之重要，即外人辛博森所主撰的東方時報也十分的承認並主張。只有侵略中國的英美帝國主義及其機械北京政府千方百計阻止中國承認新俄羅斯及中俄二民族的聯合。現在俄國新代表來華，中俄會議雖有復活的呼聲，然而北京政府仍然是替英美行事，而英美之阻止中俄二民族聯合的鬼計依然如故(見本期另篇)。所以雙十節這一日，全國國民注意於上列三事之外，更應以國民名義承認新俄羅斯。

親愛的同胞們！今年的雙十節不曾是中華民族的生死關頭，你們應一致聯合起來：

打倒國賊曹錕！

抵制英國帝國主義的侵略！

反對英國偵探在中國發起的和平會議！

以人民自己的力量建立眞正的人民政府與和平並承認新俄羅斯！

曹錕賄選與中國前途

獨秀

曹錕賄選的事實漸將實現了！擁戴雌伏在直系袴下監印的黎元洪來反抗曹錕，這醜計已是失敗；慫迎助曹爲惡的國會議員南下來反抗曹錕，這醜計也是失敗了；結合直系爪牙陳炯明趙恆惕唐繼堯來反抗曹錕，這妙計不但現已失敗，而且將來還要出醜。曹錕賄選的事實漸將實現了！

曹賊賄選若眞成事實，其結果是英美曹吳外交系主奴結託的北京政府，將以正式政府名義斷送國權大借外債，以供其征服異己武力統一之用。其統一不成，戰禍固遍全國（曹吳不去而妄想和平，江浙紳商眞是做夢），統一卽成，反動黑暗的政局必更甚於今日，這是我們觀往察來，可以斷定的。

或者有人說：中國左右是軍閥政治，曹錕做總統不做總統沒什麼分別。其實不然。曹錕若做總統，其意又是使英美的金力曹吳的兵力結合起來，入民所受的桎梏將格外加緊。

國民若欲打破此種桎梏而得自由，必須於曹錕賄選未實現以前，各階級同時起來做一嚴重的表示；尤宜組織一個全國職業代表的國民會議，來努力驅除國賊，建設眞正的人民政府，別的方法都是不中用的呵！

中俄會議——爲了誰的利益？

君宇

帝國主義之侵略呢？——中華民族之獨立呢？

國民要速起監視外交系洋奴！

承認蘇聯——中俄同盟

是中華民族脫離壓迫的第一要件！

據最近的消息，謂蘇聯代表加拉罕與王正廷之間，已有了解的傾向，渴望經年之中俄會議，不久卽可望開始；同時又有傳說，且謂會議開始已定期在十月十一日。十月十一開始之說，恐未見得已如是確定；但證以加拉罕對華態度之誠摯，若北京外交能脫開歷來東交民巷之愚弄，以人民利益的見地接待蘇聯，則吾人敢斷定，會議之開始爲期必不遠了。

對於中俄外交，顯然有二種相反而衝突的趨向。一是國際帝國主義的政策，他所代表的勢力現已在王正廷背後努力活動，忙着替教徒編造脚本，要他於會議時照之演唱。　一是國民向解放的努力，有人覺着或這還不過是個希望，但他的趨向則在要改正外交上親帝國主義之慣習，而來成就自家獨立的利益。

國際帝國主義的態度是怎樣呢？我們可以舉美國來做代表。　自加拉罕涖華以來，美國在華的報章通信很忙碌了，大家一致或明或暗的做起反對承認俄國的宣傳；尤顯著的是中美通信社和密勒氏評論報。　密勒氏評論報於其九月八日之一期內，載有一文名曰『美國緣何不承認俄國』(Why America Refuse to Recognise Russia)，這是許士答美國勞動聯合會剛博斯(S. Gompers)的一封信，在七月裏就發表了，密勒報現又將他登出，其作用何在已屬顯然；而該報似乎還怕用心不明，更於是文篇首加了一段附釋：

●●●●這裏將許士國務卿全信重提，全因俄國現下提議與中國交涉；有取得終結承認之意。

這種予中國突飾露骨的態度 說他是友誼的提醒，實在不如說他是命令口氣的警告；不啻公然說：美國據這些「理由」不承認俄國，看你附屬於列強的中國，還敢不遵從洋大人的指揮，而獨去承認過激派俄羅斯！ 這能不說是對「有獨立主權的中國」一個公然的侮辱？然而正為了這樣，他們的中俄外交的態度却明確的表示了；他們態度最顯露的一點，就是不讓中國承認蘇聯俄國。 帝國主義因何不讓中國承認俄國呢？ 這理由是很容易看出的。 假使中國竟敢拿起獨立外交的態度，無畏怯的將俄國承認了，結果必然俄代表要搬入東交民巷，成為外交團之一員，那時俄國本着外交公開和反帝國主義的精神，與列強代表周旋起來，不但列強對華一切陰謀要被公布於外，而像鐵路共管一類的提案在外交團會議的席上就要先遭了俄代表無情的抨擊。

這是何等有利於中國的事！況且俄代表將來種種反對帝國主義的事實，必然日增月進的很廣遍的博得中國人民的了解，認識蘇聯是中國惟一的朋友；這種情誼必然要促成了兩民族親密的同盟。 這同盟是包括了全世界三分之一的人口，和全世界五分之一的領土，而且是世上最富天產的部分，其勢力必成為列強很大的一個危險，是要使帝國主義的全世界震駭而戰慄的。 這更是何等有利於中國的事！ 然而中國的「利」正是列強的「不利」，承認俄國既然將與列強有這麼些可怕的害處，則他們當然要指揮中國，洋奴式的外交家勿承認俄國。

但是，英美報紙同時又是鼓吹中俄會議之速開的，這豈不將被人誤會為與上述態度矛盾？然而明乎北京當局是親帝國主義，明乎列強要藉中俄會議實現之野心，吾人將馬上了解一個單純的中俄會議將予列強以莫大的收獲。 帝國主義計劃於這會議中：一方面成立一種中俄商業協定，以中國為締結將他們的經濟勢力伸入東俄；他一方面假力中國在「收回主權」名義之下，將中東路與外蒙古收回，放在美國勢力之下，按照了華盛頓會議的大原則將他們捧送與帝國主義。（美使最近在哈爾濱之演說，很可表明這種貪求）。於中俄會議他們既可圖如許大利，他們當然要希望他之速開。

說到中國人民對於中俄外交的意嚮 是顯然而易了解的；是可從哈爾濱瀋陽直到北京一路對於蘇聯代表加拉罕熱烈的歡迎表示出的。 單以北京一隅而論，除開了參加的官僚分子所代表的意見，一切人民的表示，從車站的歡呼以至許多招待席上之演說，都是對於蘇聯深刻的同情；尤顯然的，是北京學生總會發明國民對於蘇聯之承認。

人民所以對蘇聯有如是熱忱，顯然不單是為了俄國放棄帝政時代的侵略，將依一九一九及一九二〇年兩次宣言以為對華之準則，而且是了解與蘇俄聯合共抗帝國主義之重要。 且有許多國民更進一步的了解：他們知在現在英美與外交系主奴結托之下，所謂蒙古的交還與中國人民無何等利益，反而要替英美帝國主義再加一塊殖民地，替曹吳或張作霖諸大軍閥添增地盤，使他們更有力量的來壓迫中國人民；中東路的收回（其實此路現不在蘇俄手中，而在中國政府與列強共同放在的白黨手裏。）。是否能交在中國人手中，而不被列強依據華盛頓會議的決議明目張膽的搶去，實是很大的一個疑問。 明白的國人；必能看清現在的重要，不在與俄國論斤較兩，替列強計較這些瑣碎，而在如何與俄國成立親交的關係，共同來反對英美等帝國主義的國家，爭得中國之獨立與自由。　這種意嚮，是顯然已在人民中猛烈發展了。

歸結一句，若將帝國主義對於中俄外交的態度與中國人民的態度再作一比較，則是顯然的絕對相反。　帝國主義要的，在防堵中俄兩民族之親善，擴張他們的侵略利益，故極力破壞中國對於蘇聯之承認，只要利用一個中俄會議來成就他們的公然劫奪。　反之在中國人民的意見，爲爭獨立與自由聯蘇俄是第一重要，其餘的關係都是次要問題，是於親交之下自然而然可以解決的；故注重在先承認蘇聯。這兩種趨向的衝突，寫明了中國今日重要的政治情形；中俄外交也是這兩種趨向要衝突的一端，這衝突就是中國人民與帝國主義開戰。　在這個會議裏，不是中俄之爭，實是中俄共同對付帝國主義之爭！

於此要論到王正廷的態度了。　現在是有兩條路橫在王教徒面前，他將走的是那一條？遵從帝國主義的陰謀呢？還是依照人民爭獨立利益之意嚮呢？　有二事已告我們王教徒對於中俄外交所持的態度：一，教徒目前招待新聞記者，表示中俄外交注重在成立商業協定；二，半外交系機關平民報於其開張之第一日（九月廿日），便登有一段：惟喀氏（加拉罕）之意，終以承認蘇俄政府爲開會之前提，日前京報社邵振青言，以該社名義，在北京飯店，歡宴喀氏。席間互相討論中俄外交問題，喀氏演說中，亦表示此意，記者特以此問題訪諸熟悉外交情形者，討論向來國際之習慣，以爲喀氏此種論調，似有根本錯誤之處，設將來開會，因此阻碍：則中國難任其咎。（以下略舉三種所謂「理由」）

這不問而知是王教徒的宣傳了。　甘心做帝國主義之走狗，遂害國家人民最大的利益，用一句外交套語，眞是「不勝遺憾」！　然而英美曹吳外交系主奴結托之北京政府，我們何能責他們以愛國，又何能責他們以不賣國？　這次中俄外交重要使我們認清軍閥官僚帝國主義和我們勢不兩立了！

國人起來，起來自動的與蘇俄聯結成反帝國主義的同盟！

喪權辱國的臨案覆牒

章龍

重要部份予以承認——萬惡的自動處置

北庭外交部已於九月廿四日上午十一時半發表臨案覆牒，自該覆牒發表後，除一般奴記者謳歌擁揚爲奴隸外交家捧場外，昏昏的國人，竟無絲毫異議，看來這一個「主奴結托的騙局」快要水到渠成了，這是一宗何等危險的事！

本來交民巷所提的三項要求，原屬趁火打劫的行徑，觀於「外交團全體署名，其人民幸未波及之諸國亦預其列」，可以概見。所以卽就資產階級的國際公法解釋，北庭既無縱匪排外之事實（可說幷未會敢有此設想。）便無負担賠償之義務；懲罰與保障二項根本侵及國家主權，更無存在之可能。乃覆牒幷此極普通之法理亦不能運用，惟斤斤於詞句間修飾，以圖掩障世人耳目，這樣喪權辱國的技倆，難道眞可以瞞盡中國國民麼？

現在我們且看覆牒中對於三項要求的答覆。

第一：關於賠償項則云：「本政府鑒於外人被擄之情形，暨所蒙之艱苦，本國政府自願（！）本寬厚之精神，給予公平之償卹，幷爲分類核計起見，願就來照所開甲乙丙三項辦法爲根據（！）。」

原書原樣

第二：關於懲罰項則云：「本國政府對於本案負責之人，並非無意懲辦，亦非對於應行懲處者，不欲予以應得之處分。在實事上，已將本案負責諸人，或早予懲辦，或已交議處，俾知警惕，並戒將來。本年五月九日，本案發生後三日，即經大總統命令，將山東督軍田中玉等，交內務陸軍兩部議處。其他軍官免職聽候查辦。又六月二十八日，大總統命令，兗州鎮守使兼山東第六混成旅旅長何鋒鈺，免職聽候查辦，津浦路警務處長張文通，及在被刦車上巡官趙德朝等，均經交通部立予撤差，是外交團現所要求懲辦之四員，本國政府業經按照本國法律處分懲治及交部議處矣。」

第三：關於保護路線項則云：「本總長可向貴領銜公使切實聲明[illegible]決定於必要時，聘用外國專門人才以資襄助。⋯⋯ 特於本年八月廿九日重申告誡，令各省長官，於境內外人切實保護，倘有疏虞，決不輕貸。」

至於其餘部份，態度之諂佞，措詞之卑賤，可謂兩臻極致。如牒中所稱：「即今事隔數月，本政府提及此案，其憤慨猶未少減。」「本國政府與全國人民之一致痛嫉，因有外人在內，更爲嚴厲⋯」等等奴婢口吻，活描出青年外交家的醜態，丟盡全國人民的臉面！

由此看來，我們對於該覆牒，可以得到兩個判斷：（一）覆牒對於通牒重要部份均予以承認，而承認之方式則正如本報前期所言之「避名就實的自動處置」（參看卅七期第二篇）諸假與保路，要求懲辦與自動懲辦，要求護路與聘請外人護路，這些名詞，在我們實在不容易尋出他的實質上的差別，而自手草覆牒之顧維鈞看來，儼然煞費經營，大題折衝樽俎之妙用，這明明是「朝三暮四」的把戲；欲以騙盡所有的中國國民。（二）顧維鈞等人本欲借受洋人的保護，[illegible]得爲利用外交官地位，在覆牒中充分表現中華民族應爲奴隸的[illegible]，[illegible]權往使全國國民怎樣[illegible]屈服於洋人威權之下。

國人們！這種喪權辱國的處置是一宗何等危險的事！英美的侵略正在層出不窮，而外交系的引誘國人加入奴籍又是花樣百出，我們對於這個覆牒眞不能再有片刻的猶豫和隱忍了！我們應亟起反對洋人的侵略并反對此洋奴外交家的處置！

世界一週

消極抵抗取消矣

仁靜

近十日來中歐的風雲急轉直下，魯爾問題陡有解決的趨勢。自英相赴法與法總理談話結果，一時巴黎報紙與官場，「抱自佔領魯爾以來所未有之樂觀」與「滿意」，而倫敦人士初「持愼重之語調」（見二十日倫敦電）的亦忽變而「對於法比報紙之良好輿論大爲欣幸」（見二十二日電）。從此協約國間「彼此已恢復信任」，英法報紙均歡欣鼓舞，漸漸空氣晴朗。在德國，則最初雖願爲有條件的取消消極抵抗，如「釋放繫獄諸人，許被逐者返里，交還德員行政權」。（見二十一日柏林電），但二十六日德總統及閣員即「簽字發表示文布告取消消極抵抗」，對法國爲無條件的降服。半年以來堅持不下的魯爾戰爭至此始在西歐反動的火焰之下解決，其影響不僅及於歐洲，而且將遊被於全世界，特別是中國。

德國人民抵禦法國帝國主義的蠻暴，手無寸鐵，迫而行消極抵抗的自衛鬥爭，在佔領期間內受本國資本家與投機家之剝削，外受法國軍隊之壓迫摧殘，經濟破壞，物價飛騰，糧食缺乏，平民的生活日臻艱難困苦之境。爲免除將來更雄厚的壓迫與剝削起見，他們不斷的對抗法國，一方力謀推倒本國吮吸平民血汗之大資產階級政府。但是德國資產階級暗中却進行法德資產階級之攜手不遺餘力，他們準備將德國國有產業全數沒收或抵押，他們且準備來因地的獨立與巴維利亞的分離。爲聯合向法德無產階級進攻計，爲外結法國的軍力壓迫德國革命潮流計，這些損失，他們在所不惜。現在英法也許妥協，『蓋無協約，則歐事愈難收拾』，英法爲怕德國革命及早妥協，這是使套在德國人民頸上的鎖鍊更緊一層。英法首相談話結果既已滿意，只等『第二步驟』之『協約國賠償會議之即日舉行』，英法德三國資本家好規定掠奪德國人民的血汗如何分配。

德國要漸漸變成英法的殖民地了，美國自然也要加入剝削，美國同英國一樣都準備借款供給德國政府、還法國一部的債，從此可取得生產的擔保。英法美算是成了德國人民的眞正主人翁和奴隸所有者。

德國現在正步奧國之後塵，經驗國際共管的痛苦。魯爾問題解決，歐事澄清，他們馬首東向，繼德國之後的便是中國。現在日本因大災已降爲三等海軍國，更無分贓不勻意見分歧之足憂，英美更可大胆的宰割中國，實現政治借款，財政侵略鐵路共管等計畫，或者也可得法國的默認。這便是德國時局關係全世界被壓迫民族的命運。

我們試看消極抵抗取消後德國之階級鬥爭：魯爾共產黨宣布礦工全體罷工，國民黨到處與工人互起衝突，巴伐利亞之宣布戒嚴，來因地受法比資助之獨立黨與共產黨發生巷戰。德國不屈服於英法美德資產階級協同宰割之下的平民們，你們爲保護國家不滅亡的奮鬥爭，要繼續不斷的執行下去呀！你們不單救了你們，而且予帝國主義打擊之結果，亦可影響其在東方的威脅和逞凶。同樣東方人民對於帝國主義歐事未定之時崛起抵制他在東方之侵略。印度之國民大會已以大多數表決抵制英貨，（見十九日路透電）向英國帝國主義開火了；被英國帝國主義踐踏之中國國民們，你們應當怎樣利用此時機？

湖北通信

記者：

承你囑促我作湖北通信，祇因我對于湖北各方面的觀察，都非常粗淺，不敢以「言之無物」的空洞文字，充塞貴報寶貴的篇幅。今既堅辭不獲，祇有將我粗淺的觀察，大概的報告一下，以引起注意湖北問題的人，作精密的觀察，詳細的報告，以補正我這篇通信的缺誤。

（一）政治：湖北的政治，不待我說，人人都知道是在北洋直閥吳佩孚勢力之下的昏亂政治。嚴格說起來，實在無政治之可言，不過是軍閥占據這塊地盤，作爲他養兵作戰的場所而已！他利用一個豢養有素，貪昏無恥的蕭耀南（湖北人）作他的傀儡，以實行他殘暴的「殖兵政策」。蕭耀南奴隸成性，庸懦無能，名義上是督軍兼省長，實際上是一點權力沒有。湖北的軍民行政大權，完全在督軍署參謀長——吳佩孚的代理人——張聯棻一人之手。湖北政治上事無大小，蕭耀南都要聽命於張聯棻，而張聯棻當然處處都仰承吳佩孚的意旨。因此，我們可以知道湖北是完全在軍閥吳佩孚鐵蹄宰制之下，而久已成了他的「殖兵地」了。連年以來，吳佩孚打段祺瑞，打張作霖，打四川，打湖南，打福建，打廣東……等戰爭巨大的耗費，那一次不是榨取湖北農工商民的血汗？賦稅的增加和苛索，連續不已，湖北人民的担負，早已到不堪忍受的地位。湖北人不獨供給那「食毛踐土」的幾萬北軍（因來去不定，不能確定數目。）的消費，還要進貢那太上督軍洛陽吳巡帥今天十幾萬元，明天幾十萬元的軍費。他們（軍閥）不獨用『殖兵政策』來敲榨湖北人，還有那並行不背的『殖官政策』更把湖北人剝削得鮮血淋漓。什麼財政廳，官錢局，造幣局，徵收局，及其他各種稅局的種種的「肥缺」，自然是被他們的劊子手（官僚）完全盤踞了。賄賂，苛索，種種殃民舞弊的情形，不堪盡述！至如縣知事，警察及司法官吏等缺，也都是公然無恥的買賣。即教育界亦成了他們「殖官政策」的出納場所」，故占教育界較優地位的人，亦都要夤緣附麗於他們，所以教育界亦是穢濁不堪。這不獨是湖北人物質上的大損失，尤其是精神上的大污辱！財政上我們不知從何說起，吳佩孚的賬房一手遮天的包辦一切，什麼預算決算，幾乎沒有，我們亦無從查考。官錢局的銅元票幾千萬，幾十萬的接連往外發，基金是非常微薄的，虧空也不知有多少萬。外幣充斥，金融極其紊亂，銅元低落，物價飛騰，人民生活陷於非常困難之境，而軍閥官僚之財富，則盈千累萬，有加無已。湖北人民處於軍威官威多年積壓之下，雖是水深火熱，祇有忍痛含羞，一聲不響！至如法律上，一切集會，結社，言論，出版之自由，都剝奪了。立法上也當然是一樣，省議會早已是有名的「猪仔院」，他們原來是被軍閥賄買來的，那裏知道代表民意，擁護人民的利益？湖北省議會差不多和中國國會一樣，成立以來，沒有為人民做一點有益的事。祇是供軍閥的利用。醜聲四播，穢德彰聞，實在不值說！

（二）經濟：經濟上我既未調查，亦無統計可致，實在沒有材料可報告，不過就我個人觀察所及的寫個大概罷。湖北的天然物產，也可算是豐富的，氣候溫和，土壤肥美，極適宜於耕作。稻麥之屬，全省皆產，棉花，茶葉，煙葉，豆類皆有大宗出產。絲，蔴，皮毛，藥材，水產等物，亦有相當出產，大冶之鐵，應城之石膏，尤為特產。手工業尚屬平常，既無特長，亦不甚發達。新式產業發達，手工業遂大受打擊。湖北之新式產業，可稱發達，以武漢為中心。就中以紡織業為尤最，武漢有較大規模之紡織廠數十家，織布業更形發展，就地製出之紗不敷需用，而仰給外來之大宗輸入品。不獨城市布廠林立，其發展甚至及於鄉村。機器業亦盛，製鐵，五金機械，電氣等業，武漢極其繁盛，而漢陽及大冶之鋼鐵廠，諶家磯之揚子機鐵廠，規模尤為宏大。此外製造日用物品的工廠亦不少。交通亦屬便利，長江航路及京粵漢鐵路之交貫，武漢遂為全國交通之中點。若粵漢告竣，川漢建設，則武漢可為全國經濟之中心。漢口商業之發展，可與津滬齊等，然苟加考察，則知為不過國際帝國主義者所占領之市場而已！漢口市有英日法俄，德等國租界，除德界已收回外，俄界則仍操於俄舊黨之手。（此最為無理之事。）美國意國等雖無租界，然其經營商業，操縱市場之勢力亦甚大。英日等國之經營漢口市場，更是不遺餘力，漢口市場之大宗貿易，幾乎為英日資本家所壟斷。英日美等國，在漢口設立銀行多家外幣大量的通行於市場，以鉅大之資本，包攬工商業，操縱金融。中國商人資本與魄力均較薄弱，不能與之抗，故表面上雖覺漢口市場繁盛，實際上不過為外國資本家經理販賣而已。國際帝國主義者之侵略中國，壓迫中國工商階級，侮辱中國同胞，在漢口現得極其明顯。經濟上之壓迫，已如上述，政治上之壓迫，亦非常橫暴。他們的軍艦，橫行於長江腹地要塞，有事時，軍隊即登岸示威驕橫之至。租界沿江道路，不准中國人民行走，違者巡捕即加以毆辱或被捕罰款。車夫苦力，每每無故被其侮辱。此外侵犯中國之主權，掠奪中國利益之行動，不一而足，吾人觀察漢口之經濟狀況，知中國工商階級之非推翻國際帝國主義，無出頭之望！

（三）文化及教育：湖北雖興學通商甚早，而文化及教育之程度甚低落。不獨是閉塞的鄉村爲然，即開闢的城市，其一般文化，都還是停頓在宗法社會的境况之中。新式的教育設備，鄉村當然沒有，就是城市中也寥寥無幾。纏足的婦女和不識字的人民，到處都是。開辦學校最早的武昌，其教育在現在實陷于極其腐敗黑暗的狀況之中。大學雖有幾座，然沒有一座能名副其實。破爛不堪的中學雖有十幾座，然而都是前兩三世紀的教育。小學也極其零落，通俗教育（社會教育）可以說是沒有。偌大一個有名的都市，除掉一個外表可觀的基督教會設立的圖書館（文華公書林）之外，僅僅祇有一座「門可張羅」的教育圖書館。這個圖書館是前幾十年設立的，還只有前幾十年遺的幾部舊書，終年沒有人去過問，湖北的文化程度，於此可見一般。武漢雖有報館幾十家，除一二家稍可外，其餘都是「插爛污」，做投機事業，捧官場，敲竹槓，眞是下流之極，那裏說得上文化！湖北教育之不能改進，是因爲封建式的軍閥握政，而教育界遂被那般封建時代的「聖人之徒」所盤踞。他們逢迎軍閥，結納官僚以固其地位，並希冀步步高升，作議員，充局長。軍閥亦以教育界爲安置過剩的官僚和失勢的政客之場所。湖北的教育界自從袁世凱的反動政治以來，都是被經心，兩湖（兩個書院的名稱）的餘孽所占據，他們「道統」的傳授，流毒極深，一般飯桶教員，都是他們的門子門孫，非其族類無路可入。即或稍有進步分子，廁身其間，偶有新說，即被排爲過激。而聖人之徒即聯名上稟於其所謂「吾道干城」之督軍大人，下令派軍警驅逐或捉拿，於是新進分子或被排而去，或含辱以求活。再則教育經費，因軍費的擴張和軍閥官僚之剝削，一年一年的縮少，當中又經聖人之徒餘瀝自沾，而學校的最低限度的衰頹狀況，亦幾乎不能維持。湖北教育的黑暗，學校的腐敗，學生的頹墮，社會文化的衰落，眞是不堪言狀！（未完）

讀者之聲

國民運動

世界進化的道路，國民運動是必經的階段；爲達到我們理想中的世界，也是必歷的過程；所以無論何派別，在這時候必定要站在這一條路上。我們國民處此內受軍閥壓迫，外受國際帝國資本主義的侵略，已創鉅痛深，國際帝國資本主義者，欲把持中國經濟政治中心，壓抑中國工商業的發達，奪取中國爲他們東亞的大傾銷場，以回復他們歐戰的損失，所以無時不利用國內軍閥，以施其苛酷的侵略政策於中國，（自袁世凱專權以至現在北洋軍閥統治，就是個很明顯的例證）我們國民處此二重壓迫侵略之下，這種痛苦已經慘不忍言，渴望統一的聲浪，萬分澎湃；我們在此時候，應當向着世界進化必經道路上！——國民運動——上去，集合全國的農工商學各界，團結起來，跑上國民運動上面，來打倒利用軍閥侵略中國的列強，（國際帝國資本主義）勾結列強壓迫國民的軍閥，（北洋軍閥）如此做去，我們所渴望的統一問題，纔可以實現呵！國民！國民！！快快團結起來，一同向着世界進程——國民運動——上去努力！前進！！

童炳榮于廣州

The Guide Weekly.

導

週報

◀第四十三期▶

每星期三出版　發行通訊處　北京大學第一院收發課轉劉伯青

定價：每份郵寄三分　全年大洋一元二角　半年七角　國內郵費在內

（中華郵務管理局特准掛號認為新聞紙類）

一九二三年十月十七日

分售處：香港　廈門　上海　雲南　北京　武昌　太原　長沙　濟南　南京　成都　杭州

華文書坊　新民書社　民智書局　新亞書店　大學出版部　時中書報社　啓華書社　文化書社　齊魯書社　樂天書館　學洋書報流通處　古今圖書店

中國一週

賄選後國民所能取的態度

獨秀

一般國民漸知干涉政治，漸知聲討軍閥的罪惡，實在是好現象，雖空言也算是進步。

但是只知道軍閥的罪惡，而忘了在軍閥背後作惡之帝國主義的列强，實在是能察秋毫而不見輿薪了！

袁世凱若沒有善後大借款，他能横行嗎？安福部若不是勾結寺內內閣大借日債，他能做出如許罪惡嗎？曹錕所以得志，豈不全靠外交團外交系和直系之大結合嗎？臨城案件之要求已公然以使團覲見為交換條件而承認了；直系諸將公然主張由外交系組閣，最要的理由是借外債；外交系不顧全國唾罵而悍然幫忙曹錕，其目的并不在做官而在經手大借款。直系政權倘與鞏固，必然要假手外交系第四次斷送國脈（庚子賠款是第一次，袁世凱善後大借款是第二次，安福參戰借款是第三次，曹錕將做第四次了。），大借美債，以供他武力統一及收買政客之用。直系固然明明知道非借得一筆巨額外債，便無法削平異己；恰好美國也正須在中國輸入餘資，獲得利權；豈不是一個願打一個願挨嗎？受內外二重壓迫的國民。應該同時努力做：

反帝國主義的國際聯合

反軍閥政府的國民聯合

反帝國主義的國際聯合，首當擁護一切誤會，以承認蘇俄為具體的有效的辦法，因為現在的蘇俄是協助全世界被壓迫的民族反抗帝國主義之中心。反軍閥政府的國民聯合，首當抑制一切感情，以扶助及擴大國民黨為具體的有效的辦法，因為國民黨是在過去現在歷史上反抗北洋軍閥比較有力的團體。國民聯合的運動中，非有一個有力的大黨做大本營不可。

這兩件事實在是國民目前所能取的態度，不但是所應取的態度。

曹錕與外交團

和森

國賊曹錕由賄選登台後，與外交團第一樁交易就是「覲見」與完全承認臨案要求。曹錕晉京之第一日，東交民巷的外國帝國主義者便揚言：「為政不在多言，但看對臨案實行如何耳」（見新聞報）：曹錕囑英美走狗顧維鈞迅速全部承認使團要求後，東交民巷的外國帝國主義者又揚言：『曹錕必如是，始可以得使團之諒解，今後政府必如是始可以商量借款』（見十五日申報專電）。

這次曹錕的登台，國人只知歸罪於議猪，而不知道主要的原動力乃在外交團。自六月十三北京政變以來，本報即將美國幫助曹錕的陰謀屢次揭破，即稍習北京政情的人亦莫不知道英美公使顧維鈞顏惠慶和曹吳之間弄了些什麼勾結；只緣京滬各報一般昏蛋的訪員記者——或有意媚外不敢將這些真實消息露布，或故意不扯破洋大人的假幌子，反於每次專電中借洋大人敲詐北京政府之一言半語，張大引申以為反曹之宣傳，由此魚目混珠，真相莫明，致國人對於北京城陰謀策源地之外交團常常存一種莫明其妙的希望心理。

> 民國日報廣州通信：某記者往謁大元帥，問曹氏此次有無外力援助，答曹氏除金錢之外，其次當然借重外力，其助曹之某國，殊屬出余意表。
>
> 英國機關報字林西報說：外交團已於星期一日謁見曹錕，凡希望列强否認此次特異之選舉者，可勿再抱此妄想矣！

現在各方面反曹空氣雖然濃厚，然同時又還發見一種請求外交團不予承認的呼聲。

這種方法是代表些什麼心理呢？第一，以為洋大人這次或者不會幫助民意的仇敵而會幫助民意；第二，以為洋大人若不承認曹錕，中國人不須舉手投足之勞便可收倒曹之効。這樣昏蛋的心理，一面是苟且僥倖的表現，一面是認賊作父崇拜外力的反映。這樣昏蛋的請求每經發現一次即中國民族的弱點暴露一次，中國民族的人格卑汚一次。我敢說：這樣昏蛋的請求，比較曹賊賄選登台的醜事更為中國民族之恥辱！中國最近十二年的內亂和武人政治完全是外國帝國主義造成的，國人縱然善忘——記不起袁世凱段祺瑞徐世昌如何倚仗外力而存在，奈何昏聵到今日這步田地還看不見外交團公然敲詐與援助曹賊的把戲？中國的禍根是洋大人，中國的軍閥自袁世凱以至曹吳皆為洋大人所培植，奈何中國人民反日益拜禱於洋大人之前，視宰割與陰謀中國的外交團為國事上訴之最高機關！我願以後一切民意的表示，絕滅這種不可言喻的可恥請求；而『打倒曹錕』應與『打倒英美帝國主義的陰謀』為同時並用之口號。

吳佩孚硬要外交系組閣

和森

我可說：在十月五日以前，一般人民對於吳佩孚還多少保留一些莫明其妙的神秘與猜想，以為吳佩孚對於『最高問題』始終不贊一辭，而與津派又素相水火，即使不與曹錕分家，亦必不贊成其速做總統。由是一些反直派的人物常常做些聯曹反吳的夢想，而一般無政治常識的人民更常倖望吳大軍閥或者不會贊成曹錕做總統。

現在這個莫明其妙的神秘到十月五日是戳穿了。首先頌揚『有德者正位』（指制定偽憲）的是吳大軍閥，而硬要外交系組閣的更是吳大軍閥。

由『法統重光』到『大法完成』和『有德者正位』正是吳大軍閥叱咤風雲，一氣呵成的幸運；而『外交系組閣』更是完成他這種幸運的要着。沒有『大法』，武力統一沒有根據；沒有『有德者正位』，正式政府的名器不存在；而沒有『外交系組閣』，則統一借款和目前窮兵黷武的軍餉無從籌措。現在呢，顧維鈞於交涉發放鹽餘之外，又進行七百萬借款；顏惠慶進行整理財政的鬼計以外，又加以外國公使團整理外債化寄爲整的督促，在這樣順利的情況之中，吳大軍閥怎得不心馬意猿急於要外交系出台組閣？

研究系與中國政治

獨秀

中國政治的進步，全靠有一班潔白而强硬的政治家提攜每個時期的反對派，反抗每個時期的統治者。中國研究系諸人未嘗不富有知識，只可惜他們政治生活的態度始終與此相反，他們始終結託每個時期的統治者，壓迫每個時期的反對派。他們的良心未嘗贊成清室袁世凱段祺瑞與曹錕，而他們的政治生活，却明明是擁清擁袁擁段擁曹，其結果每次都使政局益趨反動紊亂。他們的知識戰勝不過崇拜勝利者的勢力之一念，遂至屢次蒙了政治上的恥辱而不自覺。他們懺悔一次又一次，若不毅然決然拋棄崇拜勝利者的勢力之舊觀念，亦終於懺悔而已。

或者有人問我們研究系擁曹的證據在那裏？我們的答案是：(一)請檢查該系議員出席賄選的有多少人；(二)請看上海申報上張君邁勸人承認憲法的文章；(三)請看上海時事新報關於國民討賊軍的社評。

尤其是時事新報這篇社評，盛稱直系兩次戰功八省地盤，承認馬上得天下這句話并不十分錯，大罵討賊戡亂的人太不知天高地厚，他們崇拜勝利者的勢力之心理，由這幾句話表現得淋漓盡致。若他們終不改易此心理，却也算得中國政治進步一障礙，我們盼望研究系諸人勿看輕自己！

臨城案與僑日華工被殺案

獨秀

臨城案不過因爲土匪擄了幾十個洋人，便鬧得天翻地覆，結果還要撤換地方最高行政長官，賠償巨款，由外人管理路政，列强的藉口，是非此不能保障在華外人生命之安全。現在日本的軍警浪人合起夥來，殺害無辜華人至一百七十四名之多，傷者數十，在日華人生命之安全，將如何賠償如何保障？

我們既沒有陸海軍派往日本，日本又沒有賄選總統承認問題供我們要求條件之交換，只望媚外求官的外交當局替被難的同胞抗議更不必作此想。我們國民自己所做得到的，只有一面繼續劇烈的排斥日貨，一面停止救濟日災之募捐，將已捐而未送去的類項移作撫卹被難華工家屬之用。

我們更有一種不可忍的痛苦，是中國媚外無恥的新聞記者們，對於臨城案件如喪考妣的號叫，助長外人氣燄，外人也一半因此才敢於小題大做，提出無理的要求；現在這們多僑日同胞被殺，中國各報竟一聲不響，兩下比較起來，當真洋大人的生命才是人的生命，華人的生命竟豬狗不如嗎？外人賤視我已可痛心，媚外無恥的中國新聞記者們，遂亦尊人賤己到此地步，更是痛心極了！

大批「懸案」開始解決

國人將何以自救？

章龍

最近英美侵略的突進及北庭外交的失敗已是十分顯著似不必再詞費了。直系家奴的攝政內閣除辦理賄選成功值得第一等功勛人人所知道外，還留下大批所謂懸案，這些懸案——公式的或非公式的——便是攝閣爲交民巷公使團所積蓄的大宗財富，只待「元首正位」，交民巷定期交易，便要正式解決。

如臨城案，北政府覆牒，便是公使團自擬，想亦不過如此，現在所舉一點便是去田中玉時間的遲早一點的問題，論理公使團并不見得嫉視田中玉甚於孫美瑤，不過爲擁護通牒的莊嚴起見非得如此不可這是給北庭一個模樣，彷彿說：『我們是一言堂，不能還價的。』以後的訛詐更容易獲利了。

又如威海案，以本無問題的接收，無端由顧維鈞梁如浩等故意弄出些交涉來，雖經東省人士痛斥其詐，北庭外部只是設宴敷衍他們的代表，畢竟將這案也變成一個懸案。此外如金佛郎案，宣勝丸案，美國的共管案，英美日的長江聯合艦隊案，那一個不是攝閣中的懸案？

顧維鈞等初挾洋奴資格以自重，藉此勾結軍閥，遂致鬧成這樣的結果，是絲毫不足怪的，但是曹錕上台後，顧等已漸失其在保陽上賓的地位，純粹淪爲曹姓的臣妾了，吾人於此，幷不爲顧等惜，只覺得這些懸案的解決眞是愈逼愈近，足爲宰割民國命運的利刃，極森肅而可怖；交民巷覲賀聲中的裏面便滿裝着這類慘澹的煞氣。

田中玉免職據聞已確定了，臨案將從此依從使團命令行事，幾條鐵路大權便算斷送得乾淨。威海衞案是草約現成，簽字便完。金佛郎案近已大動列國政府的肝火，認爲中政府非賠現金不可的，（見本週滬報）況且關係法國利益的買賣只此一宗，又豈能不允許？其餘的照樣推論也就不忍多說了。國人試想，大批懸案解決之後，我們剩餘的還有甚麼？

所以現在最急的自然是用國民組合的力量打倒直系的政府，但是外交系的罪惡不惜斷送民國命脈以爲交換個人富貴之用，罪實浮於曹錕，國人亟宜掃除以前迷信洋奴的僱見率先攻擊爲虎作倀的顧維鈞王正廷顏惠慶諸人，才是第一步的根本救濟，次之便要從本源上反對援助曹錕豢養外交系的公使團，——列强侵略中國的經紀人。臨死也不要說希望各國政府否認北政府的夢話！

歡迎山東革命的民衆

章龍

如潮般洶湧的山東革命民衆於反抗鹽銷稅成功之後（參看本報第四十期）最近有兩起抗稅運動發生。一是奸商丁敬臣以三百萬元運動包辦青島一帶鹽田，與日本人狼狽爲奸，事爲鹽戶偵悉即起反抗，是屬於農民發動的；一是呂某在財政廳承攬山菓稅遂引起歷城，長清，滕縣，南山……等處山果商販之反對以性命爲孤注，阻止徵稅之進行，是屬於小商人發動的。其共同的目標則在反對橫征暴斂的官吏山東財政廳長王鴻，而王鴻之所以出此，却又是爲軍閥搜刮籌餉報効賄選經費。

如最近數日許多甚囂塵上的新聞，在我看來，眞是枉費了不少的紙墨，祇有這樣的消息才是眞正國民革命的福音，所以有鄭重向國人介紹的必要。

我們狠欣幸魯人爭外交的熱忱，漸漸轉向襲擊腐敗的內政，中流人士的運動漸漸搖撼社會的眞正基礎—農民及小商人了。這雖然是日常生活的促使，幷不算甚麼奇怪，究竟可說是一件很値得歡迎的事。

陳炯明槍刺下的海豐農民

章龍

海豐於今年七八兩月兩次颶風大水爲災，農田穀物蕩然無存，房屋倒塌幾半，當此顚沛流離之際，該地萬餘戶農民所組織之農會，遂向地主謀請減租，被地主請來遊擊隊將該會職員廿五人捕去下獄。敲去牲口藥物銀錢甚夥，幷勒索現款五萬餘元以充餉費。兵燹餘生的海豐人民，早已是陳家軍的奴隸牛馬，不圖這純粹農民的極溫和的運動，也絲毫不爲詐僞的陳炯明所容，必欲置之死地而後快。

陳炯明爲霸佔海陸豐系軍閥地盤，殺人盈城盈野以爭惠州彈丸之地，他的鄉人被其欺騙，當兵助餉爲他効死勿去，助長他率土地而食人肉的暴行，儘算對陳氏盡了十二分的忠心，現在反落得一場嚴謚，回想起來，眞會要爽然自失！

所以海豐農民從此番經歷之後，應該根本認淸海豐軍人的行動於大多數海豐平民只是有損無益的，應該明瞭他們現在的任務便是聯合海豐平民的勢力打倒眼前的同鄉陳炯明，澈底廢除陳氏利用鄉土心理擁護陳家利益的卑劣手段！這樣，比用其他勢力驅逐陳氏是更有意義而容易收効的。

宗法社會的鄉土觀念，盤據中國人心實在很普遍，在一切的社會運動中均發現特殊階級利用此等心理所造成的罪惡。很希望海豐的農民從實行上反抗此種惡習，給全國社會一個良好的榜樣！

這又是美人對華人的親善

振宇

增加長江駐艦

字林西報北京通信云：近數月來，旅華美人對於美國駐華內河艦隊軍力之不足一問題，頗多討論。遠東美國政界，於此問題已討論有年。按之近來中國不穩情形，美國艦隊在事實上不能不增加，因其驅逐艦毀滅艦等僅能保護較大口岸，而此等口岸實無需保護。至如重慶長沙等變端時發，外人財產必須保護之地，此等大艦反缺乏保護能力，至其炮艦，僅有兩隻於淺水時在長江可駛至漢口以上，在珠江可駛至廣州以上。但現均在長江任務，不能遠離該處。惟即此兩艦，建築亦殊多缺點，駛行甚緩。其他各艦則尤不適於急用，於數年前即可拆毀。新近復有一船，其初以爲足以擔任重務，乃測量結果，既不適宜於傍他船或沿船塢停泊，而一小時復不宜行駛八英里以上。若由該艦甲板發炮，船身同時可以震壞云。美人鑒於此種事實，屢有增艦建議，惟華盛頓未許。此後遠東海軍繼續陳請，加以中國不穩消息紛紛傳入，美政府頗覺爲難，近始聞海部已決添高速淺水兵輪四艘，用欵已計入本年份預算。最近又聞以臨城案及長江輪船被擊等原因，美政府已咨請議會加增特別預算，改建築四艦之議爲改築六艦。同時聲稱擬再由檀香山調魚雷艇二隻及小艦兩隻加入長江艦隊云。

從此沿江的中國人民完全在美國礮口底下過生活，領略美人親善的滋味！

世界一週

德國劇烈的階級鬥爭

仁靜

近日德國的人民，生息在關係他們將來生死存亡運命的一極大危險期間。經過五六月的消極抵抗，對法國帝國主義執行自衛鬥爭的結果，德國大工業資本家的政府忽然發現維持消極抵抗需費浩大而宣布取消。德國人民受盡魯爾戰爭的痛苦以後，現在又爲德國資本家，投機家全盤托出交與法國，供她宰割。德國人民現在是處在極悲慘的境遇，投機家的操縱市場與資本家亡命剝削勞動者，已使德國工人的衣食不足，飢寒交迫。現在巴伐利亞的分離運動來因地之獨立運動又將威脅切斷德國人民的工業農業生命，德國人民飲食生活品的急需將從此更加艱難了。近日路透電對德國各處發生革命的消息傳播不絕，我們即可從此看出德國事情嚴重之程度。路透社二十七日柏林電『德總統發出目的在維持公安之命令一道，削減憲法所許如言論自由，集會自由之權利，准許入屋搜查，以執行權授與國防大員，陸軍司令及民事長官，並准用大辟等嚴刑施於反抗之人」，又柏林電『嘉爾博士之被任爲巴伐利亞行政大員，此間人士對之頗抱憂慮，蓋以此種極端計畫是撒巴伐利亞邦之情勢嚴重已極』。又五日巴黎電，國民黨現章組織迪克推多內閣，據謂史博士亦有傾向迪克推多制之意』，其勢洶洶勢將解散國會。又八日柏林電德國會以四十七票對十七票成立緊急戒備法之草案，……此案准中央政府有權推行其認爲緊急必要，關於財政，經濟社會事件之計畫，憲法規定遂因此而廢。（此正滿足史特萊斯曼『請國會取銷憲法權若干時，而予內閣以空前權力之要求』）。又十三日柏林電『今晨國會以三百十六票對二十四通過急備法案』。這是關於德國政府嚴厲壓迫的消息。至於德國人民的不安與暴動自然可從此高壓中看出。其最顯著的則有杜塞爾道夫之示威衝突（三十日），國民黨在柏林附近與軍隊衝突。路透社十二日電『德國蘇林干地方發生失業擾亂風潮，聞已死十一人，傷三十五人，亂勢現猶未息。今日賀斯特有失業者二千人，圍繞市議會，德警使用軍器，死一人，傷十人。柯洛業，漢本，愛森等處亦有暴動』。又十三日柯洛業電『今日商店迭遭搶劫，暴動頻作，凡山芋肉食麵包烟草之類悉被搶完。暴動原因在馬克市價之非常低落，投機賣出，其勢若狂。』總之德國現在的階級鬥爭已逕極劇烈的程度，所以與資本家親近與共產黨素不相容的社會民主黨或遭擯斥出閣，或在薩克遜與共產黨建立聯合戰線『堅決聯合以抵制復古舉動』（見八日柏林電）。

史特來斯曼內閣的改組，是與法國調和後準備向德國人民大舉進攻的表示，所以首先肅清內閣內部不一致的分子—社會民主黨—便於施行高壓。這位『史丁納之傀儡』既將魯爾區域送給法國，自然會高壓極左派和極右派人民之愛國與反抗。一九一八年德國革命產生的憲法，人民流血犧牲所爭得的一切權利至此蹂躪殆盡，卽關係幾千萬勞動者生存的八小時制亦復岌岌不保。『成爲主要之阻力』的八時工作律雖然條文不是取消，而『某種指定職業爲增進產額計，得不適用八小時工制』的決議預伏違反憲法盡量剝削礦工的張本。『內閣請各政黨予以關於政治財政及社會之甚大權力。內閣以爲苟不採行嚴峻方法以增多出產，則幣制決不能固定。政府擬實行下述三種政策：（一）加更重之擔負於資本階級，（二）價格問題應依新原則而辦理之，（三）加增工時，礦業尤當加工』。史特來斯曼主張迪克推多制，卽根據以上三種理由。第一政策是騙人的鬼話。我們幾曾看見德國政府拔出資本階級的一根毫毛，來救濟德國困窮與償付賠款？『德國九月十日至二十日之稅項收入，僅敷其支出之百分一，五，德國國庫如此空虛，但我們却看見路透社會巴黎電『紐約時報載稱德馬克雖繼續低落，德商在美購辦貨物漸多。最近八個月內德國在美共用七萬萬二千一百五十萬元美金，購棉獨多。美銀行不解德人何以能有此巨款』。卽可知德國政府從不加負擔於資本階級。史特來斯曼所希望以固定幣制繳付賠款的，唯在『增多出產加增工時，礦業尤當加工』，在『取銷八小時工作律而不酌加工資，以爲資本家犧牲之報酬』。換言之，卽是資本家可以逍遙法外，不負任何責任，而德國勞動階級準備他們血流不已的盡情供他們的剝削，不至滅亡不止。賠償問題經此次魯爾戰爭經濟大破壞大紊亂的結果，更難解決，德國更難償還這大的債務，以後德國人民更要受盡無窮的痛苦，擔負兩國資本家所引起的戰爭責任了。

德國幾千萬人民的飢寒，不足搖動普恩賚的分毫讓步。他對德國內閣之風潮，及德國國內的擾亂隔岸觀大，漠不關心。他說『無論明日德國執政者爲何人，法國必繼續要求安當之永遠擔保及賠償之全數』。他的政府斷然拒絕與德國政府直接『開始談判』，而願與魯爾實業家，史丁納等，礎商復業。若『柏林代表參加談判，則徒使解決延緩」。這是什麼意義上還是法德工業家攜手組織托辣斯的協商。直等協商成功，然後命令德政府承受如何如何的賠款條件。德國政府付款史丁納大王，由史丁納大王包辦煤礦交付及賠款。史丁納既有法國的武力爲後盾，自可從心所欲命令德國政府，要求『政府當賠償自法軍佔領後沒收之煤價，及强徵之煤稅。礦下工作時間應展至八小時半，地面工作時間應展至十小時』。德國人民於五年前推倒威廉，現在又要定於一尊，聽從這不加寬的史丁納皇帝，和法國主奴結託，統治德國。

德國的領土被迫佔領，德國人民的頸上已套了幾重的鎖鍊。德國的亡國慘痛已在眼前！現在只有德國共產黨是最愛國的，只有他主張抵抗法國堅持到底，只有他主張沒收德國大工業家—即宰相的亡國奴—的財產，移爲賠償之用，以輕德國人民的負擔。現在是德國最危險的期間，是試驗德國無產階級的覺悟與能力之時期。他們肯歸附在共產黨的旗下，不屈的奮鬥到底麼？德國將來五十年的命運—全世界將來五十年的命運，均決於此一問題。德國是社會主義的發源地，是誕生馬克斯的國家，勞動階級半世紀以來浸潤於社會主義的運動，現在正是他們起來推翻本國賣國的資產階級，建設勞農政府之時期。

凡我被外國帝國主義壓迫而將遭共管之禍的中國同胞，應同情於德國人民的境遇，而謀援助他們。

湖北通信

（續上期）

（四）民衆運動：自救國運動以來，凡是國內發生什麼風潮，鬧得很熱鬧的時候，湖北民衆，也都照例應酬一下，開會，演說，打電報，遊行等等，也都應有盡有。民國八九年武漢的學生運動，還有點氣力，此後就漸漸的衰落了。商民的救國運動，是極小一部分的很微薄的力量，而且每每是被動的。民國十一年至十二年二月的勞動運動，極其發揚壯烈，最可稱述。武漢的勞動運發軔於民國十年下季的粵漢路工和漢口租界車夫的罷工，粵漢路的罷工，雖遭失敗，然而釀蘊了工人深厚的憤怒。租界六千車夫的罷工，轟轟烈烈，征服了洋資本家，造到了完全的勝利，引起了武漢工人的勇氣。自此以後，各業的工會都繼續的組織起來了，爲經濟或政治爭鬥而罷工的事，連接不斷，多半都得着了相當的勝利。民國十一年的雙十節，湖北全省工團聯合會成立，加入的有二十八個工會，此後繼續組織而加入的工會亦不少。隨後粵漢鐵路總工會，漢冶萍總工會均先後成立。其時工人的聲勢，非常偉大，經濟爭鬥之外，在政治上爭自由和軍閥反抗，日益劇烈。到了今年二月京漢鐵路工人爲爭自由而罷工，被軍閥吳佩孚蕭耀南大加屠殺，志士施洋，亦因此流血。軍閥太橫暴了，工人階級的實力還不充足，此時不能夠打倒他，所以勞動運動就由進攻而變爲保守的陣勢了。今年因收回旅順大連，反對二十一條，而發生的排日運動，在湖北爲最烈。抵制日貨，經濟絕交，一般有勢力的商人都有這種呼聲。工人，學生，對於這種運動都踴躍的參加，他們組織了「武漢國民外交委員會」，商界分子又組織了一個「武漢商界外交後援會」。此外還有一二和這相類似的團體，但規模小而無力。國民外交委員會是普通商人，工人，學生，律師，新聞記者及其他職業團體或個人組織而成的，實在是一個廣汎的民衆的組織，關于抵制日貨和宣傳排日，頗能積極進行。商界外交後援會是武漢商會的人組織的，對于排日抵貨亦力。他們開國民大會，遊行示威，種種的運動，幾乎成了一時羣衆的狂熱，到現在還未衰退。武漢國民外交委員會早已着手進行湖北全省國民外交委員會的組織，現在將要成功了。武漢的國民運動，以這次爲最久而有力，值得我們的稱述。然而我們不能不指示其缺點而希望其改進：(一)這種運動固然是由好多熱心愛國的同胞，從中奔走主持，然而有少數素來接近官廳不問國事的豪商大賈，因爲他們開了幾個大紗廠，爲暢銷他們的貨品（他們的貨品平素在市場上的競爭是勝不過日本的。），於是大鼓吹其抵制日貨，使市場上專銷他們高價厚利的貨品，他們得因愛國而大發其財；名利兼收。這樣的事情，自可不必反對；但他們的缺點，就是除了對日之外，對於其餘英美各國的侵略，則常充耳無聞。(二)侵略中國，欺侮同胞的，不僅是日本。英國，美國等國際的帝國主義者，那一國不是盡情的壓迫並侵掠我們？陰狠貪毒的英國眼前對於我國的欺逼還了得？片馬的交涉怎樣？威海衛——我國重要的領土——不獨不按約交還，而且要無限期的延長，永久的割據；天津，漢口的租界，期滿都不交還，視爲已物，藉臨城匪案（實在是他們勾結軍閥，助長內亂而造成的。）而提出共管中國鐵路的奸計。他完全是要把中國置於他的勢力管理之下。美國對中國經濟侵略的陰得，和豢養賣國奴——外交系——以圖我國，不必多說。日本我們應該排斥，難道至少和日本一樣的英國，美國的帝國主義者，我們不應該排斥嗎？爲什麼武漢的同胞只抵制日本，而不抵制英美？所以武漢的國民運動，應該擴張急該範圍，盡量的反抗英美。(三)國民運動的組織應該嚴密，集中，應該有廣大羣衆的團結。要看清楚中國的亂源——軍閥的割據，和國際帝國主義者勾結軍閥以宰制中國。國民運動應該走上『革命』的路，不與任何軍閥及帝國主義者妥協。這樣，國民運動才有力量，才有效果，才能保障國家的存在，統一，和獨立，全國人民才能得到自由，和平的幸福！

觀察上述的事實，可知湖北的：

(一)政治，完全被軍閥盤據，民權剝奪殆盡，政局弄得糟亂，黑暗非常；在軍閥統制之下，無澄清之望；

(二)經濟，生命完全操于國際帝國主義者之手，市場被其壟斷，財富被其剝削，工商業無發展制勝之望；

(三)文化及教育，完全停頓在宗法社會的狀況中，程度極其低落，在封建殘局之下，教育無改造之望；

(四)民衆運動，工人的力量，還不足以抗軍閥。民衆的組織薄弱，政治知識缺乏，還沒有革命的覺悟和能力。

這是湖北的狀況，但全國也是一樣，湖北是全國的一部分，同時也可以說是全國的一個縮影。湖北問題是一個全國的總問題，豈能單獨解決？湖北的人民——全國人民都是一樣，——除得團結廣大民衆的力量，澈底的企圖『革命』，以打倒軍閥和國際帝國主義之外，真無第二條生路！

相拂九月二十日

The Guide Weekly

嚮導週報

（中華郵務局特准掛號認為新聞紙類）
一九二三年十月二十七日

定價
每份郵寄三分全年
大洋一元三角半年
七角國內郵費在內

分售處
廣州　丁卜圖書社
北京　大學出版部
上海　上海書店
民智書局
武昌　時中書報社
共進書社
太原　晉華書社
長沙　文化書社
濟南　齊魯書社
南京　樂天書館
成都　華洋書報流通處
杭州　古今圖書店
徐州　普育書局

第四十四期

每星期三出版　發行通訊處　杭州馬坡巷法政學校轉安存真　北京大學第一院收發課轉劉伯青

中國一週

商人感覺到外國帝國主義助長中國內亂的第一聲

全國商人應立起響應南京商聯會的通電

和森

南京商聯會蘇事務所通電外交團云：北京領袖公使符公使轉各國公使均鑒，中華民國成立十二年來，軍閥爭雄，內亂不已，內外債總額，已增至二十五萬萬元，大半用於兵費　現役兵額，多至一百三十餘萬人，占世界各國常備兵額之第一位，而土匪如麻，且在軍閥領袖之轄境內，危及外人生命財產，我商民不勝遺憾，若一任政府再借外債，中國內亂之延長，不知何時始止？本事務所為江蘇全省商民最高法定團體，特開幹事大會議決，本主權在民之意，向貴公使團鄭重聲明，在中國內亂未靖裁兵未實行政府行政權未統一以前，貴各國銀行團，不得再與中國政府暨任何方面締結借款契約，各軍裝洋行，亦不得私售軍械，以期縮短中國之內亂，即所以保護各國僑民之安全，若貴各國銀行及軍裝洋行不能諒解此意，違反中國商民之公意，接濟中國任何方面之軍人，以助長內亂之借款與軍械，則是貴各國自貽其戚，嗣後貴各國僑民設有不幸如臨城事件發生敝國國家及人民實不負責也，掬誠奉布，尚祈察納。中華民國商會聯合會江蘇省事務所叩號。

這個通電要算是中國商人感覺到外國帝國主義助長中國內亂的第一聲。這個通電與從前各團體所致外交團一切通電，性質上和價值上皆大不相同。從前一切致外交團呼籲或請求的通電大都是不自覺的無價值的，甚至其中充滿了媚外與崇拜外力的劣根性。例如明明白白望着外交團藉口臨城土匪擄去幾個外國人，狠叫虎號，大敲中國的竹槓，攘奪中國各種權利，而中國一切報紙一切社團，喪心病狂，為之附和，為之搖旗吶喊，不僅紛紛通電謝罪慰問，并紛紛請求外交團來干涉中國內政？又如明明白白望着外交團幫助曹吳擾亂中國，而請求外交團撤銷承認的呼聲與心理，還是沒有絕跡。

南京商聯會這個通電，要算是中國一部份最進步的商人在不堪再忍的狀況中覺醒起來向東交民巷『主亂』中國的外國帝國主義者說幾句硬話的第一次。他們知道中國十二年來的內亂，無一次不是外國帝國主義在軍閥背後借款賣械助成的，中國的內亂史不過是外國帝國主義侵略的歷史中之一段；他們知道爲中國政治陰謀之中樞的外交團，於幫助曹錕上台之後，不久即要舉行所謂整理外債或統一借款，把中國內亂延長至於共管可以實現的時機，他們知道在外交團幫助曹吳『統亂』中國的局勢之下，更將給外國帝國主義造成許多如臨案一樣的機會以至實行共管中國；總括一句，他們知道破壞中國和平自由獨立安甯生活的外患與內亂，此後更要狠狽爲奸方興未艾，他們於忍無可忍之中始發出這個通電來。

自然這個通電在吞噬中華民族的魔鬼—外交團是不會發生効力的；臨城案，護路案，威海衞案，金佛郎案，……完全滿意之後，大借款與軍械的買賣只是指顧間的事。所以這個通電的最大意義與價值，不在對於宰割與陰謀中國的外交團發生效力，而在中國商民對於外國帝國主義主亂中國的禍患發生正確的覺悟和莫可再忍的表示。

『中國現狀莫可再忍』這不是英美僑華商人—侵掠中國的別動隊—在華大吹大擂　鼓動其政府對華採取斷然處置（如增兵來華，共管中國等）的狂吠嗎？其實主亂中國的外國侵略家（自東交民巷的公使以至各埠的外商牧師……）那裏配說這句話，只有中國商民應齊聲起來向外國侵略家警告一句：『由你們外國帝國主義主亂中國的現狀，已使我們全中國商民莫可再忍了』。南京商聯會這個通電，我希望就是全國商民總動員反抗外國帝國主義主亂中國的起點。

在莫可再忍的外國帝國主義主亂中國的現狀之下，各地和全國商民對於政治萬不能再守含默，尤其在曹賊登台後大借款一定要實現之前，不能再守含默。現在各地商會與全國商聯會應立即響應南京商聯會的通電，召集大會討論此事，對於正在準備以大宗借款與軍械幫助曹吳的外交團，不僅在消極方面表示以後不負一切借欵與匪案的責任，而且要在積極方面表示經濟絕交的决心。

全國商界同胞—你們看呀！分担侵略中國主亂中國的僑華英美商人，他們今天在漢口召集一個大會，高叫中國現狀莫可再忍，鼓吹各國增兵來華，共管鐵路，取消二五附加關稅，永遠延長治外法權；明天在上海召集一個大會，又是高叫中國現狀莫可再忍，鼓吹各國組織大規模的長江聯合艦隊，共管全中國的江河與鐵路，延長關稅會議，不許考慮撤銷治外法權……；魔鬼們已經弄得人家雞犬不甯，血肉橫飛，傾家蕩產，而反向人家科罪反坐，這是世界上何等不平的寃枉事！全國商界同胞—你們甘心永遠屈伏於這種奇寃大辱和外力的壓迫之下而不與以反響嗎？

美國帝國主義帮助趙恆惕之確證

和森

二十七日北京電：前路透電社十月二十四日電傳美政府以訓令致長沙美砲船，如華兵以槍砲損及美僑之產業，儘可回擊一節，茲據美當局聲明　美使署得長沙最近消息，覺該城將有被轟之虞，因照會廣州政府，謂如轟擊長沙通商口岸，則駐泊長沙之美砲船維拉洛波斯號，須發砲回擊云。

前此蔡鉅猷的軍隊，要乘勝渡河入長沙城，領事團爲趙恆惕保鏢，嚴厲阻止，致趙恆惕死灰復燃，三湘七澤，糜爛至今。

現在譚軍大捷，直搗長沙，趙賊狗命，危在旦夕，而美國帝國主義者遂屁滾尿流顯露鏢客的眞面目，公然照會廣州政府：『如……則駐泊長沙之美砲船……須發砲回擊』，這不是美國帝國主義明明白白向廣州政府和湖南人民宣戰嗎？

只此一端，足夠證明美國帝國主義怎樣幫助曹吳（趙賊不過是曹吳的走狗）；而以後曹吳及其走狗，炮火所及的地方就是美國帝國主義炮火所及的地方。嗚呼！美國帝國主義與曹吳合作之下的中國人民—

美國僑商公然在滬大開侵略會議

章龍

受外力主亂中國之痛苦的中國商人應當怎樣表示？

「美國駐華各商埠之商會，鑒於我國兵匪肇禍，影響通商，特由上海美商會召集聯合會議，討論對付，已於本月十六日上午十時在大來新屋上海美商會舉行會議，列席代表十一人共代表六區：上海大來（大來行），來門（美孚行），開尼帝（茂生行），藍尼（愼昌行），非阿門（怡昌行），偉黎（美國保險公司），鮑威爾（密勒報），外埠：福羅士（天津），申門（北京），答尼（小呂宋），潘得生（哈爾濱）。議案凡十四件，其中重要者大都爲中國土匪關稅種種問題」——這是本週滬報公表的一段新聞，讀者至此，試閉目一想這些，市儈，又在那裏玩弄甚麼『親善』的新戲法？

現在沒有篇幅詳細論列該會的十四件議案　且把其中『重要的』抽出來說一說，至少可以明白美國『對付』中國，含有一種怎麼樣的『奸意』。

十四議案中應該注意的，第一是否認中國徵收捲烟特稅，認爲於洋商受直接障礙；其次要求美政府將在華會中所承認撤消在中國治外法權案無期延期；這兩項提案之是非問題，本報已經批評過（見三十七，三十八期），這裏不贅說了。至於其餘議案主要着眼之點，却在擁護華會宰割中國的原則，（門戶開放，機會均等。）其具體的表現約有下列諸項：（一）『對於增加在華海陸軍隊認爲必要；須立即建造淺水兵艦四艘至六艘專爲警備之用。』（見第二中國擾亂問題案內。）（二）『深願美政府與各國政府協作得由外人管理路警，并對於中國國有鐵路應由外人組織一技師部實行協助。』（第五路警問題案）（三）揚子江巡弋艦隊司令，在中國建功甚多，請求美政府准予聯任，俾各國組織長江聯合艦隊得資熟手。（第十及十一案）此外如控制關稅問題，干涉中東路問題，均有類似上項『親善』的決議。

華府會議原則與『鐵路共管。』『增加中國駐防軍隊，』『警備長江，』……等等名詞本來就沒有兩樣的意義，不過這次美人說得更直截痛快能了。更有甚者，前此美國的侵略總不免扭扭捏捏，帶些做作，而今却看破了這大羣的華人，是毫無感覺的，所以就不妨在萬衆矚目的上海公然開此侵略的會議了。這不單是侮辱我民族的問題，并且赤裸裸的表現他們侵略的貪饞，明白告訴國人中美『親善』的眞正意義。竟是日本人之所不敢爲，而美人竟毫無顧忌爲之了。

不錯，這些『對付』，的確是維持華會精神必要的手段，只是震於華會威德的國人們，如癡似醉度了許久混沌的生活，到現在也該明白些罷，也該明白最近所發生的種種外交案是無不有美國主謀在內罷！

華盛頓會議挾着東方弱小民族的哀怨飄風驟雨般的過去了，橫行中國的美國僑商又在變幻他們侵略的新戲法，反抗洋人的國民聯合眞是刻不容緩的事呀！

我們再不要從洋奴口中聽受中美親善這類欺侮的名詞了！我們目前的努力只是如何結合民衆力量於揭破這類親善的暗幕後實行與侵略者反抗。

長沙市民新恥辱

章龍

長沙市民曾經在反抗軍閥及排斥日貨運動中屢次暴露過他們革命的熱忱，算是爲暗澹無光的社會生色不少。近頃戰事發生後，論理，很可以乘此機會號召城市四萬餘失業的工人及各鄉百數萬流離失所的戰地災民，作一次反軍閥的有力運動，乃不此之圖；日惟忍辱含垢，偷生於武人槍刺之下，從事毫無効果的乞和運動：并且連這等軟弱的運動，還只希望仰仗洋人的勢力去達到，這是多麼可哀憐的事？

英國兵艦砲擊靖港兵民，日本陸戰隊登岸在小西門一帶橫衝直撞，這不過是幾星期前的事，長沙市民無論如何健忘，總該記得一點。乃全城人民對這等重大的侮辱有如過眼烟雲，不曾留絲毫印象，本月十七日的所謂各公團和平運動，居然向長沙英，美，日等國領事間接請願，要求於長沙城三十里外作戰。這樣的行動一方面既向軍閥表示可憐的屈服，同時又充分表現依賴外人的奴隸根性，眞可謂長沙市民的奇恥大辱！

在軍閥砲轟之下我眞不知道甚麼是和平運動？豈以作戰距長沙三十里外便算和平便能苟全你們的生命財產，那就未免大滑稽了。至於希望外國領事的慈悲超度，更是空虛的夢話，除非大家都變了洋百姓才行。所以我希望湘省同胞們當此利害切身之際，大家要看清楚禍福的眞正來源，振奮革命的勇氣，少做些僥倖與不關痛癢的事，竭力團結民衆固有的力量，拒絕供給軍用的餉餉，去打倒勢將崩潰的萬惡軍閥，這才是你們的出路。

臨案解決以後

俄發債票案
金佛郎案
參戰借款案

章龍

全國人民反對的臨城通牒已由北廷曹錕顧維鈞於本月十五日全部承認而解決了，其喪權辱國之點已經本報屢次指出，想爲讀者所周知，祇就幾個洋人私人賠償項下結算，損失現款已達四十萬元之巨額，其他更不必說。目下曹錕夥同外交系洋奴們所亟於進行的，幾乎捨這類賣國的勾當外，無所事事，所以這大批懸案的第一次發賣，正是他們往後無限禍國事件中的起點。他們在一週間努力賣國的結果竟有如下面所載的成績：

(一)十八日北京閣議突將兩年來爭持未決之正金銀行撥付俄發債票利息事件全體通過，國庫現時即須增加已付兩重利息之十二萬七千五百八十五磅，而此後三十七年內尙須無故支出兩重本利五百數十萬磅，約合華幣一千數百萬元。

(二)金佛郎案自前次國會否決後，法政府聯合比義兩國提出嚴重表示，謂中國政府如推翻二月八日之承認照會，則法比義三國將取嚴重手段對付中國，北政府當即表示『尊重各國意見』，經外交部提出閣議，決定再交國會復議。據外交系方面的宣傳，因法比義三國政府現在對華已有一種祕密協定，於中國大爲不利，預備俟中國否認金佛郎案時提出，故外交當局不得不取此手段云。

(三)近日中日實業公司高木陸郎，乘俄發債票事件成功之後，極力進行參戰借款轉期，十七日中日實業公司開臨時董事會時，高木提出討論，謂將要求北政府承認該借款，并轉賬展期，以鹽餘爲擔保，是晚即宴請閣員，非正式陳述此意。翌日復見曹錕，力述日本對北方當局好意，如果該借款轉期，則日資本家必爲現政府幫忙，目下曹錕即可得五百萬。十八日閣議遂提出討論，聞已有成議，此舉如成，將加重三千數百損失，合計俄發債票損失將近五千萬元。

看過上面的紀載，足見武人洋奴的膽大妄爲，無所不用其極，大足以顯示新政府人物的好身手。據聞俄發債票承認千餘萬的損失，表面的目的只在放還扣留日人手中之十三萬磅鹽餘。參戰借款，原來是安福禍國時代的一筆虛賬，曹錕個人爲博得五百萬計，遂不惜如許犧牲。金佛郎案以紙易現，明明是毫無道理的敲詐，乃顧維鈞利令智昏，覺以解散北京國會爲詞向曹錕撒嬌。(申報二十一日專電)此外正在進行中的又有高凌霨經手道濟借款一百三十五萬磅，顧惠慶等藉口整理外債有足成三萬萬至四萬萬大借款的計畫，旬日之間彼等所造成借款之罪惡乃竟與袁世凱，段祺瑞比美了。(袁氏善後大借款約三千萬磅，段氏借金一萬五千萬元)。

國人們！集一流無法無天的强盜洋奴，盤踞可以營私網利的機關，這些倒行逆施的罪惡，只是必然的結果。吾人卽不感覺高債生活之嚴重(北政府內外債截至本年六月止已超過十八萬四千九百十七萬元。)，也該知道軍閥對內之大屠殺(內亂戰爭)卽將繼此開幕了。危難的降臨豈終於緘默所能消弭嗎？

湖北全省國民外交協會被解散了！

育南

據申報近日專電，湖北全省國民外交協會是被解散了。

曹錕之賄選登台，全靠英美勢力之幫助，是極顯明的事實。從此，帝國主義與軍閥之勾結愈深，喪權賣國，壓迫人民之黑暗反動的行動必有加無已！在曹錕勢力宰割之下的湖北，其人民敢于反抗軍閥所依以爲命的英美帝國主義，眞是大胆！然而他們之必遭軍閥的摧殘，早在我們意料之中，現在是已經證實了。

自收回旅大的排日運動以來，湖北的民氣最爲激昂，抵制日貨，經濟絕交是武漢商人工人，學生等所運動最力的，他們不憚種種的辛苦艱難，堅持不懈一直到了現在。他們爲鞏固運動的勢力及組織統一的原故，成立了一個湖北全省國民外交協會」。在這種激烈的排日運動之中，軍閥的官廳，視若無睹，不加聞問。最近湖北人民有更進一層的覺悟，他們看見臨城案，護路案，威海衛案，天津漢口之租界及長江聯合艦隊與海軍示威種種事件，英美之侵掠中國，比日本爲尤甚，且日本經震災之後，勢力較衰，目前中國之最大仇敵，不在日本而在英美，因此，他們不能不對英美人攻擊了。

我們所期望的國民攻擊强盜的英美帝國主義，在湖北已開始行動，但他們的運動馬上就被摧殘，他們的團體隨着就被封閉了！

這件事上，國民應該知道：曹吳(佩孚)軍閥對於人民之排日運動而不加以干涉，不是他們贊成人民的行動，是那時日本對于賄選不合作，(且助反直派長城丸運黎元洪到上海，最明白的證據。)，而幫助他們的是與日本利益衝突的英美，所以軍閥不獨不加以干涉，而且有「默然以觀其成」之意。現在人民忽然攻擊太上軍閥的英美，在軍閥曹吳等看來，當然是認爲「大逆不道」，並且英美等强盜，也決不容許這種運動的發生和存在，故馬上就不得不解散年來他們不加干涉而且默助的全湖北人民的愛國團體！

數十年來中國完全被列强的勢力所支配，中國就在這些强盜們利害衝突之「均勢」局面之下，勾延殘喘，早已失掉了獨立自主的能力。最上臨城案的屈服，護路案妥協，金佛郎案的遷就，威海衛及天津漢口租界之忍讓田中玉的免職……那一件不是予取予求，惟命是聽？解散這個湖北國民外交協會，不過是一件較小的事！全國學生聯合會在上海兩次的被封，還不是一樣的事實麼？

從此國民應該恍然大悟：那是中國禍亂之原？那是我們眞正的仇敵？從此，開國民大會再也不要打電報給各國的公使，請求他們不承認他們的孝子順孫喪權賣國的曹賊做總統，也不要希望或贊成洋奴何東所提倡的各國公使監督之下兵匪頭目的什麼和平會議，這是認賊作父，媚外辱國，無耻下流的勾當！

從此，國民應該有最後的決心：不推翻外力，軍閥無打倒之望，人民無出頭之日！從此，國民應該趕上前線，與勾結軍閥，宰割中國的强盜們決一死戰！

有覺悟的湖北全省國民外交協會的同胞們，你們已趕上了前線，因為兵力薄弱，在敵人的槍林彈雨之中，失敗是不免的，不要畏縮，重復起來，作更大的團結，辛亥八月十九你們的『種族革命』是成功了，現在『國民革命』（政治獨立的革命）還要你們努力，革命先烈之靈，可護你們！

內地河川將為海關鐵道之續！

不僅一吳淞江問題

關於疏浚吳淞江問題，贊成浚浦局代浚辦法（官廳方面）及反對者（社會方面），各執一辭，爭論甚烈，昨有熟悉此問題內容之某君，對某通訊社記者，述其對於代浚辦法之意見，其言云：疏浚蘇州河，現時所引為爭執之點者，即在自浚與濬浦局代浚，贊成代浚者，謂此次濬浦局以包工名義，承攬工程，其地位與普通工人無異，故於主權並無妨礙云云。是說也，交涉員主之而省長和之，鄙見有未敢附和者二，（一）濬浦局之組織，以五國駐京公使選出之五顧問員為其骨幹，而即以五國[illegible]滬領事及駐京公使為其後盾，（參觀濬浦局章程第十條第三款），最近高橋沙一事，局員辭職，而五國領事為之提起抗議，以相援應，此等實例，昭然在人耳目，尚得以究為國家執行水利工程機關，（此許交涉員呈省署文中之語）强顏解嘲乎，故該局以國際之色彩，為特殊之組織，並有極强固之後援，其對於我國之水利交通，自有其一種特殊之目的，與普通洋商建築公司，私圖得包工之利益，而別無何種目的者，實不可同年而語，此今日研究包工利弊者所亟宜認清，萬不宜含糊過去也，（二）濬浦局除工事外不預他事之議，（此亦許交涉員呈省署原文中之語），此殆我當局援以自慰之詞，而濬浦局則因此附辛丑條約，認為按照該約第十七條附件，蘇州河確在該河管轄範圍之內，（見海工程師計畫書第一章甲項），且按照海工程師計畫書所述治河計畫，凡分四項，一須建築價廉之塘岸六千尺，二水深務須增至十萬方，三往來船隻及兩岸灘地，均須有以約束之，四養河工程，雖水利局所另擬之計，尚未發表，未知若何，而三四兩項，要為工事上所不可無之設施，未知是否在原呈所謂他事之列，如果一併交由該局承辦，則該河全部之事權，已喪失無遺，如謂由水利局自行管理，則試問該河現時之往來船隻及占用灘地，是否能盡管理之責，語云，鑒往可以知來，吾人與外人遇，一則事事退讓，一則着着爭先，往事如林，不勝枚舉，該河在未經濬局代浚浦時，已將管理權無形放棄，（如垃圾之任意傾倒，兩岸居民之侵占河身，迄今並無裁制）而謂一經該局代浚以後，即能劃清權限，急起直追，此非吾人常識所敢信，逆料該局現在輿論紛紜，時機尚未成熟時代，故暫守其沉默態度，迨至合同訂定，工事開始，因工程而涉及管理之種種難問題逐漸發生，我當局既無法自行處理，則惟有仰仗浚浦局洋員之力，與外人磋商者，而不預他事之成約打破矣，且外交自有其一定之步驟　外人之於該河也，以謀得開浚權為第一步，而以謀得管理權為第二步，海工程師之計畫書，本年字林西報之論調，均可參考，即現今浚浦局攬辦之升科，為地方人士所疾首痛心者，固亦由漸而來，初非辛丑原約中應有之權限也，若謂合同為可恃，則辛丑以後之浚浦局，與辛丑以前之浚浦局，其權限不應大有所變化矣，故一般迷信於嚴定合同即無後患之說，是不知外交形勢隨時可以發生變化，且又未深察我國歷來交涉失敗之歷史也。

自某君發表上列有力之反對意見後，許交涉員有所申辯，某君復分條駁之，其言最為痛快，將官廳賣國的飾詞和外國帝國主義囊括中國江河的野心，暴露無餘：

（一）該段工程甚關緊要，非得熟悉河海工程具有學識經驗之工程師，不足勝任，而工程師個人斷無包辦此等工程之能力，必須由官廳委託包辦河海工程之外國公司辦理，且此項外國公司，滬地一時尚難其選等語，按許交涉員原說明書中，曾擬以下遊一段歸濬浦局包修，其上游應浚各段工程，亦屬重要，仍歸吳淞江水利工程委員逐段修治，是該河上遊之一段，交涉員認為我們之人才器械，足以勝修理之任矣，而下遊一段則除濬浦局外，即其他外國建築公司之可以勝任者，在滬地一時亦尚難其選，誠不解上遊與下遊，施工之難易何以如此其懸絕，且堵塞宮家壩之建築公司　非亦在上海之外國建築公司歟；所謂尚難其選者，得毋修浚吳淞江下遊之工程，較之宮家壩工程，尚十倍其艱鉅歟，此百思不得其故者也。

（二）濬浦局行政一切事權，均由局長議決施行，外人從未參預等語，按該局之組織，以五公使選出之五顧問為骨幹，而以五國之公使領事為其後盾，前者已言之矣，以已往情形證之，理船廳建議代浚蘇州河，而濬浦局為之建議省長矣，而四國領事為之正式提出交涉矣，洋商總商會草擬之濬浦暫行章程第八條，有清理張灘一條，而濬浦局為之提出管理升科理由五條於外交部矣，而英使為之赴部催詢矣，其他如高橋沙事局員辭職，而領團為之提出抗議，尤屬昭昭在人耳目，足徵濬浦局與外人，確有沆瀣一氣之美，能事事以外人輿論為依歸，事事得外人實力之援助，許交涉員所謂外人從未參預者，或指局員會議之時，不加入表決而言，至於事前之暗示，事後之援助，前事昭然，吾民固以飽受其賜矣。

（三）工程計劃，由江南水利局核定施行等語，按此次預擬之合同，如地段，如年限，如經費，皆以海工程師計劃為藍本，所謂計畫由水利局核定者，特一冠冕之文字，且歷來所訂借款鐵路合同中，亦有須督辦大臣核准云云、類此之文字，試問於主權之所裨者有幾，蓋工程設施，屬於專門技術之事，既認為除濬浦局外無適當之人才，而水利局既感才難，又苦財絀矣，以才難之水利局，而核定所謂滬上惟一人選之濬浦局代擬治河計畫，度其結果不過依樣葫蘆，依例畫諾而已

（四）未竣之工，由浚浦局接管機關繼續辦理，該局不得藉詞延長，凡此皆思患預防之微意等語，按港務局者，係一擴大之浚浦局也，將來改組後，其管理範圍擴充及於吳淞商埠，而組織分子，又仍不免挾有國際色彩，蓋此舉本為浚浦局顧問委員會發起，欲藉是將該局現有之權力，暗中擴張無形延長耳，前年該局初創此議時，反對紛起，吳淞無四商會甚至特派專員，赴部協爭，今則輿論漸歸消沉矣；非特此也，英人一方派工程師柏滿來華，慫恿政府設立所謂長江技術委員會者，欲將揚子江為第二黃浦，（此本滬紳前年曾有詳細電函發表）而一方則欲以港務局為中心，並挾黃浦吳淞江面囊括之，此觀於洋商會及工部局各西報所發表之言論，蛛絲馬跡，不無耐人尋味者也，故浚浦局之藉詞延長與否，不成問題，所慮者港務局既成為變相之浚浦局，而後忝一蘇州河為港務局成立後之贄見品耳，我國通商甫八十年，而海關鹽務郵政鐵道已盡入外人掌握，至今則內地河川，亦駸駸為海關鐵道之續，故鄙人之遞此議，特以揭發外人政策之一斑，又非僅僅為蘇州河計也！

世界一週

德國的分立運動

和森

德國的分立運動，近日急轉直下，已在巴伐利亞和來因流域開始

。以德國戰後的破壞凋殘及其被外國帝國主義之宰割與高壓，正宜團緊整個的民族勢力以資抵抗，而竟喪心病狂發生如此的分立運動，以便外國帝國主義之宰割，與中國政客軍閥喪心病狂的聯省自治運動如出一轍。

法國帝國主義進行分裂德意志的陰謀已非一日，本報曾經屢次說過；現在愛拉夏貝爾(在來因 起寫宣布獨立的消息一傳出 巴黎的五金大王與普恩賚輩自然要喜得遍身暢泰。但是無論在來因的法比軍隊怎樣宣布中立(實際爲幫助分立派)：分立派終敵不住共產黨領率的工人階級與其他愛國人民之反抗。據最近路透電，分立派已被工人與反對的人民打得落花流水，逐出於一切被佔領的機關之外，并且完全失勢。巴代利亞反動領袖嘉爾博士，在這樣的影響之下，也只得宣言『巴邦絕無分立意思』了。

德國帝國主義者雖然空歡喜一場，但是他們始終不會拋棄分裂德國的毒計。其實這不但是毒計，而且是加倍擾亂已經破壞的歐洲經濟生活的癲狂政策。換過說，也就是速已經破壞而莫能復與的歐洲資本主義的滅亡之政策。

上次的世界大戰並不是別的原因，只是歐洲資本主義發達到了這樣的程度，即或是德系資本帝國主義統一全歐洲的經濟生活與全世界的經濟生活，或是英系資本帝國主義統一全歐洲與全世界的經濟生活。資本主義發達到帝國主義的程度，是要求撤銷一切國界一切關稅的，沒有國界與關稅的抵抗，才能使他如願發展；所以列強對於工業後進國與殖民地半殖民地，必須設法破壞其政治與經濟的獨立，而握住這些地方的關稅於外國協定或完全被動的形式之中(如中國)，才能使這些地方完全變爲他們的銷場。上次大戰也就是這個目的，英系帝國主義與德系帝國主義之間，不僅爭相統一弱小國與殖民地，而且是德欲統一英法，撤除英法的國界與關稅，英法欲統一德奧，撤除德奧的國界與關稅。但是大戰結果，不僅沒到達這個目的，反而由凡爾賽和約分裂中歐與東歐—建立一些小國，增加許多國界與關卡。由此已經破壞的歐洲資本主義，加上這許多新障碍新束縛，不僅永絕復興之望、而且使歐洲退步到三百年以前的狀態。這種狀態的具體表徵就是經濟單位隨着國界而複雜而狹隘，使彈丸歐洲關卡林立，不僅大協約國之間各自採取保護關稅政策以相抵抗，就是小協約國之間也各自返於中古的自給經濟時代，而莫能合作。由此，所謂歐洲復興，完全成爲欺人的

『歐洲成了瘋人院』這是英國經濟學家坎恩斯反對凡爾賽和約的話。現在法國帝國主義者更要實行把德國分裂，原是瘋人院中的瘋舉，值不得我們的奇怪。我們所要了解的：第一，這樣的瘋舉足以使歐洲要死不活的資本主義迅速滅亡。而社會革命愈益難緩；第二，只有中歐西歐革命成功後，與東歐俄羅斯合組歐洲工農合衆國，撤廢一切資本主義遺留的障碍與束縛，才能復興歐洲的經濟生活與和平生活。

讀者之聲

近來惹人注意之總統問題，已于十月五日告成矣，所選之新任總統爲直軍首領曹錕。數月前拚命奔波之曹家走狗，從此可以鼓腹高吟，而我四萬萬同胞今而後之苦礎和大中華民國之前途，不堪設想矣。

曹錕是無惡不做之大軍閥家，罪惡昭昭，人所共知。他未登九五之先，拔扈如彼；既登九五之後，橫暴可知。若我們不及早覺悟起來激底反將，則橫暴事小，恐將中國完全送與洋大人作爲孝順之禮物呢！所以我們非堅決反抗這个軍閥不可。但空言否認，等于隔靴搔癢；必定有一種實力的運動，纔能有効呢。現在我想有實力的運動就是鼓吹二次革命。這次革命之用意，是根據四民而起的。換一句話說：就是工人罷工，農人罷野，學者罷課，商人罷市的革命運動，作爲前次革命黨之後盾，以完成十數年來未成功之革命事業。革命的同志們，快起鼓吹罷！

崇德一九二三，十，十。于太原一中。

The Guide Weekly

嚮導週報

（中華郵務局管理特准掛號認為新聞紙類）
一九二三年十一月七日

定價
每份郵費三分全年
大洋一元三角半年
七角國內郵費在內

分售處
廣州 丁卜圖書社
北京 大學出版部
上海 上海書店 民智書局 時中書報社 共進書社
武昌 習著書社
太原 文化書社
長沙 齊魯書社
濟南 樂天書館
南京 華洋書報流通處
成都 古今圖書店
杭州
徐州 晉育書局

第四十五期

每星期三出版

發行通訊處
杭州馬坡巷法政學校轉安存眞
北京大學第一院收發課轉劉伯青

中國一週

美國機關報辯護承認北京政府的理由

和森

曹賊登台，暗幕中的動力為外交團，而外交團中尤其以美國帝國主義為曹賊之主要鑑客，本報曾經屢次揭破過了。自曹賊登台後，美國帝國主義明目張膽在湖南大幫曹吳走狗趙恆惕以壓迫譚（延闓）蔡（鉅猷）軍隊；而由他（美國帝國主義）主倡的長江聯合艦的用意，一半亦是為曹吳鞏固長江勢力起見（見另篇）。現在更加以美國機關報—大陸報對承於認北京政府的辯護，美國帝國主義『對華親善』的假面具，更一天一天的揭露無餘了。

大陸報對於承認北京政府的辯護是由盧永祥和芝加哥日報遠東訪員胡特的談話引起的。這位美國訪員往訪盧永祥的目的，似乎只在探詢孫中山張作霖盧永祥等是否將結合俄羅斯建立第二政府以反抗北京政府之一點（大陸報載：記者—胡特—又以據迭次廣州傳來消息，盧於建設第二政府對抗政府之運動為一有力之領袖分子，因詢其眞相，且謂俄國因其本身國際外交之原因，對於第二政府將首先承認）。盧永祥藉着這個機會，對於列强承認曹錕政府發了一片牢騷。這位反直派的督軍，未免給主謀助曹的美國人太難過了，於是美國機關報大陸報便於翌日答以下列的辯駁：

六年前的今日（十一月七日）俄國的大革命勝利了。六年以來，俄國革命平民自己的政府已經肅清了國內的軍閥，能夠抗拒國外的武力，所以今年的今天我們已經看見：

獨立的眞正勞動平民的共和國家——

俄羅斯蘇維埃聯邦。

中國的平民呢？

『盧責列强對於無論何派得入北京者，均承認其為中國政府，以為此乃釀成中國擾亂最有力原因之一，同時又謂北京之統治中國，並不能有過於奉天廣州或杭州，列强承認北京政府之任何方針，皆足以使其他在反對各派之眼光中增其價值，此其所言之確不可易，正不亞於其謂中國今日所需要者乃一單獨之政府，而非目下無所統屬之若干政府；然而盧氏之意，列强於受彼批評之方針外，應取何種行動，則誠我人之所亟欲聞者也。此其解決之法，不外兩途：一，取消承認中國，俟有足以號令全國之政府成立再承認之；二，承認一切實在之政府，其能力足以統治部份之轄境者。盧氏謂地方政府之設立，足以分裂中國，而一分再分，分之不已，若必於各政府之設立一一承認之，則必添設無數外交官，於中國及列强均有不便也。顧欲承認全中國實在之政府，勢既有所不能，而欲取消承認北京政府，則其困難及危險更大，此舉是否將危及中外人所共同管理之永久機關之地位乃一問題，蓋其一切進行，全賴關係各國政府之援助，而列强若不願與北京政府有所交接，則此項援助殊難維持也。今試一察取消承認北京政府或其他任何政府後之情形，則知其不便將更甚於今日，因治外法權之存在，須維持與任何派握權者之直接交通，否則各國惟有以武力方法維持其在中國之權利耳。」

然則美國及其他帝國主義者援助曹錕政府之最大理由，原來不外二點：

（一）維持中外人所共同管理之永久機關—指北京政府；

（二）因治外法權之存在，須維持與任何派握住北京政府者之直接交涉。

大陸報雖然用了幾筆很灣曲的筆墨，然而他到底沒有字林西報（英國機關報）那樣的本領，不但沒有將狐狸尾巴藏住，而且反將美國帝國主義幫助曹賊的陰謀和盤托出：要使北京政府成爲列强共同管理的永久機關，要將治外法權，協定關稅，共管江河鐵路財政等方法永遠將中國奴屬於列强之下，這就是美國帝國主義幫助曹錕的眞正目的，也就是華盛頓會議的眞正目的。

外艦聯防之另一用意

和森

大陸報社論云：「美英日三國政府，現均籌劃增加長江上遊之防艦，茲一事也，足證與長江商務有關係之各國　於警務實有取一致聯合政策之必要。但據近來上海各報所載之上遊消息，此主要三國，顯然未能一致合作。刼掠日船德陽丸及拘禁船員事，中國方面，乃得以該船輸送軍火爲藉辭。按之最近報告，英國軍艦當局，准許中國軍人登該國長江商船，搜查有無軍火，賴佛生提督並聲明反對於懸掛英國商旗之商貨船與運載水兵，以防兵匪；而美國則與英國各趨一端，凡懸掛美國旗之輪船船主有要求請派水兵者，皆派水兵駐之，而絕對不許中國軍人上船檢查有無軍火。吾人由此可知注意於長江商業之三主要國，各抱不同政策，而此種事實之結果，自必使此後中國中央及地方政府力所不能管轄之長江上遊地方，益趨於紛亂。

故在本年春季，美法日長江艦隊司令乃集議於上海，意在對於此保護外僑生命及長江上遊商業事，得互相諒解，會議結果，至今未曾宣布。但據現狀觀察，各國海軍將領及其本國政府意見，顯然未能融洽。爲長江上遊計，此事實爲不幸。蓋長江商業，甚爲重要，吾人焉能輕易放棄，中國既不能加以保護，吾人無論如何，當自行保護之。惟既欲保護，則關係各國政府必應取一致之政策，蓋如美英日三國能具此一致之政策，長江情形必立見進步而無疑也。」

『凡懸掛美國旗之輪船船主有要求載水兵者，皆派水兵駐之，而絕對不許中國軍人上船檢查有無軍火』，這是美國帝國主義長江艦隊的政策。這種政策是何用意呢？不用說是要無阻攔的給楊森趙榮華盧春山袁祖銘趙恆惕等輸送軍火，幷替曹吳鞏固長江上下遊的勢力。英國軍艦當局對於中國軍人登該國長江商船搜查有無軍火的允許，在美國帝國主義者看來，實爲長江商務之主要國未能融洽的「不幸」事實。

照大陸報的主張，英日二國若能與美國一致採取『絕對不許中國人上船檢查有無軍火』的政策，長江情形必立見進步而無疑。這是確實不錯的，美國艦隊向圍攻長沙的蔡鉅猷的軍隊嚴厲示威，蔡軍便不能不退走甯鄉；若英日二國艦隊與美國艦隊聯合以援助楊森袁祖銘，自然四川地盤又不難失而復得。長江流域的人民要在這些處所來領略美國帝國主義的『親善』，而國民黨同志也要在這些處所來領略美國帝國主義的『友誼』！

單獨侵略與協同侵略

和森

范源濂君，遊歐美各國歸來，以其所視察，在北京京報歡迎席上發表關於華盛頓會議後中國國際地位的意見，其言頗有價值：

『在華盛頓會議以前，各國對華政策，多為單獨進行，例如某國要求某處租界，某國經營某處鐵路軍港，則每處有關係者只為一國；我國亦可以籌單獨應付之方；然華盛頓會議以後，則一變單獨行為而為協同動作，凡國際間大問題發生時，各國對華必取一致之步調，如臨案通牒，不問與此案有無直接關係；而十六國公使全體署名，可謂最著之一例。此種變化之影響，固屬有利有害：言其利，則各國步調不易完全一致，對華政策之發展，或較諸單獨行動，稍見迂緩；然言其害，則一完全同意，協以謀我，我國即處於孤立而無可如何。且如日本獨佔山東，英國獨佔威海衛，因其為單獨性質，我國尚可單獨應付以收回也；然如海關之為各國共同管理，雖因歐戰而排去德人勢力，然承德國而平分其權利者仍為各國，而非我國，可見一處各國共同掌握之下，我國即永無收回之望；其危險不待言矣。至如華會所定門戶開放，機會均等之原則，何謂門戶，何謂開放，其範圍如何，程度如何，解釋可以不同，結果毫厘千里，前途禍福之關鍵，仍視我國之有無自覺。若我國而能力圖振作，積極方面增進國際之地位，消極方面勿貽各國以機會，則上述原則範圍程度之解釋，自可稍事縮小，若從希望各國關係之從此和平，友邦對我之停止進展，殆可謂為必無之事。以現在各國對華態度言之，英國殆為最知我國之內情者，其經營我國之手段，即以對西藏一事言之；吾人在英遊歷時，隨處皆可發見說明西藏之材料，足證其處心積慮之一斑。英國在華之根據，無論財政方面（關鹽），交通方面（鐵路）只須再進一步，即達最後之境界；但欲希望其永遠停止而不再進；天下安有如是現成樂觀之事。吾前既言各國今後對華之行動必為協同動作者；則希望他國之互相牽掣，亦屬自欺之談，試就英美關係而言：美國加入歐戰之最大原因；乃緣資本家之保持鉅額債權；與暢銷多量商品（軍用品等）；戰事終了；各國對美，皆負極大之債務，關於償還方法，曾發生種種疑問，然英國則因與美國同為資本主義極盛國家之關係，竟減縮一切支出（如小學經費亦被減削致教員有罷工之舉）忍痛以償還美債；而因英國財政手腕之敏活，同時英之殖民地，如坎拿大等處，仍吸收美國所投之資金，使兩國之經濟上，成立不可分離之關係。故當無事之日，英美兩方之對華態度，固如各不相謀；一旦大問題發生，左右兩國之外交者，仍為處於背後之大資本家；少數學者之主張，殆無多大影響，則從英美兩國資本家之關係言之；其步調一致，殆有不待不然者矣。美國以外，如法之與英，又何如乎？法國之佔據羅爾，原欲以缺煤致德之死命，然英國則以煤接濟德國，即此一端，似足以明兩方關係之尚待改善；且兩國國會中，亦每相繼而有種種懷疑之議論，則法與英或不克完全一致，然即不一致，而競爭之行動，亦不曾一致之行動也。例如英殖民地之處，法每有之，英對我國要求權利，法亦必對我要求權利，此已往外交之歷歷可證者。然則英國而果進一步，法必不加阻止，而追瞠恐後，可斷言矣。法國以外，尙有意大利，歐戰以來，頗爲各國之所重視，而英帝乃紆尊降貴，親臨意國，以圖兩國之親密，此非可尋常視也。然意之與我，數次外交，皆持强硬之態度，臨案發生，意亦爲重要分子之一，其與英美等國一致，更何待言。最後則東鄰之日本，在震災未發生以前，其外交政策，隨時皆保與各國協同之步調，震災以後，自惟强國之趨勢是遵。故苟以各國對華關係，加以精密之觀察，我國在國際上所處地位之危險，誠未有甚於此時者。

因爲美國及其走狗外交系的宣傳，中國一般大商人，新聞記者，及智識階級對於列强協同宰制中國的華盛頓會議何等的歌功頌德，何等的忻喜慰藉。他們閉着眼睛，彷彿從不看見二五附加稅會議無限期延長，撤消治外法權的調查公然反汗，旅大威海衛更確定的被英日永遠鯨吞，而共管鐵路共管江河干涉內政……無一不是以華會決議爲根據。協同侵略比單獨侵略更爲危險更爲可怕，本報無一期不以此警告國人；但讀者諸君每每喜給我們一個這樣的回答：『嚮導週報的言論太激烈了』。現在一位老於仕途的大員，經過一番切實觀察之後，不期與本報發出同樣的意見，可見本報的言論並非故爲激烈，不過是常常本着忠實的科學的觀察以警告我國人。當國人覺着本報的言論過激時，便是國人的見聞還是囿於外國人的宣傳及其走狗的欺騙之中。

中俄交涉的近況

仲平

中俄交涉不能順利進行實有兩個重要的原因：

(一)中國現在未有統一的民衆政府；(二)北京政府的外交不能脫開東交民巷太上政府的拘束施行獨立的以本國利益爲本位的外交政策

加拉罕抵華以來備受人民各界的歡迎，足徵中國民衆已竟認識了蘇聯是他們的好朋友。目下中國雖然沒有統一的民衆的政府，而統一的民衆的意思却已有了明顯的表示。王正廷在這個時候亦未嘗不想把這積年未結人民渴望的中俄交涉一手辦好，一以顯弄自己外交的本領而買民衆的歡心；一以替馮玉祥謀西北發展的地步。但是這樣的好夢，不容王正廷作到圓熟。據本月五日上海申報所載王正廷辭職的原因一段所云『督辦中俄會議事宜王正廷突然表示辭職，外間謂王因經費支絀，無法維持，故亟欲求去。茲據北京某報消息，則王之辭職，實因加拉罕對彼業已表示不信任，故不得不去。原來加拉罕到京後，王於月前曾密託某方面人徵詢加拉罕對華眞意，而加則以王如果有意與俄開議，則請先將中國對俄要求，明白提示。兩方如能開誠相見，則一切問題，儘可於未開會之前，以非正式談判定之。俟開會時，再行一次形式上之手續，便可定約。兩方展轉磋商數次，王方面則提出蒙古先行撤兵；再議協約內容；加拉罕方面則要求先承認俄國，再商協約條件。又經數次使者往來，兩方俱表示儘可照辦，於是乃作進一步之談話 所謂進一步者，即協約大綱是也。王費幾許斟酌，始密示大綱四項，（未便宣布）。加拉罕亦經多次商議，方表示可以承諾之意，中俄問題經此累次接洽，在理可以一帆風順，擇日開會！乃王以此種接洽，俱係使者間接傳遞，非經面談證實，不能即行開議，而加拉罕亦深以王言爲然，遂於某日在督辦中俄事宜公署見面。不料加拉罕到時，王首先要求提示某項文書，加拉罕不允，謂既非正式會議，無交換某項文書之必要，王堅持甚力，且旁列秘書數人，儼同正式會議。加拉罕不悅而去，而加拉罕與王交惡，即召於此。事後不知加拉罕從何方面查出王所密示之大綱，全非眞意，其眞正條件，則早從東交民巷某某兩使館方面傳出，其見面之日，所以迫示某項文書，實故意爲難也。嗣經某方面人極力奔走，而加拉罕則顯得王一言爲證。謂其大綱，確爲將來會議根據，王始終不肯明言，加拉罕認爲前此之接洽，皆係故意派人刺探，非出誠意，故對王異常不滿，而不信用之表示，卽由此而來。中俄會議之局，亦因此愈鬧愈僵矣！」據深知外交消息者所知，中俄交涉停頓的原因，實卽在此。這樣看來中俄交涉的停頓，不是加拉罕沒有誠意，實在是王正廷一流的外交，其精神與蘇聯式的外交根本不同。試看王正廷在加拉罕歡迎席上居然勸蘇聯仿效美國的對華態度，與他想以與日本辦理接收青島的外交手段，與蘇聯辦理中東路等問題，可見他的心目中只有美國，只有日本，只有親美親日的王正廷，只有王正廷親美親日的外交歷史。以親美親日的王正廷去同蘇聯辦外交，豈不是南轅而北適。在王氏認爲伶俐巧妙的做作，在加民看來則認爲拙笨無比，在王氏認爲天經地義的磋商打算交易而退的外交手段，在加氏則深惡痛絕，避之若浼。只此周旋擅[illegible]的風纖態度，已足以使雙方相去益遠，不能有接近的機會，何況此等大[illegible]遊的外交家，神斧鬼工終脫不出東交民巷掌握以外。東交民巷指導下的北京政府，那有獨立的力量與蘇聯恢復正式邦交，東交民巷的太上政府，那能坐視中俄交涉的順利進行而不橫加干涉。中國民衆啊！我們果眞願與蘇聯早日恢復邦交，只有努力建設國民政府抗拒東交民巷太上政府的干涉的一條道路。

世界一週

英國帝國會議

仁靜

此次英國帝國會議有兩重大問題，一是發展英國帝國內祖國及各殖民地間的貿易，一是決定對歐洲大陸的政策。前者屬於計劃如何盡量掠奪殖民地以解決本國經濟危機，後者則爲決定對法妥協或決裂之別名。大戰以來中歐的經濟狀況每況愈下，銷納英國百分之五十的貿易的德國，她的經濟日趨衰微，工業不振，以致英國國際間貿易大受損失，本國工廠倒閉，失業增多。英國在戰前很少注意於開發殖民地富源，獎勵殖民地貿易的，所以占全球四分之一的人口的帝國貿易只占英國世界貿易之一極小部分。但現在她被法國逼出歐洲以外，眼看法人瘋狂似的破壞中歐的生產，妨碍她的生意，敢怒而不敢言，她的生產地位此時不惟不能增進，反日漸退化，所以她不能不注意講求如何鞏固殖民地帝國間的貿易，及救濟危機的方法了。爲優待殖民地，他們的食物輸入，特別魚稅，改良帝國之交通，郵電，津貼帝國農產品，政府担保領土及保護地之發展，建築新加坡軍港，獎勵借貸放款政策等等，這都是爲杜絕他國商品競爭，保障殖民地的安全發展帝國之交通，開發保護地之富源，使英國帝國成爲自給的富足國家的偉大計劃。這些決定的實施，將使英國帝國主義在殖民地的經濟把持鞏撲不破，因此對殖民地的壓迫將愈加凶很。

其次英國對中歐的政策。關於此點，英國顯然有兩派不同的意見，一派主張不問歐事，避免與法國衝突，而只努力英國帝國內富源之開發；一派主張聯合美國干涉歐事，與法國一決雌雄。現在法國在中歐是完全勝利。法國的魯爾佔領，分裂德國，建設萊因共和國之目的有達到之可能。法國的勝利使是她在歐洲的霸主資格完全取消，英國以後在歐洲只好事事退讓無發言之餘地。十九世紀，打破拿破崙的統一歐洲野心的英國，今日豈容法國如此猖狂？但她畏懼法國的軍力又不敢單獨發難必欲聯合美國共同施法國以壓迫。最近魯意喬治之遊美，南菲首相斯末資將軍演說之强硬主張，召集國際會議，並謂此事「現正在磋商中」，與美國亦願遵守去年休士宣言，開國際會議估計德國付債能力，這些都是證明英國對中歐絕不放鬆而且積極進行。觀斯末資演說，「無論如何影響舊誼，英國對於某種事情，當採任何必要的方法，以保全自己的利益。」這直是挑戰的口氣了。以政府中人而公然挑戰，英法關係之緊張可知。雖然有包爾溫上月巴黎之行，亦不能彌縫相互差異。到底賠償問題之爲英法破裂或妥協，只好待以後事實之證明了。

讀者之聲

日本地震與曹錕賄選的完成——有前因徒果的關係——

燦眞

本年九月一日日本東京橫濱等處爆發起來的大地震，本是日本的天災，不想到和中國的人事大有關係；而大足令我們看出國際帝國主義對中國政局無處不有支配的勢力！

我們知道：北洋軍閥的頭目曹錕運動篡奪總統，不是一天了，他們的違法禍國，無人不曉，自不待言；但是國內有實力的人們，也並非不想乘機抵制他打消他的謬行：孫中山不用說是無日不打算相機北伐的，段祺瑞也是十二分努力打算藉此曹錕盜國罪成的機會，再以馬廠誓師的勇氣，中興安福勢力以報直皖戰之前仇，積恨在胸的張作霖亦本已秣馬厲兵，聯段聯孫，計爲有名之出師，誓與直派軍閥—特是吳佩孚—一戰，以圖復仇而固自已勢力。那末，何以對於十月五日的賄選，他們都未曾當機立斷發其已在弦上之箭呢？對於十月十日的北京沭猴而冠侮辱國民的空前醜劇，何以又眼看着讓他們胡鬧未加以雷厲風行的總攻擊呢？難道是被曹錕弄手段而軟化了嗎？

不是的！這一個大原因乃是：因爲日本原來可以供給段張的借款等等，受了這次地震刼制而不能供給，所以他們就在當時齊莫能鬥了！

這方面如此，而直系軍閥方面，有顧維鈞一類的洋奴，蠅營狗苟讒諂媒媚承美帝國主義大人微笑之下的「正合孤意」的表示，早把「喪權辱國受苦在民」的外債訂好了！而在一般人民方面並未能有極暴烈的國民革命的舉動，這樣一來，客觀的事實已定，曹錕作成賄選的一時的僞總統，正是必然的結果了！

我們由此愈復知道：直系軍閥的狂暴亂國蹂躪民權，全是倚仗勾結英美帝國主義在背後作祟，安福系的軍閥及準安福系的軍閥，他們的人亂亦亂，人戰亦戰，全是倚仗勾結日本帝國主義作奶媽子兼後見人！像這種內亂的軍閥在前外患的帝國主義在後所演扮的雙簧式的把戲，決不是一種餘興，實是一種亡國亡民的慘劇！這種禍害我們還該說「忍爲高」嗎？還可以不同袍澤侮地作起眞犧牲眞奮鬥的國民革命嗎？起義的鐘點早到了！國民快團結起來進行革命吧!!

兩種革命底推究

甯一平

人類底一切進化爲其他動物所不及的，就在人類有天賦靈敏底心腦和手段用來常常革命底一點眞價上面：如從神權時代，到科學時代；從君主時代，到君主立憲，民主，共產大同時代，都合着自然革命底程序，將來必能完全實現，當然不容懷疑！

中國自辛亥革命，由幾千年底君主封建國，一躍而爲民主共和國，已有十二年；怎麽仍然脫不了君主時代底舊軀殼，構成這個亂局？雖是辛亥革命不澈底底緣故，然而我們不能怪牠不澈底，因爲辛亥革命，只有革命掉君主底命底片面能力，現在底問題，便是怎樣完成辛亥革命底工作？——我以爲必須認清決定革命底兩種目標：

第一——革民衆舊習性底命！

第一——革萬惡軍閥底命！

這兩種革命，尤以第一種爲重要，第一種革命不達到相當底程度，第二種革命必不澈底，因爲第一種革命是治本底革命；第二種革命是治標底革命：第一種革命不達到相當的程度，卽使第二種革命暫告成功，必有第二第三萬惡軍閥繼續不斷的出現，第二種革命，一定永違革不斷根，像辛亥革命底成績，現在沈陳底反叛，就近滇軍底內江，都是昭然的例證，這種障碍革命底罪惡，普通眼光都歸在反革命底個人身上，我却以爲太簡單近視了！要知反革命底人，所行反革命底事實，不是他自己獨創的，（沒有超於社會以外底個人）是受了數千年民族遺傳底一個「利己」的劣根性，中國自秦始皇稱帝以後，階級底等次，格外鮮明，民衆底生活，思想，除開從赤貧到大富翁，從學童到狀元，……等爬階之外，便毫無所有！究竟爬階級底目的，也很簡單：就是「名利」兩個大字：關于名的，是在暢精神上底獸慾；關於利的，是任暢物質上底獸慾，要暢發這兩個獸慾，不去侵略他人，奴隸他人，是不會成功的，所以不惜用種種利己不良底手段，去對待類，差不多全世界人類底過去歷史都是這樣、像：國際方面，有帝國主義；國家方面，有貴族和資本主義；下而推至一個小家庭，都有其相當底壓迫，欺陵，侵略，……等事實常常發現。——這種「强陵弱」底罪惡，是由於社會全體一個利己底獸性；個人不過受着社會底暗示，去實行罷了、現在充滿社會底「打倒軍閥」之信條，尚對于軍閥個人的；不過是在攻擊這種罪惡蔓延底消極治標辦法。若要這種罪惡永遠消滅，必以第一種治本 命成功之後才有效果、二十世紀底人類，不了解這種罪惡癥結之所在去革命底人，我敢斷定不是帝國主義者，軍閥，資產階級；即是一般過豬的生活底糊塗懦弱民衆！中國底積弱，就因多數民衆不懂革命，只會做社會遺傳習慣底奴隸，謀一己底安富；甚麼社會問題，他都不管。（這種事實，用不着舉例；無論在甚麼地方，張開眼就會看見。）所以要相第二種革命底成功，萬不能避免第一種革命底路向。蘇俄布爾底成功，不是收到第一種革命底效力，怎樣會成布爾什維克(Bolshuiki)多數黨？不成多數黨，怎樣會握得今日全俄底政權？中國孫先生革命革到現在還是革不成功——底原因：不外在第一種革命上少用了功夫！所以反革命底軍隊，多得要命。像這半生半熟底少數民衆革命；在革命進行底路綫上，是很危險的。

我們要補救這種革命底流弊，用何方法？當然是宣傳獨一無二的「科學社會主義。」換句話說，就是謀全社會生活底平允改善；和掃蕩人類利己 基本罪惡底主義。但要這種主義底效果實現，不奉行共產主義，斷難成功！因爲共產制度可以絕滅人類一切底罪惡根株；使兩種革命根本解決。

只顧一己生活被軍閥和帝國主義壓迫底中國民衆！你們要改變自己以前一切罪惡生活，要擺脫軍閥和帝國主義底壓迫，不踏出些做奴隸(?)底工夫來，爲科學的社會主義——共產主義底研究和運動，還有甚麼方法？

餘錄

文明國開化退步國

商報載十九日粵訊云，俄國代表鮑羅庭氏來粵，考察中國政治社會經濟狀況，日昨覺悟社記者趨訪鮑氏，詢以對於中國內情之觀察，鮑氏發揮盡致，極中肯要，茲譯述如下：

（記者問）先生來華，對於中國社會之觀察如何？（鮑氏答）外人初到中國，別個外人常告之曰：中國人其所處境遇，及其習慣心理等，極難了解。余（俄代表稱）非此等之外國考察家，余在中國居住二十年，豈尚自認不知中國者。余相信此是一種陰險及有時不自覺之宣傳，以使全世界之人，相信中國國情確如是不同於別國、及確如是退步，須急由先進國爲之開化。藉此爲外人在華所做之種種惡事之辯護，及爲領事裁判權；外國法庭，租界，管理關稅，自命保護中國主權，及其領土完全等等之辨護。在中國之外國報章上，毀謗中國之愛國要人，使無數外國走狗，得遂其慾望機會，以輕藐中國國民，而待之如次級之民族。此即所謂『文明國開化退步國』之責任。惟余則不見中國與世界各國政治上經濟上在同一之發展程度上有如何之差別，即有差別，亦不過屬於外部之物而已。同一事情，別國大行之，似有正當之組織，在中國則小行之，似無組織，其方法或較舊式而已。即指吞款謂或賄賂者而言，此無他，亦不外文明國人所謂？經紀費，但無莊嚴之事務所及告白招牌而已。余在華曾遇許多政治軍人，新聞記者，科學家，律師，工黨首領，工人，女子，彼等亦如世界別國各兄弟姊妹，具同一之賢愚善惡。余敢說中國較以開化中國爲任務之各國，尤有理想之主義。其所以然者，非中國有異於人，亦因彼爲一被壓迫之國家，國民正爲謀國家獨立，脫離千古未聞之外國掠奪而奮鬥也。

(問)先生對於中國政治之觀察如何？(答)中國在紛亂之狀態中，已十二年矣，凡視中國爲許多消費人，天生成文明國消納不知所用之貨物之市場者，此種觀念余極感不當，此余所嘗說出者也•且一大國民，欲圖謀方法以適合別國經商之需要，實非易易，况彼復不能自由以自救耶，試觀歷史，美國殖民地革命，須經若干年而後終止，法國革命，又經許久而完成其歷史上之工夫，凡社會政治之大受變動，需經許多時日而後完成，國民運動亦須許久而後能自定其所運動之如何進行與如何貫澈目的，中國現已有一種勢力，爲將來引導其國民運動以至於完全成功者，此勢力爲何，即中國國民黨。此最後余所滿意者也。該黨現尚未自覺其自己之力量，及未組織完備，以完成其歷史的職務，但吾人深信其不久即能自覺，必能組織完備。蓋吾人一想該黨有如是偉大之領袖，如孫中山先生其人便知之也。孫先生之經驗，將能供給彼黨之所缺乏，其所缺乏者何，軍事精神，及國民的組織者二是也。中國國民黨主義之精神，正在勃興奮鬥，一有軍事精神，及國民組織，則國民黨主義之精神，將更爲之增勢。

(問)俄爲勞農先進國，革命已成功，中國勞工事業在萌芽，其發展方法應如何？(答)俄人因革命之故，各階級犧牲甚大。但此奮鬥之重任，均落在工人身上。今日吾人（指俄人）之所以能成功者，皆因工人當內亂時在戰壕作戰或節 衣縮食以供給軍隊，而使俄羅斯團體堅固也。勞農革命成功，乃能造成俄國民現在如是發展之境遇，此境遇之結果，即令大多數人有最大之幸福。各國勞工，皆正在奮鬥，以求獲此幸福境遇，但現已得之者，惟俄羅斯而已。故全世界無數工人，皆視俄國工人爲勞工奮鬥之先鋒。至於中國之勞工運動，余信其發展之最要條件，在與國民爲中國統一自由獨立之奮鬥聯合，如俄之工人一般。中國勞工，必須自造發展必要之境遇，但此境遇須待國民黨所引導之國民之奮鬥之成功，而後能實現，中國一日不脫離半殖民地之狀況，勞工即百無達其目的之希望云云。

The Guide Weekly

嚮導週報

（中華郵務局特准掛號認爲新聞紙類）

一九二三年十一月十六日

定價

每份郵寄三分全年大洋一元三角半年七角國內郵費在內

分售處

巴黎 中國書報社
廣州 丁卜圖書社
北京 大學出版部
上海 上海書店 民智書局 時中書報社
武昌 共進書社
太原 晉華書社
長沙 文化書社
濟南 齊魯書社
成都 華陽書報流通處
杭州 古今圖書店
雲南 新亞書社

第四十六期

每星期三出版　發行通訊處　杭州馬牧巷法政學校轉安存眞　北京大學第一院收發課轉劉伯青

中國一週

安徽學界之奮鬪

獨秀

豬仔議員全中國各省都有，獨有安徽學生加以羣衆的懲戒；各省教育廳長都只顧自己有官做便得了，獨有安徽教育廳長拚着官不做，以强索教育費冒犯長官；這一方面固然顯出安徽學界還有點生氣，他方面却顯出別省的學界太無生氣了。

安徽教育之發達，遠不及江蘇及浙江，然而江浙兩省的所謂教育家，僅僅輸入了幾個歐美教育學術上的新名詞，以炫庸衆，這種形式的教育，全然不注意學生實際的生活及教育與社會的關係，因此教育雖然比安徽發達，可惜只養成一般能夠在軍閥下生存的順民。

安徽在直系勢力管轄之下，他們若只是空喊幾聲，也比廣東浙江學界的空喊有價值，况且他們還有在空喊以上的實際動作，在這一點上看起來，安徽學界又算是全國學界之領袖。

此時安徽學界的生命已放在軍閥的炮口，全國的學界竟始終袖手旁觀嗎？

三巡閱發表後的吳佩孚

仲平

此次曹錕大封功臣，分茅列土，產出了三個大巡閱使來。這件事在表面上看，好像是曹家子弟在那裏平分財產；其實這只是吳佩孚的勢力伸張。因爲齊燮元在名義上，雖然得了蘇皖贛巡閱使；而在實力上，他的地位並沒有增進，或且因此引起皖贛兩省軍閥的不平。因爲這一頂高帽，是突然憑空落在他們頭上的，兩省軍閥，斷沒有甘心願意頂戴這個憑空掉下的帽子的道理。齊燮元方且在那裏謙辭，未必不是因爲顧慮到此的原故。蕭耀南的兩湖巡閱使，在名義上，亦像高陞了一級；在實際上，不過是以湖北督軍的地位替吳佩孚代照湖南的防務罷了。原來曹錕勝下來的遺產，只有直魯豫巡閱使這一個地位，此地位早被吳佩孚在那裏非正式的聲明他非承繼不可了。在曹錕賄選沒有着手以前，吳佩孚卽在洛陽，裝呆似醉的說『我是傳統長子』。這句話的意義就是說如果他的大帥一旦龍歸北海，這一份直魯豫巡閱使的遺產，非歸他吳佩孚承繼不可，別的小兄弟們休要安想覬覦這個地位。這句話，不是說給他那杯酒談天的座客們聽的，乃是借用這一班坏酒座客口耳四寸間的無線電，說給曹錕和王承斌聽的。人以爲這個遺產的承繼，是到下命令的時候纔定規的，其實這件事早已注定在曹錕未入京以前吳佩孚的裝瘋賣傻的談笑間了。傳統長子得到這份遺產以後，所有直魯豫兩湖遂均入吳佩孚的掌握中；而仍坐鎮洛陽，川湘秦隴，亦可以附帶着照顧，雄哉秀才！眞可以做武力統一的迷夢了！吳佩孚既已做了曹錕的傳統長子，便遺下了兩件遺產，亦須分給小兄弟們。所以同時把吳佩孚的一件遺產—直魯豫巡閱副使—分給王承斌，又爲吳佩孚豫定了一個候補的傳統長子；把吳佩孚的另一件遺產—兩湖巡閱使—分給蕭耀南，似乎又爲吳佩孚立下了一個嫡系的傳統長子。將來北洋正統下長子正統的戰爭，恐怕從此布下種子了。此外還有馮玉祥，論功行賞，獨不及他，可以證明他不是嫡系的兒子。他今後對于直系的態度，亦頗值得注意。總之，此次三巡閱使的發表，不能認作只是曹家子弟平分財產，實在是吳佩孚一人的勢力伸張。曹家子弟平分財產，你一份，他一份，沒有多大的關係；吳佩孚的勢力伸張，在國民革命運動中，實在是一件大可注意的事。

山東人民爲威海交涉之奮鬬

和森

全國人民竟忘了這囘事！

威海交涉，關係全國命脈，而起來奮爭的，始終只有山東人民，全國人民竟忘了這囘事！一方面我們不能不對孤軍獨戰的山東愛國民衆表示敬意，別方面我們不能不爲全國漠不關心的人民痛哭！

現在事更急了。不僅包爾溫(英內閣總理)克松(英外相)麻克類(英駐京公使)日日威嚇中國立卽簽約，而顧維鈞和陳幹兩個賣國賊也同時發表欺騙國人立卽簽約的理由：

顧賊的意見，是由他交與某通信社做『某著名外交家的談話』發表的，大略是說：『聞山東各團體於主張無條件收回威海衛以後，竟有『若有條件則甯作懸案』之主張。在理論上言之，所見極是，吾人且佩其愛國心之堅定。但外交問題，內容複雜，吾人不可不考究經過事實，以求比較有利之結果。夫英人何以在華會中忽有宣言交還威海，當時實含有轉變外交空氣之作用。且英之遠東僑商，及海軍部等，皆不贊成此舉，幸英國外交當局，可以不受他方之牽掣，非如他國有「二重外交」之弊，(替英國宣傳得好聽！)故卒能在華會中宣布之。然以後反對紛起，英之外交當局，於旣利用此種一時的手段以後，亦雅不願眞個實行，最後故意堅持委員會報告書，不能更改之議，卽欲引起我國民對於外交偏重理論之弱點，可以終不交還，若我國民而有『甯作懸案』之表示，是誠英人所日夜求之而恐不得者，果爾，是中其計也。』

陳賊的意見，是用一種公開的電文發表的，大略是說：『威案解決有三利，(一)土地收回，(二)外交不至孤立，(三)可進行旅大及廣州灣。不解決有三害，(一)土地放棄，英人在威海儘可從容經營，將來結果，契約有效與青島案受同等之害，(二)外交孤立，所有各種收囘之事，恐說不着，(三)此關已破，恐各國協以謀我，雖欲呼冤，不知向何國呼起』

顧陳二賣國賊的話，無一句不是欺騙國人的，無一句不是替英國帝國主義宣傳的。所以當陳賊大胆跑到濟南去的時候，濟南市民義憤塡胸，人手白旗，列隊包圍連陞客棧，以期撲殺此獠，不幸事機不密，該賊業已先期遠颺，以致未得結果。然旅京魯人，繼此有舉行三十萬民衆示威運動之說，可見魯人愛國精神之强烈，勢非達到目的不止。

然現在事機迫切，這個目的決非『請願』與聲言『若有條件則甯作懸案」所能達到；倘不採取迅速手段，與英國帝國主義以直接的打擊，則山東同胞數月以來的愛國奮鬥與熱誠，將在轉瞬之間付之東流而莫可如何。迅速手段怎樣呢？便是：

立即動員，排斥英貨！

只有這樣才能挽回迫切的危機，只有這樣才能給英國帝國主義以直接的打擊，也只有這樣奮鬥幾月才能激起全國已死的人心而達到最後的勝利！

可敬的山東愛國同胞們，你們努力呵！

大可注意的金佛郎案

仁靜

貪鄙橫暴的法國帝國主義曾因蘇俄不還舊債而啓干涉俄事之戰爭，又因勒索賠款，而陷中歐經濟於破產，又以土耳其拒絕付金而延宕洛桑會議至於數月。她以貪吝的債權國的資格，爲保障錢袋之尊嚴，到處爲害於世界。現在中國又發生金法郎問題了。法國國幣的跌價是法國帝國主義天然的不幸，斷不能責他國償其損失。但是中國除了依約償付過二十幾年那筆敲詐的庚子賠款而外，現在還要受條約以外的剝削，任其強詞奪理，加增國庫兩千多萬的負擔。由此不僅是庚子賠款不僅是賠款而且加上代負他們瘋狂似的大戰的責任的意義了。中國承認金法郎後所受他們同樣的敲詐與其及於國庫負擔我此時暫且不說，我們此時要注意的有三點：

第一法國政府之能如此横蠻，全賴中國財閥與帝國主義之表裏爲奸。據報載，羅理借金法郎案扣留鹽餘實出王克敏之慫恿，金法郎案之準備承認實因王克敏希賴中法實業銀行之復業放出存款與飽得回扣(些二百萬元之報酬)。金法郎案之不妥協，法國所恃以報復者不過取銷華法教育費與停止整理中法銀行。結果只少數人嘗其犧牲(?)。但今日既有財閥之甘心賣國，除了憑空增加國民負擔外，還要使法國侵略的銀行勢力在遠東伸張復活。財閥以獲得報酬，軍閥以『要結外交好感，進行新債』，均『不得不承認該案，』但醉生夢死的人民，熟視無睹，竟無一個公團出來打電報或號召國民起來反抗。此種賣國行爲在今日全國是習爲故常，恬不爲怪的了。

第二所謂華府會議議決的關稅條約，在今日已是各國用以敲竹槓的法寶。各國一有要求不遂，或主張停開關稅會議，或拒不批准關稅條約，必至要求完全達到目的而後已。中國的關稅條約須得十三國之全體同意才能實行。即令關稅增加，除多付幾千萬庚子賠款與俄發債票，除用以爲無抵押外債之擔保，所餘甯復有幾？增加關稅原來是一種騙局，列強從左手拿出從右手拿進，漏下來的幾滴交與軍閥，其加惠於中國人民的在那裏？中國人謳歌贊頌華府會議成績的，今日也可揉一揉他們的睡眼，醒一醒他們的大夢了。

第三，現在是列強在北京政治舞台上競走的時期。英國有護路的提議，法西義比即有金佛郎之要索，美國正謀攫取無線電台之權利，日本參戰借欵亦力謀運動展期。一國的壓力不足時即繼以十六國或八國之照會。中國現在是或者完全屈服，任他人之宰割摧殘，或者起來掙脫繫在他們身上重重的鎖鍊。中國的人民將走向那一條道路呢？

原來是吳佩孚委託外艦運軍火

和森

申報北京電：宜陽丸案赴渝專員江華本已回京，川軍以日船私運軍火，要日使保證以後不運軍火，並繳罰款一萬可釋，日使謂運軍需，係吳佈委託，請吳代任罰款。

哼！原來是吳佩孚委託外艦運軍火。可知擾亂長江上流的責任，不在外報所宣傳的川軍與土匪，而在外國帝國主義與吳佩孚。

現在呢，不僅日本帝國主義挾宜陽丸案向中國反坐；外交團且據此爲組織宰制中國的長江警備案理由之一。請看下面消息：

日本電通社云：例聞在長江方面之各國（英美法日義）艦隊司令官中，去年由美國提倡，今年由日本提倡，各國共同防備長江流域。至『最近因在宜昌上流，各國輪船時被炮擊，故愈覺有共同防備之必要』。美國艦隊司令官代表各國來京，將上海各司令官之意見陳述於外交團，將以外交團之力，實現聯合防備長江，有目下正在陳述中之說云。

各國輪船何以被炮擊？因爲爲吳佩孚運軍火。各國何以要組織宰制中國的長江警備艦隊？因爲『各國輪船時被炮擊』。嗚呼！被外國帝國主義生吞活剝的中國人民！

何東的狐狸尾巴現出來了！

和森

香港政府的偵探何東，秉着英國帝國主義別出心裁的鬼計，跑到上海來發起外使列席的和平會議，一面嘗試中國『順民』的空氣，一面愚弄或利用南方的國民領袖，企圖滅亡中國的事業輕輕巧巧的成功。

他是很有計劃很有步驟的，不是隨隨便便浪漫的嘗試一回便會打止。所以當曹錕未上台的時候，他從廣東下手，討得孫中山先生的同意，以爲宣傳南方人民的先聲。然後跑到上海來吹法螺。果然，法螺吹得好響亮，總商會江蘇省教育會，銀行公會，錢業公會以及其他團體等，莫不逖聽下風。

現在呢，英美主助的曹錕既已登了台，不僅津派謀臣的『和平統一』策與這位英國偵探遙遙相應，就是『傳位長子』—吳佩孚的『憲法統一』與『武力統一』也與這位英國偵探遙遙的弔膀子，於是這位英國偵探便踉踉蹌蹌的跑到湖北洛陽去了。他和蕭耀南會見的結果，既由路透電宣傳『滿意』，至於和吳佩孚會見後的結果與勾當是更不待說了。

所以這樣一齣英國偵探的驪劇，不僅上海『體面的』商人銀行家教育家新聞記者上了他的當，便是國民革命的領袖也白白受他一回利思。

被外國帝國主義宰制八十年的上海

和森

上海開港，到本月十七日恰好八十年了。這個日子，現在志得意滿的洋大人是安頓與高彩烈來慶祝的，我不知道凡住在上海的中國人對於這個日子有什麼感想？

上海爲什麼要開商埠闢爲租界？因爲鴉片戰爭，中國民族屈伏在英國帝國主義炮火底下；英國帝國主義不僅强迫中國人吃鴉片，而且强迫中國割香港，開五埠，—上海就是五埠之一。

上海未開埠以前，一草一石，那一點不是華人的？但是既開埠以後，租界以內，最初是不准華人居住的，而『華人與犬不得入內』的標揭，至今還懸掛在外國公園的門上！

自同治三年會審公堂成立以來，華人即被其治理，然猶有上海道爲華人上訴機關。辛亥革命，外國侵略家趁火打劫，華人從此遂完全被治外法權所統治。租界法庭之偏頗與黑暗，外國法官獄吏搗頭律師之苛暴與敲詐，凡屬久住租界的『順民』，類皆冤屈無申，敢怒而不敢言。最近慘無人道的樂志華案，便是這一類事實的顯例！

外國侵略家在租界裏面的强固權威，完全建立在界內華人嚴重的負担之上；然而納如此重稅的華人，至今不能參預租界的市政。所以住在租界裏面的華人，簡直當不得一條洋狗！

最初租界的範圍，不過東至黃浦，南至洋涇浜，西至泥城橋浜，北至李家塲，而現在則何如？現在駐滬外國領事團不僅有公共租界擴張至吳淞口的要求，而且還其濬浦之陰謀，以圖囊括黃浦與吳松江！

上海現在誠然是一個近代的大都市，而且是一個極繁盛的近代大都市；但是這種繁盛屬於誰？這種繁盛建立在什麼基礎上面？不用說完全是建立在外國商品上面，而且完全屬於外國侵略家！

體面的商人民　親愛的同胞們！然則你們到了這個開港八十年的紀念日子，應當作如何的感想？

華人營業的自由也沒有了嗎？

振宇

請看美國機關報可惡可憤的暴論！

大陸報社論云：昨日本報所載張家口華官干涉外商汽車運輸業之報告，當為華人所注意。柯爾曼氏被戕一案所引起外人之憤怒及美國之要求道歉與給恤，顯然尚未使華官醒悟。美國所要求之賠償，為數太微，既不足撫卹死者之家屬，尤不足為侮辱美國國旗之相當懲罰。或者華官之冥然罔覺，卽由於此。美國對華政策向不苛酷要求（欺誰？），此種寬仁態度，殊不足以警覺華人，其效力遠不逮他國所用之較嚴厲方法，今已日益明顯矣。

柯案出後，張家口華官曾有一時頗為安分，蓋因外人注意彼等行為之故。然吾人苟希望該地情形已有永久的改良者，聞最近之報告，必為之爽然若失也。考目下之糾紛，其主因蓋有二端，出入張家口之汽車載運事業，原為外人所創辦，華人見有利可圖，遂起而競爭，組織一種機關，意在把持此事業，終將開創外人排斥。現時此機關經濟上非常困窘，但彼等絕不措重意，專待排斥外人後，立將運費抬高，藉收鉅利。

此項機關卽所謂公會是也，而華官則有利於助此計畫之成熟。蓋華人公司均納厚捐於華官，洋商則否。華官為抵制洋商計，莫妙於贊助華人公司，既可得金錢上之利潤，又可免外人之煩瑣。最近所頒新章規定洋商運輸公司，祇許運送自有之貨物，自用之人員，其用意在排擠洋商公司，以免與華人競爭，顯然可見。

此最近之情事，謂非華官與華人公會有意排擠篳路藍縷開創運輸新業之外人，其誰信之？果爾則誠可謂特別厚顏，彼都統或抱排外觀念，或欲染指於非彼所應得之款，吾人皆不注意之。唯美國政府對於一美公民之被戕　既向中政府抗議，而效力絕微，不足阻其他形式干涉美人之正當業務，此則吾人所甚憂慮者也。

吾人並不主張吾人應拋棄其向來對中國及中國人之寬仁政策，唯吾人許多對華行動中之寬仁性質，是否被華人視為軟弱而非强固之徵象，此則顯已成一問題，亟須加以考慮。迄今吾人所提出之抗議，毫無效力，從此以往，吾人在張家口之地位必至減弱，當地華官之無禮舉動將層出不窮。此種官員如在他國，當早已受懲戒矣。今欲保吾人之權利自莫善於要求將該都統撤任，且堅持必須辦到。若許彼繼續目下行為，他處勢必紛紛效尤。總之，以後外人如對各使館有所陳訴，各使館應卽為劇烈舉動，務使負責之人真受懲罰，如此始足使張家口華官憬然醒悟，知其現時行為之不當也。

現在為提醒讀者的遺忘，對於大陸報所憤憤不平的柯爾曼案當補述一筆。這是怎樣一回事呢？是美國奸商柯爾曼及美國駐張家口領事，夥同中國奸商運送六七萬元現洋出境，經守關兵士照章攔阻其所乘汽車盤查，柯爾曼開槍以擊守兵，守兵回槍擊之，因而傷死；結案是中國反而賠償了大宗現款，辦了一些守職官吏與兵士，且强迫中國高級軍官張錫元都統向為奸商保鏢在中國境內做違法勾當的美領事謝罪。這算是年來中國外交上一件喪盡體面與主權的不平國恥；而美國帝國主義者至今還是『得了便宜臭罵不休』！

營業自由，這是資本主義國家的通則，而保護本國工商業，尤爲各大强現行的天經地義。無論柯爾曼案曲在美而不在華，即使在華，難道賠償謝罪結案之後，還要永遠剝奪張家口人民的營業自由嗎？保護華商營業的地方官便應要求撤職，我不知道美國帝國主義者根據華盛頓會議那一條法典？

赴洛赴日請示之王正廷

和森

督辦中俄會議的王正廷，因爲仰承東交民巷外國帝國主義者的意旨，與蘇俄代表加拉罕非正式談判決裂後（參看本報上期中俄交涉的近況），乃又鬼頭鬼腦跑到洛陽去『請示』。

洛陽與中俄交涉有什麼關係？不過因爲洛陽是『傳位長子』─吳佩孚所在的地方，現在北京政權實隱操於傳位長子的手裏。又因爲洛陽的傳位長子與外交部的『看門大爺』─顧維鈞是相表裏的，而這位別顯身手的王正廷又常常與看門大爺爭寵吃醋，所以更不得不赴洛請示。

聽說王正廷所委身臣事的並不是傳位長子，但是安頓做『西北大王』的馮玉祥。基督徒爲基督徒的利益奔走，彷彿耶蘇給了他一身神通似的：旬日之間北走胡南走越，大顯其縱橫捭闔的手段。所以跑到洛陽請示之後，又要跑到東京去請示呢。

然而只此『赴洛赴日請示』之六大字，已完全足以顯出王正廷『奴隸外交家』之眞性質！

> 大阪每日新聞北京特電云：日本方面對此『請示』，自然歡迎；又東京十二日電話亦謂日政府將本此意義以待遇王氏。─嗚呼！中國還不是日本的屬邦呢！洋奴外交家眞不怕羞死全中國的國民！

湖南通信

兩月以來之湖南

味農

湖南的戰事，據近來報紙記載的，已經顯然的分出勝負來了。按著已知的事實而根究其原因，我們很可以發現出一些很有趣味的材料來。湖南戰事方酣的時候，我正在長沙，直到十一月二號才離開。現在就我所見聞的略說幾句，報讀者也樂聞罷。

譚延闓在湖南重要人物中資望最深，趙恆惕也曾屬於他的部下。但譚氏的爲人坦率而有書生氣，自以爲此次入湘，名正言順，但用三民主義號召他的舊部　三湘不難通電而定；他並沒有想到趙恆惕敢積極反抗，更沒想到趙氏會引北兵爲後援。但趙氏却早有準備，一聽見譚氏要入湖南，即刻派人到洛陽求救。趙氏與吳佩孚交涉妥帖以後，「護憲軍」的旗幟被掛起而幾個月的戰爭事遂開始。

在訓練和器械兩層上，譚氏的軍隊都遠不及趙氏的。譚氏雖有宋鶴庚和魯滌平的擁護，但宋的部下久已受趙氏的買動，不受師長的節制，魯的部下也有一部分通款於趙，故宋魯兩人始而不得不高唱和議，繼而不得不宣告中立，以期免於被趙氏吞併。譚氏所有的實際不過謝國光，吳劍學，和蔡鉅猷的兵，都是未經訓練臨陣不戰的軍隊。以後譚氏又招募些七零八落的土匪，任命許多匪首爲司令，更顯着蕪雜烏合，不堪用於戰場。趙氏則有葉開鑫的一混成旅（實有一師）和第一師的兩旅，這都是湖南最精銳最能戰的兵。譚軍的器械都來自廣東，道路既遠運輸很費時日，又廣東戰事正烈自顧不暇，更不能兼顧湖南。趙氏後面則有漢陽兵工廠，軍械由武長鐵路源源不絕的專車運來。

所以譚軍子彈常感匱乏，而趙軍則常覺充裕。

就地勢論，譚軍的範圍包括湘西湘南的全部和湘中的一部，地帶既遼闊，不易聯絡。三路的軍隊相隔很遠，因爲交通不便又沒有一個人總領各軍，所以呼應不靈不能乘機應變。當朱耀華入據長沙的時候，譚若再加兩團的兵力，長沙便可以守住，由長沙反攻趙氏的各路軍隊是必操勝算的事，但湘南和湘西的兵，遷延許久，坐失機宜，遂至朱耀華因兵少而退，長沙得而復失，這是湖南戰爭最大的關鍵。趙軍則不然，彼以長沙爲中心，星形的向四外攻擊，地勢較優；趙氏親自指揮各路的軍隊，事權統一，自易於收效。

趙軍起初所以失去長沙，皆因湘江戒備不嚴，譚軍黑夜偷渡，趙恆惕卒不及備，倉皇出走；及趙軍復得長沙，鑒於往日的失策，乃沿河爲守，禁止一切划船渡河。蔡鉅猷的兵到省河對岸以後，不能過渡，欲用砲掩護兵士渡江則恐傷及城內人民，欲暗中偷渡，則河岸防備周密，并且又加以外國領事團人的恫嚇，所以停頓一個多月的工夫不能過來一步。這一個多月的中間長沙的居民受盡了百年不遇的種種亂離之苦。槍聲砲聲日夜不斷的響，居民被驚得寢食不安。中流彈致命的每日至少有十人；樓的上面都沒有人敢住，因爲怕中流彈·鄉裏的米不能進城，衡陽的煤不能到省，於是煤米的價天天增漲，以後重價都不能買得，全城遂陷入恐慌裏面。假使這種情形再延下一個月，長沙眞會變成一個「餓莩城」了。

但譚軍雖有以上種種的不利，仍然得湖南三千萬人民的歡迎，所以起初很佔勝利，足見民意的勢力勝於武力。趙氏雖然再得長沙，然而他的勢力範圍以後只剩掉五六縣。他自己知道護憲的假招牌終久不能爲他轉圜民意，乃摘下護憲的招牌，請吳佩孚援救。久做統一夢的洛陽軍閥至此乃得伸出他的爪牙抓到湖南一塊肥肉。北軍幾旅的兵力忽加入趙氏的勢力，譚軍當然抵敵不住。這是湖南戰爭的形勢。我再把長沙在我走以前的情形說幾句。

先說商業，市面的蕭條好像永久在夜靜人稀的情景。就是在最繁盛的街道上一望，我們可以看見連三連四的關門歇業的商店，有些不歇業的也用木板閉住窗子。有一次我要買一件衛生衣，走了半天才找着一家沒關門的洋貨店。我說明我的需要以後，等了許久還不見拿出貨來。我催問，才曉得貨物都已經收拾起，一時取不出來。我又到一家去問，老板搖着頭皺着眉毛說：『先生，我老實告訴你罷！現在不是買東西的時候。』我問他爲什麼，才知道貴重的東西已經都運回漢口去了，其次的也存在貨倉的箱子裏，擺在鋪子裏的東西都是些不重要的傘來撐門面的貨物。在那時候買貨的人少極了，即使有人來買，商人也無心做生意，因爲他們受警察的壓制不得不開門；開了門，各種的捐稅就擠進門來：一天的營業都不夠一次的捐稅。據我所曉得的捐稅就有三種：房捐，印花稅，和軍用票，其餘我不曉得的還不知道有多少。

再說到教育，因爲經費已經欠到六七個月，公立的學校無論辦學的怎樣熱心維持，終久不能保全，在各公立學校中受害最烈是第一師範。第一師範的前任校長易培基是譚的親信，受過趙的通緝的人。趙既懷恨于易培基遂遷怒於第一師範·那時第一師範因無人主持，由教員組織了一個校務委員會暫時維持。趙欲解散第一師範，但苦於沒有可借的理由，於是委任一個湖南學界的敗類李濟民爲校長，以遂他借刀殺人的伎倆。但該校的學生奮不顧身，誓與黑暗勢力相奮鬥，自從趙令下以後，他們全體一致的反對，誓死不承認李濟民爲校長。趙氏已經費，又派兵駐校捉拿學生代表，但這三百多學生人自爲戰，絕不撓曲。現在的情形如何，我還沒能知道。

說到這裏，我這次要對讀者說的話已經要說完了。假如我們能以成敗論是非，或以是非觀成敗，湖南戰事的結果豈不可以使人拍案叫聲嗎？豈不使人疑惑世間還有正義戰勝強權的一日嗎？但是非自是是非，成敗自是成敗，社會循着正軌的時候，是非和成敗自然是一致的，到了社會出軌的時候，是非和成敗便成了兩岐的東西。現在社會是否遵循正軌，聖明的讀者自然曉得，不用我多說。我所要說的最後一句話：假如正義尙在人心，像趙恆惕這種朝秦暮楚以鬼蜮本領取勝的人，雖然現在快意一時，終久有冰解雪消的一日。我相信正義還沒有完全破滅。讀者呵，何不爲正義高呼擁護！

讀者之聲

曹錕賄選

辛亥革命的成事，不過將清帝推翻，而餘毒之北洋軍閥仍是存留。試觀十二年之中國北洋軍閥戰爭，殺戮，召兵，借債，……那一樣不是害民亡國之舉？今曹大軍閥逐黎以謀就位，我們國民固恨惡至極，然則又用國會賄選之假面以騙國人，唉，如何騙得國人住呢！我想曹大軍閥何必費金錢勞手續以賄選？賄選就位與逐黎卽就位有什麼分別呢？作僞的曹大帥你未免太糊塗了吧！

我研究國賊曹錕所以得志的原因，在我國民不參預國政，農人，商人，工人，學者，只知爲農，爲商，爲工，爲學，而無人干預之猴性軍閥，焉得不橫行無忌造孽不休？我負救國責任之農商工學各界同胞，只有參預國政，打倒軍閥之一法我等國民何不趁早團結起來，做『民衆革命運動』呵！

汝良於徐州

一九二三，十，廿一

晨報——陳炯明的辯護人——專說瘋話

記者先生：

北京的晨報，極力用筆墨來幫忙陳炯明，和詆毀孫中山，想看過晨報的人，都可以知道的。他既因爲對于陳炯明要盡一種義務，所以他不得不說出瘋話來了。

一個月以前，他登載關于北京大選運動的一段新聞，內中有句話說：『孫文何苦來作曹錕的對頭？』我只知道孫中山先生是一個大革命家，曹錕是一個大軍閥，他說出這句話來，卽不曾說『革命家何苦來作大軍閥的對頭？』豈不是喪心病狂嗎？

十月十九日的晨報，他明明登載了惠城陳家軍敗走的原因和情形，他還偏要說：『關于此事，本社尙未得確實的報告。惟就粵東近日戰情測之，則此說似未可靠』。二十日的報關于此事又繼續說：『此于廣東戰局，當然爲一絕大關鍵，惟近頃統計陳軍在東江者約三四萬人，兵力頗爲不薄，今惠州陷落，陳炯明自當以全力謀規復。故孫軍縱得惠州，但其能守與否，實一問題也。』他替陳炯明辯護及希望陳炯明復勝之心，活現紙上。晨報記者呀！你們爲何不投筆從戎，替陳炯明盡力死于惠州城畔呢？

以上不過我隨便拿來說說，此外晨報平日替陳炯明製造空氣和故意譭壞孫中山的新聞，正不知還有許多呢。

說到此處，我要總結說幾句話了：孫中山先生近年討賊的事業，若不是陳炯明做省長時的掣肘和後來的背叛，早已有幾分成功了。我們如果想將來建一個眞正的共和國家，請大家快幫助孫先生先打倒這個深嫉革命的軍閥－陳炯明；並且不可相信反對革命和給陳炯明幫忙的晨報。

十月二十二日，謝衆度于北京中大。

The Guide Weekly.

週報

定價

（中華郵務局特准掛號認爲新聞紙類）

一九二三年十一月廿七日

每份三分全年大洋一元三角半年七角國內郵費在內

分售處

巴黎　廣州　北京　上海　武昌　太原　長沙　濟南　成都　杭州　雲南

中國書報社　丁卜圖書社　大學出版部　上海書店　民智書局　時中書報社　共進書社　晉華書社　文化書社　寰發書社　華洋書報流通處　古今圖書店　新亞書社

◀第四十七期▶

每星期三出版　發行通訊處　杭州馬坡巷法政學校轉安存眞　北京大學第一院收發課轉劉伯青

中國一週

陳炯明與政局

獨秀

曹錕賄選以來，他的第一政敵張作霖以前此單獨作戰爲前車之鑑，此次決不肯爲天下先；他的第二政敵段祺瑞在浙滬山東雖有實力，又怯懦沒有發難的氣；因此曹錕眞正的敵人，只有肯負責冒險舉兵北伐的孫中山。孫中山的軍隊倘進了江西湖南，四川，奉天，山東，浙江，自然會同時幷起，那時曹吳逐不得不陷於四面楚歌之中了。曹錕幸而得了一個有力的爪牙陳炯明，出死力將孫中山的軍隊困在廣東，孫中山正要出兵北伐，陳炯明更出死力打得利害起來；若果能將孫中山趕出廣東，去了曹錕眞正的敵人，使曹吳武力統一的夢得以開始實現，那時陳炯明對於曹錕眞算是「聖主開基第一功」了。但同時我們要想想陳炯明這種舉動，在民國史上功罪如何！

前有人以孫陳兩軍在東江作持久戰，實有利於曹錕，主張棄戰言和，移師北伐孫中山先生極以爲然，而陳炯明的條件是中山須離開廣東幷向廣東人謝罪。中山須離開廣東，儼然是曹錕的口氣；去歲廣州之變，由洪兆麟軍先發，今年北江之戰由沈鴻英李易標先發，東江之戰由楊坤如熊略先發，是誰應該向廣東人謝罪？

陳炯明等口口聲聲說孫中山如何不好，國民黨如何不好；今無論孫中山與國民黨如何不滿人意，而自以爲好過孫中山的陳炯明，却對於全國共惡的曹錕賄選一言不發，而炮彈專對着反對曹錕的孫中山與國民黨打來，試問他何以自解？

奔瘁革命數十年如一日的中山先生，我們現在還沒有批評他的必要。國民黨誠然有不滿人意的地方，若有一個比他更好的黨，自然是中國的幸事；但我們只看見有許多不滿意於國民黨的黨員幷且實際上已脫離了國民黨，大大的反對孫中山，這班脫離國民黨的優秀分子，既然看不起國民黨，他們政治上的行動，照情理應該比國民黨進步得多；然而在事實上，他們當中像吳景濂劉冠三等議員究竟如何，陳炯明趙恆惕黃大偉等軍人究竟如何，政學會一班人又如何；凡是不滿于國民黨而脫離的黨員，大都變成反動分子，竟然找不出一個比國民黨更進步的人來。還是什麼緣

故呢？是因爲國民黨幷未放棄革命的口號，凡是不革命的分子自來會分裂出來。陳炯明便是這些分子中之一●

外幣與主權

獨秀

世界上凡是有主權的國家，都不許任何外國的金銀幣或紙幣在他國內流行。你看小小的香港，除港幣外那一國的國幣能夠在香港通用？

近日北京外交部以俄國擬在東三省及新疆發行紙幣，致函中俄督辦事務處，請向俄代表交涉，原函如左：

「逕啓者，據奉天張總司令稱，俄人近在東省發行[illegible]幣，計分一元五元十元三種，流通東省各地，據財廳査覆，此項紙幣，係在庫倫發行，俄人現擬於滿洲里設立分局，以資兌換，事關幣制主權，務請嚴重交涉，禁止在滿發行等語。又據新疆楊省長三十一電稱，俄人近在喀什噶爾設官錢局，擬即發行鈔票，行使市面等語准此。查俄人在滿蒙新疆等處，發行紙幣，意在操縱金融，用心叵測，應請向俄代表嚴重交涉，勒令停發，以維主權，至紉公誼。」

又近日北京國務院對參議院質問美豐銀行在重慶發行紙幣之復文如左：

「國務院爲咨復事，前准貴院咨送議員潘江等對於美商在重慶設立美豐銀行，發行紙幣，政府何以茫不覺察，勒令休業，提出質問書一件，請答復等因。當經函詢外交部去後，茲准復稱：査重慶係通商口岸，外商在該號開設銀行，照約未便禁阻；至美豐銀行發行鈔票一事，茲據重慶關監督分呈報告到部，當以外國銀行在各通商口岸發行紙幣，條約原無准許之明文，祇以京津滬漢等處、外國銀行發行紙幣，相沿已久，一時尙未能禁止，本部若據以向美使交涉，誠恐該使藉以各口岸先例，未必就我範圍，不如由當地官商協力設法阻止，較爲妥善；如果美使來部提及此事，自當相機駁拒等語。茲由財政部據復在案，嗣後卽未據續有來文等因到院，相應咨復貴院查照，此咨參議院。」

在這兩個公文中，我們應有幾個感想：

（一）外交部對俄函中說：『俄人……發行紙幣，意在操縱金融，用心叵測，應請向俄代表嚴重交涉，勒令停發，以維主權，』似此，我們不能不佩服外交部有愛國心有勇氣。

（二）外交部對美復文中說：『外國銀行發行紙幣，相沿已久，一時尙未能禁止，本部若據以向美使交涉，誠恐該使藉以各口岸先例，未必就我範圍，』似此，什麼金融　什麼主權，都忘記了，原來他們的愛國心與勇氣，是時有時無的呵

（三）外交部又說：『不如由當地官商協力設法阻止，』我們應該感謝外交部的教訓，各地官紳從今後應該知道一切外國在中國發行紙幣，都是意在操縱金融，用心叵測，應該協力設法阻止，勒令停發，以維主權

對俄庚子賠款與國民教育

仲平

北京國立八校代表蔣夢麟等，於十一月十三日致函駐京蘇聯代表團，請其在中俄會議未開以前，將庚子賠款全部放棄，而以盡數發展中國教育，並由其中撥一部分充北京國立八校經費及基金之用爲放棄賠款的條件；十五日，蘇聯代表加拉罕卽正式答復八校代表，對於此項提議完全承諾，並卽照會北京外交部，希望北京政府承認此事。査庚子賠款的條約是一九〇一年國際帝國主義者非法脅迫中國國民而成立的。一九一七年十一月七日蘇俄建國後，卽牒告吾國民，聲明放棄

此種帝國主義下掠奪的權利。北京政府雖於一九一七年十二月即停付該月分的賠款，而因東交民巷太上政府的要求，復允繼續付款於俄舊黨；一九一八年，北京政府復謀停付該款，又因日本與法國援助俄舊黨的要求，仍然照付；直到一九二〇年八月一日，纔完全停付。後來北京政府與安格聯議定以停付五年賠款充十一年公債的担保，以未付賠款爲內債基金，蘇聯代表團於一九二二年九月十九日對于此事提出抗議。近來又有以該款充外交部經費的風說。我們看這經過的情形，知道北京政府的停款，付款，乃至停付未付的款項歸何用途，完全聽命於國際帝國主義者的指揮。所以加拉罕照會北京政府後，字林報即極力表示反對，由此可以斷定北京政府對於此事，必然要仰體國際帝國主義者的意旨辦理。此項鉅款，姑無論東交民巷的太上政府團，斷乎不肯答應北京政府允許中國國民的要求，交給中國國民去發展中國國命所托的國民教育；即令太上政府團肯於放手，這一羣餓虎貪狼的軍閥們，亦必强來染指。此是的障碍，既事這樣的大；我們全國國民，全國教育界，實不應該漠視，應該起來援助北京國立八校代表，直接向北京政府抗議，間接即向國際帝國主義者抗議。要知北京八校代表所爭的事，並不止是八校的事；而阻障此事的力量，並不止在北京政府；此事的成功，不單在蘇聯政府及其代表的允否聲明放棄，而在我全國國民能否拒絕國際列强國內軍閥的强來掠取。

外國帝國主義者果爲維護內債基金而反對國立八校的俄款運動嗎？

和森

字林報十九日北京電云：今日遠東時報載辛博森社論，竭力擁護加拉罕退還庚子賠款以充教育經費之主張，是不特十一年公債之擔保將無着，且俄國未付賠款，已撥充內債基金，因此又將發生問題也。中政府對於加氏退還賠款之議，以爲賠款與借款不同，當取消承認俄國時，已將此項賠款取消，故實無可退還，加氏之言，特以取悅於北京教職員學生，使與政府及安格聯爲難耳。北京人士以爲此議於十一年公債（以停付五年賠款爲擔保）及整理公債（以未付賠款充基金）之地位，未必有影響，故公債市面，不因加拉罕之言而動搖。惟投資者，則恐加氏之言將激起學生運動，脅服政府，而使公債市面低落，故官場亟應向公衆聲明，俄國已無處分賠款之權，當將全部充作公債擔保品。辛氏爲政府顧問，而使學生墮入俄國之計，以抗政府與安格聯。且今外交團方謀以內債擔保品充償付外債之用，則移動俄款，尤非其所。……

看以上字林西報的論調，好像外國帝國主義者反對俄國賠款撥充教育經費的理由全爲中國銀行界鞏固內債基金設法。這到妙極了，外國帝國主義者竟有這樣的善意維護中國銀行界！

我現在得着這個機會，可與讀者諸君談談中國銀行界年來的大恐慌。這種大恐慌却不在字林西報所挑撥的區區俄國賠款之移作教育費，而在外交團要攘奪歷來明定爲內債基金的關餘爲外債擔保。金融界自從得着這種噩耗，無日不在飄搖恐怖中過生活。他們沒有法子想，只得一句半月向安格聯『跪稟』乞憐。今且把最近天津銀行公會打給北政府及總稅務司的電報抄在下面，醒醒讀者的眼目：

近日報載四國公使照會外部以全部關餘，統歸內債擔保之用，謂足阻撓他項債務償還之擔保，質問將來關餘用途，是否有移於外債擔保之意向。聞之殊深駭異，查關餘擔保內債，載在歷次內債條例，並於整理內債基金案內明白規定，其優先權成立已久，中外具瞻，豈復有絲毫變更之餘地？此項內債，關係中外人民財產及國內市面金融，基金苟有動搖，無異驟奪人民資產，破壞全國市面，爲害何等酷烈！應請政府將無擔保之內外債，切籌整理方法，一面迅速籌開增加二五附加關稅會議，使外債基金有着，以保國際信用，至內債基金原案，確定已久，務請全力維持，不能稍有變更，是所懇禱！

這樣的哀聲，各大埠銀行公會，錢業公會，及總商會等，年來不知發過幾百遍。最近安格聯過滬時，滬上銀行界和總商會何等的向他奉承與拜禱；然而除假仁假義幾句套話外，什麼結果也沒得到。至於二五附加稅會議，英美法日除却時常拿着來做外交上鼓詐中國的法寶外，他們是安頓永遠不實現的。二五附加稅會議不實現，便是關餘權利終必爲外債所攘奪；而國內金融界由恐慌以至於破產，只是時間遲早的問題。字林西報若果爲維護內債基金說法，便應倡議反對動搖內債在關餘上面的優先權，而主張迅速召集二五附加稅會議；然而字林西報乃是鼓吹無限延長二五附加稅會議的主幹，他那慣於臭罵中國人嚇詐中國人的濫調，滬上商界銀行界的明白份子無不恨之入骨！

然則字林西報反對俄國賠款移作教育經費的目的在那裏？大約不外兩點：第一是想根本取消中國的愛國運動，因爲國立八校常爲愛國運動的領袖，當此護路案威海衞案長江警備案緊張之時，任其停閉，實予外國帝國主義以莫大之方便；第二是想待國立八校停閉後，由英美日法以退回一部份庚子賠款的名義，有條件的來重興及把持中國的高等教育，使全中國的教育洋奴化，也可說是『教育共管』。至於什麼『學生墮入俄國之計』或怕中國教育界與蘇聯親近，這不過是外國帝國主義者宣傳挑剔的鬼話。至於如何才能打破東交民巷及字林西報這種陰謀，則全在八校學生及全國人士的努力！

最後我還有幾句話要敬告北京銀行界諸君：你們上年因八校教育基金的運動，曾與教育界發生一點無味的爭議；你們這一次決不要因字林西報的挑剔又與教育界發生衝突或惡感。須知破壞內債基金的危險在外人攘奪全部關餘，而決不在區區俄國賠款之移作教育費。俄國賠款卽不移作教育費，除供軍閥政府的浪費外，也決不會落到你們手中來。

美國奸商又在張家口橫行

和森

申報北京電：美人蒲查里，在張家口私運現洋，不服檢查，張錫元請政府與美使交涉。

本報上期因美國大陸報對於張家口華商組織汽車公司要求中國撤銷地方官吏的暴論，曾將前此喪權辱國而美國帝主義者至今臭罵不休的柯爾曼案復述一筆，以促讀者對於這個問題的注意。誰知墨瀋未乾，申報又來了上列專電，可見洋奴外交家辦理上案之如何遺患無窮，和美國帝國主義者及其奸商之如何在張家口無法無天的橫行不息。

柯爾曼也是因爲私運現洋出境，不服檢查，以致釀成『巨案』俾美國帝國主美向中國敲了一筆大竹槓。事隔數月，現在又出了第二柯爾曼——蒲查里。這不是柯爾曼案的味道太佳，吃開了美國帝國主義者的胃口，故又舉着來嘗試嗎？

可惜張家口與吾人相距太遠，不得詳知這次蒲查里擅運現洋出境的情形。然據上次情形推測，大約總相去不遠。上次柯爾曼擅運現洋出境時，有堂堂美國駐張領事同坐在汽車上面爲之保護，這次雖不能斷定美國領事必與蒲查里同坐一汽車，然而也不能斷定必不同坐一汽車；上次柯爾曼是異常的兇惡，不服檢查，這次蒲查里也必是異常的兇惡，不服檢查。但是有一不同之點：上次柯爾曼首先開鎗以擊檢查兵士，這次蒲查里似乎沒有此事，這是什麼緣故呢？這也不難思索，正如大陸報所說：『柯案出後，張家口華官曾有一時頗爲安分』！自高級長官以至守關兵士，經過上次撤職，謝罪，記過，或『永不敘用』的懲警（這都是北京賣國政府照美國的命令施行的）之後，這次那還再有勇氣忠於他們的職守，守關兵士不敢如上次一樣的要檢查，自然薾查里這個强盜也不必開鎗釀成『巨案』。所以『安分』可憐的張錫元，只得忍辱含羞電請北京賣國政府去與美使交涉。

雖然：張錫元也太不識時務了。這次沒有釀成『巨案』，在美國帝國主義已屬失掉一次敲詐掠奪的機會，在乜避了這次敲詐掠奪的洋禍之中國還有什麼交涉可言？

臨了，我要特提一筆請讀者注意：外國帝國主義製造敲詐掠奪機會的方法，除了扶植軍閥釀成內亂與匪禍外，現在又採用一種新方法，——就是放些行同强盜的奸商到中國來，擾亂中國的法紀與秩序，柯爾曼案與薾查里案，卽爲這種新方法的嘗試。

恢復華人領港權

獨秀

可憐的中國人在張家口做點汽車生意，美國人竟看做眼中釘，橫暴的帝國主義者竟喧賓奪主一至於此！

現在又有一件喧賓奪主的事，就是姚方文君向在怡和太古兩公司充當領港，此次應聘大來洋行，駕領大來海輪由吳淞到浦口，竟有洋人糾衆干涉其行使職務，發言『華人不許領港』。因此全國領港公會於本月二十二日在上海會所開全國各口華人領港會議，到有代表八十餘人，主席楊洪麟君報告說：

今日會議，係應津營漢各口領港支會之請而召集者，討論事件殊爲重要，故不得不先行說明吾國領港之歷史。查吾國向無所謂中國船用外國人領港者，自前清同治七年，政府與外人訂立引水暫行章程後，於是外人領港之風日起。當時之所以僱用外人者，不過因一時人材缺乏，供不應求，暫借外材，以事調劑，故引水章程上有「暫行」二字。詎知吾國當局計不及此，不知隨時取締，遂致外人勢力日益擴張，華船領港幾被外人侵佔殆盡，喪權辱國言之痛心。今日會議之要點，卽在於『恢復華人領港權』七字，應請諸君注意。

外人替曹錕策昇平

和森

申報北京電：某外人建議政府，設裁兵籌備會，曹錕會長，吳齊蘆馮爲副會長，並謂黎之失敗，在不代表何種勢力，今直隸系大可憑藉固有勢力，多做幾件有益國家事，則未嘗不可順守。

這個專電，看來雖空洞得很，然却有一種事情隱藏在背後，并且不久便會要出面。這是什麼事情？一定是什麼裁兵借款，所謂裁兵籌備會便是這種大借欵的幌子。

『五月內平定川湘粵』，這不但吳佩孚心裏癢，英美帝國主義者心裏更癢。所以美國公使舒爾曼不遠數千里由香港跑去雲南，何東爵士也在同時北跑京洛（現在不過因病折回漢口），而北京政府又居然有爲何東的主張組織和平委員會以高凌霨任委員長之說（見申報）。這麼一來，研究系某君所說的太平景象豈不可以實現嗎？大借款豈沒有堂哉皇哉的名義嗎？

好個江蘇省民！

巨緣

——駁時事新報張君勱之論新憲法。——

張君勱在他『北京新憲法與江蘇』裏說：

『軍費也，省自治也，義務兵也，此皆國人數年來鼓吹之結果，乃有今日之規定，又豈得以賄選行爲，並此而抹殺之。』

新憲法的價値原來在於這些好制度！我們暫時承認這些制度是好的，請問現在的當局能否有誠意履行？軍閥欽賜憲法原不過裝飾場面：軍費不因憲法條文而減，省自治不因憲法條文而實行：至多祇有藉口裁減異己的軍餉，增加小軍閥的權勢，那裏有什麼義務兵，有什麼省自治！

張君勱以江蘇省民及中國國民的資格，勸國人以『公民投票』決定新憲法。即使完全決定之後，完全修改成一理想的或最切於中國現實狀況的憲法，也是絕無用處。何況張君勱說：『投票標題，則就憲法之全部爲可否之表決，至各條文之內容，以無分別去取之法，故留之不論；其以爲可也，則新憲法應即日全部實施；其以爲否也，則悉仍現狀，勿加更張』！所謂憲法全部，若是說的通過於豬仔國會的，那就缺少了教育和生計兩章；若是說草案，又沒有通過國會。眞正公民投票時，祇有保留之一法。張君勱既指出憲法中種種弊竇，如『議員延長期之條文：無論何人不能同意』；同時又說可以『即日全部實施』。眞是矛盾。

憲法是人民權力的表示；公民投票亦權力表示的一種方法。張君勱亦說『與其待一二人不可必之勝敗，何如國民自起而圖之。』然而所謂『自起而圖』僅僅是『公民投票』；請問：假使公民不承認這憲法—曹家的飾品，難道軍閥便俯首依之？張君勱回答得好：『其以爲否也，則悉仍現狀』什麼是現狀？現狀就是：北京立一賄選政府，各省任軍閥割據，小官僚小政客壟斷『自治』機關。既然如此，又何必公民投票，又何必多此一舉！眞是荒謬之至。

張君勱又說：『即如孫中山之誓不承認，假其武力能攻陷北京，其能以一手一足之力，宣言此憲法之無效乎？殆不然矣』。啊哈！張君勱已經承認現在憲法有效了！民權須有平民的實力後盾，固然不是一手一足之力所能實行；軍閥須由平民的實力推翻，亦非一手一足之力，所能撲滅。國民『自起而圖』，應當是共同集合武力，推翻軍閥。『必須先有實力辯實民權，憲法才能穩固』，必須自己能實行義務民軍，才能定上憲法條文，保存一定期間的軍制；必須先去各省小軍閥，實行民治，才能保證一定期間國家組織之合理的地方自治制；必須先肅清軍閥，才能確立國家財政計畫，決定相當成分的軍費。『事實上各國憲法都是如此—都是某一階級實力表顯之後方確定的』。如今張君勱以爲豬仔國會通過了憲法，白紙黑字的死傢伙，便算有效了！孫中山的誓不承認，反變成不承認那些狠好的已經實現的曹錕所欽賜的或江蘇督軍省長省議會所應允的『義務兵，省自治等等好制度了！

哼：十月五日通過的憲法有『人民自由權利』的條文，十一月二十日，上海新聞報記者便無故被捕，—這是時事新報和北京晨報所謂已生效力的新憲法！

這位『狠好的』江蘇省民更要江蘇人投票承認這種憲法，—表示江蘇人的無實力；或者不承認這憲法，—表示江蘇人承認現狀是合法的。

這狠好的江蘇省民—張君勱，他所謂『江蘇公民』的是什麼人呢？『如縣市鄉議會省議會以及職業團體之會員』。原來如此！以前沒有參與縣市鄉議會選舉的勞工農民，現在沒有組織團體的普通平民就不算了！此等團體，所謂『法定團體』便足以代表全體江蘇人的意志，去承認那，『任意逮捕新聞記者的曹家憲法』，或者去承認這『實在無法無天的現狀』麼？江蘇公民聽者，中國國民聽聽者！

世界一週

英國的政爭

和森

英國自上屆選舉保守黨波拉勞派勝利以來，即把聯合政治打得粉碎。然保守黨中的張伯倫派猶與魯易喬治保持相當的關係，故不加入波拉勞內閣。同時　易喬治與愛斯葵也還沒有取消國民自由黨（以喬治爲領袖）與獨立自由黨（以愛斯葵爲領袖）的對壘。波拉勞死，包爾溫（波拉勞派）組閣；形勢漸變，張伯倫派與波拉勞派復合之趨勢漸見明瞭，而魯易喬治亦於此時遨遊美國，有所企圖。

現在有兩個大問題橫在英國：一是賠償問題，一是失業問題。包爾溫內閣上兩月雖然與法國衝突得厲害，後來却一天軟弱一天，而對於失業救濟亦坐視無策，於是大受工黨的彈劾與自由黨的攻擊。在這樣情形之下，包爾溫乃用很敏捷的狡計，一面擬定保護關稅程序，一面宣布解散國會，舉行新選舉。

在此倉促的選舉戰爭中，張伯倫派宣言贊成包爾溫保護政策，保守黨完全復合爲一；魯易喬治宣言擁護自由貿易，而自由黨也完全復合爲一。工黨與共產黨亦各宣布其獨立的政綱。今將四黨主張列舉於下：

A. 保守黨—採用保護關稅政策，并徵收製造品稅，其目的爲：(1)以對於國內出產較爲公允之方法籌集入款；(2)以特殊之資助給予因外人不公允之競爭而受累之工業；(3)利用關稅，以便磋商國外稅則之減輕；(4)在關稅全部範圍內，予帝國以實在之優待。

B. 自由黨—自由黨由愛士葵與喬治二人署名發出宣言書，謂一年前根據五年甯靜大綱所選出之政府，今忽以未曾證明，且莫能證明之改革稅則可救失業說，陷國家於選舉之騷擾地位，政府舉動，操切可危，此實辦理與英國生活極有關係之外交大事一敗塗地所致。政府無遠識無決斷。致使英國不復操左右歐舉之勢力。即東方政策亦復如是。可恥之洛桑條約，竟斷送英人在土商務之安全。而英國在遠東有價值之市場，恐亦將有與此同樣之命運。自由黨政策主張(1)迅速解決賠償問題，輔以協約國債務之考慮。(2)並主張竭力與美國合作。(3)及對俄恢復完全關係。宣言書又謂資本稅有損無益。自由黨所切需者，爲英國與帝國之發展。如改良運輸，多植森林，減低力價，開闢領土利源，增設殖民地與印度鐵路，便利海外移民，減輕帝國間運費，增進資本家與勞動家合作等是。至於農業所需者，爲鞏固物價，充裕財力，固定農出租期，改革運輸方法。自由黨主張政府予農民以借貸之便利，助其組織銷售合作機關；撙節公款，改良地制。

C. 勞動黨—工黨宣言奮痛詆保護稅則，謂無以補救失業，反足禍國病民。積極挽回失業之方法，僅工黨有之。宣言書主張，(1)擴張國際聯盟會而謀國際合作之政策；(2)英國立即召集國際會議修改凡爾賽和約；(3)恢復對俄關係。宣言書指斥政府未能減輕戰債，謂財政一席若屬諸工黨，則工黨定即施行徵收個人資產稅陸續繳付戰債之方法，凡個人資產超過五千鎊者，須納此稅，專以償債，如是所得稅可核減，食物稅宴會稅及公司利益稅皆可以銷，而社會事業之款，將來亦可取給於此。

D. 共產黨—英國共產黨選舉宣言書，要求(1)沒收停工各工廠，及荒蕪之土地；(2)每星期工資至少四鎊，每日工作六小時；(3)贍養賦閒之工人，而爲建居屋；(4)並建設勞工政府。

保守自由勞動三黨的分野，在這次選舉戰爭中比上次更爲明白。張伯倫演說：『保守黨最大勁敵不爲社會主義，但爲由分而合之自由主義』；魯易喬治演說：『保守黨煩倦時輒乞助於稅則，猶人之因煩倦而乞助於酒』。保守黨代表銀行資本：故主張保護關稅并徵收製造品稅：自由黨代表工業資本，故主張關稅自由（如此則原料能自由輸入而其價廉），并反對徵收稅製造品稅。工黨一面反對保守黨的保護政策，一面又反對自由黨的不主張收資本稅。故不僅保守黨與自由黨無聯合之可能，自由黨與工黨也無聯合之可能。三黨的分野愈明瞭，便是證明英國的階級鬥爭愈劇烈。工黨在上次選舉中既獲次多數，若在這次更爲勝利，則完全可以實現共產黨的政綱而建設勞工政府。

讀者之聲

好個「英報亦反對臨案通牒」

嫺外的新聞記者，我深謝他介紹倫敦The Natiouand The Atheurenm週刊一篇所謂反對臨通牒的論文——見北京二十二日的晨報，綜其要意是：(1.)「中國問題實於吾人大爲重要者也•吾人希望國際間一般關係得以改良，然華府會議所協訂之對華公道政策，正爲改良國際關係之要着，奈何不努力實行之乎！中國久爲英國之最重要市場，此後且有無量發展機會中國之和平治安，於吾英之經濟有莫大關係」。(2.)「民國以來中央政府失其威權，號令不行然則十六國以臨案要求迫諸此假政府有何效力乎？須知恢復中國秩序問題：乃一再造一威令能行於全國之中央政府之問題，而欲再造此種政府，非得眞正握權之督軍贊助不可」。(3.)「惟西方列強所負之職責，尙未履行•華會所訂各約允許完全尊重中國主權，尤注重於增加關稅，及逐漸廢止治外法權，列強允派兩委員會至中國，其一調查治外法概問題，其一考慮加稅裁厘問題深望列強早日履行其義務也。」(4.)「自後如朱爾典爵士致泰晤士報函中所說「關稅已爲迭次外債內債之保品，各省不但失此財政上重要來源，且內地常關收入及厘捐亦漸抵借外債，最後鹽稅亦爲外債担保品，不復爲各省所有，各省乃不得已停解協濟中央之款，且截留已抵押外債之鹽稅及他稅，在事實上各省已對北京宣告財政上之獨立；遂使北京有名無實，不復成爲中央政府矣。今欲重造一有力之中央政府，必須取得各督軍之贊助，欲取得各督軍之贊助，竊謂最好訂一辦法，使中央所得增收之關稅，以其一部分歸各省庫收存，庶中央地方財政地位得議均平，而免相爭」。(5.)「由是觀之：兩種委員會如迅速派遣，可得遠大之良好結果，蓋各督軍爲保自己利益起見，亦當與兩委員協作，此項外來之刺戟，未必不能使現在互相爭權之各督軍和衷共濟而開一大會議也。此等中國領袖既能相聚一堂，則設立一代表全國之中央政府，大有希望，夫各督軍固曾遭猛烈之指摘然亦頗有幹濟之政治家，不愧爲前清督撫之流。今欲改造中國，非得彼等合作，決難成功。若代表全國之中央政府一經成立，則財政，關稅，商務及護外僑等問題，自能迎刃而解總之，設立一眞正代表全國之中央政府乃中國人及凡與中有關係之人之極大寶物。」洋記者的見識倒是透徹，知現在北京政府沒威權而號令不行，所以「再造一威令能行於全國之中央政府」，幫着曹錕拿攏眞正握權之督軍想使臨案通牒能完全收効！這尊重中國主權的美名，實領教的不少了；至於增加關稅一請看第四節所說增加關稅的用處，就顯然知道了。廢除治外法權，更是虛騙：還須列強的委員會來調查，這種儼然干涉中國內政的手段，我們當然「深望列強早日履行其義務也」！他引朱爾典爵士致泰晤士報—英帝國主義者之機關報—的話確爲證明帝國主義者在華須造一有威權號令能行—眞正握權的督軍團—的政府的必要，其下文還謂「今欲再造一有力之中央政府，必須取各督軍之贊助，欲取得各督軍之贊助」還必須訂一引誘之辦法，就是他所謂「使中央所得增收之關稅，以其一部分爲各省庫收存」，這可說是外國帝國主義收買督軍的好辦法：我們試玩味「今欲……非得……之極大寶物」一段話，更可完完全全看出英美幫助曹吳的政策。然而晨報記者還說「足見外報亦尚有公論」！嗚呼中華民族連這一些常識也沒有嗎！

燕衰，於京兆　一九二三，十，三十

The Guide Weekly.

週報

（中華郵務局特准掛號認為新聞紙類）一九二三年十二月十二日

定價　每份三分全年大洋一元三角半年七角國內郵費在內

分售處

巴黎　廣州　北京　上海　武昌　太原　長沙　濟南　成都　杭州　雲南

中國青年社　丁卜圖書社　大學出版部　上海書店　民智書局　時中書社　共進書社　新青年社　文化書社　群益書社　新聲報流通社　古今圖書社　新亞書社

◀第四十八期▶

每星期三出版　發行通訊處　杭州馬寶巷法政學校轉安存真　北京大學第一院收發課轉劉伯青

中國一週

為收回海關主權事告全國國民

和森

代表你們利益的革命領袖已在英美砲口的威脅之下！

你們應擁護廣州政府與外國帝國主義為光榮的奮鬥！

自廣州政府收回海關的消息傳出，英美等國即大派軍艦進逼省河，並遣陸戰隊上岸遊行，向廣州政府示威。同時英美帝國主義者在香港北京上海各大埠散布的宣傳空氣是說孫中山要將海口開放為自由港，并且要搖動內債基金。

砲艦政策與宣傳政策並施，果然錯亂全中國人民的耳目：有的打電報替外交團和安格聯助威（如總商會銀行公會等）要求孫中山不要破壞關稅以裕內債基金；有的顯顯然然憂慮廣州政府的非常行動足以惹起外力的干涉和共管，其責備愛國領袖的論調，也不啻間接為北京賣國政府張目（報載北京政府忠告孫文勿惹起外力干涉！）；有的分散其注意力去討論自由關稅制是否適宜於中國，因而對於所謂「孫中山開放海口為自由港」的政策不免發出些反對的議論。以上三部份的意識雖然各不相同，然其被英美宣傳政策所蒙蔽，而忘記收回關稅主權的大目標，都是一樣的。

據本報所得確實消息，孫中山氏的惟一政策，在收回關稅主權；此外並無所謂自由港之提議。據其入手辦法，自然要控制粵關收入，然此項政策的性質並非局部的，但為中國國民黨改組的新政綱之一，將來尚須全國大會通過施行，發展為普遍的全國的運動（參看本期國民黨改組消息）。故此項政策不僅無絲毫損害商界銀行界的意義，而且是專為國家的主權和中流階級的利益設定的。

可憐的中國商人和銀行家及一部份新聞記者，未免太缺乏政治上的關心與常識：他們不知反抗外債擔保侵及內債基金的優先權；他們不知此時英美帝國主義壓迫孫中山便是打消與他們利害切身的收回關稅主權的必要運動；他們以為孫中山也是利己主義者，只顧鞏固自己的地盤　而不惜招惹外力干涉與搖動內債基金。其實中國自最近八十年以來　已無日不在外力干涉之中，無時不在外國帝國主義的壓迫與宰制之下　國境以內，租界縱然、水陸要塞　大半割讓；各大都會，莫不有外兵的駐紮，長江內河，簡直任外艦橫衝直撞；海關鹽政早已共管；鐵路交通，現又繼之；外交內政，無一事能容中國人自主，文化教育也幾乎全歸外力支配……。然則這樣早被外力佔據和宰制的中國，還有什麼方法可免避外力的干涉？

現在中國人只有兩條路可走：一是永遠屈伏爲奴；一是起來與外國帝國主義奮鬥。而孫中山氏對於收回粵關主權的堅決表示，便是這種奮鬥的第一步。

孤軍獨戰的孫中山，他負了中國國民革命的唯一使命，所以他不僅是盜竊國政的直系軍閥的唯一敵人，而且是幫助曹吳的英美帝國主義之唯一敵人。他對於外國帝國主義沒有遵守什麼「條約」的義務，也如他對於直系軍閥沒有「提供廣東關稅以打廣東」的義務是一樣的。英美軍艦既在長沙幫助趙恆惕打走了譚延闓；現在於陳炯明大敗之後，又藉口海關問題開到廣州來示威，原來毫不足奇。所以現在代表中國國民運動的領袖與英美帝國主義的衝突是沒有方法可以妥協的，因而外力干涉的招惹，自然也沒有方法可以免掉。只有善於賣國的北京政府 才有常常免除外力干涉的本領！

親愛的全國國民，你們快快醒來罷！代表你們利益的革命領袖現在已在英美帝國主義的砲口威脅底下，你們還不迅速起來爲他的後盾嗎?!

附錄：孫中山告字林西報記者格廉氏，謂廣東一省，獨負護法軍全部戰費，已越多年，而北京依列强承認之便利，得收廣東之關稅以打廣東，事之不平，無過於此！依彼計算，兩廣關稅收入，年約一千萬元。此本兩廣人民之錢，故當然爲兩廣所有。彼擬令飭關吏，繳出稅收，若關吏拒絕。則撤換另委。至於外債部分 廣東應擔之數仍當照繳……格廉氏：此計畫擬何時實行？孫答數日後即將着手，且事前不先通告列强者，因稅款屬於廣東，與列强無涉也。……格又問若外交團承允撥付廣東部分之關餘，如民八故事，則此事是否中止？孫答曰然；然亦必將歷年應撥未撥之數如數付彼而後可，但彼意外交團對於此層不能辦到。……格又問今外艦雲集于廣州，若各國武力干涉，則將與之戰乎抑否乎？孫答以廣東兵力，決難勝外艦聯隊，但彼若有與外艦接仗之機會而遭敗衄，則雖敗猶榮，將視爲一種榮譽，且亦尚有第二步辦法。第二步辦法如何雖未明言，格廉氏之意，以爲指聯合蘇俄，因蘇俄代表婆羅廷氏近在廣州也。……格又言干涉關稅。影響債票市面，若各省羣起效尤，勢必破壞全國之關稅制度，國家將蒙不利。孫氏答言，國債担保，除關餘外，尚有鹽稅及交通收入，果切實整頓，何難彌補。若慮各省效尤，債券無着，搖動國信，則補救之法，亦甚易易，祇須外國撤消對於北京政府之承認可也。

革命政府反抗帝國主義的第一聲　仁靜

中國的海關在外人控制之下已經八十餘年（一八四二至一九二三）。在此八十餘年中 中國與列强協定稅則，到僱用外人幫辦稅務，由僱用外人幫辦以至外人代管，在外人是得步進的侵略，在中國是主權逐次的斷送。外人自把持中國的關稅以來操縱壟斷中國的市場，洋貨一瀉千里的從歐美流進，中國原料毫無限制的輸出。中國爲甚麼有土匪，內亂，戰爭？單純由於軍閥和政客的野心嗎？軍閥斷不能强迫有職業有生計的人當兵匪。外人不斷的侵略將中國人民的膏血搜括以去，中國人民失業流離，只有做土匪和當兵的一條路。中國的亂源是在帝國主義的侵略，而侵略之總關鍵在協定稅則與洋人把持海關。

洋人把持海關不但輸入商品，排擠中國的農業和手工業，還要輸入鴉片，嗎啡，和軍火以荼毒中國人民，助長中國內亂。還要以關稅擔保，大借外債以援亂中國與延長軍閥的壽命。

洋人壟斷中國海關，毫無條約的保障，習非成是，中國人安於現狀，對外人之把持亦恬不爲怪。於是中國人民要否認政府即求稅務司停付關鹽二餘，中國人民要購買公債亦視安格聯之是否担保爲轉移。中國的政府在近幾十年來是變更幾次了，但握我們財政商業，金融，交通命脈的英國帝國主義是我們的太上政府，她的聲威屹然不動，她的地位從鴉片戰爭直到現在，日趨於鞏固和神聖不可侵犯。中國人雖然推翻了滿清，但是洋人的權威只是很少數的人主張反對，在多數人的心目中，她的存在似乎是當然的無可非議的了。

最近廣州政府，收回海關運動，我們不能不說是空前的反抗外國帝國主義的運動。雖然孫中山先生所持的理由是說「北京依列强承認之便利，得收廣東之關稅以打廣東，事之不平，無過於此」，但我們以爲此種舉動含有更深更廣的意義。這是領袖中國人民實行國民革命的政府，不堪外力的壓制，起而與英國帝國主義決戰的第一聲。經此行動，國民黨不僅是擔負打倒軍閥的使命，而且要變成推翻國際帝國主義的急先鋒。我們除贊美此事本身的意義外，更不得不祝賀國民革命的前途！

趙恆惕陳炯明與聯省自治派

獨秀

嗚呼！聯省自治派！可憐他們心目中的靠山，就是趙恆惕和陳炯明。

趙恆惕前年殺黃龐，今年殺農民，又學吳佩孚以武力干涉水口山工人罷工，派兵占領工人俱樂部硬說他是無政府黨總機關，時爲無政府黨吹大氣，這些黑暗罪惡姑且不提。他此次勾引北兵進湖南　聯省自治的先生們能說這不是事實嗎？馬濟沈鴻英等都奉曹吳的命令深入湖南了，這還是省自治嗎？今後趙恆惕當然不敢再向曹吳說什麼自治，而一面又不敢公然向他的部下護憲軍宣布取消自治，此時正在進退維谷。我想趙恆惕必然痛恨上了聯省自治先生們的當，不然他始終一意附北，何至今日進退兩難！

陳炯明此時又何嘗不進退兩難，但他進退兩難的內容，却完全與趙恆惕相反。陳炯明本是一個狡猾的野心家，他附北也幷無誠意，不過是利用北方經濟的援助，打退孫中山，他再掛起自治招牌，做一個不南不北的廣東王。可是天不隨人願，他的部下却不能體貼他這樣苦心，當東江初發難時，陳炯明與諸將在汕頭置酒高會，洪兆麟突舉杯對陳說：『什麼聯省自治，這是北方所不願聽的，今後總司令不要唱這種高調了！』陳炯明聽了面色青白，終席闇不出一言。日前陳軍攻克石龍，陳得意之餘電報齊燮元，齊卽電稱奉曹大總統令陳某勞苦功高傳令嘉獎，陳回電拒獎，而曹吳大怒。今後陳炯明附北則不得爲廣東王，不附北則不獨北方窺破其奸不肯加以援助，卽部下將士亦不用命，這是陳炯明進退兩難的情形。

以陳炯明趙恆惕如此行爲如此環境，而聯省自治的先生們還要拿他們做靠山，這眞是『拿着乾魚放生不知死活』了。

廣東農民與湖南農民

獨秀

廣東海豐農民因爲天災向地主請要求減租，幷不算犯了什麼天大的王法　而陳炯明的軍隊居然將農民二萬餘戶所組織的農會解散了幷捕去該會職員二十五人關在監牢內，至今有些還未釋放，這場冤案，若是孫中山的軍隊早打破了海陸豐，那是不會有的了。

現在湖南衡山農民因爲禁米谷出口以平谷價，也不算犯了什麼天火的王法，而大地主殷販米出口的商人又兼軍閥之趙屠戶，乘譚軍退梭，居然調動大軍，解散此萬餘人集合之農會，并殺傷逮捕若干人，這場冤獄，若是譚軍不退出衡山，那也是不會有的了。

因此，我們應該澈底覺悟：一切工人運動農民運動學生運動，都不能離開政治運動，因為政治上的自由，是一切運動所必需的。例如曾吳的勢力不倒，民主政治不能確定，鐵路工會和全國學生總會除廣州外何處可以存在？

趙恆惕實行附北攻粵矣

致遠

趙恆惕多少年前便是吳大軍閥看守湖南的家奴，『聯省自治』不過是一時藉來掩蔽世人的耳目，現在果然自將『護憲』招牌擊碎，赤條條的附北而且攻粵了。

最近數日內，吳佩孚如何派人赴湘勸趙取消自治，如何指使趙負平粵責任，趙恆惕如何派員分赴湘西湘南徵求諸將領對于取消自治意見，如何派遣唐生智全師與沈鴻英會攻韶關：這類為我們早已料定的消息，都在全國各報上披露出來。

這并不算奇怪！如果我們以護憲不卒責趙恆惕，也如以貞操責妓女一樣，同為無意義，無常識。

不過，湖南人『聯省自治』的迷夢應該醒悟過來了。我們姑不論在此軍閥與外力雙重壓迫之下的時局不是『聯省自治』可以解決的；即讓一步說，『聯省自治』不失為解決時局之一法，試問是假手軍閥可以實現的嗎？此次趙恆惕便　給予我們一個天大的教訓。

湖南人向以義勇見稱，在中國革命運動史上無役不從。現在趙恆惕公然狐狐埋搰的毀憲，公然明目張膽的賣省，公然奴顏婢膝的附北，公然倒行逆施的攻粵，將三千萬湖南人的人格和顏面喪失殆盡。親愛的湖南同胞呵！你們當如何湔雪此恥!?

英國帝國主義之鴉片政策

致遠

北京使館盛唱禁烟

香港政府設局專賣

一南一北輝映成趣

本月九日上海申報專電云：『北京電：英館函，四川綦江，南川，宣漢，廣元，昭化，劍閣，金堂，新繁，廣漢，鄰水，廣安，漢中，通江，巴中，資中，仁壽，資陽，西昌，會理，鹽源等縣，種烟最多，經副領事菲樂爾查實，請注意』

本月四日北京東方時報載香港政府經營鴉片事業，其大意云：『某君曾在香港旅居若干時，深悉該處英政府經營鴉片專利事業情形。彼現已到京游歷。近日倫敦電報所載倫敦教會通過一議案，謂中國多數地方之軍人，均強迫人民種烟云云，遂語人，謂倫敦教會，與其指摘武人，毋甯責備英國政府，方可禁絕中國之烟毒。香港政府因鴉片專利，獲得大宗進款，此事閱該處預算，即可明瞭，該政府曾設烟田，凡人民能籌付相當款項，即可購買。該政府不啻直認吸烟係不良習慣，惟煙土可向政府經營機關購買。他人私賣鴉片，實為非法，查出後當沒收充公云云。……英國政府一面盛唱禁煙，一面設局專賣，其虛偽態度　眞令人大惑不解。……香港稅務人員，因販土之盛行，獲利甚多，因彼等可從中得報酬。……如有人由汕頭販土至香港，事前常有人通告稅務

人員 并報告藏土之處，稅務人員接此信後，卽靜候煙土之到埠，而加以查抄充公，因此遂可獲得大宗煙土，或價值相等之金錢。其通信而兼販土之人，亦可取得同樣之報酬。香港政府及稅務人員，皆自認如僅恃彼等之智力，則不能搜獲甚多烟土，彼等均恃通信報風之人。而此項通信報風者卽爲販運煙土之人，凡船到香港後，必有甚多之人，隨同稅務人員，前往碼頭，此等人或爲土販同黨，或爲舊犯，凡此種種，可表示香港政府所用爲發展販土專利事業之手段，極爲卑陋。查抄煙土案，與拘獲土販之數目相較，後者極爲罕少，因該處當局拘獲土販，不曾斷絕其搜出烟土之路也。……香港華洋人民，欲吸鴉片，極爲方便，大半中國旅館內，於飯畢後可任意覓燈吸烟。……如倫敦教會有志禁絕烟毒，則當先請英國政府嚴禁英屬遠東各處之鴉片專利也。…」北京東方時報爲英人辛博森氏所辦，此段紀載，當非誣罔。由此可證明英國帝國主義『一面盛唱禁烟，一面設局專賣』，其玩弄我誣害我并不視鴉片戰爭以前爲減。國人乎！請認淸此陰險奸滑之敵人。

世界一週

英國選舉中工黨之勝利

和森

關於英國選舉競爭，最近路透社傳來下列幾節最可注意的消息：

A選舉競爭現有搗亂行動，最甚者爲倫敦與蘇格蘭兩處。被擾者大都爲自由黨與保守黨。據被擾者云，此種搗亂行動，乃極端派工黨或共產黨所爲。自由黨胡格平氏在北巴特細境內屢開演說會，輒被人喧擾阻止，故已決計停止公開演說會，而肆力於個人之運動。自由黨丁丹特氏在格拉斯戈某處演說後，被人毆辱，搶去金時計與鍊，現常有警察保護之。保守黨賀恩昨晚在格拉斯戈演說，場中有人喧擾不息，致不能畢其詞，卒有工黨中人立於椅上，相繼狂呼。自由黨愛士葵在巴斯萊亦受同樣待遇，有若干人執旗而入，盤踞會場，旗上有歡迎勞工主義之俄羅斯字樣，復高唱紅旗歌，愛士葵乃不得不下演講壇而去。統一黨候補女議員羅伯森女士，昨晚在斯特羅洛之某學校內演說時，爲狂徒所窘，跌傷其腿，而唾其面，羅女士因受驚恐，今日不能起床云。（一日倫敦電）

B紐樸特之保守黨候選議員克拉里氏夫婦，昨夜爲反對之羣衆所圍，擲以磚石汚泥，克婦爲汚泥所中，腿部被跌受傷，今日不能出旅館。裴西勳爵夫人，昨夜在海斯汀會場演說贊助其夫時，受重傷。裴西勳爵發言時，爲衆困擾。有人以破杯一，擲上演壇，險中主席之面，但中其側之裴西夫人。散會後，衆復圍裴西勳爵之汽車，擾攘中，夫人之右臂爲汽車門軋傷，當汽車駛去時，衆笑號不已。（五日倫敦電）

C保守黨閣員六人失敗，而農部大臣桑德斯氏、失敗，尤爲現政府在農業區域失利之最大者。蓋政府初以爲提．農業津貼之政策，定可得農民之歡迎也。

D工黨今晨對於目前已得之結果，非常得意，謂政府多數業已銷滅。工黨此次勝利，乃過去兩年中慘淡經營所致。而其對於失業問題之態度，始終如一，堅決不變，亦爲致勝之一原因。見工黨固有之席，迄未有被保守黨奪去者，此乃極可注意之一點（工黨甚以漢德森氏失敗爲惜，蓋自由黨與保守黨聯合敵之，故漢氏不能勝利也。

E保守黨總部不願在選舉結果完全發表以前，發表意見。但以此次失敗，全由於民食昂貴之呼號。政府黨困於倉促選舉之情勢，未及切實駁正之云。包爾溫已返此，有不豫色，不允發言。保守黨蒙德氏稱，包爾溫將辭職，而稍實自由貿易之資比氏或將組閣，暫行維持。

F目前政狀為政治史中所未有，三政黨皆無權支配之。彼此意見甚深，聯合為不可能。唯一解決法，殆在協定暫時行政辦法耳。政界大為震動，預料包爾溫必辭相職，英皇將召資比爵士組閣云。工黨與尚彩烈，自由黨尚怏怏不樂，蓋以勝利不若工黨，猶為三小黨中之最小黨也。

G新組政府，未易推測。報紙批評，頗不為包爾溫表同情。自由黨報紙，當然以咎由自取相嘲；而保守黨報紙。亦痛惜不從保守黨領袖勸告，輕自犧牲安穩地位之愚。各報皆討論各黨能否商定一大共同計畫，利行政之問題。如能有協定，則短小時期內，不致復有選舉。若再選舉，恐僅再造成現狀。若混合內閣，則亦不為人歡迎。各報大都謂宜由一黨組織政府，而得另一黨扶助某種議案之允諾，但應入閣者，究為何黨，則言者不一其詞。保守黨現自認保護政策將於許多年內未能實現，自由黨則謂保護政策業已消滅。（以上七八兩日倫敦電）

由以上五節消息，可知工黨勝利的形勢：不僅搖動了保守黨和包爾溫內閣的地位，而且搖動了自由黨的地位；不僅使資產階級各機關報建議各黨拋棄競爭而從事於協商，而且建議立刻停止選舉。

這是代表些什麼意義呢？這是表明英國資產階級政治已整個的破產，而勞工政治正在那裏順利的誕生，怎樣說英國資產階級政治已整個破產呢？現在英國大多數人民不僅不信任保守黨的欺騙政策，而且也不信任自由黨的欺騙政策。保守黨的政策固然足使失業恐慌愈益嚴重　物價愈益昂貴英法衝突愈益激烈；而自由黨的政策又何嘗能救濟失業，輕減物價，解決英法衝突，而挽回歐洲資本主義的厄運？保守黨在選舉場中固然到處受人民的毆辱與咒罵，而自由黨又何嘗不受人民同樣的厭惡與待遇？魯易喬治對於不能救濟失業和敗衄於賠償問題的現政府之抨擊固然振振有詞；然一年以前，他自已又何嘗不是以同一原因被人攻擊而下野？所以現在不僅保守黨沒有挽回英國資本主義頹敗的法寶，自由黨也同樣的沒有挽回英國資本主義頹敗的法寶；英國資產階級政治的破產，已在此次選舉現象中完全表露出來了。

在資產階級政治破產的當頭，業已開了勞工政治的遠景！上年選舉勝利的工黨，今年又連續加倍的勝利起來；這決不是一件等閒的事件。這雖然是一種和平的而非革命的變化，然和平的變化尚且到了這步田地，可見歐洲資產階級政治是怎樣的臨了他的末日而無存在之餘地了。

最後我還要附綴一點很有趣味的消息：路透社二十八日倫敦電白明漢工黨開會時，首相包爾溫之子名阿里佛包爾溫者，登壇演說，批評政府之辦事不力，謂過去一年中政府所為之事，無異無辜拘禁若干人，後卒認賠損失而已，今國人所需之唯一保護，即在反對此種政府云；又主張採喬治亞與南俄之所行社會民主黨之政綱，組織工黨政府。

國民黨改組消息

十月二十五日，中國國民黨在廣州召集改組特別會議，組織新的臨時執行委員會，並決定明年一月十五日在廣州開國民黨全國大會。茲將其改組宣言和黨綱草案特載於下，以見中國國民革命運動開拓之遠景：

中國國民黨改組宣言

吾黨組織，自革命同盟會以至中國國民黨，由秘密的團體而爲公開的政黨，其歷史上之經過，垂二十年，其奮鬥之生涯，落落大者，見於辛亥三月廣州之役，同年十月武漢之役，癸丑以往倒袁諸役，丙辰以往護法諸役；黨之精英，以個人或團體爲主義而捐生命者，不可勝算。當之者摧，攖之者折，其志行之堅，犧牲之大，國中無二。然綜十數年已往之成績，而計效程功，不得不自認爲失敗。滿清鼎革，繼有袁氏，洪憲既廢，乃生無數專制一方之小朝廷。軍閥橫行，政客流毒，黨人附逆，議員賣身；有如深山蔓草，燒而益生，黃河濁波，激而益混。使國人遂疑革命不足以致治　吾民族不足以有爲，此則目前情形無可爲諱者也。竊以中國今日政治不修，經濟破產，瓦解土崩之勢已兆，貧困剝削之病已深，欲起沉痾，必賴乎有主義有組織有訓練之政治團體，本其歷史的使命，依民衆之熱望，爲之指導奮鬥而達其所抱政治上之目的。否則民衆蠕蠕，不知所向，惟有陷爲軍閥之牛馬，外國經濟的帝國主義之犧牲而已。國中政黨，言之可羞；暮楚朝秦，宗旨無定。權利是獄，臣妾可爲。凡此派流，不足齒數。而吾黨本其三民主義而奮鬥者，歷有年所，中間雖迭更稱號，然宗旨主義，未嘗或離。顧其所以久而不能成功者，則以組織未備，訓練未周之故。夫意志不明，運用不靈，雖有大軍，無以取勝。吾黨有見於此，本其自知之明，自決之勇，發爲改組之宣言，以示其必要。先由總理委任九人，組織臨時中央執行委員會以始其事，行將召集海內外全黨代表會議，以資討論。關於黨綱章程之草定，務求主義詳明，政策切實，而符民衆所渴望，而於組織訓練之點，則務使上下速通，有指臂之用，分子淘汰，去惡留良。吾黨奮鬥之成功，將緊乎此。願與同志共勉之！

中國國民黨黨綱草案

吾黨之目的，在於中國領域之內，構成一民有民治民享之國家，使全體國民得於國際上政治上經濟上遂其有價值之生存，本此目的，揭爲「三民主義五權憲法」之主張，以奮鬥之精神而圖其實現。所謂三民主義五權憲法，倡之吾黨總理孫中山先生，故其內容解釋，當以孫中山先生之說爲歸。今依次序而舉其梗略：其一則「民族主義」也。民族主義，包涵至廣，語其嚴要，則凡民族結合而成國家，其意思行爲，自由獨立，不受他民族壓抑干涉，反乎此者，則視爲障碍，不能相容，排而除之，不俟終日。辛亥革命，滿清覆亡，民族主義，於以發軔。然而境土以內，租界矗然，政制科條，莫能容喙，民墮牛馬，盜憎主人，治權割裂，於茲爲甚。外人之於中國，則洋輪番舶，江湖河海，無隙不穿；而吾民之往外國，則農工階級，纖芥微族，特干例禁。至於僑生之品，無益之貨　吾民所欲謝絕者，外國則強迫以售之；內地之所產，農工之所資，吾民所欲保護者，外國則條約以阻之　吾民族於此，在政治上經濟上久已淪於外國藩屬之地位矣。滿清鼎革，僅去一梏，而吾民族之獨立自由，尚未除其束縛。解脫之責，有賴於吾黨對於民族主義之勵精猛進者，正未艾也。其次則「民權主義」也。民權主義，泛言之曰主權在民。然內主權行使之範圍不同，民權遂有廣狹之別。考諸近代，號稱民治主義之立憲國家，其人民之參政機關則曰議會，其人民參政之行爲則在選舉代議士或官吏，所謂代議政體，其旨在斯。顧代議士所提議議決者，未必盡愜乎民心，官吏所施行者，未必盡符乎民意，其補救之道，捨政府解散議會施行改選或黜革官吏之外，惟有俟其任期終了，另選賢能而已。狡黠政客，利用此制度之不完，乃以欺騙人民，播弄政局，國蠹黨弊，緣是而生，民權之歸，有名無實。在歐美素行立憲代議制政治之先進國家，推重民權，謂非東方諸國所及，而理想與效果，制度與事實，相去若是。識者乃益以人民創制複決罷免三種權利，使人民不必藉議會之提議而可創制，不必聽議會之議決而可複決，不必俟議員官吏之任滿改選或黜革而可由人民罷免，以濟制度不完全之窮，民權之實，差以得保。今中華民國成立僅十有二年，舉凡代議制度選舉制度中，他國所短長互見者，我國幾於無美不遺，無惡不備，軍閥國賊，用能橫行，民權之削，反較專制之開明時代爲甚。民國之立，吾黨實倡之，亦實成之，然而本質不存，驅殼徒具，則民權主義之促進，在吾黨固責無旁貸者也。

再次則「民生主義」也。民生主義，於人類各種組織之中，所以有國家社會之遺留者，原以圖團體的生存，而遂其共同之生活；則凡社會組織，產業制度，有以資團體生存之鞏固而益共同生活之繁榮者，在法當認爲優良，反此則否。故善羣事者，不患寡而患不均。國富之總量，欲求其增加 而生產之分子必期其充裕。否則偏枯爲病，兼併勃興，瓦解勢成，崩壞立見。前此秉國鈞究治術者，社會現象之觀察不明，民生主義之條理未達，階級鬥爭，熟視無覩，落離自潰，茫漠不知；以爲自來社會中心，奠基於個人之資本主義，個人資本之積集愈厚，則社會之生產力愈增；民業化分，賴此而廣，經濟抒軸，本此而旋，政府無爲，一依個人資本之自動以爲之理。顧自機械發明以後，生產交通之器具，所以代人工而節經費者，日益精微，自人道上論之，勞力少而效果多，其造福民生，寧有涯涘？但其所驗於經濟社會之狀況，乃適相反：勞力代去，而民福不增，效果雖多，而少數蒙利；掌

母財者田連阡陌，事生產者貧無立錐。於是有咒機械爲食人，怨大地以不育 國家政府之設，自由平等之稱，有類畫餅療饑，無裨實際。於是社會問題，紛呶以起，社會革命，迫於燃眉。顧歐美政家之流，思患預防，一方則取所謂社會政策者行之。 （未完）

以濟貧富之調和，而彌資本制度之潰裂，一方則奉所謂經濟上之帝國主義，對於地廣人稠，而組織薄弱，地肥物博，而文化度低者，威迫利誘，置爲殖民地或半殖民地，吸其膏血，以滋養其個人資本主義之下之生產，而減殺勞工之不平。凡夫力行經濟上帝國主義之國家，其不卽日陷於危亡，皆賴有此等尾閭，爲其工業產品之宣洩，假曰不然，則社會革命，未有能制之者也。中國地大，交通乏便，田野不闢，富藏未開，而生產之方，貿遷之道，皆至幼稚。縱令得假時日，任其自然發展，非百年以後，不能儕英美今日所得之進步，而仍不能免却個人資本制度崩壞在內的危機：況在經濟上帝國主義壓迫之下，必不許中國有此百年從容之日月，以偷其殘喘乎！故爲中華民國計，欲使國富遞增，民生不悴，則必以國家自爲大資本大地主，用集產的方法，凡夫交通機關，基本工業，以至原動力之供給，大規模之生產，視國力之所能及，進而經營；與國內經濟界以至深至大之激刺，夫然後民業可望蓬勃而興。同時地主不勞而得之值，不歸私人而歸公家。則掠奪之機會不多，社會經濟之問題遞減。我內部既無分崩離析之慮，則外國雖有經濟上帝國主義之壓迫，將不能爲中國害，而將以自害而已。此吾黨對於民生主義所以認爲救國濟民唯一之良規者也。

The Guide Weekly.

週報

◀第四十九期▶

定價

每分三分全年
大洋一元三角半年
七角國內郵費在內

(中華郵務管理局特准掛號認為新聞紙類)

一九二三年十二月十九日

分售處

巴黎 廣州 北京 上海 武昌 太原 長沙 濟南 成都 杭州 雲南

中國書報社 丁卜圖書社 大學出版部 上海書店 民智書局 時中書報社 共進書社 晉華書社 文化書社 齊魯書社 華洋書報流通處 古今圖書社 新亞書店

每星期三出版 發行通訊處 杭州馬坡巷法政學校轉安存真 北京大學第一院收發課轉劉伯青

中國一週

國民黨改造與中國革命運動

巨緣

「辛亥革命造成中華民國的，是國民黨；歷年以來任勞任怨爲平民爭權利，反對北洋軍閥的，也只有國民黨」。然而人民往往只見國民黨主戰，以爲是擾亂，—甯可就地恭請某某軍閥，維持治安，—以致於有現在的局面。國民黨的鬥爭方法或者一時因爲人民不與援助，逼得不能不祇偏於軍事方面，不能不想運用無聊的政客，—結果吃力不討好，反受人民的漠視。然而國民黨的宗旨，國民黨的苦衷，經過這十年的苦鬥犧牲，至今日已大白於天下。人民的痛苦，人民的受壓迫，內內外外不知道有幾百重，到現在也應增長了不少見識和政治的經驗。因此，爲民權而奮鬥的國民黨已經覺悟，如今決計宣言大改組，號召全國平民來共同組織，共同奮鬥：

國人急起——反抗英美帝國主義！

香港電：謝英伯電美參衆兩院，謂駐京美使贊助曹錕圓成總統夢；今西南政府收回關餘，美使竟聲言武力對待，數日間令戰艦六艘集珠江，未知是否助曹迫南政府？

廣州電：昨今兩日均開國民大會，爭回關稅主權，羣衆赴沙面示威；中華海員公會已發通電；衆憤美艦來粵最多，兩日大會均提議美貨與英貨一律抵制。

『凡是愛國的人，都聯合起來罷！』

「列强侮欺我們——奪取關鹽稅的管理權，設立租界，割據軍港，占領鑛山，如今快要攫取全國鐵路，置護路軍及長江艦隊，簡直把中國變成他們的殖民地，把中國人變成他們的奴隸牛馬。軍閥壓迫我們——篡竊大總統，僞造憲法，摧殘教育，苛征重歛，勾結列强，實行賣國」。各省的人民，各界的人民儘着受列强和軍閥威逼欺罔，彷彿以爲事不關已，絕無動作；等到親身覺到了痛楚，—小軍閥的就地虐殺苛歛，外國人的橫暴淫掠，—如祇能做漫無組織系統的反抗運動，隨起隨滅，絲毫沒有効果，譬如衡山的農民，水口山的工人，安徽的學生向來不能反抗；可惜沒有全國的政治組織，共同的直接行動，相互間的助力，所以失敗。全國的平民呵，大家感受同等痛苦，大家有共同的敵人，爲什麼不聯合起來？聯合起來的第一步，就應當趕緊組織國民黨，集中我們的政治勢力。「要知道祇有我們自己的力量能取得眞正的權利。—權利不是天賦的，更不是軍閥列强所能賜與的」。現在的國民黨，便是我們集中勢力，運用勢力的中心。我們若要脫離列强和軍閥的壓迫，自己建設眞正的平民共和國，眞正的獨立國家，眞正能發展自己的經濟，─我們必定第一步先要組織平民的政黨─我們自己的國民黨。

現在這次的國民黨改組，恰好有重要的三點：

一，從此平民的政治運動與軍事的革命行動並進。

二，從此組織羣衆的民主式的眞正政黨，肅清腐敗份子。

三，從此實行嚴格的紀律，作全黨有組織有系統的運動，處處時時代表平民而反對軍閥和列强。

這正是我們平民自己的國民黨；然而要使他能如此，必須我們自己參加。商人，農民，工人，學生，教育界，凡是平民都應當為我們的將來─眞正獨立自由的中國而奮鬥的親愛的同胞們，快加入國民黨罷！以前的國民黨，或者有些人懷疑他的組織及行動方法，如今國民黨之明確的宗旨，與毅然的決心，已經有改組宣言及黨綱草案，黨章草案表示出來。我們平民自己應當快快的參加，大家盡力來幹─建立我們自己的黨。否則我們祇能做軍閥的牛馬，列强的奴隸：

『凡是平民都聯合起來罷！』

若是我們平民能在這十幾年的經驗裏覺悟到：不能再像從前那樣一味的推諉在幾個民權運動的領袖身上，自己反在傍邊說風涼話，那末，我們便應當積極的加入國民黨，共同的實行國民革命運動，中國纔有復蘇的希望。祇有那時 此次國民黨的改組纔眞是中國民權運動的新紀元。

聯省自治與新西南主義

獨秀

中國此時，在恢復國權上，在發達產業上，都急需一個統一的國家─國民統一的國家。聯邦固不妨碍統一，但現在有一班提倡聯省自治的人，同時又提倡新西南主義，這明明是想拿聯省自治的名義，割據西南幾省，使這樣消極的保守西南，而不積極的進兵北伐，不惜破壞統一是什麼？我們現在所急需的是國民統一的國家，是新中國主義，什麼新西南主義，什麼聯省自治，都是割據的諱頭，都是國民革命之障礙。

在交通一時不易充分發達和語言一時不易統一的中國，主張適當的地方自治權，這是無人能夠反對的，但中央和地方之軍政財政如何劃分權限，地方的立法權行政權擴大至何程度，這都是中華民國成立後憲法上的問題，決不是舊統治階級(即前清遺留之北洋軍閥)之武裝還未解除中華民國還未成立時所應決定的問題。

就將來的國家組織而論 適用聯邦制時 只有以前的殖民地若蒙古回部青海西藏等；若現在的行省，一旦去了地方軍閥之割據的狀態，除了擴大實際需要的地方自治權以外 實無改變國家組織之必要。

至於此時有一班人依賴趙恆惕陳炯明的力量來提倡聯省自治與新西南主義 理論且不必談，即在事實上亦未免過於滑稽；因為趙陳和楊森袁祖銘沈鴻英處於同樣的地位，一叛曹吳便不能存在的。

但是聯省自治和新西南主義這等主張，以之抵抗曹吳的武力統一，固然未免滑稽，然在此反直運動之中，此等主張其効果不但使趙恆惕陳炯明的藉口以阻廣東北伐之師，且足以亂國人羣起革命之耳目，其幫助曹錕的功勞，實不在王承斌吳景濂之下。

憲法與自治學院

致中

辛亥革命時，有數軍官在上海酒家聚談戰事，旁有一勸酒的蘇州女郎說：『不要戰，腦袋要緊。』這句話當時轟傳上海各報，以為可以代表江蘇人的溫和性質。好個性質溫和的江蘇人，只以『不要戰腦袋要緊』之故，隋唐以來千有餘年，都是很恭順的以子女玉帛供給戰勝者，自甘雌伏於被征服者之地位，而不與之抗。好個性質溫和的江蘇人，現在更是全中國順民的模範。

曹錕賄選，天下多能武兵討之，獨江蘇人奔走和平甚力：曹錕欲挾憲法以助其統一，天下人多憤不肯承認，獨有江蘇人張君勱首倡以國民投票的形式承認之，獨有江蘇國會議員凌鴻壽等通電贊成之；這「不要戰腦袋要緊」的民族，他們的見解到底與衆不同。

他們這樣順從曹錕，不但腦袋平安，而且有特別的寵遇，請看國立八校經費如此困難的北京政府，居然以七萬九千二百元給張君勱辦什麼江蘇自治學院，聽說還在國立名義之下，不知道這種自治學院，是否教育部規定的現行學制所有？

他們在吳淞有一個豬仔公學，現在又以擁憲之功來辦理自治學院，不知要毒害多少青年！自治！自治！「不要戰腦袋要緊」，我們講自治，政府自然放心。今後自治學院的東方文化聲，精神生活聲，反科學的人生觀聲，當比吳淞的豬聲更爲響亮：因爲這些聲音都是曹錕所愛聽的，和「不要戰腦袋要緊」的宗旨不相違背。今後這個自治學院不知道要造就幾多「不要戰腦袋要緊」的順民來！嗚呼憲法　嗚呼自治學院！嗚呼『不要戰腦袋要緊』江蘇人!!!

五十萬公債票被刦案

秋田投稿

前幾天的上海報上登載北河南路滬甯公款被刦案，已足夠令人驚心破膽；不料離開這件案子發生後的第三天，又發生比前更大十倍的禍事了。

我在書室裏看上海各報，見本埠新聞欄裏用頭號字印着「五十萬公債白晝被刦」幾個大字，不禁十分驚詫。我仔細看看裏面所說的話，使我的腦筋愈加受了一種很深的印象，就是覺得外人治理租界能力已是完全破產了。

五十萬公債票被刦案和前天的北河南路刦案，案情雖是差不多，分量却大有輕重之別。是什麼緣故呢？因爲（一）北河南路刦案，所搶的數大不及這回刦案來得大——一個不過是二萬三千多元現款，一個却是公債票五十萬元，約值現款三十三萬元；（二）北河南路刦案所搶的是現洋鈔票，這回刦案所搶的却是公債票；（三）北河南路刦案出事地點，雖係熱鬧之處，却不像這回刦案，出事地點，乃在甯波路，比北河南熱鬧幾倍：有以上幾種理由，這回刦案案情的重大，非前案所可比擬了。我再把上海總商會開會時主席報告裏的幾句話抄一節在底下，請讀者注意注意：

『……此案與前日路局解款被刦不同：一係鈔票，一經到手，即可通用；一係公債票有號碼可查，斷不能即時流通。在此光天化日之下，探捕密佈之租界中，膽敢公然刦奪；且所刦者非現銀而爲公債，是不能以普通匪類視之，顯係有巨大組織，爲所欲爲。捕房爲治安機關，應負相當責任……』

在這個所謂「探捕密佈的租界」裏，竟陸續發現巨大刦案，普通一般人的眼光裏，覺得這種事情十分詫異；但是頭腦稍爲清楚，見識稍爲廣博一點的人，必定和我有同一的主張，就是：越是在租界裏，搶案愈多。這些密佈的探捕，只不過是國際帝國主義者的松香架子，拿來嚇嚇一般無知的中國人罷了。租界裏本是藏匿匪徒之所，「租界」二字就是匪徒的護身符，所以租界裏發生巨刦案是不算一回事的。我不知道那些總商會裏的人，還是不自覺，仍要作可憐的狀態在洋大人面前討生活。

我拿昨天報上的山東張家埠刦案和這回五十萬公債大刦案一塊兒放在腦子裏思考一下，我就得着以下兩個結論，就是：（一）外國人治理租界的能力已是完全破產；（二）外國縱使匪人擾害我國百姓，爲的是幫助他們實行帝國主義。我因此還有兩句話告訴國民：我們不但要力爭將領事裁判權收回，並且還要聯絡我國的民衆對此帝國主義的惡勢力，爲激烈的反抗。

世界一週

蘇俄在歐洲國際地位之復振

和森

自上年英意反動勢力得勢以來，蘇俄在西歐國際地位上頗爲不利。事隔一年，現在形勢又忽轉變：在英國方面，不僅保守黨早已收回反對蘇俄的口號，而自由黨更以『承認蘇俄』爲這次選舉政綱之一。在意大利方面則更爲有趣：前此極力反對勞工共和國的。墨索里尼，自從柯夫島事件受英德及國際聯盟嚴重的壓迫以來，完全改變他的態度。然而這樣的事情，決不是英意二三政治家感情上或心理上的變化，不過是蘇俄本身的重要，反映在商業國家的經濟需要裏面和被頭等國壓迫的次等國裏面罷了。

現在試看路透社由羅馬電：意相今日在衆院宣稱，政府不反對承認蘇俄政府，且謂現有莫斯科委員團駐羅馬。意國之目的，乃在恢復意俄尋常商業關係，談判已臻美滿之階級，共受政治原因之影響，惟尙須緩緩進行。彼欽佩俄人之自尊，蓋彼等皆熱心保衞國家利益之人，兩國人民智識上之關係頗深。歐洲各報當意軍占據柯夫時，表同情於意者，惟莫斯科之報紙。承認蘇俄政府，實利於意國。意政府可因此恢復西方各國對俄國政治外交上之和好，俄政府將以訂結商約及原料之讓與權爲報，此意國所急需者也云云。

國民黨改組消息

孫中山先生改組國民黨之演說

1923.11.25 在廣州大本營演講

各位同志！此次吾黨改組的用意，志在將本黨勢力在中國內地各省盡力擴充起來。向來吾黨勢力多在海外，故吾黨在海外有地盤有同志，而在中國內地的勢力反爲薄弱！所以吾黨歷年在國內的奮鬥專靠兵力，兵力勝利則吾黨隨之勝利，兵力失敗則吾黨亦隨之失敗。故此次吾黨改組唯一之目的：在乎不單獨倚靠兵力，要倚靠吾黨本身的力量。

吾黨本身的力量是什麼？卽係人民之心力。吾黨從今以後，要以人民之心力爲吾黨之力量，要用人民之心力以奮鬥。人民之心力與兵力，二者可以並行不悖；但兩者之間，究竟應以何者爲基礎，應以何者爲最足靠？自然當以人民之心力做基礎爲最足靠。若單獨倚靠兵力，是不足靠的，因爲兵力之勝敗無常。吾黨必要先有一種基本力量做基礎，然後兵力方有足靠之希望；假使沒有一種基本力量做基礎，雖有兵力亦不足恃。

吾黨在中國內地以兵力奮鬥而勝利者，已經有過三次：武昌起義，推翻滿淸，建設共和，是吾黨兵力成功之第一次；袁氏稱帝，護國軍興，推翻洪憲，是吾黨兵力成功之第二次；張勳復辟，提倡護法，其後徐氏退位，國會恢復，北方武人亦承認護法，是吾黨兵力成功之第三次。但三次之成功，皆不能算是眞正成功，因爲吾黨尙欠缺一種力量。所欠缺者是何種力量？就是人民之心力。當時中國人民不贊成革命，多數人民不爲革命而奮鬥。革命行動而欠缺人民心力，無異無源之水，無根之木。卽如近幾天陳炯明，率其部下迫攻廣州，以作孤注之一擲，我軍本其奮鬥之精神與之抵抗，已將陳逆部隊打得七零八落，在廣州方面亦可說是兵力之成功；但將來能收得效果若干，將來結果如何，誠不能預定。且將來所得結果是善果抑是惡果，亦不能預定。所以吾黨想立於不敗之地：今後奮鬥之途徑，必先要得民心；要國內人民與吾黨黨人同一個志願：要使國內人民皆與吾黨合作，同為革命而奮鬥；必如此方可以成功，且必有此力量，革命方可以決定成功。蓋以兵力戰鬥而成功，是不足靠的成功；以吾黨力量奮鬥而成功，是足靠的成功。質而言之，靠兵力不得謂之成功，靠黨方是成功；即以兵力打勝仗非真成功，以黨打勝仗方是眞成功。

如何是以黨打勝仗？即如凡屬黨員，皆負有一種責任，人人皆為黨而奮鬥，人人皆為黨的主義而宣傳，一個黨員努力為吾黨主義宣傳能感化一千幾百人，此一千幾百人亦努力為吾黨主義宣傳再能感化數十萬人或數百萬人，如此推去，吾黨主義自能普遍於全中國人民。此種奮鬥可謂之以「主義征服」，以主義征服者，必為人民所心悅誠服，所謂得其心者得其民，得其民者得其國，就是這種意義。

中國自辛亥革命以至今日已經十二年，而國內之糾紛愈甚；且政治經濟諸端反呈退化現象，其原因在何處？

簡括言之，即是吾黨奮鬥未曾成功。在辛亥革命以前，吾黨黨員非不奮鬥；但自辛亥革命以後，熱心消滅，奮鬥之精神逐漸喪失，人人皆以為辛亥革命推翻滿清便是革命成功，不肯把革命事業繼續做去。此等錯誤思想發生之原因，不能不詳細述之。回憶武昌起義時，我從海外回到上海，當時長江南北莫不贊成革命，即如上海一隅，雖至腐敗之老官僚亦出而為革命奔走。當初我抵上海時，凡吾黨同志以至紳商學各界，甚而至於一班老官僚，都一齊來歡迎。其中有一官僚極鄭重的對人說：「好極了，現在革命軍起，革命黨消了」。我當時亦聽聞此話，甚為詫異。不久則見所謂革命黨人所辦的報館，所以指導輿論者，亦持此論調，眞是怪事！夫一般官僚，在未革命之前，為滿清出力，以屠殺革命黨人；在革命軍興之時，又出而口頭贊成革命；當時一般官僚尚未知革命黨有何等力量，但彼等最怕的就是革命如果是「革命軍起革命黨興」，彼輩必不能生存，故造出「革命軍起革命黨消」八個字，去抵制革命黨。其後張謇湯壽潛輩亦附和此說；久之，一般革命黨人亦隨着彼輩如此說。後來民國成立，國內政黨蠭起：其時有進步黨，有共和黨，有民主黨，種種色色，不勝縷數，大都皆以取得政權為目的；但完全未有革命黨。於是宋教仁黃興等一般舊革命黨人以為別人既有了黨，吾等尚未有黨，乃相率而組織國民黨。但當組織國民黨之時，我已經辭了臨時大總統；我當時觀察中國形勢，我已經承認吾黨已經立於失敗地位。我當時極為悲觀，我以為在吾黨成功之時，吾黨所抱持之三民主義五權憲法尚不能施行，更復有何希望！所以我承認是失敗。此時我只有暫行置身事外而已。

後來國民黨成立，本部設在北京，推我任理事長，我亦辭却。我在此時不獨不願意參加政黨，而且對於一切政治問題，亦想暫時不過問。但一般舊同志以為我不出而担任理事長，吾黨就要解體，一定要我出來担任；我當時不便峻却，只得答應可用我的名義。但我名義上雖任國民黨理事，實在不理事。

及至宋案發生，一般同志異常憤激，然亦未有相當辦法，遂聯同致電日本，促我返國。我回上海時，見宋教仁之被殺，完全出於袁世凱之主使，人證物證皆已完備。於是一般同志問我有何辦法？我說事已至此，只有起兵。因為袁凱是總統，總統殺人，非法律所能解決，所能解決者，只有武力。但一般同志誤以為宋教仁被殺是一個人之事，遂以為不應當因一人之事而動天下之兵。我極力勸各位同志要明白宋教仁之被殺並非一人之事，切勿誤認，除從速起兵以武力解決外，實無其他辦法；而各位同志依然不肯贊成。當宋教仁被殺時，全國輿論皆甚憤激，加以袁氏大借外債甚受攻擊；而吾黨在國內勢力亦殊不薄弱；苟能於此時起而繼續奮鬥，吾黨必大有可為。無如各位同志皆不贊成，此種時機遂至錯過。不久袁氏借債成功，錢已到手，可以施用武力政策，遂向吾黨示威，先革去吾黨四個都督；吾黨遂起而與之對抗，而二次革命以起。惟此時時機已經錯過，故二次革命終歸失敗。

二次革命失敗後，各同志多再亡命於日本，大都垂頭喪氣；但我此時反極為樂觀因為必先使多數同志奮鬥之精神復活，方能繼續吾黨革命事業。於是在日本組織中華革命黨，集合吾黨之革命分子，專從事於革命事業。從前吾黨不敢公言革命，因避去革命黨之名義，而有同盟會之組織；但此時在日本竟公然提出中華革命黨以相號召矣。

然當時亡命在日本之同志，以為今日而言革命，究竟有何勢力，有何方法？ 彼等以為當二年前吾黨據有十餘省地盤， 可以籌集數千萬元現款，可以調用三四十萬軍隊，尚且不能抵抗袁氏；今已一敗塗地，有何勢力可以革命，革命進行究竟有何辦法？我再三苦勸各位同志道：吾黨自成功以至失敗，其時間不過三年耳；爾等不要專向從前的地位着想，爾等不要忘記了時間；爾等若專向地位着想，以為從前有十餘省地盤，有錢又有兵——尚且失敗，若是如此想法，一定想不通的；吾黨成功時，有十餘省地盤，有錢又有兵，誠然不錯，但爾等要更追想三年以前的事：吾黨個人在三年以前都是一班亡命之徒，何嘗有地盤，何嘗有錢又有兵？吾黨成功時間不過三年，爾等可將三年間事情作為一場大夢，復回三年以前武昌尚未革命時之精神！吾黨之精神全在乎革命！自庚子以後，或三年一次而革命，或二年一次而革命，吾黨所起之革命總共不下十餘次，而每次之失敗，各位同志從沒有灰過心；何以經過三年之成功，反至灰心喪氣若此？當吾黨推翻滿清之前，何嘗有力量？大衆皆是赤手空拳百折不撓的去奮鬥。當武昌革命發動時，亦未有何種方法，不過大衆皆明白滿清一定要推翻，人人皆有此種信仰，人人皆明白此種道理耳，但尚未有何種事實可以證明。今日吾等雖失敗而亡命，然吾等之信用益大，吾等之經驗益富，而且有事實可以證明；故今次之失敗比之三年前較有信用有經驗有證據，何以在三年前遇有失敗無不繼續奮鬥，在三年後便要灰心不肯繼續奮鬥呢？各同志經過我此番苦勸之後 大衆一齊恢復從前革命精神，共同起來組織中華革命黨。中華革命黨唯一之宗旨是以革命之精神而圖三民主義之實現。

其後袁世凱稱帝，中華革命黨遂起義於廣東山東及長江流域各省。未幾袁氏死而黎元洪繼之，當時各同志又不能繼續奮鬥到底，人人以為黎氏復職，民國政治可以逐漸整理，又不肯繼續革命。後來張勳復辟，吾等實行護法；然革命始終不徹底，稍有成功，即行收束，或想妥協，而革命事業終未能成功。

以上所述吾黨之奮鬥，多是倚靠兵力之奮鬥，故勝敗無常；若長此以往，吾黨終無成功之希望，吾黨三民主義終無實現之一日，所以有此次改組事情之發生。

此次改組所希望者為何事？就是希望吾黨造成為中華民族之中心勢力。各位同志從今日起，要認真去幹革命事業；各位同志要將革命事業作為本人終身事業；必要使三民主義五權憲法完全實現，方可算是吾黨之成功。但是此等成功不能單靠戰爭，因為戰爭要靠軍人，而現在一般軍人多是不明主義者；彼等不是為主義而戰，但是為個人陞官發財而戰，故單靠軍人奮鬥斷不能使三民主義實現。不過現在與軍人適逢其會，故與之合作耳。然此是借人之力量以幹革命事業，並且終不可靠；吾黨所可靠者在革命精神和人民的力量。吾等對於三民主義應當有堅決的信仰， 要使吾等皆願意為主義而犧牲， 為主義而奮門。且吾等必先具有此決心具有此志願，然後用宣傳的方法，使全國大多數人民皆與吾等具有一樣的決心一樣的志願。吾等能多吸收一個同志，就可減少一個反對黨。現在吾黨黨員實在甚少，吾等應當固結團體，討論一種好方法，努力去宣傳；於最短時期間，使廣州百餘萬人民皆變成革命黨　做吾等的同志。又費若干時間，努力去宣傳；使廣東三千萬同胞，以至於全中國四萬萬同胞，有過半數變成革命黨，做吾等的同志。此時才眞是吾黨的大成功。如此做法，就是國民黨黨員之戰勝。吾黨從今日起努力做去，務要達到黨員戰勝，方得謂之成功。如其不然　若專靠兵力，雖百戰百勝，亦不得謂之成功。觀於以前所述三次之勝利，皆旋得旋失，勝敗互見，何得謂之成功？推究其故，實有許多缺點．且有許多工作未做。此種工作在革命後固未嘗做，即在革命前亦未嘗做。其所以未做之故，因爲吾等未曾發明頂好的方法　且因爲知識不足，尚未看見此種道理。故革命成功以後，許多革命黨人，反藉革命以謀個人權利，養成個人勢力；一俟個人勢力既成，反而推翻革命。所以革命雖經三次成功，而革命主義依然不能實現。其最大原因皆是專靠兵力和黨員不負責任，所以有此惡果。自辛亥革命以至今日，宣傳事業幾乎停頓。即革命未成功以前，吾等非不從事於宣傳，但當時宣傳方法皆是個人自由宣傳，既無組織，又無系統，故收效仍小，且可謂之人自爲戰的宣傳；至武昌起義以後　則連人自爲戰的宣傳亦皆放棄而不肯做。人人皆以爲革命已經成功，大家停止奮鬥；殊不知以前之所謂成功，不過靠兵力之成功，而非是吾黨之成功。吾黨欲求眞正之成功，從今以後，不單獨專靠軍隊，要吾黨同志各盡能力，努力去奮鬥。而且今後吾黨同志的奮鬥，不要仍守着舊日人自爲戰的方法，要努力於有組織有系統有紀律的方法。

從前何以不從事於有組織有系統有紀律的奮鬥？因爲未有模範。現在則有俄國可以做我們的模範。俄國革命之發動，遲我中國六年，而俄國經一度之革命，即能貫徹彼等之主義；且自革命以後，革命政府日趨鞏固。同是革命，何以俄國能成功，而中國不能成功？蓋俄國革命全由於有組織有訓練的革命黨及黨員之奮鬥；一方面黨員奮鬥，一方面又有兵力幫助，故能成功。故吾等欲革命成功，要學俄國組織及訓練的方法方有成功的希望。但有許多人以爲俄國是過激黨執政，吾等學俄國，豈不是學過激黨？殊不知俄國當革命未發動之初，誠不免有許多過激的思想發生，蓋俄國革命黨首領，多是具有豐富之學識，與高深之理想；故立論之間，操之過激　實在難免；但俄國人做事不尊尚理想，多以事實爲根據，如行路然，必擇其可通行者而後行之。故俄國尙革命之時，國內有許多黨並立，如社會民主黨　民主革命黨等，而皆不能成功；今日成功者是共產黨；共產黨之所以能成功者：在其所合乎俄國大多數之人心，所以俄國人民莫不贊成他，擁護他。俄國革命，經過六年；六年間之奮鬥，誠不一其道，而最合乎俄國人民心理者，莫如民族主義。俄國人民受列强之束縛，異常痛苦；俄國人民所受歐州大戰之痛苦，完全是由列强脅迫的。俄國皇室之動搖，就是因爲與列强一致，參加大戰；所以人民莫不反對他，故起而革俄皇之命。但革命之後；克倫斯基政府仍然與列强一致　繼續對德戰爭；而共產黨早已反對戰爭，早已提出與德單獨媾和的議案；至是大得俄國民心。俄國人民皆不願做列强的奴隸，於是共產黨與俄國人民主張一致，所以共產黨得告厥成功。共產黨革命成功之後，即行取消外債；中國現在外債不過三十萬萬，而俄國所欠外債之數實倍於我中國。俄國人民主張實行一錢不還，於是惹起列强激烈的反對，英美法日本等國皆起而攻擊他。當時俄國是八面受敵，列强的兵已攻至彼得堡，其危險程度實比之前數日的廣州而更甚。而俄國之所以能抵抗此强敵者，全靠乎俄國人民與黨員之奮鬥，故能排除外力，造成獨立的國家不再做列强的奴隸，并能排除列强經濟的侵略。至今日回頭一看，六年間的奮鬥，無非爲脫離列强的束縛而奮鬥，即無非爲民族主義而奮鬥。俄國革命原本只有民權主義及民生主義，而無民族主義；但是在六年間之奮鬥，皆是爲民族主義而奮鬥；與吾黨之三民主義，實在暗相符合。至有人謂其爲過激，則乂有說：蓋當革命時期非採取激烈手段斷斷不能成功。至今日之俄國，秩序已經回復，何嘗有過激之舉發生？

吾黨與彼等所主張者皆是三民主義。主義既皆相同，而成敗所以懸殊者，因吾等尙未有良好的組織與宣傳方法，所以仍遲遲不能成功。彼等氣魄厚，學問好，故能想出良好方法；吾等要想革命成功，一定要學彼等的模範。吾等在革命未成功之前，既是人自爲戰，今後應當結合團體而戰，把吾等的黨組成爲極有紀律極能奮鬥的大革命黨。假使吾等如能以六個月的時間將廣州市變成吾黨最鞏固之地盤，以一年或兩年的時間將此革命精神普遍於全國，則我國革命成功雖遲於俄國，而終可得到最後的成功是毫無疑義的。吾等要從今日學起，一定可以得到成功。我記得二十年前在倫敦的『時候，有個俄國革命黨問我：』中國革命幾年成功方能滿足？我當時極爲審慮然後答復他道：中國革命三十年成功，我便滿足。他說恐怕未有如此之快。原本我說三十年是極讓步的，我於是反問他：俄國革命如何？他說：『俄國革命如百年成功，我便滿足；但要從今日奮鬥起，不然應該一百年成功者，將來或不止一百年』。足見俄國人得魄力是何等的雄厚了。

我每次革命失敗逃至海外時無不極力尋找新同志。我記得一次到舊金山，有一位青年對我說：彼極佩服我每次失敗毫不灰心，而且精神更强；但我告訴他，我是相信革命事業要三十年才會成功，二三年間的成功與失敗算什麼，何至令我灰心。我謂革命須三十年成功，這少年便極佩服我了；而俄人謂革命成功須百年，豈不更足令我佩服嗎？

俄國與中國皆是大國將來成功亦必一樣。吾等要從今日起，大衆固結團體，以團體而奮鬥，不專尙個人的奮鬥要靠黨的成功，不專靠軍隊的成功；望各位同志要本此等精神此等力量而進行！

中國國民黨黨綱草案（續）

五權憲法，吾黨倡之，治法學者，罕嫺其說，顧憲法既爲國家組織之根本大法，則凡國憲之立，不能於固有歷史上之背景，漠無所見，而以閉戶造車之道行之，考諸各國憲法，大都三權畫分，最高統治權之表現，而爲立法司法行政之行爲者，分隸於立法司法行政三部，各不相混。溯厥原流，謂本諸英國之習慣，顧英國政制，夙稱爲議會政治，以議會多數黨中之議員組織政府，立法行政兩部之人選 同出一源，故議會彈劾政府之事，在一黨占議會優勢時，絕對不能生效，準此而言，則三權之分，在英國則僅二權對峙耳，三權鼎立之憲法，實以美國爲濫觴，近代成文憲法，亦以此爲之祖，後之憲法，模仿前型，隨波逐流，幾若定例，能於成規之中，別開生面者，惟俄國蘇維埃政府之憲法。其所規定，舉凡經濟制度社會民生諸端，於國家根本有大關繫者，無不包括在內，可師之點，於彼爲多。但就分權而言，則三權鼎立，所以免專制之流弊，其法未爲不善。然在中國，吏治久疏公德未彰，品流駁雜，法治之道，民未習成，則彌補缺憾，不得不於憲法預爲之備，中國前此夙有諫議御史官，貪汙濫劣者，用能知所儆戒，而取士之道，考官之權，雖帝皇不能干預。科舉當廢，爲其取材不當，取法不良，顧其爲制，外國行之而以收效。今爲中國計，於斯二者之制，仍宜保留，必因咽廢食。立法司法行政三權之外，應使彈劾權考試權各行獨立，而爲五權之分，彈劾部所有之事，在審查吏治之隆汚，監督職官於職務上之行爲，察其效果如何，處置當否，以免有枉法營私，怠於職掌，與夫上司庇下屬之弊，其職權所在，與議會中之彈劾屬於高等政治問題，本於政爭之原因者爲主，而人民行使創制權複決權能免權之制，專就下級之政治職位而設，不能擴於全國全省廣大之區域而行也。考試權所司，在考取人材，以充官職：非經考試及格之人員，不能委用以掌公務，使凡在政府中供職者之學問知識，在一定之水平線上，而無程度低落之虞，必如是，中國始有吏治清明之望，大本在此，全國民衆，盍興乎來！

（完）

The Guide Weekly.

嚮導

週報

分售處

巴黎 廣州 北京 上海 武昌 太原 長沙 濟南 成都 杭州 雲南

中國書報社 丁卜圖書社 大學出版部 上海書店 民智書局 時中書報社 共進書社 晉華書社 文化書社 齊魯書社 華洋書報流通處 古今圖書社 新亞書店

定價

每份三分全年大洋一元三角半年七角國內郵費在內

（中華郵務局特准掛號認爲新聞紙類）

一九二三年十二月二十九日

第五十期

每星期三出版　發行通訊處　杭州馬坡巷法政學校轉安存眞　北京大學第一院收發課轉劉伯青

中國一週

關稅主權與資產階級

獨秀

帝國主義的列强侵犯我國主權的事，要算

干涉海關收稅權

領事裁判權

軍艦自由航行內河

紙幣直接流通市面

强迫租借領土

這五項最利害。這五項之中，尤其是干涉海關收稅權能夠制中國人的死命；因爲其他四項還是局部的或是一時的，不像干涉海關能夠使全中國人永遠不能抬頭。

產業落後國，全靠採用保護政策的關稅制，對於和本國競爭的工業品重抽進口稅，使本國的工業品和外品有競爭之餘地；對於本國工業需要的原料重抽出口稅，使本國的工業得着廉價的原料減輕成本；如此本國的工業方有發展的希望。

中國海關收稅權，操諸外人之手，稅務司是必須用外人的，稅則是必須得外人同意不能自由增減的，這種協定關稅制的結果是：(一)外國貨物得以最低廉的海關稅及子口稅暢銷全國，資本薄弱的本國貨物又加以釐金之盤剝，那里還有和外貨競爭的餘地。(二)本國工業所需的原料(如棉花等)，不但不能禁止出口，并且不能自由加抽重稅阻其出口，在求過於供的原則之下，本國工業遂不得不以高價的原料加重成本。在這樣壓迫的協定關稅制之下，中國的工業將如何發展？中國工業的資產階級應以如何痛苦？

中國工業不發展，不但資產階級感痛苦，一切勞動平民的力與智都不容易得着發展的機會。全國各階級人民的力與智不亢進之日，便是軍閥生命延長之日；民主政治必然建設在人民的力與智之上，人民的力與智不能取軍閥而代之，必然是一軍閥仆一軍閥起的局面。在這一點，所以我們以爲反抗帝國主義的列强比反抗軍閥更爲重要。

海關主權不收回，固然是全國民的痛苦，直接受痛苦的乃是工業資本家，按常情說，工業資本家對於收回海關運動，當十分熱心。

他們現在怎麼樣？他們若起來糾正廣東政府只爭關餘而不根本收回海關稅則及用人的主權，我們到十分贊成；他們若是眼見廣東政府為關稅問題和外國衝突，袖手旁觀，甚或表同情於外人，我們便不懂得中國的資產階級是一種什麼特別心 了。

賓步程與工人

獨秀

去年趙恆惕殺黃龐 內中完全是賓步程作祟，今年趙恆惕殺水口山礦工，更是賓步程口令開槍；趙恆惕是仇視工人的魔王，賓步程便是殺害工人的劊子手。湖南工界慘受趙賊的虐殺，而每回都不離賓步程，全國的工人階級固然忘不了趙恆惕的罪惡，也忘不了賓步程的姓名。茲將湖南水口工人告全國同胞書錄後：

全國父老兄弟諸姑姊妹均鑒：敝部自客歲成立，閱週年矣，除謀改良工友生活 普及工友教育，違法之事，越軌之行，未之有也。且蒙政府之贊襄，各界之歡迎，出示保護者再三，獎金優待者不一，輸襄以助者有之，登報以勵者有之，足徵敝部意之所在，乃為國家濬財源，為工人謀幸福，事實昭然，毋庸自譽。不料賓局長步程，於前月二十六夜，牽兵入山，不特不加以保護，反而肆意摧殘，即下令停止週年紀念大會，二十七日，賓局長明則飭令軍隊，借敝部以駐紮，暗則務嶄封敝部以為的。敝部同人。乃再三哀懇，請其另覓房屋，以供駐紮。賓局長口蜜腹劍，陽允陰違，復派總務科長黃勗莊來部，聲言表示允許，斯時敝部主任蔣先雲，正與黃科長面商，而大隊兵士，已入部矣。入部後，即將辦事人搜捕，幸敝部同人見而後遁，始脫虎口，工人等睹此慘狀，即至部內，忍氣吞聲，向局長哀懇，將軍隊退出，以免誤公。詎賓局長匪惟不下惜苦衷，以息衆憤，且飭令長官下令開槍，忽而彈雨鎗林，血肉橫飛，斃命者二人，受傷者無數。閱數小時，復出詭計，函請敝部派代表討論辦法。賓狠心未已，陰則以一網打盡之計自居。敝部同人見此危機，不得已乃作消極之態，出而隱匿，免受目前之害，東奔西走，前仆後起：幾無異如日本地震之慘狀。是以糜縵天空之黑煙，俄而遠離煙筒，雷鳴地中之水鼓，忽然寂寞無聲，無形停工者三日。二十八晚，復來軍隊兩連，入山後，將敝部封閉，衣物書籍，盡行擄燬，所損失者，不下數萬元。賓乃忍心，並將代表十一名懸賞逮捕，以達到不能復燃之目的。且同時裁去工人二千餘人，增加職員百餘人，其居心之險，路人皆知也。嗟乎，賓乃一蠹賊耳，既貽誤高工十餘年之學生，謀殺工會之代表黃龐，今乃為禍水口山。現各工友勞而不獲者已閱四月，各家老少嗷嗷待哺，號寒啼飢，奔走無門。且水口山為湖南財源之區，現工友離山者已達二千餘人，其勢必將停頓。但水口山鑛產，乃湖南三千萬人民之命脈所係，倘長此以往，非但數千工友，坐以待斃，即湖南全省亦必大受影響。各界父老兄弟諸姑姊妹，縱不為敝部惜，獨不為數千工友惜，為湖南三千萬人民惜乎。敝部自被賓賊牽重兵封閉後，各職員顛連奔走，呼籲無從 力竭聲嘶，萬難反抗，祇得濡淚和墨，陳訴於各界父老兄弟諸姑姊妹之前，並懇予以援助，共驅害馬，則敝部幸甚，數千工友幸甚，湖南三千萬人民幸甚。湖南水口山工人俱樂部叩。

又是一個樂志華案

和森

漢口：電俄租界日商本多洋行廚役華人田仲香，號日(二十)被該行誣竊錶練，先打斷田臂，送日捕房，用毒刑拷問，繼用蔴繩痛絞，今晨(廿一)因傷致死，捕房通知洋務公所會審員楊培往殮，楊見田傷癢違證。多數華工往捕房質問，又被武力驅逐。日本義勇隊消防隊武裝上街。

今年四月間，上海虹口巡捕房　出了一個慘無人道的樂志華案；事隔數月，現在漢口日本巡捕房又出了一個同樣情況的田仲香案。西崽樂志華，被他的洋主人疑他偷了八百塊洋錢，引到虹口巡捕房毒打，『吃雪茄』，『澆冷水』(見本報廿三四期)，打得血肉橫飛，死去三次；結果，英國帝國主義者，用種種手段註銷兩個施刑探捕—加布德和飽爾慶的罪名，以顧全『西人在租界內的文明和威信』。現在日本帝國主義者則更兇惡的痛快，把田仲香毒打到樂志華的田地，率性用麻繩把他絞死，免得他如不死不活的樂志華一樣，留在中國社會，以表彰『外人的文明』。英國人在上海幹了樂案的大慘後，一面用枉法賄賂的手段，一　還要高談西人的威信與文明，以鎮壓上海華人的憤怒；而漢口日本帝國主義者則率性派遣軍隊上街示威。嗚呼！租界內的中國人！

東南大學要圈民田五百畝

和森

西鄉東七西十八等圖農民農業產會，昨日發出公啓云：查上海縣布告，以國立東南大學，呈准省令，圈購農田五百畝，設工商兩科校舍，此項地價，現府庫空虛，暫先設法籌墊，俟將來公家財力消裕，再行呈請酌量撥還，或募捐等因。自奉該告，手足無措，不獨無地可耕，生計頓絕，即廬墓亦不保，並田圩蔬菜無地栽哺，一旦違法動圈，則數千戶口何以生活？況十一月十二號報載，大西路之地價飛漲，每畝值銀一二千兩，或三四千兩不等，花消形繁盛之區，道路居奇；現該布告勒圈之區，出價每畝五百元，但農民等並非博利，實不肯賣，係保耕田活命，所以分投護軍使暨道尹，呈求保全。詎料由東七圖董楊桂生，引指西十八等圖，勒圈恫嚇，已非一日。茲於二十二號誣報縣署將農民金小弟在田單憑誣拘，至二十三號桂生之子，誘令男女數十人，詭稱侵毀，預伏警兵，圍閉私室，殊不知楊桂生素抖地皮，該校何忍慫心辣手，試問設全校之需或另校之用，若另校地，何處無地，何必強勒，忍心殘害，誰無廬墓，竟朦請省令。斷絕農民生命，誓不甘服云云。

上海近來有三件極可注意的『小事』：一是工部局強購華人朱紫君的地皮，朱以祖宗墳墓所在，不允出售，於是洋大人把他控於公廨，票傳拘訊，再三不休，朱家斗遭這場天外飛來的洋禍，自然是刀上魚肉，沒有幸理。二是閘北水電官辦民辦的爭執，官力赫赫，閘北市民也還敢於不知天高地厚的反抗。三就是東南大學郭秉文黃任之諸人，不顧數千戶口的生死，仰賴韓國鈞一紙文書，要來強圈民田五百畝。嗚呼！江蘇鼎鼎大名的『教育家』對於小百姓竟具有與洋大人同樣的威風與魄力！

世界一週

一個模範的國際共管城

路透社十八日巴黎電　解決斐洲湯吉爾國際地位之約，今日午後在法外部由英法與西班牙三國代表簽字。西班牙代表之簽字，附以尚待考慮之條件，故草約猶待西政府研究，然後始可最後簽定。這個消息告訴我們歐洲紛爭近十年的懸案，已經解決。我們由研究此次解決的條約內容，可以得着許多教訓。

湯吉爾是非洲西北角隣地中海的摩洛哥之一城。摩洛哥是早已為法國及西班牙瓜分的了，只剩着湯吉爾因列強的利害關係複雜，所以一九一二年的條約只將他規定在特別制度之下，到今日才得着正式解決。

湯吉爾城與西班牙國境對峙，西班牙爲欲控制直布羅陀海峽，故願取爲已有。法國亦欲其屬於她的領土，以便獲取經濟的利益。但是英國是主張該口岸自由開放，不建砲台的，因爲如此可免他國威脅直布羅陀海峽，防碍她的海上交通。三國的利益衝突，相持不下，所以大戰前，在湯吉爾只勉强的實現了半共管的形式。然而在此半共管制下的三國傾軋，因獵取經濟利益的關係緊張終不能不逼迫着他們爲此協議四五月(從今年七月起)，至今日才完成共管的規模了。湯吉爾的共管制度的內容，由路透社傳出的是：

十八日倫敦電 湯吉爾公約規定永遠中立禁造砲台，口岸由國際共管，各國人經濟平等。

十八日巴黎電 湯吉爾仍維持摩洛哥王之主權，王之代表得管理回教徒及猶太教徒，並主席於國際立法會。此會以法人四，西班牙人四，英人八，意人三，比人二，葡人荷人美人各一，及回教徒六，猶太人三，組成之。廢止投降條款，司法以法英西承審官所組之混合法庭行之。歐人行政官一，任期六年，輔以副行政官二。第一任行政官以法人充之，副行政官爲英人與西班牙人。立法會之決議，須提交管理委員會核議，此委員會以簽字於阿爾基西拉公約諸國之代表合組之。其職務在監視湯吉爾律例之遵行，及經濟自由，軍事中立約文之實施。湯吉爾國有之公共工程，將由法國技師担任之，而市有之公共工程則由西班牙技師擔任之。警察二百五十人招當地人充之，警長爲比人，教練官以法人西班牙人充之。

由此我們可知此次共管是英國(見以上倫敦電)與法國的勝利。(法國的勝利在湯吉爾仍維持摩洛哥王之主權，法人充第一任行政官等)。再看共管的制度呢，管理委員會是湯吉爾的太上政府，可以「核議」「立法會」之決議。司法是施行的上海租界中的會審公廨制。湯吉爾的實業，市政，由各國合組國際公司共同經營。警察亦由外人管理與教練。從此非洲人的壓迫將勝厲和沉重得多了。

歐戰終止後，國際資本主義有一最顯著的趨勢，即是對殖民地之聯合侵略。新銀行團與華盛頓會議之對中國；國際聯盟之對奧國，與最近之欲貸款於匈牙利；今日英法西意關於湯吉爾問題之解決；將來賠償問題之英法妥協；都是此類絕好的證據。凡是醉心於前十幾年各國利害衝突 不能調和的舊政治，因此希圖利用，聯甲拒乙的人，現在大可睜開眼睛看一看世界的最近趨勢了。

國民黨改組消息

中國國民黨章程草案

第一章 黨員

第一條 中國國民黨不分性別凡接受本黨黨綱加入本黨所轄之黨部實行本黨議決及依時繳納黨費者均得爲本黨黨員

第二條 黨員入黨時須有本黨黨員二人以上之負責的介紹方得爲本黨黨員

第三條 黨員入黨時須經所向請求之黨部大會通過方得爲本黨黨員

第四條 黨員移動時須即在所到地方之黨部登記同時即爲該地之黨員

第二章 黨部組織

第五條 範圍包括一個地方之黨部爲上級機關範圍包括該地方一部份之黨部爲下級機關

第六條 凡含有地方性質之問題得由地方黨部自由處理

第七條　各黨部以全國代表大會地方代表大會地方黨員大會爲各黨部之最高機關

第八條　地方黨員大會地方代表及全國代表大會須各選出執行委員會執行黨務

第九條　本黨黨部之組織系統如下

（甲）全國—全國代表大會—中央執行委員會

（乙）全省—全省代表大會—全省執行委員會

（丙）全縣—全縣代表大會—全縣執行委員會

（丁）全區—全區代表大會或黨員大會—全區執行委員會

（戊）區以下爲區分部—區分部黨員大會—區分部執行委員會

但區分部爲本黨基本組織

第十條　本黨之權力機關如下：

（甲）全國代表大會但閉會期間爲中央執行委員會

（乙）全省代表大會但閉會期間爲全省執行委員會

（丙）全縣代表大會但閉會期間爲全縣執行委員會

（丁）全區代表大會但閉會期間爲全區執行委員會

（戊）區分部黨員大會但閉會期間爲區分部執行委員會

各權力機關對於其上級機關執行黨之紀律決議並得提出抗議

第十一條　中央執行委員會等得分設各部執行本黨之通常或非常黨務各部受各該執行委員會等得分設各部執行本黨之通常或非常黨務各部受各該執行委員會之管理　各部之職務及組織法由中央執行委員會之訓令決定之

第十二條　各下級黨部執行委員會須受全省執行委員會管轄省執行委員會須受中央執行委員會管轄

第十三條　各級黨部執行委員會須受上級機關正式核准後方得啓用印信

第十四條　凡本黨黨員須在所屬黨部領取黨員證書其證書式樣及內容由中央執行委員會定之

第三章　最高黨部

第十五條　本黨最高機關爲全國內之全國代表大會常會每年舉行一次但中央執行委員會認爲必要時或前屆代表大會有三分之一人數請求方得召集特別全國代表大會

第十六條　全國代表大會開會日期議項須於至少兩個月前通告各黨員特別全國代表大會須於三個月前通告各黨員

第十七條　全國代表大會如有前屆大會代表人數之一半出席時即得認爲合法

第十八條　全國代表大會之組織法及各地方應派代表之人數得由中央執行委員會臨時決定之

第十九條　全國代表大會之職權如下：

（甲）接納及採行中央執行委員會及其他中央各部之報告

（乙）修改本黨黨綱及章程

（丙）決定對於時事問題應取之政策及政略

（丁）選舉本黨總理中央執行委員及候補執行委員與審查委員

第二十條　中央執行委員及審計委員會之人數由全國代表大會決定之

第二十一條　中央執行委員會委員遇故離任時由候補委員依次充任

第二十二條　中央執行委員會之職權如下：

（甲）代表本黨對外關係

(乙) 組織各地方黨部並指揮之
(丙) 任命本黨中央機關報人員
(丁) 組織本黨之中央機關各部
(戊) 支配本黨黨費及財政

第二十三條　在政府機關俱樂部會社工會商會市議會縣議會省議會國議會內部特別組織之國民黨團隊中央執行委員會得指揮之

第二十四條　中央執行委員會每兩星期至少開會一次候補委員得列席會議但祇有發言權

第二十五條　中央執行委員會主席以本黨總理充之

第二十六條　中央執行委員會互選秘書三人組織秘書處執行日常黨務

第二十七條　全國代表大會閉會期間中央執行委員會應召集各省執行委員會省幹事部及其他黨部之代表開全國會議一次

第二十八條　中央執行委員會須將其活動經過情形通告各省執行委員會幹事部等每月一次

第四章　審查委員會

第二十九條　全　代表大會選出三人組織審查委員會其職權如下：
(甲) 稽核中央執行委員會財政之出入
(乙) 審查黨務之進行情形及部員之勤惰審查委員會得訓令下級黨務部審核財政與黨務

第五章　省黨部

第三十條　全省代表大會每六個月舉行一次但遇中央執行委員會訓令開會或縣執行委員會與區執行委員會同意開會時得召集全省大會

第三十一條　省執行委員會認為必要或全省黨員半數請求時得召集特別全省代表大會

第三十二條　出席全省代表大會之代表選舉法及人數由省執行委員會徵求各縣執行委員會同意決定之

第三十三條　全省代表大會接納及採行省執行委員會及本黨省機關各部之報告選出執行委員並審查委員

第三十四條　省執行委員會之職權如下：
(甲) 組織三人之秘書處
(乙) 設立全省各地方黨部並指揮其活動
(丙) 任命該省黨部機關報人員
(丁) 組織本黨省機關各部
(戊) 支配黨費及財政

第三十五條　省執行委員會每月須將其活動經過情形報告中央委員會一次

第三十六條　省執行委員會每兩個星期開會一次候補委員得列席會議但祇有發言權

第三十七條　省執行委員會遇故離任時由候補委員依次充任之

第三十八條　省審查委員會稽核省執行委員會財政之收支及審查省執行委員之黨務及部員之勤惰

第六章　縣黨部

第三十九條　縣代表大會每三個月舉行一次若省執行委員會訓令開會及各區執行委員會請求開會時得召集特別全縣代表大會

第四十條　縣執行委員會認為必要或有該縣黨員半數請求時得召集特別全縣代表大會

第四十一條　出席縣大會代表之選舉法及人數由執行委員會審定後經省執行委員會核准決定之

第四十二條　縣代表大會接納及採行縣執行委員會及其他本黨縣機關各部之報告選舉縣執行委員及候補委員及審查委員

第四十三條　縣執行委員會選舉書記一人執行日常黨務設立全縣各地方黨部而指揮其活動任命該縣黨部機關報編輯員但須經省執行委員會之核准組織全縣性質之事務各部支配縣內黨費及財政

第四十四條　縣執行委員會須每兩星期將其活動經過情形報告省執行委員會一次

第四十五條　縣執行委員會每星期會議一次候補委員得列席會議但祇有發言權

第四十六條　縣執行委員會遇故離任時時由候補委員依次充任之

第七章　區黨部

第四十七條　區之最高機關為全區黨員大會或代表大會區以下為鄉為村全區委員大會包括鄉村黨員在內但因鄉村離區市太遠或黨員太多不能召集黨員大會時得召集區鄉村代表會議即作為該區最高權力機關但於可能時須召集黨員大會

第四十八條　黨員大會或代表大會每月舉行一次討論黨務其範圍如下：

(甲)　黨員入黨問題

(乙)　接納及採行區執行委員會之報告

(丙)　代表會議之代表及黨員大會之黨員在會議內報告區內黨務之進行解決黨務之困難及發表關於政治經濟之意見

(丁)　訓練黨員問題解決不識字問題徵求黨費問題討論執行委員會及區執行委員會之決議

(戊)　選舉該區執行委員會

第四十九條　區執行委員會指揮區內各區分部或其下各特別黨務機關之活動事宜管理區內黨員登記事宜召集國民大會組織區分部但須得縣執行委員會之核准支配黨費及財政區執行委員會每兩星期須將其活動經過情形詳細報告縣執行委員會

第八章　分部

第五十條　區分部為本黨之基本組織由區執行委員會或其他代理區機關組織之或自行組織之但須經縣執行委員會之核准區分部人數無定但須在五人以上

第五十一條　區分部作用為黨員間或黨員與本黨主要機關間之聯絡但在祇有區分部成立之地方區分部即作為主要機關其職務如下：

(甲)　執行黨之決議

(乙)　徵求黨員

(丙)　幫助區執行委員會進行黨務

(丁)　分配本黨宣傳品

(戊)　收集黨捐分售本黨印花本黨紀念相片本黨表記等

(已)　選派出席區大會或縣大會省大會全國大會之代表

(庚)　執行上級命令

第五十二條　區分部須選舉三人組織區分部執行委員會執行日常黨務由執行委員會中互選秘書一人每兩星期須將其活動經過情形報告區黨部執行委員會一次

第九章　紀律

第五十三條　凡黨員須恪守紀律入黨後即須遵守黨章服從黨議其在本

黨執政地方及在軍事時期尤須嚴行遵守黨內各問題各得自由討論但一經決議定後卽須一致進行

（注意） 本黨領有歷史的使命而奮鬥我國領土之完全自由及和平全賴本黨奮鬥之成功欲求此成功必賴紀律之森嚴黨之成敗全繫於此望共勉之

第五十四條 凡不執行本黨決議者破壞本黨章程者違反本黨黨義及黨德者須受以下處分：黨內懲戒或公開懲戒並在黨報上詳細登出原委及暫時或永久開除黨籍已開除黨籍之黨員不得在本黨執政地方之政府機關服務如地方全部有上述行動者須受以下處分：

（甲） 全部黨員再行登記分別去取

（乙） 全部解散並在黨報上詳細登出原委

第五十五條 凡黨員個人或全部被彈劾時須由該部審查委員會詳細審查後由該部執行委員會判決處分執行委員會之處分如認爲後當時得上控於上級執行委員會以至全國大會但未得全國大會表示意見以前此處分仍須執行全國大會得判決個人或全部恢復黨籍但中央執行委員會尚未執行時此判決仍不發生效力

第十章 經費

第五十六條 本黨黨費由黨員所納之黨費黨之高級機關之補助及其他收入充之

第五十七條 黨費每月每人應繳二角黨員遇失業疾病等事故時經在所屬黨部登記後得免繳該黨費但該部須將此情報告上級執行委員會

第五十八條 黨員未得允許而不繳納黨費至三個月者卽停止其黨員資格

第十一章 國民黨黨團

第五十九條 在祕密，公開，或半公開，之非黨團體如工會，俱樂部，會社，商會，學校，市議會，縣議會，省議會，國議會之內，本黨黨員須組成國民黨黨團在非黨員中擴大本黨勢力並指揮其活動

第六十條 在非黨團體中本黨黨團之行動由中失執行委員會詳細規定之

第六十一條 黨團須受所屬黨部執行委員會之指揮及管轄例如省議會內之黨團受該省黨部執行委員會之指揮及管轄國議會內之黨團受中失執行委員會之指揮及管轄，工會俱樂部等團體內之黨團受該地黨部執行委員會之指揮及管轄

第六十二條 執行委員會內各黨團間意見有不合時須開聯合會議解決之不能解決時得報告上級執行委員會決定未得上級委員會決定時黨團須執行所屬黨部執行委員會之議決

第六十三條 黨團內個人黨員得黨團允許時得於所在活動之團體內受職并得調任他職國會內黨團之委員受委閣員時必須先得所屬黨團及中央執行委員會之允許

第六十四條 黨團內須選舉職員組織幹部執行黨務

第六十五條 所在活動之團體一切議題須先在黨團內討論以決定對各問題應取之政策所定政策須在該團體議場上一致主張及表決黨團在所在活動之團體內須有一致及嚴密之組織各種意見可在黨團祕密會議中發表但對外須有一致之意見行動如違反時卽作爲違反黨之紀律須受黨之處分

第六十六條 黨員在議會者須先自具向議會辭職書附在所屬黨部執行委員會處如與黨之紀律大有違反時其辭職書卽在黨報上發表并且須本人脫離該議會

嚮導（一）

數位重製・印刷　秀威資訊科技股份有限公司
https://www.showwe.com.tw
114 台北市內湖區瑞光路 76 巷 65 號 1 樓
電話：+886-2-2796-3638
傳真：+886-2-2796-1377
劃 撥 帳 號　19563868　戶名：秀威資訊科技股份有限公司
讀者服務信箱：service@showwe.com.tw
網 路 訂 購　秀威網路書店：http://store.showwe.tw
國家網路書店：http://www.govbooks.com.tw

2021 年 11 月
全套精裝印製工本費：新台幣 13,500 元（全套五冊不分售）

Printed in Taiwan　ISBN:9789863269502 CIP:574.105

本期刊僅收精裝印製工本費，僅供學術研究參考使用